目　录

重要讲话和报告

涉侨政策法规

大事记

海外要闻

本书获暨南大学
“华侨华人研究”优势学科创新平台资助

教育部人文社会科学重点研究基地
暨南大学华侨华人研究院

侨情综览 2012

QIAO QING ZONG LAN 2012

暨南大学图书馆彭磷基华侨华人文献信息中心 编

主 编：朱丽娜
副主编：徐 云
编委：易淑琼 景海燕 王 华

暨南大学出版社
JINAN UNIVERSITY PRESS

中国·广州

图书在版编目（CIP）数据

侨情综览2012／暨南大学图书馆彭磷基华侨华人文献信息中心编．—广州：暨南大学出版社，2013. 11
ISBN 978-7-5668-0655-0

Ⅰ. ①侨…　Ⅱ. ①暨…　Ⅲ. ①侨民工作—概况—中国—2012　Ⅳ. ①D634

中国版本图书馆 CIP 数据核字（2013）第 150108 号

出版发行：暨南大学出版社

地　址：中国广州暨南大学
电　话：总编室（8620）85221601
　　　　营销部（8620）85225284　85228291　85228292（邮购）
传　真：（8620）85221583（办公室）　85223774（营销部）
邮　编：510630
网　址：http：//www. jnupress. com　http：//press. jnu. edu. cn

排　版：弓设计
印　刷：佛山市浩文彩色印刷有限公司

开　本：787mm×1092mm　1/16
印　张：39. 75
字　数：998 千
版　次：2013 年 11 月第 1 版
印　次：2013 年 11 月第 1 次
印　数：1—2000 册

定　价：80. 00 元

编辑说明

《侨情综览》是由暨南大学图书馆彭磷基华侨华人文献信息中心编辑的资料性综合年刊。《侨情综览 2012》对 2012 年度有关反映侨民、侨社、侨团、侨务、侨教、侨学等方面的主要信息进行去繁就简、去粗取精的甄选、分类、整合、编排，力争系统、翔实地介绍海内外侨情的发展概况、重大事件、理论动态、法律法规、政策导向、热点问题、工作实绩、学术成果以及有关统计数据和事实资料，为广大的侨务工作者、华侨华人研究人员及关注侨情动态的海内外社会各界人士提供研究与工作所需的资料信息服务。

《侨情综览 2012》在大“侨”字的概念下，共设置 12 个栏目，分别为重要讲话和报告、涉侨政策法规、大事记、海外要闻、侨务信息、热点时评、华教视点、专题报道、特别关注、人物聚焦、海外华人新社团和统计资料。本年刊增加了侨务信息的比重，分成综合信息和地方信息两部分。《侨情综览 2012》采用分类编辑法，主体层次分栏目和条目，以条目为基本构成。

《侨情综览 2012》中的内容，以原文为主，文摘和索引为辅。“重要讲话和报告”栏目里的文章是公开发表和发布的有关领导的重要讲话、综合性报告和重要工作报告选登。“涉侨政策法规”栏目全文收录了国家和各省市有关部门颁布的主要涉侨法规和政策。“大事记”栏目收录了境内外华文媒体对海外华侨华人和华人社会大事记的报道。“海外要闻”、“侨务报道”、“热点时评”、“华教视点”、“专题报道”和“特别关注”等栏目里的文章均为境内外华文媒体公开报道的新闻、评论和调查报告，绝大部分内容采用或追溯了原文的题目和出处。为准确反映内容原意，题目中有少量地方性强的模糊表述，如境外文章的“我国”、境内文章的“本地”、“我省”等，则更改为该国或该地的正式名称。“人物聚焦”栏目是年度具有瞩目成就的人物简介。“海外华人新社团”栏目收集了年度新成立的主要华人社团信息，在原有报道的基础上进行了编辑和删减，保留原文中的主要事实资料部分。“统计资料”栏目里的内容为书目和索引等二次文献，由于侨情资料的分散性和检索工具的局限性，书目和索引的收集整理不是很全面，还请读者见谅。

《侨情综览》编辑出版后，得到了侨学界有关领导和热心人士的热情支持和鼓励，同时他们也提出了很多宝贵的意见和建议，对此我们表示衷心的感谢，并在《侨情综览 2012》的编辑过程中有所改进。暨南大学国际关系学院/华侨华人研究院、暨南大学“华侨华人研究”优势学科创新平台项目组、暨南大学出版社等有关单位对本年刊的出版给予了大力的支持和帮助，在此一并表示谢意！

由于时间和编者能力有限，书中难免存在疏漏或错误之处，恳请广大读者批评指正。

编　者

2013 年 4 月

序

我感到很高兴，由暨南大学图书馆彭磷基华侨华人文献信息中心编辑的《侨情综览2012》又将面世了。从《侨情综览2009》开始，每年一期的侨情资料汇编《侨情综览》就成为我案头的必备参考书。

作为一名侨务工作者，了解和掌握侨情信息是做好工作的基础。《侨情综览》比较全面地反映了侨务动态、政策变化、华埠新闻、学术动态等重要涉侨信息，是了解海内外侨情的主要参考资料。其中的“海外要闻”栏目对年度内全球海外华侨华人社会的新闻进行采集，以反映主要侨情动态、事件的报道为主，客观公正，收集全面。“热点时评”栏目是对年度内引起广泛关注的新闻事件和热点问题进行评论选摘，其内容言之有物，观点鲜明。“侨务信息”栏目则反映国家大政方针、政策导向和工作实绩，它分为“综合信息”和“地方信息”两个部分。这个栏目对我们的工作帮助很大，我们可以通过它较为全面地了解侨务工作的动态和趋势，比如国家关于侨务工作大局的宏观导向、各地方侨务工作的经验体会等。

另外，侨情信息也是华侨华人研究不可或缺的第一手资料，对侨情信息进行系统收集、整理、编辑、出版，功在当代，利在千秋。广东省自去年11月启动编修《广东华侨史》工作，今年全面进入史料收集阶段。在史料收集过程中，其辗转艰辛让人感触良多。设想数十年后，连续出版的《侨情综览》能提供内涵丰富的资料信息，该是一件多么让人振奋和欣慰的事。

特别值得一提的是，每年的《侨情综览》都面向全国省市侨务机构和部门免费赠送。作为百年侨校，暨南大学在为侨服务上顾全大局、尽心尽力。借此之际，我们对暨南大学、暨南大学图书馆和暨南大学图书馆彭磷基华侨华人文献信息中心表示衷心的感谢！希望在大家的关心和支持下，《侨情综览》越编越好。

广东省侨务办公室主任

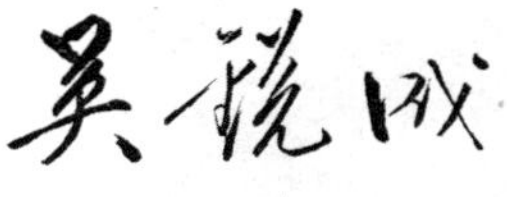

2013年6月24日

侨务信息

热点时评

华教视点

专题报道

特别关注

人物聚焦

海外华人新社团

统计资料

重要讲话和报告

国务院侨务办公室主任李海峰 2012 年新春贺辞

李海峰

亲爱的侨胞们、朋友们：

在中华民族传统的龙年新春即将来临之际，我谨代表中华人民共和国国务院侨务办公室，向生活在世界各地的海外侨胞和广大归侨侨眷致以节日的问候和美好的祝愿！

2011 年是一个具有特殊历史意义的年份。在这一年里，面对复杂多变的国内外局势，中国共产党团结带领全国人民，坚持以科学发展为主题，以加快转变经济发展方式为主线，着力稳物价、调结构、保民生、促和谐，经济保持平稳较快增长，结构调整积极推进，社会保障体系更加健全，人民生活水平持续提高，实现了“十二五”规划的良好开局。特别是“天宫一号”与“神舟八号”的成功发射和顺利交会对接，实现了我国空间技术发展具有里程碑意义的重大跨越，这标志着我国自主创新能力进一步增强，向建设创新型国家迈出了坚实的步伐。

在这一年里，我们迎来了辛亥革命百年纪念和中国共产党 90 周年华诞。追思往昔、缅怀历史，给予我们以深刻的启迪、永恒的鞭策、奋进的动力。我们无法忘记，百年前，以孙中山先生为代表的革命先驱站在时代前列，发动了震荡寰宇的辛亥革命，结束了在中国延续了几千年的封建专制制度，树立起中国人民改变自身命运的历史丰碑。我们无法忘记，在 90 年波澜壮阔的历史进程中，中国共产党继承孙中山先生开创的革命事业，团结带领中国人民顽强奋斗，完成了近代以来中国人民和无数仁人志士梦寐以求的民族独立、人民解放的历史任务，开启了中华民族发展进步的历史新纪元，取得了举世瞩目的现代化建设成就，以扭转乾坤的伟大气魄谱写了惊天动地、气壮山河的辉煌史诗。今天，一个生机勃勃的社会主义新中国巍然屹立在世界的东方，中华民族伟大复兴的光明前景已然展现在我们面前。

展开百年来荡气回肠、辉煌壮丽的历史长卷，广大海外侨胞和归侨侨眷伟大贡献的夺目光芒熠熠生辉。在中国革命、建设和改革的不同历史时期，广大侨胞总是顺应历史潮流，关注国家命运，切实维护中华民族的核心利益。历史证明，你们不愧为“革命之母”、“民族光辉”、“独特机遇”、“资源宝库”。在此，我代表国务院侨办向你们表示衷心的感谢和崇高的敬意！

侨胞们、朋友们，中国政府历来高度重视侨务工作，始终关心广大侨胞的生存和发展。去年，国务院制定印发《国家侨务工作发展纲要（2011—2015年）》，召开了全国侨务工作会议，研究部署“十二五”时期的侨务工作，充分体现出党中央、国务院对侨务工作的高度重视，对海外侨胞切身利益时刻牵挂在心。在新的一年里，我们将全面贯彻中央关于侨务工作的方针、政策，坚持“以人为本、为侨服务”的宗旨，一如既往地做好各项为侨服务工作，努力实现好、维护好、发展好海外侨胞和归侨侨眷的根本利益。

侨胞们、朋友们，文化是民族的血脉，是海内外中华儿女共有的精神家园。广大海外侨胞是中华文化在海外的代表者、展示者和传播者，是沟通中国与世界的重要桥梁，在推动中华文化走向世界、增强中华文化国际影响力方面可以发挥重要而独特的作用。中国共产党十七届六中全会明确提出：“支持海外侨胞积极开展中外人文交流。”我们由衷地希望广大海外侨胞保持高度的文化自觉和文化自信，积极参与到创造中华文化新的辉煌的伟大进程中来，共同谱写中华文化复兴的新篇章，共同开创中华民族更加美好的未来！

最后，谨祝海外侨胞和归侨侨眷在新的一年里幸福安康、事业兴旺、吉祥如意！

（人民网 2012-01-08）

锐意进取　扎实工作　努力开创侨务工作新局面

李海峰

“十二五”时期是全面建设小康社会的关键时期。国务院侨办要坚定不移地高举中国特色社会主义伟大旗帜，以邓小平理论和“三个代表”重要思想为指导，深入贯彻落实科学发展观，按照国务院对“十二五”侨务工作的决策部署，聚精会神，科学谋划，求真务实，开拓创新，不断提高侨务工作科学化水平，确保“十二五”侨务工作目标任务的顺利实现。

一、侨务工作要在为国家大局服务中开创新局面

服从和服务于党和国家工作大局是侨务工作的根本要求。侨务工作要在更广领域、更高层面、更深层次发挥独特的优势和作用。

为经济社会发展服务。要围绕科学发展这一主题和加快转变经济发展方式这条主线，在贯彻科技强国战略和自主创新方针、全面推进创新型国家建设过程中，充分发挥侨务工作对引进资金、先进技术和科技人才的作用。特别是要积极创造条件，努力以政策、感情、事业和待遇吸引高科技人才，重点做好华侨华人创新创业领军人才引荐工作。充分发挥海外侨胞全球市场资源和商务网络优势，为我国实施市场多元化和“走出去”战略服务。做好海外侨领、科技英才、知名侨商、杰出人士联络和服务工作，鼓励和支持他们以多种形式参与和服务于中国社会主义现代化建设。

为祖国统一大业服务。维护中国主权和领土完整、促进祖国和平统一，是中国最高利益，也是海内外全体中华儿女的神圣职责和强烈愿望。要引导侨胞以各种形式积极地联合开展反对“台独”、“藏独”、“东突”分裂势力的斗争；引导侨胞按照拥护祖国统一不分先后的原则，团结一切“反独促统”的人们，壮大拥护中国和平统一的力量；引导侨胞加强与住在国政府、人民和社会团体及媒体的联系与沟通，增进他们对中国政府维护祖国统一各项政策的理解；引导侨胞在与台湾同胞交往的过程中，传递“和平统一、一国两制”的理智选择，促进两岸同胞形成共识，团结起来，积极推进两岸关系和平发展和祖国统一大业。

为国家外交战略服务。要围绕国家外交总体战略，积极拓展侨务公共外交，通过侨务工作渠道沟通中国与世界，增进外界对中国基本国情、价值观念、发展道路、内外政策的了解和认识，推动广大侨胞在增进我国人民与各国人民友谊、促进国家关系发展中发挥积极作用。引导侨胞在涉及中国领土、主权、安全、人权等重大问题上，支持中国政府的立场和观点，以各种适当方式向当地政府和民众表达。引导侨团和侨领与住在国政府官员和有关社会组织负责人加强联系，积极参加当地经济社会建设和公共事务。热情邀请他们参加侨社举办的各种活动，诚恳联系他们到中国参观游览和进行考察活动，使他们了解中国悠久伟大的历史与和平发展的现状，化解他们认识上的误区，形成与中国的友好关系。

为提升国家软实力服务。形成与我国国际地位相称的国家软实力，需要加强扩大中华文化的国际影响力。要坚持“以侨为桥——沟通中国与世界”，加强各种民间文化交流，努力把具有中国特色、中国风格、中国气派的优秀文化推向世界。加强与有关部门的协作，以满足海外侨胞和归侨侨眷对优秀文化的需要为出发点，深入挖掘和提炼中华文化中具有鲜明特色与时代气息的思想精髓和文化元素，努力打造一批具有影响力的知名文化品牌。引导侨胞积极支持和参加我国在有关国家开展的有组织、有规模、水平高、影响大的文化活动。大力扶持海外侨胞自主创办的各类文化学术团体，培养一批文化骨干，鼓励海外侨胞与当地主流社会共同举办中华民族节庆活动。

二、侨务工作要在为侨服务、推进侨务资源可持续发展中开创新局面

要保护和涵养侨务资源，坚持全心全意为侨胞服务，按照培育、开发、利用、保护相结合的原则，从多方面促进侨务资源可持续发展。

加强壮大海外侨力。要坚持互利双赢、共同发展的原则，重视寻找合作机会，拓展合作领域，既吸引侨胞为中国现代化建设事业多作贡献，又保障侨胞在中国现代化建设过程中壮大自身实力，大力支持侨胞在住在国发展事业，从根本上保持侨务资源可持续发展。

加强维护侨胞权益。要落实侨务政策法规，依法保护归侨侨眷的合法权益。积极协助我国政府加强对海外华侨的领事保护，维护海外华侨的正当权益。加强侨务信访工作，认真化解纠纷，加大重点侵侨案件的查处力度，保护广大海外侨胞和归侨侨眷在我国的合法权益。加强侨法宣传力度，帮助广大归侨侨眷学法、守法、用法，提高全体公民依法护侨意识。

加强改善归侨侨眷生活。要健全侨务扶贫救助机制，着力救助散居困难归侨侨眷，保障归侨侨眷共享改革发展成果。促进华侨农场改革发展，实现“体制融入地方、管理融入社会、经济融入市场”，推动华侨农场与市场化、工业化、城镇化和现代农业发展相适应。

加强构建和谐侨社。要引导海外侨胞深刻认识到团结就是力量，团结才能更好地成就事业，在海外长期生存发展。引导广大侨胞遵守住在国法律、尊重当地的民风习俗，为当地民众多做好事善事，与当地民众和睦共处。引导侨团提高组织领导水平，发挥侨团的主导作用，依靠广大侨胞齐心协力构建“和睦相融、合作共赢、团结友爱、充满活力”的和谐侨社。引导建立侨团之间协调与联合会议机制，化解纷争、和衷共济，互助合作、共谋发展，形成海外全体侨胞大团结、事业大发展的新局面。

加强拓展华文教育。中华文化是维系中华民族特性和增进团结的精神纽带。要大力支持海外华人社会开展华文教育，协助海外华文学校建设，加强华文教材建设，提高教师素质和教学水平；加强国内侨校建设和扶持力度，吸收大批侨胞子女来华留学，办好国际华文远程教育网络，扩大华文教育范围；充分发挥中国华文教育基金会和国内华文教育基地的作用，持续办好海外青少年参加“中国寻根之旅”等活动，让侨胞子女在中国环境中认知、体验中华文化的独特魅力，增进他们对祖国的了解和感情，使几千万侨胞在传播中华文化、提高中华文化国际影响力中发挥生力军作用。

加强华文媒体合作。要扩大海外侨胞华文媒体在华人社会的覆盖面，大力支持海外华文媒体工作，建立交流平台，加强网络化建设，提供新闻资源和版面，提供技术咨询和培

训；加强合作交流，形成强大合力，高扬主旋律，提倡多样化，报道中国和侨胞住在国情况，反映侨胞在当地的表现与贡献，广泛传播中华优秀文化，使各国人民了解和支持中国，营造有利于侨胞生存发展的舆论环境。

大力培育友好力量。要深入开展联谊活动，坚持“请进来”与“走出去”相结合，通过参观访问、座谈研讨等方式，加大与海外侨团侨领、科技精英、知名华商、华裔青年杰出人士的思想文化交流力度。深入做好联系海外侨胞重点人士和引导培养华裔新生代骨干力量的工作，增进他们对中华民族的认同感和对祖（籍）国的深厚感情，培育对中国友好的力量。

三、侨务工作要在不断提高科学化水平中开创新局面

要认真总结侨务工作历史经验，深入认识侨务工作规律，更加注重侨务理论、工作机制、方式方法、载体创新和干部队伍建设，不断提高侨务工作科学化水平。

以侨务理论建设为先导，推动侨务工作科学化。要贯彻落实中国特色侨务理论，准确把握世情、国情、侨情出现的新情况、新特点、新变化，深入研究有关国家对华侨华人政策变化与侨胞处境变化的问题，侨胞与住在国利益群体在经济全球化中竞争与合作的问题，深化侨胞对祖（籍）国情感与保持中华民族特性的问题，吸引侨务资源为中国发展服务与保护侨务资源可持续发展的问题以及我国侨务政策创新的问题等。加强对侨务工作全局性、战略性、前瞻性问题的研究，丰富和发展侨务理论，及时将理论创新成果转变为决策、措施和制度。加强研究机构和人才队伍建设，建设统一的侨胞数据库，为侨务理论研究创造良好条件。

以侨务工作方法创新为手段，推动侨务工作科学化。要树立世界眼光，站在战略全局的高度，辩证分析国内外形势变化，有针对性地解决现阶段侨务工作中带有方向性、倾向性的重大问题，科学谋划侨务工作。科学分析侨务工作的形势与任务，正确处理侨务工作的重大关系，统筹全局、兼顾各方、突出重点、全面推进。加强与涉侨机构和行政、司法部门的沟通协调，形成全社会共同关心、支持侨务工作的生动局面。及时总结和推广侨务工作典型经验，努力做到以点带面、全面发展。

以侨务工作机制创新为保障，推动侨务工作科学化。要进一步完善决策和决策执行机制，实行科学决策、民主决策、依法决策，保证决策的正确性和可行性。进一步建立健全维护侨益机制，以解决侨胞最关心、最直接、最现实的利益问题为重点，形成科学有效的利益协调机制、诉求表达机制、矛盾调处机制、权益保障机制。进一步完善侨务工作协调机制、侨务资源管理机制、服务侨胞工作机制、护侨情况反馈机制、侨务信访工作机制，促进国内侨务工作为基础与国外侨务工作为主导相协调、侨务资源的开发利用与保护涵养相统一、涉侨部门职能发挥与社会力量共同参与相结合，推动侨务资源产生集聚效应。

以侨务工作载体建设为依托，推动侨务工作科学化。要继续办好多年来侨办系统开展的“侨爱工程”、“归侨侨眷关爱工程”、“文化中国·四海同春”、“世界华侨华人社团联谊大会”、“世界华文传媒论坛”、“华侨华人创业发展洽谈会”、“华裔杰出青年华夏行”、“中国寻根之旅”等品牌活动，为侨务工作科学发展提供强有力的载体支持。拓展和挖掘侨务工作的广度和深度，进一步建设和创新载体，充分整合侨务资源，把品牌做深、做细、做精、做优，充分发挥品牌的示范力、感染力和辐射力，推动侨务工作再上新台阶。

以侨务干部队伍建设为基础，推动侨务工作科学化。要按照政治坚定、业务精通、求真务实、开拓创新、勤政廉政、热爱侨务事业的要求，加强侨务干部队伍培养教育，增强侨务干部特别是领导干部的政治素质、思想素质、业务素质、作风素质，提高把握大局的能力、统筹协调的能力、调查研究的能力、组织管理的能力和应对复杂局面的能力。以让人民满意、让侨胞满意作为检验侨务工作成效的根本标准，从严要求，不断增强事业心、责任感和使命感，振奋精神，锐意进取，艰苦奋斗，扎实工作，开创“十二五”侨务工作新局面。

（《求是》2012 年第 1 期）

弘扬中华文化　展示侨胞形象

——在第六届世界华侨华人社团联谊大会上的报告（摘登）

李海峰

第六届世界华侨华人社团联谊大会以“弘扬中华优秀文化·展示侨胞良好形象”为主题，旨在增进海外侨胞对中华优秀文化的了解、对中国政府致力于推动文化大发展大繁荣战略的认识，鼓励侨胞积极传承和弘扬中华优秀文化，进一步树立良好形象，为开展中外人文交流、推动中华文化走向世界作出更大贡献。

一、坚持以侨为桥　大力传承和弘扬中华优秀文化

中华文化是中华民族共有的精神家园，是维系海外侨胞与祖（籍）国血肉联系的情感和精神纽带。2011 年，中国共产党十七届六中全会通过了《中共中央关于深化文化体制改革　推动社会主义文化大发展大繁荣若干重大问题的决定》，提出了建设“文化强国”的战略目标，要求推动中华文化走向世界，支持海外侨胞积极开展中外人文交流。为深入贯彻落实十七届六中全会精神，充分发挥海外侨胞在弘扬中华文化、增强国家文化软实力中的独特作用，国务院侨办拟从以下几个方面加强与海外侨胞的密切合作，共同做好“积极开展中外人文交流”这篇大文章。

（一）大力拓展华文教育

随着中国的和平发展，“汉语热”在全球升温。学习华文，不仅是华裔学生传承中华文化的需要，更是他们增强竞争力，拓展自身事业的需要。“十二五”期间，国务院侨办要重点抓好以下工作：一是加强与相关国家政府教育主管部门的交流合作；二是加大华文师资的培训力度；三是进一步完善华文教材体系；四是举办丰富多彩的夏（冬）令营活动；五是加大对海外华校的支持力度。

（二）大力推进中外文化交流

中华文化是人类文明的重要组成部分，中华民族以其光辉灿烂的历史文化，对推动世界文明进程作出了不可磨灭的重大贡献。我们要充分发挥海外侨胞熟悉住在国国情、民情和社情的优势，以侨为桥，推动中华文化走向世界，促进中外文化交流互鉴。一是做大做强“文化中国”品牌活动，丰富活动内涵，扩大活动影响，切实将“文化中国”打造成感知中华文化的知名品牌；二是鼓励和支持海外侨胞传承中华优秀文化；三是努力吸收、借鉴国外优秀文化成果。

（三）大力扶持华文传媒发展

推动中华文化走向世界，开展中外人文交流，必须依托技术先进、传输快捷、覆盖广泛的现代传播体系。国务院侨办愿意与中外华文媒体共同努力，增强华文传媒在国际传媒领域的竞争力和话语权。

（四）大力推动中外文化产业合作

发展文化产业是满足民众多样化精神文化需求的重要途径。国务院侨办将发挥侨务工作优势，加强文化领域智力、人才和技术引进工作，鼓励华侨华人专家学者积极建言献策，学习借鉴国外有利于促进文化产业发展的先进经营管理理念和机制。

二、深入推进和谐侨社建设　展示海外侨胞新形象

自2007年“第四届世界华侨华人社团联谊大会”提出构建“和睦相融、合作共赢、团结友爱、充满活力”的华侨华人社会以来，“和谐侨社”理念日益得到海外侨胞的广泛认同和积极响应，各地侨社普遍进行了有益的探索和实践，呈现出可喜局面：一是侨社更加团结。海外侨胞中涌现出了一大批胸襟宽广、乐于奉献、热心侨社事务的侨领，他们以身作则、率先垂范，在侨社的号召力、影响力明显增强；不少侨团会务更加活跃，服务功能不断强化，社团内部和社团之间更加团结。二是与住在国民众关系更加和睦。海外侨胞在发展自身事业的同时，更加注重回馈当地社会，更加注重承担相应的社会责任和义务。菲律宾华社“三宝”已成为关爱并回馈当地社会的典范。希腊侨胞被当地政府誉为外国侨民中“最有建设性的群体”。智利侨社在智利发生大地震后积极捐款捐物，受到智利总统的高度评价。海外侨胞所展现出的爱心和善心，受到了住在国主流社会的普遍赞赏和肯定。三是善于理性表达合理诉求。海外侨胞更加注重与住在国政府相关部门的沟通合作，采取合法手段，有理有利有节地表达诉求。如南非侨社建立的“南非华人警民合作中心”，美国侨界抗议CNN辱华事件，法国侨界举行巴黎美丽城大游行，意大利罗马侨界举行万人和平大游行等，得到当地政府、社会和舆论的一致肯定，既维护了自身的合法权益和生命财产安全，改善了生存环境，也树立了海外侨胞爱和平、反暴力、谋发展的良好形象。

但我们也应该清醒地看到，由于文化、宗教和风俗习惯的差异，加上个别侨胞的违规经营、生活陋习和不良举止，导致海外侨胞与住在国民众的矛盾和摩擦时有发生；个别国家侨社内部尚不团结，有组织犯罪呈上升趋势，有关华社负面报道屡屡见诸报端。这严重损害了海外侨胞的整体形象，需要引起我们的高度重视。

（一）加强团结协作，共谋侨社福祉

实现华侨华人社会的团结和谐，是构建“和谐侨社”的重要内容，是谋求侨社福祉的重要基础。据有关研究成果，我国有5 000万侨胞，分布在世界170多个国家和地区。海外华侨华人社会发展迅速，凝聚力增强，在住在国的地位和影响日益提升。但在一些国家，侨社内部的不团结现象仍常常困扰着我们。这严重削弱了海外侨胞的整体实力，损害了海外侨社的整体形象。中国有着优秀的“和合”文化传统，经过数千年的积淀和发展，已经深深地融入中华民族的血脉中，成为中华文明的基本特性和重要价值取向，也为我们构建和谐侨社提供了丰富而厚重的思想资源。海外侨团是华侨华人社会的重要支撑，在维护侨社团结、构建和谐侨社方面肩负着重要的使命。我们欣喜地看到，近年来海外侨团在涉及中国主权和领土完整等核心利益问题上，在涉及华侨华人生存发展的重大问题上，在祖（籍）国、住在国出现重大灾害面前，都能够团结一心，加强协调合作，日益展现出族群的整体力量。我们希望在海外华侨华人社会中大力倡导“以和为贵”的处世哲学，在侨团内部，加强制度建设，努力活跃会务，强化服务功能，不断提高侨团的管理和运作

能力。在侨团之间，相互支持，在庆祝国庆、春节等重大节庆活动中，能协调一致，共同举办，扩大影响；在涉及华侨华人生存发展等重大问题上，能进一步加强协调，发出一个声音、采取一致行动，共谋侨社福祉，树立族群形象。加强侨社团结和协作，关键在骨干侨团和侨领。我们高兴地看到，在构建和谐侨社的进程中，一大批胸襟宽广、志向高远的侨领正发挥着越来越大的作用。他们在登台讲话、照相排位等“名利”面前“退”一步，在服务侨胞、出钱出力等“实事”面前“进”一步，这一“退”一“进”，彰显了作为一位侨领的高尚情操。我们从他们身上，看到了构建和谐侨社的光明前景。

（二）提高文明素质，展示优秀品格

海外侨胞以自己的一言一行向住在国主流社会和民众展示着中国和“中国人”的形象，是住在国主流社会和民众了解中国和“中国人”的重要窗口。海外侨胞通过提高自身文明素质和道德修养，展示中华民族的优秀品格，是赢得当地政府与民众理解和尊重、实现与住在国民众和睦相融的基础和前提。中国是礼仪之邦。我们倡导海外侨胞弘扬中华传统美德，加强社会公德、职业道德、家庭美德、个人品德教育，培育尊老爱幼、扶贫济困、扶弱助残、礼让宽容的人际关系，在华侨华人社会形成知荣辱、讲正气、作奉献、促和谐的良好风尚；我们倡导海外侨胞传承中华民族筚路蓝缕、以启山林的开拓精神，艰难困苦、玉汝于成的顽强意志，海纳百川、虚怀若谷的博大胸怀，革故鼎新、自强不息的执着追求，充分展示侨胞自信、进取、包容、文明的优秀品格；我们希望广大海外侨胞能够遵守住在国法律，尊重当地社会民族宗教习俗，在维护自身合法权益的同时，充分照顾到其他族群的利益，努力增进理解，化解隔阂，牢固树立“守法诚信、举止文明、关爱社会、团结和谐”的海外侨胞新形象。

（三）融入主流社会，努力成为“好公民”、“好居民”

海外侨胞的生存发展，深受住在国社会、政治、经济和文化等诸多因素的影响，处理好海外侨胞与住在国和当地民众的关系，对于侨胞在住在国发展事业、争取良好的生存环境具有重要意义。这也是构建和谐侨社的必然要求。我们应该看到，海外侨胞有今天的发展和成就，与住在国政府和民众的关心、帮助是分不开的，对此，我们应常怀感恩之心。中国有句古语：滴水之恩，当涌泉相报。我们希望广大海外侨胞能够消除“过客”心态，走出“唐人街”，积极融入当地主流社会，进一步增强社会责任感，参与当地社区事务，热心公益慈善事业，积极投身于住在国经济社会建设，努力成为“好公民”、“好居民”。同时，要通过各种方式和渠道，向当地主流社会和民众宣传介绍海外侨胞对当地经济社会发展的贡献，反映海外侨胞的希望和要求，赢得他们的理解和尊重。总之，我们的一言一行，能让当地社会和民众充分认识和感受到海外侨胞是住在国经济社会发展和文明进步的参与者、建设者和贡献者，而不是“旁观者”。希望各位侨领继续发挥与当地主流社会联系密切的优势，努力增进与主流社会的沟通交流，为海外侨胞在住在国的长期生存和发展营造更为有利的社会环境。

5 000 万海外侨胞是中华文化的重要传承者和传播者，是增进中国人民与世界各国人民友好合作的重要桥梁和纽带。不久前，习近平副主席在美国洛杉矶出席当地侨胞举办的晚宴时，盛赞旅美侨胞为促进中美关系的发展作出的重要贡献，并提出三点希望：一是继续发扬中华民族“以和为贵、协和万邦”的优良传统，努力成为与住在国人民和睦相处的典范；二是继续发挥熟悉住在国、了解祖（籍）国的独特优势，努力成为促进中国现代化建设与世界人民友好相处的典范；三是继续发挥了解中华文化的独特优势，努力成为弘扬中华优秀文化和促进中外文化交流的典范。让我们以习副主席的殷切希望鼓舞、鞭策自己，同心同德，携手共进，为促进海外华侨华人社会的和谐兴旺、推进中华文化的繁荣发展、实现中华民族的伟大复兴，为维护世界和平、增进友好合作、积极促进各国共同发展进步作出新的更大贡献！

（《侨务工作研究》2012 年第 2 期）

凝聚侨界智慧和力量　为推动社会主义文化大发展大繁荣和中华文化走向世界不懈努力

——在全国侨联文化宣传工作会议上的讲话

林　军

同志们：

这次全国侨联文化宣传工作会议，是在贯彻十七届六中全会精神和迎接党的十八大的背景下召开的一次十分重要的会议。会议的主要任务是：全面贯彻党的十七届六中全会精神，认真学习贯彻中央书记处的重要指示和全国宣传部长会议精神，根据中国侨联“八代会”和八届四次全委会的工作部署，深化“国内海外工作并重、老侨新侨工作并重”的意识，就深入做好新形势下全国侨联文化宣传工作，研究现实问题、总结各地经验、理清发展思路、明确战略举措，切实发挥侨联组织的力量和优势，积极凝聚侨心、汇集侨智、发挥侨力，为推动社会主义文化大发展大繁荣和中华文化走向世界不懈努力，以优异的成绩迎接党的十八大胜利召开。希望同志们畅所欲言，群策群力，把几年来侨联文化宣传工作的成绩和经验总结好，把存在的问题和困难分析好，把解决问题、迎接挑战的对策研究好，把未来一段时间工作的思路、方法、任务部署好，真正把这次会议开成求真、务实、高效、鼓劲的大会。下面，我讲几点意见。

一、回顾2011年，全国侨联文化宣传工作在开拓中前进，在创新中发展，呈现出积极向上、蓬勃发展的良好态势

2011年，中国侨联紧紧围绕党和国家的工作大局，坚持“国内海外工作并重、老侨新侨工作并重”，以“大文化、大外宣”的视野和思路，充分发挥文化交流部、海外联谊部、华侨公益基金会、华侨华人历史研究所、华侨历史博物馆、华侨出版社、海内与海外杂志社等的职能，协调各级侨联相关部门、单位，协同海内外社会各界力量，积极开拓，勇于创新，全方位、多角度、深层次推动侨联文化宣传工作，呈现出积极向上、蓬勃发展的良好态势。

1. 发挥“亲情中华”品牌优势，服务侨胞需求，促进中华文化走向世界

2011年和今年年初，中国侨联组派12支“亲情中华”艺术团，在五大洲的29个国家66个城市共举行了77场正式演出和80余场联欢活动。同时，统筹、联合、支持新疆、内蒙古、云南、江苏、福建、海南、辽宁、四川、温州、厦门、广州等地方侨联组派12支“亲情中华”艺术团，在五大洲的25个国家和地区共巡演了60余场。四年来，“亲情中华”海外慰问演出行动已累计派出70余个团组，在五大洲巡演350余场，其中中国侨联组派了35个团组，在五大洲38个国家和地区126个城市举办了196场正式演出和200

余场联欢活动。“亲情中华”海外演出已成为近年来持之以恒，以一个主题在海外到访城市最多、演出场次最多、现场观众人数最多的活动项目，在弘扬中华文化、联络侨胞感情、加强中外友好、拓展民间外交、促进侨务发展等方面都发挥了重要作用，得到了李长春、习近平、王兆国和中央书记处的充分肯定，得到了海外侨胞的热烈欢迎和我驻外使领馆的高度赞誉，得到了海内外媒体的好评。“亲情中华”在百度和谷歌的关键词搜索已从创立时的10万条跃升为目前的950万条。同时，针对美国主流社会观众，中国侨联精心组织近百位艺术家参演的“五洲同春”2011新年晚会，在美国西部城市旧金山、牡丹市、雷诺、拉斯维加斯、圣地亚哥、洛杉矶等地举行了8场大型演出，一大批美国政要出席晚会现场观看演出和相关活动，这是“五洲同春”史上规模最大的演出，演出场次之多、演职员阵容之强为历年之最。第十二届“世界华人学生作文大赛”成功举办，吸引了全世界27个国家和地区的700多万名中外学生参加，中国国际广播电台国际在线和新华网首次对大赛颁奖典礼以及获奖学生、指导教师参加的“亲情中华夏令营”开营仪式进行了全球网络直播。中国侨联发起和支持举办的“亲情中华·快乐飞翔”陈玮环球飞行活动圆满完成，实现了中国人驾驶轻型飞机环球飞行零的突破。

2. 中国侨联新闻报道和对外宣传工作跃上新水平

中国侨联坚持和完善新闻发言人制度，2011年共举办例行新闻发布会和专题新闻发布会6次，就侨联工作或侨界重大事件及热点问题，及时发布新闻，回答记者提问，同时，紧密联系中央及首都新闻媒体，对中国侨联在参政议政、经济科技、海外联谊、权益保障、文化交流、公益事业等方面的品牌项目、大型活动、重点工作进行宣传报道，积极落实人民网、凤凰卫视、中国国际广播电台、《求是》杂志等主流媒体的高端访谈，努力扩大侨联组织在社会上的影响力和号召力。广泛开展与中央和地方新闻媒体的合作，开辟专栏，举荐宣传侨界典型，配合开展深入高效的涉侨外宣。组织国内新闻媒体记者海外采访团，邀请《人民日报》、中央电视台、《求是》杂志社、中国新闻社等媒体记者出访欧洲，深入华侨华人当中，采写发表文章数十篇。开展纪念建党90周年系列宣传活动，在广大侨胞中间唱响共产党好、社会主义好、改革开放好、伟大祖国好、各族人民好的时代主旋律。举办“纪念辛亥革命100周年”图片全球巡展活动，展示伟大祖国百年来的沧桑巨变，宣传中国共产党带领全国各族人民建立的丰功伟绩，特别是在联合国总部大厦成功举办以“辛亥革命与中国现代化”为主题的《发展中的中国1911—2011》图片展，邀请了联合国副秘书长、我驻联合国副代表、外国使节、当地政要以及众多海外侨胞参观，在海内外引起了强烈反响。

3. 中国侨联实施“大文化、大外宣”战略，各项工作蓬勃发展

为庆祝建党90周年，中国侨联举办庆“七一”京剧公益演唱会，并与北京市侨联共同举办“侨心向党心”千人大联唱活动，与上海市侨联共同举办“没有共产党就没有新中国”侨界纪念中国共产党成立90周年大会和文艺晚会，规模宏大，参与广泛，反响强烈；中国侨联会同江西省和上海市侨联，组织海外侨胞开展红色之旅活动，受到热烈欢迎。为纪念辛亥革命100周年，中国侨联在澳门举办了华侨华人纪念辛亥革命100周年大会，在北京举办了全国侨史学界纪念辛亥革命100周年学术研讨会，与宁夏侨联在北京联合举办了于佑任书法展。作为电影《辛亥革命》摄制的支持单位之一，与致公党中央等联合举办《辛亥革命》电影招待会和海内外侨界座谈会。“祖国惦念你——2012亲情中华

春节晚会”于2012年1月27日（正月初五）晚，在中央电视台中文国际频道面向全球华侨华人及海外观众播出，参加这次演出的演员达1 300人，分别来自美国、日本、法国、澳大利亚、匈牙利、俄罗斯、加拿大、印度尼西亚等10个国家和全国17个省（自治区、市）以及港澳台地区，晚会因主题鲜明、场面宏大、情感丰富、节目精湛而备受海内外瞩目。2011年10月，利用组织侨商企业家参加第十一届世界华商大会的机会，召开世界华商领袖交流会，宣传中国的经济形势和经济政策，介绍中国的投资环境和投资项目，取得良好效果。中国华侨历史博物馆动工兴建，有关专业机构相继成立，藏品捐赠和整理工作正在有序进行，建成后的博物馆将成为侨联开展爱国主义教育的基地、海内外侨胞表达情感与文化认同的窗口、弘扬中华优秀文化和促进中国人民与世界人民友好交往的平台。2011年，博物馆利用馆藏文物，与中央电视台中文国际频道合作摄制《华人足迹》专题短片14集，已播出9集，生动反映了华侨历史中的人物与事件。中国侨联推动华侨华人问题的研究，发布中国侨联课题，启动实施侨史工程，举办华侨华人系列讲座，与高校合作举办学术研讨会，推动中外人文交流。中国侨联与有关单位联合摄制的电影《钱学森》公映，受到广泛好评，李长春、刘云山等中央领导为此作出重要批示，教育部办公厅日前发出通知要求各地学校组织观看。中国华侨出版社继续推进文化发展战略，在前两年出书1 000种的基础上进一步提升，不断扩大市场份额，丰富侨类出版物，增强出版社的实力和影响。《海内与海外》杂志社贴近侨界群众、贴近侨界生活、贴近侨联工作，在保持原有风格和特色的基础上，加强侨商宣传，增加中华传统文化内容，强化图文并茂，受到海内外读者好评。

4. 侨界群众文化活动丰富多彩、富有特色

各地侨联结合纪念中国共产党成立90周年和辛亥革命100周年，以“亲情中华”等品牌为统揽，广泛开展知识竞赛、歌咏比赛、文艺演出、书画摄影展览、夏令营等丰富多彩的活动，满足侨界群众精神文化需求，大力弘扬中华文化。山西省侨联着眼于服务全省发展大局，积极搭建文化平台，开展经贸、科技、教育交流活动，并向全省归侨侨眷和海外侨胞发出《凝心聚气促转型跨越发展、发挥侨力绘“十二五”宏伟蓝图》的倡议书，团结凝聚侨界力量在山西转型跨越发展中建功立业。广东省侨联和广州市侨联联合举办了第四届（广州）华人文化艺术节，吸引五大洲20多个国家和地区的侨胞参加活动。为配合文化强省建设，广东省侨联以文化阵地建设为突破口，评选出十个“侨界文化交流基地”、十个“侨资企业文化特色之星”和十个“海外文化交流中心”，初步搭建起文艺演出、书画交流、摄影展览等侨界文化交流活动平台。福建省侨联组织“亲情中华”艺术团，除到中国台湾、菲律宾演出外，还专程赴宁德东湖塘华侨农场举办慰侨演出，与归侨侨眷共度元宵佳节。浙江省侨联实施“亲情中华”四大行动，以“亲情中华　书画巡展”为平台，贴近侨胞“送”文化；以“亲情中华　文艺巡演”为载体，凝聚侨心“建”文化；以“亲情中华　文化寻根”为契机，立足侨乡“种”文化；以“亲情中华　刊网并进”为手段，携手合力“强”文化，并设立浙江侨界首个文化发展专项基金，首期募集资金500余万元。新疆、内蒙古、云南、广西侨联充分利用自身优势，开展少数民族侨胞文化交流系列活动，成功举办“亲情中华”慰侨演出，积极支持协助周边国家侨社团创办海外华文学校，做好少数民族侨胞和周边国家侨胞的联谊工作，得到了地方党政和有关方面的充分肯定。北京市侨联成功举办了第五届首都新侨乡文化节，历时7个月，吸引了

基层侨界广大群众热情参与，并带动了社区文化活动。上海市侨联以“魅力汉语，亲情中华”为主题，组织了第十三届上海、台北、香港、澳门青少年朗诵比赛决赛。江苏省侨联加强与海外华文媒体的合作，举办了“海（境）外华文媒体看江苏”活动，邀请来自加拿大、美国、英国等10个国家和地区的华文媒体代表来江苏参观采访，还命名了一批“江苏省华侨华人文化交流基地”。湖南省侨联坚持以“亲情中华”带动文化宣传工作，通过侨联牵头、政府支持、侨社团合作、企业赞助、市场合作等多途径解决经费问题，先后6次组团赴海外开展“亲情中华”演出，同时开展“亲情中华”进校园、进高新区、进企业活动。海南省侨联联合素有“琼剧之乡”美称的定安琼剧团组成“亲情中华”琼剧文化演出团，赴东南亚进行文化交流访问演出活动，效果很好。安徽侨联利用徽商大会平台，以文化为媒介助力经贸活动，积极向海内外客商宣传安徽文化。甘肃省侨联以“弘扬中华文化、领略丝路风情、振奋民族精神”为主题，参与打造敦煌文化、伏羲文化等文化交流品牌，努力开展“请进来”活动，以文化助推各项事业发展。辽宁侨联以“亲情中华辽宁情”为媒介，广泛结交海外华人华侨社团，不断扩大海外联谊平台。山东、安徽侨联与省电视台合作设立专栏节目，宣传海外优秀侨界人士。贵州省侨联编撰完成《贵州侨史》，填补了贵州史学界的一大空白。湖北、四川侨联积极开展以青少年为主体的文化交流活动。河北、黑龙江、重庆、江西、宁夏侨联深挖本省文化底蕴，努力把文化资源变成文化“软实力”。陕西省侨联广泛联络海内外侨胞参与“中国东西部合作与投资贸易洽谈会暨公祭轩辕黄帝”活动。大连市侨联注重借助社会平台和文化资源，扩大侨联文化宣传工作影响力，收到了文化聚侨、文化惠侨的良好成效，其支持推动的大连杂技团“亲情中华　魅力杂技——胡桃夹子”将在全球80多个海外城市巡演。深圳市侨联与香港华侨华人社团总会共同举办“春节联欢晚会”等活动，联合港澳侨社团积极弘扬中华文化。厦门华侨历史学会以“口述历史”形式，集中开展访谈，收集整理并出版了以“归侨、侨办企业、华侨农场”为主题的三本口述专集，得到了学术界、侨界的肯定。青岛市侨联坚持在大局中思考，在大局中谋划，在大局中运行，着力唱响“三台戏”，即搭台唱戏、同台唱戏、借台唱戏，彰显侨联特色，提升侨界影响。武汉、济南、杭州、哈尔滨、南京、太原等地的侨联也开展了丰富多彩、富有特色的活动。

二、全面贯彻党的十七届六中全会精神，在推动社会主义文化大发展大繁荣和中华文化走向世界中充分发挥侨联组织的积极作用，不断开创侨联文化宣传工作新局面

党的十七届六中全会是在我国全面建设小康社会关键时期和深化改革开放、加快转变经济发展方式的攻坚时期召开的一次十分重要的会议。全会总结了我国文化改革发展的丰富实践和宝贵经验，研究了深化文化体制改革、推动社会主义文化大发展大繁荣若干重大问题，提出了新形势下推进文化改革发展的指导思想、重要方针、目标任务、政策措施，对夺取全面建设小康社会新胜利、开创中国特色社会主义事业新局面具有重大而深远的意义。特别是全会通过的《中共中央关于深化文化体制改革　推动社会主义文化大发展大繁荣若干重大问题的决定》明确提出要“支持人民团体发挥作用，共同推进文化改革发展”，“支持海外侨胞积极开展中外人文交流”。各级侨联组织和广大侨联干部要把认真学习贯彻全会精神作为当前和今后一个时期的重要任务，在推动社会主义文化大发展大繁荣和中华文化走向世界中充分发挥侨联组织的积极作用。

1. 提高认识、统一思想，增强做好新形势下侨联文化宣传工作的使命感和自觉性

博大精深的中华文化既是中华民族生生不息、团结奋进的不竭动力，也是团结凝聚海内外中华儿女为实现中华民族的伟大复兴而努力奋斗的精神纽带，还是增进中国人民与各国人民友好往来的沟通桥梁。各级侨联组织和广大侨联干部要做好侨胞工作和海外工作，首先必须懂文化，必须深谙文化工作的重要性。这是因为推动文化大发展大繁荣和中华文化走向世界的过程，就是弘扬以爱国主义为核心的民族精神和以改革创新为核心的时代精神，团结凝聚广大侨胞为实现中华民族伟大复兴而共同奋斗的过程；就是“以侨为桥”开展中外人文交流，广泛参与世界文明对话，共同推动人类发展进步的过程；就是增强对一个中国、对中华民族、对中华历史、对中华文化的认同，促进海内外中华儿女大团结，共同致力于祖国和平统一的过程；就是各级侨联组织坚持以“为侨服务”为宗旨，切实做好群众工作的过程，也是海内外侨界凝心聚力的过程。我们知道，一个民族的形成与发展，不仅源于地域和血缘，而且也取决于自身独特的文化。数百年来，海外侨胞之所以能够在外生存、发展、团结、奋斗的重要原因之一，正是根源于厚重的中华文化给予的无穷力量；展望未来，团结凝聚包括港澳台同胞和海外侨胞在内的所有中华儿女的智慧和力量，实现中华民族的伟大复兴，仍需要中华文化的“薪火相传”。中华文化所蕴含的胸怀天下、追求一统的民族情怀，勤劳勇敢、崇尚和谐的民族品格，扶正扬善、尊信守义的民族美德，百折不挠、奋发进取的民族精神，永远是支撑我们不断前进的强大动力，永远是中华民族自立于世界民族之林的根基，也是侨联组织凝聚侨心的重要法宝。

2. 认真分析困难与挑战、不足与难题，增强做好侨联文化宣传工作的针对性

近年来，得益于党和政府的高度重视、广大侨胞的大力支持、社会各界的关心帮助，侨联文化宣传工作面临着难得的机遇，也取得了较好的成绩。但由于历史的原因和主客观条件的限制，侨联文化宣传工作仍面临很多问题、困难和不足。对此，我们应有清醒的认识。这主要是：文化宣传经费严重不足，可直接调动的资源有限；合作渠道亟待扩展，运作模式还需探索；队伍建设急需加强，工作思路仍需创新。其中，文化交流需求多样、工作任务艰巨复杂，是我们做好侨联文化宣传工作面临的现实挑战；涉侨文化宣传各自为战、项目雷同，对外文化交流缺少协调机制是我们做好侨联文化宣传工作经常遇到的问题。上述问题，有些单靠侨联自身力量是难以彻底解决的，如经费、体制等；有些则可以通过各级侨联组织、广大侨联干部解放思想、真抓实干加以解决，如整合资源、拓展渠道、提高能力、创新方法等。面对困难和问题，我们既要多方反映、争取支持，也要开动脑筋、主动而为，不能等、靠、要。中国侨联决心与各级侨联共同努力，用两到三年时间，力争在工作经费、拓宽渠道、自身队伍、工作机制等方面有比较明显的改观，全面改善最好，局部有所突破也行，关键是找好突破口和切入点，切实增强做好侨联文化宣传工作的针对性。

3. 以改革创新精神探索解决问题的思路和办法，增强做好侨联文化宣传工作的自信心

认识到问题的存在并提出问题，是解决问题的第一步，接下来是采取什么措施，怎么办？具体说来，我们有以下初步想法：

在争取党政、社会支持，解决经费、编制、体制等困难方面，我们的想法：一是主动争取各级党委加强对侨联工作的重视和支持，目前已推动近20个省级党委相继出台《关于加强和改进新形势下侨联工作的意见》，我们将积极争取中央出台相关的扶持政策；二

是通过人大代表、政协委员反映问题，提请有关部门重视，推动问题的解决；三是围绕党政关注的社会热点问题，发挥侨联组织优势，策划设计有特色的活动，力求财政设立专项科目；四是与相关省市政府签订战略合作协议，供需互补、强强联合，整合双方资源优势，在服务党政中心工作的同时获得资源补充。下一步，我们还将通过在华侨公益基金会设立文化宣传专项基金，配合地方政府和企业开展海外宣传、经贸招商等方式，多渠道筹措社会资金，开展侨联文化宣传工作。

在整合资源、拓展渠道、搭建平台等方面，我们的想法：一是实施“大文化、大外宣”战略，加强侨联内部协作，整合文化交流、海外联谊、经济科技、权益保障等部门和基金会、侨研所、博物馆、出版社、杂志社等单位力量，共同规划开展侨联文化宣传工作；二是加强中国华侨国际文化交流促进会、中国华侨摄影学会、中国华侨历史学会、中国华侨文学艺术家协会等已有文化社团的工作；三是以海外顾问、海外委员、海外青年委员为依托，发挥文促会等文化社团理事作用，开展相应的文化活动；四是带动、支持地方侨联开展对外文化交流和外宣工作，包括为非重点侨乡、民族地区侨联牵线搭桥，开展海外文化交流项目；五是服务侨资文化企业发展，推动中外文化产业合作。

在工作内容、活动项目、工作方法等方面，我们的想法：一是加强调查研究，“问计于侨”，根据侨胞需求和专家咨询意见，设计项目，开展活动；二是强化人民团体的组织优势，扬长避短，开展工作；三是加强与文化领域各种专业力量、市场力量的合作；四是重视利用新媒体、新技术做好侨联文化宣传工作。下一步，在进一步做强做大“亲情中华”、“世界华侨华人学生作文大赛”、“中国侨联爱国主义教育基地”等品牌的同时，我们将不断丰富和培育侨联文化宣传工作品牌；我们将联合香港、澳门、台湾和海外侨团，在海内外共同组织开展一些文化活动；我们将按照国际惯例，继续采用适合非政府组织的工作手段，如举办论坛、开展培训、组织评奖、推进出版、举办展览等开展侨联文化宣传工作。

4. 围绕中心、服务大局、以侨为本，明确做好侨联文化宣传工作的着力点

侨联既是党和政府联系归侨侨眷和海外侨胞的桥梁纽带，也是海内外侨胞之家。这就决定了侨联工作既有涉外性、政治性的一面，也有群众性、社会性的一面；既要做好国内工作，也要做好海外工作。因此，侨联文化宣传工作，必须将服务大局和服务侨胞有机结合，必须将宣传引导与文化传承有机结合，必须将公益性目标和社会、市场手段有机结合，必须将国内工作与海外工作有机结合。因此，为全面贯彻党的十七届六中全会精神，在推动社会主义文化大发展大繁荣和中华文化走向世界中充分发挥侨联组织的积极作用，需要我们集中力量做好以下工作：在广大侨胞中积极弘扬以爱国主义为核心的民族精神和以改革创新为核心的时代精神，坚持用社会主义核心价值体系引导教育广大侨界群众，在爱国主义的旗帜下团结凝聚广大侨胞为实现中华民族伟大复兴贡献力量；推动海内外侨界文化精品创作，展现侨胞发展，展示侨界风采，为侨界群众提供更好更多的精神食粮；大力发展公益性文化事业，大力开展侨界群众文化活动，满足广大侨胞的精神文化需求；推动侨商企业文化研究，支持侨界文化产业发展，努力实现社会效益和经济效益相统一；整合资源，培育品牌，多渠道、多方式积极开展中外文化交流和人文交流，为中华文化走向世界架设桥梁、贡献力量；发掘宣传归侨侨眷和海外侨胞的优秀代表，大力弘扬侨胞吃苦耐劳、合群随众、团结互助、恋祖爱乡的优秀品质，引导海外侨胞进一步树立诚信守法、

文明向上的良好精神风貌；主动加强与社会文化机构的合作，不断加强侨界文化平台和设施建设，切实重视网络和新媒体力量；科学谋划、健全机制，努力提高做好新形势下侨联文化宣传工作的能力和水平。

为完成上述任务，激发广大侨胞的文化创造活力，大力支持地方和基层侨联开展各类主题鲜明、特色突出、侨界群众乐于参与的文化活动，我们将广泛征求和虚心听取各方面意见，支持海外侨社团开展文化活动和人文交流，特别是支持海外文化侨社、华人艺术家组成一批不走的“亲情中华”艺术团，提高他们服务侨胞文化需求、传播中华文化的能力；在全力推进“亲情中华”等品牌活动的同时，抓住契机，推出若干具有示范性、导向性，能够广泛牵动基层侨联组织参与的主题文化活动；积极与有影响的影视制作播出机构、出版发行机构、文化娱乐机构、文艺演出团体、网络媒体等合作，联合推出一批具有侨特色的文化产品和文化活动，携手推动中华文化“走出去”。各级侨联要努力发现、积极联络侨界文化人才，汇聚文化创作、文艺表演、文化展示、文化经营、文化传播的专业人士，使侨联文化宣传工作得到最广泛的人才支持。

三、精心谋划，扎实推进，进一步提高品牌活动的影响力和创造性，努力做好2012年和今后一个时期的侨联文化宣传工作

2012年是我国发展进程中具有特殊重要意义的一年，是实施“十二五”规划承上启下的重要一年，我们党将召开十八大。今年侨联文化宣传工作的主要任务，就是认真贯彻落实中央书记处对中国侨联工作的重要指示精神，进一步强化宣传引导和对外文化交流工作，为党的十八大胜利召开营造氛围、凝聚侨心、扬帆鼓劲。

1. 切实做好宣传引导工作，为党的十八大胜利召开营造良好氛围

党的十七届六中全会决定党的十八大于2012年下半年召开，这将是我们党在全面建设小康社会的关键时期和深化改革开放、加快转变经济发展方式的攻坚时期召开的一次十分重要的会议。各级侨联文化宣传部门，要按照中央和地方党委的统一部署，做好迎接十八大的宣传工作和十八大召开后有关精神的贯彻落实工作，要牢牢把握正确的舆论导向，坚持团结、稳定、鼓劲，在政治上、思想上、行动上与党中央保持一致；组织开展以“科学发展、成就辉煌”为主题的宣传展示活动，引导侨界群众坚定对中国特色社会主义的信心。中国侨联将举办一系列活动，为党的十八大胜利召开营造良好氛围。

2. 全面推进“亲情中华”主题活动，积极推动中外文化交流和友好交往

各级侨联要积极贯彻实施文化“走出去”工程，推动“亲情中华”主题活动深入开展。中国侨联将组派多支具有较高水平和民族特色的艺术团，在国内外重要节假日、中外建交日、海外侨团举办跨地区重大活动期间，重点选择华侨华人相对集中、海外侨团热切期盼的城市开展慰问演出和文化交流活动；相机组织“亲情中华”专题展览和中医药、美术、书法、摄影等专家交流团组出访，支持海外侨胞积极开展中外人文交流，不断拓展中华文化“走出去”的渠道；继续支持省级侨联、副省级城市侨联、主要侨乡城市侨联和部分少数民族地区侨联，组派“亲情中华”艺术团出访，以文化搭台的形式宣传侨乡的变化、介绍中国的发展；在扩大“亲情中华”艺术团海外演出覆盖面和影响力的同时，精心培育对外文化交流品牌，通过提供富有民族特色的文化产品，充分展示中华文化的历史底蕴和丰富内涵。今年5月，中国侨联将组派大型艺术团赴缅甸，配合中央领导同志到

访，举办“中缅胞波友好之夜”大型文艺晚会巡演活动。

3. 扎实做好侨联各项工作的宣传报道，努力提升侨联组织的凝聚力和影响力

今年，围绕服务经济平稳较快发展，促进文化大发展大繁荣，维护社会和谐稳定，认真履行侨联各项工作职能，侨联工作将呈现活动多、亮点多的局面。侨联文化宣传部门一定要综观全局，抓重点，抓契机，协调重点媒体，动员社会资源，利用纸质媒体、广播、电视、网络、新兴媒体等多种平台，通过新闻发布、动态消息、深度报道、重点访谈、新闻言论、人物宣传等形式，及时向社会传达侨联工作信息，适时展开深度挖掘和重点报道，努力提高宣传实效。要大力宣传侨联组织，团结带领侨界群众，紧紧围绕党和国家工作大局，努力推动科学发展，全面推进参政议政、经济科技、文化交流、海外联谊、维护侨益的工作成效，让广大侨胞和全社会更好地了解侨联、认识侨联、支持侨联，不断增强侨联组织的吸引力、凝聚力和影响力。中国侨联将继续坚持和完善新闻发言人制度和新闻发布会制度，同时加强与重点媒体、网络媒体的合作。中国侨联与人民网合作，已在人民网最核心的时政频道开设“亲情中华”专栏，集中反映侨联文化交流工作的成效，展示海内外侨界文化活动动态，并努力设法将其打造成中国侨联对外宣传的重要窗口、海内外侨界交流文化信息的平台。

4. 大力开展侨界群众文化活动，进一步满足广大侨胞的精神文化需求

中国侨联将继续开展“世界华侨华人学生作文大赛”暨获奖学生夏令营和华校教师研修团活动，吸引更多海外侨胞青少年学习中文、认知祖国；争取社会力量支持，为海外华文学校、华人社区、图书馆捐赠青少年简体中文读物，支持海外华文教育发展，增强中华优秀传统文化对海外侨界青少年的影响力和感召力；联合海外华文媒体和各地侨刊乡讯，以书籍、图片、数据、实物、动漫等为载体，开展针对海外的专题宣传，主动介绍我国经济社会发展情况和相关政策，宣传中国的科学发展、和平发展、和谐发展理念；与主流媒体合作，开展以海外侨胞为主要对象的宣传活动；支持各级侨联开展文化艺术节、“亲情中华”侨胞青少年夏令营、寻根问祖、宗亲联谊、学术交流等活动；支持海外侨社团开展文化交流和人文交流。

5. 不断丰富两岸侨界的文化交流，为实现祖国和平统一贡献力量

2012 年是两岸达成“九二共识”20 周年。各级侨联要牢牢把握两岸关系和平发展主题，积极扩大与台湾侨界的交流合作，不断壮大海外侨胞反“独”促统力量，夯实反对“台独”、坚持“九二共识”的共同政治基础。海峡两岸血同缘、书同文、语同声，各级侨联要根据“台中有侨、侨中有台”的特点，发挥地缘、血缘、亲缘的优势，以共同的民族利益为基础，以共同的文化渊源为桥梁，以共同的民族情感为纽带，积极参与和推动两岸民间交往、学术交流、文化交流，促进两岸同胞不断融洽感情、积累互信，为两岸关系和平发展打下扎实的民意基础。中国侨联将继续与台湾侨界共同举办“第七届两岸侨联和平发展论坛”，巩固两岸交流的成果；举办“2012 两岸四地侨界青年论坛”，促进两岸四地侨界青年密切往来、加深理解、增强凝聚力。

6. 切实加强侨联文化宣传的基础工作，努力实现可持续发展

“九层之台，起于垒土”。要推进侨联文化宣传工作，必须不断强化基础工作，从理论研究、制度建设、干部队伍、基层建设等方面入手夯实基础。要加强新形势下侨联文化宣传工作规律的研究，特别是要通过调查研究，找准侨联文化宣传工作中存在的问题、不

足和难题，加强战略性、前瞻性问题的研究，提高工作的针对性和科学性。要坚持德才兼备、以德为先的原则充实干部队伍，切实加强干部的业务培训，逐步完善干部的学习交流和考核培养，努力培养一批政治好、业务精、纪律严、作风正、能力强的侨联文化宣传工作者。要着眼于调动基层的积极性、主动性和创造性，强化对基层侨联的服务，要急基层所急，解基层所难，想方设法为基层推进工作创造条件、提供支持，要加大对基层工作的指导力度，帮助他们建立健全工作制度和工作规范，不断提高业务水平。侨联文化宣传工作关系侨联工作全局，需要侨联各个层面、各个部门通力合作、共同推进，要形成各级侨联领导班子统一领导，侨联各个部门共同参与支持，侨联文化宣传部门尽职尽责的工作格局，要特别注意把宣传工作与侨联其他工作有机结合起来，形成优势互补和整体效应。

同志们，今年是党和国家极为重要的一年。面对新机遇和新使命，侨联文化宣传工作大有可为，要求也更高。让我们更加紧密地团结在以胡锦涛同志为总书记的党中央周围，高举中国特色社会主义伟大旗帜，以邓小平理论和“三个代表”重要思想为指导，深入贯彻落实科学发展观，扎实工作，锐意进取，不断开创侨联文化宣传工作新局面，以优异的成绩迎接党的十八大胜利召开！

（人民网 2012－07－16）

（本栏目责任编辑　徐云）

涉侨政策法规

本栏目收录了2012年公开发布的全国性和地方性重要涉侨政策法规，按国家、省、市的顺序，以文件发布时间升序排列。

公安部推出12项边检和出入境便民服务措施

为进一步提高全国公安边检机关和出入境管理部门的服务水平，为广大服务对象提供更加便捷、高效的边检通关服务和出入境证件办理服务，公安部决定，从2012年1月1日起施行12项便民服务措施。

一、扩大边检自助查验通道适用范围，进一步便利出入境人员通关

下列人员可以在具备边检自助通关条件的口岸边检机关申请资料备案后，在全国所有具备自助通关条件的口岸选择自助查验通道自助办理出入境边检手续：

（一）持《港澳居民来往内地通行证》的港澳居民。

（二）持《往来港澳通行证》或《因公往来香港澳门特别行政区通行证》，并办妥多次有效签注直接往来港澳的内地居民。

（三）持《大陆居民往来台湾通行证》，并办妥多次有效签注的大陆居民。

（四）在中国内地航空公司定期国际航班上服务的机组人员。

二、提供全国联网查询本人出入境记录服务，方便中国公民就近查询

中国公民（含港澳台人员）可持本人有效出入境证件或居民身份证向全国任一边检站或地（市）级以上公安机关出入境管理部门提出书面申请，查询本人5年内的出入境记录信息，边检站、地（市）级以上公安机关出入境管理部门免费提供查询结果。

三、开设边检专用通道，便利往来深港、珠澳间的走读学童出入境

每天上下学高峰期，边检机关在毗邻港澳的深圳罗湖、皇岗（含福田地铁）、深圳湾、文锦渡、沙头角及珠海拱北口岸为往来深港、珠澳间的14岁以下走读学童开设专用通道，保障走读学童便捷、安全出入境。

四、提供多样化边检查验模式，方便旅游团快捷通关

旅游团出入境可选择整团集中排队办理边检手续，也可在向拟出入境口岸边检站预申报后，由旅游团成员自由选择不同的边检查验通道分别办理出入境手续，缩短旅游团通关时间，提高旅游团通关效率。

五、进一步简化边检查验手续，内地居民持有多次有效签注的《往来港澳通行证》出入境免加盖验讫章

持用《往来港澳通行证》，并办妥多次有效签注的内地居民出入境，在《往来港澳通行证》上免加盖边检验讫章，避免因频繁加盖验讫章导致证件签注页过快用完而更换证件。

六、签发年度多航次有效登陆证件，便利在特定船舶上服务的外国籍船员和台湾船员登陆

对在定期、定航线出入境的客、货班轮以及以我国内（不含港澳台地区）港口为母港的邮轮上服务的外国籍船员和台湾船员，边检机关将根据其申请，为其签发年度多航次有效登陆证件，供其随该船舶工作期间在我国内相关港口使用。

七、放宽船员家属及作业人员登外国籍或港澳籍船舶限制，方便船员家属会亲和作业人员工作

中国籍船员家属或登轮作业人员在向外国籍或港澳籍船舶停靠的港口边检机关申领登轮证件后，在证件有效期内，船员家属可持该证在全国任何一个对外开放港口（港区）登该船员服务船舶会亲，并随该船舶在国内港口间移泊；作业人员可持该证在证件签发机关所在城市的所有对外开放港口（港区）登外国籍或港澳籍船舶作业。

八、取消《航行港澳船舶查验簿》，简化往来港澳小型船舶边检手续

边检机关不再要求航行港澳小型船舶申办和交验《航行港澳船舶查验簿》。此类船舶出入境参照国际航行船舶办理边检手续。

九、在车辆自助通关的口岸取消《机动车辆出入境查验卡》，简化通关边检手续

在具备车辆自助通关条件的口岸，边检机关对通过自助查验通道出入境的机动车辆，不再查验《机动车辆出入境查验卡》，进一步简化机动车辆出入境边检手续，提高通关效率。

十、取得中国永久居留权的外国籍人员、外国籍机组人员以及船员免填《外国人入境卡》、《外国人出境卡》

对持有效《外国人永久居留证》的外国籍人员以及外国籍机组人员、船员等交通运输工具员工入出境时，免填《外国人入境卡》和《外国人出境卡》。

十一、在上海市试点为符合一定条件的非上海户籍人员办理出入境证件

持有《上海市居住证》（人才引进类）的人员可以向上海市公安局出入境管理局申办出入境证件。其中：

（一）申请普通护照的，应当提交本人的户口簿、身份证及有效期为3年（含）以上的《上海市居住证》（人才引进类）。

（二）申请《往来港澳通行证》及签注的，应当提交本人户口簿、身份证、有效期为1年（含）以上的《上海市居住证》（人才引进类）以及与申请事由相应的证明材料。

（三）申请《大陆居民往来台湾通行证》及签注的，应当提交本人户口簿、身份证、有效期为1年（含）以上的《上海市居住证》（人才引进类）以及与申请事由相应的证明材料。

十二、在具备条件的省（区、市）实行本省居民省内就近办理因私出入境证件

在具备条件的省（区、市）实行本省居民省内就近办理因私出入境证件的便利措施。在省内流动的本省居民，可以凭户口簿、身份证以及居住地公安机关出具的居住满一年（含）以上的证明（包括居住证、暂住证等），就近申请普通护照、《大陆居民往来台湾通行证》及签注、《往来港澳通行证》及团队旅游签注。

国务院侨务办公室　国家信访局
关于进一步加强涉侨信访工作的意见

（国侨发〔2012〕17号　2012年5月2日）

各省、自治区、直辖市人民政府侨办、信访局（办），新疆生产建设兵团侨办、信访局，中央和国家机关信访工作机构：

国务院侨务办公室、国家信访局《关于海外侨胞来信反映国内有关问题的处理意见》（侨内发〔2007〕108号）下发后，各地、各部门认真贯彻落实，为妥善处理海外侨胞的来信，有效保护其在国内的合法权益发挥了重要作用。随着全国信访工作的不断深入，涉侨信访也出现了一些新情况、新问题，为进一步加强涉侨信访工作，根据《中共中央 国务院关于进一步加强新时期信访工作的意见》（中发〔2007〕5号）和国务院《信访条例》规定，经国务院侨务办公室、国家信访局研究决定，提出如下意见：

一、提高对做好涉侨信访工作重要性的认识

涉侨信访工作是党和政府信访工作的重要组成部分，做好涉侨信访工作，及时反映归侨侨眷和海外侨胞提出的建议、意见，切实保障他们的合法权益，对于维护我国在国际上的良好形象、反对和遏制“台独”分裂势力、推动祖国和平统一进程，对于凝聚侨心、发挥侨力，促进侨界社会和谐稳定，动员归侨侨眷和海外侨胞积极参与小康社会建设，共同为中华民族伟大复兴作贡献，具有十分重要的意义。各有关涉侨信访工作部门要切实提高认识，加强领导，认真做好这项工作。

二、规范涉侨信访事项的工作范畴

涉侨信访事项是指归侨侨眷和海外侨胞通过书信、电子邮件、传真、电话、走访等形式，向各级人民政府侨务、信访工作部门和有权处理的机构反映情况，提出建议、意见或者投诉请求，并依法由有关部门和机构处理的事项。涉侨信访人的身份按照《中华人民共和国归侨侨眷权益保护法》规定认定。

三、明确处理涉侨信访事项的责任

各级人民政府侨务、信访工作部门和依法有权处理的机构，应当认真受理归侨侨眷海外侨胞的信访事项，不得推诿、搪塞或逾期不办。涉侨信访事项应按照“属地管理、分级负责”和“谁主管、谁负责”的原则，及时妥善处理，结果应告知信访人。

四、妥善处理涉侨信访涉法涉诉问题

对海外侨胞从国（境）外通过书面形式向各级人民政府侨务、信访工作部门反映的涉法涉诉问题，应及时转送给依法有权处理的司法机构，并告知当事人。对海外侨胞通过来访形式反映涉法涉诉问题的，可引导当事人直接向依法有权处理的司法机构反映。对归侨侨眷通过信访形式反映的涉法涉诉问题，按《信访条例》规定办理。

五、建立重要涉侨信访信息报送机制

对归侨侨眷和海外侨胞、侨团通过信访形式向各级人民政府侨务、信访工作部门以及驻外使领馆反映的重要意见、建议及其他信访事项，需要呈报党中央、国务院领导以及地方各级党委、人民政府领导的，侨务工作部门收到后，经审核转请本级信访工作部门处理；信访工作部门收到后，按照有关规定处理。

六、完善组织协调监督检查机制

各级人民政府侨务、信访工作部门负责组织、协调、监督、检查发生在本行政区域内的涉侨信访事项。对于影响较大、情况复杂的重要信访事项，侨务、信访工作部门可联合派员督办，有权处理的责任机关应按照要求及时办理并报送处理结果。

七、健全涉侨信访工作长效机制

进一步建立健全涉侨信访矛盾纠纷排查化解、领导包案、挂牌督办等制度，加大对重大、疑难涉侨信访事项联合督查工作力度，及时化解矛盾和纠纷，减少涉侨信访存量，控制增量。各级人民政府侨务、信访工作部门应建立联系沟通机制，定期或不定期地安排工作会晤，就涉侨信访工作的重要问题交换意见，并制定相关措施。

八、维护涉侨信访工作正常秩序

要教育和引导涉侨信访人在信访过程中遵守法律、法规，自觉维护社会公共秩序和信访秩序，不得损害国家、社会、集体的利益和其他公民的合法权利。对发生的涉侨缠访、闹访和群体性突发事件，各级侨务、信访工作部门要密切配合，协调相关地方政府、驻地公安部门，及时采取必要的现场处置措施。

九、加强对涉侨信访人的宣传教育

各级人民政府侨务、信访工作部门要大力宣传《中华人民共和国归侨侨眷权益保护法》、《信访条例》，宣传国家相关法律、法规和政策，引导归侨侨眷和海外侨胞提高法律意识，依法维护自身合法权益。

十、在内地定居的港澳同胞及其内地眷属反映信访事项的处理参照此意见执行

十一、本意见由国务院侨务办公室、国家信访局负责解释

中华人民共和国出境入境管理法

（2012 年 6 月 30 日第十一届全国人民代表大会常务委员会第二十七次会议通过 2012 年 6 月 30 日中华人民共和国主席令第 57 号公布　自 2013 年 7 月 1 日起施行）

目　录

第一章　总　则

第一条　为了规范出境入境管理，维护中华人民共和国的主权、安全和社会秩序，促进对外交往和对外开放，制定本法。

第二条　中国公民出境入境、外国人入境出境、外国人在中国境内停留居留的管理，

以及交通运输工具出境入境的边防检查，适用本法。

第三条 国家保护中国公民出境入境合法权益。

在中国境内的外国人的合法权益受法律保护。在中国境内的外国人应当遵守中国法律，不得危害中国国家安全、损害社会公共利益、破坏社会公共秩序。

第四条 公安部、外交部按照各自职责负责有关出境入境事务的管理。

中华人民共和国驻外使馆、领馆或者外交部委托的其他驻外机构（以下称驻外签证机关）负责在境外签发外国人入境签证。出入境边防检查机关负责实施出境入境边防检查。县级以上地方人民政府公安机关及其出入境管理机构负责外国人停留居留管理。

公安部、外交部可以在各自职责范围内委托县级以上地方人民政府公安机关出入境管理机构、县级以上地方人民政府外事部门受理外国人入境、停留居留申请。

公安部、外交部在出境入境事务管理中，应当加强沟通配合，并与国务院有关部门密切合作，按照各自职责分工，依法行使职权，承担责任。

第五条 国家建立统一的出境入境管理信息平台，实现有关管理部门信息共享。

第六条 国家在对外开放的口岸设立出入境边防检查机关。

中国公民、外国人以及交通运输工具应当从对外开放的口岸出境入境，特殊情况下，可以从国务院或者国务院授权的部门批准的地点出境入境。出境入境人员和交通运输工具应当接受出境入境边防检查。

出入境边防检查机关负责对口岸限定区域实施管理。根据维护国家安全和出境入境管理秩序的需要，出入境边防检查机关可以对出境入境人员携带的物品实施边防检查。必要时，出入境边防检查机关可以对出境入境交通运输工具载运的货物实施边防检查，但是应当通知海关。

第七条 经国务院批准，公安部、外交部根据出境入境管理的需要，可以对留存出境入境人员的指纹等人体生物识别信息作出规定。

外国政府对中国公民签发签证、出境入境管理有特别规定的，中国政府可以根据情况采取相应的对等措施。

第八条 履行出境入境管理职责的部门和机构应当切实采取措施，不断提升服务和管理水平，公正执法，便民高效，维护安全、便捷的出境入境秩序。

第二章 中国公民出境入境

第九条 中国公民出境入境，应当依法申请办理护照或者其他旅行证件。

中国公民前往其他国家或者地区，还需要取得前往国签证或者其他入境许可证明。但是，中国政府与其他国家政府签订互免签证协议或者公安部、外交部另有规定的除外。

中国公民以海员身份出境入境和在国外船舶上从事工作的，应当依法申请办理海员证。

第十条 中国公民往来内地与香港特别行政区、澳门特别行政区，中国公民往来大陆与台湾地区，应当依法申请办理通行证件，并遵守本法有关规定。具体管理办法由国务院规定。

第十一条 中国公民出境入境，应当向出入境边防检查机关交验本人的护照或者其他旅行证件等出境入境证件，履行规定的手续，经查验准许，方可出境入境。

具备条件的口岸，出入境边防检查机关应当为中国公民出境入境提供专用通道等便利措施。

第十二条 中国公民有下列情形之一的，不准出境：

（一）未持有效出境入境证件或者拒绝、逃避接受边防检查的；

（二）被判处刑罚尚未执行完毕或者属于刑事案件被告人、犯罪嫌疑人的；

（三）有未了结的民事案件，人民法院决定不准出境的；

（四）因妨害国（边）境管理受到刑事处罚或者因非法出境、非法居留、非法就业被其他国家或者地区遣返，未满不准出境规定年限的；

（五）可能危害国家安全和利益，国务院有关主管部门决定不准出境的；

（六）法律、行政法规规定不准出境的其他情形。

第十三条 定居国外的中国公民要求回国定居的，应当在入境前向中华人民共和国驻外使馆、领馆或者外交部委托的其他驻外机构提出申请，也可以由本人或者经由国内亲属向拟定居地的县级以上地方人民政府侨务部门提出申请。

第十四条 定居国外的中国公民在中国境内办理金融、教育、医疗、交通、电信、社会保险、财产登记等事务需要提供身份证明的，可以凭本人的护照证明其身份。

第三章 外国人入境出境

第一节 签 证

第十五条 外国人入境，应当向驻外签证机关申请办理签证，但是本法另有规定的除外。

第十六条 签证分为外交签证、礼遇签证、公务签证、普通签证。

对因外交、公务事由入境的外国人，签发外交、公务签证；对因身份特殊需要给予礼遇的外国人，签发礼遇签证。外交签证、礼遇签证、公务签证的签发范围和签发办法由外交部规定。

对因工作、学习、探亲、旅游、商务活动、人才引进等非外交、公务事由入境的外国人，签发相应类别的普通签证。普通签证的类别和签发办法由国务院规定。

第十七条 签证的登记项目包括：签证种类，持有人姓名、性别、出生日期、入境次数、入境有效期、停留期限，签发日期、地点，护照或者其他国际旅行证件号码等。

第十八条 外国人申请办理签证，应当向驻外签证机关提交本人的护照或者其他国际旅行证件，以及申请事由的相关材料，按照驻外签证机关的要求办理相关手续、接受面谈。

第十九条 外国人申请办理签证需要提供中国境内的单位或者个人出具的邀请函件的，申请人应当按照驻外签证机关的要求提供。出具邀请函件的单位或者个人应当对邀请内容的真实性负责。

第二十条 出于人道原因需要紧急入境，应邀入境从事紧急商务、工程抢修或者具有其他紧急入境需要并持有有关主管部门同意在口岸申办签证的证明材料的外国人，可以在国务院批准办理口岸签证业务的口岸，向公安部委托的口岸签证机关（以下简称口岸签证机关）申请办理口岸签证。

旅行社按照国家有关规定组织入境旅游的，可以向口岸签证机关申请办理团体旅游签证。

外国人向口岸签证机关申请办理签证，应当提交本人的护照或者其他国际旅行证件，以及申请事由的相关材料，按照口岸签证机关的要求办理相关手续，并从申请签证的口岸入境。

口岸签证机关签发的签证一次入境有效，签证注明的停留期限不得超过三十日。

第二十一条 外国人有下列情形之一的，不予签发签证：

（一）被处驱逐出境或者被决定遣送出境，未满不准入境规定年限的；

（二）患有严重精神障碍、传染性肺结核病或者有可能对公共卫生造成重大危害的其他传染病的；

（三）可能危害中国国家安全和利益、破坏社会公共秩序或者从事其他违法犯罪活动的；

（四）在申请签证过程中弄虚作假或者不能保障在中国境内期间所需费用的；

（五）不能提交签证机关要求提交的相关材料的；

（六）签证机关认为不宜签发签证的其他情形。

对不予签发签证的，签证机关可以不说明理由。

第二十二条 外国人有下列情形之一的，可以免办签证：

（一）根据中国政府与其他国家政府签订的互免签证协议，属于免办签证人员的；

（二）持有效的外国人居留证件的；

（三）持联程客票搭乘国际航行的航空器、船舶、列车从中国过境前往第三国或者地区，在中国境内停留不超过二十四小时且不离开口岸，或者在国务院批准的特定区域内停留不超过规定时限的；

（四）国务院规定的可以免办签证的其他情形。

第二十三条 有下列情形之一的外国人需要临时入境的，应当向出入境边防检查机关申请办理临时入境手续：

（一）外国船员及其随行家属登陆港口所在城市的；

（二）本法第二十二条第三项规定的人员需要离开口岸的；

（三）因不可抗力或者其他紧急原因需要临时入境的。

临时入境的期限不得超过十五日。

对申请办理临时入境手续的外国人，出入境边防检查机关可以要求外国人本人、载运其入境的交通运输工具的负责人或者交通运输工具出境入境业务代理单位提供必要的保证措施。

第二节 入境出境

第二十四条 外国人入境，应当向出入境边防检查机关交验本人的护照或者其他国际旅行证件、签证或者其他入境许可证明，履行规定的手续，经查验准许，方可入境。

第二十五条 外国人有下列情形之一的，不准入境：

（一）未持有效出境入境证件或者拒绝、逃避接受边防检查的；

（二）具有本法第二十一条第一款第一项至第四项规定情形的；

（三）入境后可能从事与签证种类不符的活动的；

（四）法律、行政法规规定不准入境的其他情形。

对不准入境的，出入境边防检查机关可以不说明理由。

第二十六条 对未被准许入境的外国人，出入境边防检查机关应当责令其返回；对拒不返回的，强制其返回。外国人等待返回期间，不得离开限定的区域。

第二十七条 外国人出境，应当向出入境边防检查机关交验本人的护照或者其他国际旅行证件等出境入境证件，履行规定的手续，经查验准许，方可出境。

第二十八条 外国人有下列情形之一的，不准出境：

（一）被判处刑罚尚未执行完毕或者属于刑事案件被告人、犯罪嫌疑人的，但是按照中国与外国签订的有关协议，移管被判刑的人除外；

（二）有未了结的民事案件，人民法院决定不准出境的；

（三）拖欠劳动者的劳动报酬，经国务院有关部门或者省、自治区、直辖市人民政府决定不准出境的；

（四）法律、行政法规规定不准出境的其他情形。

第四章 外国人停留居留

第一节 停留居留

第二十九条 外国人所持签证注明的停留期限不超过一百八十日的，持证人凭签证并按照签证注明的停留期限在中国境内停留。

需要延长签证停留期限的，应当在签证注明的停留期限届满七日前向停留地县级以上地方人民政府公安机关出入境管理机构申请，按照要求提交申请事由的相关材料。经审查，延期理由合理、充分的，准予延长停留期限；不予延长停留期限的，应当按期离境。

延长签证停留期限，累计不得超过签证原注明的停留期限。

第三十条 外国人所持签证注明入境后需要办理居留证件的，应当自入境之日起三十日内，向拟居留地县级以上地方人民政府公安机关出入境管理机构申请办理外国人居留证件。

申请办理外国人居留证件，应当提交本人的护照或者其他国际旅行证件，以及申请事由的相关材料，并留存指纹等人体生物识别信息。公安机关出入境管理机构应当自收到申请材料之日起十五日内进行审查并作出审查决定，根据居留事由签发相应类别和期限的外国人居留证件。

外国人工作类居留证件的有效期最短为九十日，最长为五年；非工作类居留证件的有效期最短为一百八十日，最长为五年。

第三十一条 外国人有下列情形之一的，不予签发外国人居留证件：

（一）所持签证类别属于不应办理外国人居留证件的；

（二）在申请过程中弄虚作假的；

（三）不能按照规定提供相关证明材料的；

（四）违反中国有关法律、行政法规，不适合在中国境内居留的；

（五）签发机关认为不宜签发外国人居留证件的其他情形。

符合国家规定的专门人才、投资者或者出于人道等原因确需由停留变更为居留的外国人，经设区的市级以上地方人民政府公安机关出入境管理机构批准可以办理外国人居留证件。

第三十二条 在中国境内居留的外国人申请延长居留期限的，应当在居留证件有效期限届满三十日前向居留地县级以上地方人民政府公安机关出入境管理机构提出申请，按照要求提交申请事由的相关材料。经审查，延期理由合理、充分的，准予延长居留期限；不予延长居留期限的，应当按期离境。

第三十三条 外国人居留证件的登记项目包括：持有人姓名、性别、出生日期、居留事由、居留期限，签发日期、地点，护照或者其他国际旅行证件号码等。

外国人居留证件登记事项发生变更的，持证件人应当自登记事项发生变更之日起十日内向居留地县级以上地方人民政府公安机关出入境管理机构申请办理变更。

第三十四条 免办签证入境的外国人需要超过免签期限在中国境内停留的，外国船员及其随行家属在中国境内停留需要离开港口所在城市，或者具有需要办理外国人停留证件其他情形的，应当按照规定办理外国人停留证件。

外国人停留证件的有效期最长为一百八十日。

第三十五条 外国人入境后，所持的普通签证、停留居留证件损毁、遗失、被盗抢或者有符合国家规定的事由需要换发、补发的，应当按照规定向停留居留地县级以上地方人民政府公安机关出入境管理机构提出申请。

第三十六条 公安机关出入境管理机构作出的不予办理普通签证延期、换发、补发，不予办理外国人停留居留证件、不予延长居留期限的决定为最终决定。

第三十七条 外国人在中国境内停留居留，不得从事与停留居留事由不相符的活动，并应当在规定的停留居留期限届满前离境。

第三十八条 年满十六周岁的外国人在中国境内停留居留，应当随身携带本人的护照或者其他国际旅行证件，或者外国人停留居留证件，接受公安机关的查验。

在中国境内居留的外国人，应当在规定的时间内到居留地县级以上地方人民政府公安机关交验外国人居留证件。

第三十九条 外国人在中国境内旅馆住宿的，旅馆应当按照旅馆业治安管理的有关规定为其办理住宿登记，并向所在地公安机关报送外国人住宿登记信息。

外国人在旅馆以外的其他住所居住或者住宿的，应当在入住后二十四小时内由本人或者留宿人，向居住地的公安机关办理登记。

第四十条 在中国境内出生的外国婴儿，其父母或者代理人应当在婴儿出生六十日内，持该婴儿的出生证明到父母停留居留地县级以上地方人民政府公安机关出入境管理机构为其办理停留或者居留登记。

外国人在中国境内死亡的，其家属、监护人或者代理人，应当按照规定，持该外国人的死亡证明向县级以上地方人民政府公安机关出入境管理机构申报，注销外国人停留居留证件。

第四十一条 外国人在中国境内工作，应当按照规定取得工作许可和工作类居留证件。任何单位和个人不得聘用未取得工作许可和工作类居留证件的外国人。

外国人在中国境内工作管理办法由国务院规定。

第四十二条 国务院人力资源社会保障主管部门、外国专家主管部门会同国务院有关部门根据经济社会发展需要和人力资源供求状况制定并定期调整外国人在中国境内工作指导目录。

国务院教育主管部门会同国务院有关部门建立外国留学生勤工助学管理制度，对外国留学生勤工助学的岗位范围和时限作出规定。

第四十三条 外国人有下列行为之一的，属于非法就业：

（一）未按照规定取得工作许可和工作类居留证件在中国境内工作的；

（二）超出工作许可限定范围在中国境内工作的；

（三）外国留学生违反勤工助学管理规定，超出规定的岗位范围或者时限在中国境内工作的。

第四十四条 根据维护国家安全、公共安全的需要，公安机关、国家安全机关可以限制外国人、外国机构在某些地区设立居住或者办公场所；对已经设立的，可以限期迁离。

未经批准，外国人不得进入限制外国人进入的区域。

第四十五条 聘用外国人工作或者招收外国留学生的单位，应当按照规定向所在地公安机关报告有关信息。

公民、法人或者其他组织发现外国人有非法入境、非法居留、非法就业情形的，应当及时向所在地公安机关报告。

第四十六条 申请难民地位的外国人，在难民地位甄别期间，可以凭公安机关签发的临时身份证明在中国境内停留；被认定为难民的外国人，可以凭公安机关签发的难民身份证件在中国境内停留居留。

第二节　永久居留

第四十七条 对中国经济社会发展作出突出贡献或者符合其他在中国境内永久居留条件的外国人，经本人申请和公安部批准，取得永久居留资格。

外国人在中国境内永久居留的审批管理办法由公安部、外交部会同国务院有关部门规定。

第四十八条 取得永久居留资格的外国人，凭永久居留证件在中国境内居留和工作，凭本人的护照和永久居留证件出境入境。

第四十九条 外国人有下列情形之一的，由公安部决定取消其在中国境内永久居留资格：

（一）对中国国家安全和利益造成危害的；

（二）被处驱逐出境的；

（三）弄虚作假骗取在中国境内永久居留资格的；

（四）在中国境内居留未达到规定时限的；

（五）不适宜在中国境内永久居留的其他情形。

第五章　交通运输工具出境入境边防检查

第五十条　出境入境交通运输工具离开、抵达口岸时，应当接受边防检查。对交通运输工具的入境边防检查，在其最先抵达的口岸进行；对交通运输工具的出境边防检查，在其最后离开的口岸进行。特殊情况下，可以在有关主管机关指定的地点进行。

出境的交通运输工具自出境检查后至出境前，入境的交通运输工具自入境后至入境检查前，未经出入境边防检查机关按照规定程序许可，不得上下人员、装卸货物或者物品。

第五十一条　交通运输工具负责人或者交通运输工具出境入境业务代理单位应当按照规定提前向出入境边防检查机关报告入境、出境的交通运输工具抵达、离开口岸的时间和停留地点，如实申报员工、旅客、货物或者物品等信息。

第五十二条　交通运输工具负责人、交通运输工具出境入境业务代理单位应当配合出境入境边防检查，发现违反本法规定行为的，应当立即报告并协助调查处理。

入境交通运输工具载运不准入境人员的，交通运输工具负责人应当负责载离。

第五十三条　出入境边防检查机关按照规定对处于下列情形之一的出境入境交通运输工具进行监护：

（一）出境的交通运输工具在出境边防检查开始后至出境前、入境的交通运输工具在入境后至入境边防检查完成前；

（二）外国船舶在中国内河航行期间；

（三）有必要进行监护的其他情形。

第五十四条　因装卸物品、维修作业、参观访问等事由需要上下外国船舶的人员，应当向出入境边防检查机关申请办理登轮证件。

中国船舶与外国船舶或者外国船舶之间需要搭靠作业的，应当由船长或者交通运输工具出境入境业务代理单位向出入境边防检查机关申请办理船舶搭靠手续。

第五十五条　外国船舶、航空器在中国境内应当按照规定的路线、航线行驶。

出境入境的船舶、航空器不得驶入对外开放口岸以外地区。因不可预见的紧急情况或者不可抗力驶入的，应当立即向就近的出入境边防检查机关或者当地公安机关报告，并接受监护和管理。

第五十六条　交通运输工具有下列情形之一的，不准出境入境；已经驶离口岸的，可以责令返回：

（一）离开、抵达口岸时，未经查验准许擅自出境入境的；

（二）未经批准擅自改变出境入境口岸的；

（三）涉嫌载有不准出境入境人员，需要查验核实的；

（四）涉嫌载有危害国家安全、利益和社会公共秩序的物品，需要查验核实的；

（五）拒绝接受出入境边防检查机关管理的其他情形。

前款所列情形消失后，出入境边防检查机关对有关交通运输工具应当立即放行。

第五十七条　从事交通运输工具出境入境业务代理的单位，应当向出入境边防检查机关备案。从事业务代理的人员，由所在单位向出入境边防检查机关办理备案手续。

第六章 调查和遣返

第五十八条 本章规定的当场盘问、继续盘问、拘留审查、限制活动范围、遣送出境措施，由县级以上地方人民政府公安机关或者出入境边防检查机关实施。

第五十九条 对涉嫌违反出境入境管理的人员，可以当场盘问；经当场盘问，有下列情形之一的，可以依法继续盘问：

（一）有非法出境入境嫌疑的；

（二）有协助他人非法出境入境嫌疑的；

（三）外国人有非法居留、非法就业嫌疑的；

（四）有危害国家安全和利益，破坏社会公共秩序或者从事其他违法犯罪活动嫌疑的。

当场盘问和继续盘问应当依据《中华人民共和国人民警察法》规定的程序进行。

县级以上地方人民政府公安机关或者出入境边防检查机关需要传唤涉嫌违反出境入境管理的人员的，依照《中华人民共和国治安管理处罚法》的有关规定执行。

第六十条 外国人有本法第五十九条第一款规定情形之一的，经当场盘问或者继续盘问后仍不能排除嫌疑，需要作进一步调查的，可以拘留审查。

实施拘留审查，应当出示拘留审查决定书，并在二十四小时内进行询问。发现不应当拘留审查的，应当立即解除拘留审查。

拘留审查的期限不得超过三十日；案情复杂的，经上一级地方人民政府公安机关或者出入境边防检查机关批准可以延长至六十日。对国籍、身份不明的外国人，拘留审查期限自查清其国籍、身份之日起计算。

第六十一条 外国人有下列情形之一的，不适用拘留审查，可以限制其活动范围：

（一）患有严重疾病的；

（二）怀孕或者哺乳自己不满一周岁婴儿的；

（三）未满十六周岁或者已满七十周岁的；

（四）不宜适用拘留审查的其他情形。

被限制活动范围的外国人，应当按照要求接受审查，未经公安机关批准，不得离开限定的区域。限制活动范围的期限不得超过六十日。对国籍、身份不明的外国人，限制活动范围期限自查清其国籍、身份之日起计算。

第六十二条 外国人有下列情形之一的，可以遣送出境：

（一）被处限期出境，未在规定期限内离境的；

（二）有不准入境情形的；

（三）非法居留、非法就业的；

（四）违反本法或者其他法律、行政法规需要遣送出境的。

其他境外人员有前款所列情形之一的，可以依法遣送出境。

被遣送出境的人员，自被遣送出境之日起一至五年内不准入境。

第六十三条 被拘留审查或者被决定遣送出境但不能立即执行的人员，应当羁押在拘留所或者遣返场所。

第六十四条 外国人对依照本法规定对其实施的继续盘问、拘留审查、限制活动范围、遣送出境措施不服的，可以依法申请行政复议，该行政复议决定为最终决定。

其他境外人员对依照本法规定对其实施的遣送出境措施不服，申请行政复议的，适用前款规定。

第六十五条 对依法决定不准出境或者不准入境的人员，决定机关应当按照规定及时通知出入境边防检查机关；不准出境、入境情形消失的，决定机关应当及时撤销不准出境、入境决定，并通知出入境边防检查机关。

第六十六条 根据维护国家安全和出境入境管理秩序的需要，必要时，出入境边防检查机关可以对出境入境的人员进行人身检查。人身检查应当由两名与受检查人同性别的边防检查人员进行。

第六十七条 签证、外国人停留居留证件等出境入境证件发生损毁、遗失、被盗抢或者签发后发现持证人不符合签发条件等情形的，由签发机关宣布该出境入境证件作废。

伪造、变造、骗取或者被证件签发机关宣布作废的出境入境证件无效。

公安机关可以对前款规定的或被他人冒用的出境入境证件予以注销或者收缴。

第六十八条 对用于组织、运送、协助他人非法出境入境的交通运输工具，以及需要作为办案证据的物品，公安机关可以扣押。

对查获的违禁物品，涉及国家秘密的文件、资料以及用于实施违反出境入境管理活动的工具等，公安机关应当予以扣押，并依照相关法律、行政法规规定处理。

第六十九条 出境入境证件的真伪由签发机关、出入境边防检查机关或者公安机关出入境管理机构认定。

第七章 法律责任

第七十条 本章规定的行政处罚，除本章另有规定外，由县级以上地方人民政府公安机关或者出入境边防检查机关决定；其中警告或者五千元以下罚款，可以由县级以上地方人民政府公安机关出入境管理机构决定。

第七十一条 有下列行为之一的，处一千元以上五千元以下罚款；情节严重的，处五日以上十日以下拘留，可以并处二千元以上一万元以下罚款：

（一）持用伪造、变造、骗取的出境入境证件出境入境的；

（二）冒用他人出境入境证件出境入境的；

（三）逃避出境入境边防检查的；

（四）以其他方式非法出境入境的。

第七十二条 协助他人非法出境入境的，处二千元以上一万元以下罚款；情节严重的，处十日以上十五日以下拘留，并处五千元以上二万元以下罚款，有违法所得的，没收违法所得。

单位有前款行为的，处一万元以上五万元以下罚款，有违法所得的，没收违法所得，并对其直接负责的主管人员和其他直接责任人员依照前款规定予以处罚。

第七十三条 弄虚作假骗取签证、停留居留证件等出境入境证件的，处二千元以上五千元以下罚款；情节严重的，处十日以上十五日以下拘留，并处五千元以上二万元以下罚款。

单位有前款行为的，处一万元以上五万元以下罚款，并对其直接负责的主管人员和其他直接责任人员依照前款规定予以处罚。

第七十四条 违反本法规定，为外国人出具邀请函件或者其他申请材料的，处五千元以上一万元以下罚款，有违法所得的，没收违法所得，并责令其承担所邀请外国人的出境费用。

单位有前款行为的，处一万元以上五万元以下罚款，有违法所得的，没收违法所得，并责令其承担所邀请外国人的出境费用，对其直接负责的主管人员和其他直接责任人员依照前款规定予以处罚。

第七十五条 中国公民出境后非法前往其他国家或者地区被遣返的，出入境边防检查机关应当收缴其出境入境证件，出境入境证件签发机关自其被遣返之日起六个月至三年以内不予签发出境入境证件。

第七十六条 有下列情形之一的，给予警告，可以并处二千元以下罚款：

（一）外国人拒不接受公安机关查验其出境入境证件的；

（二）外国人拒不交验居留证件的；

（三）未按照规定办理外国人出生登记、死亡申报的；

（四）外国人居留证件登记事项发生变更，未按照规定办理变更的；

（五）在中国境内的外国人冒用他人出境入境证件的；

（六）未按照本法第三十九条第二款规定办理登记的。

旅馆未按照规定办理外国人住宿登记的，依照《中华人民共和国治安管理处罚法》的有关规定予以处罚；未按照规定向公安机关报送外国人住宿登记信息的，给予警告；情节严重的，处一千元以上五千元以下罚款。

第七十七条 外国人未经批准，擅自进入限制外国人进入的区域，责令立即离开；情节严重的，处五日以上十日以下拘留。对外国人非法获取的文字记录、音像资料、电子数据和其他物品，予以收缴或者销毁，所用工具予以收缴。

外国人、外国机构违反本法规定，拒不执行公安机关、国家安全机关限期迁离决定的，给予警告并强制迁离；情节严重的，对有关责任人员处五日以上十五日以下拘留。

第七十八条 外国人非法居留的，给予警告；情节严重的，处每非法居留一日五百元，总额不超过一万元的罚款或者五日以上十五日以下拘留。

因监护人或者其他负有监护责任的人未尽到监护义务，致使未满十六周岁的外国人非法居留的，对监护人或者其他负有监护责任的人给予警告，可以并处一千元以下罚款。

第七十九条 容留、藏匿非法入境、非法居留的外国人，协助非法入境、非法居留的外国人逃避检查，或者为非法居留的外国人违法提供出境入境证件的，处二千元以上一万元以下罚款；情节严重的，处五日以上十五日以下拘留，并处五千元以上二万元以下罚款，有违法所得的，没收违法所得。

单位有前款行为的，处一万元以上五万元以下罚款，有违法所得的，没收违法所得，并对其直接负责的主管人员和其他直接责任人员依照前款规定予以处罚。

第八十条 外国人非法就业的，处五千元以上二万元以下罚款；情节严重的，处五日以上十五日以下拘留，并处五千元以上二万元以下罚款。

介绍外国人非法就业的，对个人处每非法介绍一人五千元，总额不超过五万元的罚款；对单位处每非法介绍一人五千元，总额不超过十万元的罚款；有违法所得的，没收违法所得。

非法聘用外国人的，处每非法聘用一人一万元，总额不超过十万元的罚款；有违法所得的，没收违法所得。

第八十一条 外国人从事与停留居留事由不相符的活动，或者有其他违反中国法律、法规规定，不适宜在中国境内继续停留居留情形的，可以处限期出境。

外国人违反本法规定，情节严重，尚不构成犯罪的，公安部可以处驱逐出境。公安部的处罚决定为最终决定。

被驱逐出境的外国人，自被驱逐出境之日起十年内不准入境。

第八十二条 有下列情形之一的，给予警告，可以并处二千元以下罚款：

（一）扰乱口岸限定区域管理秩序的；

（二）外国船员及其随行家属未办理临时入境手续登陆的；

（三）未办理登轮证件上下外国船舶的。

违反前款第一项规定，情节严重的，可以并处五日以上十日以下拘留。

第八十三条 交通运输工具有下列情形之一的，对其负责人处五千元以上五万元以下罚款：

（一）未经查验准许擅自出境入境或者未经批准擅自改变出境入境口岸的；

（二）未按照规定如实申报员工、旅客、货物或者物品等信息，或者拒绝协助出境入境边防检查的；

（三）违反出境入境边防检查规定上下人员、装卸货物或者物品的。

出境入境交通运输工具载运不准出境入境人员出境入境的，处每载运一人五千元以上一万元以下罚款。交通运输工具负责人证明其已经采取合理预防措施的，可以减轻或者免予处罚。

第八十四条 交通运输工具有下列情形之一的，对其负责人处二千元以上二万元以下罚款：

（一）中国或者外国船舶未经批准擅自搭靠外国船舶的；

（二）外国船舶、航空器在中国境内未按照规定的路线、航线行驶的；

（三）出境入境的船舶、航空器违反规定驶入对外开放口岸以外地区的。

第八十五条 履行出境入境管理职责的工作人员，有下列行为之一的，依法给予处分：

（一）违反法律、行政法规，为不符合规定条件的外国人签发签证、外国人停留居留证件等出境入境证件的；

（二）违反法律、行政法规，审核验放不符合规定条件的人员或者交通运输工具出境入境的；

（三）泄露在出境入境管理工作中知悉的个人信息，侵害当事人合法权益的；

（四）不按照规定将依法收取的费用、收缴的罚款及没收的违法所得、非法财物上缴国库的；

（五）私分、侵占、挪用罚没、扣押的款物或者收取的费用的；

（六）滥用职权、玩忽职守、徇私舞弊，不依法履行法定职责的其他行为。

第八十六条 对违反出境入境管理行为处五百元以下罚款的，出入境边防检查机关可以当场作出处罚决定。

第八十七条 对违反出境入境管理行为处罚款的，被处罚人应当自收到处罚决定书之日起十五日内，到指定的银行缴纳罚款。被处罚人在所在地没有固定住所，不当场收缴罚款事后难以执行或者在口岸向指定银行缴纳罚款确有困难的，可以当场收缴。

第八十八条 违反本法规定，构成犯罪的，依法追究刑事责任。

第八章 附 则

第八十九条 本法下列用语的含义：

出境，是指由中国内地前往其他国家或者地区，由中国内地前往香港特别行政区、澳门特别行政区，由中国大陆前往台湾地区。

入境，是指由其他国家或者地区进入中国内地，由香港特别行政区、澳门特别行政区进入中国内地，由台湾地区进入中国大陆。

外国人，是指不具有中国国籍的人。

第九十条 经国务院批准，同毗邻国家接壤的省、自治区可以根据中国与有关国家签订的边界管理协定制定地方性法规、地方政府规章，对两国边境接壤地区的居民往来作出规定。

第九十一条 外国驻中国的外交代表机构、领事机构成员以及享有特权和豁免的其他外国人，其入境出境及停留居留管理，其他法律另有规定的，依照其规定。

第九十二条 外国人申请办理签证、外国人停留居留证件等出境入境证件或者申请办理证件延期、变更的，应当按照规定缴纳签证费、证件费。

第九十三条 本法自2013年7月1日起施行。《中华人民共和国外国人入境出境管理法》和《中华人民共和国公民出境入境管理法》同时废止。

中共中央组织部 人力资源社会保障部 公安部等25部门关于印发《外国人在中国永久居留享有相关待遇的办法》的通知

（人社部发〔2012〕53号）

各省、自治区、直辖市、新疆生产建设兵团、副省级市组织、人力资源社会保障、公安、外事、发展改革、教育、科技、财政、住建、商务、计生、人民银行、国资、海关、税务、工商、旅游、侨务、银监、证监、保监、外专、民航、外汇部门，各铁路局，国务院各部门、各直属机构人事部门：

《外国人在中国永久居留审批管理办法》颁布以来，一批外籍人才获得《外国人永久居留证》，为我国吸引海外人才和投资者更好地参与国家建设发挥了重要作用。《国家中长期人才发展规划纲要（2010—2020 年）》明确提出，要实施更加开放的人才政策，大力吸引海外高层次人才回国（来华）创新创业。经中央人才工作协调小组同意，现印发《外国人在中国永久居留享有相关待遇的办法》，请认真贯彻执行。

在中国永久居留的外国人享有相关待遇问题，涉及工作和生活的方方面面，是吸引海外人才来华工作的重要措施。各级组织、人力资源社会保障、公安、外交、发展改革、教育、科技、财政、住建、铁路、商务、计生、人民银行、国资、海关、税务、工商、旅游、侨务、银监、证监、保监、外专、民航、外汇等相关部门要充分认识到这项工作的重要意义，加强协调配合，抓紧出台实施细则和办法，积极落实各项措施，切实保障外籍人才在中国永久居留的合法权益和各项待遇。要不断完善服务政策，增强服务意识，提高服务水平，为大力吸引海外人才来华创新创业营造良好环境。

中共中央组织部	人力资源社会保障部	公安部
外交部	发展改革委	教育部
科技部	财政部	住房城乡建设部
铁道部	商务部	人口计生委
人民银行	国资委	海关总署
税务总局	工商总局	旅游局
侨办	银监会	证监会
保监会	外专局	民航局
外汇局		

二〇一二年九月二十五日

外国人在中国永久居留享有相关待遇的办法

《外国人永久居留证》是获得在中国永久居留资格的外国人在中国境内居留的合法身份证件，可以单独使用。凡持有中国《外国人永久居留证》的外籍人员可享有以下待遇：

一、除政治权利和法律法规规定不可享有的特定权利和义务外，原则上和中国公民享有相同权利，承担相同义务。

二、在中国居留期限不受限制，可以凭有效护照和《外国人永久居留证》出入中国国境，无须另外办理签证等手续；其配偶及直系亲属，可按有关规定申请办理相应签证、居留证件或《外国人永久居留证》。

三、进出境自用物品按照海关对定居旅客的有关规定办理手续。

四、在中国就业，免办《外国人就业证》；符合条件的，可优先办理《外国专家证》、《回国（来华）专家证》以及各地人才工作居住证。

五、可以技术入股或者投资等方式创办外商投资企业，可以合法获得的人民币在中国境内进行外商直接投资。

六、在中国投资项目、设立外商投资企业的，发展改革、商务、工商、外汇等部门按照外资管理有关规定简化核准及审批程序，提高效率。

七、可按规定参加专业技术职务任职资格评审和专业技术人员资格考试。

八、随迁子女义务教育阶段入学，符合条件的，可享受相关政策，由其居住地教育行政部门按照就近入学的原则办理入、转学手续，不收取国家规定以外的费用。

九、可以《外国人永久居留证》作为有效身份证件办理参加社会保险各项手续。在中国境内就业的，按照《中华人民共和国社会保险法》有关规定参加各项社会保险；在中国境内居住但未就业，且符合统筹地区规定的，可参照国内城镇居民参加城镇居民基本医疗保险和城镇居民社会养老保险，享受社会保险待遇。办理社会保险关系转移接续、终止等手续，社会保险经办机构按照有关规定简化流程、提供方便。

十、可按照《住房公积金管理条例》等规定，在工作地缴存和使用住房公积金，离开该地区时，可按规定办理住房公积金的提取或转移手续。

十一、可不受《关于规范房地产市场外资准入和管理的意见》中关于境外个人在境内购买自用商品住房需在境内工作、学习超过一年的限制，按照其他有关规定在境内购买自用、自住商品住房。

十二、在缴纳所得税方面，按照中国税收法律法规以及税收协定的有关规定，履行相应的纳税义务。

十三、在国内办理银行、保险、证券和期货等金融方面的业务，可以《外国人永久居留证》作为身份凭证，享有中国公民同等权利、义务和统计归属。

十四、在国内取得的收入，依法纳税并持有税务部门出具的对外支付税务证明后，可兑换外汇汇出境外。可以《外国人永久居留证》作为身份凭证，按照相关外汇管理规定办理外汇业务。

十五、在国内购物、购买公园及各类文体场馆门票、进行文化娱乐商旅等消费活动与中国公民同等待遇、价格相同。

十六、乘坐中国国内航班，可凭《外国人永久居留证》办理有关登机手续；在国内乘坐火车，可凭《外国人永久居留证》购买火车票；在国内旅馆住宿，可凭《外国人永久居留证》办理有关入住手续。

十七、在申领机动车驾驶证和办理机动车登记方面，享受中国公民同等待遇。初次申领或持境外机动车驾驶证换领《中华人民共和国机动车驾驶证》，符合驾驶证申领或换领条件的，可凭《外国人永久居留证》、公安部门出具的住宿登记证明、身体条件证明，经考试合格后，由公安机关核发《中华人民共和国机动车驾驶证》。申请办理机动车登记，可以凭《外国人永久居留证》、公安部门出具的住宿登记证明及机动车相关证明、凭证，到公安部门办理机动车登记业务。

十八、加入或恢复中国国籍，公安部门按照有关规定简化手续，加快办理。

十九、本办法由人力资源社会保障部、公安部会同相关部门负责解释。

二十、本办法自发布之日起施行。

中共中央组织部　人力资源社会保障部等五部门关于为外籍高层次人才来华提供签证及居留便利有关问题的通知

（人社部发〔2012〕57号）

各省、自治区、直辖市、新疆生产建设兵团党委组织部、人力资源社会保障厅（局）、外办、公安厅（局）、外国专家局，党中央国务院各部门人事部门：

根据现行出入境管理法律法规及《关于印发〈关于海外高层次引进人才享受特定生活待遇的若干规定〉的通知》（组通字〔2008〕58号）等文件规定，现就外籍高层次人才来华签证及居留有关问题通知如下：

一、提供签证及居留便利的对象

凡纳入下列海外高层次人才引进计划引进的外籍来华高层次人才及其外籍配偶和未满18周岁外籍子女，或中国籍回国高层次人才的外籍配偶和未满18周岁外籍子女，可以为其提供签证及居留便利。

（一）中央海外高层次人才引进计划（“千人计划”）。

（二）中央和国家机关各部委、各直属机构、中央企业开展并报中共中央组织部、人力资源社会保障部或国家外国专家局备案同意的各类海外高层次人才引进计划。

（三）各省、自治区、直辖市和副省级城市开展并报中共中央组织部、人力资源社会保障部或国家外国专家局备案同意的各类海外高层次人才引进计划。

（四）省级以下开展的规模较大、层次较高、具有较强影响力，经各省（自治区、直辖市）和副省级城市党委组织部、人力资源社会保障部门或外国专家主管部门审核，报中共中央组织部、人力资源社会保障部或国家外国专家局审批同意的各类海外高层次人才引进计划。

二、提供签证及居留便利的措施

（一）需多次临时入、出境的，可办理5年多次有效、每次停留不超过180天的长期多次签证。

（二）需在中国工作或长期居留的，可办理工作签证或2至5年有效的外国人居留证件。

（三）符合办理永久居留条件的，可申请办理永久居留手续。

（四）符合条件的，颁发来华定居专家证或外国专家证。

三、办理签证及居留便利事宜的程序

（一）中央和国家机关各部委、直属机构、中央企业按照本通知第一条第一、二款引进的高层次人才及其配偶和未满18周岁子女，按以下程序办理签证或长期居留手续：高层次留学人才由相关部委、直属机构、中央企业组织人事部门填写《高层次留学人才登记表》和《高层次留学人才名单》，与相关证明材料一并报送人力资源社会保障部专业技术人员管理司；高层次外国专家由相关部委、直属机构、中央企业引智归口管理部门填写《高层次外国专家登记表》和《高层次外国专家名单》，与相关证明材料一并报送国家外国专家局办公室。人力资源社会保障部专业技术人员管理司或国家外国专家局办公室审核后，将名单函告外交部领事司或公安部出入境管理局，由外交部领事司或公安部出入境管理局通知相关驻外使领馆或公安机关出入境管理部门，按各自职能为有关人员审发长期多次签证、工作签证或2至5年外国人居留许可。

（二）各省、自治区、直辖市按照本通知第一条第三、四款引进的高层次人才及其配偶和未满18周岁子女办理签证或长期居留手续，由用人单位填写登记表和名单，与相关证明材料一并报送省级人民政府人力资源社会保障部门或外国专家主管部门。省级人民政府人力资源社会保障部门或外国专家主管部门审核后，将名单函告所在省、自治区、直辖市外事办公室或公安机关出入境管理部门，所在省、自治区、直辖市外事办公室将名单函告外交部领事司。驻外使领馆凭外交部领事司通知、公安机关出入境管理部门凭省级人民政府人力资源社会保障部门或外国专家主管部门公函按各自职能为有关人员审发长期多次签证、工作签证或2至5年外国人居留许可。

（三）列入本通知第一条第一、二、三、四款的高层次人才及其配偶和未满18周岁未婚子女，本人有意愿办理永久居留手续且符合有关条件的，由人才引进计划执行部门或地方填写登记表和名单，与有关证明文件一并报人力资源社会保障部专业技术人员管理司审核，人力资源社会保障部定期向公安部提供名单，公安部通知相关地方公安机关对名单中有关人员受理审发《外国人永久居留证》。名单中确定的外籍高层次人才仅须提供护照复印件，无须提供奖励证明、科研成果证明等证明材料和健康证明。列入本通知第一条第一、二、三款的高层次人才的外籍配偶仅需提供婚姻证明、健康证明、在国外无犯罪记录的本人书面声明及护照复印件，未满18周岁未婚外籍子女仅需提供亲属关系证明及护照复印件。列入本通知第一条第四款的高层次人才的外籍配偶仅需提供婚姻证明、健康证明、在国外无犯罪记录证明及护照复印件，未满18周岁未婚外籍子女仅需提供亲属关系证明及护照复印件。

（四）符合条件的外籍高层次人才申请办理来华定居专家证或外国专家证，由所属中央和国家机关部委、直属机构、中央企业或各省、自治区、直辖市人力资源社会保障部门或外国专家主管部门将名单报送人力资源社会保障部或国家外国专家局审批同意后发证，并享受相关待遇。

四、其他事项

未进入重点引才计划的高层次人才及其家属子女办理签证和居留手续，仍按《关于海外高层次留学人才回国工作绿色通道有关入出境及居留便利问题的通知》（人社部发〔2009〕113号）等有关规定执行。

各级“千人计划”服务窗口要积极拓展服务领域，提升服务质量，为包括外籍人才在内的各类海外高层次人才提供个性化、一站式、全方位的服务，承办好各项具体服务工作。

为外籍高层次人才来华工作提供签证及居留便利是加大海外高层次人才引进力度的一项重要举措。各级组织、人力资源社会保障、外交、公安、外专部门要充分认识这项工作的重要意义，加强配合、完善服务，为全面建成小康社会和建设创新型国家提供有力人才保障。

中共中央组织部
人力资源社会保障部
外交部
公安部
国家外国专家局
二〇一二年九月二十八日

江苏省人力资源和社会保障厅关于深入实施海外高层次人才居住证制度的通知

各市人力资源和社会保障局：

为大力实施科教与人才强省战略，进一步优化人才发展环境，营造重视海外人才、服务海外人才的氛围，吸引更多的海外高层次人才来江苏创新创业，去年，省政府印发了《江苏省海外高层次人才居住证制度暂行办法》（苏政发〔2011〕87号），省委组织部、省人社厅等15家单位联合印发了《江苏省海外高层次人才居住证制度暂行办法实施细则》（苏人社发〔2011〕418号）。为深入实施居住证制度，现就有关问题通知如下：

一、切实加强领导，及时做好居住证的发放工作

实施海外高层次人才居住证制度是我省人才工作的一项创新，各地人力资源社会保障部门要高度重视，切实加强对这项工作的组织领导，将其纳入重要议事日程，及时做好居住证发放工作。各地要加大对居住证制度的宣传力度，充分利用各种途径和方式，让更多的人才，尤其是高校、科研院所、创业园、企业等海外高层次人才集中的单位了解这项制度，组织发动符合条件的各类海外高层次人才申领居住证，让应该享受优惠政策待遇的海外高层次人才尽快受益，真正发挥居住证制度在吸引和服务海外高层次人才方面的作用。

各地要明确承办处室、安排专门人员、设置服务窗口，承担海外高层次人才居住证的办理以及对持证对象的服务工作。要把海外高层次人才作为人社部门重要的服务对象，主动提供热情周到的服务；在办理居住证的过程中，要准确把握条件，细致审核相关材料；在服务持证对象时，要充分理解政策，有效地落实好政策；要主动走访海外高层次人才，了解他们在居住证使用中遇到的问题，及时为他们排忧解难。

二、结合自身职能，积极做好相关政策的兑现工作

（一）办理就业证。具有外国国籍或取得国外永久（长期）居留权的海外高层次人才来我省工作的，应提供以下相关材料，经市人社部门初审后，报省厅劳动就业管理部门审核办理就业证（苏州市、无锡市人社局可直接办理就业证）：外国人就业登记表或华侨就业申请表；境外人员的履历，签订的劳动合同原件及复印件（投资人无须提供）；有效护照或能代替护照的其他国际旅行证件（正本及复印件）；由出入境检验检疫局出具或确认的健康证明书（原件及复印件）；所在地公安机关出具的住宿登记证明（原件及复印件）；江苏省海外高层次人才居住证（原件及复印件）；企业批准证书、营业执照及组织机构代码证复印件；近期同底二寸免冠半身照片三张。

（二）办理调入事业单位手续。具有中国国籍的海外高层次人才居住证持有者调入事业单位工作，应按人事管理权限，由调入单位的主管部门携带其居住证及相关材料到同级人社部门调配职能处（科）室办理调动手续；当地人社部门可不受进人计划限制，为其核发职工人数计划凭证；具备规定条件的可直接聘任相应专业技术职务，如无空缺岗位，当地人社部门应在其主管部门提出申请后及时予以增加岗位。

（三）申请奖励和专业技术资格评审。持有居住证的海外高层次人才可按有关规定参加国家、省有关政府奖励的申报和评选，同时也可申报单位所在地市、县政府各种奖励，各地人社部门应在职能范围内及时做好指导和服务工作。要积极鼓励和支持持有居住证的海外高层次人才按规定程序和要求申报评审相应专业技术资格或参加专业技术资格（职［执］业资格）考试，并免试外语和计算机。对具备条件的，由所在单位聘任相应专业技术职务。

（四）办理个人所得税奖励。各地人社部门应在每年 4 月初主动通知在本地工商注册且税务登记企业聘用的持有居住证的海外高层次人才申请个人所得税奖励。持证人在申请时需交验和提供以下材料：居住证原件及复印件；所在企业营业执照复印件；所在企业出具的本人在职证明；上一年度工薪收入个人所得税完税凭证；奖励经费用于在本省购买或租赁汽车、自住住房、办公用房、参加专业领域培训的，提供上述支出发票原件及复印件，在本省投资兴办企业的，提供验资证明及营业执照原件和复印件；个人银行账号。各地人社部门应及时会同当地工商、地税部门核实申请者材料，于每年 6 月底前将奖励经费核拨至持证人银行账户，并于每年 8 月底前将奖励发放情况提供给同级财政部门，同时提出下年度奖励资金预算。

（五）办理社会保险业务。持有居住证的海外高层次人才及其配偶、子女参加工作的，可参加工作所在地各项社会保险；配偶、子女为灵活就业人员的，可以灵活就业人员身份参加当地的各项社会保险，并享受相应的保险待遇。各地人社部门要主动为持证人提供咨询服务，及时办理保险手续，及时享受保险待遇。

三、发挥职能优势，协调推进居住证制度各项待遇的落实

各地人社部门要充分履行好政府综合管理海外人才工作的职能，在居住证制度实施过程中，做好牵头协调工作，积极稳妥地推进居住证制度的贯彻落实；要把落实各项待遇和提供便利服务作为居住证制度实施的关键，督促相关部门做好政策细化工作和措施的配套

工作，真正使各项政策落到实处、兑现到位；要重视居住证制度实施过程中出现的新情况和新问题，不断加以研究、解决，使海外高层次人才居住证制度得到完善；要加强与相关职能部门的工作联系，充分利用信息网络，通过建立有效的工作渠道，推动居住证制度的实施。

二〇一二年二月二十八日

南京市华侨归侨侨眷权益保护办法

（2012 年 2 月 17 日南京市政府第 66 次常务会议审议通过　2012 年 2 月 19 日南京市人民政府令第 284 号公布　自 2012 年 4 月 1 日起施行）

第一条　为保护华侨、归侨和侨眷的合法权益，根据有关法律、法规，结合本市实际，制定本办法。

第二条　本办法所称华侨是指定居在国外的中国公民，包括以下两种情形：

（一）已取得住在国长期或者永久居留权，并在住在国连续居留两年，两年内累计居留不少于十八个月的；

（二）未取得住在国长期或者永久居留权，但取得住在国连续五年以上（含五年）合法居留资格，五年内在住在国累计居留不少于三十个月的。

第三条　本办法所称归侨是指放弃原住在国长期、永久或者合法居留权并依法办理回国落户手续的华侨。

第四条　本办法所称侨眷是指华侨、归侨在国内的配偶、父母、子女及其配偶、兄弟姐妹、祖父母、外祖父母、孙子女、外孙子女，以及同华侨、归侨有五年以上扶养关系的其他亲属。

华侨、归侨去世或者身份改变后，其国内眷属的侨眷身份不变。

依法与华侨、归侨及其子女解除婚姻关系，或者与华侨、归侨解除抚养关系的，其原依法认定的侨眷身份丧失。

第五条　归侨身份经本人申请，由市侨务部门认定并核发南京市归侨证。

符合本市规定，由本市引进的外籍华人、华侨，在本市工作期间可以享受归侨待遇。

侨眷身份经本人申请，由户籍所在地的县（区）侨务部门认定并核发南京市侨眷证。

第六条　市、县（区）人民政府领导本市华侨、归侨和侨眷合法权益保护工作。

市、县（区）侨务部门是本行政区域内侨务工作的行政主管部门，负责华侨、归侨和侨眷合法权益保护的组织协调、指导服务和监督检查工作。

市、县（区）人民政府有关部门和单位按照各自职责做好华侨、归侨和侨眷合法权益的保护工作。

镇人民政府（街道办事处）应当根据本区域华侨、归侨和侨眷的特点，利用社区服务网络以及其他社会资源配合做好相关服务协调工作。

第七条 本市各级归国华侨联合会（以下称侨联）代表归侨、侨眷的利益，按照其章程开展活动，反映归侨、侨眷的合理诉求，依法维护其合法权益。

华侨、归侨、侨眷依法成立的社会团体按照章程开展活动，其合法权益受法律保护。

第八条 市、县（区）人民政府将侨务工作经费列入同级财政预算，并予以保障。

第九条 市人民政府每五年开展一次侨情调查，调查工作由市侨务部门会同市统计部门实施。

第十条 对经批准回本市定居的外籍华人、华侨，有关部门应当按照有关规定办理落户手续；属于本市紧缺人才的，有关部门应当优先办理。

第十一条 华侨持中华人民共和国护照在本市从事投资活动，有关部门和单位应当认可其身份并提供便利。

第十二条 市、县（区）侨务部门依法推荐华侨、归侨、侨眷代表候选人参加各级人民代表大会的选举。

县（区）人民代表大会或者镇人民代表大会代表选举期间，原籍本市或者出国前居住地在本市的华侨，依法在原籍地、出国前居住地，或者在本市现工作、学习地所在选区参加选举。

归侨、侨眷按照有关规定和程序，担任各级政协委员。华侨按照有关规定和程序，担任市政协的专门委员会特邀委员。

第十三条 市、县（区）人民政府有关部门对生活确有困难的归侨、侨眷按照下列规定给予救济：

（一）符合本市居民最低生活保障条件的，依法纳入最低生活保障范围。对符合最低生活保障条件的归侨本人，每月可以按照保障标准增发10%的保障金；

（二）对归侨、侨眷中的老年人、残疾人、重病患者、未成年人等特殊困难低保对象给予照顾，对享受低保后仍有较大困难的家庭和低保对象以外的低收入家庭，有关部门可以依照规定给予临时生活救助或者专项救助；

（三）对符合条件需要进社会福利院、敬老院的归侨、侨眷，有关部门可以给予优先安排。

第十四条 市、县（区）人民政府及其有关部门为归侨、侨眷就业提供职业指导、职业培训、职业介绍以及就业援助服务。

华侨来本市工作的，用人单位应当在签订劳动合同后一个月内向人力资源和社会保障部门为其申请办理合法就业手续，领取就业证。

第十五条 在本市就业的华侨、归侨和侨眷，其社会保险的登记、缴费、待遇支付等，按照国家和省、市有关规定办理。

华侨与用人单位建立劳动关系的，用人单位应当依法签订劳动合同，并持华侨本人的有效护照、劳动合同等证明材料到当地社会保险经办机构为其办理登记、缴费手续，社会保险费由用人单位和本人按规定缴纳。

灵活就业的华侨，可以持本人有效护照、南京海外留学人才居住证等证明材料，到当地社会保险经办机构办理社会保险参保缴费手续。

第十六条 参加职工基本养老保险的华侨、归侨和侨眷，在达到法定退休年龄时，累计缴费不足十五年的，可以按照本市有关规定延长缴费至满十五年。《中华人民共和国社会保险法》实施前参保、延长缴费五年后仍不足十五年的，按照有关规定可以一次性缴费至满十五年。

在本市工作的华侨在达到法定领取基本养老金条件前出境定居的，其个人账户予以保留，达到法定领取条件时可以按照国家规定享受相应的养老保险待遇。

第十七条 对困难的归侨家庭人员参加城镇居民基本医疗保险或者新型农村合作医疗所需个人缴费部分，有关部门应当按照规定予以适当补助；对其经城镇基本医疗保险或者新型农村合作医疗补偿后仍难以负担的医疗费，及时给予适当救助。

第十八条 离休、退休、退职的归侨、侨眷获准出境定居的，按照国家有关规定享受的离休、退休、退职待遇不变。委托他人领取养老金的，需要每年向原单位或者负责支付养老金的社会保险经办机构提供由我国驻其所在国外交（领事）机构或者所在国的公证机构出具的本人生存证明文件。

第十九条 鼓励外籍华人、华侨、归侨和侨眷在本市兴办、捐赠各类公益事业。公益事业项目的权属、用途、名称不得随意更改。

华侨捐赠公益事业的财产因特殊情况确需改变用途的，受赠人应当向捐赠人说明理由，并告知所在地县（区）侨务部门和原审批机关。

外籍华人、华侨、归侨、侨眷及其境外亲友投资兴办的企业，用于公益事业的捐赠，按照国家规定享受税收优惠。

对有突出贡献的外籍华人、华侨、归侨和侨眷捐赠人，有关部门给予鼓励和表彰。

第二十条 对符合住房保障条件的城市归侨、侨眷家庭，在同等条件下优先纳入廉租住房、经济适用住房、公共租赁住房供应范围。

因村庄和集镇统一规划建设，征收华侨在农村私有房屋的，征收人在补偿和安置时给予华侨与当地村民同等待遇。

第二十一条 因公共利益需要迁移华侨祖墓的，建设单位应当告知华侨或者其在国内的眷属，并给予合理补偿。迁移国家特别保护的华侨祖墓，还应当经县（区）人民政府批准并告知市侨务部门。

第二十二条 华侨、归侨应当遵守省、市人口与计划生育有关规定。符合下列情况的，经申请并办理审批手续后，可以再生育子女：

（一）华侨与本市居民结婚生育，已生育子女均在境外定居的；

（二）夫妻均为华侨且一方原户籍地在本市，已生育子女均在境外定居的；

（三）夫妻均为归侨，回内地定居不满六年且只有独生子女，或者所生育子女均在境外定居的。

华侨与本市居民结婚，在境外生育子女数量不符合省、市人口与计划生育有关规定，且该子女回本市定居的，应当依法缴纳社会抚养费。

第二十三条 华侨子女在其国内监护人户口所在地就读义务教育学校的，按照免试就近入学的原则，由居住地所在县（区）教育主管部门根据学区划分的规定安排就读学校，依法免缴学费和杂费。

接收华侨子女的义务教育学校不得以任何名义和形式设立针对华侨子女的收费项目或者擅自提高收费标准。

归侨学生、归侨子女、华侨子女报考高等院校、中等学校，按照国家、省和市有关规定给予政策性加分。

第二十四条 归侨、侨眷需要赴境外处分财产或者接受遗产、遗赠、赠与的，有关部门应当提供必要协助。

第二十五条 归侨、侨眷依法申请出境，所在单位不得作出损害其合法权益的规定。在获得前往国家或者地区的入境签证之前，不得强令其辞职、停职、停薪、退学或者腾退住房，不得自行规定收取保证金、抵押金或者扣压土地权属证书和房屋产权证书。

第二十六条 鼓励外籍华人、华侨、归侨和侨眷参与本市经济社会建设。有关部门应当根据外籍华人、华侨、归侨和侨眷投资创业的需要，在政策咨询、资金扶持、信息需求等方面提供服务。

鼓励外籍华人、华侨、归侨科技人员采取兼职、咨询、讲学、科研和技术合作、技术入股、投资兴办企业等形式，来本市工作或者服务，并享受国家和市有关优惠待遇。

外籍华人、华侨、归侨和侨眷在本市的投资、投资收益和其他合法权益受法律保护，任何单位和个人不得侵占、损害。对有突出贡献的外籍华人、华侨、归侨和侨眷投资者，根据我市有关规定给予表彰或者奖励。

第二十七条 鼓励外籍华人、华侨、归侨和侨眷在本市开展专利申请、商标注册和著作权登记等活动，依法维护其知识产权申请人、权利人和其他当事人的合法权益。

外籍华人、华侨投资者用专利、科研成果、专有技术等依法创办企业的，享受留学人员回国创业的有关政策。

经认定的外籍华人、华侨投资设立的高新技术企业，可以依法享受有关税收优惠待遇。符合贷款原则的，按照国家有关规定给予信贷支持。

第二十八条 市、县（区）人民政府及其有关部门做好高层次人才的联系、引进和服务工作。鼓励外籍华人、华侨、归侨和侨眷发挥人才资源优势，支持他们通过其境外亲友引进人才。

对本市引进的外籍华人、华侨、归侨中的科技创业创新人才，有关部门按照规定给予企业初创、金融财税等扶持，并提供相关生活服务。

在本市工作的外籍华人、华侨符合海外留学人才居住证申请条件的，可以依据规定申领。

对来本市工作的外籍华人、华侨人才，有关部门应当在创业扶持、配偶就业、子女就读、通关等方面依据我国法律、政策的规定提供相应便利。

第二十九条 华侨、归侨可以依法被录用或者聘任（用）为国家工作人员；符合公开选拔领导干部条件的，按照有关规定参加公开选拔。

华侨、归侨在本市从事专业工作的，可以参加本专业职称资格评定，其在境外的专业工作年限和成果，作为专业职称资格评定的参考依据。

第三十条 市、县（区）侨务部门应当促进本市与海外华侨的文化交流，加强与外籍华人、华侨、归侨、侨眷中经济、科技、文化界知名人士，以及海外知名华人华侨社团的交流合作。

第三十一条 市、县（区）侨务部门应当做好华侨、归侨和侨眷权益保护的法律宣传、咨询、投诉受理和纠纷调解等工作，帮助外籍华人、华侨和归侨处理在本市创业、生活中遇到的问题，有关部门应当予以协助。

第三十二条 华侨、归侨和侨眷在国内的合法权益受到侵害，有权向有关部门控告、申诉，受理部门应当依法及时处理。符合法律援助条件的，法律援助机构应当优先受理。各级侨联组织应当给予支持和帮助。

第三十三条 国家机关工作人员滥用职权、玩忽职守、徇私舞弊，致使华侨、归侨和侨眷合法权益受到损害的，对直接负责的主管人员和其他直接责任人员依法给予行政处分或者纪律处分；构成犯罪的，依法追究刑事责任。

第三十四条 本办法所称外籍华人是指已加入外国国籍的原中国公民及其外国籍后裔，以及中国公民的外国籍后裔。

外籍华人经批准恢复或者取得中国国籍并依法办理来中国落户手续的，视为归侨。

外籍华人在中国境内的具有中国国籍的眷属视为侨眷，其范围参照本办法第四条第一款。

第三十五条 本办法第二、三、四、三十四条的规定仅适用于华侨、归侨、侨眷和外籍华人身份的界定，他们在国内的相关政策待遇，按照有关规定执行。

第三十六条 本办法自2012年4月1日起施行。

广州市人民政府侨务办公室
规范行政许可自由裁量权暂行规定

（穗府侨〔2012〕5号　2012年2月29日）

第一章　总　则

第一条 为规范我市对华侨港澳同胞捐赠项目用途调整、改变审批的有序进行，保护捐赠人的合法权益，促进公益事业的发展，根据《中华人民共和国行政许可法》、《中华人民共和国公益事业捐赠法》和《广东省华侨捐赠兴办公益事业管理条例》，结合本市实际，制定本规定。

第二条 本市行政区域内公益性社会团体和公益性非营利事业单位接受华侨港澳同胞捐赠，用于公益事业的行为，适用本规定。

本市行政区域内公民直接接受华侨港澳同胞捐赠的行为，不适用本规定。

第三条 捐赠用途应当遵循捐赠人意愿和符合社会公益目的，受赠单位不得擅自改变捐赠款物兴办公益事业的用途。

第四条 市、区（县级市）侨务行政主管部门按照属地管理、分级负责的原则，负责对接受华侨港澳同胞捐赠兴办公益事业的监督管理。

第二章　华侨港澳同胞捐赠项目用途调整、改变的审批

第五条　《广东省华侨捐赠兴办公益事业管理条例》第八条规定，捐赠人有权决定捐赠款物的数额、用途、方式和选择受赠单位。任何单位和个人不得违背公益项目的用途，确需改变原用途的，应当事先征得捐赠人同意，经当地县级以上人民政府侨务工作行政主管部门审核，报同级人民政府批准。

《广东省华侨捐赠公益事业项目监督管理办法》第十六条第二款规定，对因特殊情况拟调整或改变用途的华侨捐赠项目，捐资额在500万元人民币以上的，须经地级以上市侨务行政主管部门审核，报同级人民政府批准；捐资额在1 000万元人民币以上的，须经省侨务行政主管部门审核后报省人民政府批准。

第六条　《广州市接受华侨港澳同胞捐赠兴办公益事业规定》第二十四条规定，捐赠项目因城乡建设等社会公共利益需要改变用途的，应当在保证捐赠财产的非营利性和公益性的前提下，由受赠单位提出处理方案，并征求捐赠人意见后，送项目所在地的区、县级市侨务行政主管部门审核并按规定报批。申请捐赠项目改变用途应当提交如下资料：（一）受赠单位的书面报告；（二）捐赠人的书面意见；（三）相关的其他资料。

第七条　申报材料：（一）受赠单位的申请报告；（二）受赠单位上级业务主管部门的意见函；（三）捐赠人或其法定代表人的意见书；（四）相关资产评估、房产安全鉴定机构的意见书；（五）侨捐项目变更报批表一式八份。

第八条　（一）受赠单位填写侨捐项目变更报批表，经上级业务主管部门审查盖章后，送区、县级市侨务主管部门审核，再报区、县级市政府审批；（二）500万元以上侨捐项目调整或改变用途经（一）办理程序后，由区侨务主管部门送市侨务主管部门审核后再报市政府审批；（三）1 000万元以上侨捐项目经（一）、（二）办理程序后，由市侨务主管部门报省侨务主管部门审核报省政府审批。

第九条　资料齐备、符合条件的，侨务主管部门接收申请材料，发出收件凭证，予以受理。期限为2个工作日。

第十条　侨务主管部门受理后，由承办人初审，期限为4个工作日；初审后交由科、处长审核，期限为3个工作日；审核后交由分管领导批准，期限为3个工作日。分管领导批准后，侨办作出同意变更的审核意见，报政府审批。

第十一条　按相关程序区（县级市）政府或市政府批准后5个工作日内，通知办理对象领取批准决定书。

第三章　附　则

第十二条　审批机关或者其工作人员在实施行政许可中存在滥用职权、违法收费等行为的，对直接负责的主管人员和其他直接责任人员依法给予行政处分；构成犯罪的，移送司法机关依法追究刑事责任。

第十三条　本规定自公布之日起施行，有效期2年。有关法律政策依据变化或有效期届满，根据实施情况依法评估修订。

上海市人力资源和社会保障局
关于具有本市户籍留学人员其持外国护照子女享受优惠政策的通知

各相关单位：

为贯彻市委、市政府关于进一步优化本市海外人才来沪工作和创业的综合环境，经研究，对具有本市户籍留学人员其持外国护照子女参照市政府《鼓励留学人员来上海工作和创业的若干规定》沪府发〔2005〕34 号文件精神，享受相应优惠政策，通知如下：

凡具有本市户籍的海外留学人员其持外国护照的子女（未满 18 周岁或高中在读）可以申请办理《具有本市户籍留学人员其持外国护照子女享受优惠政策证明》（以下简称《证明》），并参照享受以下优惠政策：

1. 持有效《证明》的留学人员其持外国护照的子女，需在沪居留的，本市公安部门根据《证明》的有效期限，办理相应期限的居留许可。

2. 持有效《证明》的留学人员其持外国护照子女，在学龄前教育阶段、义务教育阶段，与本市市民享受同等待遇。在国外生活 5 年以上并在国内语言文字适应期（3 年）内参加本市初中升高中考试的，可适当降低录取分数线。在本市获得高中毕业文凭的，可报考本市高校。另外，在基础教育阶段也可选择到本市外籍人员子女学校就读。

3. 持有效《证明》的留学人员其持外国护照子女，可参加本市城镇居民基本医疗保险，并享受相应待遇。

本规定自 2012 年 3 月 1 日起施行。有效期为自施行之日起 5 年。

附件：

1. 单位公函样张（略）

2. 申请办理《具有本市户籍留学人员其持外国护照子女享受优惠政策证明》的材料（略）

上海市人力资源和社会保障局

二〇一二年三月一日

福建省人民政府关于促进华侨农场改革发展十项措施的通知

（闽政〔2012〕14号　2012年3月19日）

福州市、厦门市、漳州市、泉州市、三明市、莆田市、南平市、宁德市人民政府，省政府各部门、各直属机构，福清市、连江县、同安区、龙海市、诏安县、南靖县、漳浦县、洛江区、永春县、武夷山市、涵江区、宁化县人民政府：

为增强华侨农场发展内在动力，切实提高华侨农场经济社会发展水平，现就促进华侨农场改革发展提出以下十条措施：

一、继续深化领导体制改革。各有关市（县、区）政府要按照“体制融入地方、管理融入社会、经济融入市场”的基本取向，因地制宜，分类指导，一场一策，进一步深化华侨农场领导体制改革。漳州常山、诏安梅州、南靖丰田、洛江双阳、永春北硿、厦门天马等6个华侨农场要进一步完善现有管理体制；福清东阁、福清江镜、连江长龙、同安竹坝、龙海双第、漳浦南山、南安雪峰、宁德东湖塘、莆田赤港、宁化泉上和武夷山等华侨农场，可以作为当地政府派出机构成立华侨经济开发区，也可以单独设立乡镇（街道）或划归周边乡镇管理，具体由各华侨农场所属的地方政府根据实际情况确定。体制改革所需行政编制由各地在省里下达的行政总编内调剂解决，涉及机构编制调整事项，按规定程序报批。

二、依法保护华侨农场土地权益。稳定职工家庭土地承包经营权，延长土地承包期。职工退休后，其承包土地可由子女续包。征收华侨农场土地的，要妥善安置被征收土地的农场员工（包括归难侨、归难侨子女、原住民），参照征收集体土地标准给予补偿。各华侨农场所属的地方政府要设立华侨农场土地开发统筹资金，将农场土地流转、出让收益优先用于因开发失去承包地农场员工的安置补偿、社会保障支出，确保农场员工生活水平、社会保障水平不因征地而降低。

三、推进土地适度规模经营。遵循依法、自愿、有偿的原则，推进土地承包经营权规范有序流转。鼓励土地适度规模经营，提高农业生产标准化、规模化、组织化、产业化、信息化、专业化水平。对需要连片开发而部分职工不愿流转土地的，可由华侨农场协调，在自愿的基础上，通过出租、互换、转让、股份合作等方式解决。龙海双第、漳州常山、南靖丰田、诏安梅州、洛江双阳、永春北硿、莆田赤港、宁化泉上、武夷山等具备农业连片开发条件的华侨农场，比照省政府《关于推进农业适度规模经营的若干意见》有关政策给予支持。

四、调整和优化产业结构。华侨农场要主动适应工业化、城镇化和现代农业发展趋势，转变发展方式，调整产业结构，明确功能定位。沿海华侨农场要主动融入沿海发展带，大力发展设施农业、农产品深加工和现代服务业，提升传统优势产业，加快工业化和城镇化进程；山区华侨农场要立足于自身资源优势，大力发展基地农业、特色种养业、生态休闲观光农业和森林旅游业，培育、引进有实力的农业产业化龙头企业，形成特色优势产业集群。

五、做大做强华侨经济开发区。土地面积较大、人口较多、区位优势明显、经济基础较好的开发区（华侨农场），在产业布局上加强与周边综合实验区、国家级开发区、中心城市等经济发展区域的分工、协作，主动承接产业转移，发展配套产业，逐步推进产业集聚和布局优化。漳州常山华侨经济开发区要积极创造条件，争取升级为国家级开发区。鼓励人口较少、经济基础比较薄弱的开发区（华侨农场）积极拓展空间，建设特色产业集中区，提升整体发展水平。

对华侨经济开发区（华侨农场）新引进的固定资产投资额不低于10亿元的符合当地产业发展导向的企业，自正式投产之日起3年内，当地政府可将该企业每年缴纳的地方级税收比上年新增部分50%以上奖励给企业，涉及省级收入部分由省级财政负担；从省外和国外新引进的符合当地产业发展导向的固定资产投资额达到10亿元以上的项目，由省级财政按照引进项目的固定资产投资额的万分之五给予华侨农场项目前期工作经费奖励，最高不超过500万元。

六、继续完善基础设施建设。华侨农场的农村节水灌溉设施、农村安全饮水、农田水利基本建设、病险水库加固等农业基础设施项目，“镇镇通干线”、新增高速公路出口便捷通道等重大交通项目，以及文化、教育、卫生、体育、民政、环境整治等社会事业发展建设项目优先纳入各级政府投资计划。

七、建立困难农场帮扶机制。诏安梅州、漳浦南山、龙海双第、永春北硿、武夷山和宁化泉上等困难华侨农场，所属的地方政府要指定对口帮扶单位，集中力量实施一批基础设施、特色产业、环境建设、民生工程项目，推动困难农场与当地经济社会协调发展，争取到“十二五”末，华侨农场职工年人均收入达到当地平均水平。

八、实行财税返还政策。从2012年起至2015年，各华侨经济开发区（华侨农场）范围内的税收地方级部分，可全额返还或核定基数超收返还给开发区（华侨农场），作为发展资金，促进开发区（华侨农场）滚动发展。具体办法由所属的地方政府确定。

九、稳妥解决基本养老保险和医疗保障问题。对诏安梅州、漳浦南山、龙海双第、永春北硿、武夷山和宁化泉上等6个困难华侨农场，在2012—2015年期间为职工交缴的基本养老、基本医疗保险费单位交缴部分，采取各级财政和农场共同负担的办法解决：基本养老保险费单位交缴部分按省50%、设区市30%、农场20%的分摊比例，资金纳入年度财政预算；基本医疗保险费单位交缴部分，省级财政按照《关于进一步做好关闭破产国有、城镇集体企业退休人员及困难企业职工医疗保险工作的实施意见》（闽人社文〔2009〕60号）有关困难企业规定给予一定补助。

华侨农场超龄未参保职工，按照《关于做好华侨农场部分参保和中断缴费职工基本养老保险工作的通知》（闽劳社文〔2007〕273号）规定，一次性补缴养老保险费。对申报超龄未参保职工的华侨农场，经审计后，由农场负担的补缴部分由省财政给予补助。原华侨农场未参保归难侨人员，可按照省人力资源和社会保障厅、财政厅《关于妥善解决企业职工基本养老保险有关问题的通知》（闽人社文〔2011〕211号）规定补缴养老保险费，其困难补助，由所属的地方政府帮助华侨农场统筹解决。

十、加强组织保障。各级政府要高度重视华侨农场的发展和改革工作，加强领导，在政策、资金和项目安排等方面继续给予大力支持。华侨农场的经济发展、社会管理、民生改善、环境保护等各项指标要列入当地政府的年度绩效考核范围。由省侨办会同省农办、编办、发展改革委、人力资源和社会保障厅、财政厅、国土资源厅、民政厅、公务员局等省直有关部门，形成工作合力，加强对华侨农场改革发展工作的指导和协调，确保各项政策的落实。

厦门市财政局　厦门市人民政府侨务办公室 关于提高归侨离退休职工生活补贴的通知

（厦财行〔2012〕11 号）

各有关单位：

为了进一步保障我市归侨侨眷的权益，根据《中华人民共和国归侨侨眷权益保护法》及其实施办法，经研究，现就调整我市归侨离退休职工生活补贴标准有关事项通知如下：

一、补贴发放对象

1969 年 12 月 31 日前（含建国前）回国定居并在市直、各区行政事业单位和企业参加工作的归侨离退休职工（不含退职）。

二、补贴标准

从原每人每月 60 元调整至每人每月 100 元。

三、经费开支渠道

1. 经费来源。补贴发放所需经费，市、区行政事业单位按照行政隶属关系由市、区财政分别承担，企业人员所需经费由所在企业自行解决。

2. 列支渠道。行政单位列“2080501—归口管理的行政单位离退休”科目；事业单位列“2080502—事业单位离退休”科目；有参加企业养老保险的归侨离退休职工在统筹养老基金中支出；未参加企业养老保险的归侨离退休职工，由企业列营业外支出。

四、审批程序

由符合补贴发放条件的归侨离退休职工填写一式三份《归侨离退休职工增发生活补贴审批表》（见附件），并附上区级以上侨务部门出具的《福建省归侨身份证明书》和退休证，经所在单位审核后，市属行政事业单位归侨离退休职工到市公务员局审批，区属行政事业单位归侨离退休职工到区人力资源和社会保障局审批，参加企业养老保险的归侨离退休职工到市人力资源和社会保障局审批。

五、本通知自2012年1月1日起执行，厦财事〔1996〕51号和厦财事〔1997〕47号同时废止。

附件：归侨离退休职工增发生活补贴审批表（略）

厦门市财政局　厦门市人民政府侨务办公室
二〇一二年三月二十二日

深圳市海外高层次人才奖励补贴发放细则

（深人社发〔2012〕37号　2012年3月22日）

第一条　为加强海外高层次人才队伍建设，提高财政资金使用效益，根据中共深圳市委、深圳市人民政府《关于实施引进海外高层次人才“孔雀计划”的意见》（深发〔2011〕9号）及相关法律、法规，制定本细则。

第二条　深圳市海外高层次人才奖励补贴的发放对象是经确认且符合有关规定的我市海外高层次人才，具体发放的标准与条件按照《深圳市海外高层次人才享受特定待遇若干规定》执行。

第三条　市人力资源和社会保障局负责奖励补贴资金的年度预算、支出计划和决算，配合市有关部门对资金使用情况进行监督管理；审查申请人人才资格、在深工作等情况；制定奖励补贴发放汇总表（包括发放人员姓名、个人开户行、账号、金额等明细），形成支付申请，完成资金发放以及建档管理等工作。海外高层次人才奖励补贴具体受理部门为市人事人才公共服务中心。

第四条　市住房和建设局负责审查申请人住房优惠政策享受情况。

第五条　申请人向市人事人才公共服务中心提出发放奖励补贴申请，同时递交以下材料：

（一）深圳市海外高层次人才奖励补贴申请表（原件，一式两份）；

（二）有效身份证明（复印件）；

（三）在职工作证明（原件）；

（四）劳动（聘用）合同（复印件）；

（五）国（境）外人员需提供外国专家证（复印件）或就业证（复印件）；

（六）若以“国家高新技术企业首席技术专家”标准认定为海外高层次人才的，需提供有效的国家高新技术企业证书（复印件）。

以上材料复印件需验原件。受理后，向申请人出具回执。

第六条　市人事人才公共服务中心审查申请人的人才资格、在深工作等情况。市住房和建设局审核申请人政策性住房享受情况。

第七条　市人力资源和社会保障局根据市住房和建设局出具的审核意见，核定申请人奖励补贴发放标准，以年为单位核算出申请人应领取的奖励补贴数额，形成支付申请（支付申请的主要内容包括海外高层次人才奖励补贴汇总表和明细表等）函报市财政委员会。

第八条 市财政委员会按照专项资金管理的有关规定对申请进行复核后，按照国库支付的相关程序予以拨付，并将拨付情况反馈市人事人才公共服务中心。如因信息不准确而造成拨付不成功的，由市人事人才公共服务中心核实补充信息后，再报市财政委员会审核发放。

市人事人才公共服务中心将奖励补贴支付后形成的回单归档备查。

第九条 奖励补贴每年发放一次，分五年等额发放。首次发放时间为申请获准后的次季度。奖励补贴剩余额度于每年年底发放。奖励补贴剩余额度领取人员需于每年10月份向市人事人才公共服务中心提交以下材料：

（一）有效身份证明（复印件）；

（二）在职工作证明（原件）；

（三）劳动（聘用）合同（复印件）；

（四）国（境）外人员需提供外国专家证（复印件）或就业证（复印件）；

（五）若以“国家高新技术企业首席技术专家”标准认定为海外高层次人才的，需提供有效的国家高新技术企业证书（复印件）。

以上材料复印件需验原件。经审核无异议后，发放奖励补贴。

第十条 申请人在奖励补贴5年发放期内终止在深工作或被取消人才资格的，奖励补贴停止发放。

第十一条 奖励补贴实际发放情况在市人力资源和社会保障局网站公布。

第十二条 任何部门、单位与个人不得挤占、挪用和擅自改变资金用途，不得出具虚假材料、凭证骗取资金。对违反有关规定的，将追回已拨付的款项，取消再申请资格；情况严重的，按照有关规定追究相关单位及人员责任。

第十三条 市人力资源和社会保障局、市住房和建设局应积极配合，对奖励补贴发放执行情况进行监督和检查。如工作人员违反有关规定，没有认真履行职责，在管理和监督工作中滥用职权、玩忽职守、徇私舞弊的，按照《财政违法行为处罚处分条例》和《深圳市行政机关工作人员行政过错责任追究暂行办法》的规定，对责任人进行处罚、处分；构成犯罪的，移交司法机关处理。

第十四条 本细则自发布之日起执行，有效期5年。

关于印发《福建省公安厅办理华侨来闽定居暂行规定》的通知

各市、县（区）公安局（分局），平潭综合实验区公安局：

为进一步方便和规范华侨来闽定居受理审批工作，经研究，制定《福建省公安厅办理华侨来闽定居暂行规定》，现印发给你们，请遵照执行。

《关于进一步规范海外归国中国公民在我省办理定居手续的通知》（闽公境〔2009〕33号）停止执行。

附件：

1.《华侨来闽定居申请表》（式样）

2.《自愿放弃国外居留资格申明书》（式样）

3.《华侨来闽定居证》（式样）

4.《不批准定居通知书》（式样）

福建省公安厅

二〇一二年七月五日

福建省公安厅办理华侨来闽定居暂行规定

根据《中华人民共和国公民出境入境管理法》、《中华人民共和国公民出境入境管理法实施细则》、《中华人民共和国归侨侨眷权益保护法》、《关于界定华侨外籍华人归侨侨眷身份的规定》（国侨发〔2009〕5 号）等文件精神，结合我省实际，制定本暂行规定。

一、华侨认定

本规定所称华侨是指定居国外的中国公民。定居是指中国公民已取得住在国长期或者永久居留权，并已在住在国连续居留两年，两年内累计居留不少于 18 个月。中国公民虽未取得住在国长期或者永久居留权，但已取得住在国连续 5 年以上（含 5 年）合法居留资格，5 年内在住在国累计居留不少于 30 个月，视为华侨。

中国公民出国留学（包括公派和自费）在外学习期间和因公出国人员（包括劳务人员）在外工作期间，不被视为华侨。

二、申请条件

华侨申请来闽定居的，应入境后在国内连续住满 3 个月，或者连续 6 个月内累计住满 3 个月方可申请。

三、提交材料

（一）华侨来闽定居原则上应向原户籍所在县（市、区）公安机关申请办理。提交如下材料：

1. 填写完整的《华侨来闽定居申请表》；

2. 本人自愿放弃国外居留资格的申明书；

3. 二寸正面免冠彩色近照两张（规格为 48mm × 33mm）；

4. 交验有效的《中华人民共和国护照》或其他有效中国旅行证件，并提供复印件；

5. 交验国外长期或永久居留证明，或者虽未取得国外长期或者永久居留权，但已取得住在国连续 5 年以上（含 5 年）合法居留的证明，并提供复印件；

6. 原户籍地派出所出具的户口注销证明；

7. 拟定居地在农村的，提交村委会出具的同意接收为村民的意见；

8. 交验拟定居地本人或直系亲属的合法稳定住所证明并提供复印件。

（二）华侨本人原户籍不在我省或者我省原户籍所在市、县内已不具备落户条件，并具有下列情形之一的，可以在拟定居地申请定居。申请定居时在前款要求材料的基础上补充提供相应证明材料：

1. 本人或直系亲属在拟定居地拥有合法稳定住所的，提交该合法稳定住所证明以及能够保障自己生活的证明；

2. 与我省居民登记结婚的，提交经国内公证机关公证或国外有关机关认证的婚姻证明，外文证明需同时附具有相关翻译资质的机构出具的中文翻译文件；

3. 华侨著名人士，提交省侨办等部门出具的认定证明；

4. 因其他特殊情形来闽定居相应证明材料。

四、办理流程

（一）受理审核。县（市、区）公安机关应对申请人是否为华侨并符合来闽定居条件，以及提交的申请材料进行审核。

1. 审查申请人提供的申请材料是否真实、齐全；

2. 通过查看出入境记录，审查申请人是否在国内连续住满3个月以上（含3个月）或连续6个月内累计住满3个月（含3个月）；

3. 查询比对全国不准出境人员数据库、全国不准入境人员数据库、全国在逃人员数据库，确定申请人身份；

4. 其他需要审核的。

通过初核，申请定居材料齐全且符合申请条件的，上报设区市公安局审批。

（二）复核审批。设区市公安局对申请人定居材料认真审核，作出批准或不批准决定。

1. 审查申请人提供的申请材料是否完整、齐全；

2. 审核出入境查询记录；

3. 通过人像比对系统，审查申请人是否持有其他有效出入境证件或者弄虚作假骗领出入境证件；

4. 查询公安部全国人口信息核查申请人是否已在外省、市办理并且具有有效的常住户口登记；

5. 其他需要审核的。

符合定居条件的，批准定居并签发《华侨来闽定居证》；不符合定居条件的，出具《不批准定居通知书》告知申请人。需要补充材料的，由县（市、区）公安机关通知申请人。

五、工作时限

受理审批时限为30天，县（市、区）公安机关受理申请后应在15天内完成初核并上报；设区市公安局收到县（市、区）公安机关上报的材料后，应在15天内完成审批以及《华侨来闽定居证》的签发。

六、落户手续

获准定居的华侨应当在3个月内持《华侨来闽定居证》，向拟定居地的公安机关办理落户手续。

未在规定时限内办理落户的，按自动放弃本次定居处理。今后如需办理定居的，按照前述规定重新提交有关申请材料，逐级报批。

七、定居证和通知书

（一）定居证。《华侨来闽定居证》的有效期为签发之日起3个月。

《华侨来闽定居证》一式两联，作出批准决定的设区市公安局留存存根；定居地的县（市、区）公安机关留存定居证。

（二）通知书。《不批准定居通知书》一式两联，作出批准决定的设区市公安局留存存根一联，另一联及时送达申请人。

八、附则

本暂行规定由省公安厅出入境管理局负责解释。

广州市鼓励留学人员来穗工作规定

（2012年6月25日市政府第14届21次常务会议讨论通过　2012年7月8日广州市人民政府令第76号公布　自2012年10月1日起施行）

第一条　为鼓励留学人员来穗工作，发挥留学人员的专长和对外联系的作用，建设人才强市，根据本市实际，制定本规定。

第二条　符合下列条件之一的留学人员，经认定并取得相关证明后，可以享受本规定各项优惠待遇：

（一）公派、自费出国学习，并取得国外硕士及以上学位的人员；

（二）在国内取得研究生以上学历或者硕士以上学位后，到国外进修、做访问学者1年以上，或者从事博士后研究，取得一定科研成果的人员。

符合前款第（一）、（二）项中学历、学位和成果条件的港、澳、台地区来穗工作的人员，参照本规定执行。

第三条　留学人员来穗工作的方式包括：

（一）到国家机关、企事业单位和其他组织任职或者兼职；

（二）创办、承包、租赁各类经济实体和研究开发机构；

（三）以自己的专利、专有技术、资金等形式向各类企业入股；

（四）应聘担任国家机关、企事业单位的顾问或者咨询专家；

（五）来穗开展科研合作、技术开发等活动。

第四条 留学人员来穗工作，遵循来去自由、出入方便、学用一致、人尽其才的原则。

第五条 市人力资源和社会保障部门是本市留学人员服务管理工作的主管部门。

中国留学人员广州科技交流会办公室负责承办中国留学人员广州科技交流会，协助做好留学人员的引进工作。

广州留学人员服务管理中心是为留学人员提供综合服务的机构，具体负责留学人员来穗工作的联系、接待、咨询、出具相关证明以及提供信息交流、协助申报、代办手续等服务。

第六条 市政府设立留学人员专项资金，用于改善来穗工作留学人员的生活条件和工作环境，以及对留学人员短期来穗服务、讲学、技术支持、成果推荐、国际学术交流与合作等活动的资助。

第七条 留学人员的薪酬，由聘用单位和留学人员协商，从优确定。企业单位聘用的，可以根据情况自定工资标准；事业单位聘用的，其工资可以比照本单位同类人员从优确定。

第八条 留学人员出国前后符合国家工龄政策的工龄合并计算，并可以视同养老保险缴费年限，出国前后参加社会医疗保险的缴费年限可以合并计算。

获得硕士、博士学位的留学人员，其攻读硕士、博士学位的时间计算连续工龄。

第九条 留学人员回国后首次申报评审专业技术职务资格时，可以按实际专业技术水平和能力直接申报评审相应等级的专业技术职务资格。具体申报条件、程序和渠道按照有关规定执行。

来穗工作的高层次留学人员，可以根据其学历、学术或者专业技术水平，按照人事管理权限，经主管部门审核，报同级人力资源和社会保障部门确认后，直接聘任相应等级的专业技术职务，不受本人任职年限、单位专业技术岗位结构比例等限制。

本规定所称的高层次留学人员是指留学后在海外从事本专业相关工作并取得显著成绩，为本市急需引进的各类高级人才，以及拥有较好产业化开发前景的专利或者专有技术的人员。

第十条 市人力资源和社会保障部门确定人才中介机构免费为来穗的留学人员提供2年人事代理服务。

已办理人事代理服务的留学人员，可以按国家规定办理专业技术职务资格评定、出国（境）政审和社会保险等事宜。

第十一条 来穗定居的留学人员及一同随迁的配偶、未成年子女，可以凭《广州市区入户卡》与市人力资源和社会保障部门出具的相关证明，到公安机关办理入户手续。

夫妻双方在国外连续居住1年以上的持中国护照的留学人员，按政策生育或者在国外期间生育以及在国外怀孕后回中国内地生育第二胎的，其子女可以随父母入户广州。

第十二条 留学人员子女入园、入托由当地教育部门和有关部门协助安排；接受义务教育的，由居住地所在区、县级市教育部门免试就近安排；参加高中阶段学校招生考试统一录取的，享受政策性照顾借读生待遇。

留学人员子女入托、入园、入读少年宫和入学，托幼机构、少年宫和学校不得收取物价部门规定或者核准以外的任何费用。

第十三条 持中国护照且未在穗定居入户的留学人员，凭市人力资源和社会保障部门的相关证明，在购买住房方面享受本市居民待遇。

符合下列条件之一的留学人员，凭在穗所购住房的房产证、商品房预售登记证明书、契税完税证明或者房屋租赁合同，可以向人力资源和社会保障部门申请从留学人员专项资金中提供的安家补助费：

（一）在海外取得博士学位的；

（二）在海外曾从事博士后研究的；

（三）在海外取得硕士学位并且在本专业领域有 5 年以上海外工作经验的；

（四）经认定的其他留学人员。

第十四条 用人单位对来穗工作的留学人员应当优先解决居住问题。符合申请人才公寓条件的，可以申请租用广州市人才公寓。具体管理办法由市人力资源和社会保障部门会同市国土资源和房屋管理部门另行制定。

第十五条 持中国护照应聘到广州市属单位工作或者在广州投资办企业的留学人员，可以根据需要申办因公多次往返港澳证件或者出国任务批件。

来穗工作的留学人员，在办理多次往返港澳证件及签注时，可以享受办证绿色通道及办证时限上的便利。

对入选广州市以上高层次人才计划、加入外籍的留学回国人员，公安机关可以按规定为其签发 2 年至 5 年有效期的《外国人居留许可》。

第十六条 留学人员自国外毕业之日起，在外停留不超过 2 年，且自毕业后首次入境之日起 1 年内，可以向海关申请购买 1 辆免税国产小轿车。

第十七条 市政府设立留学人员创业专项扶持资金，用于资助留学人员来穗创办符合本市经济和社会发展方向、具有较为广阔的市场前景或者较为显著的社会效益的企业。

第十八条 留学人员以知识产权和其他可以用货币估价并且可以依法转让的科技成果或者股权、债权作价出资占企业注册资本的比例，由各出资方依法协商约定。

留学人员以知识产权出资设立合伙企业，需要评估作价的，可以由全体合伙人协商确定，也可以由全体合伙人委托法定评估机构评估。

涉及以国有资产出资的，应当符合有关国有资产管理的规定。

第十九条 留学人员以自己持有的专利或者专有技术在广州创办的企业，认定为高新技术企业的，享受高新技术企业的优惠待遇。

第二十条 留学人员以广州作为专利申请地址申请并取得海外专利的，可以向市人力资源和社会保障部门申请资助。

第二十一条 市科技和信息化部门对进驻留学人员广州创业园或者市级高新技术孵化基地的，给予减免租金等优惠扶持；对符合条件的高新技术成果转化和产业化项目，优先给予市科技风险投资资金、科技型中小企业贷款担保支持。

第二十二条 留学人员创业园区、为留学人员企业提供服务的中介机构，可以向市科技和信息化部门申请留学人员服务支撑体系建设资助，用于改善留学人员创业环境、提高为留学人员企业服务的质量。

第二十三条 市政府鼓励和扶持留学人员创新创业基地建设。

留学人员企业、留学人员创业园区和接收留学人员的单位，可以申报广州市海外高层次人才创新创业基地。

经认定的广州市海外高层次人才创新创业基地或者入选国家海外高层次人才创新创业基地的，市财政给予适当的资助和配套经费。

第二十四条 市政府开展评选广州十大优秀留学回国人员工作，表彰、奖励对本市经济建设、科技进步和社会发展作出突出贡献的留学人员。

第二十五条 市统计部门应当建立留学回国人员统计工作制度，向社会公布留学回国人员有关统计信息。

市人力资源和社会保障部门应当建立留学回国人员信息库和出国留学人员信息库，实现资源共享，为人才遴选提供支持。

第二十六条 已获得本市其他同类财政资助的留学人员，不能同时享受本规定的财政资助。

第二十七条 留学人员在穗工作期间与用人单位发生劳动人事争议的，可以向市劳动人事仲裁机构申请仲裁。

第二十八条 本规定涉及的项目资金及其资助办法，由市人力资源和社会保障、科技和信息化、知识产权部门依照各自职能，会同市财政部门在本规定施行1年内另行制定。

第二十九条 本规定自2012年10月1日起施行。1999年12月25日公布的《广州市鼓励留学人员来穗工作规定》同时废止。

厦门市教育局
关于引进人才（留学人员）子女入学工作有关事项的通知

（厦教综〔2012〕10号　2012年8月3日）

各区教育局、各直属中小学：

为贯彻落实市委、市政府《关于进一步做好人才引进工作的若干规定》（厦委〔1999〕078号）和《厦门经济特区鼓励留学人员来厦创业工作规定》，进一步做好我市引进人才（留学人员）子女入学工作，现将有关事项通知如下：

一、引进人才（留学人员）子女入学享受本市居民待遇。

留学人员凭厦门市留学人员工作证，在子女入学入园就读等方面享受本市居民待遇。

持有厦门市公务员局颁发的留学人员身份认定证书或持有厦门市公安局颁发的人才居住证的引进人才，其子女在我市接受义务教育，无本市户籍的，由居住地教育行政主管部门根据招生政策就近统筹安排入学。办理时由其父母或其他法定监护人填写《引进人才（留学人员）子女入学申请表》（详见附表），申请时应提交下列材料：

（一）厦门市公务员局颁发的留学人员身份认定证书、留学人员工作证或厦门市公安局颁发的人才居住证等。

（二）适龄儿童及其父母或其他法定监护人的户籍证明、身份证明或护照。

（三）在厦居住证明（在厦购房的提供产权证或购房合同；在厦租房的提供租赁合同和居住地居委会证明）。

二、符合重点引进人才条件且持有厦门市公务员局颁发的厦门市引进人才优惠证的重点引进人才，其子女由异地、境外（国外）转入，就读公办初中、小学、幼儿园的允许择校择园一次，免收择校择园费用。如未享受择校择园照顾的，参加高中阶段各类学校招生考试，参照归侨子女享受照顾分待遇。

办理时由其父母或其他法定监护人向市教育行政部门提出申请，经市教育行政部门核实并协调安排学校入学，申请时提交下列材料：

（一）书面申请，简要介绍父母或其他法定监护人及子女的自然情况及选择就读的学校（学校志愿应不少于2个）。

（二）厦门市公务员局颁发的厦门市引进人才优惠证。

（三）适龄儿童及其父母的直系亲属关系证明（如户口本、出生证明、直系亲属关系公证书等）。

三、高层次留学人员子女转入本市中小学或幼儿园时，允许择校或择园就读，免收择校择园费用。参加高中阶段各类学校招生考试，参照归侨子女享受照顾分待遇。

办理时由其父母或其他法定监护人向市教育行政部门提出申请，经市教育行政部门核实并协调安排学校入学，申请时提交下列材料：

（一）书面申请，简要介绍父母或其他法定监护人及子女的自然情况及选择就读的学校（学校志愿应不少于2个）。

（二）厦门市公务员局颁发的高层次留学人员身份认定书。

（三）适龄儿童及其父母的直系亲属关系证明（如户口本、出生证明、直系亲属关系公证书等）。

四、其他事项：

（一）各级教育行政部门、各中小学幼儿园应认真贯彻落实市委、市政府的引进人才子女入学有关规定，为引进人才（留学人员）子女入学提供服务和方便，保障其享受子女入学的合法权益。

（二）本通知自发布之日起实施，有效期五年，《厦门市教育局关于进一步做好引进人才子女入学工作的通知》（厦教局办〔2003〕162号）同时废止。

附件：《引进人才（留学人员）子女入学申请表》（略）

福建省财政厅　福建省人民政府侨务办公室
关于提高归侨离退休职工生活补贴的通知

各设区市财政局、侨办，省直有关单位：

根据《福建省实施〈中华人民共和国归侨侨眷权益保护法〉办法》精神，省财政厅、省侨办出台了《关于归侨退休职工增发生活补贴的通知》（闽财综〔1996〕042号）等文件，对1969年12月31日前（含建国前）回国定居并参加工作的我省行政、事业、企业单位的归侨退休职工和归侨离休干部，增发每人每月60元的生活补贴。

按照省委常委会会议精神，将我省归侨离退休职工生活补贴标准从每人每月60元提高到每人每月100元。新补贴标准从2012年7月1日起执行，具体补助对象、审批程序和经费渠道按原规定执行。对单位破产、经营困难或其他特殊原因不能发放生活补贴的，由单位每年按照隶属级别关系，向当地侨务办公室申报补助，侨务办公室审核汇总后向同级财政部门申领专项经费并下拨。

增发归侨离退休职工生活补贴，体现了省委、省政府对归侨离退休职工生活的关心，各级各单位务必高度重视，采取措施，确保归侨离退休职工增发生活补贴及时足额发放。

特此通知。

福建省财政厅　福建省人民政府侨务办公室

二〇一二年八月二十日

深圳经济特区实施《中华人民共和国归侨侨眷权益保护法》规定

1995年3月30日深圳市第一届人民代表大会常务委员会第二十九次会议通过

2005年4月29日深圳市第三届人民代表大会常务委员会第三十八次会议修订

2012年6月28日深圳市第五届人民代表大会常务委员会第十六次会议修正

2012年9月18日深圳市第五届人民代表大会常务委员会公告（第九十八号）公布

第一条　为了维护归侨、侨眷的合法权益，充分发挥归侨、侨眷建设深圳经济特区（以下简称特区）的作用，根据《中华人民共和国归侨侨眷权益保护法》和《中华人民共和国归侨侨眷权益保护法实施办法》的规定，结合特区实际，制定本规定。

第二条　深圳市人民政府侨务部门（以下简称市侨务部门）和区人民政府侨务部门（以下简称区侨务部门）是侨务工作的主管部门，对本规定实施负有下列职责：

（一）贯彻执行侨务工作的法律、法规、规章和政策；

（二）保护归侨、侨眷的合法权益；

（三）协调有关部门和单位的侨务工作；

（四）开展侨务宣传、教育工作和海外侨胞的联谊活动；

（五）协助有关部门做好安置归侨及其子女的工作；

（六）扶持归侨、侨眷兴办企业，并为企业提供服务；

（七）会同有关部门做好引进侨资、技术、人才和设备的工作。

第三条　归侨、侨眷的身份由市侨务部门或者区侨务部门确认。

归侨侨眷需要确认身份的，应当持有所在单位、街道办事处或者户籍所在地公安派出所出具的证明，或者持有能证明其归侨、侨眷身份的其他有效证件，由市或者区侨务部门审核发证。

同华侨、归侨有长期扶养关系的其他亲属，其侨眷身份须经公证机关出具扶养公证后，方予审核认定。

华侨、归侨死亡后，其国内眷属依法确认的侨眷身份不变，但其配偶与非华侨、归侨再婚的除外。

第四条 依法成立的各级归国华侨联合会按照其章程进行活动，依法维护归侨、侨眷的合法权益。归侨、侨眷有权依法申请成立其他社团，进行适合归侨、侨眷需要的合法的社会活动。

依法成立的归侨、侨眷社会团体拥有的财产受法律保护，任何单位或者个人不得侵害、损害。

第五条 市、区人民代表大会应当有适当名额的归侨、侨眷代表。各级归国华侨联合会可以依法推荐归侨、侨眷代表候选人。

第六条 市、区人民政府有关部门对归侨、侨眷集中的地区和单位，依法应当给予相应的政策扶持。

第七条 归侨、侨眷为兴办公益事业捐赠的款物，任何单位或者个人不得侵占、损害；所兴办项目的名称、用途不得随意更改。

第八条 归侨、侨眷的私有房屋所有权受法律保护。归侨、侨眷对其私有房屋依法享有占有、使用、收益和处分的权利，任何单位或者个人不得侵犯。

城市建设依法征用土地，需要拆迁归侨、侨眷私有房屋的，建设单位应当按照有关规定给予相应补偿和妥善安置。

第九条 华侨经批准回原籍定居的，政府有关部门应当给予协助和支持。

第十条 归侨学生、归侨子女和华侨子女报考由深圳市政府建立的非义务教育的各类学校，在同一分数段内优先录取。

第十一条 用人单位招用职工时，在同等条件下应当优先录用归侨学生、归侨子女和华侨子女。归侨学生、归侨子女和华侨子女组织起来就业和自谋职业的，有关部门应当给予扶持。

第十二条 本市户籍归侨员工退休时，月基本养老金与地方补充养老待遇之和低于本市上年度城镇职工月平均工资的，每月加发退休时本市上年度城镇职工月平均工资百分之五的补助费。

第十三条 归侨、侨眷因私申请出境的，按照有关规定办理。

归侨、侨眷因境外直系亲属或者兄弟姐妹病危、死亡或者限期处理境外财产等特殊情况急需出境的，公安机关应当在收到申请后四十八小时内作出批准或者不批准的决定。

申请人在规定期间未接到审批结果通知的，有权查询，受理部门应当在三日内作出答复；申请人对不批准的决定不服的，有权向上一级公安机关提出申诉。

第十四条 归侨、侨眷因私事申请出境，其所在单位或者有关部门不得因其申请出境而作出损害其权益的规定；不得在其取得前往国家（地区）入境签证前，强令其办理停职、停薪、退职、辞职、退学、停学或者腾退住房；不得自行收取保证金、抵押金及其他费用。

第十五条 归侨、侨眷获准出境定居的，原已购买的非市场商品房应当予以保留，依照相关房屋政策规定办理有关手续。

第十六条 在职的归侨、侨眷申请出境定居的，其所在工作单位应当在其取得定居国（地区）入境签证后十五天内，为其办理离职手续；本人向社会保险部门申请办理退保手续的，社会保险部门应当依照有关规定为其办理退还养老保险个人账户积累额的手续。

离休、退休、退职的归侨、侨眷出境定居的，其离休金、养老金、退职金以及生活补贴，与境内原单位同类人员享受同等待遇。

第十七条 归侨、侨眷出境定居后要求回国定居的，应当按照国家有关华侨回国定居的规定办理回国定居证明，并在抵达目的地后三十日内凭回国定居证明到拟定居地公安派出机关办理常住户口登记。要求工作的，人事劳动部门应当在同等条件下优先向用人单位推荐。

归侨、侨眷职工出境定居后又返回，在本市重新就业的，在退回养老保险金后，其出境前和重新就业后的实际缴费年限合并计算。

第十八条 归侨、侨眷将子女送养给其同辈三代以内旁系血亲的华侨，经查证双方当事人自愿、被收养人同意，确为接受境外华侨产业和照顾生活的，公证机关应当为其出具收养公证书。

第十九条 归侨、侨眷的合法权益受到侵犯的，有权要求有关部门依法处理，除有特别规定外，受理部门应当在接到要求处理的文书之日起三十日内作出处理决定；对有关部门处理决定不服的，当事人可依法申请行政复议或者向人民法院提起行政诉讼。

第二十条 国家工作人员损害归侨、侨眷合法权益的，其所在工作单位或者上级主管机关应当责令其改正或者给予行政处分；构成犯罪的，依法追究其刑事责任。

第二十一条 外籍华人的具有深圳常住户口的眷属，可参照本规定执行。

第二十二条 本规定自颁布之日起施行。本规定未尽事项，按照《中华人民共和国归侨侨眷权益保护法》、《中华人民共和国归侨侨眷权益保护法实施办法》和《广东省归侨侨眷权益保护实施办法》的有关规定执行。

福建省关于处理华侨回国定居后若干问题的意见

（闽侨侨政〔2012〕45 号）

各设区市农办、公安局、农业局、林业局、国土资源局、教育局、人口和计划生育委员会、侨办，平潭综合实验区管委会：

为妥善解决华侨回国定居后带来的农村土地承包、宅基地、计生、教育等问题，经省农办、公安厅、农业厅、林业厅、国土资源厅、教育厅、人口和计划生育委员会、侨办等部门共同研究，提出如下处理意见，请认真贯彻执行。

一、关于华侨回国定居后的农村土地承包问题。原户口在农村的华侨，现申请回国定居并在原住地落户的，应视为农村新增人口，其土地承包问题，可根据当地实际情况，按照《中华人民共和国村民委员会组织法》和《中华人民共和国农村土地承包法》等法律法规有关规定执行。

二、关于华侨回国定居后的宅基地问题。原户口在农村的华侨，现申请回国定居并在原住地落户的，其已申请过原住地的宅基地，根据《中华人民共和国土地管理法》第62条规定，农村村民一户只能拥有一处宅基地，其出卖、出租住房后，不能再申请宅基地。原户口在农村并在原住地落户的华侨申请回国定居，《中华人民共和国土地管理法》施行后已无宅基地的，可以再申请宅基地。

三、关于涉侨计划生育的问题。华侨回国定居的计划生育问题按照《国家计划生育委员会、公安部、国务院侨务办公室关于涉侨计划生育政策的若干意见》（国人口发〔2009〕103号）规定执行。

1. 中国内地居民与华侨结婚在中国内地生育，应遵守其户口所在地人口与计划生育的有关规定。如所生育的子女均在境外定居，可在中国内地再生育子女。

2. 中国内地居民与华侨结婚在境外生育子女且该子女拟回中国内地定居的，应遵守其户口所在地人口与计划生育的有关规定。如果在境外不符合其户口所在地人口与计划生育有关生育数量规定生育子女，且该子女回中国内地定居的，应依法缴纳社会抚养费。

3. 夫妻双方均为华侨，已生育的子女均在境外定居的，在中国内地可按政策规定再生育子女，并按照有关规定在其父或母原户籍地办理落户。

4. 归侨应执行其户口所在地人口与计划生育的有关规定。其中，夫妻一方或双方为归侨的中国内地居民所生育的子女均在境外定居的，可在中国内地按政策规定再生育子女。

四、关于涉侨教育的问题。华侨子女回国接受义务教育按照《国务院侨务办公室关于印发〈关于华侨子女回国接受义务教育相关问题的规定〉的通知》（侨文发〔2009〕5号）执行，应当视同当地居民子女办理入学手续，不得收取国家规定项目以外的其他任何费用。报考非义务教育学校按照有关规定给予照顾，其中报考普通高等学校和成人高等学校的具体照顾办法按省高等学校招生委员会制定的政策执行，报考高中阶段学校具体照顾政策由设区市教育行政部门制定。

福建省人民政府侨务办公室　福建省人民政府农村工作办公室
福建省公安厅　福建省农业厅
福建省林业厅　福建省国土资源厅
福建省教育厅　福建省人口和计划生育委员会

二〇一二年九月二十九日

天津市国土房管局关于修改《关于境外机构境外个人港澳台地区居民华侨在我市购买商品房有关问题的通知》的通知

各区、县房管局，各有关直属单位，各房地产开发企业、房地产中介机构，有关单位：

为适应目前天津市对港澳台居民和华侨在津居留的管理，根据实际工作需要，对原《关于境外机构境外个人港澳台地区居民华侨在我市购买商品房有关问题的通知》（津国土房市〔2011〕87 号）进行了修改，现重新印发给你们，请遵照执行。

二〇一二年十月十三日

关于境外机构境外个人港澳台地区居民华侨在我市购买商品房有关问题的通知

为贯彻落实住建部《关于进一步规范境外机构和个人购房管理的通知》（建房〔2010〕186 号）要求，进一步加强境外机构、境外个人、港澳台居民和华侨在本市购房（含新建商品房、二手房）管理，现将有关意见通知如下：

一、境外机构购房管理

境外机构在我市设立的分支、代表机构，可以在本市购买办公所需的非住宅房屋。

其中，分支机构购房办理商品房买卖合同备案、房屋权属登记手续时，还应提供在本市注册的《营业执照》和所购房屋为实际办公所需的书面承诺；代表机构购房办理商品房买卖合同备案、房屋权属登记手续时，还应提供在本市登记的《外国（地区）企业常驻代表机构登记证》和所购房屋为实际办公所需的书面承诺。

二、境外个人购房管理

境外个人取得《外国人居留许可》（天津市出入境管理局核发）累计期限超过一年的，可以在本市购买自住的住房一套。境外个人购房前，应到拟购买房屋所在地的区县房地产管理部门申请查询在本市购买住房的情况。经查未在本市购房的，持《天津市境外个人、港澳台居民和华侨未购房记录查询单》（以下简称《查询单》）办理购房手续。办理商品房买卖合同备案、房屋权属登记手续时，还应提供具有“外国人居留许可”记录的护照、《查询单》和个人名下在境内无其他住房的书面承诺。

三、港澳台居民和华侨购房管理

港澳台居民和华侨因生活需要，可以在本市购买自住的住房一套。

港澳台居民和华侨购房人购房前，应到拟购买房屋所在地的区县房地产管理部门申请查询在本市购买住房的情况。经查未在本市购房的，持《查询单》办理购房手续。办理商品房买卖合同备案、房屋权属登记手续时，还应提供在津工作单位、学校或居住地所属居委会开具的工作、学习、居留的相关证明、《查询单》和个人名下在境内无其他住房的书面承诺。其中，台湾居民除提供上述证明外，还应提供有多次往返签注或居留签注的《台湾居民往来大陆通行证》。

市、区县房地产管理部门应加强相关法律法规和政策的宣传，做好房地产开发企业、中介机构对境外机构、境外个人、港澳台居民和华侨售房行为的监督检查。

四、本通知自发布之日起施行，天津市国土资源和房地产管理局印发的《关于境外机构境外个人港澳台地区居民华侨在我市购买商品房有关问题的通知》（津国土房市〔2011〕87号）同时废止。

特此通知。

附件：

1.《关于进一步规范境外机构和个人购房管理的通知》（建房〔2010〕186号）

2. 天津市境外个人、港澳台居民和华侨未购房记录查询单

3. 关于境外分支（代表机构）所购房屋为实际办公所需的承诺书（示范文本）

4. 关于境外个人（含港澳台居民和华侨）购房承诺书（示范文本）

天津市实施《中华人民共和国归侨侨眷权益保护法》办法

1994年11月30日天津市第十二届人民代表大会常务委员会第十二次会议通过　2012年9月11日天津市第十五届人民代表大会常务委员会第三十五次会议修订通过　2012年9月11日天津市人民代表大会常务委员会公告第45号公布　自2012年11月1日起施行

第一条　为了保护归侨、侨眷的合法权益，根据《中华人民共和国归侨侨眷权益保护法》和有关法律、法规，结合本市实际情况，制定本办法。

第二条　市和区、县人民政府应当重视和加强归侨、侨眷合法权益保护工作。

市和区、县人民政府负责侨务工作的机构负责组织、协调、指导有关部门和社会组织，做好保护归侨、侨眷合法权益的工作，并组织开展本行政区域内归侨、侨眷权益保护的法律、法规执行情况的监督、检查。

市和区、县人民政府有关部门应当在各自的职责范围内做好归侨、侨眷合法权益的保护工作。

第三条　归侨是指回国定居的华侨。华侨是指定居在国外的中国公民。

侨眷是指华侨、归侨在国内的眷属。

本办法所称侨眷包括：华侨、归侨的配偶，父母，子女及其配偶，兄弟姐妹，祖父母、外祖父母，孙子女、外孙子女，以及同华侨、归侨有五年以上扶养关系的其他亲属。

华侨、归侨去世后或者华侨身份改变后，其国内眷属原依法认定的侨眷身份不变。

依法与华侨、归侨及其子女解除婚姻关系，或者与华侨、归侨解除扶养关系的，其原依法认定的侨眷身份丧失。

第四条 归侨身份由市人民政府负责侨务工作的机构根据本人申请审核认定；侨眷身份由其常住户口所在地的区、县人民政府负责侨务工作的机构根据本人申请审核认定。

同华侨、归侨有五年以上扶养关系的其他亲属，在申请确认侨眷身份时，应当提供由公证机构出具的具有五年以上扶养关系且仍保持扶养关系的证明。

第五条 获准回本市定居的华侨，按照国家有关规定给予安置。

鼓励各类学有专长的华侨来本市工作，有关部门应当按照有关规定积极做好服务。对于掌握本市急需专业技术的华侨要求定居的，有关部门应当及时受理，按照有关规定优先提供相关服务。

第六条 户口在本市的归侨、归侨子女或者华侨子女，其户口在其他省市的配偶申请来本市落户的，公安机关应当依据有关户口政策优先受理。

第七条 本市各级归国华侨联合会按照其章程开展活动，反映归侨、侨眷的合理诉求，维护归侨、侨眷的合法权益。

归侨、侨眷依法成立的社会团体及其进行的合法活动，本市各级人民政府应当给予支持和保护。

归侨、侨眷依法成立的社会团体拥有的合法财产，任何组织和个人不得侵占、损害。

第八条 市人民代表大会和归侨、侨眷人数较多的区、县人民代表大会应当有适当名额的归侨、侨眷代表。

第九条 本市鼓励和引导归侨、侨眷及其境外亲友和归侨、侨眷依法成立的社会团体利用自身优势，投资兴办产业，特别是兴办高新技术企业，其合法权益受法律保护。归侨、侨眷兴办的企业，根据国家和本市有关规定，享受有关优惠待遇。归侨、侨眷及其境外亲友将依法拥有的知识产权转让或者许可在本市企业、事业单位使用的，可以按照国家和本市有关规定获得转让、许可使用费。

第十条 本市各级人民政府应当依法保障丧失劳动能力又无经济来源或者生活确有困难的归侨、侨眷的基本生活。将符合本市最低生活保障条件的归侨、侨眷，纳入当地城乡居民最低生活保障范围；对丧失劳动能力又无经济来源或者生活确有困难的归侨、侨眷，应当给予救助。各级人民政府应当对早期归侨的生活予以关心。对机关团体、企业事业单位退休的早期归侨，按照本市有关规定给予生活津贴。对生活确有困难的早期归侨，按照本市有关规定给予适当补助。享受生活津贴和补助的早期归侨范围，按照本市有关规定确定。各级人民政府及其有关部门应当在职业培训、职业介绍和录用聘用等方面为归侨、侨眷提供必要的指导和服务，帮助其实现就业。

归侨、侨眷职工及其所在单位应当依法参加社会保险，及时缴纳社会保险费用，依法享受相应的社会保险待遇。

第十一条 归侨、侨眷境外亲友向本市捐赠财产的，市和区、县人民政府负责侨务工作的机构应捐赠人的请求协助办理有关入境手续，为捐赠人实施捐赠项目提供帮助，并依法对捐赠财产的使用与管理进行监督。

受赠人应当依法使用和管理受赠财产，并按照本市有关规定将受赠财产的使用和管理措施，报送市或者区、县人民政府负责侨务工作的机构备案。

改变捐赠财产用途的，受赠人应当征得捐赠人同意。

第十二条 归侨、侨眷在本市兴办的公益事业，本市各级人民政府和有关部门应当给予支持，其合法权益受法律保护。

归侨、侨眷兴办公益事业的意愿应当得到尊重，兴办项目的用途、名称，非经归侨、侨眷本人同意不得随意更改。

第十三条 归侨、侨眷对其在本市的私有房屋，依法享有占有、使用、收益和处分的权利，任何组织或者个人不得侵犯。

历史遗留的归侨、侨眷私房问题，按照国家和本市有关规定妥善处理。

离休、退休、退职的归侨职工出境定居后，其配偶或者共同居住的直系亲属符合公房租用管理规定的，可以继续使用原租住的公产房屋，租金按当地统一房屋租金标准缴纳。

第十四条 依法征收或者征用归侨、侨眷的房屋，应当按照国家和本市有关规定，给予安置、补偿。

第十五条 华侨子女回本市就读实施义务教育学校的，持监护人户口所在地的区、县人民政府负责侨务工作的机构开具的就读身份证明和其他材料，办理就读手续。有关部门应当视同当地居民子女办理入学手续。

归侨学生、归侨子女和华侨在国内的子女报考国家举办的非义务教育的各类学校，教育等有关部门应当按照国家和本市有关规定给予适当照顾。

第十六条 归侨、侨眷的侨汇收入受法律保护。经办侨汇的银行应当及时解付侨汇，任何组织或者个人不得侵占、延迟支付、强行借贷或者非法冻结、没收。

第十七条 归侨、侨眷需要赴境外处分财产或者接受遗产、遗赠、赠与的，市和区、县人民政府负责侨务工作的机构和有关部门可以根据归侨、侨眷的请求提供必要的协助。

第十八条 归侨、侨眷因境外直系亲属病危、死亡或者处理境外财产等特殊情况急需出境时，公安机关出入境管理机构在接到申请人提供的有效证明后，应当提供便利并优先办理。

第十九条 归侨、侨眷职工出境探望父母、配偶的，或者归侨职工在父母死亡后出境探望兄弟姐妹的，探亲相关待遇按照国家和本市的有关规定办理。

第二十条 离休、退休、退职的归侨、侨眷获准出境定居的，按照国家有关规定享受的离休、退休、退职待遇不变；在境外死亡的，凭有效证明，其丧葬费、供养直系亲属的抚恤金或者救济金与本市职工同等对待。

按照国家有关规定享受离休、退休、退职待遇的归侨、侨眷出境定居后，应当每年向原单位或者负责支付养老金的社会保险经办机构提供由我国驻其所在国外交（领事）机构或者所在国的公证机构出具的本人生存证明。

第二十一条 归侨、侨眷的合法权益受到侵害时，有权要求有关部门依法处理，有关部门应当在法定期限内作出处理或者答复。归侨、侨眷也可以依法向人民法院提起诉讼。

对于经济困难需要法律援助的归侨、侨眷，法律援助机构应当按照国家和本市有关规定提供帮助。本市各级归国华侨联合会应当给予帮助和支持。

第二十二条 国家机关工作人员滥用职权、玩忽职守、徇私舞弊，致使归侨、侨眷合法权益受到损害的，其所在单位或者上级主管机关应当责令改正或者依法给予处分；构成犯罪的，依法追究刑事责任。

第二十三条 违反本办法，非法侵占归侨、侨眷在本市私有房屋的，有关主管部门应当责令退还；造成损失的，依法承担赔偿责任。

第二十四条 违法停发、扣发、侵占或者挪用出境定居的归侨、侨眷的离休金、退休金、退职金、养老金的，有关单位或者有关主管部门应当责令补发，并依法给予赔偿；对直接负责的主管人员和其他直接责任人员，依法给予处分；构成犯罪的，依法追究刑事责任。

第二十五条 在本市工作、居住的华侨，其合法权益的保护可参照本办法执行。

第二十六条 本办法自2012年11月1日起施行。

山东省留学人员回国创业奖评选表彰办法

（鲁政办发〔2012〕72号 2012年11月6日）

第一章 总 则

第一条 为深入实施人才强省战略，宣传表彰在我省经济社会发展中作出突出业绩的留学回国人员，激励广大留学回国人员努力拼搏、开拓创新，为我省经济社会建设作出更大贡献，特制定本办法。

第二条 山东省留学人员回国创业奖评选表彰，坚持有利于推动我省吸引海外留学人员来鲁创新创业工作的深入开展，有利于建设人才强省，有利于营造尊重劳动、尊重知识、尊重人才、尊重创造的社会氛围。

第三条 山东省留学人员回国创业奖评选表彰，坚持公开、平等、竞争、择优的原则。

第四条 山东省留学人员回国创业奖评选表彰每两年组织一次。

第二章 推荐条件

第五条 山东省留学人员回国创业奖，主要表彰有在国（境）外留学经历、回国后在我省经济社会发展建设中作出突出贡献的人员。主要是指：

（一）持有专利、科研成果、专有技术等来我省领、创办企业，取得显著经济效益的留学回国人员；

（二）通过个人专利、独有技术的研发与产业化，在推动当地高新技术产业发展方面发挥了重要作用的留学回国人员；

（三）取得重大科研成果或其学术、技术水平在国内先进或省内领先的留学回国人员；

（四）作为国家或省重大科技创新项目主要工作人员，发挥重要骨干作用的留学回国人员；

（五）长期在我省教育、科技、工业、农业、文化、医疗卫生及服务业等领域一线工作，有突出创新成果或取得突出业绩得到行业公认的留学回国人员。

第六条 推荐参加山东省留学人员回国创业奖评选表彰的人员一般应具备以下基本条件：

（一）在国（境）外留学或进修时间1年以上（含1年），年龄一般不超过50岁；

（二）一般应具有硕士（含）以上学位，本科毕业（学士学位）人员特别优秀的也可作为推荐人选；

（三）长期固定在我省各类机关、企业、事业单位工作；

（四）具有良好的思想品格、职业道德和科学精神；

（五）具有中国国籍，热爱祖国，拥护党的领导；

（六）无违法犯罪记录。

第三章 人选推荐

第七条 山东省留学人员回国创业奖的推荐工作由省人力资源社会保障厅统一组织，以设区市、省直部门（单位）为单位，按照所辖区域范围和隶属关系自下而上进行。

各市的推荐工作由市人力资源社会保障局负责，推荐人选经市政府同意后上报；部属驻鲁和省属高等院校人选的推荐工作，由省教育厅统一组织；省管企业的人选推荐工作由省国资委组织；中央驻鲁单位（不含驻鲁高校）的人选推荐工作由省人力资源社会保障厅组织。

第八条 山东省留学人员回国创业奖的推荐工作坚持民主集中制原则。为确保推荐人选质量，各市、各部门（单位）在确定推荐人选时，要充分听取单位和同行专家的意见。推荐人选上报前，要以适当形式在所在单位和本地区范围内进行公示，公示内容包括评选条件、拟推荐个人先进事迹等，公示期为5个工作日。被推荐人员为机关事业单位工作人员的，须按干部管理权限征求组织人事、纪检监察、计划生育等部门意见；被推荐人选为企业负责人的，须征求企业所在地纪检监察、审计、工商、税务、环保、人力资源社会保障、安全生产、计划生育等部门意见。

第九条 副厅级（含）以上领导干部不列入推荐表彰范围。

第十条 已经获评山东省科学技术奖、山东省社会科学优秀成果奖、山东省优秀创新团队奖的留学回国人员，不再列入推荐表彰范围。

第十一条 推荐人选由所在单位为其填写山东省留学人员回国创业奖推荐书，并提供相应证明材料。

第四章 评审

第十二条 各市、各部门（单位）推荐的人选，由省人力资源社会保障厅负责统一汇总，并提交省留学人员回国创业奖评审委员会进行综合评审。

第十三条 山东省留学人员回国创业奖评审委员会由省政府分管领导担任主任委员，成员由省留学回国工作联席会议单位相关负责同志和省内相关领域高层次专家组成。评审委员会成员组成一般不少于9人，专家比例应占多数。

第十四条 山东省留学人员回国创业奖评审委员会的具体评审细则另行制定。

第十五条 省人力资源社会保障厅负责承办综合评审的相关工作。

第五章　待　遇

第十六条　山东省留学人员回国创业奖评审委员会评审确定的表彰人员，由省政府进行通报表彰。

第十七条　省政府向受表彰人员颁发“山东省留学人员回国创业奖”奖牌，一次性给予5万元奖金。

第十八条　山东省留学人员回国创业奖评选表彰工作所需经费，由省财政专项列支。

第六章　监督与管理

第十九条　获奖人员和推荐单位有下列情况之一的，撤销其获得的奖励：

（一）伪造事迹，骗取奖励表彰的；

（二）申报推荐表彰时隐瞒错误的；

（三）严重违反评选推荐规定程序的；

（四）获得荣誉称号后，受到开除处分、劳动教养或刑事处罚的。

第二十条　撤销奖励，由市人力资源社会保障局或省主管部门（单位）提出，经省人力资源社会保障厅报省政府批准。必要时，省人力资源社会保障厅可直接向省政府报告撤销奖励。

第二十一条　奖励撤销后，省人力资源社会保障厅收回奖牌奖金，停止其享受的有关待遇，并以适当方式向社会公布。

第七章　附　则

第二十二条　本办法自2012年12月1日起执行，有效期5年。

关于调整归侨生活困难补贴标准的通知

（青政侨字〔2012〕43号）

市直有关部门，各区、市侨务部门、财政局、民政局、人力资源和社会保障局：

1998年3月，青岛市有关部门转发了山东省侨办、劳动厅、财政厅《关于发放早期归国华侨退休生活困难补贴的通知》（青政侨字〔1998〕11号）。文件规定，对1978年底以前回国，在国有和县以上集体所有制企业工作的退休归侨职工，退休后每人每月发放30元的生活困难补贴。所需经费由归侨所在单位承担。

2006年6月，山东省侨办、省财政厅、省民政厅联合下发了《关于发放归国华侨生活困难补助的通知》（鲁侨发〔2006〕9号）。文件规定，居住在山东并有山东省户籍，凡男性满60周岁、女性满50周岁，且无退休金收入的归国华侨，每人每月发放生活困难补助150元。所需经费由同级财政负担。

近年来，随着我市经济社会的快速发展，物价指数和工资水平也相应发生了变化。为充分体现党和政府对归国华侨的关心和照顾，切实解决他们的实际困难，让他们分享经济社会发展的成果，更好地凝聚侨心、发挥侨力、服务社会，经研究，决定对我市归国华侨生活困难补贴标准作如下调整：

一、补贴范围及标准

1. 对1990年底以前回国，在国有和县以上集体所有制企业工作的退休归侨职工，退休后每人每月生活困难补贴由30元调整为200元。

2. 居住在青岛并有青岛市户籍，凡男性满60周岁、女性满55周岁，且无退休金收入的归国华侨，每人每月生活困难补助由150元调整为300元。

对属于孤、寡、残、重大疾病的归侨，各地要根据这部分人的实际，给予一次或定期补助。

二、申报和审批

1. 符合发放企业退休归侨生活困难补贴的归侨职工退休后或已退休的归侨职工，由其所在单位填写青岛市归国华侨退休职工生活困难补贴审批表（附后）一式三份，报市侨办、市财政、市人力资源和社会保障部门核准审批。

2. 符合补助无退休金收入条件的困难归侨，填写青岛市归国华侨生活困难补助审批表一式三份，经区市侨务、民政部门审查同意，汇总报同级财政部门审批。

三、经费来源和发放方式

1. 企业退休归侨生活困难补贴所需经费由市财政负担，社会保险经办机构按月随养老金发放。

2. 无退休金收入归侨生活困难补助所需经费由区市财政负担，区市侨务部门按月发放。凡户籍迁出或被注销本市户籍的，次月即终止享受该项补助。

四、本通知从2013年1月1日起执行

凡符合本通知规定条件的归侨，自审批之后的下一个月开始享受该待遇，以前的不予补发。

青岛市人民政府侨务办公室
青岛市财政局
青岛市民政局
青岛市人力资源和社会保障局
二〇一二年十一月五日

湖南省归侨侨眷及华侨身份认定办法

第一条 为规范归侨、侨眷及华侨身份认定工作，根据《中华人民共和国归侨侨眷权益保护法》、《中华人民共和国归侨侨眷权益保护法实施办法》和《湖南省实施〈中华人民共和国归侨侨眷权益保护法〉办法》，制定本办法。

第二条 归侨是指回国定居的华侨、放弃外国籍回国定居的外籍华人。

第三条 侨眷是指华侨、归侨在国内的配偶、父母、子女及其配偶、兄弟姐妹、祖父母、外祖父母、孙子女、外孙子女，以及与华侨、归侨有长期扶养关系的其他亲属。

第四条 华侨是指定居在国外的中国公民。

第五条 归侨、侨眷及华侨身份由县（市、区）级以上侨务工作部门根据本人申请审核认定。

第六条 属农村和城镇申请归侨、侨眷身份认定的，由申请人向县（市、区）侨务工作部门提出书面申请，填写申请表，并提供有效证明材料，县（市、区）侨务工作部门根据本人申请审核认定。申请人所在乡镇政府、街道办事处应签具相关身份证明意见。

第七条 属市州直工作单位申请归侨、侨眷身份认定的，由申请人向市州侨务工作部门提出书面申请，填写申请表，并提供有效证明材料，市州侨务工作部门根据本人申请审核认定。申请人所在单位应签具相关身份证明意见。

第八条 属省直及中央在湘工作单位申请归侨、侨眷身份认定的，由申请人向省外事侨务办提出书面申请，填写申请表，并提供有效证明材料，省外事侨务办根据本人申请审核认定。申请人所在单位应签具相关身份证明意见。

第九条 申请华侨身份认定和出具华侨身份证明的，由申请人向县（市、区）级以上侨务工作部门提出书面申请，填写申请表，并提供有效证明材料。县（市、区）级以上侨务工作部门根据本人申请审核认定并出具华侨身份证明。

第十条 归侨、侨眷及华侨身份认定仅适用于身份证明，其相关待遇按相关法律政策执行。

第十一条 归侨、侨眷及华侨身份认定仅限于居民身份证和户口在湖南的申请人。

第十二条 申请归侨身份认定的应提供下列证明材料之一：

1. 单位人事档案中有在国外出生、定居并已回国定居的记录；
2. 护照中证明在国外定居、出入境的时间签注记录；
3. 中国驻外使领馆关于在国外定居的领事认证书、在国外获长期或永久居留权的证明资料；
4. 当地侨务部门侨情普查时的登记记录；
5. 公安部门关于能证明在国外定居迁入时间和地点的户籍记录或批准回国定居的证明；
6. 其他能证明归侨身份的证件证明。

同时提供居民户籍和身份证明。

第十三条 申请侨眷身份认定的应提供下列证明材料之一：

1. 单位人事档案中与归侨、华侨有侨眷关系的记录；
2. 归侨、华侨人事档案或有效证件（结婚证、公证书、认证书等）与申请人有侨眷关系的记录；
3. 与归侨、华侨有扶养关系的公证书；
4. 亲戚属归侨、华侨的证明材料；
5. 其他能证明侨眷关系的证件证明。

同时提供居民户籍和身份证明。

第十四条 申请华侨身份认定的应提供下列证明材料之一：

1. 原单位人事档案有关出国定居的记录；
2. 取得住在国长期、永久或合法居留的证件；
3. 护照中证明在国外定居出入境的时间签注记录；
4. 中国驻外使领馆关于在国外定居的领事认证书；
5. 其他能证明华侨身份的证件证明。

第十五条 本办法中的“有效证明材料”是指符合第十一、十二、十三条中任意之一款的材料。其中档案记载的，由所在单位出具证明（须有经办人和领导签字）并附档案记载复制件；证件须提供原件审核复印存档；国外定居证件可提供复印件及我国驻外使领馆认证书。

第十六条 归侨、侨眷及华侨身份认定后，应根据本人要求办理归侨、侨眷证和出具华侨身份证明，归侨、侨眷证由县（市、区）、市州侨务工作部门受理，省外事侨务办办理。华侨身份证明由县（市、区）以上侨务工作部门出具。

第十七条 归侨、侨眷身份证及华侨身份证明书由省外事侨务办统一规格编号印制。

第十八条 归侨、侨眷身份证由县（市、区）和市州侨务工作部门凭湖南省归侨侨眷华侨身份认定申请表到省外事侨务办办理。

第十九条 申请归侨、侨眷身份认定的，自受理之日起10个工作日内给予认定或不予认定的答复。

第二十条 申请出具华侨身份证明书的，自受理之时起10个工作日内给予出具或不予出具的答复。

第二十一条 办理归侨、侨眷身份证，自收件受理之日起10个工作日内办结。

第二十二条 放弃外国籍的外籍华人及其在国内的眷属，申请身份认定的，参照归侨、侨眷身份认定办理。

第二十三条 在湘港澳同胞及其眷属申请身份认定及办证的，参照归侨、侨眷身份认定及办证办法办理。

第二十四条 办理归侨、侨眷身份证，出具华侨身份证明事项另行规定。

第二十五条 本办法自印发之日起施行。

湖南省人民政府外事侨务办公室

二〇一二年十一月十六日

深圳市海外高层次人才评审办法（试行）

（深人社规〔2012〕20号　2012年12月3日）

第一章　总　则

第一条　为做好海外高层次人才的评审工作，根据《中共深圳市委市政府关于实施海外高层次人才“孔雀计划”的意见》（深发〔2011〕9号），制定本办法。

第二条　海外高层次人才评审工作遵循科学、客观、公正、公平、公开、突出业内、社会认可的原则。

第三条　深圳市人力资源和社会保障局（以下简称市人力资源保障局）负责海外高层次人才评审工作的组织和实施。

深圳市人事人才公共服务中心具体负责评审工作的实施。

第二章　评审对象和标准

第四条　评审对象为符合《深圳市海外高层次人才确认办法（试行）》所规定的海外高层次人才基本资格条件，但不能按照《深圳市海外高层次人才认定标准（试行）》直接认定，具有较强创新能力，学术水平在本领域内具有明显优势，专业成就突出，对我市支柱产业、战略性新兴产业发展具有重大影响，可产生重大经济、社会效益的人才。

第五条　评审标准以《深圳市海外高层次人才确认办法（试行）》中关于A、B、C类人才的界定为基准，申请人专业成就、科研成果、技术水平达到世界一流水平的为A类人才，达到国际先进、国内顶尖水平的为B类人才，达到国内先进水平的为C类人才。具体标准为：

（一）A类人才。研究方向和项目目标属于国际重大科技、重大基础理论、重大应用研究问题前沿，学术水平、研究成果在国际同行中处于领先地位和一流水平，拥有国际领先水平的发明专利或自主知识产权的创新成果，对本专业领域的发展作出杰出贡献，具有明显的持续创新能力或创新成果转化能力。

（二）B类人才。研究方向和项目目标属于国内重大科技、重大基础理论、重大应用研究问题前沿，学术水平和研究成果在国际同行中处于先进水平，拥有国际先进或国内顶尖水平的发明专利或自主知识产权的创新成果，对本专业领域的发展作出重大贡献，具有持续创新能力或创新成果转化能力。

（三）C类人才。研究方向和项目目标属于国内科技、基础理论、应用研究问题前沿，学术水平和研究成果在国内同行中处于领先地位，拥有国内先进水平的发明专利或自主知识产权的创新成果，对本专业领域的发展作出重要贡献，具有一定的持续创新能力或创新成果转化能力。

第三章　申报程序和材料

第六条　海外高层次人才评审申报按照以下程序进行：

（一）个人申请。个人向所在单位提出评审申请，提供相关证明材料。

（二）单位审核。申请人所在单位对申请人各项条件进行审核后，登陆市人力资源保障局网站下载《深圳市海外高层次人才申请核准表（评审类）》（正反面打印），填写信息，加具推荐意见、盖章。

（三）主管部门审核。将《深圳市海外高层次人才申请核准表（评审类）》连同相关证明材料报送主管部门，主管部门加具推荐意见后报市人力资源保障局；申请人所在单位无主管部门的，由单位直接报市人力资源保障局。

第七条　申请人申报海外高层次人才评审应当提供以下材料：

（一）《深圳市海外高层次人才申请核准表（评审类）》（原件，一式两份）；

（二）国外专家提供有效护照，以及《外国专家证》或《外国人就业证》（验原件，收复印件）；

（三）港澳台专家提供《港澳居民往来内地通行证》或《台湾居民来往大陆通行证》，以及《台港澳人员就业证》（验原件，收复印件）；

（四）留学回国人员提供身份证、《深圳市留学人员资格证明》（验原件，收复印件）；

（五）其他可证明其身份、年龄的证件（验原件，收复印件）；

（六）用人单位与申请人的聘用合同（验原件，收复印件）；

（七）学历、学位证书（验原件，收复印件）；

（八）国内外任职证明（验原件，收复印件）；

（九）荣誉及奖励证书（验原件，收复印件）；

（十）主要成果（代表性论文、著作、专利证书、产品证书等）；

（十一）主持（参与）过的主要项目证明；

（十二）用人单位证明材料（营业执照、登记证书、股权构成、经营业绩、国家级高新技术企业证书等）。

推荐单位应当核实上述有关材料原件，并由核实人在复印件上签名、盖章。

第四章　评审组织和实施

第八条　市人力资源保障局依据申请人的专业领域，聘请具备下列条件之一的国内外同行顶尖专家组成专业评审小组进行评审：

（一）中国科学院、工程院院士；

（二）国（境）外重大科技项目首席科学家、重大工程项目首席工程技术专家；

（三）国家级重点学科、重点实验室、工程研究（技术）中心、工程实验室首席科学家；

（四）中组部“千人计划”人选、“长江学者奖励计划”特聘教授、国家杰出青年科学基金获得者、中科院“百人计划”入选者；

（五）在国（境）外著名高校、科研院所担任相当于教授职务的知名专家；

（六）在相应领域取得杰出成就的其他顶尖专家。

专业评审小组人数由9人以上的单数组成，其中市外专家的比例不低于80%。科技创新领域的专业评审小组至少须有1名中国科学院、工程院院士。

专业评审小组以通讯评审或现场评审方式对申请人的学术水平、专业成就、创新能力等进行评判。

第九条 评审工作按照下列程序进行：

（一）资格审核。按照海外高层次人才基本资格条件的要求，市人力资源保障局对申请人的申报材料进行合规性审核。审核不合格的，不得进入下一评审阶段。

（二）专家评审。市人力资源保障局根据申请人的专业领域，聘请专家分类组建若干个专业评审小组。每个评审专家对本小组各申请人的学术水平、专业成就、创新能力、项目可行性、市场前景与潜力、引进单位的保障能力等方面独立进行评价，形成书面意见，并作出同意或不同意推荐的最终判断。得到所在专业评审小组半数以上专家同意推荐的申请人入选海外高层次人才拟定名单，未能得到半数以上专家同意推荐的申请人视为评审未通过。

（三）确定人选。市人力资源保障局综合专家评审意见，确定海外高层次人才人选名单，并向社会公示10天。公示期间有异议，经调查属实并确认申请人未达到评审标准的，取消该申请人获选资格。

（四）颁发证书。公示期满无异议的，市人力资源保障局颁发《深圳市海外高层次人才证书》。

第五章 评审纪律和监督

第十条 评审专家应当以科学的态度和方法，严格依照评审工作的有关程序和标准，实事求是、独立、客观、公正地对申请人作出评价和判断。

评审专家不得擅自披露、使用申请人的技术或商业秘密；不得索取或接受申请人以及相关人员的礼品、礼金、有价证券、支付凭证、可能影响公正性的宴请或其他好处。

评审专家与申请人存在利益关系，或其他可能影响公正关系的，应当予以回避。

第十一条 申请人和推荐单位在评审过程中应当配合评审实施部门和承办机构工作，按要求提供与评审有关的全部资料和信息，保证所提供资料、信息的真实、有效。

第十二条 评审实施部门和承办机构的工作人员应当严格遵守评审规则和程序，不得违反保密规定擅自泄露评审资料、评审专家名单、评审结果，不得向评审专家施加任何影响，不得利用工作之便谋取不正当利益。

第十三条 任何单位和个人均有权向市人力资源保障局、市监察部门投诉或举报影响评审工作科学、客观、公正、公平开展的行为。有关人员在评审工作中滥用职权、玩忽职守、徇私舞弊的，依法予以处罚、处分；涉嫌犯罪的，依法移送司法机关处理。

第六章 附 则

第十四条 本办法自2012年12月10日起试行。

广东省人民政府办公厅关于促进乡贤反哺工作的意见

（粤府办〔2012〕125号）

各地级以上市人民政府，各县（市、区）人民政府，省政府各部门、各直属机构：

广大海内外杰出乡贤是我省经济社会发展的重要推动者、改革开放事业的重要开拓者、建设幸福广东的重要参与者。为进一步凝聚乡贤力量，鼓励外出乡贤回归家乡投资兴业，发挥乡贤对家乡经济发展的促进作用，推动珠三角地区升级发展、东西北地区加快发展，经省人民政府同意，现就促进乡贤反哺工作提出以下意见：

（一）加大招商引资力度。积极开展“乡贤反哺”主题招商活动，利用世界客商大会、侨博会、新粤商大会等品牌活动，为乡贤搭建回归桥梁。在乡贤企业集中的地方建立工作站、联络点，密切乡贤与家乡的联系，为外出乡贤回馈家乡做好相关服务。充分发挥地方商会、社团组织的作用，推动乡贤企业回乡投资。各地要出台措施积极吸纳乡贤资本参与本地建设，支持在外乡贤通过资本运作参股本地企业，支持按照市场规则回乡建设或与政府合作共建工业园区、经营性基础设施等项目。

（二）加快完善承接平台。鼓励各地依托现有高新技术开发区、经济技术开发区、省产业转移工业园等各类园区，承接乡贤回归投资项目。鼓励乡贤企业抱团回乡投资，在现有各类园区中建设“园中园”。抱团回归乡贤企业投资额达到一定规模，用地需求超过现有园区承受限度的，在符合城乡规划和土地利用总体规划的前提下，可按规定程序另行规划建设新园区。符合相关规定的，省有关部门可根据当地政府申请纳入高新技术开发区、经济技术开发区、省产业转移工业园管理。要进一步完善各类园区的基础设施和公共平台建设，提高管理服务水平，确保企业进得来、留得住、发展好，为乡贤回归企业打造优质承接平台。

（三）切实保障企业用地。各地要建立乡贤回归企业用地保障工作协调机制，对优质项目用地指标给予重点支持、优先安排。对列入《广东省优先发展产业目录》且用地集约的乡贤回归工业企业用地，在确定土地出让底价时，可按不低于出让最低价标准的70%执行。对乡贤回归企业用地预审和用地报批，各级国土资源部门要开辟绿色通道，省国土资源厅要实行用地报批联合审查制度，加快审批进度。鼓励和引导乡贤回归企业参与“三旧”改造并享受省的有关优惠政策。

（四）加强财政资金支持。落户省产业转移工业园的乡贤回归企业，符合条件的可享受企业转移奖励资金和产业转移重点园区重点产业项目贷款贴息资金支持。各地可根据实际情况设立专项资金，支持乡贤回归企业的技术研发、技术改造和升级扩能，并对乡贤个人的纳税贡献给予适当奖励。对科技界乡贤在家乡搭建产学研平台，推动实现专利技术产业化应用的，各级相关专项资金予以优先支持。符合条件的乡贤回归企业，可享受创业孵化补贴、小额担保贷款、社会保险补贴等扶持政策。

（五）落实税费优惠政策。对进入基础产业、基础设施、市政公用事业、政策性住房、社会事业、金融服务、商贸流通等领域和开展自主创新的乡贤回归企业，按有关规定落实相应的税收优惠政策；对捐资建设公益性设施的乡贤回归企业，要积极指导帮助其完善捐赠手续，享受税费优惠政策。乡贤回归企业在转出地已经被认定为高新技术企业、综合利用资源企业等资格的，在有效期内按有关规定经主管部门确认后，可延续认定资格，享受税费等优惠政策。对落户省产业转移工业园的乡贤回归企业实行“零收费”制度，除国家规定统一征收的税费外，不再征收省级以下地方性行政事业性收费。鼓励各地降低经营服务性收费标准，在国家的相关政策内，乡贤回归企业用水、用电及其他收费按照当地同类企业的最低标准执行。

（六）积极提供融资支持。鼓励金融机构积极向乡贤回归企业提供融资支持；支持省和各地融资担保平台等各类融资服务机构积极向乡贤回归企业提供融资服务，同等条件下优先支持乡贤回归企业融资。积极支持乡贤回归企业开展知识产权质押融资；支持符合条件的乡贤回归企业上市、发行企业债券，扩大直接融资规模。

（七）加强人力资源保障。加大劳动力技能培训和转移就业工作力度，提高本土化用工比例和劳动力技能水平，积极解决企业对技能型劳动力的需求。通过举办“南粤春暖”等就业服务活动，在乡贤回归企业和劳动者之间搭建平台。加强与外省（区）人力资源联网对接，积极帮助乡贤回归企业引进急需中高端技能人才。鼓励在外经营人才、管理人才、科技人才、技能人才、高等院校毕业生等回乡创业发展。对符合外国专家条件回国投资创业的乡贤，优先办理外国专家来华许可。

（八）大力提升服务水平。各地、各有关部门要深入了解乡贤和乡贤回归企业的政策诉求，创新服务方式方法。简化乡贤回归企业办理手续，提高行政审批效率，建立审批“绿色通道”，对工商注册、用地、用水、用电、用工、环评、立项等方面的审批事项，实行限时办结制度，有条件的地区要开通“一站式”服务平台。各地要建立乡贤名录和乡贤回归企业资料库，对在外乡贤和乡贤回归企业进行全程跟踪服务。对回乡创业的乡贤，积极提供创业培训、创业信息、咨询指导、项目推介、开业指导和跟踪扶持等方面的优质服务。妥善解决回归乡贤及其直系亲属的入户、社保、医疗、教育等社会服务需求，解决海外回归乡贤的签证、居留等相关问题。

（九）完善表彰奖励制度。对作出突出贡献的杰出乡贤，要采取多种形式给予表彰奖励。拓宽回归乡贤政治参与渠道，切实提高其社会政治地位；鼓励海内外乡贤回乡参加乡贤理事会，积极参与基层社会管理和服务；指导支持回归乡贤发起成立或积极参与相关行业协会、商会。对乡贤在外帮助家乡和企业开展招商引资、开拓市场、扩大经贸合作，或与家乡政府部门合作共建代理招商网点的，要根据所作贡献给予相应奖励。

（十）切实加强组织领导。各地、各有关部门要高度重视发挥乡贤对家乡建设的重要作用，建立健全组织协调和沟通服务机制。各地要制订完善本地乡贤回归企业认定标准并报省经济和信息化委备案，组织开展回归认定工作，编制回归企业名录，完善细化本地推动乡贤回归的政策措施。要充分利用报纸、电视、网络等各类媒体，广泛宣传乡贤回归家乡投资兴业的典型事例，形成深入实施“反哺工程”的良好氛围，引导乡贤回归。

广东省人民政府办公厅

二〇一二年十二月七日

（本栏目责任编辑　景海燕）

大事记

本栏目全文收录了本年度境内外华文媒体对海内外华侨华人和华人社会大事记的报道，以全球、美洲、欧洲、大洋洲的顺序排列。

2012 年全球华侨华人十大新闻

中国侨网联合中国新闻网在 2012 年岁末评选出“2012 年全球华侨华人十大新闻”，全景展现 2012 年海内外华侨华人的成就、荣耀与磨难。他们在政治生活中频频发声，成为本年度华人世界的“强音”。

一、第六届世界华侨华人社团联谊大会召开

2012 年 4 月 9 日，国务院侨务办公室、中国海外交流协会以“弘扬中华优秀文化·展示侨胞良好形象”为主题举办第六届世界华侨华人社团联谊大会。本届大会吸引了来自 110 个国家和地区有影响力和代表性的约 570 名华侨华人社团代表聚首共议海外侨社的未来。中国国务院侨办主任李海峰在大会开幕式上呼吁海外侨胞消除“过客”心态，走出“唐人街”，积极融入当地主流社会，努力成为“好公民”、“好居民”。

二、美国国会为《排华法案》道歉

2012 年 6 月 18 日，几代美国华人等了整整 130 年的一声道歉，终于到来。当日，美国众议院全票通过《排华法案》致歉案。加上 2011 年 10 月参议院业已全票通过，就此，美国正式以立法形式就 1882 年通过的《排华法案》向全体美国华人“表示深刻的歉意”。1882 年美国国会通过的《排华法案》是美国历史上唯一一条禁止某个特定种族移民的联邦法律，也是华人心上一道滴血的伤痕。2011 年 5 月联合其他议员向国会递交道歉案的华裔众议员赵美心强调，过去 25 年中美国参众两院仅通过三份道歉案，因此 18 日的道歉案可谓创造了华人历史。

三、中国立法规定华侨回国办事可凭护照证明身份

2012 年 6 月 30 日，第十一届全国人民代表大会常务委员会第二十七次会议通过《中华人民共和国出境入境管理法》，于 2013 年 7 月 1 日起正式施行。《中华人民共和国出境入境管理法》第十四条规定：“定居国外的中国公民在中国境内办理金融、教育、医疗、交通、电信、社会保险、财产登记等事务需要提供身份证明的，可以凭本人的护照证明其身份。”评论称，此举解决了《居民身份证法》和《护照法》在法律上的衔接问题。

《居民身份证法》规定，居住在中国境内的公民可以申领居民身份证，华侨回国定居的才可以申领居民身份证。《护照法》规定，护照是中国公民出入国境和在国外证明国籍和身份的证件。之前没有法律条款规定华侨在国内应当以什么证件来证明身份。这次，《中华人民共和国出境入境管理法》第十四条就解决了《居民身份证法》和《护照法》在法律上的衔接问题，明确了不符合领取居民身份证条件的华侨持有护照可以在国内证明身份。

四、中国成澳大利亚最大新移民来源国

据2012年6月公布的澳大利亚最新人口统计，中国已经超过英国，成为澳大利亚最大的新移民来源国。自从19世纪中叶随着淘金潮来到澳洲大陆，华人在实现个人梦想的同时，也为澳大利亚社会的繁荣发展贡献着力量。

与此同时，根据2012年12月17日发布的《中国国际移民报告（2012）》（“国际人才蓝皮书”），多个世界主要移民国家最新统计数据表明，来自中国内地的移民比例均出现上升。2011年，中国对世界几个主要的移民国家永久性移民数量超过15万人。

五、“林来疯”带热华人体坛，“海外奥运军团”闪耀伦敦

从“板凳”球员到场上“救星”，华裔小子林书豪在2012年初以奇迹般的表现，在美国NBA赛场完成了华丽蜕变。伴随“林来疯”席卷全球，华裔运动员在国际体坛的形象、生存状态等吸引了世人的目光。2012年8月，海外华人以“为23个国家体育代表团夺得奖牌”的骄人战绩，在伦敦奥运赛场上留下了浓墨重彩的一笔。值得注意的是，参加伦敦奥运会的华裔选手已经发生微妙变化——从移民、更改国籍的“简单输出”，逐渐变成了“本土制造”。

六、海外华侨华人齐发声，抱团“保钓”

2012年9月10日，日本政府宣布“购买”中国领土钓鱼岛及其附属岛屿，实施所谓“国有化”。此举不仅受到中国政府和人民的坚决反对和强烈抗议，也引发海外侨胞的极大愤慨，全球华侨华人掀起了一股“抱团”反日“保钓”的热潮。与此同时，海外侨胞积极向住在国民众介绍钓鱼岛及其附属岛屿是中国固有领土的事实，及中国对钓鱼岛拥有主权的历史和法理依据，并呼吁全球华人理性示威。

各大洲华社自发联合起来“保钓”，显示了中华儿女众志成城、团结一心的民族情怀。海外华文媒体对此高度关注，美国《侨报》、《星岛日报》、法国《欧洲时报》、西班牙《欧华报》等纷纷通过各种方式反映华人抱团“保钓”心声。

七、西藏设侨务机构，中国大陆侨务机构实现全覆盖

西藏自治区外事侨务办公室、西藏自治区归国华侨联合会分别于2012年9月17日、26日在拉萨揭牌。西藏自治区是中国大陆最后一个成立侨务机构的省（区），西藏自治区外事侨务办公室的成立标志着中国在省（区）层面结束了西藏自治区没有专门侨务工作机构的历史局面，也为开展涉藏侨务工作奠定了坚实基础。

分布在近50个国家和地区的约20万海外藏胞，是在特殊历史条件下形成的侨居在国外的中国少数民族群体，是海外侨胞不可分割的重要组成部分。中国侨联主席林军在西藏侨联揭牌仪式上表示，希望西藏侨联能够通过多种活动，增强藏族侨胞对乡土故里的亲近感、对中华文化的认同感、对祖国家乡的归属感。

八、欧洲华商欧债危机下求生存谋突破

2012年10月16日，西班牙警方发动了旨在打击有组织犯罪的“帝王行动”，捣毁了一个疑似由中国商人领头的洗钱和偷税漏税犯罪网络，近百人被逮捕。华商们在经受着经济危机的同时，媒体的负面报道也让其生意雪上加霜。

欧债危机爆发至今，持续恶化的经济环境严重挤压着海外华商生存的空间，加上不断收紧的移民政策、一浪接一浪的劳工和税务大检查，抵御风险能力较低的中小华商经历盲目抄底后相继倒下，也有少数华商通过改变经营方向、加强现代企业管理等方式，调整经营思路艰难前行。

九、中国第一大侨乡启动华侨史编修

2012 年 10 月 31 日，广东省政府召开《广东华侨史》编修工作领导小组第一次会议，标志着拥有 3 000 多万海外华侨华人的中国第一大侨乡——广东正式启动华侨史编修工作。

该书拟用最新、最全面的史料，吸收海内外最新的研究成果，从世界历史的进程和国际移民的角度，厘清广东华侨移民、发展的脉络，总结广东华侨发展规律，总结广东华侨对住在国社会经济发展的作用和影响，凸显广东华侨的岭南文化特色和精神。

《广东华侨史》的修撰工作拟用时 5 至 6 年，内容包括古代、近代和现当代三大卷，总字数约 200 万字。与此同时，还将编辑出版《广东华侨史料丛刊》、《广东华侨研究丛书》与广东华侨史普及读物等。

十、美国众议院历史性出现三名华裔女议员

2012 年 11 月 6 日举行的美国大选，历史性地诞生了 3 名华裔女众议员。她们分别是美东地区第一位亚裔及华裔国会众议员孟昭文；从政长达 27 年、加州历史上首位获连任的华裔国会众议员赵美心；有一半华裔血统的谭米·达科沃斯。在此次美国大选中，华裔候选人举足轻重，从联邦国会到地方城市，都能看到华裔参选人的身影。媒体认为，这标志着华裔参政的程度在进一步加强。对于国会中首次出现三名华裔女议员，有分析发出“阴盛阳衰”的感慨，也有媒体称，这标志着美国华裔参政热情正逐渐高涨。

（中国新闻网 2012－12－31）

2012年美国华人十大新闻

一、赵美心推动《排华法案》致歉案国会通过

经过两年多的筹备、推动，赵美心起草的为《排华法案》致歉决议案终于在今年8月20日获得了美国国会的通过，成为华人发展史上的又一里程碑。

三年前，赵美心当选为首位华裔女性联邦众议员后，即开始推动这一议案。当时加州众议员方文忠提出的为《排华法案》致歉的议案已在加州议会通过，为赵美心在国会提案创造了条件。经过他们的努力，去年10月联邦参议院通过了致歉议案。今年6月，赵美心与她的支持者再次推动联邦众议院通过致歉案，终于获得成功。

二、孟昭文成为美东首位华裔国会众议员

现任纽约州州众议员的孟昭文在今年11月6日举行的纽约州国会第六选区众议员普选中，以66%的绝对优势得票率战胜了共和党对手何乐阮，成功当选为美东地区首位亚裔及华裔国会众议员，创造了华人参政历史。孟昭文也是继赵美心之后全美第二位华裔女性国会众议员。

三、“林书豪风”席卷华社，全美刮起“林氏旋风”

哈佛大学毕业的前纽约尼克斯队华裔球员林书豪（Jeremy Lin）在NBA2012赛季的优异表现使全美刮起了“林氏旋风”，也让纽约华裔民众为之一振。林书豪的优异表现让华裔民众倍感骄傲，纽约尼克斯主场麦迪逊花园更是“爆棚”，引来全美各地华裔球迷助阵。

华裔球迷表示，从网球名将张德培到如今的林书豪，经过20多年的发展，美国人已经开始接受“黄色认同”，这也给华裔在体育界占有一席之地树立了信心。

四、两名南加大中国留学生遭枪击身亡

2012年4月11日凌晨1时，南加州大学校园附近发生了枪击命案，两名南加大的中国留学生在一辆宝马车中遭到枪击身亡。嫌犯作案动机可能是抢劫。两名嫌犯被捕，被控谋杀等罪名，目前案件仍在洛杉矶高等法院审理。

两名受害者均为南加州大学电子工程系研究生，男生瞿铭，23岁，来自吉林，女生吴颖，23岁，来自湖南常德。这一案件牵动了中美华人的心，许多人通过网络讨论南加大所处社区的安全问题。瞿铭、吴颖的父母在中国越洋聘请了美国律师状告南加大，

追究南加大在这起枪击命案中的民事责任。

五、飓风“桑迪”重创纽约　华埠断油断电

飓风“桑迪”来临前夕，众多华人纷纷前往超市抢购食物和瓶装水。市长彭博也不敢疏忽，召开新闻发布会，呼吁市民做足防风的安全措施。强势飓风“桑迪”过境后，华埠由于断了电，绝大多数的店铺都重门深锁，只有少数的几家食肆本着为民众服务的理念，也为自己的生意而开门迎客。福州特区的东百汇有好几家海鲜肉食公司则将食品推出店前大甩卖，避免停电数日导致血本无归。经历了狂风暴雨后，10 月 30 日早上水退、暴风止，居住在靠近东河两桥大厦的记者于 29 日晚 7 时亲眼看见河水涌进停车场，再漫进儿童游乐场，停车场的汽车被浸没了顶。幸而 9 点多时，河水渐退，否则后果堪虞。走进华埠中心，店铺、会所全关着。华埠成了重灾区之一。

六、南加华人月子中心被告上法庭

月子中心在华人社区已存在了许多年，是早年来自台湾的华裔移民开创的地下产业。近年来，随着中国大陆经济腾飞，以及美国对华旅游签证的进一步开放，越来越多的大陆孕妇来美生产。为此，专门为大陆来美孕妇服务的月子中心如雨后春笋般出现。许多月子中心都存在无照经营、偷税漏税、违反市政民居建筑法规等现象。今年 9 月底，在奇诺岗的一家月子中心由于扰民被邻居举报，经奇诺岗市府的调查发现，这家月子中心将一幢山顶豪宅改建成了可同时容纳 17 名孕妇的月子中心。奇诺岗市府随后以滋扰社区为由将这家月子中心告上了法庭，并请求法庭颁布永久禁止令，从根本上取缔月子中心。

七、FBI 查纽约政庇造假律师楼　震动华人社区

2012 年 12 月 18 日，联邦 FBI 和纽约警察联手到纽约华埠大举查抄涉嫌在政治庇护申请上帮客户造假的多家移民律师楼。当天，在曼哈顿、皇后区和布碌仑总共有 21 人被逮捕，26 人被起诉，包括 6 名移民律师。至少有 10 家律师楼涉嫌帮数百华人造假。检方指出，这些律师楼帮客户在政治庇护申请上造假，帮客户编造故事，教他们跟移民官面试时怎么撒谎。被起诉的 26 人中，23 人于 18 日和 19 日交保释放，律师、办公室经理和法律助理的保金为每人 20 万，翻译员每人 10 万。另外还有 3 人在逃。过堂时大部分人都有法

庭临时指派的律师，所有人都声称自己无罪。消息震动了全美华人社区。媒体指出，政治庇护造假案在华人社区其实由来已久，政治庇护造假案业者，很多根本不具备律师资格，却以移民中介、顾问公司等名义作业。

八、在美华人联合“保钓”

在“九·一八”81周年之际，来自海峡两岸的华人华侨在全美各地发起了一系列大规模游行示威，抗议日本政府所谓“国有化”等侵占钓鱼岛的企图。美东地区老中青三代“保钓”人士和上千名华人华侨先后于9月17日和18日两天在日本驻纽约总领事馆门前集会抗议。美东“保钓”行动委员会联络人黄哲操、纽约中国和平统一促进会主席花俊雄、纽约“保钓”联会主席陈宪中等“保钓”人士代表向日本总领事递交了抗议信。在随后的联大会议期间，众多华人华侨再次到纽约联合国总部门前集会，抗议日本首相野田在联合国发表演讲。

九、轻信驱霉运　华裔老妇被“祈福党”骗走万元现金

祈福党同样可算2012年的“大片”之一，从年初被曝，到祈福党成员猖獗在各大城市连连作案，5月多名祈福党成员在加州等地被捕，但仍有同类案件出现，案件牵涉人数之多、金额之巨大、地域之广，令人瞠目结舌。在纽约、旧金山、西雅图、波士顿、芝加哥等城市，受害者年龄层普遍较高。罪犯针对老龄移民对风水的迷信，称其被邪灵缠身，她的家人正身处危险之中，必须用财物为家人祈福挡灾。老人深信后，就会将家中所有财物取出，用来消灾，但实际上已经被犯罪分子掉包拿走。纽约各华人聚集地的警局都针对该组织加大打击力度，并开展社区教育和宣传活动，呼吁耆老们不要轻易和陌生人搭讪。

十、章曙彤涉贪自杀

圣约翰大学原华裔副校长兼亚洲研究中心主任章曙彤涉嫌贪污公款及奴役学生一案在联邦纽约东区法院开审后一直备受各方关注，本报对该案审理过程乃至章曙彤自杀身亡结案进行了追踪式全程跟进，其内容之详尽、完整以及报道的客观公正受到包括圣约翰大学师生在内的广大读者的认可。该案在东区法院的审理过程跌宕起伏，极具戏剧色彩，不仅表现在对章曙彤的保释条件从150万美元改为不准饮酒、不得储藏烈酒以及必须每日向法院呈交血液检测结果上，而且出庭作证的章曙彤的学生、助理乃至校长等的供词均将她及其儿子奴役学生以及篡改账目、挪用资金

等的种种丑行公之于众，令曾经为人师表的她一下子颜面扫地。除此以外，主流及中文媒体对她痛揭老底，把她被怀疑指使杀死亲夫以及与中国台湾地区黑帮势力、政府高层等各种勾当旧事重提，最终导致这位曾在纽约华社叱咤一时的女中豪杰以自杀结案收场。

（［美国］《侨报》2012－12－28）

2012 年加拿大华人社区十大新闻

一、中国话成加拿大第一族裔语言

10 月 24 日，加拿大统计局（Statistics Canada）人口普查结果显示，由于大量亚太区移民的到来，加拿大的人口和语言结构都发生了重大变化，中国话成为第一大少数族裔语言。根据 2011 年人口普查的数据，华语（Chinese）、普通话（Mandarin）及广东话（Cantonese）均被单独列入加拿大十大少数族裔语言之中，在十大少数族裔语言中占据三席，总人数超过 113 万，在各移民语言中占据第一。其中，使用普通话的人口在过去五年中共增加了 51%。

二、赵巍案主犯被判处无期徒刑

9 月 27 日，被控杀害女友赵巍的李佳明（曾用名李昂），被中国北京市第一中级人民法院判故意杀人罪，处以无期徒刑。被告即时表示上诉；赵巍母亲杨宝英和表姐李军军则称对判决结果感到欣慰，凶手得到了应有的惩罚。2002 年旅居温哥华的中国女留学生赵巍遇害身亡一案，由于主嫌犯潜逃中国，历经了十年之久的波折与延宕，期间更引发中加两国的“司法管辖权”之争。在卑诗省新民主党议员的协助下，赵巍父母曾来加拿大向联邦官员陈情，为赵巍喊冤。

三、华社抗议日本侵犯钓鱼岛主权

今年，中日两国有关钓鱼岛主权争端再次被激化，引起了加拿大华人社区的强烈反响。全加各地多个华人团体先后发表“声明书”或“立场书”，指责日方公然侵犯中国领土主权、伤害中国人民感情、损害中日关系，并对日本一系列侵犯中国领土钓鱼岛的粗暴行动表示强烈抗议和谴责。8 月 24 日，温哥华中华会馆联同数十个侨团近 300 人到温哥华市中心日本领事馆门外抗议；9 月 2 日，多伦多华人团体组织约 200 人在多市政府广场集会抗议，并游行至日本领事馆；9 月 19 日及 20 日，渥太华地区华人华侨连续两天在日本使馆门前举行抗议活动。

四、刘冠华碎尸案震惊加拿大

8 月 10 日，来自福建的 41 岁华裔单身母亲刘冠华被朋友报称失踪，及后，其身体的多个部分被发现丢弃在多伦多地区不同地点。疑凶为刘冠华前男友、以难民身份来加拿大的华裔男子蒋春琦，他被控二级谋杀。这是继林俊碎尸案后，加拿大在三个月内发生的第二起碎尸案，死者竟同为来自中国的华裔人士，手段之残忍令人发指。案件震动华社和加拿大，也为人们敲响了警钟——对自身的安全任何时刻都不可掉以轻心。

五、中国留学生血案濒生引关注

12 月 6 日，渥太华卡尔顿大学的中国留学生赵家乐（Jaile Zhao）在公寓内被杀害。嫌犯为与他同租一套公寓的室友——25 岁华裔男子汝国友（Guoyou Ru），嫌犯满脸血迹，在现场被逮捕，被控二级谋杀。另外，6 月 7 日，中国留学生汤远熙涉嫌在卑诗省杀害母亲郭炼结，并将尸体装入行李箱，从列治文丢入海中。警方正式起诉死者的儿子汤远熙一级谋杀及意图谋杀罪名。一连串的留学生血案引起警方和中国驻加拿大使领馆的高度关注，呼吁学生注意安全，大胆举报。

六、安省高院裁市府禁翅越权

11 月 30 日，安大略省高等法院正式裁定，多伦多市政府订立禁鱼翅附例超越了市府立法权。法官认为市府以鱼翅涉及市民健康作为立法动机的理据并不成立，同时生态问题属联邦政府及省府管辖范围。目前，安大略省多个城市如奥沙华市、密西沙加市、皮克灵市、伦敦市，卑诗省多个城市如满地宝、高贵林、乃耐磨、枫叶岭等，都已订立禁鱼翅附例。而温哥华市议会则通过动议，希望联合温哥华、本拿比和列治文“禁翅”。

七、赖昌星被判无期收监服刑

5月18日，中国厦门市中级人民法院对曾逃亡加拿大12年之久的远华走私犯罪集团首犯赖昌星走私普通货物、行贿犯罪一案作一审宣判：决定对赖执行无期徒刑，剥夺政治权利终身，并处没收个人全部财产；赖昌星的违法犯罪所得依法予以追缴。截至5月28日，十天法定上诉期限届满，被告人赖昌星未提出上诉，该判决发生法律效力，赖昌星被押送监狱服刑。而同样曾潜逃加拿大8年的“哈尔滨中国银行10亿元诈骗案”嫌犯高山也于今年回中国自首。

八、华裔富二代飙车再惹争议

9月22日，卑诗省再次发生“华裔豪车队”疯狂飙车事件。皇家骑警指出，一支有四辆包括豪华跑车和休旅车的车队在一号国道上，以拦路狂飙方式涉嫌非法赛车，警方将四车拦下后通通查扣，多名车主遭到检控。警方透露犯事者为年纪介于19岁至20岁的列治文华裔，其中两人是持中国国际驾照的学生。事件虽令人关注华裔富二代不负责任的驾驶行为，但同时也引起本地是否有仇富心态的争议。

九、吴耀伟遭警殴案庭外和解

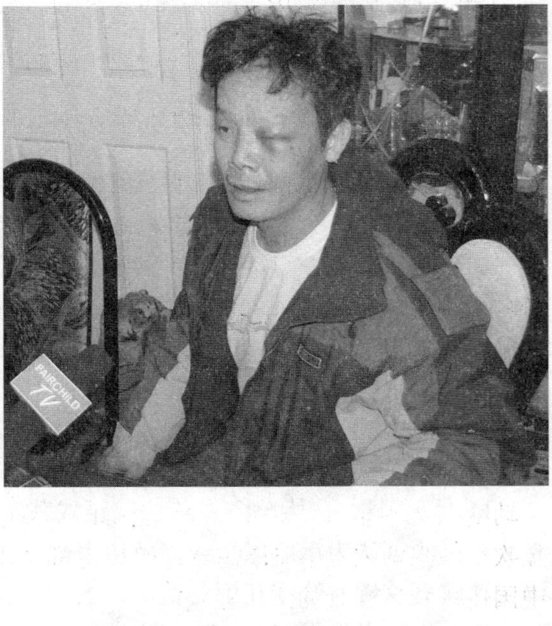

10月26日，两年多前在家门口遭两名温哥华市便装警员误殴重伤的温哥华市华裔男子吴耀伟，与温哥华市府和两名警员的民事诉讼达成庭外和解，而吴耀伟本人及关注组成员对结果均感满意。延宕近三年的误殴案件，总算有了可以令人接受的结局。案发于2010年1月21日，媒体报道后，有热心人士组成社区关注组，为吴家筹款，帮助他们解困及提供专业辅导。最近，吴耀伟把当日所获的社区捐款，全部赠与卑诗公民自由协会，捐助将来有需要寻求帮助的人士。

十、华裔教授控卑诗大学歧视

11 月 14 日，卑诗省最高法院开庭审讯卑诗大学华裔副教授陈雁铃投诉校方种族歧视司法复核案。卑诗大学在委任林思齐为多元文化教育中心主席时，引发一同被遴选的华裔副教授陈雁铃的投诉，她认为，卑诗大学构成种族、肤色、祖裔以及来源地上的歧视。来自中国香港的陈雁铃认为自己在多元文化领域的研究及教学上的经验与资历，较对方更为丰富深厚。她向卑诗人权审裁处作出投诉并得到受理之后，卑诗大学又向卑诗最高法院提出司法复核。

（［加拿大］环球华网 2013－01－02）

2012 年西班牙华埠十大热门新闻

一、旅西各地华人看游行、逛庙会、买彩票，喜迎龙年

2012 年 1 月 29 日晚上，2012“亲情中华欢聚马德里”华人大型春节联欢晚会在马德里阿雷纳多功能体育馆拉开了帷幕。中国驻西大使朱邦造偕夫人以及使馆随员、西班牙政府代表，马德里大区及市政府代表、西班牙中西百货协会全体会员、西班牙各华人侨团代表、当地西班牙友人以及马德里侨胞共 6 000 余人参加了晚会。同时，第二届巴塞罗那中国年庙会于 1 月 27 日至 29 日精彩上演，这是巴塞罗那第二次面向公众举行中国春节庆祝活动。三天的活动给巴塞罗那市民带来了浓浓的中国年味，让巴塞罗那民众在高高挂起的大红灯笼下，在吹拉弹唱的艺术感染下，在游客中穿插行走的舞龙舞狮表演下，领略了浓浓的来自东方中国传统新春庙会的文化魅力。

二、中国小姐半裸出镜引华社轩然大波

西尚举办的“中国小姐”选美大赛的参赛选手之一，来自中国烟台的21岁女孩迟锐成了最新一期知名杂志 *INTERVIU* 的封面女郎。她不仅尺度颇大地半裸出镜，还面对西班牙媒体发表了许多关于中国的言论。尽管这是一本创刊超过30年的正规大牌杂志，并向来以风格大胆著称，每期都邀请不同的女性名人裸体拍摄封面，但猛然看到一个黑发黄肤的中国女孩赤裸上半身出现在镜头前，还是令人一惊。华社众说纷纭，褒贬不一。

三、吴邦国委员长首次访问西班牙

应西班牙众议院议长波萨达的邀请，中国全国人大常委会委员长吴邦国于5月23日抵达西班牙首都马德里，开始对西班牙正式进行友好访问。吴邦国在机场发表书面讲话说，中西友好关系源远流长。建交近40年来，两国关系稳步发展，特别是2005年建立全面战略伙伴关系以来，两国政治互信不断增强，经贸合作成果显著，人文交流蓬勃开展，在彼此关切的重大问题上相互支持，在国际和地区事务中密切合作。在当前国际形势变化深刻复杂、全球性挑战日益突出的背景下，巩固和深化中西友好关系符合两国人民的根本利益和共同愿望，也有利于世界的和平稳定与发展。他表示，相信在双方共同努力下，此访一定能够达到巩固友谊、增进互信、扩大共识、深化合作的目的，为两国全面战略伙伴关系注入新的活力。

四、中国海军“郑和”舰到访CADIZ

6月9日上午8时40分许，中国海军“郑和”舰在领航船的带领下，徐徐驶进CADIZ港，码头上的欢迎人群霎时爆发出一阵欢呼声。侨民挥动手中的五星红旗，频频向越来越近的“郑和”舰致以问候，腰鼓队、舞狮队现场起舞，景象热闹非凡。中国驻西班牙大使朱邦造偕夫人，领事参赞董玉忠、武官吴永业，西班牙海上行动指挥部司令费雷罗海军上将，西班牙ANDALUCIA大区高官、CADIZ市政府主要官员，旅西社团侨领、留学生、侨民代表、媒体记者等200余人参加了欢迎仪式。

五、欧华联会20周年庆典暨第17届大会召开

8月8日到9日，欧洲华侨华人社团联合会成立20周年暨欧华联会第17届大会在西班牙马德里召开。中国驻西班牙大使朱邦造、西班牙王国政府外交国务秘书赫苏斯·加尔西亚、新疆维吾尔自治区政协主席艾斯海提·克里木拜、国务院侨办副主任马儒沛及国务院台办副主任叶克冬等与来自28个国家的约600名代表与嘉宾

出席大会。

欧洲华侨华人社团联合会于1992年5月8日在荷兰阿姆斯特丹成立，欧华联会为非牟利组织，其宗旨是加强欧洲华人社团之间的联系，促进彼此间的了解与合作，不论其宗教信仰或政治观点如何，也不论其来自哪个地区和文化环境，力求以社团的力量为旅欧华人争取共同利益，为提高华人的政治、经济、社会地位而努力。目前，欧华联会的侨团成员超过260个，遍布欧洲28个国家，是具有世界影响力的海外华人民间社团之一。

六、西班牙增值税提高对华人的影响不小

根据西班牙皇家法令（20/2012）的规定，从9月1日开始，西班牙各个行业的IVA（增值税）全面上涨。IVA General（普通增值税）原18%的上涨到21%，原8%的上涨到10%，原4%的保持不变。调整后的税收标准对华人从事比较多的几个行业影响较大。

一位华人进出口贸易公司老总说，税率提高，对华人企业一定是有很大影响的，负担加重了。在欧债危机下，西班牙政府提高增值税也是出于无奈，否则如何获得欧盟的救助？没有欧盟的救助，西班牙将面临什么状况，想必大家心里都明白。所以，作为企业家，我们只能顺应时势，顺其自然了。

七、西班牙华侨华人“九·一八”举行“保钓”示威

9月18日，马德里各大侨团、华人企业家、中文学校师生、普通侨民、留学生等约500名旅西侨胞来到日本驻西班牙领事馆前举行示威游行。他们有的举着国旗，有的拿着大大的标语牌，也有人直接把反日标语写在自己的T恤上。现场人员群情激愤，为捍卫我国领土钓鱼岛发出自己的声音。同一天，在巴塞罗那，西班牙华侨华人社团联谊总会、加泰罗尼亚华侨华人社团联谊总会以及巴塞罗那中华总商会联合举办了纪念“九·一八”事变81周年座谈会。与会者齐声痛斥日本军国主义对中华民族所犯下的滔天罪行，强烈谴责日本政府企图侵占钓鱼岛。当天，西班牙华侨华人社团代表旅西华侨华人向日本驻西班牙大使馆递交抗议书。

八、巴塞华人血刃吉卜赛人真相

2012年9月13日晚8时许，在巴塞罗那近郊Sabadell市发生了一起华人夫妇叶玉斌和郑红华杀死吉卜赛人的严重事件。血案震惊了当地社会，当晚，数百名吉卜赛人在这对夫妇开的酒吧附近聚集，许多人还带了枪械。警察局出动41辆警车，封锁了附近路口，以防止事态进一步恶化，并通报当地华人酒吧，当晚停止营业，以防不测。

华人杀死吉卜赛人在西班牙华人历史上还是第一次出现。血刃吉卜赛人的消息传出，让所有华人瞠目结舌，人们很难相信这一事实。

九、"帝王行动"震动西班牙华人社会

10月16日清晨，西班牙展开了以马德里和巴塞罗那为主的打击华商洗黑钱的"帝王行动"，有83人被捕，其中53人为华人，17人为西班牙人，剩下的8人为其他国籍人士。西班牙《国家报》称，在搜查中，警方已经没收了1 150万欧元现金，并且签发了108张逮捕令。

警方的调查开始于一位华人的报案，这位华人说自己用卡车拉往巴塞罗那的钱被抢了，被抢金额为500万欧元。警方就开始穿针引线、顺藤摸瓜，这是"帝王行动"的源头。

西班牙警察总署署长Ignacio Cocido对媒体表示："中国犯罪团伙已经扭曲了西班牙经济的运行。"西班牙检察官公布每位被捕者的保释金额为10万欧元。西班牙内政部部长Jorge Fernandez说可能还会有更多人被捕。Fernandez表示，这是西班牙历史上最大的搜捕行动，显示了西班牙政府在打击欺诈和逃税上的决心。

十、西班牙16万买房　一石激起千层浪

11月19日，在非正式的早餐会议上，西班牙国家商业秘书Jaime Garcia Legaz提出了外国人在西班牙购买总值超过16万欧元房产可获得居留的构想，随即这个在西班牙买房获居留的消息在海内外不胫而走。与其他新闻不同，这则西班牙本土新闻首先在中国大陆引起了不小的反响，19日，新浪财经微博最先发表一条"在西花16万买房就可以获得绿卡"的消息，在不到半天的时间里，该消息成为微博热帖，网友们纷纷转发、跟帖、评论。虽然得居留的传闻最终被澄清，可中西两国的民众和网友对这一新闻的关注度并没有因此而减少。"西班牙经济危机"、"购房得绿卡"等词汇仍然成为本年度的焦点之一。

（［西班牙］《欧华报》2012－12－21）

2012年罗马尼亚华侨华人十大新闻

一、抗议日本政府侵占钓鱼岛的爱国行动

9月18日下午，在旅罗侨社的组织带领下，罗马尼亚500多名华商走上街头，在日本驻罗使馆附近举行集会，强烈抗议日本政府侵占中国固有领土钓鱼岛。数百名旅罗华商高呼着"中国人民不可辱，中国国土不容侵"、"坚决反对侵略，还我河山"等口号。当天旅罗华商代表还向日本驻罗使馆递交了全体华商的联合抗议声明，罗马尼亚当地各大主流媒体也都到场作了相关报道。

二、四名华商被驱逐出境

12 月 21 日，罗马尼亚各大主流媒体纷纷报道罗马尼亚政府以危害罗马尼亚国家安全及经济秩序等罪名将四名华商“驱逐”出境的案件，四名华商中一人为澳籍华人，其余是中国籍华商。罗马尼亚国际广播电台的报道称，这 4 名华商被控泄露罗马尼亚国家机密罪以及被控建立非法财务系统，超过 1 000 家公司在这里通过洗钱等运作使资金非法转移，此财务系统帮助这些公司偷税漏税，严重破坏了罗马尼亚国家预算等。驱逐案件判决后，当事人之一表示不服，并称将通过法律手段进行上诉，而且有可能会上诉到欧盟法院。另此案的最新消息，由于各方要求，罗马尼亚上诉法院将于 2013 年 2 月 18 日再次就此案开庭作出判决。

三、华侨华人社团举行为重雪灾区送温暖活动

2 月初以来，罗马尼亚发生数十年未遇的特大雪灾，零下 20 多摄氏度的严寒与暴风雪气候造成当地 100 多人相继死亡。罗马尼亚华侨华人社团在中国驻罗使馆的大力支持下，自发成立临时慈善救援小组，经过在红龙市场数日的积极募捐，共募得价值数万欧元的救援资金与物资。2 月 22 日上午，15 辆罗马尼亚军车满载着旅罗华商的拳拳爱心，将救援资金、物品等送往罗马尼亚重雪灾区，用实际行动表达了旅罗华商大爱无疆的公益情怀。

四、迎接中国海军导弹护卫舰“烟台”号来访罗马尼亚

7 月 31 日下午，中国海军导弹护卫舰“烟台”号出访罗马尼亚，并进行为期五天的友好访问。罗马尼亚华侨华人社团积极响应，20 多家社团组织率领 100 多名旅罗华商代表，在康斯坦察港口码头举行盛大欢迎仪式，迎接中国海军护卫舰“烟台”号的到来。这是自新中国成立以来，中国海军舰队首次出访欧洲。

五、中国驻罗使馆为侨服务受好评

为了更好地帮助旅罗华商了解罗马尼亚相关经济形势的发展走向，更全面地融入罗马尼亚的经济秩序，2012 年中国驻罗使馆先后多次为旅罗华商举办有关法律知识讲座和与罗相关各部门的对话会等。4 月 5 日，使馆特邀罗马尼亚著名经济律师在红龙市场为旅罗侨商举办法律讲座；7 月 17 日，使馆再次组织华商与罗警察总局、移民局、边防总局、海关总署、财政卫队等部门的主管官员举行对话会，积极排解华商在经商过程中遇到的各类难题。

六、100 多家华商公司受到罗检察院的传讯检查

7 月初以来，在布加勒斯特红龙市场经营的 100 多家华商公司，同时接到罗马尼亚最高检察院的传讯检查通知，此次大检查主要涉及有关华商公司的进出口账目及税务、进口货物来源等方面的问题。据了解，此次受检察院传唤的华商公司多数为来自浙江的商人所经营的，他们以经销批发鞋类产品为主。这是近几年来罗马尼亚政府加大力度整治调查在罗马尼亚外国人问题公司的又一次较大型行动。

七、中国国侨办代表团进行调研并看望侨胞

9月15日，中国国务院侨务办公室政法司代表团一行来到罗马尼亚，了解金融危机后特别是欧债危机发生以来，旅罗华商在罗马尼亚的发展情况以及在经商工作中遇到的一些问题，了解侨胞在罗马尼亚的生活、工作情况，代表团一行与旅罗侨社代表进行了亲切的会谈与交流。

八、中国驻罗马尼亚大使高度赞扬旅罗华商所作贡献

9月21日晚，在中国驻罗马尼亚使馆为华侨华人举办的“贺中秋迎国庆”联欢晚会上，霍玉珍大使对旅罗华商多年来为中罗两国间经贸交流和民间友好往来所作出的贡献表示肯定与赞赏。她说，华商在罗马尼亚奋斗多年，极大地促进了罗马尼亚当地社会的经济贸易发展；旅罗华商是中国与罗马尼亚两国间经济、贸易、文化等多方面交流合作的桥梁，他们为推动和促进中罗两国民间友好关系所作的突出贡献有目共睹。

九、中国驻罗使馆及时介入予以澄清“熊掌事件”

3月上旬，罗马尼亚机场发生了一起华商带“熊掌”出关时被边检人员误认为是“人掌”的事件，此事件惊动了罗马尼亚主流社会且带来不小的负面影响。中国驻罗使馆得知此事后，领事部人员要求当地警方马上对“熊掌”事件进行彻查。当地警方深入了解后发声明表示此“熊掌”确系熊掌而非“人掌”。之后，使馆领事部主任耿飞主动上当地电视台接受采访为“熊掌事件”说明事实真相，自此，一场围绕“熊掌”事件本已硝烟弥漫的风波在使馆人员及时出面斡旋下，于极短的时间内迅速平息，消弭了不良社会影响，挽回了海外华商的尊严。

十、中国驻罗马尼亚大使与华侨社团、中资机构等代表座谈

12月22日，新任驻罗马尼亚大使霍玉珍在使馆与旅罗华侨华人社团、中资机构和华文媒体代表举行座谈会，罗马尼亚侨界近50人应邀出席。座谈会上，霍大使认真听取旅罗侨胞就罗马尼亚移民政策、经营环境、华文教育等方面提出的问题、要求和建议，向在座侨胞通报了2013年使馆将出台的领事服务新措施，强调使馆将继续秉承“以人为本，外交为民”的理念，全力做好领侨服务工作，积极维护广大侨胞的正当合法权益。霍大使还希望广大侨胞继续发扬爱国爱乡、团结互助的优良传统，遵纪守法，加强与住在国民众的交往与合作，树立旅罗华商的良好形象。同时，霍大使还鼓励中资企业要“走出去”、“扎下根”，为促进中罗互利友好合作作出努力。

（［罗马尼亚］《旅罗华商报》2012－12－30）

2012年澳洲华人社区十件大事

一、堪培拉华人误食毒蘑菇两人致死

在2011年12月31日新年前夜的派对上，四名中国籍人士在堪培拉由于误食毒蘑菇（“死亡帽子”）而被送入医院治疗。其中两名中毒者因抢救无效于1月3日不幸死亡。这四人误食的是世界上毒性最强也最致命的蘑菇，他们把这种有毒蘑菇误认成了亚洲菜经常使用的草菇。在过去的十年中，堪培拉及其周边地区一共有5人死于这种蘑菇中毒。

二、中国慈父万里赴澳寻女

从今年2月开始，卧龙岗中文论坛上“寻找Cathy”的帖子引起了当地华人的广泛关注，随着Cathy父亲从中国万里迢迢赴澳寻女，这位24岁卧龙岗大学女留学生的安危牵动着每个关心着她的人。Cathy自今年3月初最后一次和母亲通电话后，就与父母失去了联系。警方最终于4月18日找到了Cathy，但没有人知道她在失踪的一个多月里究竟发生了什么。Cathy在完成数周的语言课程后，于2010年7月进入了硕士阶段的学习，但因为课程与本科专业差异较大，Cathy的成绩并不理想，这也许是她精神消沉的原因。主治医生Michael告诉记者，Cathy的身体条件一切良好，但是精神状况仍要住院观察，必要时需接受治疗。

三、中国留学生悉尼火车上被暴打

4月23日，微博网友“Xuan皓”发出共10条微博，痛诉自己在火车上被本地年轻人暴打的遭遇，同时还附上了数张沾满血迹的“物证”照片。他在微博中写道：“那群痞子除了拳打脚踢。把我们打得鼻青脸肿，鼻骨断了，全是血。我朋友的下巴也被打裂了。他们还用玻璃砸我们。用烟头烫我们。我的脸全被烫伤了。彻底毁容了！最可恨他们满嘴种族歧视的语言！”此事传出后引起了巨大反响，中国驻澳领事馆及中国大陆主流媒体都关注了此事。悉尼警方逮捕和指控了涉嫌在悉尼市南区殴打中国留学生的三名青少年和三名成人。

四、技术移民新政EOI正式实施

澳大利亚移民局于2011年5月份公布的技术移民新政策——SkillSelect系统，终于在今年的7月1日起正式实施。通过此系统申请技术移民需要递交“表达意向书”（EOI），只有分数达到标准并获得移民局的邀请之后才有资格申请移民。移民局通过此政策将主动权掌握在了自己手里，从而得以有的放矢地吸引对澳大利亚有益的人才。而传统的885技术移民签证将在2013年1月1日终结。

五、澳洲华人积极保卫钓鱼岛

"身在澳洲，心系祖国。"澳洲的华人群体再次证明了这句话。在中日钓鱼岛冲突愈演愈烈之时，澳洲的华人通过各种方式声援祖国。

六、中国大学生被澳式足球联赛相中

来自广州体育学院的陈少良（音译）被澳式足球联盟选中参加 AFL 的选秀。20 岁的陈少良弹跳能力惊人，其垂直起跳距离比 AFL 中跳得最高的球员还要高出 8 厘米。

七、宾士镇大火　两中国女生一死一伤

9 月 6 日下午，悉尼宾士镇一公寓内发生大火，房内两名中国女生为躲避火势爬出 5 楼的窗外。最终由于大火凶猛，站在墙外的两人坚持不住，双双跳楼，其中一名女生张平康当场死亡，而另一名女生姜一诺则奇迹生还。

八、新南威尔士大学中国博士实验室内被泼硫酸

10 月 11 日下午，新南威尔士大学有两名男生在化学实验室发生打斗。警方称，一名 25 岁的男同学被另一人用铁锤袭击并被酸类物质泼在脸部，烧伤严重。据称，泼酸袭击者和受害人均为中国籍留学生。其中，26 岁的张睿（Rui Zhang，音译）出庭时脸部被遮，身穿塑料连身衣。他被控在学校化学科技楼的化学实验室内袭击同学——25 岁的程晓宇（Xiaoyu Cheng，音译）。两人都为该大学的博士生。

九、多项移民新政 11 月同时推出

自 11 月 24 日起，澳洲商业投资移民政策彻底改革，163 签证退出历史舞台，新出台的一系列投资移民签证中最引人注目的当属"重大投资人"签证，即俗称的"500 万投资移民"签证。同时，澳洲 PR 和公民的父母旅游签证的有效期也放宽到 3 至 5 年。

十、华人学生屡获佳绩

今年的澳洲高考出现了许多华人状元，其中新州的单科华裔状元达 23 人。而堪培拉的华人学生田荣凯（Rongkai Tian，音译）也拿到了澳洲高等教育录取排名（ATAR）中得分最高的 99.95 分。此外，来自昆士兰大学迪亚曼蒂纳学院（University of Queensland's Diamantina Institute）的中国年轻学者杨建（Jian Yang，音译）开创了另一种检验基因个体的方式，这个重大突破为杨建博士赢得了百年纪念学院劳伦斯创造奖。

（［澳大利亚］新快网 2012－12－31）

（本栏目责任编辑　徐云）

海外要闻

本栏目内容是对海外华侨华人社会新闻报道的选登，以反映有关人物、事件的精选事实、主流立场、观点和方法以及包含事实资料、统计数据的报道为主，按媒体报道时间升序排列。

美严查海外账户　强力推“新规”

日前，美国国税局发布了“2011 年度报税实施细则”，其中包括备受关注的关于海外账户的报税“新规”。奥巴马政府不断强化严查海外账户的立法和执法举措，目的在于打击海外偷税和开源节流，缓解财政困境。“新规”虽早已有之，但措辞上已从昔日的“自愿”改为“强制”。一词之差，表明奥巴马政府这次要对海外账户动真格的了。

美国国税局发布的纳税“新规”，是根据 2010 年通过的《海外账户纳税法案》作出的。规定要求：美国公民和绿卡持有者对其超过 5 万美元的海外账户，都必须如实申报，否则将被处以 1 万美元的罚款；如果在国税局接连通告后仍不缴纳相关税费，最高罚款额度可达到 5 万美元。如果刻意少报并被查出，少报的部分将被课以 40% 的重罚。对在海外居住且拥有资产超过 20 万美元的美国公民，这些规定也同样适用。

《海外账户纳税法案》于 2010 年 3 月 18 日由奥巴马总统签署成为法律，这是奥巴马推动的《雇佣激励恢复就业法案》的一部分，是美国政府打击通过海外账户逃税的一项重要举措。

美国参议院发布的一份报告显示，美国富人利用海外账户偷逃的税收每年达 700 亿美元之巨。

（《法制日报》2012－01－03/邹强）

罗马数千名华人集会游行　抗议同胞无辜遭劫杀

1 月 10 日下午，数千名华人关闭各自的商店，在意大利首都罗马举行了规模空前的游行活动，他们打着用中文和意大利文写的标语——“反暴力，要安全”，悼念 1 月 4 日在抢劫凶杀案中遇害的中国侨民周拯及他只有 9 个月大的女儿周诗雅，呼吁意大利当局进一步改善社会治安。

参加这次游行活动的还有来自米兰、佛罗伦萨、普拉托等地的华人社团、学联组织代

表。游行活动从罗马华人活动集中地维托里奥广场出发，走在最前面的受害者家属举着两位受害人的巨幅照片，之后是大型横幅，上面写着“拒绝暴力，和谐发展”。数千人手里拿着鲜花、蜡烛走向案发地点附近的佩雷斯特莱罗广场。参加游行活动的还有不少当地的居民。一位住在广场附近的居民告诉记者，杀害一个刚刚9个月大的小孩，是惨无人道的，他每天都看到中国人在这里勤劳工作，他今天参加活动就是要表示对中国人的支持。一对母子手中捧着鲜花也来参加游行活动，这位妈妈叫玛丽亚，她告诉记者，她从事的工作与周拯的工作一样，也是经营汇款业务，5年前她也曾遇到过一次抢劫，当时是两名意大利人，劫匪用枪顶着她儿子的脑袋，幸好警察及时赶到把两名劫匪抓获归案，否则他儿子的下场就跟周拯一样，所以他们专程来参加这个活动，表示对死难者的悼念。印度、孟加拉国等国的侨民代表也前来参加游行，他们告诉记者，他们每天都与中国侨民生活在同一个区域，相互都是朋友，他们为中国朋友遇难感到十分难过。游行队伍中记者还看到意大利外交部副部长德米斯图拉、意大利中国友好协会主席维多利亚女士。

经过近两个小时的游行之后，队伍到达了佩雷斯特莱罗广场，与等候在这里的当地居民汇合。大家将手中的蜡烛摆放在地上，当地居民区的代表、罗马市的代表及罗马省的代表均在活动结束时讲话，表达对遇难者的沉痛悼念。1月4日晚上，在罗马街头发生的这起暴力抢劫凶杀案中，中国侨民周拯及其只有9个月大的女儿不幸遇难，其妻子受重伤至今仍在医院接受治疗。

此案由于其性质特别恶劣，不仅华人社会悲愤难平，意大利举国也为之震惊。意大利内政部长及时召开全国安全治安会议，并且从外地调警力增援罗马，从速侦破此案。罗马市长夫妇亲自到案发现场为遇难者点上蜡烛，表示哀悼。意大利总统纳波里塔诺亲自前往医院看望正在接受治疗的郑女士。目前根据警察侦查中所掌握的信息，基本上将目标锁定为两名摩洛哥移民，警方正在加紧工作进度，争取早日将两名嫌犯捉拿归案。

（［新西兰］《先驱报》2012－01－12）

美国举行全国市长会议　两位华裔市长被委以重任

正在美国首都华盛顿举行的第80届全美市长冬季会议中，代表旧金山和奥克兰的两位华裔市长李孟贤和关丽珍分别在科技创新与国际合作方面被委以重任。

会议在当地时间18日至20日举行，250多位市长出席。代表们与联邦劳工、交通、教育、农业等部门内阁部长以及两党领袖及国会议员等聚首，为推动两党合作，就降低失业率、创造就业机会、改善公共交通和安全等议题进行探讨合作。20日将发布2012年就业预测报告及市长联合声明。

李孟贤19日获得市长会议主席、洛杉矶市长安东尼奥·维拉瑞加萨任命，担任新成立的创新和科技工作组主席。这个工作组将致力于加强城市间经济和工作增长点方面的深度合作，并为城市与国会及奥巴马政府之间在科技创新和经济就业发展方面建言。

李孟贤表示，支撑科技创新和创造就业机会的动力是技术、企业和人才。国家和城市都必须有相应的政策确保经济发展、民众获得技能培训以适应21世纪的发展需要。城市间在科技创新方面的合作将有利于创造就业机会，提高政府透明度和工作效率，同时创建崭新的政府和私营企业之间的合作伙伴关系。

此外，市长会议国际事务关系委员会主席由奥克兰华裔女市长关丽珍担任。她将在20日主持会议，邀请美国贸易代表科与100多位市长共同探讨美国城市与国际在贸易和投资等领域的合作。

（中国新闻社旧金山2012－01－19/刘丹）

中国客新春加拿大忙看房　出手阔绰500万大呼便宜

据报道，农历新年期间，有已办理投资移民申请的温州商人组团赴温哥华考察和买楼，他们一天连看4个楼盘，锁定西温价格约500万澳元的海景单位，希望自住兼投资。此举显示温州炒楼资金已进驻大温。有地产经纪指出，近年来西温高价豪宅的准买家几乎都是华人。

在看过一幢位于西温哈尔斯顿街（Halston Crt.）2400号路段一座拥有5间睡房5间浴室，占地1.1万平方英尺，拥

有海景，价值近500万澳元的独立豪宅后，一个钱姓温州商人大呼便宜。他说："折合人民币才5 000万，这种材质装潢的房子，在上海至少要价上亿，真是够便宜。"

（［加拿大］《星岛日报》2012-01-28/张文慈）

美公布领事服务收费新标准　公民弃美籍须缴450美元

据美国《世界日报》报道，美国国务院2日在《联邦公报》（*Federal Register*）公布新的领事服务收费标准，包括放弃公民身份从过去的不收费改为收费450美元、16岁以上者护照申请和延期费从55美元涨为70美元、亲属类移民签证申请费从355美元降为330美元、职业移民相关签证申请费从355美元涨为720美元等。

美国公民身份对某些人来说是无价之宝，对另一些人则一文不值，现在国务院给了它一个价值数字，即450美元，至少是要放弃公民身份须付的钱。

美国国务院在2010年建议调涨领事服务费用，并接受公众的评论，新费用标准从2012年2月2日起生效。国务院并未说明如何与为何要计算公民身份的价值，对在美国出生的人来说，公民身份是免费的，国务院把它列为正式放弃公民身份的行政处理费用，规定放弃公民身份者须在亲往宣誓放弃时，缴交此费用。

如果要保留公民身份，并需要一本护照来证明它，费用也上涨了，16岁以上者的护照申请和延期费上涨27%，从55美元涨为70美元；16岁以上者的护照卡申请和延期费从20美元涨为30美元，16岁以下者从10美元涨为15美元；护照安全附加费上涨100%，从20美元涨为40美元；护照签证页加页费从免费增加为82美元。国务院说，收费是为了弥补加页的成本和为护照附上新页所花的时间、为护照背书和进行品管检查。

其他的收费标准包括：在海外出生的美国儿童出生登记费从65美元涨为100美元；海外美国大使馆文件公证费，第一页从30美元涨为50美元，以后每增加一页从20美元涨为50美元。

（中国新闻网2012-02-04）

海外华侨华人举行活动喜迎春节

连日来，海外华侨华人、中国留学生和学者纷纷举办各种活动，庆贺中国农历蛇年新春。

西非暨尼日利亚华侨华人联合会10日在拉各斯举行盛大迎新春联欢会，1 200多名华

侨华人观歌舞表演、品美食，全场喜气洋洋，欢庆蛇年春节。中国驻拉各斯总领事刘显法、西非暨尼日利亚华侨华人联合会会长董瑞萼、尼日利亚贸易投资部长奥卢塞贡萨·阿甘加与尼日利亚矿业和钢铁部长穆萨·萨达出席迎新春会，并向广大华侨华人拜年。

澳大利亚中国工商业委员会维多利亚分会和澳大利亚中国总商会墨尔本分会日前在墨尔本联合举办大型联谊活动，庆祝中国蛇年春节，约400名维多利亚州工商界人士出席。维多利亚州州长特德·贝利厄致辞说，维多利亚州见证了中澳两国经贸、文化、人员之间日益密切的交往。去年他率领大型经贸代表团访问中国，取得了丰硕的成果。

塞浦路斯华侨华人友好协会日前在位于首都尼科西亚的著名私立大学弗里德里克大学举行联欢会，庆祝中国传统节日春节。中国驻塞浦路斯大使馆临时代办姜春燕、尼科西亚市长康斯坦蒂诺斯、弗里德里克大学校长弗里德里库以及华侨华人协会会员及家属200多人出席联欢会。

瑞典华侨华人日前在斯德哥尔摩东方博物馆门前举办热闹红火的舞龙舞狮表演，在欢乐喜庆的氛围中庆祝蛇年春节的到来。中国驻瑞典大使兰立俊与瑞典东方博物馆馆长尼尔森在现场为华侨华人送去新春祝福。

丹麦首都哥本哈根日前首次举办中国新春庙会活动，喜迎中国蛇年春节。中国驻丹麦大使李瑞宇、哥本哈根市长弗兰克·延森、丹麦华人总会主席林燕标等与华侨华人、留学生和当地民众数千人欢聚一堂，喜迎中国蛇年春节。在哥本哈根市政厅广场，舞龙队伍和太极方阵进行表演。市政厅内，华侨华人在现场包饺子、表演书法和茶道，很多丹麦民众驻足观看并拍照留念。

9日，智利首都圣地亚哥市中心智利独立之父奥希金斯纪念碑后面人头攒动，600余名智利华侨华人和当地人在喜庆而祥和的氛围中，以联袂表演的方式共同迎接癸巳蛇年到来。

智利总统皮涅拉的特别代表玛吉在庆祝仪式上宣读了总统的亲笔贺信。皮涅拉在贺词中表示，中国侨民在智利扎下的根，为智中两国关系发展提供了丰富营养。

阿根廷华侨华人日前也在首都布宜诺斯艾利斯举行春节庙会。中国驻阿根廷大使殷恒民与阿根廷首都公共用地局局长迭戈·圣蒂利为舞龙点睛，拉开了春节庙会序幕。今年举办春节庙会的巴兰卡斯·德·贝尔格拉诺广场紧临布宜诺斯艾利斯中国城，广场上人群川流不息，许多阿根廷居民前来品尝中国传统小吃、饮料，购买中国特色的服饰和工艺品。

（新华网北京 2012－02－11）

华人进步会等替受压榨工人讨薪31.6万

旧金山华人进步会、亚洲法律联谊会以及进步工人联盟等组织15日共同宣布，已经帮助受压榨工人就盗骗工资的案件达成和解，为工人们成功追讨欠薪31.6万美元，包括未支付工资、小费、餐费和公休时数折算额。

华人进步会工人中心组织员刘茂琦介绍，此番和解协议针对8位餐馆工人与前列治文区越南河粉餐厅Pho Clement之间的劳资纠纷，如今该餐厅已经易主更名。劳工组织公布的资料指出，曾经在该餐厅工作的雇员，被要求一周工作6至7天，平均每天工作时间长达12.5小时，甚至没有吃饭和休息时间。然而他们每天的工资只有65美元，相当于时薪5.20美元，与从今年1月1日开始实施的城市法定最低工资标准10.24美元相差甚远，即便是对照之前的9.92美元的标准也有很大差距。

当天，也有两位华裔和越南裔员工代表黄灼权与王国梁到场讲述自己的经历。黄灼权表示，自己和很多工友原先并不了解加利福尼亚州劳工法的规定和城市最低工资法令的规定，只是埋头苦干，希望养家糊口。直到后来才明白8小时工作制、超时工资应该以至少1.5倍计算等规定。

王国梁联合其他7位华裔和越南裔员工追讨欠薪，他们来到华人进步会和亚洲法联会寻求帮助。最初餐厅老板声称，需要数年时间来还清拖欠工资，之后多个亚裔民权工会团体与劳工执法部门联合向餐馆老板施压，最终取得重大突破。如今雇主承诺在几个月时间内一次性支付欠薪。

加州劳工局执法专员陈唐纳（Donna Chen，音译）指出，有相当多的新移民工人因为语言障碍和恐惧心理而不敢告发雇主，默默忍受欺诈，其实只要他们了解法律规定，就完全有可能保护好自己的权益。作为执法机构，也将坚决与他们站在一起，同时也鼓励其他有类似情况的工人与执法部门取得联络。

（［美国］《侨报》2012-02-15/刘海平）

美国总统奥巴马现身旧金山中国城买广式点心

当地时间2月16日下午约1时27分，旧金山中国城杰克逊街，着白衬衫系条纹领带卷袖子的美国总统奥巴马走进迎宾阁饭店，向前台经理打招呼问好：“请帮我准备一些点心，打包带走。”

奥巴马在迎宾阁逗留了约15分钟，期间出门与街道上的围观民众握手问好。前台经理为奥巴马装了虾饺、烧卖、叉烧包、豆苗和小笼包等广式点心，大约8个饭盒分装在两

个白色塑料袋里，上面印着红色花朵和“谢谢”英文字样，为此他错过了和奥巴马拍照的机会。“奥巴马掏出100元现金，自己拎着两大袋出门。”

记者在现场看到，大批媒体人员和保安与奥巴马同行。单行道的杰克逊街在都板街和乾尼街路段被奥巴马的车队封锁。除了迎宾阁，其余附近的店铺均被要求关门，安保人员把守门口，人们隔着玻璃窗向外张望，喝彩拍照。

根据白宫事先公布的行程，当天下午12时39分抵达旧金山国际机场的奥巴马在旧金山有3场筹款活动。第一场是下午2点在马克霍普金斯洲际酒店的小型私人筹款会，以及下午在太平洋高地一个住所的筹款晚宴，晚上8时在美生堂与公众见面，为竞选连任宣传。旧金山市长李孟贤、加利福尼亚州副州长纽森等政要在机场迎接奥巴马。奥巴马的随行新闻官告诉中新社记者，奥巴马是临时决定到中国城逗留买广式点心的。

奥巴马的旧金山之行是为11月竞选连任的西部系列活动第一站。他明天北上西雅图，南下洛杉矶继续筹款。

（中国新闻社旧金山 2012－02－16/刘丹）

三名中国女子伪造外国人登录证被逮捕

在日本打工赚钱是很多赴日中国人员选择的道路，但是签证到期后，由于没有公司做担保，又没有留学的身份，签证续期就成为不可能。为了能够继续留在日本打工，有人就动起了伪造身份证件的歪脑筋，触犯日本的法律。

2月15日，日本大阪府警察本部国际搜查课等以涉嫌伪造“有印公文书”对居住在神户市中央区中山手大街的中国籍打工人员陈某（43岁）等3人实施了逮捕。警方称，3人涉嫌伪造《外国人登录证明书》。陈某表示“因为在日本打工赚钱需要这个证件，所以就委托朋友在中国制作了”，基本上承认了警方的指控。

大阪府警察本部国际搜查课表示，2011年11月，关西机场海关支署在从中国福建省寄来的国际快件中发现了陈某名义的伪造证件。

此次逮捕的理由是，3人涉嫌合伙在去年秋委托中国方面伪造了“大分市长”签发的证明材料。

（［日本］《日本新华侨报》2012－02－16/王婧）

全美逾800万持绿卡者不想入籍　华裔拒入籍原因多

移居美国，一直是世界各国许多人共同的梦想，但有趣的是，并非每个如愿来到美国的人，都有意申请取得美国国籍。据圣地亚哥一个名为“入籍协调会”（Naturalization Collaborative）的民间团体统计，圣地亚哥有资格成为美国公民但未提出申请者超过15万人，全美国这样的人更高达810万。

获绿卡后迟未申请入籍归化的原因，据该团体分析，主要是当事人不知道如何办理相关手续，又无钱聘请律师帮忙。这种情况在西语裔新移民中相当普遍，不少人持有绿卡已超过十年，但因英语不熟练，对能否迈过入籍的门槛没把握，所以干脆保留外国人身份。

但对华裔移民而言，拿到绿卡后不申请入籍的原因显然复杂得多。许多华人因为经商、省亲、学术研究或旅行观光之需，每年进出中国，甚至往返多次。在这种情况下，拿绿卡当然比拿美国护照方便得多，不但免去办中国签证的麻烦，且可以省下逐年上涨的办证费用。

此外，生意做得较大的人往往担心美国政府追查海外收入，予以征税，故将保留外国人身份当作一种保护性措施。也有人将放弃母国国籍视为“割裂祖宗根脉”，所以不愿迈出归化的一步。

据上述“入籍协调会”统计，有资格归化者中只有不到10%的人会提出申请，一辈子拿绿卡者大有人在。该团体现正与“争取平等大联盟”（Equality Alliance）联手，发起名为“你是美国人”（You Are American）倡导活动，鼓励并帮助永久居民申请归化。

（[美国]《世界日报》2012-02-21/李大明）

在日中国人犯罪率居首值得深思

外籍人员犯罪一直是一个令日本警方头疼的问题，不过，随着各种宣传及警方打击力度的加强，近年来，这一犯罪逐步趋于减少。从日本警察厅的统计数字中还应该注意的是，在日本，中国人仍旧是日本社会外籍人员犯罪的主要群体，这不仅值得日本警方探讨更切实有效的解决方案，更应该引起广大在日中国人的深思，切忌以一己之私污损了国家和民族的声誉。

2月23日，日本警察厅发表的犯罪统计显示，2011年日本全国查获的外国人犯罪案共17 286件，较2010年度减少12.7%，已经连续第6年呈现减少态势。根据触犯刑法的犯罪外国人员国籍来分，中国籍人员最多，其中以犯有盗窃罪的人数为最众——在所有盗窃罪案中，中国籍涉案人员占50.2%。此外，其他犯罪类型中，诈骗罪类型的比例最高，达到60%。

在查获的外籍犯罪人员中，持合法在日签证的人员占93.4%。

（［日本］《日本新华侨报》2012－02－23/王婧）

三名华人学者当选美国国家工程院院士

美国国家工程院（NAE）日前公布了2012年新当选的66位院士和10位外籍院士名单，其中包括3位华人学者，他们分别是布朗大学工程系教授高华健、普林斯顿大学计算器科学系教授李凯和台湾“中央研究院”访问学者刘兆汉。

高华健、李凯和刘兆汉（从左至右）

高华健是美国布朗大学工程系Walter H. Annenberg冠名教授，是固体力学领域的顶尖专家。他曾担任过美国斯坦福大学助理教授、终身副教授、终身教授，德国马普学会会士兼马普金属研究所所长，德国斯图加特大学兼职教授等职位。他于2006年接任国际固体力学领域的旗舰期刊*JMPS*的主编。从2000年到2005年，他被中国教育部聘为清华大学的首批长江讲座教授之一。他的当选理由是在薄膜和分层结构材料的微观力学研究方面作出杰出贡献。

李凯是普林斯顿大学计算器科学系教授，研究方向包括操作系统、存储系统、体系结构和分布式系统等。李凯教授对学术界和工业界都有深远影响。他于20世纪80年代提出分布式共享内存（DSM）思想，开创了新的研究领域。他在普林斯顿领导了一系列令人瞩目的项目，包括SHRIMP、Scalable Display Wall等。鉴于其对计算器系统结构作出的根本性贡献，李凯教授于1998年被评为ACM Fellow。随后，李凯教授于2001年与他人共同创办了Data Domain公司，研制出世界上第一款商用重复数据删除（Data Deduplication）产品。如今重复数据删除技术已成为存储领域的新分支，Data Domain公司也成为该领域的领头羊，并于2009年以21亿美元被收购。他的当选理由是他在数据储存和分布式计算器系统研究方面取得重要进展。

刘兆汉是台湾“中央研究院”访问学者，其当选理由是在电离层研究方面的杰出贡献，以及在大气遥感研究领域的国际领导才能。

（［新西兰］《先驱报》2012－02－23）

相关链接

美国国家工程院院士是美国工程界最高荣誉之一，授予那些在工程领域内从事研究、实践和教育并作出卓越贡献的人士，以及在新兴和发展中的技术领域中取得重大进展、在工程教育方面研发新方法的开拓者。目前院士总数达到2 254人，外籍院士206人。

马德里一家华人地下旅馆被查封

本周一（2月20日），一家华人地下旅馆在OPORTO被查封。据知情人说，这家旅馆开设以来从来没有被检查过，此次被查非常突然，不排除被邻居或知情人举报的可能。检查人员会同多个部门联合突袭，一位在旅馆打理业务的女性被当场带走，据说此人无身份证，很可能被有关部门遣返。

华人旅馆因为普遍没有经营许可，被西班牙管理部门视为“地下黑旅馆”，多年来一直是被监管和取缔的对象。但是华人旅馆有着较强的市场根基，一些四处找工作、探亲访友的移民和学生，都把廉价的华人旅馆当成落脚点。马德里中国移民较多的区都有为数不少的这种旅馆存在，他们通常通过华文媒体进行广告宣传，以廉租的价位吸引流动客人上门。还有个别旅馆经营业主，为了广开赚钱渠道，私设赌场吸引个别华人来此聚赌。同时，毒品和卖淫等违法现象也时常存在。OPORTO这次被查封的旅馆地处一个居民楼2层，有大小共5个房间，卫生等条件很一般，收费通常在10欧元左右不等。

华人旅馆被查封产生了较大的负面影响，有三四家西班牙大型媒体在第一时间来到了查封现场，他们甚至对旅馆周围的华人店铺及华人业主进行了现场采访和报道。华人业主被问询的话题五花八门，记者们对中国人的这种做法非常不解。有些记者直接这样问，“你们中国移民是不是吃不上饭了，是不是没钱租房子只能来此睡觉?”还有人干脆说，“花几块钱睡在沙发上，你们还有钱吃饭吗？经济不好没钱赚，为什么不回国?”等等。截至本周三，电视台的采访车还在现场进行拍摄报道。

（［西班牙］欧华网2012－02－24/晨阳）

意大利针对华人恶性案件愈演愈烈

经济危机不仅导致意大利民众的生活质量急剧下降，也造成了社会治安形势的严重恶化。光天化日之下，抢劫银行、入户盗窃、抢劫、凶杀等近期一直在发生。特别是针对华人的犯罪，其犯罪率创下了历史新高。

意大利欧联通讯社报道，从进入 2012 年开始，在针对华人的犯罪高峰期，意大利单日案件就达数十起，且犯罪手段极其凶残，作案形式不断升级。目前，华社对此已是防不胜防，人人自危。

今年初发生的罗马华人劫杀血案曾一度引起广泛关注，血案事件余波未消，2 月 12 日，一名浙江籍侨居意大利米兰的 55 岁侨胞在下班回家的路上，无故遭到几名酗酒青年的殴打，后送院不治不幸去世。

一起起特大凶案让人不堪回首，其间针对华人的大小犯罪包括偷窃、入室抢劫等更是数不胜数。

2 月 25 日上午 8 时，一伙来历不明的人闯入了侨居博洛尼亚从事食品经营的华人老板的别墅，劫持了当时正在家中休息的两位老人和两个儿童，并用凶器逼迫老人和孩子交出家里所有的现金。随后将两位老人和两个儿童捆绑在一起，继续搜寻家中的贵重物品，得手后扬长而去。老人挣脱捆绑向警方报案，警员赶到案发现场，对华人住宅被洗劫表示同情，但更多的是无奈。根据警方登记，在被抢华人家庭中抢匪劫走了 10 000 多欧元现金和大量的首饰等贵重物品。

一个个针对华人犯罪的案例触目惊心，而且这种案例每天都在增加，如何应对犯罪、遏制犯罪在意大利已经成为非常严重的社会问题，不再是靠喊几句口号那么简单了。要根治针对华人犯罪的问题，需要华人的防范，更需要政府的治理。

意大利普拉托华人华侨联谊会会长郑贤杰表示，针对华人的犯罪案件愈演愈烈，已经成为华人社区头等大事，应引起全社会的高度关注。为了预防犯罪、阻止犯罪和打击犯罪，华社、有关部门应和意大利警务部门作进一步的具体磋商，从而制定出切实有效的办法和措施，以确保在意中国侨胞的安全。

（［意大利］欧联通讯社 2012－02－28）

亚裔成美国人口增长最快的族群　全美华裔约 401 万

美国人口普查局 21 日表示，从 2000 年至 2010 年十年间，美国亚裔人口数量在所有族群中增长最快。

美国人口普查局21日举行新闻发布会，公布名为“亚裔人口：2010”的报告。数据显示，从2000年至2010年十年间，有亚裔血统的人口增长45.6%，纯亚裔血统的人口增长43.3%。全美人口增长了9.7%，共有3.08亿。

至2010年底，美国纯亚裔血统人口共有1 470万，占全美人口的4.8%。有亚裔血统的人口有1 732万，占5.8%。其中加州是亚裔人口最多、最集中的地方，共有540万人，增长了34%，占全州人口的33.1%。其次是纽约州的9.1%，德州的6.4%。

内华达州亚裔人口增长最多，达116%。夏威夷州增长最少，只有11%。但夏威夷人口中亚裔已占54%。

纽约是亚裔人口最多的城市，共有113万。其次是洛杉矶48.4万，圣荷西32.7万。旧金山、圣地亚哥和檀香山等城市亚裔人口均超过20万。

华裔是亚裔中的最大族群。全美华裔（含有华裔血统）约401万，其次是印度裔，约318万。

（中国新闻社旧金山2012－03－02/刘丹）

棍棒底下出孝子在美行不通　打孩子华裔家长被罚

“棍棒底下出孝子”、“不打不成器”是中国传统家教根深蒂固的一个观念，然而这一套在美国不仅行不通，还有可能因体罚孩子被控犯罪，甚至被剥夺抚养权。近日，一名华裔男子就因为动手打了女儿而被告上法庭，被罚接受140小时的社会服务。

这名华裔男子就是50多岁的福州人张先生（化名）。前些日子，他因家庭琐事和女儿吵了起来。他们一家住在华埠，为了补贴家用，他把家中一间房分租了出去。为此，不到20岁的女儿感到非常不高兴。前几日，两人为此事再次吵了起来，张先生一气之下就打了女儿。女儿当即报警。

报警后，张先生被抓，并随后上庭。法官给张先生的女儿发了保护令，并且罚了张先生250美元，发给他一张140小时的社会服务令。张先生于4日求助联成公所，表示他已经在纽约公园局扫了70个小时的树叶，接下来70个小时需要做社区服务。联成公所顾问赵文笙表示，他可以从5日起来联成公所帮忙，并会帮他开信证明。

赵文笙表示，来联成公所寻求帮助的很多人都与家暴有关，尤其多的是妻子投诉丈夫家暴，而子女投诉父母的也不在少数。

赵文笙特别提醒在美华人不要用武力解决问题。新移民父母要主动和孩子沟通，不要在公开场合责骂孩子，更不能打骂孩子，要采取法律允许和合理的方式教育孩子。如果打孩子，年龄大的孩子会自己报警，年纪小的孩子虽然不会报警，但学校老师一旦发现他们身上有伤痕，就会与儿童保护局联系。

（［美国］《侨报》2012－03－04/苏夏竹）

感情如儿戏　跨国鸳鸯纠葛多　华裔叫苦

夫妻本是同林鸟，未有大难却要各自飞。近日，关于华裔夫妻的婚姻破裂问题引起社区热议。

在美华裔夫妻的婚姻问题多半涉及跨国因素。而这个问题究竟对华人影响有多大，从华埠联成公所某月 15 日一天内就接到了 4 起关于夫妻矛盾的投诉，就可略见一斑。联成公所顾问赵文笙连呼中美婚姻不可靠，世上好男人难找。

今天第一个来投诉的是华裔张女士（化名），她说，老公去中国，结果却在中国另外找了女朋友，回来之后就和她闹离婚。而她又担心老公把钱藏起来，让她在离婚时一无所获。赵文笙表示，他们在美国的共有财产还可以让律师去调查，但如果房子和地产是在中国，则因为不同国家的法律不同，就没有办法帮到她了。

第一起事件是离婚当中遇到的问题，而第二起则是同居男女面临的问题。李女士（化名）和男友同居多年，并且还共同育有一个孩子。但这两天，她男友却告诉她，自己要和别人结婚，为的是赚取假结婚的 7 万美元酬劳。赵文笙说，如果他们俩已经登记，那还有办法以重婚罪起诉男方，为李女士讨回公道。但现在这个情况，她男友就算要结婚，李女士也无能为力。

第三起事件则是婆婆要休了儿媳妇。这位心酸的婆婆说，儿子前几年回中国，找了个老婆带来美国结婚。谁知两人结婚没半年，媳妇拿到绿卡后就离家回国了。这一走就是两年，期间儿子都完全不知道自己媳妇的踪迹，更别提见过她。可是，前段时间，国内台山的朋友突然告诉婆婆，说看见了她的儿媳妇，而且还大着肚子。这对他们一家来说真的是晴天霹雳。

最后一起事件，则是在现今更为常见的老少配。60 多岁的华裔老先生，去中国娶了一位二十出头的姑娘回来。谁知办了绿卡之后，不到几个月姑娘就跑了，他只听说是去了外州。对此，赵文笙一针见血地说，这位先生当初就不该娶她。她一个二十出头的姑娘，凭什么嫁给一个又老又没钱的人？还不就是为了办个身份证吗？现在姑娘跑掉了，老先生的家里人也跟他翻了脸，苦不堪言。这都是被人利用的下场，值得深思。

（［美国］《侨报》2012－03－15/苏夏竹）

加拿大重拳严打假结婚　反对党抨击新例方向错误

针对近些年来愈演愈烈的通过假婚姻关系骗取加拿大移民身份的不法活动，加拿大联邦公民、移民及多元文化部本月宣布新法例，重拳推出严打婚姻欺诈的两大项措施：一是规定婚姻移民五年内不得再担保新的配偶移民加拿大；二是婚姻移民赴加拿大团聚须经过首两年“考验期”。移民部长康尼（Jason Kenney）认为新措施可进一步强化加拿大移民制度的完整性，打击“假结婚真移民”之类的诈骗行为。

联邦新民主党国会议员兼移民事务评论员戴伟思（Don Davies）抨击移民部提出的打击假结婚新措施未能对症下药，过度简化问题，立法方向错误。他指出，改善问题的重点应是增拨外馆资源，从源头严格审理申请案的真实性，而不是等到事情发生了才严刑峻罚。

戴伟思强调，对那些有心透过假结婚骗取身份的人而言，未来仍会伪造住在一起的假象，根本防不胜防。他抨击移民部长康尼只会找弱势一方下手，新例之一宣布配偶依亲的被担保人抵埠后若离婚，五年内不得申请配偶依亲，但担保人却不受任何限制；新例之二又要被担保人等候两年才能取得正式永久居留身份，但这些根本解决不了假结婚问题。

加拿大移民部公布的数据显示，在2010年，移民部共受理46 300宗配偶团聚申请案，有16%被拒，被拒的申请大多数属于假结婚案件。其中8%在加拿大递件，另外相当大的比例是在海外递件。

涉及假结婚的移民申请，主要来自中国和印度。移民部指出，福建、广东等中国华南地区，假结婚申请情况严重，令加拿大驻香港总领事馆的配偶拒签率高达51%，属全球最高。有移民顾问指出，若是申请人没有孩子的话，被拒率估计更高达80%。

联邦移民部长康尼曾表示，加拿大每年有数千宗假结婚案，大部分是金钱交易。其中一种是加拿大人担保外国人，从而得到报酬；也有外国人不想真结婚，只是利用加拿大人，身份问题解决后，立即分手，而加拿大人被骗后仍须履行担保人的责任。移民部曾在2010年秋天，对2 400个受访者进行调查，其中90人为移民业者，77%的受访者支持修法打击假结婚。

（［加拿大］《环球华报》2012-03-19/杨梅）

因涉嫌非法领取失业金　侨胞将面临数千欧元罚款

巴塞罗那侨胞小刘近日收到一封从劳工部寄来的信，内容是起诉他曾于2011年期间，在领取失业金的同时，在一家中餐馆从事非法打工，并被当场查获。信件要求他除了偿还之前所领取的所有失业金外，还要支付一定金额的罚款，总计近8 000欧元。信中还告知，刘先生可以在一定时间内申请起诉。

小刘告诉记者，事情发生在半年多前，他在市中心一朋友的餐馆帮忙做周末大厨，自己事前也是因为考虑到仅仅是周末几天，才敢接受这份工作。但没有想到，刚去工作的当天下午，就碰到劳工部的执法人员上门检查，自己的居留证也因此被抄录过去。当时自己心中不免一阵慌张。对方走后，小刘马上咨询了有关律师，但被告知只能等待消息。不想，这么快就收到这封信了。

现在，他已委托律师申请上诉。但是小刘同时告诉记者，自己非常后悔接了这份临时工作，现在工资没拿到多少钱，可能还要支付一大笔的罚款，因为律师告诉他，由于现场被查到，估计胜算不大。

无独有偶，侨胞王先生也差点担上了“非法领取失业金”的罪名。原来就在几天前，他刚刚经历了一场令他魂飞魄散的事情，正在领取失业金的他，差点被劳工部逮个正着。

事发当天，王先生受朋友委托，用自己的小车帮对方运送了一车货物到其店铺，朋友适当给了他几十欧元作为报酬和小费。当他的车子停在朋友店门口后，出于热心，他又顺便帮忙搬货，此时，恰好劳工部的几位工作人员上门检查，工作人员也把小王当作了店里的员工要求一并检查身份。情急之下，小王急中生智，赶紧申明自己只是来这里看货的顾客，并把身为老板的朋友拉来和对方沟通，自己则穿上外套走人，逃过了被查的厄运。

虽然这件事已经过去好几天了，但王先生至今仍心有余悸。他告诉记者，自己已经领了一年半的失业金（总共 8 000 多欧元）。自己的身份一旦被登记，很有可能就会因为这件事而承担“非法领取失业金”的罪名。到时，不仅要将那 8 000 多欧元悉数“吐”出来，而且还会被罚钱。这么一大笔钱，自己到哪里去筹啊！

本报告诫正在领取失业金的侨胞，我们身在海外，一定要遵纪守法，千万不要抱有侥幸心理，一边领取失业金，一边非法打工，一旦东窗事发，后果不堪设想。

（［西班牙］欧华网 2012－03－23/丰子）

“空降儿”易成帮派招募对象

近年来，许多从中国大陆移民赴美的富裕家庭，为了孩子能在美国接受教育，不得不把他们单独留在那里的豪宅内，而自己又回到家乡忙生意。教育专家给这类在美“独居”的新移民孩子起了个绰号叫“空降儿”。警方认为，这类“空降儿”很容易成为帮派的发展对象，走上青少年犯罪的道路。

上周末在洛杉矶州大举行的松竹梅校友教育论坛上，律师、前警局局长及教育专家等就如何培育子女作了专题演讲。这场教育论坛是由南加州北京大学、清华大学、交通大学等多个校友会联合举办的。

蒙特利公园市警局退休局长梅仲明做警察 32 年，曾专门从事遏制亚裔帮派犯罪及毒品犯罪案件的侦办工作。根据多年的办案经验，梅仲明认为，移民家庭中的“空降儿”和“挂钥匙族”儿童最容易成为亚裔帮派的招募对象。这类儿童缺乏父母的监护与关爱，精神空虚，往往为寻求刺激而加入帮派。这些缺乏父母照顾的孩子也常成为被霸凌的对象，为摆脱窘境或报复，他们也可能与帮派结盟。

近年来，华裔居民接近半数的蒙特利公园市，帮派械斗、枪战的案件已很少见，但与帮派有关的贩毒、身份盗窃等案件却并未减少。新移民家长应时时注意自己监护、关怀下一代的权利与义务。

（［美国］《侨报》2012－03－27/邱晨）

华人“抱团”应对马里动荡政局

西非国家马里本月21日风云突变，部分对杜尔总统领导的政府不满的军人发动政变，导致首都巴马科及其他一些地区局势混乱，发生多起打砸抢事件，当地中资机构和华侨华人的工作和生活受到严重影响。中国驻马里大使馆、当地华侨华人团体和中资机构第一时间采取措施，团结互助，沉着应对，力保华侨华人的人身和财产安全。

“当时感觉子弹就在头顶上飞来飞去，我吓得话都说不出了。”遭政变军人砸抢的酒吧老板刘钰椿向记者说起当晚的情形时依然惊魂未定。

这次马里政变在外界看来有些猝不及防，但对中国驻马里大使馆来说，由于此前早有应急预案，在政变发生后迅速做出了有条不紊的应对。

中国驻马里大使馆临时代办郭学立在接受记者采访时说，大使馆此前已经发布安全提示，要求马里中资机构、华侨华人注意人身安全，加强防范措施，并召开会议要求各中资企业做好应急准备，“在工作上取得了主动”。

马里政变发生当日，中国大使馆连续发出两份紧急提醒，要求华侨华人和中资机构人员尽量不要外出，远离政府要害部门，随时注意使馆发布的提示和要求。使馆通过各种方式联系当地中资机构及人员，提醒他们加强安全防范，做好应急准备。

华为公司在马里有78名中国员工。由于人员众多、住处分散，公司制定了应急预案，严禁员工私自外出，要求每个寝室安排寝室长，实施查寝制度，保障大家的人身安全。华为马里代表处负责人孙络城告诉记者，公司已储备足够的食物和饮用水。目前网络通信正常，公司通过网络与客户保持联系，进行远程维护。

马里还有不少做生意的华侨华人。马里华联会副主席张瑜告诉本报记者，目前华联会有130多名会员，加上家属和其他一些私营小业主，他所知道的巴马科及附近地区的华侨华人有500人左右。目前在马里的华人住处分散。政变后，华联会一一打电话通知他们，尽量不要外出，晚上要关灯，避免被流弹击中。

此外，华联会为了保障华侨华人的安全，还组织部分华人到大型中资企业紧急避难。中国海外公司就接待了54名中国人在其驻地紧急避难。

（《参考消息》2012-03-27/王子正）

饮食文化存差异　美一华人超市售活海鲜经理被捕

美国弗吉尼亚州一家颇负盛名的华人超市因出售鲜活的鳝鱼、鲈鱼、牛蛙等水产品，其经理竟收到重罪逮捕令，这一事件再次引发东西方饮食文化差异的论战。

《华盛顿邮报》27日的报道称，这个案件本周将在弗吉尼亚州费尔法克斯县的一家法院进行审理。此事引发广泛的关注和争议：野生动物保护者认为该超市违法，而超市经理则抱怨相关法律已过时，亚洲饮食传统正在受到攻击。

事情的起因始于去年春季，当地野生动物和渔业局在接到举报后派出“便衣”假装成顾客进行长达两个月的调查取证，掌握了这家名为“大中华”的超市出售牛蛙、小龙虾、鳝鱼、甲鱼等鲜活水产品的事实，遂以违反当地《保护野生动物法》为由向警方举报。

大中华超市两名经理在得知自己面临“重罪逮捕令”时几乎惊呆了，其中一名金姓经理表示，自己担任经理四年，从未遇到这种事，甚至连对警方为何要逮捕他也感到困惑。

他们被控触犯该州旨在制止偷猎、保护当地珍贵野生动物的法律，虽然该超市销售的并非濒危野生动物，但其中有很多品种属于当地法律所定义的野生动物，被禁止出售。

面临起诉的金姓经理表示，该超市出售的所有动物都是农场养殖而非野生的。他们正在备战这起官司，并希望弗吉尼亚州能够修改相关法律，因为它已跟不上当地人口变化的步伐。

超市的辩护律师程绍明（音译）质疑：“华人喜欢吃黄鳝，那是他们饮食文化的一部分，就像俄罗斯人喜欢吃鱼子酱一样，这些都是农场养殖的而非濒危品种，为什么不行?”

也有侨领呼吁理性对待。大华府地区中国大专院校校友会会长夏祥波表示，如果弗吉尼亚州确实有这样的法律，一方面华人既然在此扎根就应遵守当地法律，另一方面当地官方也有义务对这样少为人知的法律进行宣传，让亚裔社区了解哪些属于禁止范畴。

大华府地区大陆同乡会荣誉会长何晓慧告诉记者，美国各州都有很多各种各样的法律，可能会有一些显得过时或不合理，如果华人要捍卫自己的权利，传承中华饮食文化，最好的方式就是去推动法律的修改，但在法律没有改变之前，仍应予以尊重和遵守。

（中国新闻社华盛顿 2012－03－27/吴庆才）

中国留学生称“新加坡狗比人多”被罚三千新币

由于在网上发表侮辱新加坡人的言论，新加坡政府奖学金得主、新加坡国立大学中国留学生孙旭将被校方罚款3 000元新币，并被要求履行三个月的社区服务，同时其最后一个学期的奖学金也被中止。

新加坡国立大学在本月13日为孙旭举行了听证会，该校常务副校长（学术事务）兼教务长陈永财教授于26日发内部文告给本校师生，通知他们大学纪律委员会的决定。纪律委员会裁定，孙旭的言论是不恰当的，对国民不敬，也引起了大学内外诸多人的不愉快，因此决定给予以上惩罚，而且孙旭必须完成社区服务后才能毕业。

据悉，2月18日，孙旭在Facebook上发言称："最烦的就是新加坡那些不小心碰一下就在那边瞪着你或者嘴里絮絮叨叨的中年老瘪三了，在新加坡狗比人多啊！"该言论迅速在网络上被转载，并在新加坡引起指责声浪。不少网民称孙旭花新加坡纳税人的钱来读书，却反过来侮辱新加坡人，要求新加坡国大开除孙旭、教育部取消对其的奖学金资助。新加坡一名电视艺人也在Twitter上指责中国留学生"忘恩负义"。

（［新加坡］《联合早报》2012－03－27）

华人在赌场欺诈赌资逾百万美元　面临360年牢刑

南加州两名华人因欺诈赌资逾百万美元日前被联邦法院定罪。内华达州联邦区域检察官丹尼尔·伯格顿（Daniel Bogden）表示，华裔罪犯尚德荣面临360年牢刑及450万美元罚款。

本月27日，内州联邦法官罗格·亨特（Roger Hunt）裁定南加州圣盖博市居民尚德荣（英文名Jason Shang，50岁）共谋邮政欺诈及其他17项邮政欺诈罪。法院将宣判日期定在7月16日。

根据检方提供的书面资料，在2006年12月至2007年4月之间，尚德荣与其同案犯伊顿（Yuli Eaton，47岁）合伙设下骗局，欺诈拉斯维加斯的赌场。家住南加州Red Lands市的伊顿在案件开庭审理前即向法庭认罪。伊顿曾用尚德荣的资金让招募来的诈赌人员在银行开设账户。

根据法庭资料，尚德荣协助招募来的诈赌人员在数个拉斯维加斯赌场申请赌资信用。一旦这些招募的诈赌人员赌资信用获得赌场批准，这些诈赌人员便将自己账户的钱转往尚德荣的账户。然后，这些招募的诈赌人员便依据自己的信用账户取出筹码，并开始在赌桌上玩牌。在赌博过程中，这些经过训练的诈赌人员利用同伙的掩护将输掉的筹码藏了起来。

诈赌人员输钱后，便向赌场申请更高级的赌资信用，并继续在赌桌前赌博，而实际上他们已将手中藏起的筹码转交给了尚德荣，后者便将这些到手的筹码换成现金。骗局完成后，诈赌人员每人可得到一些回报，并迅速离开内州或美国。他们的酬劳一般是每10 000美元赌资信用获300美元现金。当赌场要收回诈赌人员所欠赌资时，这些诈赌者的账户早已被关闭。尚德荣和伊顿利用这一欺诈手段先后在拉斯维加斯3家赌场行骗，共骗得资金101.14万美元。

（［美国］《侨报》2012－03－29/邱晨）

日本逮捕一名涉嫌工业间谍的中国人

日本警察厅周二（3 月 27 日）在爱知县逮捕了一名中国大陆人士，指控他违反《非法竞争防止法》，涉嫌盗窃日本在国际工作机械市场的名牌 Mazak 的设计图，并展开对他是否从事工业间谍的调查。

Mazak 的厂家 Yamazaki Mazak Corporation 的副社长长江昭充周二晚也召开记者会说明前职工唐博涉嫌盗窃的设计图纸“行内人看是很容易明白的内容，可以模仿生产的”。

日本警方说，31 岁的唐博 2006 年进入 Yamazaki Mazak 工作，今年 3 月 9 日前后，他涉嫌进入公司网络，把公司机密设计图档案复制在两张光盘中。

3 月 12 日他向公司辞职，公司怀疑他忽然辞职的原因，着手调查而揭发案件。

警方于 3 月 19 日搜查了他的住所，周二正式逮捕唐博。

警方说，唐博被捕后否认指控，不过警方基于他涉嫌盗窃几千张设计图的案情，怀疑他从事工业间谍活动，正展开调查。

Yamazaki Mazak 于 1919 年创建于爱知县名古屋市，早期生产制造日式地板踏踏米的机械，随后又生产木工机械；1931 年起生产制造磨盘等的工作机械，1963 年成为日本首家出口美国的工作机械厂家；1974 年起开始在海外生产和销售，1987 年以来至今是全球工作机械市场销量第一的制造商。

日本不少大企业和机构近年积极引进中国人才，日本多个主流传媒周三都报道了唐博涉嫌的工业间谍案，有的还高悬在点击率的排行榜榜首。

（［英国］BBC 中文网 2012 - 03 - 29/童倩）

3 名中国人在菲律宾贩毒被判无期徒刑

菲律宾缉毒署署长古提瑞兹（Gutierrez）30 日发表声明，中国大陆男子苏孙晓、洪文贤和女子施秀钦（以上皆音译），经过将近 2 年的审判，最近被帕拉纳圭市（Paranaque）地方法庭判决 3 人违反《2002 年综合危险药物法》罪名成立。

3 人于 2010 年 4 月 18 日在帕拉纳圭市的高级住宅区内落网，执法人员在他们的住所搜出超过 7 公斤的安非他命，苏孙晓和洪文贤还因被逮到贩卖 150 公克的安非他命，而被判处双重无期徒刑，3 人还均须缴付 300 万比索的罚金。

古提瑞兹说，缉毒署对于判决结果感到满意，认为这是执法机关与司法系统之间的良好合作范例，也是反毒战争的一次成功。

菲律宾已废除死刑，无期徒刑现为最高刑罚。根据《2002 年综合危险药物法》，持有

50公克以上的安非他命即可判处无期徒刑，并科处50万比索至1 000万比索不等的罚金。

苏孙晓和洪文贤将被送进重犯监狱，而施秀钦则将转到女子监狱服刑。

根据缉毒署资料，自2002年起已有近480名外国人因涉毒在菲律宾被捕，其中80%是中国大陆人士，10%是中国台湾及港澳人士。

（［中国台湾］中央社2012－03－31）

华人开始大量雇用老外工

随着经济危机中西班牙失业者的不断增多，现在对于许多西班牙人以及其他国家的移民来说，能找到一份有收入的工作就已经很满足了。在这种情况下，许多人开始接受以“劳动强度大和收入低”而著称的所谓“华人工作方式”，到华人商家中寻找机会。由于西班牙人以及其他国家的移民，尤其是来自南美的移民，有着天然的语言和文化优势，易于与顾客沟通，再加之在危机中，他们对工资和福利的要求已经大幅降低，甚至会低于华人的要求，所以现在旅西华人商家开始大量地雇用起老外工。

虽然华人的用工待遇很低，并经常出现忽视劳动者权益的现象，但西班牙却是一个较重视劳动者权益的国家。在危机发生前，无论是西班牙用工单位还是打工者，都有着很强的依法用工和打工的观念，所以在西班牙人公司工作的员工工资高，享有各项福利，如双薪度假等都有保障。由此，西班牙人以及其他国家的一些移民是不屑于到华人商家打工的。华人商家的打工者基本都是华人。由于华人当地语言普遍不好，加之文化差异，所以到老外公司找工作是很困难的事，也只能委屈在华人自己的商家中，无奈地接受各种不合理甚至是违法的用工待遇。曾几何时，对于华人打工者来说，能到老外公司去工作，可谓是梦寐以求的。可随着西班牙经济危机不断加深，如今这种情况却发生了戏剧性的变化，许多西班牙人和南美移民开始积极到华人店里来找工作了，这真是“三十年河东，三十年河西”。

据了解，华人大量雇用老外工的岗位，主要是服装店和鞋店的店员，以及批发仓库的货运司机等。这些岗位基本都是需要和西班牙当地顾客直接打交道，或是需要一些特殊的从业资格以及经验的。如货运司机所需要的专门驾照，以及熟悉当地街道的经验等，都是华人打工者所不具备的。

（［西班牙］欧华网2012－03－31/凌锋）

争抢中国赌客　澳大利亚13家赌场抢中国豪客

澳大利亚13家赌场联名呼吁政府放宽旅游签证的要求，以准许更多中国豪赌客来澳大利亚“一掷千金”，并延长他们的居留时间。

澳大利亚赌场协会（ACA）还希望澳大利亚机场的移民部和海关人员能够为那些愿意出钱的游客提供优先入境审理的服务。

这13家赌场表示，他们希望从3 000万左右中国豪赌客身上获取利益。据他们称，为了购买新的设备、升级赌场现有设施，他们已经投资了46亿元，其中包括2.5亿元在阿得雷德赌场的投资。

根据该行业提供的数据，2007—2008财年，共有110万名海外游客到访澳大利亚赌场，他们在澳大利亚度假期间的消费达49亿元，这其中还不包括海外豪赌客“贡献”的7.39亿元。

在过去一年里，来澳大利亚的中国游客增加17%，创下55.86万人的新高。这部分人在2011年为澳大利亚带来的利润超过38亿元，与此前一年相比增长15%。

在提交给联邦政府《亚洲世纪》审核的建议书中，澳大利亚赌场呼吁：为中国游客提供多次入境签证，并延长他们的签证时间；移民部在审理中国游客签证申请时应作出“清晰、透明”的决定；在中国主要城市设立更多澳大利亚领事馆；准许中国游客在线申请签证；在澳大利亚机场开设“付费”快速入境审理通道。这些赌场还呼吁增加中国至澳大利亚的直航航班，呼吁更多澳大利亚人学习亚洲语言。

但澳大利亚移民部长鲍文的发言人回应称，政府已经为豪赌客提供了便捷的审理安排。她说：“移民部已经通过与中国的一项特殊安排简化了那些低风险申请者的审理程序，其中包括来自中国的个体游客和团体游客。”她补充道，在获得签证的中国大陆游客中，三分之二以上的签证有效期都是12个月。

（［澳大利亚］新快网 2012－04－03）

经济不景气导致华人陪舞业日渐兴旺

经济不景气，工作难找，洛杉矶很多华人便通过各种途径自谋生路，三百六十行当中便有一种叫“陪舞”的行当近些年日渐兴旺起来，而且有人已经靠此发了家，不仅买了宝马轿车，还在富人区购置了房产。

喜欢跳舞的人都会注意到，在洛杉矶地区的几个华人社区舞厅中，有很多看似奇怪的现象，最典型的就是“老少配”舞伴，有的甚至堪称“爷孙配”、“奶孙配”。稍有资历的舞迷心里都“门清”：那些少的，尽管有些打着“老师”的招牌，其实是陪舞的，男多女少；而那些老的，大多都是富翁、富婆，男少女多。

据圈内人士透露，那些年轻人当中有的不仅陪舞，还有提供类似“三陪”服务的。

具有12年舞龄的吴先生（化名）一语道破天机：“光靠陪舞，一晚上50美元，下辈子也攒不够一栋房子钱。”在南加舞场上“‘三陪’的最大特征就是老少配，每天同车出入，少的接送老的，两人一起吃饭，老的买单”。

一位40多岁的“老师”坦承自己以“教”舞为生，每天早午晚三场都泡在舞厅里。“那些老人并不在乎你教得有多好，他们只是想活动活动筋骨，不是说生命在于运动嘛。他们不想每天一个人坐在电视前打发时间。”这位“老师”称他靠着这碗饭已经买了宝马车，还在亚凯迪亚富人区购置了房产。

圈内人把这种“老少配”戏称为“老牛吃嫩草”，老的愿意花钱，少的愿意“用青春赌明天”。这位“老师”感叹道：“没办法，收了老人的钱，就得硬着头皮陪着，还要小心翼翼地跳，既要跳出点美感来，动作又不能太大，怕闪了老人的腰。老实说，这比跳国标舞还累，国标舞动作虽大，但舞伴身轻如燕，配合默契，并不会太累；而和走路都费劲的老人在一起跳舞，你简直就是在搬大木桩。”

（[美国]《侨报》2012－04－04）

华人商户不知法　收银台过高遭残疾人索赔15万

因为没有完善的残疾人士设备，法拉盛华裔业者黄鸿铭开设的“Golden Deli”遭到一名残疾人士Terrell Thomas提告，求偿15万元，要求商家改进对残疾人的设备和出入口的斜坡道。类似的案件，发生在布碌仑的餐厅连锁店“Subway”。代理律师海明30日表示，Terrell Thomas已经以类似的方式先后状告过纽约地区300多间商家。

黄鸿铭开设的“Golden Deli”位于法拉盛林登坊（Linden Pl）三十二大道附近。他表示，在近一个月前，他接到法院寄出的传票，原告Terrell Thomas提出商店违反规定的项目包括三项：店门前面的台阶过高，在没有斜坡道的设置下，残疾人士的轮椅无法顺利进出该店；店内的收银台高度过高，在坐着的情况下难以够到；店内没有依照规定贴上残疾人士的标志。原告以每个违规项目分别求偿5万元。

业者黄先生表示，他接手该店一年多，在上个老板经营的20多年里，都没有听闻这些规定，他也因为不熟悉这些法规，才忽略了这些细节。海明律师表示，根据数据及美国主流媒体报道显示，目前有不肖律师与残疾人士合作，提告这些违反规定的商家，但实际上这些残疾人士根本没有进过这些商家。根据规定，即便这些残疾人士赢得官司，最多也只有1 000元的赔偿，以及根据律师工作时数补贴的律师费，因而有些不肖律师为此营利，寻找违规商家提告，再用政府给付的律师费给残疾人士500元的交易费用。海明又说，Terrell Thomas已经以同样手法状告过300多间商店，而他接手的类似案件就有30

多件。

据了解，这300多件被告案中，被告者皆为少数族裔的商家。律师表示，法拉盛的华裔商家内的设施有很多都违反规定，包括没有残疾人士使用的斜坡道、扶手以及残疾人的专用厕所等，他不排除接下来会有更多类似案件继续在法拉盛上演。

（［美国］《侨报》2012－04－04/林宜莹）

加拿大留学生总数近10万　中国留学生人数再居首

根据加拿大统计局12日公布的加拿大公民和移民部“季度管理资料报告”（QADR），2011年中国籍留学生人数继续压倒其他国家人数，且有继续攀高趋势。

统计局公布的数据显示，2011年留学生进入加拿大的总人数为98 378人，与2010年的95 236人水平接近，但中国留学生的人数增长明显，由2010年17 718人增加至2011年的21 812人，继续保持在留学生人数首位，印度和韩国依旧以11 988人和8 175人继续维持在留学生人数的第二和第三位。

如以就学类别作比较，2011年进入加拿大中小学就读的留学生人数为21 161人，入读大学者约为40 000人，其他大专院校约为25 000人，基本持平，且维持男学生较女学生多约10 000人的趋势。

特别是与2010年比较，2011年大多数留学生，除了韩国减少了约2 300人及沙特阿拉伯亦减少约2 200人为较为明显的下降数字，其他国家的增减多为数百人至个位数，因此中国留学生在一年间增长约4 100人显得一枝独秀，甚至可说2011年加拿大总留学生人数得以增加实为中国留学生的贡献。

安大略省仍以41 426人成为留学生最喜爱的省份，仅多伦多一市在2011年的留学生数量即达到26 939人。卑诗省则以29 570人居次，其中大温为24 401人，魁北克省则为14 681人。但安大略省、卑诗省和魁北克省除了为加拿大前三名留学生大省外，也是少数人数过万并有增长的省份。其他省份多则不超过5 000人，少则仅有200人，这显示外国人选择留学省份时仍有相当的偏向性。

（［美国］《世界日报》2012－04－15/朱冠华）

中国外交部：中国公民因劳动移民措施在远东遇到问题

中国外交部副部长程国平向记者表示，因俄罗斯限制外国劳动移民，中国公民在前往俄罗斯远东地区的事宜上遇到严重困难。

程国平告诉俄罗斯记者，他不同意中国公民似乎正在大规模向俄罗斯远东地区移民的说法。由于俄罗斯政府对外国劳动移民实行严格的限制，目前中国公民在远东地区遇到严重困难。

他指出，俄中地区间合作在两国关系的统一整体中占有重要地位。

程国平强调，仅2011年，俄中各地区间的外贸额就达到93.6亿美元，比2010年增长24%。中俄各地区间的合作具有潜力。

他认为，中俄公民往来和旅游将成为俄罗斯远东经济增长的一个重要基础。

（［俄罗斯］俄新网2012－04－19）

旧金山百年华人餐馆或躲过关门厄运

旧金山一家以“全球最粗鲁的服务员”出了名的百年老店“三和粥面馆”，因为违反卫生和消防法规，被令停业。

美联社称，餐馆何老板已决定在星期二向卫生部提出上诉，要求当局允许该餐馆继续营业。老板的女儿朱莉告诉《旧金山纪事报》：“这家餐馆是我的生命，一切还没有确定。”卫生部的发言人西尔德斯表示，餐馆老板必须在听证会上提交计划，说明他们要如何改善该餐馆的卫生及安全等条件。这些计划必须得到当局批准并且落实后，餐馆才能重新开张。

报道称，在当局要求“三和粥面馆”提高安全和卫生标准后，该店的何老板决定关闭“三和粥面馆”。星期五，伤心的顾客在店门前排成长队赶吃最后一餐。60年来，雷打不动到“三和粥面馆”吃饭的达莲娜称：“我知道，改变是好事，但有时你想留住美好的回忆。”在1970年，已故的《旧金山纪事报》专栏作家卡昂和作家亚米斯德莫平在《小城故事》中的宣传使“三和粥面馆”远近闻名。他们两个人都提到了“最粗鲁的服务员”。该人姓冯，对客人非常粗鲁，甚至当场辱骂客人，老冯每次上菜，都会把盘子“砰”的一声丢在桌子上。1984年老冯过世，但长期以来“三和粥面馆”还挂着体现老冯粗鲁态度的牌子：禁止在本店喝酒、咖啡、牛奶或者吃幸运饼。

另一个到店里吃最后一餐的“铁杆”顾客里昂则表示，“三和粥面馆”因为没有达到现代卫生健康标准，当局便进行刁难，这看起来很怪异。在木板上切肉、准备肉菜是这个店的魅力之一。

（［美国］美联社 2012－04－23）

移民欺诈逾千　华人投诉

纽约曼哈顿检察官万斯新近公布，自该办公室移民事务计划2007年成立以来，共收到2 300件移民诈欺案件投诉，其中约一半来自华人小区。最常见的移民欺诈案件为无牌从事律师业务和声称有特殊渠道可助移民的骗局。检方强调，不会把投诉人或证人数据呈报移民局，该部门也能填写U签证申请表。

22日，曼哈顿检察官办公室和纽约亚裔律师协会在曼哈顿下城联合举办防止移民服务欺诈讲座，主讲人指出移民小区容易受害的五大原因：不懂美国法政系统；不会讲英文；害怕政府执法人员；一般以现金付费；过度相信能够达到目标而踏入陷阱。

检方移民事务计划共同主任、华裔助理检察官于之荷指出，在投诉中发现有些人的移民案件其实已没有希望，但当事人仍无法接受、继续尝试；她分析，许多移民来到美国，是怀着信任和梦想的，所以一味选择相信移民业者的承诺，也让不法分子有机可乘。

律师协会移民与国籍法委员会主席余翠杏介绍，最常见的移民陷阱是移民服务社承诺为移民办工卡，同时提出I－485调整身份申请，事实上该申请必须有所依据，比如亲属移民、公司担保等，没有依据的随意申请不仅会被移民局拒绝，并可能因此导致当事人背负上递解令。

（［美国］《世界日报》2012－04－24/孟芳）

英私校海外学生华人比例提高

英国私校委员会所做的调查发现，私校本地学生当中74.5%是白人族裔，总人数28万余人；本地少数族裔学生占25.5%，总人数95 000多人。而海外学生占学生总数的5.2%，其中37%是来自中国大陆和香港的学生。

和2011年的24 544人相比，英国私校2012年的海外学生现在增加到26 376人。私校委员会的统计也显示，今年学生总数比去年增加0.1%，达到504 949人。不过，这次的统计是来自2011年和2012年两年都完成调查的1 209所学校，并不包括部分已经关闭的学校。统计也指出，私校平均每学期的学费是4 596英镑。住校的平均费用则是每学期

8 780 英镑。

私校委员会称有近三成的学校说有越来越多的学生高中毕业之后选择到国外的大学念书。

（［英国］BBC 英伦网 2012－04－26）

华人移民在汤加为何不受欢迎?

2006 年汤加发生骚乱，华人的小型企业成为骚乱分子攻击的目标。外媒称，尽管这场骚乱已过去很久，但华人企业家在这里的生活依然艰难。

据法新社报道，这场骚乱是由于示威者抗议该国当时政治体制改革进程过慢而引发的。骚乱让 300 多名华人惊恐万分地逃离了汤加。当骚乱爆发时，伍贾森（音译）还没有居住在汤加，伍贾森现在在中国驻汤加大使馆对面开了一家餐馆，但他并不打算在这个小国长期居住。

他说："现在中国人在这里做生意很困难。"这家餐馆并不是来自福建的伍贾森家族在这个太平洋岛国拥有的唯一产业。他们还在城中心经营一家海参加工厂。

尽管有家族关系牵绊，但伍贾森说他还会考虑搬家到萨摩亚或所罗门群岛等附近其他地区，只要他能够获得相应的捕鱼许可证。

现在他感到汤加比较安全，而且自 2006 年以来，中国企业的生存环境也有了很大改善。然而在 2009 年来到汤加后，他被抢劫过 3 次，而且准备出口的货物也曾被人从码头盗走。他说："你提出申诉，但毫无结果。这是一个大问题。"

报道援引《汤加时报》发行人卡拉菲·莫阿拉的话说，尽管华人企业受到冲击，但他认为这场暴力活动不是出于种族主义的动机。他说："我认为华人受到了袭击，这是一件很令人遗憾的事情，因为华人是推动汤加经济发展的主要力量。从个人角度而言，我无法想象没有了华人，我们能做什么。他们带来的资金、他们经营的企业让我们的经济提升到另外一个水平。"

报道指出，中汤两国正式的外交关系让数千名华人移民在这个太平洋岛国定居，经营杂货店、餐馆和其他小生意。尽管华人移民数量并不多，但这种外来人口的涌入时常会引发摩擦。

太平洋公共政策研究所负责人德里克·布赖恩说，该机构 2011 年展开的一次小范围民调显示，对岛屿国家而言，与中国建交被视为一种非常重要且有价值的国际关系，但与此同时，华人移民并不受欢迎。

布赖恩表示，"在被问到如'谁是最有价值的国际关系伙伴'之类的问题时，民调显示，中国往往排在澳大利亚和新西兰之前。人们往往对中国不附加任何政治条件的援助心存好感，与此同时，却对华人移民的涌入抱着排斥的态度"。

伍贾森也认为，他在一个高度依赖外国援助的穷国遭到抢劫并非出于种族主义原因。

“他们不关心你是谁，你从哪里来。因为没有收入，他们只能待在家中，等着海外的汇款。他们找不到工作。他们不知道如何规划自己的未来。”

（《参考消息》2012－05－02）

留学生就业难　学成回国成主要趋势

据西班牙内务部数据显示，截至目前留西的中国留学生已超4 000人，但作为一个留学“冷门”国家，中国在西留学生人数却以每年24%的速度递增，是所有国籍留学生中增长比例最高的。然而新到的留学生们面对的不仅仅是“僧多粥少”的窘境：一方面，西班牙的经济持续萎靡不振，中国商家需要的工人越来越少；另一方面，警方查处的力度也愈加严厉，即使老板现在想要，也不敢要了。

和大多数留学生一样，来自安徽的阿峰在2010年末来西班牙之前也本以为只要在课余时间刷刷盘子就能赚够自己的生活费了，然而在来到巴塞罗那留学后，他却发现西班牙并不是一个勤工俭学的天堂。

据阿峰介绍，出国前他只拿了家里几万块钱，但来到巴塞罗那后，本来打算边学语言边工作的阿峰很快就失望了：“还是之前想得太美好了，以为再难无非就是自己多吃点苦，谁想那时候我连餐馆的工作都找不到，因为我既没语言优势也没工作居留，就算是我能做的工作也都被老留学生占了。”

小周就读于加泰罗尼亚理工大学的建筑系，作为系里唯一的中国人，小周是克服了相当大的困难后才毕业的。

小周向本报记者介绍了他来西学习的动机：“那时候大学毕业选国家留学，我的同学们大多数都去美澳留学，几乎没人来西班牙学建筑，而我却发现这里的建筑学特别有名，而且西班牙是个高产世界级建筑师的地方，巴塞罗那又有高迪和孟达内这样的奇才，被这些深深吸引，我就来到了巴塞罗那。”

但在他学习的这三年间，西班牙爆发了经济危机，经济的不景气直接影响了建筑行业，经济危机很快就让小周看到了他在西班牙的未来，他的同学们目前都在学习德语、英语甚至是汉语为将来做打算。

笔者通过打听了解到，现在回国已经成为主流，一些已经回国的留学生很快就找到了薪水丰厚的工作，由于国内缺乏一定数量的西语人才，有在西班牙生活、学习、工作经历的留学生早已成为中国求职市场上争抢的对象。

（［西班牙］欧华网2012－05－04/天宇）

伦敦市长选举　六成华人参与投票

伦敦市长选举结果4日夜间揭晓，现任市长、保守党候选人鲍里斯·约翰逊连任成功。据“英国华人参政计划”抽样调查，估计有超过六成的华人选民参加了伦敦市长选举投票，比英国32%的整体投票率高出近一倍。

“英国华人参政计划”创办人及主席李贞驹律师表示，华人已开始意识到参加选举的重要性，明白必须利用选票争取自身的权益。

英国3日举行多个地方选举投票，伦敦地区则举行伦敦市长及大伦敦市议会选举。“英国华人参政计划”在选举结束后，对全英华人进行了随机抽样调查，通过电话访问了149名华人，其中54%的被访者表示参加了此次投票；而在伦敦地区，华人投票率更是达到63%。

“英国华人参政计划”行政总监胡沛成表示，这一数据令人“十分鼓舞”。他说，伦敦以外地区华人受访者的投票率虽然相对偏低，只有32%，但比较英国整体投票率同样是32%，华人比其他社群对政治并非较为冷淡。

“英国华人参政计划”副主席叶稳坚认为，伦敦地区华人参政意识较强，主要是因为英国三大政党目前已有不少华人党员及支持者。这次选举中，他们发挥了力量，大力推动三名市长候选人走入华人社区拉票。候选人针对华人社区发表竞选演讲，制作中文宣传单，并开启了微博，与华人社区加强互动。种种活动，加上媒体的广泛报道，令不少平日没有留意政治的华人也开始关注这次选举。此外，自由民主党华人候选人杜淑真参选大伦敦市议会，工党亦派出重量级人物——国会跨党派华人事务小组创立人狄士谟参选，均有助于提高华人对此次选举的关注。

（中国新闻社伦敦2012-05-04/魏群）

法国华人华侨：从“不差我这一票”到“选了再说”

“过去华人华侨有‘不差我这一票’的想法，如今是‘选了再说’。”担任法国华人华侨妇女联合总会主席的邱爱华在与中新社记者通过越洋电话交谈时，反复强调华人参选意愿的提高。

在巴黎的另外一个华人团体也几乎与邱爱华同时“行动”，在2011年底成立了助选联盟，拍摄宣传短片，呼吁华人参与投票。法国舆论也称，2012大选是华人参政的“大年”。

中国留学生郑昕嵘在索邦大学校园里感受到“热烈的政治氛围”：宣传海报、小广告随处可见；选情热点连日占据早报头条；书店里充斥着关于大选的书籍甚至分析报告……据郑昕嵘观察，身边的华人华侨“有投票权的应该都去投票了”。

法国媒体的统计数据显示，目前约有150万华人华侨散居在欧洲大陆诸国，其中逾40万在法国。仅在巴黎一地，就有近百个华人社团。法国舆论称，这样庞大的群体如何争取自己的合法利益，是这几年在法华人奋斗的方向之一，“华人已经意识到，必须与这个国家沟通”。

行使选举权是最直接有效的“沟通方式”之一。邱爱华们通过参与助选、投票融入当地社会、发出声音、维护权益。法国政界也看好华裔选票的流向与力量，决战总统宝座的萨科齐和奥朗德都曾不失时机地向华裔群体进行宣传：萨科齐曾在2012年春节期间在爱丽舍宫与华人华侨共庆中国农历新年；奥朗德则来到巴黎13区“中国城”向华人华侨拜年。

留学生崔书凝在电话里告诉记者，出生于20世纪80年代的“二代移民”渐成提高华裔声音的主力。一代移民的文化水平普遍不高，交往圈子相对封闭，甚至有人在法国生活了大半辈子，却还讲着家乡话。而出生在法国的“80后”华裔青年，从小在法国主流社会长大，他们有融入主流社会的意愿，同时也承载了父辈的希冀。

法国至今没有给非欧盟国籍的旅法居民投票权（即外国人投票权）。但留学生们仍然密切关注选举，他们希望新总统提出的政策有望使他们以后能留在欧洲学习、工作和生活。在法留学多年的崔书凝对移民政策的变化有切身体会，“以前你账户里有4 000欧元就可以来法留学，去年底开始涨到7 000欧元”，“即使拿到学位，外国学生找工作被拒的概率也高达七成，留下来越来越难”。

留学生许令旸则坦言，不少在法华人也开始“纠结”：一方面希望移民政策的放松能令自己的亲朋好友有更多机会留在法国；另一方面也担心移民的大量涌入增加当地社会动荡因素，威胁自身安全。

（中国新闻社北京2012－05－06/肖欣　李亚南）

意华人2011年境外汇款达25亿欧元　居外国移民榜首

意大利近日公布的一项调查显示，2011年外国移民向祖籍国汇款总额较前一年增长12%，达74亿欧元。其中，华人移民位列榜首，总计达25亿欧元，占到总额的35%。

据意大利《共和国报》报道，根据威尼斯一家基金会的统计数据显示，2011年，意大利境内外国移民向祖籍国汇款总额为74亿欧元，占国内生产总值的0.74%。其中，排名前四的城市为罗马、米兰、拿波里和普拉托。接收汇款最多的国家为中国、罗马尼亚、菲律宾和摩洛哥。由于调查只针对跨国汇款，并未涉及携带、邮寄等方式，因此，基金会估计外流资金数额远高于74亿欧元。

调查称，尽管意大利一直受欧债危机困扰，但与2010年相比，移民汇款总额不减反增，平均每名移民向境外汇款1 618欧元。其中，中国移民最会“省钱”，平均每人汇款额为1.2万欧元，高出平均水平6倍多。在意大利华人移民最多的城市之一的普拉托，当地华人向中国汇款比例更是占到当地移民汇款总额的91%。

据托斯卡纳大区当地媒体报道，2011年普拉托地区外国移民向境外汇款总额为2.5亿欧元，其中，华人汇款总额为2.26亿欧元，平均每名华人汇款1.8万欧元。外国移民既不消费，也不进行投资，而是将多余的钱汇给祖籍的亲人，用来负担他们的生活费和支援家乡的建设。

（［法国］《欧洲时报》2012－05－07/洛伦佐编译）

东京房租超地方两倍　在日新华侨居之不易

每年4月，东京都要迎来大批从各地前来工作学习的华侨华人。近日，《日本新华侨报》对东京都内18岁到29岁的100名在日华人进行了一次租房调查。记者发现，在寸土寸金的东京，高昂的房租成了在日新华侨一笔不小的负担。

记者通过调查了解到，大家在“上京”后的房租为每月5万~6万日元。按照身份区分，华人大学生们的月平均房租是58 000日元，华人上班族们的月平均房租是64 000日元。按照男女区分，男性华人大学生的月平均房租是55 000日元，男性华人上班族的月平均房租是62 000日元；女性华人大学生的月平均房租是60 000日元，女性华人上班族的月平均房租是64 000日元。女性华人的房租普遍都要比男性华人高。

调查还得知，无论是华人大学生还是华人上班族，过半数的人住的都是一居室，房间面积大致相同。那么大家在选房时最看重什么呢？有87%的华人大学生和90%的华人上班族表示，最看重的是房租。也有很多女性华人回答，从安全方面考虑，楼层数也很关键，坚决不住1楼。

在问到房间内部设备这个问题时，有超过60%的华人认为，室内空调绝不能少。东京冬天冷夏天热，温度调节就全靠空调了。排在第2位的是浴室和卫生间，东京一居室的房子大多是把卫生间安置在了浴室里，但如果能找到将卫生间和浴室分开的房子，那是再好不过的了。另外，无论来日本多少年，大家在榻榻米上睡觉走路还是觉得不习惯，所以大家都希望房子里面铺的是地板。

在“上京”前，留学生们的月房租预算是40 000日元，但是“上京”后才发现，东京的房租是日本其他城市的1.5倍甚至2倍。

（［日本］《日本新华侨报》2012－05－08/张桐）

在奥地利生活华人料达3万人 九成从事餐饮业工作

奥地利《新闻报》9日对在当地生活的华人进行报道，自20世纪70年代以来中国移民潮定期涌入奥地利，其中九成从事餐饮业工作。

文章称，中国移民潮主要分三次涌入奥地利，分别是20世纪70年代中国改革开放后政府放宽出国条例后、1988至1991年中国人赴奥地利无须签证时期以及2002至2006年中国留学生赴德留学由于无法达到德国校方的高标准入学要求，大批留学生“转战”奥地利，其中经济、音乐以及计算机专业最受中国留学生喜爱。

奥地利统计局数据显示，如今共有15 700名中国人在奥地利生活。但非官方估计，在奥地利生活的华人已达到3万人，他们当中包括拥有奥地利国籍的华二代，或已获其他国籍的华人。

文章称，奥地利的第一家中国餐馆诞生于1940年，发展至今在奥地利全境共有1 200家中国餐馆。奥地利奥中友协华人委员会主席邢洪斌估计，在奥地利生活的华人九成从事餐饮业。

文章最后介绍，奥地利华人社区建设完善，比如在维也纳共有三家中文学校、两家华文媒体等。当地两家华文媒体分别为《欧洲时报周刊》以及《欧洲华信报》，他们不光为生活在奥地利的华人传播新闻信息，同时也为生活在斯洛伐克、斯洛文尼亚以及德国的华人提供家乡的信息。

（［法国］《欧洲时报》2012－05－09/戴玥编译）

美侨团致信国会议员 阐述支持黄岩岛属中国立场

海外华人非常关注的黄岩岛事件已持续一个月，美国多个华裔非营利组织和侨团联合于当地时间5月9日在全美各地向美国参、众两院的国会议员发函，阐述支持黄岩岛属于中国的立场，并呼吁国会议员们发挥积极作用，谴责菲律宾政府在这一个月内的挑衅行为，避免由此可能产生的地区冲突。

他们在函件中指出，根据大量的历史资料和《国际海洋法》的有关条例，黄岩岛一直在中国的版图之内。但是从4月份开始，菲律宾从军舰袭扰中国渔民到扬言诉诸国际海洋法法庭，从为黄岩岛改名到鼓动针对中国的示威游行，菲律宾政府的挑衅行为，正在导致事态不断升级，随时都有暴发冲突的可能。美华裔社区对此表示非常的愤慨和不安。

在函件上署名的全美中华青年联合会、美洲中华青年促进中国和平统一联合会、美华国际青年商会、全美华裔优秀青年联谊会、北美海峡两岸文化交流协会、全美华美协会、美中关系民间促进会、美华裔公共政策研究会等团体呼吁美国国会议员以公正和审慎的态度，发挥积极作用，向菲律宾政府指出有可能产生冲突的严重后果，令之停止挑衅行为，维护亚太区域和平与稳定的局面。

（中国新闻网 2012－05－10）

政策收紧　外国人收养中国孤儿越来越难

数据表明，国际领养孤儿的数量已锐减至15年来的最低点，如此大的下降幅度很大程度上归因于各国对贩卖婴儿行为的打击、全球经济的影响以及各国努力使孩子在国内得到领养等。与此同时，生育技术的进步以及更多夫妇寻求代孕，也使得国际领养数量在全球范围内下降。

据《华盛顿时报》报道，根据英国纽卡斯尔大学的国际收养专家彼得·塞尔曼（Peter Selman）统计，全球范围内由外国父母领养的儿童数量从2004年的45 000例下降到2011年的大约25 000例。而像美国这样收养人数曾占国际收养数量一半的国家，也已经从2004年的占全球收养数的60%以上下降到去年的9 000多例。

一些领养的倡导者认为，《海牙领养公约》（Hague Adoption Convention）中严格的国际准则导致国际领养减少。该公约旨在打击贩卖、绑架婴儿等违法犯罪行为，以确保国际领养的透明度和对儿童的保护。

领养输出国政策等的变化也产生了巨大影响。十年前，在中国、越南和危地马拉等国家领养婴儿是一个相对快速、简便的过程，外籍父母几乎是蜂拥而至。而今天这一状况发生了很大变化。排队等待领养的时间越来越长，领养要求也越来越严格，一些国家甚至拒绝肥胖或单身的养父母，并且要求领养者在银行有一定数额的现金证明。

中国和俄罗斯将国内领养置于更加重要的地位，并且加强了对外国人领养的限制。例如，中国目前停止了让单身女子领养孩子。塞尔曼说，20世纪90年代末有高达三分之一的美国养父母属于这一类人。

（［美国］《侨报》2012－05－11/庞克）

波兰大赦：华人成功者突破50人

自2012年1月1日起，波兰非法移民合法化程序开始启动，至今已经有6 291人申请合法化程序，其中越南人有1 660名，乌克兰人有1 406名，巴基斯坦人有972名，亚美尼亚人有544名，中国人有304名。目前，中国人通过大赦人数已经有50人。

据了解，大赦审查力度加大导致进展缓慢，在4月里只审核通过了一名中国人。距离大赦截止日期7月2日已不足两个月。波兰外国人管理局为验证申请者是否在波兰居住在4年以上，特地编辑数百道波兰生活问答题，以验证申请者是否曾一直在波兰生活。

波兰政府曾在2003年和2007年分别有两次大赦境内非法移民，2003年大赦2 033人，2007年大赦3 508人，两次总计5 541人。

（［波兰］华人资讯网 2012－05－11）

不求官禄的缅甸华人

在缅甸6 000万人口中，有近600万华人，约占缅甸总人口的1/10。他们从事各行各业，唯独没有兴趣打“政府工”，因为他们心里清楚，缅甸政府是不任命华人较高职务的。这里的华人也有自知之明，难求高官厚禄，经商赚钱是无奈，也是最好的选择。

缅甸的华人主要集中居住在缅甸第一大城市仰光和第二大城市曼德勒，大多是六七十年前从中国移民而来的，仰光的华人多来自福建和广东，曼德勒在缅甸北部，离中国云南近，云南来的移民多。数十年来，华人第一代、第二代移民，乃至第三代移民还从未在缅甸政坛发出过声音。

在仰光和曼德勒，华人都主要居住在唐人街。这里的唐人街面积很大，是一整片区域，不像欧美的唐人街，真正地有一条街，街口还有气派的牌楼；仰光和曼德勒的唐人街没有牌楼作标志，见到中文标牌多了起来，唐人街便到了。

唐人街上各式店铺比肩接踵，有食品店、理发店、中餐馆、影碟店等，也有电器店、金店等大店。缅甸的唐人街与欧美唐人街不同的是，欧美唐人街主要由中国超市和中餐馆组成，客人也主要是华人。缅甸唐人街则什么都有，缅甸人也光顾这里。缅甸经济相对落后，比起缅甸人开的商店，唐人街的商品实在是琳琅满目。

昂山将军市场坐落在仰光市中心，这个有数百家摊位的市场是仰光最大的市场。这里较大的玉器店都是华人开的，由于玉器价格连年暴涨，华人的玉器生意越来越好。由于缅币面值太小，100元人民币能兑换1.2万元缅币，所以这些玉器店全部是用美元或人民币现金结账。经常能见到的情景是，中国游客戴上美玉，华人老板数美元数到手抽筋，十几万美元一只的玉手镯每家店里都会有几只。

华人虽然在缅甸政坛没有什么建树，但是，近年来随着华人经济实力的增强，缅甸和中国经济往来频繁，缅甸对华人的重视也加强了。

缅甸华人形容当地的经济状况说，这里的经济水平相当于30多年前的中国。时下，中国商品在这里受到追捧。曼德勒只有一条较繁华的商业街，随处可见中国商品的广告，有美的空调、海信电器等。曼德勒骑摩托车的人很多，华人还开起了大洋摩托车和宗申摩托车的专卖店。缅甸没有外国银行，曼德勒大街上的缅甸东方银行用中文写出了招牌，吸引华人存款。随着缅甸人逐渐富裕起来，他们越来越喜欢中国商品，华人也会有更多的机会，也会受到更多重视。

（《人民日报·海外版》2012－05－23/王丕屹）

中国驻尼日利亚使领馆积极处理尼日利亚移民部门羁押中国公民事件

22日晚，中国驻尼日利亚大使馆获悉，尼日利亚移民部门当天在全国范围内开始对在尼日利亚非法居留和务工的外国人进行集中整治，在拉各斯、卡诺等地先后有近百名中国公民被扣押。

中国驻尼日利亚大使馆对此高度重视，连夜召开紧急会议并启动应急预案。目前，中国驻尼日利亚大使馆领导已经紧急约见尼外交部、移民局高层和各地方当局，提出严正交涉。同时，使馆已派专人赶赴事发地点，看望、慰问被关押的中国公民，及时提供领事保护。

此外，中国驻尼日利亚拉各斯总领馆也已经采取相应行动。

目前，部分中国公民已经获释。中国驻尼日利亚大使馆和拉各斯总领馆表示，将秉承“以人为本，外交为民”的宗旨，继续关注事件进展，加大工作力度，争取尽早妥善解决尼日利亚移民部门羁押中国公民事件。

（国际在线2012－05－24/新利国）

印尼侨团捐助当地贫困居民　分发500份生活必需品

据印度尼西亚《星洲日报》报道，印度尼西亚安溪福利基金会（安溪公会）第一副主席廖扬宗，理事长黄连顺，副理事长谢文良、周贤美，理事周贤国、周金泰、陈清惠、林经文、林汉忠、林惠炯等20多位会员，于20日（周日）上午9时在丹格朗BENDA县的三教庙，向当地500位贫困居民分发大米、食油、砂糖等民生必需品。

廖扬宗指出，印度尼西亚安溪福利基金会的成立宗旨就是造福乡亲与民众，多年来积极举办社会公益活动，比如赈灾、义诊、捐血、分派救济品，探望孤儿院、老人院、残障院等慈善活动，本次向丹格朗贫困华族与友族居民分发必需品的主要目的，就是希望在物价不断飙升的情况下，这些粮食与必需品能暂时减轻他们的生活压力。

此外，该会也在今年4月底向丹格朗1 033位贫困华人免费办理出生证，他们有了出生证后，便可办理各种必备证件，比如身份证、学生证、工作证、结婚证甚至出国时必备的护照等。该会为了服务乡亲，每个月会在会所举行一次聚餐联欢，乡亲们可互相交流、增进乡谊。

丹格朗 BENDA 乡居委 Adli 表示，感谢印度尼西亚安溪福利基金会再次帮助这一地区贫困居民，他们对社会低阶层民众的关心令人钦佩，希望他们在未来能把爱心继续分享给当地居民。

（中国新闻网 2012－05－24/廖子建）

西班牙赌场职员热衷学中文　称为服务中国人

现在西班牙全国掀起学中文的热潮，但对学中文最有热情的不是学生，也不是与中国做生意的商家，而是赌场的工作人员。西班牙媒体称，对于这个行业而言，懂中文实在是太重要了。

据西班牙巴塞罗那电视台 27 日报道，近几年，中国游客和中国移民在西班牙赌场消费的人数比例连年攀升。特别是西班牙放宽对中国游客的旅游签证政策后，越来越多的中国人来到西班牙赌场消费。目前，在西班牙各大赌场中，中国顾客的人数已经升至第一位。

因语言和文化方面的障碍，很多西班牙赌场职员在面对中国客人时出现过不少工作失误。特别是因为不懂中国人对数字的忌讳，曾令中国顾客不满。

现在随着中国客人越来越多，西班牙各大赌场的管理层加强了对赌场职员学习中文的培训。赌场要求各店长和场地工作人员必须掌握规定的中文词句。赌场在考核职员业绩时，还要看职员们的中文考试成绩。

另外，赌场还要求职员学习中国的风水知识，因为中国人很讲究站位方向。有的职员会特意将面南背北的位置留给中国人坐，这样会取悦中国顾客。当西班牙人了解了中国人对“8”的向往和对“4”的忌讳后，也会特别将与“8”有关的数字给中国人。

为吸引中国游客，西班牙一些赌场还在当地的中文报刊上大做广告，用居住在西班牙的中国美女作为赌场代言人。据称，有的赌场入场时本应支付 5 欧元入场费，但如果是中国顾客，只要开口说中文，即可免费入场。

（《环球时报》2012－05－28/王方）

移民局审查不力　中国毒枭成功获新西兰公民身份

尽管移民政策不断收紧，但新西兰本地媒体仍认为，有关部门在审核移民资格时不够审慎。消息显示，在警方查明其犯罪行为之前，一名长期在新西兰从事甲基安非他命走私的中国人就曾成功获得了新西兰公民的身份。

这位名为 Xing“Alex” Su 的毒品走私贩长期往返于中国和新西兰之间，从事甲基安非他命的走私活动，是警方“巨人行动”（Operation Colossus）的重要追捕目标。

2009 年，他因进口 C 类毒品、制造甲基安非他命而被判处 4 年监禁。

但令人匪夷所思的是，在被拘捕之前，他成功获取了新西兰公民的身份。

2010 年 6 月，他成为过去 10 年内 22 个被剥夺公民身份的人之一，被取消了新西兰公民身份。当年晚些时候，他被遣返回国。

直至今年 2 月，这一事件才被相关部门公开。

由于涉及隐私，有关部门拒绝透露这 22 名被剥夺公民身份的人的真实姓名以及被剥夺身份的具体缘由。

（［新西兰］中华新闻网 2012－05－31）

美媒：中国学生对美国名校趋之若鹜让人吃惊

曾在 1985—1988 年间担任美国教育部部长的 CNN 专栏作家 William J. Bennett 近日走访中国后撰写文章探讨为何中国学生对美高校趋之若鹜。

文章称，当美国高等教育的价值和费用正成为美国民众热议的话题时，作为美国最激烈的全球经济竞争者，中国的民众对于美国高等教育正处于空前的热衷状态。

Bennett 并不惊异于中国家长对于教育的重视，尤其是对于基础教育的重视程度，但让他感到吃惊的是中国家长对于美国名校的尊崇，许多家长在孩子尚年幼时就开始做准备，希望让孩子将来进入美国知名学府。

Bennett 对比了中、美两国的教育模式后得出这样几个结论，首先中国孩子在诸如科技、工程和数学等理工科领域具有明显优势。高标准和高期望值在中国成为一种惯例，这在美国则是特例。

其次，中国家长为了孩子的教育几乎会牺牲他们的一切。多数中产家庭都把开销花在孩子的教育上面，而非其他休闲娱乐。

尽管美国高校也有众多不足和缺点，但在中国人看来，它们依旧是自由、个人主义和自我完善的象征。

亚洲人的传统观念认为“棒打出头鸟”，而在美国，出头鸟则能够受到奖励。

过去两年里，在美国大学就读的中国学生数量已经翻了两番，而因此所带来的教育和经济上的受益也逐渐显现。中国学生的勤奋、努力和上进心，搭配美国高校的教育系统，正让美国本土的学生隐隐感到一丝危机。

（美国中文网援引 CNN 报道 2012－06－01/千寻编译）

墨西哥华人增长 14.8%

墨西哥《金融家报》5 月 30 日报道，近十年来，在墨西哥居住的华人增长 14.8%。最初华人到墨西哥主要是因为当地市场缺少价格低廉的劳动力，但现在中国移民大多数都是年轻人，他们有专长，在一些相关部门工作，或者建立自己的公司。

墨西哥国家移民局数据显示，2010 年在墨西哥居住的华人共计 8 301 人，如果加上那些经常入境的华人，人数则增加到 11 070 人。

（商务部网站 2012－06－01）

联邦交通部宣布关闭 26 家长巴公司　3 公司成元凶

当地时间 5 月 31 日下午，美国联邦参议员舒默会同联邦运输部若干官员来到纽约华埠，在坚尼路交包厘街的繁华路口处召开新闻发布会，宣布关闭 26 家“安全违规”的巴士公司。纽约各大主流媒体几乎倾巢出动，报道这一新闻。有现场华裔民众表示，此事是继粮泰大厦涉赌被封之后，对华社形象的又一“重大打击”。

来自美国运输部的一男两女三位官员依次发言称，有关此案的调查已经一年有余。早在去年 3 月，布朗士发生导致 15 名乘客丧生的恶性交通事故之后，有关部门就盯上了巴士公司违规运营这一重大安全隐患领域。根据联邦安全调查员掌握的证据，其违规情节具体包括：聘用不持有合法有效驾照的司机；车辆未进行定期检查维修；当值司机的酒精与药物测试不过关、驾驶时间过长等。

表面看来，本次遭查封的 26 家巴士公司遍布全美 6 个州境内，仅有 4 家位于纽约。但深究起来，犯案者其实或多或少都与 3 家华人巴士公司有瓜葛，它们分别是位于纽约华埠的今日巴士（Apex Bus）与华美巴士（I－95 Coach Inc.）两家公司，以及位于宾夕法尼亚州的新世纪旅游巴士公司（New Century Travel Inc.），只是在使用别的名号运营。

以本次的犯案大户“今日巴士”为例，其名下就有 Apex Bus NY Inc. 和 A One Bus Inc. 两个公司在进行事实运作。

在涉案路段方面，官员表示，这 26 家公司中，大部分都是从曼哈顿华埠出发，往返于纽约到佛罗里达的 95 号州际公路上，途径佐治亚、印第安纳、马里兰、北卡罗来纳、宾夕法尼亚等州，一共包括 233 条巴士线路，可谓祸及深远。

运输部官员透露，除了这 26 间巴士公司遭到“整体关闭”之外，另有包括公司老板、营运主管、关键岗位员工在内的 10 人遭到了吊销营业执照的个人处罚。

（［美国］《侨报》2012－06－01/李铭）

中国在加拿大留学生林俊被害

据外交部网站消息，针对中国在加拿大留学生林俊被害案，外交部发言人刘为民在 6 月 4 日的例行记者会上表示，中国驻加拿大使领馆正同加政府、警方等就此案保持密切联系，要求加警方尽快缉拿凶犯，加有关部门应采取切实措施，保证在加中国公民人身安全。

有记者问，关于中国在加拿大留学生林俊被害案有何进展？能否透露相关细节？

刘为民表示，中国驻加拿大使领馆已经对外发布了相关消息。这是一起涉及中国在加拿大留学生、作案手段残忍、性质和影响极其恶劣的刑事案件，我们对此深感震惊并强烈谴责这一犯罪行为，同时向遇害者及其家属表示哀悼和慰问。

刘为民称，中国驻加拿大使领馆正同加拿大政府、警方等就此案保持密切联系，要求加拿大警方尽快缉拿凶犯，加有关部门采取切实措施，保证在加中国公民人身安全。我们将为受害者家属赴加拿大处理善后事宜提供协助和便利。加拿大政府承诺将尽全力早日将罪犯缉拿归案并绳之以法。

刘为民强调，中国驻加拿大使领馆已提醒旅加中国公民、留学生及中资机构工作人员等提高自我保护意识，加强安全防范。遇到情况与中国驻加拿大使领馆联系，以便及时获得领事协助。

（中国新闻网 2012－06－04）

"买房送移民"？不靠谱！送的或只是移民服务费

"没有任何一个国家和地区有政策规定，买了房，就可以移民的。一些机构做这种承诺，只是一个噱头，只是说你买了房，以后移民的费用，他们帮你免了而已，并不是说送绿卡。"海外房产投资资深顾问黄肖娟说，"美国有一种政府有股份的项目，外国人购买了，是可以获得绿卡的，但是这不是'买房送移民'，而是投资移民的项目，并且这种项目风险特别大。"

在近日的一个房展上，某西班牙度假村项目的代理机构人员就宣称，"只要买了我们的房子就能获得一张西班牙的永久居住许可证"。据称，该项目设在西班牙穆尔西亚自治区为中国设立的特别投资区内，最小的公寓62平方米，总价不到200万元人民币。不过，这个"永久居住"可不是我们所理解的"绿卡"，而是真的只有居住的权利而已，不能和当地人一样享受养老、教育、医疗等西班牙完善的福利待遇。

"买房和移民是两回事，两者之间一点关系都没有。"合纵世纪投资置业顾问告诉记者，"目前，英国、法国、美国、加拿大、澳大利亚、新加坡这些发达国家是留学移民与房产投资的热点，没有买房移民的政策，就连送居住权的也非常少。想拿到当地的'绿卡'可以通过投资移民或技术移民来实现。"

（上海侨报网 2012－06－06/周佳）

突击"大检查"究竟为何？

5月29日上午，一个由警察、质检人员、卫生人员、产权保护者等上百人组成的大规模联合检查团，突击检查了马德里 Fuenlabrada 工业区，200余家中国商户接受了检查，有17名中国移民被现场带走。

以往的各类检查通常具有针对性。名义上不外乎几个方面，百元店、食品店、中餐馆、服装鞋帽、日用品、玩具。而检查理由历经了多年仍然十分相似，那就是不守规、不达标等。

中国人的店铺不是很守规矩。其中，超范围经营、私下兜售不允许出售的商品可谓司空见惯。特别是一直被打压、罚款的食品店，违章经营（如卖酒给未成年人等）都经常招致巨额罚款。酒证问题在社会各方的齐心努力下，总算得到了较大幅度的改革，可是，超时间经营、违规卖酒给未成年人，又成了政府检察人员的抽查理由，以检查之名的罚款仍然接踵而至，令人无所适从。

西班牙政府针对华商的各类检查似乎成了“预防针”和“猛药”，政府一旦有了某种需求，定会拿“检查”找事儿和说事儿。以眼下不乐观的经济态势去解释政府的这些做法，手捧着天价罚单的华商自然会生出“检查就是变相捞钱”的念头。

当今世界上任何一个国家和政府，都对外族商业力量倾注了热情，予以扶持，更不要说那些发展中国家。在世界经济格局一体化的今天，即使在非洲偏僻的部落里，外商也被奉为上宾顶礼膜拜，理由毋庸置疑。当内供内需亟须拉动而国家财力有限时，外商就是一股不可或缺的财政力量，这项仁智的生财之道，早已被世界各国所采用。

中国侨民在这一点上起到了决定性的作用。西班牙不是个工业发达、产品丰富的国家，中国从商的侨民再多，相比数千万西班牙国民仍是沧海一粟。多数西班牙国民已经适应并接纳了中国的低端产品，特别是在现在这个经济疲软的特定环境下。这个外族商业大军非但没有依靠政府的任何关照和庇护，而硬是靠着自身微薄的资本来积蓄力量，凭着锲而不舍的拼搏精神成就了自己的事业。他们在为地方政府带来了巨大收益的同时，也为弥补西班牙日用品不足作出了贡献，这些都是有目共睹的事实。但是，政府作为一个国家管理机构，有检查的各种理由，也有通过检查发现问题，从中改进工作的必要。华商应该理性看待这些检查，并且应在工作中归纳完善、找出自身的不足。

（［西班牙］《欧华报》2012－06－06/晨阳）

今年前五月加拿大175名华人移民被迫放弃移民身份

因没能符合5年内住满2年的居住要求，今年头5个月，加拿大因居住时间不足而被取消永久居民资格并且接到离境令的人数高达695人，其中华人移民达到175人，相当于平均每天就有一名华人移民丧失身份。

加拿大入境服务局的数字显示，今年头5个月加拿大全国总共有695人因为在加拿大居住时间不满足要求而失去移民身份，光是太平洋沿岸华人聚居的不列颠哥伦比亚省就有175名来自中国的移民丧失身份，这相当于每天有一名华人加拿大移民丧失身份，其中包括18名香港人和64名台湾人。

作为加拿大永久居民的一个重要条件是5年内必须在加拿大住满2年，但现在有许多加拿大华人移民却长期在大陆、香港或台湾工作、生活，如果他们5年内在加拿大居住时间不到2年，那么在进入加拿大边境后有可能被叫到边境服务局办公室询问并接到移境令，必须在30天内离开加拿大，并被取消永久居民身份。

而且这些人在离开加拿大前必须向边境办公室报道，确认将登机离开，这样才不会影响他们下次拿其他签证进入加拿大，否则移境令将自动升级为驱逐令，这些人将被边境局官员强制遣返，而被下达驱逐令的人今后将永远不能再进入加拿大，可以说后果非常严重。

不少华人移民知道自己在加拿大居住的时间不够，因此每次在进加拿大机场海关的时候都非常紧张，就怕被叫到边境服务局问话。但是有些人心里也很坦然，因为他们已经想好了，如果被边境局查到他们就主动放弃永久居民身份，以后再以旅客的身份进入加拿大，他们认为只要能方便进出加拿大就可以了。

今年头5个月加拿大有将近700人失去了移民身份，其中不列颠哥伦比亚省就占了496人，而包括首都渥太华和最大城市多伦多的安大略省的情况就有很大不同，安大略省同期只发出了199张移境令，比不列颠哥伦比亚省要少很多，而且值得注意的是这两个省数字相加就是加拿大边境局今年头5个月下达移境令的全部。

另外，根据加拿大边境局的数据，在不列颠哥伦比亚省内放弃加拿大永久居民的人当中，中国人数最多，有175人，其次是来自美国的107人，来自英国的71人和来自韩国的37人。

（全球华语广播网 2012－06－09/胡声桥）

马德里华人“全民就业”背后：只是看上去很美

“5月22日，马德里自治区社会事务秘书 Salvador Victoria 在公布2012年度首都地区移民就业报告时宣布：居住在马德里地区的中国籍移民几乎实现完全就业。目前生活在马德里的中国移民，登记的失业率低于5%。根据国际惯例，这样的低失业率，几乎就可以看成是全民就业，也就是说中国人只要想工作，几乎就没有人失业。”这是《世界报》5月22日发布的一条消息。“全民就业”对于现阶段“失业”病魔缠身的西班牙政府、民众来说是个遥不可及的梦想，可是在华人群体内部，超过95%的就业率，或许也只是看上去很美。

此前，马德里大区劳工部曾经公布过的数据表明，在中国合法工作的劳工当中，个体户和老板的比例达到44.17%，这的确说明了旅西华人顽强的创业精神，但是数据无法显示华人老板群体面临怎样的困境，更无法说明华人群体为之付出了多大的代价与牺牲。

实际上，比例超过40%的旅西华人老板群体面对的是政府严厉监管、社会舆论压力、华人内部低价竞争和西班牙大型企业的夹击，可谓四面楚歌。近日不断见诸电视、报端的效仿华人创业精神的呼声越来越多，随之而来的批评和攻击也水涨船高。无论西班牙政府还是媒体和民众，也许都还没搞清楚什么是旅西华人的创业和工作精神，这种精神的实质只有一个字——“忍”，而且是全民皆忍。

西班牙人推崇和抨击的都是这个“忍”字，可最后应用的还是这个“忍”字。从公务员、工人到教师和学生，罢工罢课、游行示威，西班牙整个社会从上到下，表现出来的态度是忍不住，可结果是还得忍，还得妥协。反观旅西华人，诸如黑工、全工半保、延长工作时间、民间集资等一系列华人独有的潜规则，说明了什么呢？从第一个踏上西班牙这块热土的华人开始，旅西华人就忍了下来，一直忍到现在。罚款？封门？交通管制？还是查税风暴？西班牙人没搞懂，一个“忍”字究竟能化解多少问题，他们针对华人的推崇和批评，其实是搬起石头砸了自己的脚。

旅西华人经济的一枝独秀，是梅花香自苦寒来。各种统计数据说明的仅仅是表象，像花一样美丽的外表下，包含了太多隐忍和无奈。而持续已久的经济危机，就好比一场驱之不散的大雾，不了解又学不会这个“忍”字，西班牙人对华人的推崇和批评只能是雾里看花。

俗话说，“能忍者自安”，旅西华人能实现“全民就业”，固然得益于狂热的开店情结，同时也体现了这个民族隐忍的精神内涵。

（［西班牙］《欧华报》2012－06－12/湛卢）

美众议院为《排华法案》道歉　此前参院也“全票道歉”

美国国会众议院18日全票通过一项法案，为19世纪末、20世纪初的《排华法案》等歧视华人的法律表示歉意。提出法案的华裔众议员赵美心说，对美籍华人而言，这是“历史性”的一天。

这一道歉法案当天在美国众议院以口头表决形式通过。赵美心在投票后对记者说，随着道歉法案在众院通过，国会参众两院都已就《排华法案》等歧视华人的“丑陋法律”正式道歉。去年10月6日，美国国会参议院也以全票通过为《排华法案》道歉的法案。

众议院领袖纷纷对道歉法案获得通过表示祝贺。众议院民主党领袖南希·佩洛西说，这一法案显示，不论是何种族，所有人都应得到公平待遇。国会亚太裔党团会议名誉主席迈克·本田说，道歉法案能让美国社会从过去吸取教训，有益于民权和自由进步。

一直在幕后推动道歉法案的华人社团也表示祝贺。法案最早推动者之一、美国华人全国委员会主席薛海培对记者说，道歉法案为美国华人伸张了迟到的历史正义。他希望道歉法案激发更多华人积极参与公共事务和公益事业，积极参与华人社区的建设，积极参与中美关系的维护与发展。

美国国会于1882年通过臭名昭著的《排华法案》。这一法案将华裔定居者的移民和入籍程序冻结10年。美国国会此后数次扩大这一法案的适用人群，将所有华裔包括在内，每次都对华裔作出愈加严格的限制，其中包括禁止华裔的配偶子女移民美国等。这一系列《排华法案》直至1943年才被废除。

（新华社华盛顿2012－06－18/王丰丰）

意警方破获专门抢劫华人按摩女的犯罪团伙　两名华人男子遭逮捕

意大利警方近日破获一个专门抢劫华人卖淫女的犯罪团伙，这个团伙在多个城市实施抢劫行动，受害人都是从事色情服务的华人按摩女。

该犯罪团伙的三名成员已经遭到逮捕，其中一名是阿尔及利亚人，另外两名是华人，他们分别为45岁、30岁和41岁。两名华人均无合法身份，因多次参与抢劫活动而遭到逮捕。

2012年1月底，位于Viale San Lazzaro的一处华人住宅遭抢劫。当时住宅里住有两名华人按摩女，她们以为敲门人是客人，开门后才发现一名阿尔及利亚人身后还藏有两名华人，他们都是抢劫犯。他们持刀闯入住宅，并威胁和殴打在场的华人按摩女，抢走所有现金，按摩女们害怕被警察发现而不敢报警。

在CUNEO，警方逮捕了三名男子，他们承认曾经抢劫过多处华人住宅，其中Vicenza是他们的主要活动地区。一名受害人在接受调查时从众多照片中认出了三名抢劫犯，特别是这名阿尔及利亚男子，多名按摩女指认他为“敲门人”。

警方调查结果显示，这名阿尔及利亚人通过因特网和各类小报收集从事卖淫活动的华人住家和华人按摩中心的资料，并假冒嫖客进行“实地考察”。他在接受调查时说：“华人按摩女更相信外国人，因为我会讲意大利语，所以很多华人按摩女认为我是意大利人从而放松警惕。每次都是由我按响门铃，当按摩女打开房门时另外两名华人则冲进去，我们通常带有利刃，有时还带着手枪，我们抢走所有的现金，然后立即消失。”

（［意大利］《欧洲侨报》2012－06－18/林夕）

来美陆客“赌博团”天天有　欠赌债入牢狱者众多

眼下是旅游旺季，不少游客会借旅游的机会进入赌场“小赌怡情”，而大量的中国游客中也不乏专程来美赌博的赌客。据业者观察，中国游客中虽有赢过上千万元者，但大多赌客输多赢少，而且更多的人不知道在美国一些地区欠赌债属于刑事犯罪。

大正国际旅游集团董事长杜明受访时说，现在专程从中国来美国赌博的“赌博团”天天都有，赌客都是有钱人，行动低调，团也较小。据他观察，中国来的赌客喜欢玩“百家乐”，因玩起来简单。“但赌客们都是输多赢少，即使赢了钱还要报税，所剩不多。”

为了吸引赌客来美赌博，一些大赌场已在中国设立了办事处，并为中国赌客提供包办签证服务，但需将5万元美金赌资事先注入赌场账户。有业者表示，若赌客愿将10万元美金事先注入赌场账户，即可取得一年多次往返签证。这些事先注入赌资的赌客在美的吃住行费用均由赌场负担，而赌场唯一要客人作出保证的是赌博的时间。

洛杉矶总领馆的一位官员表示，中国国内的一些演员也借来美国演出之便到拉斯维加斯赌上一把。这位官员说，国内的一位著名笑星曾向他秀出一个装满50万美元现金的背包，并特意说明这些钱是当晚的赌资。

许多中国赌客并不知道在内华达州欠赌资要负刑事责任。刑事律师邓洪即曾为一名欠了赌场23万美元的中国赌客打官司。邓洪表示，这位赌客是四川一位房地产商，他带了20万美元专程到拉斯维加斯的一家赌场试手气，结果很快就输光了。这位赌客不服输，可当时国内的房地产生意不好，他一时拿不出钱，便向赌场借了20万美元再赌。然而手气不佳，他借来的钱也输得一干二净。

这位赌客欠了赌债后便返回四川，以为这点钱是小事，大不了宣布破产。可一年后当这位赌客来美看望正在读大学的儿子时，一下飞机便在洛杉矶国际机场被逮捕。警方提出两个条件：要么还清23万美元的赌债加利息及手续费，要么被引渡到内州接受刑事起诉。这位房地产商最后从国内借钱将赌债还上免去了牢狱之灾。在为这位房地产商办案时，约一个月的时间邓洪在内州监狱中看到了二三十名欠下赌债的华裔或中国赌客，数量之多让他感到惊讶。

（［美国］《侨报》2012－06－19/邱晨）

小城华人超市太多　华商频频遭查

阿根廷拉潘帕省的皮科将军市在2010年人口普查时，居民人口约6万，但5年多来，先后有9家华人超市落户该市，最近又有一家即将开张，这一现象引发当地人关注，而对这些华人超市的检查和查封也越来越多。

5年前，仅有一家华人超市在该市第10和17街交汇处开张，但在2010年，大量华商涌入该市各区开店。

当地媒体报道称，这些超市大部分会在一个很小的店面里放很多货物，货架也很拥挤，通常是全家人一起做，星期天也不例外，并且为了吸引顾客，会以很低的价格促销。

随着时间的推移，问题也越来越多，主要是不符合卫生和健康条件，其中商品过期和品质不良现象较多，如肉摊卫生不良，有昆虫出没，冰箱污垢多等。

从2012年开始，当地政府对这些华人超市的管理越来越严格。2月份，一家华人超市被查封5天。6月初又一家华人超市被查封，媒体也连篇累牍地报道了这些负面新闻。当地官员表示，检查并不是只针对华人超市，而是在普查中只有华人超市不符合要求。

皮科将军市在只有34万人的拉潘帕省中人口数位居第二，在全国3 441个城市中，人口数排第103位，但人口增长率不高，在2001年人口普查时，居民人口约5.25万。

（［阿根廷］中闻网2012－06－20）

华人三口之家在法国遭同胞碎尸　祸起照看孩子

自加拿大发生中国留学生被残忍碎尸案后，法国巴黎又惊现华人残忍命案：一个华人三口之家被杀害并抛尸荒野。令人震惊的是，凶手竟也是一对华人夫妇。此案一经披露，不仅震惊法国华人圈，更令法国媒体一片哗然。

据法国《快报》报道，一对华人夫妇于6月18日到巴黎警方自首，承认杀害了另一对年轻的华人夫妇和他们的孩子，并残忍地将他们碎尸后扔到巴黎郊外的万塞纳森林里。这对华人夫妇对警方供认了案发经过：事情发生在本月初，他们受托照顾受害者三个月大的婴儿。但是因为“意外情况”，这个孩子在他们照顾时丧生。当孩子父母赶到后，发现孩子已经“没有了呼吸”，为此与犯罪嫌疑人发生了激烈争吵。情急之中，孩子父母与凶手发生了肢体冲突。最终，照看孩子的夫妇将孩子父母杀害，并将他们碎尸后抛弃在巴黎郊外的森林里。据法新社报道，犯罪嫌疑人案发后曾逃回中国，但由于内心的“负罪感”又返回法国自首。

据路透社19日报道，这两名嫌犯周二已被警方移交法院，检察官将正式提起双重谋杀的起诉。法医在本周内还将公布更多的案情细节。

屡屡发生的华人命案也令人们对海外华人的生存状况感到担忧。最近几年华人社会的恶性杀人案屡见不鲜，前几年有中国著名侨领之妻雇凶杀丈夫的事，也有雇员杀雇主的。而这起法国华人遇害案也在法国华侨和留学生圈中引发了震动。据悉，被害夫妻还是二十岁出头的年轻人，他们还在打工和留学，因为没有时间才把刚出生不久的孩子交给嫌犯照顾。很多人对此唏嘘不已。

《环球时报》记者就此案采访了中国驻法国大使馆领事部主任许建工。许参赞告诉《环球时报》记者：“华人社会的杀人事件影响了华人的整体形象，对杀人事件要严厉谴责和惩罚。”同时他也告诫华人要谨慎。如果请人看小孩，一定要告知家里的其他人，万一出事也方便受害人的亲人及时报案寻找。

（《环球时报》2012－06－20/姚蒙　董铭）

美国华裔成年人76%为移民　收入学历均低于印度裔

据美国《世界日报》报道，美国有约四分之三（76%）的华裔成年人不是在美国出生的，而近七成（69%）华裔成年人已是美国公民。

“丕优研究中心”19日根据人口局公布的《亚裔兴起》报告统计，华裔成年人有一半以上（52%）英语流利，低于一般亚裔。一般亚裔美国人英语流利者占总数的63%。

成年华裔的平均年龄为43岁，略高于成年亚裔的41岁，但是比全国年龄中位数45岁略低。婚姻状况方面，有59%的成年华裔已婚，而成年美国人则有51%已婚。教育程度方面，25岁及以上华裔，超过一半（51%）已取得学士学位，远高于全国的28%，但是不及印度裔。

报告显示，印度裔的收入及学历都是最高的，25岁以上的印度裔人士有七成具有学士学位。而华、韩、日、菲裔则只有约半数大学毕业。

收入方面，华裔个人年收入是50 000美元，比一般亚裔人均年收入48 000美元和美国人总体平均收入40 000美元都高。而从家庭收入来说，华裔家庭的年收入中位数是65 050美元，略低于亚裔的66 000美元，但比美国家庭中位数的49 800美元高。

房产方面，62%华裔拥有住宅。一般亚裔则有58%拥有住宅。而拥有住宅的美国人有65%。

将近一半的成年华裔（49%）住在西部。而住在西部的美国亚裔占47%。西部的美国人口只占全国总数的23%。14%的成年华裔处于贫困状态，略高于亚裔的12%和全国的13%。

1860年加州的人口普查，首度列出“华人”类。其他州则于十年后跟进。受《排华法案》影响，当年的华人大多数是打算工作几年后，就回中国的年轻单身男性。

（中国新闻网2012－06－21）

促统会主席胡炜昇涉黑在广东被捕　侨界哗然

美国大洛杉矶地区促进中国统一联合会执行主席胡炜昇因涉嫌绑架勒索、故意伤害、纵火走私、开设赌场以及欺行霸市等活动，于北京时间22日上午在数百名武警和特警的包围下，在他创立的惠东县富星商贸广场办公大楼内连同43名下属一起被警方带走。消息传出，立刻在洛杉矶华人社区引起一片哗然。

侨团代表张自豪表示，在洛杉矶很多大型的华人活动中，根本就看不到胡炜昇其人。“华人侨领回国投资是好事，但要遵纪守法，否则夜路走多了，早晚碰到鬼。”

美华联主席鹿强表示，美国的“侨领”需要划清界限，很多都是带引号的，名头很大，其实只是一人会，在国内吹得很厉害，在美国却没做什么事。鹿强说，他们的真正目的不是奉献华人社区，而是打着“侨领”的招牌回国捞取好处。鹿强建议中国政府侨务部门应当建立一种审查机制，那些名头吓人的“侨领”要通过中领馆进行核查，以免这些人回国到处招摇撞骗。

和统会代表温桂芃表示，美国华人社团的侨领出事的不少，之前也都有人栽过跟头。温桂芃进一步表示之所以出现这种情况，主要是有些人成立社团的动机不纯，他们不是为了奉献社区而担任侨领的，而是为了争名夺利，为自己的生意捞好处。

（［美国］《侨报》2012－06－24）

3 550 名中国人以“五年遗案”获得英国身份

截至 2009 年 12 月已有 3 550 名中国人获得英国永居身份，占全部这类获准永居人数的 4%。

自 20 世纪 90 年代中期以来，大批中国福建人非法进入英国，一般估计总人数在 10 万～15 万之多。早期的他们大多从陆路经俄罗斯、东欧、南欧再转到英国；最近 5 年较多的则是利用真护照、假相片从第三国飞到英国。他们中的一部分人到英国后即提出难民申请；另外不少是在打工或犯法被抓后提出难民申请。他们申请的理由无非是参加法轮功、参加教会、计划生育或者是搞民运而在中国受到迫害。更多的福建人非法到英国后没有报难民申请，而是打黑工挣黑钱。

英国移民局非常清楚他们中的绝大多数并不是真正的政治难民，他们是为了经济利益才来到英国的。移民局通常驳回他们的难民申请，但由于他们没有身份证件，一直无法将他们送离出境。

据移民局的统计，1999 年到 2009 年，共有 26 860 名中国人在英国提出难民申请，约占同时期外国人在英申请人数的 3%。而在此期间，只有 255 名中国人被英国移民局真正认可为难民，给予政治庇护（即可在英居住 5 年，然后申请永居及入籍）。难民申请的成功率不到 1%。在此期间，不具有难民身份，但给予特例照顾允许留在英国的也不到 1 000 人。

26 860 名申请难民身份的中国人只有不到 1 255 人获准居英，而那些被拒的 2 万多人，英国又无法送回中国，只好任凭他们在社会上打工挣钱。与这批 2 万多中国人一样命运的外国人（如索马里、阿富汗、伊拉克、伊朗、前南斯拉夫等）多达 40 多万。庞大的非法移民队伍给英国社会带来了无穷的社会和经济问题。

2007 年 3 月，当时的内政部长决定要在三年时间内将积压的案件进行处理。没有审理的加快结案，能遣返的要尽量劝说或强行送返，不能遣返的则可以考虑给予身份。华人把这个项目统称为“五年遗案”。

3 月 12 日，内政部属下的移民局官员告诉本报记者，截至 2009 年 12 月已有 235 000 个案子经过审理，这些都是 2007 年 3 月前的难民申请案子，82 250 人获得英国居留身份，其中中国人为 3 550 名。

自 2007 年 4 月起，究竟有多少中国人因“五年遗案”获得英国身份众说纷纭，有的说是三分之一福建难民都能得到身份，有的说得更是玄乎，什么大部分福建人都能到英国永居。记者了解到有不少福建人碍于面子，对外吹嘘自己已经拿到身份，但实际上并不是如此。

从目前记者了解到的情况来看，在英国申请难民身份人群中的索马里人、伊朗人在“五年遗案”的审理中被接纳的可能性最大，而中国人被给予身份的概率在 15% ~20% 。

移民局还向本报记者透露了 2009 年中国人在英国申请难民身份的人数和处理结果。去年全英国有难民申请 24 250 人，比 2008 年少 6%，其中中国人申请难民身份人数 1 165 人，他们中在机场申请的有 140 人，入境后再去移民局申请的有 1 025 人。这 1 165 起个案中，845 人在 2009 年当年就有了审理决定，其中 750 人被拒，给予难民身份的有 50 人，没给难民身份但获人道特例照顾获准居留的有 45 人。

（［英国］《华商报》2012 - 06 - 26）

华人精英团体“百人会”吁美总统竞选人勿诋毁中国

随着 2012 年美国大选的陆续展开，“中国”再次成为美国两党竞选的热门话题。美国华人精英团体“百人会”27 日在华盛顿公开呼吁包括美国总统竞选人在内的所有参政候选人在大选期间勿诋毁中国。

“百人会”在当日发布的《处理涉及中国问题的基本准则》中称，美国现时面临的许多重要问题都与中国有关，对涉及工作外包到中国、贸易平衡、货币币值等方面的热烈讨论是正常的，但由此诋毁族裔形象，嘲弄亚洲语言，不分青红皂白地对亚裔整个群体评头论足，这些做法是不能接受的。

“百人会”指出，这些行为会立即对华裔乃至亚裔社区带来负面影响，让美国人民怀疑他们对美国的忠诚。美国有 1 700 万亚裔美国公民和永久居民，其中华裔人数最多，他们的理想和抱负与其他美国人是一样的，都希望获得事业成功并回报社会。

“百人会”呼吁，所有的参政竞选人和竞选团队不要诋毁中国，因为诋毁中国的结果有百害而无一利。事实上，带有种族歧视色彩的竞选广告已经对华裔造成负面影响。

“百人会”建议竞选地方政府、州政府或联邦政府的候选人，要牢记诋毁中国往往导致伤害美国华裔和亚裔这一历史教训。而华裔不仅包括新移民，还包括被美国家庭收养的儿童及与异族通婚的华裔。

“百人会”会长吴建民说：“中美关系牵涉所有美国人，作为美国华裔组织，我们呼吁所有的参政竞选人和竞选团队遇到涉及中国的议题时，应该展开富有建设意义的讨论，避免种族偏见。”

由于美国国内经济不振，从去年美国中期选举开始，美国两党就争相加入“怪罪中国”的“铜锣秀”。随着2012年大选的临近，两党总统参选人最近也开始大打“中国牌”。美国总统奥巴马26日发布竞选广告称其对手罗姆尼在经营公司时将美国工作外包给中国，并称罗姆尼从未对中国强硬过。而罗姆尼也曾放狠话，并称自己入主白宫后第一天就将在经贸问题上对中国采取强硬立场。

有华裔政论家早前在接受记者采访时指出，美国政客陷入反华迷狂恰好体现了其政治上的贫血；炮轰中国是美国政客对其国内问题没招后的一招损招，它试图将选民反华盛顿的情绪引到反华上，是急功近利的行为，这既会伤害在美华裔的感情，也不利于中美关系。因此，对政客的反华言论，既不能看得过重，也不能不引起重视。

（中国新闻社华盛顿2012－06－27/吴庆才）

指不足1%获赔偿　加拿大华社抗议促彻底平反人头税

据加拿大《世界日报》报道，在大温哥华多处正在举行国庆庆典的同时，约20名加拿大“人头税”家属会（HTFSC）抗议人士，1日上午在华埠华工纪念碑前，要求新当选联邦新政府依照“一份人头税纸，一份偿还”的原则，让所有“人头税”苦主及家属获得平反。

“人头税”家属会表示，加拿大联邦保守党政府于2006年的道歉与片面补偿做法，未使所有“人头税”苦主及家属得到公平与正义对待，保守党政府只是借此争取曝光机会，对其他数以千计未获平反的家庭不闻不问。

该会强调，联邦政府只针对当时尚健在的“人头税”苦主及其遗孀共计785人作出赔偿，只占全部82 000名“人头税”纳税人数的1%也不到，虽然很多苦主或其遗孀在平反宣布前就已经去世，但他们也应该获得完全平反机会。

在2006年联邦大选中，“人头税”成为争取华人选票的重要议题，哈珀上台后兑现竞选承诺平反“人头税”，于同年6月正式道歉，并公布具体补偿方案，成为加拿大史上第一个为“人头税”歧视政策道歉的总理。

（中国新闻网 2012－07－03）

俄村民不满中国工厂抢商机起冲突　要求赶走华人

俄罗斯远东伊尔库茨克州日前发生中国工人与当地居民大规模斗殴事件。据俄罗斯《共青团真理报》2日报道，双方动用了鱼叉、棍棒、燃烧瓶和铲车，冲突人数达80人。俄罗斯村民随后召开大会，要求赶走当地的中国人。俄罗斯媒体认为，当地人不满中国人抢走“商机”与此次冲突有很大关系，甚至有村民直接将中国人称为“掠夺者”。不过，在伊尔库茨克开餐馆的中国人张先生3日告诉《环球时报》记者，大部分俄罗斯人和在当地务工的中国人关系相处得不错。“只是很多俄罗斯人都有酗酒的恶习，喝醉酒后打架斗殴的事其实很多。”

据俄罗斯国际文传电讯社报道，6月21日，伊尔库茨克内务局召集比利奇尔村村民代表开会，就冲突发生的原因进行讨论，“所有人一致认为，冲突是偶发事件，是酒精作用以及言语不合所致”。

但就在同一天，比利奇尔村召开了村民大会，约200名与会者一致同意，要求尽快赶走在当地务工的中国人。《共青团真理报》说，当局对中国工人的所有手续进行了检查，希望找到合法借口将中国工人“撵走”。但《伊尔库茨克商业报》援引伊尔库茨克州移民部门负责人的话说，通过检查中国工人的证件，俄当地移民部门发现，中国工人的务工和居留手续都是合法的。“因此，要将中国工人‘撵走’并不是一件容易的事。”

比利奇尔村约有600名居民，主要以布里亚特人为主。5年前，中国人通过村管委会租赁了一块土地开设了木材收购厂。当地移民部门称，中国木材收购厂现共有8名乌兹别克斯坦籍工人和17名中国籍工人。村民当时以每车木材2.2万卢布（1卢布约为0.03美元）的价格卖给中国木材收购厂，这样的收入对当地居民来说相当丰厚。但随着木材资源的不断减少，当地人向中国工厂销售的木材质量不断下降。因此，中国木材加工厂将收购价由每车2.2万卢布降至9 000卢布。《共青团真理报》认为，这是当地村民与中国工人发生冲突的最根本原因。

此外，村民对外国人抢走“商机”也心存不满。当地行政部门负责人奥戈洛特尼科娃称，600名村民中有200名代表都同意将中国人赶走，是因为当地人对失去工作的担忧。村民鲁斯兰说，我们自己也想经商，但承担不起昂贵的机器设备费用，但我们所得到的报酬实在少得可怜，“他们简直就是掠夺者”。比利奇尔村村民此前曾多次要求村管委会减少外国人在该村的数量。当地人对《新地区报》说，中国工人掠夺林木资源，酗酒，而且举止轻浮。

（《环球时报》2012－07－04/陈志新　徐盼）

意大利80岁耄耋老人工厂帮忙　成打黑工年龄最高华人

日前，罗马警方在劳动监察部门的配合下对一家华人工厂进行突击检查。检查发现，该工厂工作条件恶劣，工厂的11名工人均未按政府规定签署劳工合同和缴纳社会保障金，其中一名80岁的华人老者在工厂帮忙，被警方认定为打黑工年龄最高的华人。

警方认为，雇用80岁的老人为工厂工作是极其不人道的，是对老年人权益的侵害和剥削。80岁的老人本该颐养天年，不应该在工厂做苦力。

华人子女帮助家里人做事被认定为非法雇用童工的现象举不胜举，80岁的华人给工厂帮忙，被警方认定为打黑工年龄最高华人，业已成为既定事实。

子女帮长辈、长辈帮子女，在中国人眼里是一种传统美德。而在海外这种“帮”却隐含着无穷的隐患。为此，建议生活在海外的老人能够选择更加适合自己的锻炼方式，建议华人老年人不要到工厂帮工，以免出现越帮越乱的现象，为家人带来不必要的麻烦。

（［意大利］欧联网2012－07－12/博源）

法国阅兵华人面孔增多　在法华人逐渐受重视

在每年的7月14号法国国庆阅兵式上，华人嘉宾面孔越来越多地出现在观礼台上。

在法国国庆节阅兵式位于香榭丽舍大街两旁的观礼台上，都是以法国总统的名义邀请的军人、警员、国家公务员及其家属、外交使节等，而华人面孔也越来越多地出现在观礼台上。华人代表表示能够被邀请参加国庆阅兵是他们的荣耀，同时也显示了华人社团被重视程度的提高。

而刚刚作为法国新政府首位访华的部长——法国外长已经表示奥朗德将会在明年安排

对中国的首次正式访问。

（凤凰网 2012－07－15/柳怡　唐铁华）

澳洲中医告别“黑户时代”　5 000 诊所统一注册管理

据《澳洲日报》报道，近日，澳洲卫生执业者管理局发布消息，从7月开始，澳洲本地的中医师均由全国统一注册管理。这意味着中医师在澳洲终于获得合法的行医“身份证”，彻底告别黑户时代。这也是中医首次在西方国家获得正式承认及注册。

维多利亚州可以说是最早实现中医立法管理的一个地区。走在墨尔本唐人街上，人们很容易就可以找到打着针灸、中草药等旗号的中医店铺。据了解，全澳范围内总共大约有5 000家中医以及针灸诊所。近年来，中医疗法也越发受到澳洲主流社会的关注，许多澳洲民众都曾直接或间接地接触过包括中医针灸、按摩在内的一些补充疗法。

尽管如此，中医在澳洲并不是一门单独的学科，而只是“替代疗法”当中的一个比较主要的组成部分。如同在其他西方国家一样，中医在澳洲依然普遍处于边缘化地带。一些本土人士对中医在科学性等方面的成见仍然颇深。一名在澳执业的中医大夫表示，不少西方人对中医抱有一种“保守”的看法，不愿意主动去尝试。

在海外，中医长期受到主流医学的排斥，再加上本身就对中医持有“成见”的海外舆论，中医在澳洲获得法律认可与保护，其中的艰辛可想而知。不过，尽管澳洲现在从“名义”上为中医正名了，但是澳洲中医执业者在欣喜之余，还有一段更加艰难的路摆在眼前：中医何时才能走出唐人街，走进西方的主流社会？

（中国新闻网 2012－07－16）

新西兰政府严查签证造假事件　“涉伪”学生被遣返5年内不得入境

日前，新西兰移民局发表声明称，目前已对中国留学生涉嫌使用假签证的事件展开调查。据称，目前涉嫌签证造假的中国留学生有279人，部分学生已经被遣返回国内。其余学生一旦查证属实，将被遣返，并且5年内不能再入境新西兰。

调查表明，这起假材料事件的背后，主要有中国留学中介机构参与。至于新西兰移民局的员工是否提供便利或接受贿赂，移民局相关负责人 Steve Stuart 表示，调查员已经专程前往北京调查此事，目前并没有计划换掉新西兰驻北京移民局的负责人。

对于涉嫌造假的学生，新西兰政府将作如何处置？Stuart 表示，目前在新西兰境内的 231 名学生中 60 人已经签证过期，将被遣返，而其余的 171 人将根据本人的情况个别处理遣返事宜。

而新西兰移民局规范操作部经理 Dean Blakemore 则表示，新西兰政府对于通过欺诈手段获取签证的行为素来是“零容忍”，因此，这些学生很可能被驱逐出境。他还表示，考虑到很多学生本人并不知道其委托的代理机构在为他们申请签证时采取了欺骗行为，因此他们鼓励留学生们主动与移民局沟通合作，主动陈述事情经过。“学生们越主动、越早采取行动，问题就越容易解决。”而拒绝配合调查者则将被驱逐出境，并在 5 年内禁止入境新西兰。

听闻此消息后，很多准备赴新西兰留学的学生很担心此次造假事件会影响到今后赴新西兰留学的学生的信誉和签证通过率。事实上，中国驻新西兰大使馆已经在 7 月 12 日回应称，这一孤立事件不会影响两国教育、人文的交流。不过很多坊间的说法却大有不同。

《新西兰先驱报》发表文章表示，基于这一事件，中国留学生和中国留学机构的信誉恐将在未来相当长的一段时间会受到怀疑。Stuff 新闻网站也评论说，这一案件将使得新西兰政府对于中国留学生的身份审查更为“在意”。

（《南方日报》2012－07－18/于冬雪）

绿卡：让你欢喜让你忧　新移民的期盼与纠结

非法移民在美国不能合法工作，也没有福利，为了生存只能打黑工。他们是最渴望得到绿卡的一族，但他们的前途很渺茫，只能等着大赦、有公民身份的子女成长到 21 岁担保他们移民。有些逾期滞留者，如探亲的老人，他们的子女全都不在中国，养老是个大问题；而美国的子女尚未成为公民，暂时无法申请亲属移民。所以只能先回母国，或逾期滞留在美国，等待子女成为公民后申请调整身份。根据美国华州的规定，即使他们获得绿卡，也必须住满五年成为公民后才能享受福利。许多人只能保佑自己不生大病，不要给子女增加过多负担。

这个人群以留学生为主力军，他们毕业后只能找那些可以为自己申请职业移民的大公司，也只能从事本专业的工作，所以就业面比较窄。许多公司要对新员工进行一两年的考察，才会考虑是否给其办理移民；有的公司由于等待办职业移民的员工较多，本着先到先得的原则，优先考虑老员工。所以新员工们往往提心吊胆，生怕被炒掉，即使被炒后找到新公司也要重新排队。

职业移民者除了特殊人才不受名额限制外，其他的则受名额限制，而且排期都要五六年。雷先生很幸运，他虽是本科学历，但已经有六年工作经验，符合条件办 EB2 职业移民。公司很快就安排律师为他申请绿卡了。每次移民排期公布时，职业移民有时一前进就是两年，下次可能一倒退又是两年，等待者的心情就如坐过山车。本来他无所谓，绿卡对他来说无非就是时间问题而已，但他妻子要待绿卡办好后才允许工作，原本在中国工作上颇有建树的妻子不得不一直赋闲在家，觉得生活很无聊，不能实现人生价值。

24 岁就获得美国硕士学位的小施，在雷德蒙德市的一家国际大公司工作了三年，已经在贝尔维尤市中心买了房子，公司也正在为他办理绿卡，一切都进展得非常顺利。他的女朋友在北京有一份理想的工作，每逢假期两人就像太空人一样飞来飞去，上演“双城记”。他发现中国的经济和科技都在飞速发展，他的同学们都很有成就，于是又想回国创业。回国还是留下？这个问题一直在他心头纠结。现在回国就意味着放弃绿卡，如果等拿到绿卡再回国，根据美国职业移民排期表公布的数据，估计至少要等三四年。即使拿到绿卡回中国创业，要想保住绿卡还得时不时返回美国。对别人来说是香饽饽的绿卡，对他而言犹如鸡肋，食之无味，弃之可惜。

（［美国］《侨报》2012－07－27/张意）

使馆领事部密切关注华侨母子遭绑架案件

25 日，在阿根廷首都 Liniers 区，一对华侨母子遭绑架，母亲在几个小时后被释放，但一岁半的男婴仍未获释。中国驻阿根廷大使馆得知这一消息后，立即联系事发地联警第 44 分局，并派刘强领事和赵侃领事前往该局了解情况。

刘强领事和赵侃领事在接受阿根廷中闻网记者采访时表示，据 44 警察分局局长介绍，目前这起绑架案已交由联警总局反绑架处专门负责。被绑架后释放的王女士现处于该处保护下。

领事部经向王女士了解得知，王女士系福建人，25 日晚与其子一起被绑架，稍后王女士被释放，但绑匪向其索要 2 万美元赎子。王女士认为，绑架最大嫌疑人是其前夫。

当地媒体报道，这名华侨女性与其前夫在 Juan B. Justo 8900 号合开了一家华人超市，她带着孩子在超市工作时，被数人绑架，绑架者说中文。警方了解到，母子两人被绑架后，曾被关押在一辆汽车中几个小时，之后，母亲被释放并在家中报警，而孩子仍在绑架者手中。

联警总局反绑架处已经展开多次搜查，寻找被绑架男婴。媒体消息称，被绑架女性曾长期受到前夫虐待，司法部门已禁止其前夫接近这对母子。一个多月前，这名男婴曾被绑架，当时曾支付 6 000 比索赎金。

中国驻阿根廷大使馆领事部表示，将会继续对此案予以关注，并视情况提供进一步协助。

（［阿根廷］中闻网 2012－07－27）

5名涉嫌偷渡的华人在新西兰被捕

新西兰警方于周三逮捕了5名因涉嫌组织偷渡及签证欺诈的中国男子。基督城警署探长Tom表示，该5名涉案人员涉嫌在取得澳大利亚签证后，非法组织其他无签证人员前往澳大利亚。而在法庭上，他们也将面临包括移民诈骗、文件欺诈、作伪证及非法组织偷渡等多项罪名的指控。7月27日新西兰当地的英文媒体在报道这一事件时说，新西兰移民局官员Peter表示，移民局将继续与警方及海外相关部门加强合作，加大力度打击此类案件。

据悉，去年年初，澳大利亚方面首次向新西兰方面发出了通报，从而引起了新西兰政府的重视。而此次的作案团伙在2007到2010年的3年间，两名主犯共参与制造了17件虚假澳大利亚签证的申请，目前这17名涉案人员已全部落网。检察官David透露，被告均持有新西兰的永久居留权，他们持合法证件前往澳大利亚，入境后谎称护照不慎丢失，从而在补办临时签证时返回新西兰，同时他们的护照将让偷渡者进入澳大利亚。

法官已允许其中的4人保释，而犯罪嫌疑人Yu则因面临22项指控而继续被关押。

（［新西兰］中华新闻网2012－07－27/张君卿）

占领美国：美国收养近7万中国儿童　9成为女孩

美国跨国收养管理机构儿童问题办公室（Office of Children’s Issues）统计，1999年至2011年，美国人共收养了233 934名外国儿童，其中有66 630名中国儿童，占总数的28.5%；有45 112名俄罗斯儿童，占19.3%。美国人收养的外国儿童有一半来自俄罗斯和中国。

儿童问题办公室隶属于美国国务院的领事事务局，是执行和贯彻《海牙跨国收养公约》的美国官方机构，为有收养外国孤儿意愿的美国人服务。该机构的统计年鉴显示，1999年至2004年，美国人收养的外国儿童总数持续增长。2005年是外国人收养中国儿童最多的一年，共14 496名中国儿童被收养。

此后，美国人从包括中国在内的3个国家收养的儿童数连年大减。美国人收养的中国儿童从2005年的7 903名降至2011年的2 587名；俄罗斯儿童从2004年的5 862名减少至2011年的962名；危地马拉儿童从2007年的4 726名骤降到2011年的32名。

加利福尼亚州和纽约州是收养外国儿童最多的两个州。过去13年间，加利福尼亚州和纽约州分别收养了16 792名和16 191名外国儿童。得克萨斯、伊利诺伊、明尼苏达、宾夕法尼亚、俄亥俄、密歇根和佛罗里达等州收养的外国儿童数都在1万名左右。

美国人收养的66 630名中国儿童中有60 431名女童，占总数的90.7%。

（［美国］《侨报》2012－07－29）

向首都同胞伸援手　美国南加华社为北京雨灾捐款

“7·21”北京雨灾之后，北京市民政局、市红十字会、市慈善协会等机构，相继公开发出为灾区捐款捐物的呼吁。29日，美国南加州华人联合总会（南华总）发起为北京暴雨灾害捐款活动，并当场募集到9 700美元。中国驻洛杉矶总领馆侨务领事白东石、王红明及30多名各个侨团的代表参加了当天的活动。

南华总会长蔡成华在会议上表示，最近北京地区遭遇了六十几年以来最严重雨灾，财产损失巨大，并有重大的人员伤亡。作为海外侨胞，大家应该有责任和爱心来表达对受灾地区同胞的关切。南华总愿意起一个带头作用。一个社团的力量是有限的，他们更希望全球的华人行动起来，向祖国的人民、向首都的人民伸出援手。

蔡成华还说，今天举行的捐款活动，是借此机会抛砖引玉，希望海外广大的华人华侨都捐出自己的爱心，用实际行动来帮助灾区的重建与恢复。他表示，捐款总额不论多少，都代表了海外华人华侨对祖国、对家乡的关怀，并鼓励灾区民众重整家园。

蔡成华首先捐款2 000美元。在他的带领下，在场侨胞都一一慷慨解囊，捐出自己的爱心，最后捐款累计9 700美元。

（中国新闻网2012－07－31）

西警方破获大型华人贩毒团伙

西班牙警方日前公布，上周他们在马德里地区成功瓦解了一个规模十分庞大的华人贩毒团伙。总共有67名涉案人员遭到逮捕，他们全部都是中国国籍。这个团伙被怀疑是本年度至今为止遭到破获规模最大的中国犯罪团伙，其组织的庞大程度和严密性令人发指。

警方在这次行动之前，已经进行过一次类似的打击行动，当时有17名中国人落网，4公斤的药物、4把手枪、25 000欧元现金以及6辆高档的汽车也同时被警方没收。在那次行动之后，警方继续顺藤摸瓜，并在近期摸清楚了这个团伙的组织和主要作案方式。

该团伙的首脑是一名现年37岁的中国人。这名中国人在上一任头目因为通过飞机从荷兰运送毒品而在机场被捕之后成为该团伙的主心骨。他改变了以往主要用飞机进行毒品走私的方法，而开始用高档的汽车通过陆路将毒品运入西班牙。此外，他们还从中国小批量地邮寄毒品，由于每次寄送的毒品数量不超过1公斤，因此一直都没有引起海关注意。

这个团伙所贩卖的毒品，主要是一种叫作“开心果”的药物。在中国，这种药物在治疗抑郁时使用，但是在西班牙却不允许进行销售。据悉，这种药物的价格比高纯度的海洛因高出3倍。尤其是在西班牙，每公斤的价格可以高达7万欧元，而同样的药物在荷兰则每公斤只需要8 000欧元。

除了“开心果”之外，这个团伙还进行“冰毒”、K仔等为人熟知的毒品交易。在最终的行动中，警方对该团伙的多处巢穴进行了检查，结果搜查到了大量的毒品。有67名涉案人员遭到逮捕，他们当中既有从事毒品交易的，也有从中国偷运“人蛇”来牟利的。

（［西班牙］《欧华报》2012－08－03）

移民问题专家：英语差是中国移民最大障碍

美国移民问题专家日前接受记者采访时指出，过去10年，来自中国大陆的移民增长幅度超过世界上其他国家，但其英语熟练程度低于其他族裔移民的平均水平，语言不通是中国移民融入美国社会的最大障碍。

美国移民政策研究所通讯与公共事务部主任迈克尔·米特尔斯泰特提供的该所关于中国大陆移民的一份调查报告显示，截至2010年，美国有约180万名中国大陆和香港出生的移民，其中一半以上居住在加利福尼亚州和纽约。2001年至2010年间，70万中国大陆和香港出生的移民在美国获得绿卡。中国是2010年绿卡获得者第三大来源国，而通过工作得到绿卡的中国大陆人占当年获得绿卡人数的十分之一。

最近30年，中国大陆到美国的移民人数迅速增长。20世纪80年代，来自中国大陆和香港的移民人数约36.6万，占美国移民总人数的2.6%；90年代，这一数字增加至约67.69万，占比3.4%；2000年增至约119.24万，占比3.8%；2010年达180.8万，占比4.5%。

到美国的中国大陆和香港移民中有4成是2000年以后抵达的。中国大陆移民的英语熟练程度相比于香港和来自其他国家的移民，平均水平较低。在美国的中国大陆移民以英语为主要沟通语言的人仅占7.6%，英语很好的人仅占26.9%。

米特尔斯泰特分析说，最近数十年，中国大陆移民从占很小比例上升到第二大移民来源，原因在于，与美国其他族裔相比，来自中国的移民有较高的教育水平，更有可能从事需要高级技能的经济工作。但是，中国大陆移民的英语熟练程度不如其他族裔。

（［美国］《侨报》2012－08－06）

随着中国崛起而再次复兴起来的仁川唐人街

6月21日白天，在仁川中区北城洞的唐人街一家名为“我东”的中国纪念品店里，店主丛龙霞（40岁，女）告诉记者：“在周末会有很多外地顾客，中国的酒啊，纪念品什么的卖得很好。”她于6年前从威海来到仁川，在唐人街经营起这个小店，嫁给了韩国人。在唐人街，像这样1992年韩中建交后移居来的中国人被称作“新华侨”。

仁川唐人街是援助地球村。这个地方是1882年壬午军乱时跟随清军而来的40多名从军商人建成的。1884年，善邻洞一带还设立了面积约15 000平方米的大清国租界地。

急剧增多的华侨们以仁川为中心大展商业手腕，他们从中国进口食品、杂货品，向中国出口造船的砂金，进行贸易活动。1898年，随着义和团运动爆发，山东省一带被卷入战乱，这里的避难民众大举涌入仁川。来自山东省的华侨还在富平平原大规模种植当时朝鲜稀有的洋葱、胡萝卜、土豆等蔬菜。

然而，经过中日战争、大陆共产化、韩国战争等时期，华侨社会也迎来衰退期。货币改革、土地所有限制等强制经济活动展开后，半数以上的华侨都离韩移向美国、加拿大。

随着中国快速崛起，仁川唐人街再次迎来了复兴期。早在10多年前，仁川市就开始运作具有地区特色的旅游特区建设活动。到处林立的中式牌楼，红色的屋脊与梁柱，镶嵌金属的雕龙窗等，让人一眼便知是唐人街。韩中文化馆、炸酱面博物馆、三国志壁画街等值得一去的地方有很多。

（［韩国］《中央日报》2012-08-06/郑基焕）

美国华人渴望传续故土文化

华人移居美国有上百年历史。作为移民国家，美国在文化上的包容性和经济上的机会让这里成为华人移民一大目的地。但离开不代表断裂，美国华人全国委员会主席薛海培日前对新华社记者说，随着华人在美国落地生根，他们也渴望传续故土文化和建立感情纽带。

薛海培已来美国20多年。他说，像他这样的第一代移民，几乎一有机会就想回国去看看，回国的目的包括探亲、创业和工作。但他也发现，像自己子女这样在美国出生的第二代移民，虽然会比其他美国人更多地前往中国，但对传承故土文化与建立感情纽带已不如自己强烈。他说，十分希望能通过各种办法延续后代对宗亲和故土的认同感，让他们对身为华人感到自豪。

为此，薛海培说他有过不少想法和行动，例如多带孩子回中国看看，感受那里的发展变化，在美国为他们提供了解和学习中国文化的机会等。近期，他还参与了呼吁发放“海外华人身份证”的建言工作，希望提升华人身份认同感。

在薛海培看来，除了提供旅行便利，这一身份也能发挥文化纽带的作用。他说：“如果我儿子拿出钱包，里面除了美国驾照，还有一个海外华人卡之类的证件，这对他是个寄托，也能帮助他更好地认识自己是谁。”

在提出建言后，薛海培打算在今年夏季结束后就发起华人签名活动，还计划年底在约翰斯·霍普金斯大学国际问题高级研究学院就此召开一个研讨会，听取专家意见，以系统地推动此事的发展。

随着美国社会华人群体的扩大，他们融入美国社会的进程也在不断加速。近年来，华人在参政议政、争取自己利益方面取得了不少进展。

在美国华人全国委员会、百人会、美华协会、美洲同源会等组织的推动下，华裔众议员赵美心等去年在美国国会参众两院提交议案，要求国会正视1882年《排华法案》等一系列迫害华人的法律，并正式致歉。这一法案最终在参众两院获得全票通过，为美国华人伸张了迟到的历史正义，增强了华埠的凝聚力。

（新华网 2012－08－08/王丰丰）

中国已经超过英国成为澳大利亚最大新移民来源国

根据今年6月公布的澳大利亚最新人口统计，中国已经超过英国，成为澳大利亚最大的新移民来源国。自从19世纪中叶淘金潮来到澳大利亚，华人在实现个人梦想的同时，也为澳大利亚社会的繁荣发展贡献着力量。

澳大利亚华人金融专家协会会长曾毅博士来澳大利亚已有20多年。当年，一只皮箱就装下了留学生曾毅所有的家当。曾毅来澳大利亚学习的是数学，从硕士到博士，她以优异的成绩赢得了同学和师长的尊重。像当年许多来自中国的留学生一样，曾毅在餐馆洗过盘子，去工厂打过工，直至学业结束开始专业生涯。

曾毅说，据她的观察，近20年来澳大利亚社会没有出现过严重的排华事件。谈到华人与澳大利亚社会融合的问题，曾毅认为，在澳大利亚这个移民国家，“融入”更多的是个人的心理感受：“（所谓）主流社会，本身并没有人给过定义的；我们是移民，当我们来到这个社会后，我们加的一个定义，觉得我们是‘圈外人’。事实上澳大利亚就是一个移民国家，它的移民来自方方面面，世界上的各个地方。特别是近10年来，华人的比例更大。所以我认为，融不融入，一个是别人来认可你，还有一个就是你心理上的感受。”

从20世纪80年代开始，澳大利亚提出了“多元文化”的概念，强调来自不同文化背景的人共同发展。这一政策的提出，促进了包括中华文化在内的多种文化的融合和发展。但今天，人们依然可以观察到“一元文化”的影响。申浩然律师说：“多元文化是多种文化同时发展；（但）法律上怎么去保证它的实现？（多元文化的理念）能不能和所有的法律相一致？法律毕竟是这个社会基础的保障。如果（法律）做不到这一点，那么（多元文化）就是一个政治概念，而不是一个法律概念。那些深层的问题呢？有些案例法的问题，以及过去成文法的问题，所以我说多元文化是一个政治概念，而不是法律概念。”

正如申浩然律师所说，“多元文化”作为一种政治愿景是美好的，但要在法律层面实现，还有很长的路要走。在这个过程中，随着澳大利亚社会的进步，华人和他们所代表的中华文化一定会成为澳大利亚文化不可或缺的一部分。

（国际在线 2012－08－12/邓黎）

加拿大华侨时报网站设置专栏揭露法轮功

近日，加拿大华侨时报网站华侨网开辟《正义真相》专栏，持续揭露法轮功真相，这也是华侨时报社社长周锦兴继《亮战》、“邀请辩论、公开挑战和倡议公审”之后再次强力揭露法轮功。

笔者从华侨网了解到，自2012年3月30日起，该网站开辟《正义真相》专栏，每周五集中刊文揭露法轮功真相，截至8月12日，已连续刊登20余期。同时，《华侨时报》还开通了电子版，供网友查阅。

据悉，《华侨时报》是加拿大华裔周锦兴于1981年12月25日全资创办的，为魁北克省首份中文周报，在海外华人中有广泛的影响力。社长周锦兴曾三败法轮功，并著有揭露法轮功专著《亮战》，特别是去年上半年，周锦兴三次邀请李洪志辩论，接着公开挑战，之后又倡议公审李洪志，引起海内外关注，他本人被称为法轮功的“克星”。

（凯风网 2012－08－15/王安鹏）

英国少数族裔犯罪者中华人名列前茅

据政府有关方面评估，目前在英国的印度人约有160万，华人有60万。印度人是英国最大的少数民族，几乎是华人的三倍，但犯罪率则历来低于华人。

英国司法部提供给本报的数据显示，2008年6月在英国监狱服刑的印度人有344人，华人479人，2010年3月在狱中的印度人囚犯只有339名，而华人则有427名，华人罪犯比印度人多出三分之一。

按人口比例来看，印度人的犯罪率是万分之二点三，华人是万分之九点六，也就是每一万个印度人中不到三人犯罪，而每一万个华人中有近十人因犯罪而判刑。华人犯罪率比印度人高出三倍。

记者通过调查发现，76%以上的被判入狱的华人不具有英国永居或英籍，他们或是持学生、商务签证，或者是签证早已过期，而更多的则是非法入境者。印度的罪犯中没有合法英国身份的不到40%，华人新移民罪犯是印度人的两倍。

根据英国司法部的统计，华人违法者中更多的是非法入境人士，其中不少是难民申报失败者。据统计，过去10年，有10多万印度人和华人偷渡到英国，近二成报了难民，其余的都在英国某个角落打工。

中印两国报了英国难民的，绝大多数都被拒绝，没有获得合法身份。但是被拒的人中，只有不到一成的华人被遣返回中国，其余的仍然“黑”在英国；而被拒的印度人则几乎百分之百被送离出境。

另据英国福建同乡会等社团估计，自1995年起，每年约有8 000至10 000名中国大陆华人非法进入英国或持合法签证逾期不归，直至目前英国约有无合法身份的华人10万人，英国官方虽然加大了遣返力度，但无证华人非法滞英现象并没有从根本上得到缓解。

记者从英国司法部获悉，近九成华人的犯罪离不开一个“假”字，从卖假护照到卖盗版碟片，从假结婚到制造假学校证明骗取签证，从贩卖假冒名牌到销售假烟，从代考雅思到代考入籍英语，从刷假卡到卖假药。前几年发生在英国的维珍移民案、假宣誓案等都是华人的“杰作”，性质之恶劣至今没人敢比。

众所周知，按照英国的法律，非法滞英的外国人不能打工，不可能申领社会福利。他们为了生存不得不寻找黑工，做一些最脏、最辛苦的工作。英国福建同乡会一位副会长指出，前几年移民局查黑工很严，能找到工作做是很幸运的，不少无身份的华人不得不做些社会边缘的工作。有的人甚至不知不觉做了错事，犯了罪。

伦敦唐人街华人社区一负责人认为，无合法身份华人的犯罪率这样高，不能一概把责任推给当事人，英国政府是要负一定责任的。首先，边境关卡管理不严，没有堵住非法入境；其次，政府没有一套行之有效的处理难民申请的程序；再次，遣返工作无章无序，遣返太慢。

这位华人负责人认为，要减少犯罪只有两种办法，不管是难民申请还是非法入境者，一概关起来或送回去，否则外国人犯罪这个问题永远都解决不了。

（［英国］《华商报》2012－08－16）

葡萄牙新移民法将实施　严查雇黑工　无居留侨胞困惑

时隔5年，葡萄牙政府再次推出新移民法规，《共和国日报》的官方网站消息显示，新移民法将于2012年10月8日开始正式生效。与5年前实施的新移民法为众多华人侨胞带来福音不同的是，此次葡萄牙政府为了落实“欧共体2009/51/CE关于惩罚雇用非法移民劳工的法令”而推出的新移民法和相关法令，将在严查雇用无居留黑工、加重惩罚雇用黑工老板方面重拳出击，可以预见在即将到来的10月以后，开始实施的新移民法必将成为无居留侨胞的噩耗，严查黑工、高额罚款以及由此引发连锁反应的招工难、工人工资提升等一连串现象也将随之成为华人社会高度关注的对象。

居留，作为外来移民在某个国家合法停留或居住的证明文件，在日常生活中尤其是工作或商业行为中有着不可替代的作用，诸如租赁房屋、开通水电等生活琐事无一不需要出具能够证明自己合法身份的居留文件。

十几年来，葡萄牙政府实施的数次不同性质的大赦或者身份合法化程序，已经让大多数符合条件的华人侨胞拿到了这张卡片，但因为2007年身份合法化的特殊门槛，将一部分无法提供合法签证的侨胞拒之门外，而近一两年来随着移民政策的收紧，出于某些特定原因，部分持有东欧国家如波兰、匈牙利等签证的华人侨胞申请签证时大比例地遭到拒绝，甚至当场被开出驱逐令。

总之，截至目前，总数约为2万的葡萄牙华人社会没有居留的侨胞虽然人数不多但也绝不在少数，而这一群体面对即将开始实施的新移民法，日后在葡萄牙的生存空间和发展前途无疑将会出现极大变数。

也许2012年10月8日以后，这种感觉还会继续雪上加霜，据悉截至目前已经有数位无居留侨胞先后被现在做工的餐馆、三百店辞退，因为近期以来新移民法实施以后加大惩罚雇用黑工力度的消息已经在华人社会广而告之，尤其是相较于以前雇用黑工最多罚款了事的处罚，现在新移民法里新增的“坐牢”条款足以令所有的业主老板望而却步。

（中国新闻网 2012－08－22）

假婚案频出　受骗华人吞苦果

最近一段时间，洛杉矶假结婚诈骗案频频发生，一些美国公民抓住受害者买卖婚姻本身违法的弱点，“打一枪换个地方”，让受骗者哑巴吃黄连却不敢报警，唯恐东窗事发，骗子没抓到，自己反被递解出境。

律师华强22日介绍说，一段时间以来，她接连受理了几个假结婚诈骗案，为此她认为有义务提醒华人提高警惕，切莫做这种自讨苦吃的事情。

北京秦女士假结婚的“丈夫”是个瘾君子，3万元“结婚费”全部被他拿去吸毒了不说，移民局面谈时又找不到人。华强通过私人侦探找到了那位瘾君子，代表秦女士向他递交了单方面离婚的诉状。在律师的建议下，秦女士最终找到了真正的爱情和婚姻。

华强说，美国的移民渠道太少，只有庇护、婚姻、投资等几个管道。庇护吧，让很多华人感到违心。婚姻吧，真正的爱情又很难找。投资呢，又要拿出50万美元，没人出得起。所以，不少华人无奈地选择了假结婚，结果给了一些不法之徒可乘之机。

华强说：“这些骗子要么是家有妻室，要么是无业游民，或者是瘾君子，他们知道自己的‘公民’帮不了‘妻子’办理身份，但有人愿意给钱，流浪汉‘公民’何乐而不为？先拿到钱再说，管他能不能办身份呢？大不了‘三十六计走为上’，反正你假结婚本身就违法，骗了你也不敢告我。”

（［美国］《侨报》2012-08-23/高睿）

海外华人声援“保钓”

近日，随着钓鱼岛争端的不断激化，越来越多的正义人士表达了对中国捍卫领土完整的支持，其中海外华人振臂疾呼的身影和心系祖国的情怀尤其令人感动。

在距离钓鱼岛最近的日本冲绳县，当地华侨华人一直活跃于保卫钓鱼岛主权的舞台上。两年前，中国渔船在钓鱼岛海域与日本海上保安厅舰艇相撞，中方船长詹其雄被日方非法拘押在冲绳17天。当时冲绳华侨华人总会等团体便通过中国驻福冈总领馆向詹其雄递送了换洗衣物和食品。此番14名香港“保钓”人士再次被冲绳警方非法抓捕更引起了冲绳新华侨华人总会等4家冲绳侨团的持续关注，侨团不断敦促日方尽快放人。

在日本之外，世界各地的华侨华人也纷纷为保卫祖国领土完整而发声。

据悉，全英华侨华人中国统一促进会与全英华人社团联合总会日前共同召开会议，代表英国华侨华人对日本觊觎中国领土的野心与侵犯中国主权的行为表示强烈的愤慨与抗议，并呼吁全世界华侨华人联合起来，坚决捍卫中国的领土完整。

在澳大利亚，澳洲中国和平统一促进会动员当地华侨华人举行了多次游行活动，为保卫钓鱼岛打气助威。逾20家华侨华人社团在日本驻悉尼总领馆前集会，抗议日本非法扣留中国“保钓”人士，要求日本无条件放人并道歉，同时强调钓鱼岛及其附属岛屿自古以来就是中国领土。

在美国，1 000 多名华侨华人聚集在日本驻纽约总领馆门前，高唱《歌唱祖国》和《义勇军进行曲》，宣告中国对钓鱼岛的主权。参加活动的既有 84 岁高龄的老者，也有年方 7 岁的儿童，让人感受到海外华侨华人“保钓”阵营中历久弥坚的赤子之情和朝气蓬勃的新生力量。

美国华盛顿中国和平统一促进会基于“保钓”的理念而创建，是全球最早的以推动中国和平统一为宗旨的民间社团。其初衷在于反对日本对钓鱼岛的侵占野心、保卫钓鱼岛及其附属岛屿，发展至今已成为汇集华盛顿地区中国海峡两岸各界侨社领袖的重要侨团。

美国南加州华侨华人自发组织的“捍卫钓鱼岛行动委员会”是“保钓”界的后起之秀。它强烈抨击了日本政府“国有化”钓鱼岛的意图，从历史和法理上证明中国对钓鱼岛毋庸置疑的主权。

（《人民日报·海外版》2012－08－29 荣文汉）

海外同乡会：家乡就在身边

近日，上海同乡会在日本成立，上百位在日上海人及华侨华人组织代表、中资企业代表参加了成立大会。同乡会的成立使得近 10 万在日本生活、工作的上海人有了主心骨，为上海同胞在日本奋斗的历史写下了浓重的一笔。近年来，随着旅居海外的华人越来越多，大大小小的华人组织也多了起来，而同乡会这样以地缘为纽带的华人组织则最能让海外华人感受到乡情。

组织多，促融入

外国人的头脑中很少有同乡的概念，他们对于家乡的概念远不如中国人强烈。在中国的传统文化中，故乡一直都是人们心中长久存在的情愫，特别是对于旅居海外的华人，他们对于祖籍国的思念更多的源自于对故乡深深的眷恋。

正因为如此，在海外，同乡会能够尽快地把华人凝聚在一起。对于刚刚抵达海外的游子而言，他们可以通过同乡会迅速熟悉当地的生活环境，获得生活上的帮助，结识新朋友，拓宽自己的社会关系。而对于在海外打拼已久的那些华人，他们可以从同乡那里寻找到故乡的感觉，倾听亲切的乡音，品尝家乡的美食，故乡仿佛近在咫尺，触手可及。

尽管目前并没有准确的统计数字表明海外共有多少同乡会，但其繁盛从美国大华府地区多达 30 余个同乡会组织仍旧可以窥见一斑。而海外华人也并不局限于单单以省份为单位来创立同乡会，还有如温州同乡会、中山同乡会这样以某一个市为基础的同乡会，也有东北同乡会、西北同乡会这样区域性的同乡会。

活动多，解乡愁

不少同乡会从无到有，从小到大，一步一步走来，为海外华人提供了诸多便利。同乡会的日常活动包括帮助成员寻亲觅友，并组织一些联谊聚会，其中最为常见的形式是在夏天举办野餐聚会，以缓解众人的思乡之情。

对于大多数中国人来说，春节、中秋这样隆重的传统节日是合家团聚的日子，但漂泊在外的游子却常常感到孤独，每当这时，同乡会便会给他们带来熟悉的喜庆气氛。美国大华府地区的各个同乡会每年春节都会联合起来举办“华府庙会”，既有各地的风味小吃，还有舞龙舞狮、武术表演等传统节目，让来自祖国不同地区的华人感受到了熟悉的“年味”。几天前的七夕佳节，世界各地的同乡会也都组织了各类相亲活动，帮助单身的海外华人解决恋爱、婚姻等问题。

举办富有故乡气息的文艺演出也是同乡会的主要功能。早在2010年，华府西北同乡会的西北文艺社组织了一场极具西北氛围的晚会，西北乡亲表演的秦腔《柜中缘》唤起了众人浓浓的乡情。

帮助多，利发展

同乡会的凝聚力和团结力不仅仅体现在从生活上慰藉远在异国他乡游子的思乡之情，更从学业、事业等诸多方面给海外华人以帮助，分享同乡之间的各类资源，促进成员之间的合作，也帮助成员进一步拓展事业。

日前，美国加利福尼亚州的中山同乡会在旧金山举行了颁发奖学金庆典，为数十名优秀学子颁发了奖杯和奖学金。多年来，中山同乡会都会拨出专款资助学子，支持其学业，为培养优秀学子付出了很多努力。

在全球经济不景气的情况下，海外同乡会为华商的发展也作出了极大的努力，牵头组织华商回国投资。早在2010年世博会期间，西班牙的温州同乡会就组织了“百人团”赶赴上海寻找商机，与相关的机构和企业接洽，寻求投资项目。而近几年，更是有不少华商在同乡会的帮助下回到自己的故乡参观考察、投资创业，为家乡的经济发展作出贡献，这也对自己的事业有所帮助。

（《人民日报·海外版》2012－08－29/李鹏翔）

藏4万现金入境未申报　华男被控洗钱罪

一名55岁的中国男子携带6.3万元的现金入境，却只申报了部分现金，在机场遭海关和出入境工作人员拦截。上周五，这名华男在阿德雷德法庭受审。

2012年8月26日，澳大利亚海关和边境保护人员将一名从香港乘坐飞机前来阿德雷德的华男拦截。他们宣称，这名男子仅仅申报了2万元现金，却把其余的4.3万元藏在箱子的夹层中，故意未予以申报。

海关人员在箱子里发现了这笔未申报的现金后，立刻逮捕了这名华男。澳大利亚联邦警察根据《1995年犯罪行为法》和《2006年反洗钱反恐怖融资法》，以洗钱超过1万元和未申报现金的罪名对他提出指控。若罪名成立，他可能将因此分别面临10年和2年的刑期。

（［澳大利亚］《澳洲日报》2012－09－03）

老龄化、低收入移民聚集　旧金山中国城今不如昔

旧金山中国城如今市面繁荣的景象不比当年，不是简单地因为新移民减少造成的，中国城的人口这些年来并没有实质性减少，甚至更多。问题是绝大多数有消费能力的人都离开了中国城，居住到旧金山别的社区，甚至旧金山以外的湾区城市，譬如东湾、南湾、中半岛等。

旧金山市府取消对中国城居民的种种限制后，不少中国城居民搬到旧金山的其他社区如日落区、列治文区、肖化区、访谷区、湾景区等地居住。这些居民搬出后，空置的房子很快又被其他低收入家庭填补。

人口老龄化是世界性的问题，在中国城也十分突出。无论是走在大街上还是小巷中，无论是在花园、公园还是其他休闲场所，老人的身影无处不在。除了散房老人外，中国城一些社区组织在政府和民间的协助下，兴建了一些专门供老人居住的楼宇，俗称“老人屋”，包括美邻园、邵逸夫老人康乐中心、湾畔大厦、国际酒店等。

虽然很多新移民个人或家庭选择居住在中国城以外，但仍有一部分新移民首选中国城，因为他们还没有什么收入，或者只有很微薄的收入，同时因为中国城房租较旧金山其他社区要便宜一些，当然，家居空间也比其他社区的小些。另外一个原因就是他们的孩子还小，正在上小学或者中学，有的甚至刚刚来到这个世上。

由于很多在中国城工作的华裔人士居住在旧金山的其他社区，他们在中国城挣钱，却把大部分消费，包括房租、水电、交通、娱乐花在中国城外。中国城就整体而言，付出多、收入少，人数多、消费少，经济活力自然旺盛不起来，经济繁荣只能停留在口边而已。

（［美国］《侨报》2012－09－05/吴卓明）

中国人在俄罗斯制作的服装经华商之手销往欧洲

从符拉迪沃斯托克向北，乘汽车一个半小时可抵达乌苏里斯克。这里是西伯利亚横贯铁路（TSR）和通往中国哈尔滨的铁路所必经的交通要塞。进入市内的“中国经济贸易合

作区”就会感受到和在外面完全不同的气氛。来往的人都是黑发的东方人，全部用汉语交谈。在这里工作的 1 400 多名劳动者大部分都是来自浙江、黑龙江等地的中国人。中国的“世界工厂”已在俄罗斯筑巢。

工业园区管理公司康吉集团的有关人士说，“这里生产的产品大部分都在莫斯科等俄罗斯市场上销售”，“从中国引进半成品，在这里加工后经乌拉尔山脉输往莫斯科和欧洲”。流通也是经中国人之手实现的。产品是通过分布在莫斯科、罗马、巴黎等地的华侨网络实现移动的。也就是说，“中国生产流通网”正从远东地区经西伯利亚一直延伸到欧洲。

这里的中国工人一个月的工资约为 4 000 元人民币（约 70 万韩元）。虽然和邻国中国黑龙江省的同行业相比约高出了 1 000 元，但不含保险等间接费用，所以反而可以节省人工费。工业园区职员中还包括了 68 名朝鲜人，据说计划明年再引入 400 多名朝鲜人。另一位工业区相关人士表示“朝鲜工人们的工资虽然比中国员工的工资稍低，但是他们的手艺反而更出色”，“明年进入工业园区的朝鲜工人中还包括 50 名开城工业园区出身的员工”。这算得上是实现了中国、俄罗斯、朝鲜的合作事业。

但是周围俄罗斯人的视线并不友好。俄罗斯科学院远东中心的诺林博士指出，“中国企业甚至带中国劳动者来开展事业，对地区经济并未作出什么贡献”，“俄罗斯当局也正在密切关注这种现象”。

（［韩国］《中央日报》2012－09－13）

华人形象频遭非议　不文明行为常引冲突

“中国人很勤劳、节俭，而且尊老爱幼，但同时中国人外表邋遢和不讲卫生的习惯也最令人反感。”随着最近几年走出国门的中国人迅速增加，海外中国人的形象也受到越来越多的关注。近几个月来，对于类似华商众多的莫斯科切尔基佐沃大市场被关闭和阿尔及利亚华人商铺遭砸抢等事件，一些西方媒体归结为“对中国海外扩张的反对”，但多数当地人认为这只是一些中国人“不文明行为的结果”。几位中国专家对记者表示，海外华人的形象其实就是发展不均衡的中国的缩影，就像在北京同时存在高楼大厦和脏乱差的地方。要想给世界留下中国人文明、素质高的形象，至少还需要几代华人的“刻意为之的努力过程”。

翻开俄罗斯报纸，经常会看到一些外表肮脏、举止不雅的在俄华人的照片。在俄罗斯，中国人以勤劳肯干和报酬低廉深得当地雇主的青睐。《俄罗斯报》曾报道称，相比独联体国家移民，俄罗斯雇主更愿意雇用中国劳工。不过，在许多有关在俄中国人的新闻里，华人勤劳的美德被淹没在俄罗斯记者对他们污染环境等的指责中。

一名居民说，早上他曾在阳台上观察，一小时就看见 20 个中国人在一棵树下撒尿；另一个居民称她一个月都没睡好觉，每晚都听到中国人骂街。

在日本，一些当地人对记者坦诚地说，他们能在街头一眼辨认出哪些是中国人，因为多数中国人不修边幅。

在捷克、斯洛伐克等东欧国家，20世纪八九十年代，前往“练摊”的一些“中国倒爷”曾在当地做出不负责任地给房东留下大笔电话费、逃避社会保险金、偷漏税等事，给当地人留下不好的印象。至今记者居住的楼里一旦出现点脏乱，该楼一名当地老人立即会把怀疑对象指向中国租户。

近年来，走出国门的中国人、中国公司和项目与日俱增。阿尔及利亚《自由报》曾评论称，华人聚居区显得与周边格格不入，当地居民抱怨这些人“不尊重当地习俗”，他们“喝酒，赤膊或穿背心在马路上行走”，一些人还把华人称为“食猫者”。在对华友好的巴基斯坦，极少数中国按摩女郎在当地引起的纠纷让当地政府为难。一华人表示：“如果我们能够洁身自好，能够注意自己的形象，不做违背对方法律和有损国家形象的事，我们就不会轻易被对方骚扰，对方警察部门也不会找上门来，因此，我们首先要自己做好，这样使馆对同胞们进行领事保护才会更加有力、有效、有理。”

（［日本］《新华时报》2012-09-20/苏灵）

华人养老　欧美不再是天堂

从20世纪70年代末80年代初第一批华人移民踏上西班牙的土地到今天，已经过了30多年。当年那些年富力强、赤手空拳为梦想打拼的年轻人已经变成白发苍苍、儿孙满堂的老人。如何养老，在哪里养老也成为这些老人时下最关注的话题。

老年华人在海外往往容易成为弱势群体。居住在加拿大列治文山市约克区的50位华裔老人就表示，他们来到加拿大后经济地位一落千丈。他们说：“经济上没有收入，甚至连搭公交车的钱都没有。看病虽有医疗保险，但有的病需自费化验。”所以他们坚决要求取消“居留满10年方能领取养老金”的规定。

已经80多岁的瑞典华人张秀娥8岁时就去了瑞典并安家落户，10多年前开始在瑞典领取政府颁发的养老金。不过，儿孙满堂的生活并没有让她继续留在瑞典。随着年龄的增大，“落叶归根”的念头越来越强烈。于是她回国捐出40多万元退休金，在浙江省宁波市鄞州区建起一座养老院。“这样既可以帮助家乡那些生活贫困的老人，还可以让那些想回国养老的老人有地方可住。”

在美国辛辛那提生活了20年后回中国的施女士表示，美国的平均退休年龄是65岁，有的人到了退休年龄迫于生活压力还要继续工作。而国内的生活费用较低，而且可以提前退休，留出更多的时间和精力享受晚年生活。

在西班牙居住了10年的苏女士也开始筹划回中国养老的事情。虽然她在西班牙生活得不错，但西班牙延长退休时间至67岁的法规对苏女士触动很大。“我在国内时一直在机关工作，如果没出国，再过10年，也就是我55岁的时候就可以轻轻松松退休养老。现在在西班牙，还要多干12年才能退休，实在是太吃亏了。”

有关人士认为，随着中国经济快速发展，有的大城市生活条件已经不亚于欧美发达国家。而且近年来，欧美发达国家的经济形势下滑，加上欧债危机的影响，导致社会福利待遇呈现降低的趋势。华人之所以回中国养老，国内外差距相对缩小是一个不容忽视的因素。甚至有些欧美国家要为华人回中国养老提供便利。据报道，法国前就业部长博洛曾宣称，将为想回中国度晚年的老年移民设补助金。对于退休后想回中国定居的法国华人来说，这无疑是一个好消息。

（《人民日报·海外版》2012－09－21/刘晓龙）

俄罗斯禁止中国劳动移民从事农业　用朝鲜等国移民替代

周一，俄罗斯远东的阿穆尔州和西伯利亚的克拉斯诺亚尔斯克作出了禁止使用中国劳动移民从事农业工作的决定。在2013年，中国劳动移民将不能在俄罗斯的这一地区种植农作物，来自朝鲜和独联体其他成员国的移民将替代中国人。

周一，阿穆尔州行政当局作出决定，2013年，中国劳动移民将得不到外国劳动移民配额136个职位中的任何一个，理由是中国农民使用化学添加剂种植农作物，且公然违反俄罗斯农用地使用规则，使用俄罗斯法律所禁止的杀虫杀菌剂和有毒的化学药剂，这些行为导致土壤肥沃土层的转移，中国农民在农用地弃置废物和垃圾，并用人类排泄物施肥等。这一切都被俄罗斯农用产品监督部门的文件所证明。

因此，阿穆尔州已经签署了与朝鲜合作协定，协定规定在土木建筑、木材加工和农业三个领域实现共同的项目。同时，克拉斯诺亚尔斯克、车里雅宾斯克、下诺夫哥罗德等城市也通过决议法案，严禁中国劳工从事农业项目。

（凤凰网2012－09－24）

河粉提案2013年起终成法　南加州从业者开心

加利福尼亚州州长布朗签署了州参议员余胤良（Leland Yee）所提的法案“河粉法案”（SB1465）。这意味着自2013年1月1日起，加利福尼亚州制造的河粉将可以在常温下保存24小时。南加利福尼亚州业者得到这个消息后感到很高兴，因为他们可以节省许多运输及贩售成本，同时也可以更好地让消费者享受河粉的美味。

南加利福尼亚州许多的河粉业者都还记得余胤良在提案河粉法案期间，曾经多次来到南加利福尼亚州，拜访业者、消费者及贩售商店，了解他们对河粉保质期的观点及诉求。经过长时间的努力，余胤良的提案得到了通过，这是华人社区的重大胜利，因为我们的传统得到了保留与尊重。

新法案的签订，让河粉的保存期限从现行的4个小时延长到24个小时，可以让这道传统主食在卫生和美味兼顾的条件下，得到更好的生存空间。来自米面生产厂家的余国柱告诉记者，他们在南加利福尼亚州生产河粉超过20年，近几年来一直为了河粉的保存期限在与卫生检查部门抗争，也因此浪费了无数新鲜、可口的河粉。从明年的1月1日开始，生产厂家及销售的超级市场，都将有更大的空间。

来自广东开平、经常食用河粉的黄太太告诉记者，洛杉矶地区的河粉保留了很传统的工艺，让许多生活在海外的人士也可以享受到家乡的美食。通常他们从超级市场购买回家的河粉，就算吃不完，也从来不会放到冰箱里去，因为放到冰箱里的河粉，会变得很硬，一放到炒锅里，就会烂成一段一段的，根本没法吃。

从烧鸭、月饼到河粉，这些充满中国风味的美食，随着定居海外的华裔人士也落户在了加利福尼亚州。但是，一直以来，由于文化背景、饮食文化的不同，这些美食都先后遭遇了“水土不服”。

从事饮食业20多年的李丽珍告诉记者，华裔人士一直都喜欢亚洲传统风味的饮食，像咸鱼、虾酱、鱼露、臭豆腐、皮蛋等等，在老外的眼中，这些都是“不能吃”的东西。同时，有许多的传统食品，例如鱼翅，也在加利福尼亚州面临绝迹。她希望大家以后可以更加关注自己身边的传统美食，她不希望看到更多的亚洲美食在加利福尼亚州消失。

（［美国］《侨报》2012-10-02/蔚宇）

12人挤住　加两中国学生称寄住家庭食不饱寝不安

据加拿大《星岛日报》报道，两名在加拿大蒙特利尔协和大学（Concordia University）就读的中国留学生，投诉寄住家庭只顾敛财，令他们食不饱住不安心，生活环境恶劣，即使投诉亦不敢具名，怕被取消在加拿大留学资格。校方正跟进投诉，但表明学校不负责安排学生宿舍，事件与他们无关。

18岁的留学生David抵达加拿大时，获安排以每月900元的租金，寄住于Monkland Avenue的家庭。中介人保证他的房东说英语，且供应三餐。他入住后，方发现房子内竟挤了12人。

David向协和大学的学生报透露，他每天的早餐，只有两块涂了一点人造牛油的面包，他当然吃不饱，但房东却以面包很贵为理由，拒绝给他分发更多食物。他起初敢怒而不敢言，但后来遇上一名同病相怜的留学生，决定揭发这一事件。

协和大学学生会亦表示，他们曾在刚过去的夏季，协助三名遇上同类情况的中国女生另觅新居，显示这并非单一事件。记者曾登门造访David寄住的房屋，但一名应门的女士拒绝评论该事件，而且喝令记者离开。

协助中国留学生的华裔律师 Walter Chi Yan Tom 表示，该两名学生是通过中国的中介机构，接触协和大学的中介人 Peter Low 的。Tom 指出，Low 只是一名独立持牌人士，未获联邦或省政府认可，这正是导致问题出现的主因，情况就如大学雇用护士进行医学检查，但事前却不去证实她是否具有相关资格一样。Tom 认为，许多学生离乡背井，作出不少牺牲才能留学念书，却最易受到伤害。

协和大学正调查投诉，但亦解释有关住宿并非由学校安排。校方发言人 Chris Mota 表示，学校不负责安排住宿，也不知道中介人的经营手法和详情。Tom 则认为学校应介入事件，以维护校誉。

（中国新闻网 2012 - 10 - 02）

超过一半华裔为独立选民　43%倾向于投票给奥巴马

根据最新出炉的全美亚裔选民民调（NAAS），58%的华裔为独立党派，民主党或者倾向民主党的华裔占46%，共和党或者倾向共和党的华裔只有17%，倾向于投票给奥巴马的选民占43%，倾向于投票给罗姆尼的选民占33%，另外还有21%的选民尚未决定。

根据全美亚裔选民民调，58%的华裔为独立党派，46%的华裔为民主党派或倾向于民主党派，只有17%的华裔为共和党派或倾向于共和党派。在2008年的选举中，有74%的华裔选民为奥巴马投票，21%的选民为麦凯恩投了票。

民调显示，华裔对奥巴马工作的赞成率达55%，低于59%的亚裔平均水平，奥巴马赞成率最高的亚裔族群是印度裔，达到81%，最低的是菲律宾裔，达到45%。喜欢奥巴马的华裔占60%，高于亚裔59%的平均水平；而喜欢奥巴马的印度裔占88%，这个比例高于所有亚裔族群；喜欢奥巴马的越南裔占20%，低于所有的亚裔族群。

喜欢罗姆尼的华裔占22%，低于全国亚裔30%的平均水平；喜欢罗姆尼的日本裔占40%，是所有亚裔族群中最高的；喜欢罗姆尼的柬埔寨裔只有10%，是所有亚裔族群中最低的。

在所有可能的选民中，支持奥巴马的华裔选民占43%，低于全国亚裔48%的平均水平。在印度裔选民中，支持奥巴马的占68%，是所有亚裔族群中比例最高的。支持奥巴马的越南裔选民只有24%，是所有亚裔族群中比例最低的。

（［美国］《侨报》2012 - 10 - 03/夏嘉）

当兵速成美国公民　大批华裔涌入

针对54种“非绿卡”身份提供“快速入籍”及“优厚福利”的美国陆军“紧缺人才征兵计划”启动两天，便吸引南加利福尼亚州大批华裔有志青年前往报名。洛杉矶加利福尼亚大学、南加利福尼亚大学、圣地亚哥加利福尼亚大学等多所大学中国国际学生纷至沓来，更有博士、硕士准备“投笔从戎”，忙坏了征兵办公室。

“这两天简直忙趴了！”负责艾尔蒙地、阿苏萨、罗兰冈、波莫那等圣盖博谷四个征兵办公室统筹征兵工作的美国陆军指挥官 Patrik Caukin 表示，从本周一上班开始，四个办公室就不断涌进华裔应征者，办公室电话更响个不停，打听募兵情况的民众源源不断。两天当中仅仅是专程前往四个办公室报名的或打听详情的华裔，就不下数百人。

此次特别募兵计划 MAVNI（Military Accessions Vital to the National Interest），将招收包括中文、韩文、泰语、菲律宾语等全球多国60种语言在内的双语人员，对象主要是过去两年在美合法居住，但目前尚未获得在美永久居留（绿卡）的17至34岁男女，包括在美华人留学生、留学生配偶等，均有机会加入美军，并跳过绿卡申请程序，快速成为美国公民。

初步统计，目前前往应征的华人80%为国际学生，包括在读的国际学生和已完成学业、正在实习的国际学生，不少已获博士和硕士学位的中国留学生也在应征之列。

征兵处指挥官 Patrik Caukin 表示，近年圣盖博谷亚裔和华裔当兵人数明显上升，新兵当中高达90%至95%是亚裔，其中又以华裔为主，虽然快速入籍是解决移民身份的快捷方式，而军中机会和发展前景也相当吸引新移民。

至于美军此次特别征兵是否意味着战争潜在，Caukin 表示，经过近年的战争之后，美国目前没有出兵计划，不过他表示，即便不是用于军事，美军也会有其他用途，比如年前的海地地震，美国就派出大量部队帮助救难，“军队的功能多种多样”。

（［美国］《世界日报》2012－10－04/杨青）

美移民创办高新企业在减少　华人列第二仅次于印度

据美国《世界日报》编译报道，考夫曼基金会（Kauffman Foundation）2日公布“美国新移民企业家”的研究报告显示，移民创办的高科技公司开始减少，从2005年占全国的25.3%，降至目前的24.3%。中国移民创办的高科技企业占8.1%，仅次于印度。

长期以来，移民创办的高科技公司一直是美国经济增长的源泉。在硅谷和全国各高科技中心地区，移民企业家占高科技企业的主导地位，但研究报告指出，目前的移民体系对移民企业家不利。研究结果将有助于更多和更强烈地呼吁推动移民改革。

移民高科技公司在硅谷地区的降幅更大，从2005年的52.4%降到现在的43.9%。

研究评估了2006至2012年的移民高新企业，考夫曼基金会的研究与政策主任史坦格勒说："研究数据显示，移民体制中不欢迎移民的政策与美国的环境，造成了'人才逆向流失'的局面。为保证经济充满活力，美国必须欢迎移民企业家。"

移民体制改革和高技术移民的签证限额，目前是华盛顿辩论的焦点。研究作者、杜克大学的企业家与研究商业化中心主任瓦德华说："在经济需要创造更多就业的时候，美国正面临失去经济增长主要引擎的危险。"

瓦德华说："如果尽快改变政策和改善环境，美国可扭转人才逆向流失的趋势。有必要设立企业家的创新公司签证，为创新企业的技术移民增加绿卡。"

过去六年，全国创造了107 819个工程与高科技公司。对其中1 882个高科技企业的调查显示，458家企业创办人中至少有一人是移民。

印度移民创办的高新企业在增多，如今33.2%的移民企业的创办者是印度人，比2005年提高7%。

中国移民创办的高新公司占8.1%，英国占6.3%，加拿大占4.2%，德国占3.9%，以色列为3.5%，俄罗斯为2.4%，韩国为2.2%，澳洲和荷兰都是2%。

（中国新闻网 2012－10－05）

在日中国人申请生活保护家庭超过4 000户

日本民主党政权在年度预算案中明确为2012年度支付的生活保护费额度为3兆7千亿日元。根据统计，生活保护费支付已经达到年度预算顶点，日本政府方面正在针对违规发给情况进行整肃和再审查。目前已经领取生活保护的外国人家庭超过4万户，达到历史最高水平。其中，拥有"永住"、"在留"身份的外国人数量增加，导致领取生活保护的外国人中新生群体数量增加。

日本厚生劳动省公布，从2009年7月以后，在日本领取生活保护费的外国人家庭数量为40 029户，与2008年同期相比大约增加了5 000户。

日本从1957年开始在全国范围内实施家庭统计，1966—1986年期间，都实施了面向在日外国家庭情况调查和统计，尽管在日外国人领取生活保护费的数量有所增加，但相比之下，这40 029户也已经达到日本政府为在日外国人家庭发放最低生活保护费的历史最高水平。

此外，根据统计，2010年度，直接领受最低生活保护费的在日外国人数量为58 965人。

根据负责管理在日外国人的法务省统计，目前持有"永住"、"在留"签证资格的在日外国人数量达到215万人左右。在2005—2008年期间，平均每年领取最低生活保护的在日外国人家庭都会增加1 000户；而2009年大幅上升，与2008年相比则增加了大约4 000户。由此也可以看出，近年来，在日外国人申领最低生活保护的数目正呈现出加速增长的态势。

依据国籍来对比，在日中国人家庭申请最低生活保护的数量为4 018户，在所有申领的在日外国人家庭中位列第三。排在第一位的是在日韩国/朝鲜人，申领家庭数目为27 035户，占所有外国人家庭的2/3，排在第二位的是菲律宾人，申领家庭数目为4 234户。

（［日本］《日本新华侨报》2012－10－09/米灏）

老挝华侨华人：中国援建的老挝国际会议中心让我们倍感自豪

老挝首都万象的40余名华侨华人12日参观了刚刚完工的老挝国际会议中心后表示，中国政府援建老方的这个项目让他们倍感自豪。

老挝国际会议中心（老方现称国家会议中心）由中国建筑股份有限公司承建，2011年底开工，今年10月8日完工。会议中心占地约7公顷，建筑面积近2.5万平方米，可同时容纳3 000余人，将成为今年11月老挝承办第九届亚欧首脑会议的主会场。

承建方向参观的华侨华人详细介绍了施工情况、建筑布局和各个厅室的功能以及采用的最新科技成果等，兴致勃勃的华侨华人代表现场模拟了首脑举行会议时的情景。参观中，这栋融合了老挝传统建筑风格与现代高科技的建筑给他们留下了深刻印象。

“感觉就像梦幻一样，这么一个美丽壮观又现代化的建筑，在老挝历史上从来没有建得这么快这么好的建筑。”老挝万象中华理事会副理事长姚冰说：“这个项目的建成，让我们感觉背靠的祖国更强大了，我们非常非常自豪。”

老挝万象中华理事会荣誉顾问黄泽明告诉记者，国际会议中心项目在短短的10个月内就建成了，在老挝这种多雨的国家是一个了不起的奇迹，“作为一个身在老挝的华侨，在老挝看到祖国帮助（老方）建设这么好的建筑，是一种荣幸”。

（新华网万象2012－10－12/荣忠霞）

华人新移民的贫富差距越来越大

比起老移民，现今中国新移民就如同戴上“有钱”的金字标签，商家爱，银行抢，连广告文案都要特别制作简体字版。但印象往往与现实有不少差距，大多数的中国技术移民并不是富裕的投资移民，在不同经济条件之下，彼此间贫富的差距正在逐渐扩大。

20年前的老移民，无论是技术移民、留学后移民，或是家庭团聚类移民，大家在经济条件上几乎都处于同一水准，从地平线开始打拼，每个家庭以不同的努力及途径，安家乐业。现在的新移民确比老移民抵加拿大时有更多身家，但又呈现差距很大的面貌，投资移民亿万家产养尊处优，技术移民苦拼却收入低微，两极化的经济条件、家庭负担，带来完全不同的心态及追求。

来自上海的杨奕，4年前以技术移民身份带着妻儿移民来到多伦多，年初时在会计师楼报税时恰遇到20多年未碰面的老同学李先生，现在的老同学已是浙江一家上市公司的股东，身家至少上亿元人民币。李先生去年才以投资移民身份来到多伦多，来之前已经先买好豪宅，为孩子安排好名校，自然从来无须考虑来加拿大打工的问题，他轻松自在游玩加拿大各地，期间仍常常回大陆经商。

面对着同样移民加拿大，却有截然不同财富背景的老同学，杨奕自称，与老同学比较，心理肯定会有些失落感，这在中国也一样，老同学间的攀比更厉害。现在大家都在加拿大，所想所做的事也完全不同，“他找投资机会，我争工作位子，完全不同水平”。

像杨奕之类的技术移民是中国移民主体，即使他们比起老移民更有经济基础，但在不同的发展境遇及互相攀比下，他们的心理重负可能比平起平坐的老移民更严重，而且面对非常不确定的未来，工作难找，背负房贷等经济压力，他们与同期来的投资移民富人的生活差距会更加拉开，形成不同的社群结构。

值得警示的是，当媒体焦点聚在中国富豪新移民身上时，却有越来越多的普通新移民走向社区服务机构，寻求就业安居等援助。在东区一家社区服务机构做了一年义工的山东人傅先生，平日兼职做货运工，他接触到很多新移民家庭，感触很深。

他称，现在谈到大陆新移民，大家好像都觉得很有钱，但他遇到的大多数上服务中心的新移民家庭都很普通，虽然不是很穷，但都有不同的生活困难。不少人刚开始都有租住地下室的经历，很普遍的现象是一方面他们急着考各种专业执照，另一方面都急着想买房，不少家庭现在都被高房价的房贷绑死，他们很怕一旦房价大回落，又找不到工作，那才叫惨了。

现在更严峻的问题是，新移民家庭经济状况不稳定，社会联络封闭，这些都影响到子女心理的健全发展。根据康福协会一项华人青年调查，现在华人青年精神抑郁、有自杀倾向的比例都高于主流社会青年，他们需要更多的社会资源来走出困境。

（［加拿大］《加中时报》2012－10－13）

高科技设备讲述加拿大华人的历史

一个名为“加华纪事”的新型互动多媒体资讯站13日在温哥华启用，以多媒体方式较全面地再现了加拿大华裔的历史，在客观呈现早期华人移民为加拿大建设所作出贡献的同时，也讲述了华人遭受的种族歧视等不公平待遇。

该资讯站以触摸屏作为人机对话的平台，通过不同的篇章用珍贵的照片和生动的声音讲述了加拿大华人在各个历史时期的故事，包括华人体育英雄、华人和加拿大原住民的婚姻以及华人参加“二战”等故事。

这个资讯站是位于温哥华的不列颠哥伦比亚大学和西蒙·弗雷泽大学的联合项目。2006年，加拿大联邦政府为其在1885年至1947年间对华人的歧视公开道歉，此后，政府拨款90万加元资助“加华纪事”项目。

不列颠哥伦比亚大学圣约翰学院副教授余全毅是“加华纪事”项目的领头人。他说，该项目用现代化、高科技的方式讲述了加拿大华人的故事，“这些是被遗忘和忽视的历史。我们希望它成为不被遗忘和不被忽视的部分，这是加拿大整体历史的一部分，也是世界历史的一部分”。

79岁的加拿大老华人李豪仍然记着早期华人在加拿大遇到的困难和歧视。他的父亲在进入加拿大时被征收了500加元的人头税，这在当时相当于大约两年的工资。“我想说因为歧视，日子极端艰难。这种歧视来自各层级政府，联邦、省和市。总体而言，这种歧视是高度歧视，包括我们，在加拿大出生都不能得到公民身份。我们被视为‘登记的外国侨民’。”

“加华纪事”项目还包括100多个由学生完成的对加拿大老华人的视频采访，讲述他们在加拿大这个一开始并不欢迎华人的国家成长的经历。同时，项目组还建立了“加华纪事”网站，方便人们资源共享。

（新华网温哥华2012－10－14/黄晓南　马晓澄）

网友疑问为台湾的文化软实力

据台湾今日新闻网报道，BBC中文网15日将专访台湾当局文化部门负责人龙应台，并开放全球网友提问，结果有人提问：“什么是台湾的文化软实力?”更有法国网友建议龙应台到欧洲办中文报纸，还说只要少买一架F16军机，就可以办20年的报纸，让世界认识台湾。

BBC除了在网站上打出专访龙应台的预告之外，还同步开放全球网友提问，结果不仅有华人世界的网友提问，就连欧美的网友也上网留言，内容则包含政治文化、两岸关系等各个方面。

有大陆网友提出台湾文化在哪些方面是值得大陆去学习的，或者大陆文化有哪些欠缺方面能通过台湾来补充完善等问题，也有新西兰网友问龙应台，“什么是台湾的文化软实力”。

对于这些提问，龙应台则说，这代表台湾虽小，但是全球的华人都在关注台湾，她强调，台湾在华人圈有独特位置，她也希望通过这次访谈，让更多人了解台湾的软实力。

（中国新闻网 2012－10－15）

卢旺达首份中文报纸诞生

华卢周报

卢旺达华侨华人喜迎中秋欢庆国庆

在卢中资公司风采之中国路桥

《华卢周报》编辑部　www.nihaoafrica.org　2012年10月15日 星期一 第一期 总第1期

卢旺达华侨华人喜迎中秋欢庆国庆

中资公司风采之中国路桥公司卢旺达分公司

主办单位：孔子学院/卢旺达华侨华人联合会/卢旺达中资企业商会

15 日，由卢旺达基加利教育学院孔子学院创办的中文报纸《华卢周报》成功发行。据悉，这是卢旺达首份中文报纸。

据介绍，《华卢周报》由基加利教育学院孔子学院整合各方资源，联合卢旺达华侨华人联合会以及卢旺达中资机构商会创办，旨在发挥文化、教育、贸易等多方面的作用，增进在卢华侨华人之间的友谊，同时为增进中卢两国民间交流和友谊发挥积极的作用。

该报内容包括卢旺达时事、孔子学院动态、中资公司动态、援卢项目动态、卢旺达政治经济动态、卢旺达旅游资讯、卢旺达语学习、中卢文化对比等多个方面，将通过纸质和电子两种方式在卢旺达发行。根据《华卢周报》编辑部长远规划，该报将在不断扩大报纸内容范围的同时，不断扩大报纸的受众，争取让中卢双方更多的单位和个人能够阅读到这份报纸，了解相关资讯、文化和语言等。

（人民网约翰内斯堡 2012－10－16/裴广江）

海外华人富豪移民或有归意

十年前，获得一本美国护照对中国人来说是社会地位的象征。而现在，对许多移民美国的中国富人来说，“美国护照是个无法放到瓶子里的妖魔”。

在美国，公民和永久居民（绿卡持有者）不论住在哪里，其世界范围的收入都要被征税。很多移民在决定变成美国公民时却未认识到这点。2010 年 3 月，美国通过《外国账户合规纳税法案》，目的就是打击在国外的偷税者。而且美国公民和绿卡持有者还面临繁琐的美国税收申报要求，在美国境外银行开户时也常遭遇麻烦。

在澳大利亚，早在今年的 2 月份，就由澳大利亚众议院通过了一项提高对富人征税的法案，此举旨在增加政府税收，而富人们就成了他们的“取款机”。由于澳大利亚是中国移民的主要目的地之一，中国富人移民势必也会由于税率的提高而导致其财富缩水。

在法国，问题同样存在。奥朗德击败萨科奇担任法国总统后，把“劫富济贫”当成了自己的行动准则，而他采取的措施就是增加税率。而为了防止自己的财富在增加税率后缩水，包括华人富人在内的法籍富豪们的“大逃亡”也就开始了。

虽然欧美发达国家的收入确实比中国要高，但是在一些国家他们面临的高税率使得收入水平大打折扣。以美国为例，每年的 1 月 1 日至 4 月 15 日是美国的报税季。因此，每年的个人报税截止日 4 月 15 日成为美国人的“忙碌日”。美国纳税原则是主动自觉申报，如果刻意漏报瞒报，一旦被查出，将面临罚款甚至牢狱之灾。据统计，放弃美国公民身份的人从 2006 年的 280 人上升到 2011 年的 1 780 人（这一数字包括在美国出生的人和入籍者，不包括放弃绿卡的永久居民），而且这一数目有可能还会不断增长。

并且，根据美国税制，美国公民和持有绿卡的永久居民不管住在哪里，都要为他们的全球收入纳税。富兰克林甚至曾说过，在这个世界上，只有死亡和纳税是不可避免的。虽然其他国家也向公民的全球收入征税，但美国纷繁复杂的税制使得美国的税法比其他国家严苛得多。

此外，虽然中国的低收入者的生活水平要比国外低，但国内的富人并不比国外的富人过得差，其生活水平甚至超过了国外。

移民到美国的 31 岁华人吴女士在讲起美国公民身份时说道，“我后悔死了，我所有的朋友都后悔死了，我永远也不会回美国了”。而且很多中国富人在申请美国公民身份的过程中了解到美国税务机构将监视其全球收入后，就中途放弃了。

华府智库移民研究中心的研究报告显示，截至 2011 年 10 月，总计约有 217 万的华人是美国第一代移民，这些人与祖籍地都有或多或少的经济上的联系。自从美政府出重拳彻查公民海外资产以来，有不少人为了保住自己的资产，宁愿选择放弃美国国籍或绿卡。

尽管放弃美国国籍的人中的大多数都否认放弃国籍与税务责任有关，但不可否认，美国政府日益严苛的税务立法，是促使他们放弃国籍的重大诱因。所以中国富人在移民美国时，也需要三思而行。

（《人民日报·海外版》2012－10－17/刘晓龙）

亚裔更爱婚姻生活　50%华裔一代移民受过高等教育

最新的官方统计报告显示，与其他族裔移民以及本土美国人相比，出生在美国境外的亚裔一代移民更热爱婚姻生活，更倾向于在多代同堂的大家庭生活，受教育水平更高。

据人口普查局（Census Bureau）16日公布的《2011年美国社区调查》（2011 American Community Survey）显示，亚裔一代移民更向往婚姻生活，结婚率为65.8%，高于所有海外出生移民及本土美国人58.3%和46.5%的结婚率。

此外，多代同堂的大家庭生活在亚裔一代移民中更为普遍，约9.4%的亚裔移民生活在三代或超过三代的大家庭，高于本土美国人4.9%的比例。其中，菲律宾裔（14.8%）和越南裔（12.3%）是以大家庭方式生活比例最高的族裔。

报告称，2011年，25岁以上的亚裔一代移民中，83%的人拥有高中及以上学历，48%的人拥有本科及以上学历。与此相比，25岁以上的海外出生移民中，仅有63%的人拥有高中以上学历，拥有本科及以上学历的人仅有19%。

亚裔一代移民中，拥有高中及以上学历比例最高的三大来源国为印度、韩国和菲律宾，比例为92%。拥有本科及以上学历的人比例最高的三大来源国为印度、韩国、中国，比例分别为75%、51%、50%。

（［美国］《侨报》2012－10－17/马柯斯）

马来西亚总理说将公平对待华裔诉求

马来西亚总理纳吉布21日在吉隆坡出席第59届马来西亚华人公会中央代表大会时表示，政府将确保国家政策的制定对华裔公平。

近一段时期，马来西亚华人社团围绕华文教育被边缘化的问题争论不断。对此，纳吉布表示，政府了解马来西亚华裔在经济发展、政策公正、监管严明和教育提升等方面的诉求。政府将保证在制定国家政策时，认真和公正地对待华裔族群的诉求，让华裔的利益得到最大程度的保障。

他说，政府正在实施的“一个马来西亚”理念的核心就是要公平对待所有族群。只有制定公平公正的国家政策，才能确保所有国民受益。

马来西亚华人公会与马来民族统一机构等13个政党共同组成执政党联盟国民阵线。自1974年至今，国民阵线一直是马来西亚的执政党。本次马华代表大会是该组织在马来西亚大选前最后一次代表大会，对执政党争取广大华裔支持、赢得大选意义重大。

（新华网吉隆坡2012－10－21）

涉嫌卖淫华人团伙审判开始

在今年8月间因涉嫌组织卖淫被逮捕的11名中国籍公民（7名女性和4名男性），9名于10月16日在里斯本第二刑事法庭开庭受审。葡萄牙公诉部（Ministerio Publico）控诉这11名中国公民组织以卖淫为目的的人口贩卖罪行。其中2名有国际逮捕令在身，共有3男3女在被拘捕后一直被警方防范性羁留。有2名女性已经承认从事卖淫工作。

根据路莎社的报道，当天9名被告中只有一名男性在法庭上接受提讯。该名男子称他在南部Portimão和Albufeira租用的公寓，一间是给他和他的女朋友（也是被告之一）居住用的，另一间则是供给餐馆员工居住用的。

在葡萄牙公诉部的指控中显示，中国籍妇女通过“蛇头”组织安排出国到欧洲，“蛇头”为此安排收取15 000到20 000欧元的“服务费”，而这些妇女从法国、荷兰或者西班牙辗转抵达葡萄牙南部，抵达葡萄牙后则被Hua某和Zhao某“接待”，安排以卖淫的方式偿付出国费用。

另外，据《新闻日报》10月16日第20版的报道，这个团伙涉嫌安排40名中国女子到欧洲卖淫。本案的主犯分别为一对Hua姓和Zhao姓的男女，第三名主犯的姓名拼音为Aiwan Wang。据辩护律师Reis Nogueira称，Hua和Zhao也都是中国“蛇头”的受害者，为了能够出国而背负上巨额的债务，在中国的家人也因此被威胁。

《新闻日报》的报道中还提到一名今年6月间在北部因卖淫被捕的华人女性。这名36岁的女子从卖淫升格到“妈妈桑”，在波尔图的一间公寓里提供“特殊东方服务”。这名已经承认罪行的女子表示，她在中国有病重的父母和年幼的孩子，因此不得已才出国“下海”。

（［葡萄牙］《葡华报》2012－10－22）

浙江政协委员涉洗钱12亿欧元　遭西班牙警方拘捕

浙江省政协委员、知名华商高平10月21日在西班牙被当地警方正式拘捕。根据拘捕令，高平等人涉嫌有组织犯罪、洗钱、偷税漏税、恐吓、侵犯公民权利等13宗罪名，高平本人被指控为“黑帮头目”。

西班牙当局指控以高平为首的这个集团涉嫌走私中国货物，再洗黑钱转回中国，4年内共洗黑钱12亿欧元。

此案法庭共发出110张拘捕令，目前已有83人被捕，其中包括58名中国人、17名西班牙人和8名其他国家人士。被捕者除了被指是集团首脑的高平外，还有马德里附近芬拉布拉达（Fuenlabrada）一名市议员和色情片演员维达尔等。

此次行动被命名为“帝王行动”，逮捕令和搜查令由西班牙国家法院4号法庭在15日发出。当地警方在西班牙多地搜查120间仓库和住宅，没收1 000万欧元和200辆汽车，冻结逾120人的银行账户。

（《21世纪经济报道》2012－10－24）

相关链接

西班牙国家法院法官费尔南多·安德鲁29日下令释放了包括高平在内的12名“帝王行动”被捕者。而在此之前，西班牙国家法院刑事法庭第三分庭已经以被捕者在被送监之前被捕时间超过西班牙宪法规定的最长72小时为由下令立即释放了4名被捕者。

欧华联会呼吁在欧华商用法律手段维护自身权益

欧洲华侨华人社团联合会（欧华联会）日前发表公开信，对本月早些时候西班牙警方针对在西华人搜捕清查行动中受到冲击的同胞表示关切，并呼吁欧洲的华商在保持客观冷静的同时采取法律手段维护自身权益。

欧华联会的公开信中指出，大多数西班牙华商是守法经营、健康发展的，此次行动只针对极少数确实有违法、违规嫌疑的企业与个人，而西班牙媒体的过度渲染加深了当地民众对华商的误解。

欧华联会为此呼吁，在欧洲的华商应从此次事件中吸取教训，加强自律，守法经营，并在保持客观冷静的同时采取法律手段维护自身权益，但要避免采取过激的群体抗议行为，以免进一步加深欧洲社会对华商群体的误解。

欧华联会在公开信中鼓励在欧华侨华人社团积极主动与居住国政府相关部门保持接触与交流，增加华商从事经营活动的透明度，以消除当地民众的疑虑。

西班牙一名法官本月 15 日发布逮捕令和搜查令，西班牙警方随后在马德里、巴塞罗那等城市展开针对华人的搜捕清查行动，逮捕了一些犯罪嫌疑人，其中包括一些中国（原）籍人。

中国驻西班牙大使馆已向西班牙警方表达中方对此事的关切，要求西方严格依法办事，文明执法，切实保障中国公民合法权益，并及时通报被捕中国公民情况。

欧华联会于 1992 年在荷兰阿姆斯特丹成立，由欧洲 26 个国家的 200 多个华侨华人社团组成，是目前世界上最大的华侨华人社团联合机构之一。

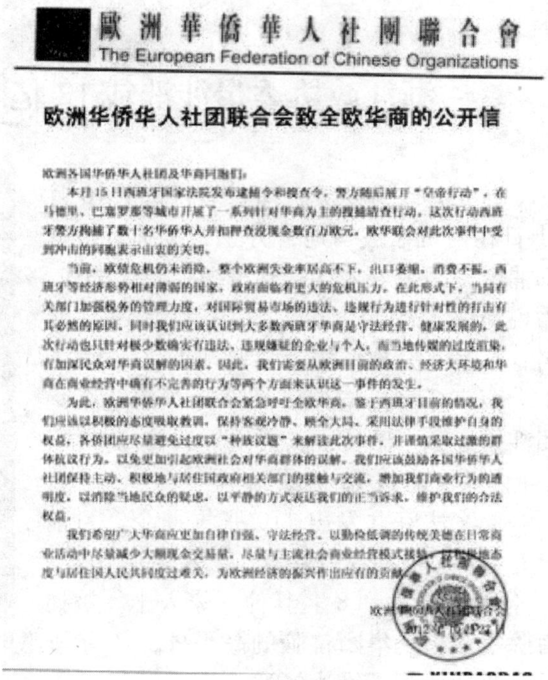
歐洲華僑華人社團聯合會
The European Federation of Chinese Organizations

欧洲华侨华人社团联合会致全欧华商的公开信

欧洲各国华侨华人社团及华商同胞们：

本月15日西班牙国家法院发布逮捕令和搜查令，警方随后展开"皇帝行动"，在马德里、巴塞罗那等城市开展了一系列针对华商为主的搜捕清查行动。这次行动西班牙警方拘捕了数十名华侨华人并扣押查没现金数百万欧元。欧华联会对此次事件中受到冲击的同胞表示由衷的关切。

当前，欧债危机仍未消除，整个欧洲失业率居高不下，出口萎缩，消费不振。西班牙等经济形势相对薄弱的国家，政府面临着更大的危机压力。在此形式下，当局有关部门加强税务的管理力度，对国际贸易市场的违法、违规行为进行针对性的打击有其必然的原因。同时我们应该认识到大多数西班牙华商是守法经营、健康发展的，此次行动也只针对极少数确实有违法、违规嫌疑的企业与个人，而当地传媒的过度渲染，有加深民众对华商误解的因素。因此，我们需要从欧洲目前的政治、经济大环境和华商在商业经营中确有不完善的行为等两个方面来认识这一事件的发生。

为此，欧洲华侨华人社团联合会紧急呼吁全欧华商，鉴于西班牙目前的情况，我们应该以积极的态度吸取教训，保持客观冷静，顾全大局，采用法律手段维护自身的权益，各侨团应尽量避免过度以"种族议题"来解读此次事件，并谨慎采取过激的群体抗议行为，以免更加引起欧洲社会对华商群体的误解。我们应该鼓励各国华侨华人社团保持主动，积极地与居住国政府相关部门的接触与交流，增加我们商业行为的透明度，以消除当地民众的疑虑，以平静的方式表达我们的正当诉求，维护我们的合法权益。

我们希望广大华商应更加自律自强，守法经营，以勤俭低调的传统美德在日常商业活动中尽量减少大额现金交易量，尽量与主流社会商业经营模式接轨，[illegible]态度与居住国人民共同度过难关，为欧洲经济的振兴作出应有的贡献。

欧洲华侨华人社团联合会

2012年10月[illegible]日

（新华网布鲁塞尔 2012－10－30/王寰鹰）

日媒：在日华侨华人忧中日关系恶化

横滨中华街在横滨开港之初就已诞生，是具有 140 年历史的在日华人居住区，现在拥有饭店等约 300 家店铺，是日本乃至亚洲最大的唐人街。自日本政府“国有化”钓鱼岛以来，随着中日关系的急速恶化，这里的华侨华人忧心忡忡。

自日本政府 9 月将钓鱼岛“国有化”以来，中国政府相继采取停止高官互访等反制措施，两国关系陷入邦交正常化以来的冰点。两国的激烈对立，还让大部分的地方交流处于停滞状态。

10 月 1 日，横滨中华街举行了中国的国庆招待会。“日本政府购岛严重伤害了中国人民感情。”“从历史上看，尖阁诸岛属于日本。”中国驻日本大使程永华与神奈川县知事黑岩祐治在台上展开的交锋，使会场气氛“微妙”。

中华街的国庆惯例盛装游行也因日中关系恶化而被取消。这也是今年日中邦交正常化

40 周年的纪念活动之一。尽管目前钓鱼岛问题尚未给营业额等带来什么影响，但越来越多的人担心如果问题长期化，日本社会可能会出现去中华街的倾向。

1998 年从福建省来到日本的陈祖明，现在经营着肉包专卖店等 10 多家店铺。他无奈地表示，此前筹划的在中国开日本料理店的计划也遭遇搁浅。20 世纪 80 年代中国改革开放以来，来到中华街的大陆华侨也急剧增多。相对于已扎根中华街的“老华侨”，这些人被称为“新华侨”。陈祖明也是新华侨之一，他一直希望把事业从横滨发展到中国乃至世界，但现如今却因中日两国关系的紧张受到了很大影响。

老华侨们以与日本社会共存为优先考量。更让他们担心的是，最近才来到日本在中华街打工的留学生在接受日本媒体采访时的轻率发言，被当作代表中华街的意见。

中国大规模游行已过去一个月，日中对立仍不见缓和。从父辈起就在当地经营饭店的 50 多岁老华侨表示，希望两国政府尽快开始谈判，以解决问题。

（新华网日本 2012 – 10 – 30）

在意华人 27.8 万人　全国共有 26.3 万移民放弃居留证

意大利社会福利机构的最新统计数字显示，截至 2011 年，在意移民人数为 511 万人，占意大利全国总人口的 8.2%，这一数字比 2010 年增加了 43 000 人。

在意移民中人数最多的仍是罗马尼亚人，为 99.7 万人。其次是摩洛哥人 50.6 万、阿尔巴尼亚人 49.1 万、华人 27.8 万。

在意移民 63% 分布在意大利北部地区，23.8% 分布在中部地区，12.8% 分布在岛屿地区和南部地区。在意移民 27.4% 来自欧盟其他成员国，22.1% 来自非洲，18.8% 来自亚洲，8.3% 来自美洲。亚洲移民中华人位居第一位，位居第二位的是菲律宾人，为 152 382 人；孟加拉国移民为 106 671 人，斯里兰卡移民为 94 577 人，印度移民为 145 164 人，巴基斯坦移民为 90 185 人。

统计结果还显示，2011 年移民人数仍在增加，但是增加速度放缓，意大利政府共签发了 23.1 万个签证。意大利各省警察局的统计数字显示，共有 26.3 万份居留证无法延期和过期。

（［意大利］《欧洲侨报》2012 – 10 – 30/林夕）

佩皮尼昂一中餐馆因雇用中国非法移民遭调查

上周三（24日），打击舞弊委员会（CODAF）下属边境警察对法国南部城市佩皮尼昂马约尔区（Quartier Maillol）的一家中餐馆进行突击检查。

据当地媒体*L'Indépendant*报道，警方发现该餐馆雇用了两名中国非法移民，他们在此工作还不到3个月。在执法过程中，其中一名非法移民试图逃跑，但很快被警方制服。警方在核实完两人身份后，将其释放，并要求他们离开法国。

据报道，佩皮尼昂轻罪法院将于明年1月底审理此案。此外，该中餐馆还暴露出一些其他问题，如卫生状况不合格，中国进口的抽油烟机未向海关申报，也未进行过欧标检测等。据悉，该餐馆老板一年前曾因雇用非法移民遭起诉。

（［法国］《欧洲时报》202－10－31/依洛编译）

“张冠李戴”招收中国员工　日本一中华料理连锁店负责人被捕

按照日本的相关法律规定，外国人要在日本滞留，需要根据滞留目的申请相应的资格。近日，日本一家大型中华料理连锁店负责人因涉嫌“以专业技术资格招来中国员工，却让他们从事简单劳动”，而被警察逮捕。

据日本《读卖新闻》报道，10月30日，大阪府警外事科逮捕了位于大阪市中央区的“珉珉总店”的会长、63岁的古田晓生等2人。“珉珉”是一家经营中华料理的公司，在日本全国各地都有连锁店。古田晓生涉嫌让中国人以厨师的资格（专业技术资格）来到日本，却让他们作为跑堂的服务员（简单劳动）在店里干活，大阪府警认为他违反了日本的入境管理难民法中的“非法聘用劳工”。

该店以厨师资格招聘至日本的中国人中，很多完全没有厨师经验，古田晓生等人承认了警方的指控，供述说，“在外面登出了招人广告，可是依然招不满员工，因此委托了中间人从中国以厨师的名义，召集了人来”。

警察公布的信息显示，古田晓生及前专务董事、63岁的粟野徹雄，在2008年1月至今年9月之间，以厨师的专业技术资格从中国招来了3名30多岁的女子，在大阪市内的3家店铺从事服务员工作。

（［日本］《日本新华侨报》2012－10－31）

匈牙利用居留证“拉拢”中国投资 提供定居便利

匈牙利执政党青年民主主义者联盟的3名国会议员上周五递交提案，拟修改《第三国公民入境与居留法》，主要内容是确定对于投资购买至少价值25万欧元匈牙利五年期国债的外国人，提供定居身份的便利。3名议员之一的罗甘·安托尔说，这项法律修改提案是考虑中国人的要求做出的。10月29日，匈牙利颇有影响的《人民自由报》以“青民盟向中国人出售国籍”为标题进行了报道，有读者指责政府“卖国籍”的做法不当。

为此，在国会中担任匈中友好小组主席的罗甘10月30日对媒体表示，此次对外国人居留法的修改与“获取国籍”没有任何关系，只是对那些切实在匈牙利投资的外国商人提供特惠的居留许可证。他说，近两年间他接待过许多中国代表团，中方经常抱怨说获得匈牙利签证的手续烦琐，需多次入境的人士更是倍感不便。中方人员多次提到，美国和一些欧盟国家都有优惠居留证的政策，特别是对有经济实力的中国人。

匈牙利的外国人居留证主要分为“居留许可证”和“定居许可证”两种，当地华人称之为“黄卡”和“蓝卡”。“黄卡”每隔一至两年需要通过递交税务、经济来源、住房等一系列证明文件办理延期，而“蓝卡”则是每五年进行一次更换，所需材料比较简单，持有者还基本可以享受就业、教育、医疗、购房等众多方面国民待遇，还拥有地方选举权。拥有这两种许可证，均可以在欧洲申根区国家以及克罗地亚自由进出。

匈牙利华通社10月31日分析说，匈牙利拟如此修改相关法律是罗甘所说的中国人的要求和匈牙利当前经济状况双重作用的结果。不过，发起提案的另一议员米哈伊也表示，不知道这个政策能否真正吸引中国人。

1988年，中匈两国签署了互免签证协议，大批中国人涌入，使匈牙利成为如今中东欧华人最多的国家，但也出现了一系列问题，于是匈牙利在1992年中止了这个协议。

（《环球时报》2012-11-01/李震）

“帝王行动”后西班牙人为华人辩护

“帝王行动”打击的只是一小部分人，有些华人企业家受到牵连，接受调查，之后也都被无罪释放。现在，很多西班牙人也纷纷为华人辩护，帮助华人。

“帝王行动”后国贸城员工失去了工作，西班牙工会组织CC.OO代表主动提出帮助这些员工申请失业金，维护他们的权益。同时，还有西班牙人帮助这些员工去警察局立案，申领被搜走的现金和手机等物品，并且与法院交涉。

Salamanca大学教授Jesus Perez Garcia给《西班牙国家报》写信，为华人辩护。他在

信中批评了 *La Silenciosa Conquista China*（译名：《中国静静地征服世界》）一书的作者 Heriberto Araujo 和 Juan Pablo Cardenal，指责他们在文章中宣扬“黄祸”理论，不利于中西关系。他还说：“大部分中国人都像其他移民一样，努力经营他们的小本生意。”此外，他还提醒西班牙人，“请不要忘了，西班牙人也要提着行李到国外工作，而且很多人都去了中国”。

其实，关于“帝王行动”的调查并不是一开始就针对被捕华商的。这一切都因一个中国人的报案而起：他用卡车运往巴塞罗那的现金被抢，他向警察报案，并供认被抢金额为500万欧元。警察顺藤摸瓜，调查他如何运作这笔钱，进而揪出了三个涉案家族。2010年，西班牙廉政公署曾经向法官 Isamael Moreno 提出公诉，在公诉中称有一个由40个华人组成的负责洗钱的犯罪组织，但是法官并未立案。

西班牙廉政公署曾向国家法院提出公诉，国家法院未立案。内政部和警察局一再坚持，这个公诉在国家法院未立案，在一位马德里的法官那里未立案，在一位 Fuenlabrada 的法官那里也未立案，最后又回到了国家法院，被法官 Fernando Andreu 立案。

（［西班牙］欧华网2012-11-02/木易）

马德里华商因不满媒体抹黑报道罢市

西班牙马德里科沃卡列哈商品批发区的华人企业家协会3日决定关闭所有店铺一天，以引起西班牙社会关注。华商协会表示，“我们并非都是罪犯”，请西班牙社会转变“对华人区的印象”。

埃菲社11月3日引述华商协会的两位发言人的话称，10月16日西班牙警方针对华人洗钱犯罪团伙展开“帝王行动”后，华商们明显感觉到了西班牙客户对他们的强烈反感，不仅是在著名的科沃卡列哈商品批发区，其他地区的华人商铺也一样。

10月下半月以来一些华人商铺的生意减少七成。华商协会的发言人表示，决定闭店的目的是“唤醒西班牙社会对这一现象的关注”。

华商协会的一位发言人说：“不要再认为华人社区就是封闭自守的。与过去几十年来一样，我们是一个移民社区，我们来到你们的国家，为的是通过诚实的劳动，让生活变得更美好。”

报道指出，科沃卡列哈是欧洲最大的中国商品批发集散地之一，此次华商集体闭店的举动是历史上第一次。闭店一天将给每个店铺带来巨大损失，但华商协会的这位发言人表示这是“必要的，我们不能再忍下去了，生意少了这么多，我们必须改变形象”。

该批发区的华商尚未采取其他措施。但华商协会的发言人表示，他们将尽一切努力转变西班牙社会对他们的看法，让西班牙人以更亲近和透明的方式看待华人社区。

另据英国广播公司网站11月3日报道，马德里华商的罢市行动是为了抗议警方在该地区打击一些华人非法洗钱活动后媒体对整体华商的“抹黑报道”。西班牙的一个华人企业协会称，警方打击行动后，西班牙媒体“歪曲事实，将华商云集的批发区描绘成中国黑社会基地”。

华商协会还说，由于媒体的夸大其词和误导，使华人的子女在学校受到歧视，被同学骂为“黑社会”。马德里针对华人的犯罪案件不断攀升。

华商协会在其罢市倡议书中说，鉴于这种“不负责任的报道，全体华商3日举行关门罢市抗议活动，强烈抗议媒体不当行为及因此对整个华人群体造成的巨大伤害”。

不过，华商协会发言人也表示，抗议行动只是为了发出一个信息，即他们同黑社会没有关系。这名发言人说，华商合法经商和纳税，希望能融入西班牙社会。

（《参考消息》2012－11－05）

少数造假整体蒙羞　谁扯断了中国留学生诚信之弦？

新西兰移民局北京办事处相关负责人日前在接受媒体采访时透露，截至2012年10月31日，共有299名申请前往新西兰留学的中国学生被确认存在留学申请材料造假的情况，其中219名学生目前已在新西兰当地就学。自2012年7月11日以来，已有26名在新西兰当地的中国留学生因申请留学材料造假而被遣返回中国。

该事件并非中国留学生因申请材料造假遭遇“退货”的首例。2008年，数十名中国学子因为涉嫌伪造留学申请文件，被英国纽卡斯尔大学开除。纽卡斯尔大学声明称，“这些学生的申请文件经过伪造或者成绩被篡改”，“伪造文件多是英语语言证书或其他大学颁发的文凭”。

在造假链条中，鱼龙混杂的留学中介机构难辞其咎。在记者随机打开的几个留学中介网站中，五花八门的广告词中，以申请的“成功率”为噱头的为数不少。据报道，确有一些中介机构提供代写或修改申请文本、伪造推荐信和成绩单、夸大或捏造获奖情况等服务，收费昂贵。

为应对材料“造假”，各留学国已经采取行动。据悉，2011年，相关机构与美国高校共同启动了针对中国留学申请者的材料验证系统。留学申请者需要在VeriApp网站上在线提交包括成绩单、荣誉奖项、个人履历和推荐人在内的留学申请材料，再通过调查员对事实核查后，生成一份证明材料真实性的认证报告。

（《人民日报·海外版》2012－11－09/赵晓霞）

四成英国华人生活在贫困线下　养老津贴仅够温饱

据社会福利部提供的数据，截至今年4月前的12个月统计，英国1 040万领取养老金的退休人员中，有高达四分之一的退休人员生活在贫困线以下。

在英国政府认定的2011年度生活标准中，单身（没有孩子）的平均收入是每周281镑（税后），夫妻两人（没有孩子）的平均收入是419镑。收入不到平均标准60%的就视为贫困线以下。2011年度的贫困线是单身每周低于168镑，夫妻两人低于251镑。

根据统计，目前英国有260万退休老人的周收入不到168镑，或夫妻两人的收入不到251镑，占退休总人数的四分之一。记者了解到，这些生活在贫困线以下的英国人绝大多数是退休前工作年限较短，工资较低，再加上没有其他收入，眼下的生活开支基本上全靠政府福利部门给的养老津贴。目前单身者养老津贴是每周107镑，夫妻两人有171镑。

记者在采访时发现，生活在贫困线以下的华人退休老人比例远超过英国白人。有四成多华人老者的周薪低于168镑或夫妻251镑。在英国的少数族裔中，只有印度和巴基斯坦人的贫困比例高于华人。

记者了解到，生活在贫困线下的英国华人大多是在20世纪70年代从香港移民来的，多数人原是餐馆或外卖店的大厨或侍应生。他们打工时交的税不多，餐饮业一般都没有养老基金，所以他们在退休后所领取的养老金十分有限。

英国工党国会议员阿兰斯密斯告诉记者，英国经济在世界名列第七，难以相信居然有这么多老人生活在贫困线以下。据政府统计，目前英国有1 040万年龄在65岁以上的老人，再过20年，65岁以上老人将超过1 500万，如果经济不改善，老人退休津贴不能随着物价的上升而增加，那么越来越多的老人将进入贫困状态。而那些20世纪七八十年代从香港、越南移民来英国的华人中大批人将在未来十年退休，他们的老年经济状况十分令人担忧。

（［英国］《华商报》2012－11－09）

纽约华人举行赈灾义演　为飓风“桑迪”受灾民众募款

据美国《世界日报》报道，“献爱心无惧飓风，伸援手重建家园”，大纽约地区华人华侨“桑迪”飓风赈灾义演于当地时间10日在纽约法拉盛市政厅举行。包括美国红十字会代表、纽约市议员顾雅明等数百人出席，为灾民渡过难关和重建家园奉献爱心。

这场赈灾义演组委会总召集人徐朱留弟在致辞时感谢社会各界人士的善心及慷慨解囊，充分表现了不分国界的人间大爱。她强调，难得的是，风灾的许多受害者也积极响应和参加义演，克服了没电、缺水、无油等困难，赶来参加演出。她回顾说：“多年来，纽约华裔社区对中国大陆、台湾地区等地的自然灾害救助也不落后于人，金钱和物品上都鼎力相助。”

参与表演的志愿者们表示，灾后要同舟共济，一方有难，八方支援，出钱出力，用最实际、最直接的方法帮助灾民，同时让主流社会知道华人对美国的贡献。

赈灾活动获得了社区的热烈响应，法拉盛市政厅无条件提供演出场地和设备，演员和募捐人员均为义工。演出节目有童声合唱、向风灾死难者致悼的“烛光舞”、乐器演奏、独唱等，以姚大叔合唱团的“天佑美国”压轴，演出现场进行了三次募捐，善款将全部捐给美国红十字会。

（中新网 2012－11－12）

驻温哥华总领馆：华矿工获工作签证系依法所得

卑诗省近期有中资背景矿业公司引进 201 名中国矿工，引发不少争议。中国驻温哥华总领事馆侨务领事李玥表示，这批矿工依照加拿大合法途径获得工作签证，西方国家不应戴有色眼镜看待此事。康尼也指出，不能因为引进的是中国矿工就加以反对。

李玥指出，中国矿工外劳事件会引发外界关注，是因为中国经济近年迅猛发展，西方国家用有色眼镜看待中国。他又表示，移民部公布未来加拿大将引入 2 000 名中国矿工的数字并不准确，精确数字有待与相关公司核实。

他说，引入矿工的中资公司严格按照加拿大相关部门规定，申请矿工来到本地工作。他又表示，加拿大矿业开采多数在地上作业，中国对地下矿业的开采技术则更为先进。加中借此机会作技术交流是很正常的事，不明白外界为何炒作。

康尼周六接受电台访问时也表示，联邦政府批出在中国矿工的工作签证后，再检讨外劳制度的做法，不会影响加中关系。他说，如果引入的是美国矿工，相信外界不会有如此高度的关注。

（［加拿大］《星岛日报》2012－11－13）

打击非法雇用　从严从紧

日本入国管理局和警方近期加大了对非法雇用外国人企业的查处力度，东京、大阪等地多名华人因工作内容与签证内容不符，签证将被取消。

在大阪、东京等地拥有15家门店的“中华料理店”因非法雇用中国人，其会长古田晓生（63岁）被大阪警方逮捕，多名华人也因违反《入国管理法》被令限期离境，一名华人起诉店方，要求支付被拖欠的680万日元工资。

据大阪入国管理局和警方调查，店里至少有3名中国女性虽然持厨师技能签证来日，却一直从事与厨房无关的餐厅服务工作。据“中华料理店”会长古田晓生供述，五六年前开始，店里很难聘到合适的工作人员，于是由中介介绍，开始雇用中国人从事非技术性劳动。

大阪入国管理局还发现，一名中国男子员工签的是“翻译工作”的劳动合同，持有“国际业务”、“人文知识”签证，但就职后却从事厨房及在库管理工作。今年9月，入国管理局以“资格外活动”为由，向该男子发出限期离境通知。该男子随即被解雇。

日前，这名男子向大阪地方法院起诉，要求支付一年半来拖欠的约680万日元工资。

东京警方在日前逮捕了“高原技术株式会社”社长郭文清（46岁），警方怀疑他进行非法雇用活动。

（［日本］《中文导报》2012－11－15/宋力）

意大利农业企业移民劳工超30万　华人从业者近乎零

意大利农业协会（Coldiretti）和意大利慈善组织（Caritas）根据农业市场劳工调查情况，对农业企业移民劳工情况进行了分析。

分析认为，意大利农业企业移民雇工已经超过30万人，这些农业企业移民雇工正在为“意大利制造”农副产品源源不断地提供原材料。

根据调查统计和市场发展预测，预计到2020年意大利农业企业移民雇工将增长45%。目前，意大利农业企业移民实际工作时间和企业申报不同，大部分农业企业为了少缴税，向政府申报的雇用者实际工作时间，只有实际工作时间的23%。

调查报告显示，意大利农业企业移民劳工平均年龄为36岁，71%为男性，分别来自172个国家。农业企业移民劳工主要来自罗马尼亚，有11.3万人，印度2.4万人，摩洛哥2.4万人，阿尔巴尼亚2.4万人，波兰2.2万人，此外还有来自保加利亚、突尼斯、斯洛伐克、马其顿等国的移民。

根据统计资料，可以看出来自世界其他较发达地区和亚洲地区从事农业企业工作的移民很少。虽然华人在意大利移民群体中占有较高的比例，但从事农业工作的很少。除极少华人种植蔬菜供给本民族群体外，华人从事农业企业工作的移民几乎是零。

（［意大利］欧联网 2012－11－21/博源）

国内发展迅速　“海外华人”光环褪色

华人在海外所处的社会地位和生活水平，一直是讨论不完的热点话题，一个“海外华人”的头衔，曾让很多人像头戴一顶光环般有很强的优越感。但近年中国经济发展日新月异，让不少海外华人的优越感逐渐消失。很多人回国后才意识到，在美国苦苦打拼十几年的成果，还不如从前那些没有读过研究生或博士的同窗或朋友。

8 年前来美国读 MBA 的朱先生，目前在一家不小的美资企业工作，收入早已达到美国人所说的“中产阶级”水平。他说，现在生活是吃穿不愁，每天朝九晚六，但觉得现在已能看到 10 年后甚至 20 年后的生活依旧会如此，如果选择回国也许前景会大不同，因为现在国内机会很多。当初在国内的同学现在也是有房、有车、有事业，甚至一些朋友正在申请全家移民。

他表示，如今“海外华人”的优越感已一去不复返。他说，也许出国就像“围城”，在国外的人羡慕国内人，而国内的很多有钱人又想移居海外。

还有不少华人表示，虽然如今海外华人的光环已没有从前那么光鲜，但选择生活在哪里大家都是“冷暖自知，各取所需”，也不一定看到每人都想去追求同样的生活状态和方式。

（［日本］《新华时报》2012－11－22）

以人权保护为名拒绝被遣返　马来华人成功获居英权

一位正在英国的马来西亚华人近日通过上诉至英国高等移民法庭，成功推翻移民局要遣返她回马来西亚的决定。这项裁定目前正在英国引起巨大的反响。批评者认为一旦这一裁定被套用，每年将会有成百上千的外国刑事犯拒绝被遣返。

这位名叫王爱维的马来西亚华人妇女，今年 34 岁，她曾是位于东伦敦的两间中餐馆的经理。在 2007 年和 2009 年的打黑行动中，警方在这两间中餐馆抓获 20 名非法劳工。王爱维与餐馆的老板夫妇均被捕。警方进一步调查发现，王爱维还伙同老板的儿女经营首饰品店，倒卖假冒名牌产品。2010 年 4 月王爱维被判 4 年监禁，她在法庭开庭时，已经承认自己有罪，按照英国法律，她只要服满 2 年刑期，即可出狱；而她不具有英国国籍，出狱后将自动被遣返回马来西亚。

据悉，王爱维在今年初提出申诉，反对自动遣返。她申辩的理由是马来西亚是一个十分保守严谨的国家，她的家庭很传统，容不下任何有损家庭形象的犯罪成员。她一旦回到马来西亚，有可能面临生命危险。她的申辩被驳回，法院裁定她在服完刑后必须离开英国。然而王爱维向英国高等移民法庭提出上诉，她以自己的人权得不到保障，要求高等法庭推翻基层法院遣返她的裁定。

出乎很多人意料，高等移民法庭最后推翻了基层法院的裁定，以保护人权为名同意王爱维继续留在英国。法官 Deborah Taylor 认为遣返她回去是不合情理的。

法庭裁决下来后，在英国政坛掀起巨浪。王爱维原餐馆所在的 Ipswich 选区国会议员 Ben Gammer 第一时间站出来表示异议，他认为这个裁定是一大丑闻。他说，这一裁定再一次证明英国的移民政策是多么混乱。另一位国会议员表示要向内政大臣施加压力，就这个裁决提出司法复核。

据记者了解，王爱维成功赢得法庭裁定得以留在英国，主要是她的律师团队充分利用了欧洲人权法中的一些条文，以保护家庭，保障个人的人身自由、幸福的名义博得了法官的同情。

据非官方的统计，目前有多达 4 000 名正在服刑的外国罪犯都企图以保护人权、免受迫害为理由拒绝遣返。内政大臣已表示，欧洲人权法确实到了该修改的时候了。

（［英国］《华商报》2012 - 11 - 22）

首尔法院审查是否向日本引渡靖国神社纵火中国人

有关去年 12 月在东京靖国神社大门纵火，后因向日本驻韩国大使馆投掷燃烧瓶而在韩国入狱的中国人刘强（38 岁），首尔高等法院 29 日开庭审查是否应根据《日韩罪犯引渡条约》将刘强引渡给日本。刘强表示，不希望被引渡给日本。

辩护律师称刘强因要求日本就随军慰安妇问题反省而纵火，主张刘强是不能依据日韩条约引渡给日本的“政治犯”。首尔高等检察厅则主张将其引渡给日本。

刘强于今年 1 月向日本驻韩国大使馆投掷燃烧瓶而被判在韩国入狱 10 个月。虽然刘强于本月 6 日刑满出狱，但在法院就引渡作出裁定前将继续被拘押。中国方面要求韩国将其认定为“政治犯”遣返回中国。

刘强在陈述时提及，小时候从已故的外祖母那里听说她曾是慰安妇的事情。

（［日本］共同网 2012 - 11 - 29）

抓获大批制毒华人　爱尔兰警方请求中国援助

爱尔兰警方于11月20日采取了历史上最大规模打击黑社会贩毒集团的行动，拘捕113名人犯，追缴价值350万欧元的大麻产品，被抓的嫌犯中绝大多数是华人和越南人。爱尔兰内政部发言人在接受本报记者电话采访时表示，华人和越南人在爱尔兰种植、贩卖大麻已经泛滥成灾，爱尔兰警方急需与英国、中国和越南有关部门配合，打击犯罪，减少大麻种植在爱尔兰的进一步扩大。

据爱尔兰内政部透露，11月20日至21日，爱尔兰六个省的警力突击搜查了230个商业和民用地点，缴获大批毒品，主要是大麻。警方在行动中拘捕113名嫌犯，绝大多数是在大麻工厂做看护的华人和越南人。据警方表示，被抓的嫌犯都是犯罪团伙的底层成员，团伙骨干仍然逍遥法外。

官方资料显示，被抓的华人嫌犯中大多是从英国或英属北爱尔兰进入爱尔兰共和国的。他们中有签证过期的“留学生”，或商务签证过期的“商人”，也有不少是非法入境者，其中至少有三成曾在英国申请过难民身份。

另据都柏林警方透露，近两年在爱尔兰查获的大麻种植案件数量成倍上升。大麻工厂大多设在乡村农场或城市边缘的孤立的仓库内。与数年前在英国有所不同，出面租用这些农场、仓库的大多是被拉下水的当地白人或东欧波兰人。

爱尔兰内政部发言人表示，爱尔兰政府已经意识到大麻种植泛滥成灾，政府决定加大力度打击犯罪。据悉，爱尔兰内政部已经与英国官方联系，加紧对边境、码头的监控，减少和堵截无证人士进入爱尔兰，并加强与中国政府的协调，尽快遣返被抓的无合法签证的中国大陆华人。爱尔兰内政部长计划最近访问中国，就相关问题与中国公安部进行沟通。内政部发言人表示，只有从源头上堵住不法分子进入爱尔兰，以及加速遣返无证人士，才能从根本上减少大麻的种植和贩卖。

（［英国］《华商报》2012－11－30）

华人涉嫌犯罪赎金国际洗钱

日本神奈川县警国际搜查科在11月20日以涉嫌违反组织犯罪处罚法的名义，逮捕了25岁的旅日华人秦耕耘。秦耕耘目前在横滨市经营资源回收公司，并担任社长。警方对该公司位于相模原市内的工厂等地进行了搜查。

据国际搜查科透露，秦耕耘涉嫌今年5月在荷兰发生的中国人绑架事件赎金的海外洗钱活动。据了解，今年5月在荷兰发生了中国人绑架事件后，相当于18 100万日元的人质赎金，在今年5月14日和15日分四次以美元形式被汇入秦耕耘管理下的公司账户。秦耕耘当时向银行说明这是废旧塑料交易的回收金，共400万美元，同时提交了伪造的合同契约书，他因此被怀疑把犯罪收益伪装成正当的事业收入。不过，秦耕耘本人对这些犯罪指责予以否认。

秦耕耘在5月16日以商业交易的名义，把1 000万日元汇给了位于福冈县内的一家公司。5月21日，秦耕耘欲把8 000万日元汇往香港公司时，被神奈川警方冻结了账户。围绕这起事件，欧洲警方搜查当局调查发现人质赎金被汇入了日本国内的银行账户。国际刑警机构（ICPO）照会了日本警方，日方才最终锁定了秦耕耘的账户。

（［日本］《中文导报》2012－11－30/中文）

四司机被控共谋教唆非法罢工

延烧多日的SMRT中国籍巴士司机非法罢工事件中，四名男司机因涉嫌共谋教唆其他中国籍司机集体拒绝上班，昨天正式被控上法庭。

这四人是何军令（32岁）、高悦强（32岁）、刘翔英（33岁）和王献杰（39岁）。他们在28日和29日被捕，于昨天在《刑事法》（临时条款）第10A节条文下被控。四人面对同一条共谋教唆巴士司机参与非法罢工的控状。

日前曾以“发言人”身份，代表罢工司机接受媒体访问的何军令，则另外面对第二条控状，即在网络上发表言论，煽动司机非法罢工。

控状显示，这四名男子涉嫌在本月24日和25日，共谋唆使SMRT巴士公司的员工，参与26日和27日的一场非法罢工行动。

在25日下午6时至晚上10时间，何军令便与高悦强在位于兀兰1段的第21座宿舍唆使其他司机。

此外，控状也指何军令在25日上午10时到中午12时间，在中国知名网站百度贴吧上传一则致全体SMRT中国籍司机的公开信，题为“新加坡司机（SMRT）所要承受的屈辱（中国籍车长的尊严何在）”，篇幅长达3 000多字，煽动SMRT司机罢工。

根据控状书从上述贴文所截取的两段文字，何军令对于SMRT所提供的薪资和住宿条件明显不满，并提出六大诉求。

他在信中指出：“如果几百号中国人一起出尖，恐怕滚蛋走人的就是SMRT的领导了，新加坡的交通状况我们又不是不知道，弄几天几百号巴士司机不上班，新加坡全城沸腾……理性并有血性的同胞们要行动起来啊！吁明天26号星期一、27号星期二集体MC（病假），自己的尊严、自己的利益只能靠自己。”

来自中国河南的何军令曾于周二，也就是罢工第二天接受媒体访问时表示，他是身体不适而请病假，并非刻意不复工。他也强调，“我们的行动没有人组织，所以管理层代表来协商时好多人都不知情”。

据警方文告，四名司机应在昨午5时到初级法庭的第23号推事庭面控，但他们迟至下午6时25分才现身，面控前后三分钟。

四人入庭时神情相当镇定，但当翻译员以华语向四人念出英文控状内容时，身穿白色背心的王献杰开始皱起脸，显得局促不安。

由于警方仍未完成调查，四名司机昨天不获保释，吴英章法官将被告还押中央警署一周，案展下月6日过堂。

中国大使馆昨天也派出两名人员到庭上旁听，但他们拒绝受访。当媒体问及为四名司机聘请律师事宜时，他们不予置评。

中国使馆要求　尽快安排领事探望

大使馆昨午在网站上发文告说，其领事部正向新方有关部门表达关切，并提出尽快安排领事探望四名被捕中国巴士司机并了解其要求。

另据新华社报道，中国商务部昨日也首度针对事件发表看法，其在回应媒体访问时说，该部对此次劳资纠纷十分关注，“希望有关各方对中国司机同工同酬、平等对待等合理诉求予以积极回应并妥善处理，维护中国劳务人员的合法权益”。

SMRT企业昨晚发文告称，公司已于昨天下午会见司机，承诺将改善司机的居住环境，并设立24小时专线让司机申诉求助。公司也会确保所有巴士服务如常运营，并与旗下司机全力协助警方的调查工作。

本报记者昨天下午约5时20分观察到一辆SMRT巴士载着近20名华裔男女进入刑事侦查局，他们当中有人穿着SMRT制服。

共有171名中国籍巴士司机在周一参与这场新加坡26年来的首起罢工，周二则有88人。根据法律，四名被告一旦罪名成立，可被罚款最高2 000元，或坐牢最长一年，或两者兼施。

（［新加坡］《联合早报》2012－11－30/黄顺杰）

菲律宾拒在中国护照盖章　希望不影响中国人赴菲游

据菲律宾《商报》报道，菲律宾日前宣布将停止在中国新版电子护照上盖章的消息后，其国内出现一些担忧此举将影响中国人赴菲律宾旅游的言论。对此，菲律宾外交部尝试平息这种担忧称，希望中菲关系的其他方面不要受此事影响，中国游客如果想到菲旅游，“将非常受欢迎”。

菲律宾外交部发言人赫兰德斯昨天（4日）在记者会上说：“我们非常欢迎他们。我们正在推进人员之间的交流，此前我们也一直在尝试强调，双边关系的其他方面应继续向前发展。我们不认为此举将会影响菲律宾旅游业的发展，因为我们并没有阻止他们来到菲律宾。”

菲律宾外交部日前称，菲律宾停止在中国护照上盖章的新规从3日起生效，根据该新规，今后访问菲律宾的中国游客须向菲律宾驻中国使领馆申请签证表格，这张表格将与中国的护照分开，中国人出入菲律宾时，菲律宾海关印章会盖在这张表格上，而不是盖在中国护照里的签证页。且这项新政不只针对中国新版护照，也包括旧版护照。

针对中国新护照引发的风波，中国外交部发言人洪磊11月28日在例行记者会上呼吁，相关各方不要过度解读中国新护照中的地图，中国会继续同相关各方保持沟通，促进中外人员交流的健康发展。中国外交部此前也强调，中国新版护照的有关设计不针对任何国家，希望相关国家理性对待。中方也愿意同有关国家保持沟通，确保中外人员往来正常进行。

（中国新闻网 2012－12－05）

日促韩引渡烧靖国神社华人

11月29日，因涉嫌向驻韩国日本大使馆投掷火焰瓶被捕的中国籍男子刘强在韩国接受首次引渡审判。刘强此前自供曾在日本火烧过靖国神社。庭审在当地时间11月29日下午2点30分进行，世宗律师事务所所属的5名律师出庭为刘强辩护。而日本不断敦促韩国政府根据《日韩犯人引渡条约》将刘强引渡到日本。

韩国司法界人士透露称，为刘强辩护的5名律师中包括曾担任过首尔中央地方检察长、法务研修院院长的明东星和曾担任过首尔高等法院法官的李英求律师等。

韩联社援引韩国法院有关人士的话称，该案件可能导致中日两国产生外交问题，因此法院对该案件极为重视，采取严谨处理的态度，在审判当天还将加强法庭保安，保证庭审能顺利进行。

2012年1月，中国籍男子刘强因向日本驻韩大使馆投掷燃烧瓶而获刑10个月。据悉，该男子将于2012年11月初出狱。有消息称，中日两国都希望引渡该男子，这让韩国政府“陷入两难”。韩国《中央日报》10月15日报道称，刘强的外祖母为韩国人，曾被强迫做过日军慰安妇。其曾外祖父在抗日运动期间被日本人拷打致死。

（［日本］《中文导报》2012－12－06/夏安）

中国孕妇蜂拥赴美产子　月子中心年收2.5亿

中国人偏爱生龙子龙女，今年正逢龙年，医疗业者透露，圣盖博谷内的医院接待的中

国孕妇较去年多了一倍以上，位于蒙特利公园市一大型综合医院，每月出生的婴儿较去年同期增加100多名；且增额出生的婴儿，其中9成以上母亲是来自中国的生育旅客。业界声称今年南加利福尼亚州地区上半年约涌入了5 000名中国孕妇，月子中心行业一年的营业额达到2.5亿美元。

在蒙市一大医院工作的医师透露，今年龙年让南加利福尼亚州所有华人妇产科医师，都忙到没时间休息，因为必须服务超过去年一倍来自中国的孕妇。其工作的医院过去每月出生的新生儿为250～280名，但今年几乎每月都有350至近400名新生儿呱呱坠地。平均每月增加100多名新生儿出生量，且产妇有很大比例是来自中国的观光客。

（［美国］《星岛日报》2012－12－06）

爬上起重机抗议被控　两中国客工否认有罪

两名昨天爬上塔式起重机抗议的中国籍客工，因为涉嫌擅闯工地，今天下午5时30分被控上庭。他们否认有罪，表示有意抗辩。

《联合早报》记者张嫥芯报道，被告吴孝林（47岁）和朱贵磊（24岁）分别面对一项控状，指他们本月6日上午6时到下午2时许，擅闯裕廊海港路的工地，非法滞留在塔式起重机上。

控方原本要求法官下周安排过堂让两名被告认罪，但两人否认有罪，表示要抗辩。案件定在12月12日进行审前会议。

法官允许两人分别以1万元保释在外，需要新加坡人签保。由于已经过了可以办保释手续的时间，相信两人今天不会被保释出去。

人力部表示，朱贵磊和吴孝林星期三曾向人力部申诉在提交辞呈后，公司拖欠他们薪资。由于他们当时没有足够的文件证明，人力部请他们准备好文件再来，两人也在同意后离去。

两人的雇主是中江（新）国际有限公司，这家公司是中国江苏国际经济技术合作公司在新加坡的独资子公司。

这是继上月26日180多名SMRT中国籍司机“非法罢工”后，又一起工人抗议活动。

（［新加坡］《联合早报》2012－12－07）

提案：华人超市必须使用七成当地员工

阿根廷拉潘帕省特勒内尔市一名议员提案，暂停发放营业执照给该市一家新的华人超市，并就超过80平方米的超市制定相关规定，这些商家70%的员工应使用当地居民。

几个月前，一名华人超市业者在该市租用了一间超过80平方米的店面，拟开一家新的超市。提案议员认为，该市尚未制定与超市监管相关的规定，并援引省会圣罗萨和皮科将军市为例，称华人超市将会对当地零售业、商家和居民就业造成损伤。

提案要求，在150天内暂停发放超市类营业执照，以便制定相关规定。并提议，如果华人超市在当地申请营业，必须使用70%的当地员工，为当地居民就业作出贡献。这一提议，得到当地大部分商家的响应。

（［阿根廷］中闻网2012－12－10）

中方要求越南维护华人权益

在10日举行的外交部例会上，有媒体提问称越南国内部分城市日前发生反华示威活动，集会人员抗议中国宣示对南海拥有主权。中国外交部回应称，中方已要求越方采取措施，维护中国公民合法权益。

据报道，9日，越南城市河内和胡志明市发生了反华游行，上百人参加。人们举着标语，喊着反华口号在中国驻越南大使馆附近示威。越南警方迅速平息了游行。在胡志明市，示威进行了约45分钟，在河内市，示威进行了约半个小时。

英国媒体报道称，这是半年多以来越南最大城市胡志明市发生的第一次反华示威。近来，中越之间偶有摩擦：越南拒绝在中国新版电子护照上盖章；越南此前指责中国渔船切断越勘探船只电缆侵犯越主权。

中国外交部6日回应称“不接受这种说法”，并要求越方停止在两国主张重叠海域进行单方面油气活动，停止对中国渔船的干扰。

针对越南爆发反华示威一事，中国外交部发言人洪磊10日表示，中国对南沙群岛及其附近海域拥有无可争辩的主权。任何可能使南沙争议扩大化和复杂化的行动都不应受到鼓励和支持。

中方已要求越方采取有效措施，切实维护在越中国公民和机构的安全与合法权益。

（《新京报》2012－12－11/储信艳）

邻居抗议 南加州一家华人“月子中心”被勒令关门

本月1日，洛杉矶附近的奇诺岗市一个住宅区，70多名当地居民走上街头举牌拉横幅抗议华人月子中心“非法营业”扰民。2天后，这家月子中心被当地政府通过法律手段关闭。

今年4月以来，随着香港对“双非孕妇”（夫妻双方均非香港本地人）的打击力度越来越大，内地孕妇赴港产子浪潮逐渐落幕。与此同时，一些打着月子中心招牌，同时充当赴美生子中介的机构则如雨后春笋般出现，他们打出诸如“给我10万，还你一个价值980万的美国宝宝”、“美国产子，投资回报率超过‘抢银行’”之类的夸张广告，生意也着实越来越红火。

据不完全统计，2007年时中国大陆赴美生子人数在600人左右，今年这个数字或将超过1万。

然而，当越来越多中国人对赴美生子蠢蠢欲动之时，在赴美生子产业最集中的南加利福尼亚州，华人月子中心却遭到了越来越多当地人的抗议。

（中青在线 2012－12－11）

英国人口普查：华裔人口约40万 占居民总数0.7%

英国最新人口普查数据显示，英国华裔人口约40万人，占居民总数的0.7%。

在2001年的英国人口普查中，华裔人口所占比例为0.4%。

英国国家统计局的报告显示，在外国出生的英格兰和威尔士常住居民人数在2001年至2011年间增加了750万人，达到常住人口的13%。其中出生在波兰、印度和巴基斯坦的人最多。

统计数字显示，在英国的常住人口中，白种人所占比例从2001年的87%下降到2011年的80%。

英国国家统计局官员指出，这些数据显示出英国比10年前更加多元化的人口组成和社会状态，一个重要因素是外来移民增多。过去10年，英格兰和威尔士的人口增加了7%，外来移民占人口增长数量的一半以上。

在英国的各个地区中，伦敦的族裔组成最多元化，常住人口中出生在外国的人口占37%，外籍居民占24%。

英国每10年进行一次人口普查，了解常住英国居民的基本生活情况。这些数据被用于政府规划公共服务、制定经济和社会政策及学术研究等领域。

（中国新闻社伦敦 2012－12－12/周兆军）

退伍军人报告：1.7 万华裔兵为境外出生

2011 年，美国共有 2 150 万名 18 岁以上的退伍军人，他们曾在战争或和平时代服役。美国社区调查（American Community Survey，ACS）报告中收集了退伍军人数据，以帮助政府建立退伍军人就业、培训等计划。

据美国人口普查局（U. S. Census Bureau）报道，美国退伍军人所属族裔分布很广，从白人、非裔、拉丁裔到亚裔都有，不过白人退伍军人占比最大，其中 75 岁及以上的白人退伍军人占比达到 90%。

除白人、非裔及拉丁裔外，亚裔和美国本土土著群体被归入所有其他族裔。在 18～34 岁的年龄分组中，所有其他族裔的退伍军人占比 10%，现役军人占比 16%；35～54 岁属于所有其他族裔的退伍军人占比 6%，现役军人占比 13%；而 75 岁以上亚裔和土著退伍军人占比仅为 2%。

2011 年数据显示，在美国所有老兵中，约 95.5% 的人出生在美国境内。出生在美国境外的退伍军人共计 636 128 人，其中华人退伍老兵共计 17 044 人，占比 2.7%，是境外出生退伍军人的第九大群体。

亚裔退伍军人中，属菲律宾裔最多，人数达 73 638 人，在境外出生退伍军人总人数占比 11.6%；其次是韩裔退伍军人，共 18 873 人，占比 3%；华人退伍军人在亚裔中排第三。

尽管多数美国军人都是美国公民，但美国国籍并非是参军的必备条件，具有美国永久居留权的人也可以参军。《美国移民和国籍法》（Immigration and Nationality Act）的特别条款规定，非美国公民的军人可以获得美国国籍。

2011 年，2.9% 的退伍军人是入籍公民或非美国公民，仅有 0.4% 的退伍军人在结束服役后仍未获得美国国籍。

（［美国］《侨报》2012－12－14/马柯斯）

美媒：南洋理工大学成中共“海外党校”

外媒称，新加坡除了是中国游客一个热门旅游点外，还是中共培训官员的重要基地之一。过去 20 年，新加坡南洋理工大学培训了超过 1.3 万名中国高官，被称作美国哈佛大学之外，中共第二个“海外党校”。

据美国之音电台网站12月13日报道，南洋理工大学1998年开设硕士课程，主要培训中国中高级官员，这类型的课程后来被称为“市长班”。

南洋理工大学公共管理学院院长吴伟说：“我们的课程主要有三个方向。一个是扩大国际视野。中国官员出国的好处是可以扩展国际视野，看看外国是怎么做的，不管是成功的经验，还是失败的教训，对他们都是有意义的。第二，理论必须联系实际。因为像这种对官员的课程不能空谈理论，所以要结合实际，看看实际上新加坡现在是怎么做的。第三，必须结合中国的国情，因为这些人学完都要回国去服务，你不能只跟他们空谈别的东西，所以跟欧美相比，我们的课程比较接近中国的国情，因此他们比较容易理解。”

报道称，中国官员除了在课堂上学习外，课外活动也一样紧凑，学校会经常举办联谊活动，让中国官员跟其他国家和当地学生交流。

南洋理工大学公共管理研究生院助理院长文泉说，这种交流活动每年都会举办很多次。他说：“最主要的目的是想让咱们的国际学生有机会交流，同时也调适他们的学习生活。我发现他们在入学前和学习结束以后，最大的不同体现在他们的身体外观上。很多学生学一年以后，体重都会有一定的减轻，学习非常辛苦。”

吴伟说，新加坡与中国非常类似。新加坡建国47年来一直是由人民行动党一党执政，而中国自1949年新中国成立后由共产党执政。再者，新加坡也是由华人组成的社会，人文和历史非常接近，两国的治国理念都非常相似。他说，这也是新加坡受中国官员青睐的原因。

吴伟还说：“新加坡虽然很小，但为什么从邓小平开始，就指示说要向新加坡学习，包括很多的地方大官，他们为什么对新加坡模式那么重视，因为新加坡有很多行之有效的地方。新加坡的国土面积那么小，资源那么缺乏，但可以建成一个花园式的城市，交通井然有序，城市干净，这是很多中国官员可以借鉴的。”

（《参考消息》2012－12－17）

德国移民人口近1 100万　华人逾8万　人数增两成

据德国之声报道，德国目前生活着来自194个国家和地区的1 070万移民。

值国际移民日之际，位于威斯巴登的联邦统计局公布的数据显示，每8个德国居民中就有一个出生在国外，并在过去60年里迁居德国。其中740万移民来自欧洲，来自欧盟的有350万人。除此之外，240万移民来自苏联或苏联解体后的原加盟共和国。来自土耳其的移民为150万，来自波兰的移民为110万。

截至2012年6月，在德国的中国移民总数为87 862人，比2011年增长21%。

（中国新闻网2012－12－20）

美国律师帮助华人伪造避难申请遭查

外媒称，美国联邦调查局（FBI）探员18日在曼哈顿唐人街实施突袭行动。在这起当局称为中国非法移民伪造避难申请的案件中，26人被捕，包括6名律师和至少10家律师事务所的雇员。

据美国《纽约时报》网站12月18日报道，他们为中国客户杜撰悲惨的受害经历，帮其编造如何被强制堕胎的谎言，甚至提供宗教辅导。

执法人员称，起诉书详述了位于曼哈顿唐人街和皇后区法拉盛的律师事务所精心策划的骗局，涉案人员包括一群律师助理和办公室经理、翻译以及一名教会人员，他们联手为客户编造了迫害理由，以此欺骗移民官员。

根据起诉书所述，为了准备避难面试，他们鼓励以中国的独生子女政策为依据寻求避难的女性客户观看影像资料，这样她们就能够描述被强制堕胎的经历。因为善于编造细致入微的受害情节，一些律师助理被称作“小说家”。法拉盛的一名教会人员给客户们提供了基本的基督教教义指导，以便他们能应对宗教提问。

当局称，联邦起诉书指控了至少10家律师事务所的雇员。起诉书表示，过去几年间，这些律师事务所提交了1 900多份避难申请。

报道称，当日行动中牵涉的律师及其同谋人数似乎使本案成了纽约市规模最大的避难欺诈案件之一。即便如此，专家说，起诉书只是暗示了海外中国人中普遍存在的移民欺诈行为。

亨特学院研究亚裔美国人和城市事务的教授邝治中说，他认为纽约市接到的来自中国人的避难申请大多数都是欺诈性的。

“这是一个产业。”他说，“每个人都知道这点，违法行为一直在发生。”

（《参考消息》2012－12－21）

中国国务院侨务办公室慰问受害侨胞

国侨办得知日前阿根廷多个城市接连发生不法分子哄抢超市事件，波及部分华人超市，侨胞的财产和生命安全受到伤害后，十分关心在阿根廷华侨华人的生命财产安全，特请我馆代为向受害侨胞转达诚挚慰问和亲切问候，并希望广大旅阿根廷侨胞注意安全防范、加强团结互助，早日恢复正常的生产和生活。

值此新年到来之际，国侨办通过使馆向阿根廷全体侨胞祝福新年平安吉祥、幸福安康！

驻阿根廷使馆领事部
2012年12月25日

（中华人民共和国驻阿根廷大使馆网站2012－12－25）

巴塞华人批发仓库集体涨价引争议

年底的圣诞和新年两节马上就要来到了，西班牙的百货市场也进入了年底两节前的销售旺季。不过由于受持续经济危机的影响，许多华人百货商店在近几年内也都遭遇了“旺季不旺”的困难局面。特别是今年，由于受不久前西班牙警方“帝王行动”的影响，华人百货批发和零售业更是遭受了巨大的打击。不仅销售量有所下降，而且商品的进口也遇到了不少困难。据了解，在警方的行动之后，西班牙海关也加强了对华商进口货物的检查，不仅通关时间变长，而且相关税额的大幅提高，也带来了成本的上升。

面对这种情况，从11月中旬开始，巴塞罗那的几家华人大型百货批发仓库一起行动，不仅取消了有关商品的原有折扣，而且还提高了大部分商品的价格。在自己涨价的同时，这些仓库还向其他的一些小型华人批发仓库发出倡议，希望当地所有的华人百货批发商集体行动，抬高价格。据介绍，除了巴塞罗那华人百货批发商以外，马德里的许多百货、服装和食品批发商在最近也不同程度地提高了价格。

巴塞罗那华人百货批发商的集体涨价行为，在下游华人百元店业主以及众多侨胞中立刻激起了巨大的反响和争议。有的人对涨价行为持激烈反对的态度，号召百货零售业主集体抵制那些涨价的批发商；而有的侨胞则对一些华人百货批发商的涨价决定表示理解，认为在目前困难的状况下，华人应该通过集体的涨价，保持利润，同时改变华人百货商品低质低价的传统形象。

据巴塞罗那的一些华人百元店主介绍，从本月15号开始，他们到BADALONA华人仓库区去进货的时候，发现许多华人大型批发仓库的商品价格不但没有了原来的折扣，而且还上涨了许多。后经了解，此次涨价行动是由当地五家大型仓库联合发起的，同时他们还号召其他的华人批发仓库也能够统一行动，停止价格折扣，并一同提高价格。

对于巴塞罗那一些华人百货批发仓库的集体涨价行为，也有当地华商介绍说，每年的节前市场旺季，也都是众商家价格战最激烈的时候。而华人百货批发商之间的惨烈价格战，只能造成两败俱伤，最终自己毁了市场。尤其是在当前经济危机困难的情况下，一年一度的年底销售旺季更是显得十分宝贵。如果华人商家之间再打价格战，其所带来的后果将会变得更加恶劣。出于避免恶性价格竞争的考量，巴塞罗那华人百货批发区内一些具有一定规模的商家联合起来，发出号召，希望当地的商家都能停止折扣，并维持特定的价格。这样做，不仅可以保持利润，更可以防止华商在价格上的恶性竞争。

然而，就在许多华人百元店主对批发仓库的涨价行为怨声载道之际，另一些店主和华人则对其涨价的决定表示理解，甚至认为华人能够联合起来，一起维持一定的价格，避免价格上的血拼，这是一种进步，是可喜可贺的一件事。

对此，有的侨胞说，无论是百货，还是服装、食品等批发商涨价，都是正常和可以理解的事情。西班牙是自由的市场经济，同时商家也都是追求利润的，如果没有利润，谁还会做生意呢？所以巴塞罗那的百货批发商集体涨价，是可以理解的。此外，华人百元店里的商品形象一直是低质低价，如果同胞间打价格战，也会给相关行业的发展带来巨大的负面影响。如果华人商家能够团结起来，在价格上同进退，并且通过提高价格和产品质量，来树立中国产品的新形象，这也是一件非常有益的事。

据了解，在不断的争议声中，一些巴塞罗那华人百货批发商的涨价举动，已经过去半个多月了。不少业主介绍，现在还看不出来自己的涨价决定所带来的最终效果，一切都要等这个年底的生意旺季过去以后，才能有定论。同时，作为零售商的百元店业主，在抱怨的同时，有的人也开始尝试提价，或是通过几家店联合“团购”来降低进货成本。

有关涨价的孰是孰非，也只能通过时间来证明了。

（［西班牙］《欧华报》2012－12－30）

（本栏目责任编辑　徐云）

侨务信息

本栏目内容是对本年度侨务工作报道的摘选，以反映大政方针、政策导向、工作实绩和包括事实资料、统计数据的报道为主，分为综合信息和地方信息两部分，按媒体报道时间升序排列。

综合信息

中国“千人计划”已引进1 510位海外高层次人才

中共中央组织部人才局一官员透露，2008年至今，“千人计划”已引进1 510位海外高层次人才。该计划实施3年以来，所引进国外的、相当于正教授级别的高层次人才数量已超过此前30年引进的总和。

据中国新闻社报道，“千人计划”是指中国中央层面实施的海外高层次人才引进计划。该计划拟从2008年开始，用5到10年的时间，从海外引进2 000名左右人才，并有重点地支持一批战略科学家和行业领军人才回国（来华）创新创业。

中共中央组织部人才局副巡视员张栋是负责“千人计划”的官员之一。他日前在成都参加“千人计划”专家联谊会时说，中国的经济和社会发展足以为广大的海外人才提供发挥作用的空间。

北京大学工学院常务副院长、“千人计划”国家特聘专家张东晓教授说：“美国、欧洲的经济在衰退的时候，中国经济正逆流而上，这提供了非常好的机遇。”

北京低碳清洁能源研究所副所长、首席技术官刘科在2010年也被“千人计划”“猎”回国。刘科于1990年到美国纽约市立大学（CUNY）攻读化学工程博士学位，此后曾在埃克森—美孚（Exxon-Mobil）、联合技术公司（UTC）和通用电气（GE）等著名跨国公司工作，20年时间横跨了能源的三个领域。

刘科说，在中国改革开放30多年中，“我想很多人不甘心老在国外做一个旁观者，都希望参与进来”，以前也有参与的想法，都是个人行为。但“千人计划”设立了很多平台，刘科称其所在的研究所现已吸纳近50位“海归”。

（中国新闻社成都2012－01－09/刘贤）

海外新华侨华人近千万　超半数居欧美

中国国务院侨办主任李海峰11日在此间透露，据估算，改革开放后从中国大陆和港澳台等地区移居国外的新华侨华人接近1 000万人，北美与西欧是新华侨华人主要分布地区，囊括新华侨华人总数的50%以上。

20世纪70年代末以来，在中国改革开放和发达国家吸引移民政策的双重推力之下，中国持续出现较大规模的海外移民潮，移居海外的新华侨华人不断增多，并日渐成为国际移民潮中引人注目的一支。

李海峰指出，改革开放以来，随着中国与世界各国交往的不断扩大和日益深入，中国公民通过留学、投资、探亲等形式移居国外的人数不断增加，逐渐在海外形成了“新华侨华人”群体，其中也包括这一时期由香港、澳门、台湾等地移居国外的华侨华人。

她介绍说，近年来，国务院侨办组织专家、学者对1978年以后新华侨华人的数量进行了专项研究。研究显示，目前，华侨华人分布地域更为广泛，除东南亚等传统的侨胞聚居地外，北美、西欧及巴西、澳大利亚、日本、南非等地区和国家已日益成为海外侨胞新的聚居地。

李海峰认为，随着时间的推移，新华侨华人已成为海外华侨华人的重要组成部分，他们与老一代华侨华人在思维方法、价值观念、行为方式等方面存在较为明显的差异，有着自身的特点：

一是具有良好的教育背景和知识层次，职业构成更为多元。新华侨华人适应能力强，他们在住在国的就业领域不断扩展，在经贸、文化、科技、金融等领域颇有建树，经济实力也逐渐增强。

二是与祖（籍）国的联系更为密切。新华侨华人大多长期在国内受教育，是改革开放政策的受益者，深受中华文化熏陶，有着强烈的故土情结，而且仍有很多亲属在国内，对祖（籍）国的感情非常深厚，与祖（籍）国的联系十分密切。

三是融入当地主流社会的意识更为积极。老一代华侨华人关注更多的是如何在异国生存，而新华侨华人多是以追求自身发展为目的，主动适应能力强，能够积极参与各种社会事务，有着较强的经济、社会、政治诉求和“落地生根”的意识。

李海峰表示，在经济全球化浪潮的推动下，海外侨胞资本、技术、人才的跨国流动加快。随着中国对外开放的进一步发展，海外侨胞特别是新华侨华人把寻求事业发展的目光更多地投向中国，这对于中国加快转变经济发展方式、建设创新型国家将产生深远的影响。

她指出，目前，新华侨华人来华创业的显著特点是：专业特点鲜明，都具有较高学历，是高新科技的拥有者、高尖端学科的研究者；创业成绩斐然，不少是中国重点高等院校、科研机构的领军人物，或是高科技产业的创业者，或是跨国公司的研发带头人、高层管理者；创业地多集中于中国东部发达地区和中部内陆较发达地区。

（中国新闻网2012－01－11/张冬冬）

李海峰：让更多华侨华人领略中华文化的魅力

率领“文化中国·四海同春”艺术团访问香港的李海峰当日出席香港华侨华人总会的新春团拜会时说，31 日晚的香港站演出，可以使香港观众近距离欣赏国家顶级艺术家的表演。

自 2009 年以来，国务院侨办已累计派出 20 个艺术团组，在全球 21 个国家和中国港澳地区演出 139 场，观众超过 175 万人次。今年春节，国务院侨办将派出 7 支艺术团组，分赴华侨华人聚居的 18 个国家及中国港澳地区进行巡演。

李海峰表示，国务院侨办是国务院专门从事华侨华人工作的部门，既为海外侨胞服务，也为国家现代化服务。一方面为国家现代化建设牵线搭桥，引进资金、技术、人才、管理等；另一方面为海外侨胞、港澳同胞服务，两者相辅相成。

李海峰说，香港华侨华人总会自 1993 年成立以来，在团结联系香港同胞、促进内地与香港的交流与合作、促进祖国现代化建设和改革开放等方面，都作出了应有的贡献。回归以来，香港华侨华人总会高举爱国爱港旗帜，支持“一国两制”、“港人治港”、“高度自治”的方针，在重要时期发挥了重要的作用，是一支值得信赖的队伍。

（新华网香港 2012－01－31/林建杨）

单有洋文凭难以飞翔

2 月 10 日，教育部发布了《2011 年度我国出国留学人员情况统计》，其中披露，2011 年我国出国留学人员总数为 33.97 万人，与 2010 年的统计数据相比，增长了 19.32%。

随着全球“留学热”的升温，越来越多的海归拿着“洋文凭”回国就业。据教育部统计，2011 年留学回国人数较 2010 年增加 5.13 万人，增长了 38.08%。

随着留学人数和回国人数的持续增长，“洋文凭”的光环已经没有以前那么耀眼。

在启德教育根据对全国 7 000 多名“海归”调查结果所作的《海归就业力报告》中显示，如今，“海归”的起薪一般在 3 000 元左右，有 43% 的受访者薪金在 3 000 至 5 000 元之间，58% 的受访者的工作职位是普通员工，与中国一般大学应届毕业生的情况相差无几。仍有相当数量的“海归”成为了“海带”（海待）、“海参”（海剩）。

“洋文凭”的光环已经不再那么耀眼，但是当国外工作签证收紧时，能在国外获得一份“洋经验”，获得国外优秀企业对其能力的肯定，对留学生回国就业还是有利的。“洋经验”提高了“洋文凭”的附加值。

启德教育国际教育研究院在中国“海归”的职场生存现状调查中指出，有 66% 的受访者觉得海外工作经历对于职业发展很有帮助，使他们能够很快适应并投入工作中。

调查显示，仅拥有“洋文凭”的“海归”在回国找工作中普遍不能达到自己当初的预期而找到工作后能达到自己薪酬预期的比例不到20%；只有拥有“洋文凭”和“洋经验”的“双洋海归”，才能普遍得到用人单位的青睐。

（《人民日报·海外版》2012－02－16/高延秋　许家浩）

中国国务院任命何亚非为国务院侨办副主任

中国国务院20日任命刚刚卸任中国驻日内瓦代表团大使的前副外长何亚非为国务院侨务办公室副主任。

何亚非，1955年3月生，浙江宁波人，研究生。他于1980年至1983年在联合国秘书处工作，1984年起历任中国外交部非洲司科员、副处长，开始其外交生涯，曾任中国驻津巴布韦大使馆二秘，驻联合国代表团参赞，驻美国大使馆公使衔参赞、公使等职。

何亚非于2006年1月担任外交部部长助理，随后于2008年7月出任中国外交部副部长。2010年1月，他卸任外交部副部长职务，于2010年3月至2012年1月，任中国常驻联合国日内瓦办事处和瑞士其他国际组织代表、特命全权大使。

（中国新闻社北京2012－02－20）

中国侨联主席林军四点希望寄予海外侨胞

2012中国侨联亚洲、大洋洲海外顾问、海外委员、青年委员年会于23日在厦门举行。中国侨联主席林军在会上就推动建设和谐侨社、共商侨界团结之策、共谋侨社和谐大计提出四点希望。

自2010年以来，中国侨联先后在欧洲、大洋洲、非洲召开了三次中国侨联海外顾问、海外委员、青年委员年会，本次年会首度在国内城市举行。来自菲律宾、韩国、马来西亚、日本、泰国、澳大利亚、新西兰、斐济等十几个国家和地区的70多位侨领出席。

林军在年会上提出的四点希望是：

第一，希望海外侨胞弘扬中华优秀文化，增进感情、密切乡谊，增强中华文化的凝聚力。他说，在海外侨社传承弘扬中华文化，是一项具有深远意义的基础性工作，希望各位侨胞以帮助华侨新生代更加深入地了解中华民族的悠久历史和中国现代文明，进一步增进民族认同和文化认同感，增强中华文化的感召力和凝聚力作为共同的任务，让中华优秀文化的精髓能够在海外侨社中不断传承、发扬光大，成为促进侨社活力的内在动力和不竭源泉。

第二，希望促进侨界和睦相融，团结友爱、合作共赢，构建充满活力的和谐侨社。林军说，实现海外侨胞的团结，是构建和谐侨社的基础；构建和谐侨社，关键是实现侨团之间的团结与协作，要在社团内部和社团之间建立起化解分歧、相互支持的长效机制。

第三，希望海外侨胞促进祖国和平统一，聚同化异、增进共识，推进两岸关系和平发展。

第四，希望海外侨胞开展民间友好交流，相互尊重、促进合作，推进中外人民的友情友谊。他鼓励海外侨胞热心参与住在国公益事业，遵守住在国法律，尊重当地社会民族和宗教习俗，守法文明经商，不忘回馈社会，与当地人民友好交往，并努力增进中国和亚太各国在广泛领域的务实合作，夯实中国和亚太各国关系的社会基础和民意基础，共同维护亚太地区的繁荣稳定。

（中国新闻社厦门 2012－02－23/陈悦）

全国政协大会12年邀51个国家326位海外侨胞列席

记者1日从全国政协十一届五次会议海外列席组获悉，从2001年至今，全国政协连续12年共邀请五大洲51个国家的326位海外侨胞列席政协大会。

全国政协港澳台侨局副巡视员吴芳在接受中国新闻社记者专访时透露了上述信息。她说，今年政协大会邀请了25个国家的40位海外华侨华人代表列席会议，是历年来人数最多的一年。

据介绍，本届应邀列席政协会议的海外华侨华人代表，不但在人数上创12年来新高，而且地域和专业领域的代表性更加广泛：他们分别来自美国、加拿大、日本、法国、泰国、菲律宾、马来西亚、澳大利亚等国家，既有知名侨领、商界巨头，也有资深报人、专家学者和科技精英。

吴芳表示，今年在邀请海外列席侨胞代表时，还较大程度地扩展了邀请的地区和国家，新增加了以往未涉及的土耳其、乌兹别克斯坦、埃及、博茨瓦纳、爱尔兰、捷克、苏里南七个国家。

作为本次大会列席代表，加拿大中国工商联合会主席滕达、菲律宾菲华商联总会理事长庄前进、泰国中国和平统一促进会副会长吴炳林、巴拿马中华总会会长麦杞佳等40名海外华侨华人近日已陆续抵京。

谈到获邀列席政协大会的感受，滕达表示，能够亲身感受一下中国的政治气氛，感到非常荣幸。他表示，希望借此次列席政协会议的机会，就中国文化如何更好地向海外传播、塑造中国文化的海外品牌及增强中华文化的核心竞争力等问题提出意见和建议。

“海外侨胞列席政协会议，如今已经成为满足海外侨胞了解祖（籍）国建设发展和建言献策的重要途径。”吴芳指出，12年来，海外列席华侨华人代表通过一系列座谈和参观活动，直接体会中国的政治生活，亲身感受了祖（籍）国在各个领域的迅速发展。

吴芳说，在侨务工作发展的新时期，需要有新的方式进一步深化同海外侨胞的联系与友谊，需要有新的渠道满足海外侨胞了解祖（籍）国建设发展和建言献策的强烈愿望，而通过邀请海外侨胞中的代表列席政协大会，则成为这种新方式、新渠道的具体体现。

（中国新闻社北京2012－03－01/张冬冬）

过去四年有近30项政协提案关注留学生问题

中国全国政协十一届五次会议提案组副组长刘晓冰透露，截至3月3日10时，本次政协会议已收到有关留学生的提案3件，内容涉及“加强对新疆籍自费留学生管理和服务”、“进一步做好吸引留学人员回国工作”、“促进留学生创业服务从提供‘创业孵化’向提供‘产业孵化’转变”。

近年来，中国学生赴海外留学增势强劲。公开数据显示，目前中国在美留学人员已超过15万人，留学英国人员也已超过10万人。

刘晓冰告诉记者，全国政协十一届一次会议至四次会议，共收到与留学生有关的提案27件，内容涉及鼓励留学人员归国创业、促进归国留学人员科技成果转化、解决海外留学人员双重国籍问题、加大西部高校后备师资公派留学力度等。

“这些提案具有很强的针对性，为促进中国各项事业的发展发挥了积极作用。”刘晓冰说，全国政协十分重视涉侨类提案，对部分委员提出的关注度高、社会影响大的提案，会采取多种方式重点督办，积极推动提案的办理落实。

刘晓冰说，侨界和港澳台的政协委员非常关注国家整体的发展，他们的视角独特，提出的建议视角更开阔。

刘晓冰还透露，从全国政协十一届一次会议至四次会议，共收到涉侨和涉港澳台委员提案2 011件；收到涉及对外投资和引进外资方面的提案共118件，内容涵盖鼓励中国企业“走出去”、健全境外资金流入监管制度、完善引进外资研发机构政策、加强海外投资立法保护、发展境外经贸合作区等诸多方面。

（［美国］侨报网 2012－03－03/舒言）

118万归侨侨眷生活水平低于低保 关爱工程暖侨心

中国国务院侨办国内司司长赵昆7日在接受中国新闻社记者采访时透露，据2011年统计显示，目前中国的归侨侨眷总人数约3 100万人，其中归侨78万人，低于当地最低生活保障线的归侨侨眷总人数118万人。

赵昆表示，由于归侨侨眷与海外有着千丝万缕的联系，他们的生活状况受到海外的广泛关注，归侨侨眷扶贫求助工作可以说是“工作在国内，影响在海外”。他说，这项工作的对象群体虽然不大，却是一项关乎侨界民生、关乎社会和谐的长期性、基础性工作。

赵昆介绍，近年来，国务院侨办及各级侨务部门把握侨情变化新特点，推进归侨侨眷扶贫救助工作，打造“关爱工程”品牌。“关爱工程”是侨务部门发挥协调、沟通、服务等职能，多渠道、多形式关心归侨侨眷的生产生活，特别是为困难归侨侨眷排忧解难的民心工程。

2010年12月，国务院侨办会同国务院8个部门印发了《关于做好散居困难归侨侨眷扶贫救助工作的意见》，明确了各有关职能部门将散居困难归侨侨眷的社会保障、医疗保障、就业培训、扶贫开发、住房保障、教育救助等纳入总体规划、统筹安排。

赵昆说，在“十一五”期间，全国侨办系统共开展“送温暖”慰问活动约2万次，慰问困难归侨侨眷近40万人次，协助他们解决了一系列生产生活问题，有效化解了矛盾。“据我所知，2011年春节期间，吉林省侨办冒着零下30度的严寒走访了9个地区和有关大型侨资企业。”

为帮助贫困归侨侨眷子女拓宽视野，增长见闻，转变观念，提高素养，国务院侨办还举办了归侨侨眷子女学生夏（冬）令营活动。2011年，活动已经覆盖广东、广西、福建等11个省（区）及新疆生产建设兵团，共有920名归侨侨眷子女参加。

华侨农场是归侨侨眷相对集中的地区。赵昆指出，目前全国84个华侨农场从解决民生问题入手实施“关爱工程”，取得了显著成效。全国华侨农场国内生产总值已由2006年的153.4亿元，增长到2010年的248.86亿元，年均增长12.86%；华侨农场年人均纯收入由2006年的3 840元，增长到2010年的6 739元，年均增长15.1%。

2011年11月召开的扶贫开发工作会议决定将农民人均纯收入2 300元作为新的国家扶贫标准，把更多低收入人口纳入扶贫范围。赵昆说，“新形势下，以做好华侨农场归难侨和散居困难归侨侨眷扶贫救助工作为重点的侨务扶贫工作正面临着新的挑战和新的发展机遇”。

（中国新闻网北京 2012－03－07/娄晓）

中国国务院侨办与广东省政府签署《合作备忘录》

中国国务院侨务办公室与广东省人民政府8日在北京签署《关于发挥侨务优势促进广东加快转型升级合作备忘录》（下称《合作备忘录》）。

此举标志着双方在整合资源、加强合作、创新工作机制上取得的重要突破，将增进广大海外侨胞、港澳同胞投身广东建设和发展、拓展自身事业的信心和决心，也将为侨务工作服务地方经济社会发展提供广阔的舞台。

签约仪式前，国务院侨办主任李海峰与到访的广东省省委书记汪洋、广东省省长朱小丹一行亲切会谈。李海峰指出，广东是全国经济大省，其地位举足轻重。近年来，广东经济社会发展取得的成绩令全国民众和海外侨胞瞩目，尤其是去年提出的建设“幸福广东”理念，在全国范围内影响深远。

“汪洋书记和朱小丹省长对侨务工作都特别关心、特别支持。”李海峰在会谈中介绍说，他们曾多次对侨务工作作出重要批示，汪洋书记还亲自率队赴华侨农场调研，专门向中央领导提供了一份调研报告，并敦促出台了八个相关文件，以支持华侨农场的改革发展。

李海峰最后表示，国务院侨办希望今后能在帮助广东转型升级、对外宣传推介以及侨资企业改造、涵养侨务资源等多个方面发挥独特作用。

会谈结束后，李海峰与朱小丹分别代表国务院侨办、广东省人民政府在《合作备忘录》上签字。

根据《合作备忘录》，国务院侨办将进一步加大支持广东引智引资工作力度，促进华侨农场加快转型升级、支持广东企业“走出去”，大力宣介广东投资创业环境和科学发展取得的成就，协助涵养和培育侨务资源，积极支持传播广东特色文化，并建立合作沟通机制。

广东是中国侨务大省，改革开放以来，各项侨务工作亮点纷呈。广东的现代化建设取得的辉煌成就，在一定程度上正是得益于广大海外侨胞和港澳同胞的深度参与。签署《合作备忘录》将推动侨务资源与广东经济社会发展，实现更好的相互融合与相互促进。

（国务院侨务办公室网站 2012－03－08）

归侨代表建议设立“华侨日” 更好凝聚侨心

全球数千万华侨华人是不是该有个自己的节日？印度尼西亚归侨、全国人大代表、浙江理工大学材料与纺织学院纺织材料实验室主任、高级工程师吴子婴在接受中国新闻社记者采访时提出了设立“华侨日”的建议。

2010 年，广东省中山市宣布将每年的 11 月 10 日设为“中山华侨日”，这也是中国首个区域性的“华侨日”。吴子婴认为，全球华侨华人有数千万人，仅仅一个市设立“华侨日”显然远远不够。

吴子婴表示，在辛亥革命时，海外华侨始终是孙中山革命事业的坚定支持者，“黄花岗七十二烈士”中，就有 31 位华侨。孙中山先生曾赞誉“华侨为革命之母”。

抗日战争中，华侨开展爱国救亡运动，向国内无偿捐献大批战需物资；太平洋战争爆发后，各地华侨或组织抗日武装，或参加当地抗日队伍；新中国成立后，华侨搭建了中外交流的桥梁；改革开放以来，广大侨胞又回国创业，引进外资，传播中华民族优秀文化，成为巩固和发展中国与世界各国友谊的民间友好使者。

吴子婴认为，设立“华侨日”可以更好地凝聚侨心，汇聚侨力，调动广大归侨、侨眷和海外侨胞参与祖国现代化建设的积极性，促进祖国统一大业。

1940 年 9 月 5 日，由“华侨留延（安）办事处”发起的延安华侨第一次代表大会在杨家岭大礼堂召开，并成立了延安华侨救国联合会。因此吴子婴建议，“华侨日”可以定于每年的 9 月 5 日。

（中国新闻社北京 2012 – 03 – 11/柴燕菲）

留学回国人员达 81.84 万人 仅去年就超过 18.6 万人

记者从 14 日召开的 2012 年留学人员回国服务工作部际联席会议上获悉，截至 2011 年底，我国各类出国留学人员总数达 224.51 万人，留学回国人员总数已达 81.84 万人。

人力资源和社会保障部部长尹蔚民表示，2011 年，在联席会议各成员单位及各地区、各部门的共同努力下，留学人员回国服务工作取得了新成效。以“千人计划”为龙头，海外高层次人才引进工作分层次、有计划地整体推进，留学回国人数达到 18.62 万人，同比增长 38.08%；“千人计划”一年引进近千名海外高层次人才，目前引进人才总数达到 2 200 人。

（《人民日报·海外版》2012 – 03 – 15/盛若蔚）

华侨在国内权益保护逐步形成政策体系

国务院侨办政策法规司16日对中国新闻社记者表示，近些年华侨回国就业、居住、接受教育、合作交流等情况日益普遍，国务院侨办和地方各级侨办会同或者推动有关部门制定了一系列政策法规，已经逐步形成保护华侨在国内权益的政策体系。

解决华侨参加社会保险问题。2009年9月，人力资源和社会保障部办公厅印发《关于进一步做好在国内就业的华侨参加社会保险有关工作的通知》，明确规定了华侨可以以护照作为参加社会保险的身份证件，可持护照领取社会保险待遇。2011年6月，人力资源和社会保障部针对华侨的特殊情况作出了政策规定，对在达到法定的领取基本养老金条件前离境定居的，其个人账户予以保留；达到法定领取条件时，按照国家规定享受相应的养老保险待遇。

将华侨学生纳入国民教育体系。2006年7月，国务院侨办联合教育部、财政部发通知，对就读于国内普通高校的华侨专科生、本科生、硕士和博士研究生执行与国内学生相同的学费及住宿费等收费标准。为解决华侨子女在国内接受中小学教育的问题，2009年1月，国务院侨办联合教育部印发《关于华侨子女回国接受义务教育相关问题的规定》，规定华侨子女在其国内监护人户口所在地就读实施义务教育学校的，应当视同当地居民子女办理入学手续，依法享有免缴学费和杂费的权利。

加强对侨商投资权益的保护力度。国务院侨办2009年在侨办系统组织开展“维护侨商投资权益行动年”活动，起草了《加强保护华侨华人投资权益工作意见》。2010年，最高人民法院公布的相关规定明确了华侨在内地投资设立企业所产生的相关纠纷案件适用的司法解释。

完善保护华侨捐赠权益的法规体系。2008年10月，国务院侨办联合外交部、民政部制定下发加强华侨华人捐赠管理工作的规定，重申严格执行对华侨华人捐赠者实行“自觉自愿”的原则，严禁向华侨华人捐赠者劝募，并要求尊重华侨华人捐赠者的意愿，加强对华侨华人捐赠款物的监督。

国务院侨办政策法规司还表示，已经有一些地方开展了华侨权益保护立法的先行先试。2006年12月，《浙江省华侨权益保障暂行规定》成为全国首部华侨权益保护的省级地方政府规章。福建省人大常委会2010年8月通过关于修改16项地方性法规的决定，其中《福建省实施〈中华人民共和国归侨侨眷权益保护法〉办法》在第六条中增加一款，即“华侨所持护照与国内居民身份证具有同等证明效力”。

（中国新闻社北京2012－03－16/娄晓）

2011年中国出国留学人员近34万　留学热持续升温

1872年，被誉为“中国留学生之父”的容闳率30名幼童远渡重洋赴美留学。如今，时光车轮已过一个多世纪，据中国官方统计，2011年中国出国留学人员总数达33.97万。随着留学热的持续升温，留学生群体已逐渐成为社会民众关注的焦点。

20日，第17届中国国际教育巡回展西安站开幕，作为中国留学市场的“风向标”，巡回展吸引来自美国、英国、法国、日本、新加坡等十余个国家和地区的50多所高校与教育机构参展。其中，英、美两国的参展商数量占参展院校总数的47%。

中国留学服务中心国际合作处处长车伟民表示，中国有2 000余万在校大学生，每年有近1 000万高考生，留学市场潜力巨大；留学热门国家及海外院校则希望把自己安全的环境、高水平的教育呈现出来，从而赢得中国学生与家长的认可。

据了解，在海外各国留学政策调整与人民币升值的双重影响下，出国留学正给中国人带来前所未有的吸引力。“走出国门，放眼世界”已成为众多中国父母的共识。随着中国人民大学附属中学中外合作项目班、哈尔滨工业大学附属中学“国际班”、新疆乌鲁木齐市八一中学国际课程班等中学“出国班”的设立，留学低龄化端倪初现。

车伟民坦言，随着留学逐渐大众化，出国留学人员的年龄、层次也更具多样性，其中不乏赴海外读中学的学生，留学低龄化是客观存在的正常现象，但“小留学生”的学习能力、生活能力及家庭的经济实力则需要家长进行理性评估。

家住翠竹园小区的王恩荣告诉中国新闻社记者，送孩子出国留学，主要考虑到国内外教育模式、教育资源的差异，同时，也期望孩子能较早掌握生存的本领与谋生的手段。带着女儿来巡回展进行咨询的张斌表示，随着国内升学及就业压力逐渐增大，让孩子较早出国留学不失为一条“捷径”。此外，“海归”回国就业也相对有优势。

中国教育部发布的统计数据显示，2011年中国大陆出国留学人员总数为33.97万，与2010年相比增加5.5万人，增幅达19.32%。其中自费留学人数为31.48万。

中国留学服务中心主任白章德指出，中国作为世界上最大的出国留学生源国，目前也正逐渐成为新兴的主要留学目的地国。中国高校在引进境外优质教育资源的同时，也正对国际化人才的培养模式进行探索。

（中国新闻社西安2012－03－20/张一辰）

改革开放后回国发展留学人员占学成留学总人数72%

第七届“春晖杯”中国留学人员创新创业大赛21日在此间启动。教育部国际合作与交流司副司长于继海在大赛新闻发布会上表示，改革开放以来，选择回国发展的留学人员人数已占学成留学人员总数的72%。

于继海称，根据教育部统计，2011 年度中国各类出国留学人员总数达 33.97 万，同比增长 19%；各类留学回国人员总数达 18.62 万，同比增长 38%。截至 2011 年底，中国在外留学人员总数约 142.67 万，其中 110.88 万正在国外进行相关阶段的学习，或从事学术研究。

“目前中国在外留学人员主要分布在美国、澳大利亚、日本、英国、新加坡、加拿大、韩国、新西兰、法国和德国等十余个国家。”于继海指出，从 1978 年到 2011 年底，留学回国人员总数达 81.84 万，选择回国发展的留学人员人数占学成留学人员总数的 72%。

于继海认为，回国留学人员在中国的教育、经济、科技、国防及社会发展等各领域发挥了重要作用。

他强调，新的一年中国将进一步加大引才力度、完善引才政策、优化人才服务，为海外留学人才回国创新创业创造更好的条件。希望“春晖杯”中国留学人员创新创业大赛为更多海外优秀留学创业人员提供发展机会、搭建创新平台，同时提供更加全面高效的服务。

（中国新闻网湖州 2012－03－21/朱峰）

完善中国“绿卡”

中国教育部公布的最新数据显示，2011 年我国留学回国人数增加了 5.13 万人，中国已成为世界上最主要的“人才回流”接纳国。但不能忽视的是，回流后的一部分“海归”又无奈地“跳海”了。

毫无疑问，中国的“绿卡”制度是决定已加入外籍的“海归”人才去留的重要因素之一，而这部分人在“海归”中占了相当的比例。2004 年我国颁布《外国人在中国永久居留审批管理办法》，要求在中国担任副总经理、副厂长以上职务的外籍人士，要在中国连续任职 4 年以上，且 4 年内累计在中国居留至少 3 年才有资格申请“绿卡”。截至 2011 年，仅有 1 000 多人获得了中国“绿卡”。

没有中国“绿卡”，在投资建厂时就只能被认为是外资企业，在政策待遇、资金支持等方面就会与中资企业有很大的不同。这无形中就使部分“海归”对回中国创业“望而却步”，只得无奈地选择再次出国。

对此，国家人力资源和社会保障部部长尹蔚民表示：“我国应尽快完善高层次人才永久居留政策，制定完善中国‘绿卡’待遇的措施，使中国‘绿卡’制度符合国际惯例。”

促进人才回流，进一步完善中国“绿卡”制度势在必行。

（《人民日报·海外版》2012－04－05/齐心）

第六届世界华侨华人社团联谊大会在北京开幕

由中国国务院侨办、中国海外交流协会主办的“第六届世界华侨华人社团联谊大会”9日在北京人民大会堂开幕。来自世界各地110个国家和地区有影响力和代表性的约570名华侨华人社团负责人出席了大会。

大会以“弘扬中华优秀文化、展示侨胞良好形象”为主题，旨在增进海外侨胞对中华优秀文化的了解，对中国政府致力于推动文化“大发展大繁荣”战略的认识，鼓励侨胞积极传承和弘扬中华优秀文化，进一步树立国家良好形象，为开展人文交流、推动中华文化走向世界作出更大贡献。

开幕式前，中国国家主席胡锦涛、全国政协主席贾庆林、国家副主席习近平、国务院副总理李克强等中国领导人会见了与会代表并与大家合影留念。令计划、马凯、戴秉国、万钢等参加会见。

中国国务委员戴秉国出席大会开幕式并致辞，中国国务院侨办主任李海峰作了题为“弘扬中华文化、展示侨胞形象”的主题报告。她说，2011年，中国共产党十七届六中全会提出了建设“文化强国”的战略目标，要求推动中华文化走向世界，支持海外侨胞积极开展中外人文交流。

“中华文化是中华民族共有的精神家园，是维系海外侨胞与祖国血肉联系的情感和精神纽带。”李海峰表示，中国国务院侨办将从拓展华文教育、推进中外文化交流、扶持华文传媒发展、推动中外文化产业合作等四个方面加强与海外侨胞的密切合作，大力传承和弘扬中华优秀文化。

李海峰指出，自2007年“第四届世界华侨华人社团联谊大会”提出构建“和睦相融、合作共赢、团结友爱、充满活力”的华侨华人社会以来，“和睦侨社的理念日益得到海外侨胞的广泛认同和积极响应，各地侨社普遍进行了有益的探索和实践，呈现出可喜局面”。

她转而说，海外侨胞与住在国民众的矛盾和摩擦仍时有发生，个别国家侨社内部尚不团结，有组织犯罪呈上升趋势，有关华社负面报道屡屡见诸报端。这严重损害了海外侨社的整体形象，需要引起高度重视。李海峰就此向海外侨胞提出三点希望：

一是加强团结协作，共谋侨社福祉，树立族群形象；二是提高文明素质，展示优秀品格，牢固树立“守法诚信、举止文明、关爱社会、团结和谐”的海外侨胞新形象；三是融入主流社会，参与当地社区事务，关心公益慈善事业，积极投身于住在国经济社会的建设，努力成为“好公民”、“好居民”。

据悉，此次大会会期两天。根据日程，中国文化部副部长杨志今和中央社会主义学院党组书记叶小文将分别就“中华文化核心价值与当代文化大发展大繁荣”和“中国文化与文化中国”发表专题演讲；11日大会闭幕后，与会代表还将分五路赴云南、重庆、江苏、湖南、广西参观考察。

（中国新闻社北京2012-04-09/张冬冬　娄晓）

心底无私天地宽

国侨办李海峰主任在谈到建设“和谐侨社”时说了一句话：“在‘名利’面前‘退’一步，在服务侨胞、出钱出力等‘实事’面前‘进’一步。”此论深得进退之道，也实为得民心之法。

做过手工的人都有这样的体验：用锯加工木材，锯条在木材中的运行，总是既有“进”的方向，也存在“退”的姿态。这就是进退之道。

世人明白此道的不少，能付诸实施的不多。盖因只懂得进，不懂得退。

殊不知，表面的退未必是真正的退。有一种后退，是为了更好地前进。真正把握“进”与“退”，才能在任何时候都游刃有余。中国俗语就讲：“退一步海阔天空。”

随着“走出去”的步伐加快，海外侨社近年呈快速发展之势，这不失为一件好事。但存在的一些问题也不容忽视：侨团林立，难以合作共事；众说纷纭，难以达成共识；名号很大，但不做实事。前一段时间与一位侨领小聚，他就说起现今的社团像江湖：做事的时候“退”一步，有利的时候“进”一步。

分布在世界170多个国家和地区的几千万海外侨胞是中国的独特资源，是在海外展现中华民族形象的重要窗口。侨社存在的问题反映了进退秩序的颠倒：在“名利”面前“进”一步，在“实事”面前“退”一步。长此以往，会严重削弱海外侨胞的整体实力，损害海外侨社的整体形象。

当然，也不能就此对侨社一棍子打死，否则就是犯了以偏概全的错误。海外侨胞中也有一批侨领，他们胸襟宽广、乐于奉献、热心侨社事务，使侨团会务更加活跃，服务功能不断强化。例如，菲律宾华社“三宝”已成为华人关爱并回馈当地社会的典范；希腊侨胞被当地政府誉为“最有建设性的群体”；智利侨社在智利发生大地震后积极捐款捐物，受到智利总统的高度评价……

其实，做到这些并不难，只需在做实事的时候“进”一步，不为名，不为利，不仅为自己侨社的成员做好服务，也为住在国经济社会发展献一份力，这样不仅能赢得社团成员的拥护，也能得到当地政府的尊重。

（《人民日报·海外版》2012-04-13/杨子岩）

统一出入境信息　打击“双重国籍”

针对出入境管理信息系统由公安部和外交部分别建立的现状，今后将建立国家统一的出入境管理信息平台，这有利于打击“双重国籍”。

去年12月，十一届全国人大常委会第24次会议初次审议了《出境入境管理法草案》。昨日上午举行的十一届全国人大常委会第26次会议，对该草案进行了二次审议。

对比初次审议稿，二次审议稿新增了人才签证类别、构建统一的出境入境管理信息平台、加大对“三非”非法行为处罚力度等新内容。

“引进人才”写入草案

“对因工作、学习、探亲、旅游、商务活动、人才引进等非外交、公务事由入境的外国人，签发相应类别普通签证。”昨日审议的草案，明确写明上述规定。

全国人大法律委员会副主任委员张柏林表示，有常委委员、人力资源和社会保障部、外国专家局、中央人才工作协调小组办公室提出，草案应规定人才签证类别，以更好地吸引海外优秀人才。

移民法专家、北京理工大学法学院教授刘国福认为，将人才签证类别写入《出境入境管理法》，体现了“技术移民”理念，“全球人才争夺战，此前很多国家的出入境法规都体现了这一理念”。

拟建统一出入境信息平台

张柏林说，有些常委委员提出，目前出入境管理信息系统由公安部和外交部分别建立，但从发展趋势看，应当由国家建立统一的出入境管理信息平台，以有利于部门之间的信息共享。就此，草案已作出明确规定，“国家建立统一的出境入境管理信息平台”。

刘国福说，此前媒体曾屡次曝光双重国籍现象，“形成双重国籍，一个原因就在于出入境信息平台各自为政，没有实现共享。因此，整合各部门平台后，有利于打击双重国籍”。

非法出入境罚款最高5 000元

初次审议后，有常委委员提出，对有些违法行为规定的法律责任偏轻，建议提高罚款数额。二次审议稿规定，下列行为的罚款数额已适当调高：非法出入境或者协助他人非法出入境；容留、藏匿非法入境的外国人；非法介绍、聘用外国人等。

草案规定，非法出入境，处1 000元以上5 000元以下罚款；容留、藏匿非法入境的外国人，处2 000元以上1万元以下的罚款。

（《新京报》2012－04－25）

中国拟增加“人才签证”类别吸引海外人才

24日提交全国人大常委会二次审议的《出境入境管理法草案》在普通签证类别中增加了“人才引进”一类。

在中国，签证分为外交签证、礼遇签证、公务签证、普通签证。

草案规定，对因工作、学习、探亲、旅游、商务活动、人才引进等非外交、公务事由入境的外国人，签发相应类别的普通签证。普通签证的类别和签发办法由外交部会同公安部等国务院有关部门规定。

外国人申请办理签证，应当向驻外签证机关提交本人的护照或者其他国际旅行证件，以及申请事由的相关材料，按照驻外机关的要求办理相关手续、接受面谈。

“外国人申请办理签证需要提供中国境内的单位或者个人出具的邀请函件的，申请人应当按照驻外签证机关的要求提供。出具邀请函件的单位或者个人对邀请内容的真实性负责。”草案写道。

草案在总则第五条还明确规定：国家建立统一的出境入境管理信息平台，实现有关管理部门信息共享。

目前，在中国，公安部、外交部按照各自职责负责有关出境入境事务的管理。

草案规定，公安部、外交部在出境入境事务管理中，应当加强沟通配合，并与国务院有关部门密切合作，按照各自职责分工，依法行使职权、承担责任。

目前，中国出入境管理信息系统由公安部和外交部分别建立。全国人大常委会委员齐续春、裴怀亮等表示，国家建立统一的信息管理网络，明确牵头单位，有利于各部门之间的信息共享，避免各自为政。

委员们普遍认为，制定《出境入境管理法》对于规范出境入境管理，维护中国主权、安全和社会秩序，促进对外交往和开放很有必要。

（新华网 2012-04-25/余晓洁　邹伟）

《世界侨情报告2011—2012》在广州暨南大学首发

4月28日，《世界侨情报告2011—2012》首发式在广州暨南大学举行。据悉，这本书是暨南大学国际关系学院、华侨华人研究院成立后出版的第一本书，是暨南大学20多位从事华侨华人研究的专家学者集体努力的结果。

中国国务院侨办原副主任刘泽彭介绍说，《世界侨情报告2011—2012》是中国首部以海外侨情变化及相关政治经济形势为主要内容的专题报告出版物，涵盖华侨华人住在国国情与政治经济形势、华侨华人生存和发展的基本状况、华侨华人与住在国主流社会的关系、华侨华人与中外关系、华侨华人社会近期面临的问题以及可能存在的风险分析等内容，及时反映出全球传统和最新华侨华人侨居地的侨情动态变化，时效性非常鲜明。该书的出版，不仅有利于推进学术界对海外侨情的追踪和相关侨务问题的研究，同时也有助于新时期侨务工作相关政策的制定。

中国国务院侨办副主任赵阳在首发式上致辞表示，《世界侨情报告 2011—2012》的出版，是暨南大学推动华侨华人研究再上台阶的新举措，希望暨南大学以此为契机，充分发挥侨校的特色和优势，不断创新，努力把学校建设成为全方位为侨服务和侨务理论研究的高地。

据了解，暨南大学华侨华人研究院长期以来以研究世界各国华侨华人见长，出版过许多国别的华侨史。随着全球化时代的到来，世界各国华侨华人群体在数量上不断增加，其生存状况也变得越来越复杂和多元化。为了更好地反映这些变化和发展，研究新情况、新问题，暨南大学华侨华人研究院决定从今年起每年出版一本《世界侨情报告》。

（中国新闻网 2012－04－28/郭军）

中国修法整治　双重国籍难保

中国大陆移民最为关注的“双重国籍”话题最近又浮出水面，不过这次不是利好消息。中国将修改《出境入境管理法》，统一外交部和公安部的信息管理平台，以整治“双重国籍”乱象。不少入籍加拿大的移民在回流中国后，仍然通过各种方法保留中国国籍和户口。如果中国确定修法，在入加拿大国籍后还想保留中国国籍，恐怕就难于上青天了。

中国修法治双重国籍

中国第十一届全国人大常委会第 26 次会议于 4 月 28 日闭幕，在提交会议审议的《出境入境管理法草案（二审稿）》中，总则第五条明确规定：“国家建立统一的出境入境管理信息平台，实现有关管理部门信息共享。”在此法案通过之后，针对出入境管理信息系统由公安部和外交部分别建立的现状，今后中国将建立国家统一的出入境管理信息平台，以打击“双重国籍”。

中国全国人大常委会委员陈宜瑜指出，“改革开放以来，有较大数量的留学人员和以其他方式移居国外的中国人，在取得外国国籍后，并不报告，拥有的中国居民身份证还保留着，户口也没有注销”。

双重国籍美梦难成真

中国全国人大常委会委员金硕仁说：“中国公民在境外加入外国国籍后，到驻外使领馆申请退出中国国籍。但由于信息共享不及时，导致公安机关未能及时注销已加入外国国籍人员在中国的国籍信息，此类人员继续保留着国内户籍。”

官媒称打击迫在眉睫

双重国籍为何在中国成为“灰色地带”？中国官方通讯社新华社在一篇评论中指，其中一个重要原因在于利益纠葛上的“潜规则”。不少人认为美国、加拿大一些国家的福利确实好，很吸引人，但是又不愿意放弃国内的好处，希望通过双重国籍两头沾光，“鱼肉和熊掌兼得”。对于一些富豪级移民来说，保留“中国人”的身份不仅对他们在国内的事业很有必要，还能减轻公众指责其“在国内捞好处，却把财富转移到国外”的舆论压力。

新华社指，双重国籍不仅有损中国《国籍法》尊严，而且也给办理涉外行政、民事、刑事等司法事务带来诸多麻烦。评论称，“打击双重国籍迫在眉睫，这既需要部门之间加强信息共享，又要提高违法成本。对拥有双重国籍者，无论涉及谁，普通百姓还是名人明星，都要一视同仁、依法处理，以维护法律的尊严和威信”。

（《环球华报》2012－05－02/于雷）

中国侨联法顾委协理近5 000件涉侨案件　挽回数十亿

中国侨联主席林军8日透露，中国侨联法顾委自成立以来已协助处理近5 000件涉侨案件，其中投资金额巨大的涉侨经济案件500余件，出具法律意见函4 000余件次，累计挽回侨胞经济损失数十亿元。

林军在此间召开的中国侨联法顾委成立30周年纪念大会上发表讲话指出，法顾委参与协调解决重大涉侨案件，秉承尊重法律、维护法制的精神，依法有效地帮助处理涉侨案件，使中国侨联履行维护侨益职责真正落到实处。

林军说，处理重大涉侨案件时，法顾委将召开案例研讨会，出具法律意见，帮助侨胞提出正当诉求并支持其依法向有关部门反映或提起诉讼；对异地复杂案件专程赶赴实地协调，积极敦促有关行政部门依法行政、司法部门公正司法；对事实清楚、依法判决的案件则做好解疑释惑工作，使侨胞服判息诉。

他同时表示，法顾委积极参与侨务政策法律法规制定，实现了维权工作有法可依。法顾委先后对国务院及有关部委提交全国人大常委会审议的百余部法律草案提出了修改意见和建议，绝大多数意见得到采纳或部分采纳。

中国侨联法顾委推动《中华人民共和国归侨侨眷权益保护法》明确规定了中国侨联和地方侨联是代表归侨侨眷合法权益、履行维护侨益职责的人民团体，使侨联的地位和作用第一次在法律上得到确认。

林军指出，只有切实发挥法顾委的普法宣传推动作用、法制建设参谋作用、案件处理示范作用、法律咨询服务作用及参与社会管理积极作用，才能正确引导侨界群众依法维护自身权益。

（中国新闻网北京2012－05－08/娄晓）

年轻“海归”高回报时代结束　回国求职期望薪水仅三千

高投入立即带来高回报的留学时代已经过去。近日在上海首届中国留澳校友职业发展咨询会上，一些为留学花费上百万的“海归”，求职的期望薪水仅为3 000多元。

据人力资源业内人士分析，相比国内高校的毕业生，“海归”的身价优势并不明显，同等条件下，月薪差别一般仅为500～1 000元。高投入未必就有高回报，主要原因在于，留学生刚回国，所学内容和国内实际情况往往有所脱节，实际应用能力比较差。不过，相关数据表明，虽然“海归”的平均起薪基本只比中国本土学生高20%，但是长远来看，他们的薪水增幅却远远高于后者。澳大利亚驻上海总领事馆教育领事徐佩仪则表示，“海归”们应该尽快调整心态、适应本土环境，相信其不久就能为各类在华企业带去不一样的火花和活力。

（《新华日报》2012－05－09）

全国侨联系统首部正规性行业性年鉴在京发布

日前，2012年度《中国侨联年鉴》编纂工作会议在京举行，中国侨联副主席乔卫，秘书长、办公厅主任王宏等出席了会议。会议发行了侨联系统的首部年鉴——《2011中国侨联年鉴》，部署了2012年年鉴编纂工作和任务。会议由中国华侨华人历史研究所所长赵红英主持。

《2011中国侨联年鉴》由中国侨联主席林军任编委会主任，副主席乔卫任常务副主任，副主席董中原、李卓彬、王永乐任副主任，王宏、赵红英任主编。年鉴的编纂工作由中国侨联办公厅和中国华侨华人历史研究所负责组织实施。

《2011中国侨联年鉴》是全国侨联系统第一部正规性、行业性年鉴，全面汇辑了自“八代会”以来中国侨联和地方各级侨联的工作情况，为社会各界提供中国侨联的有关资料，为各级侨联组织开展工作提供理论政策指导、工作经验及有关信息。在编辑规范上，遵循大事不漏、重点突出，实事求是、小事不凑的原则，紧跟时代步伐，坚持科学定位，忠实记录了侨联事业的发展历程和经验，向社会各界展示了侨联工作取得的突出成绩；在编辑内容上，既有以胡锦涛同志为总书记的党中央对侨联工作、广大归侨侨眷和海外侨胞的关心关怀，又有“八代会”的盛况，以及各级侨联紧密结合自身实际发挥优势、开拓创新的生动实践；在体例编排上，既有一定篇幅的领导讲话、文件汇编和大事记，更有各级侨联的实际工作反映；在编辑形式上，坚持图文并茂，增强了年鉴的生动性、全面性。

在2012年度《中国侨联年鉴》编纂工作会议上，乔卫首先充分肯定了《2011中国侨联年鉴》出版的重要意义。他说，《2011中国侨联年鉴》是中国侨联的首部年鉴，在侨联历史上是零的突破，为侨联走向年鉴编纂工作制度化、规范化开了好头，奠定了较好的基础。首部年鉴的编辑出版，得到了中国侨联领导的高度重视和有力指导，得到了各级侨联和机关各部门、各单位的大力支持，年鉴撰写人员和编辑工作者则以强烈的责任感和使命感，尽职尽责、默默耕耘，为首部年鉴的顺利出版贡献出一份力量。

乔卫要求，在2011年年鉴编纂工作取得成绩的基础上，要再接再厉、乘势而上，切实做好2012年年鉴编纂工作。第一，要加强组织领导，按时完成编纂任务；第二，要精心筹划内容，全面反映工作成绩；第三，要切实认真负责，严把年鉴撰稿质量关；第四，要不断推动创新，提高年鉴撰写水平；第五，要坚持精益求精，提升年鉴品牌影响力；第六，要秉持为侨服务，提高年鉴的社会影响力。

（中国新闻网 2012－05－15）

粤闽“侨批档案”入选世界记忆亚太地区名录

记者从广东省档案馆获悉，在16日于泰国曼谷召开的联合国教科文组织世界记忆亚太地区委员会第5次全体大会上，中国广东、福建两省联合申报的“侨批档案”，经过专家投票推荐，成功入选世界记忆亚太地区名录。

这是继2010年2月入选《中国档案文献遗产名录》后，“侨批档案”申遗工作取得的又一重大进展，“侨批档案”也成为广东首个世界记忆亚太地区名录项目。

据广东省档案馆披露，此次大会共审议5个提名项目，其中2项来自中国，分别为“侨批档案”（申报者为中国广东省档案局和福建省档案局）和“元代西藏档案”（申报者为中国西藏自治区档案局）。

至此，中国列入该名录的项目增至5项，其他3项为《本草纲目》、《黄帝内经》和天主教澳门教区档案文献（16世纪至19世纪）。2011年，《本草纲目》和《黄帝内经》还成功入选世界记忆名录。

侨批是华侨华人通过民间渠道及后来的金融邮政机构，寄给家乡眷属的书信和汇款的合称，又称“银信”。它属于民间文献，常以家庭为单位连续书写，真实记录了19世纪中期以来中国移民向亚洲、美洲、大洋洲等地区的迁移历程，还反映出外来文化在中国华南乡村引发的碰撞与融合及侨居国的历史文化变迁。因此，其在近代国际移民文献中具有突出意义。

侨批主要来自东南亚地区和北美洲的美国、加拿大，少量来自澳大利亚、古巴、墨西哥等国。

目前，中国广东、福建保存的侨批档案及相关文献有16万件之多，集中分布在广东的潮汕、五邑、梅州和福建的厦门、泉州、福州等侨乡。其中，广东侨批数量最大，现存约有15万件，福建侨批约有1.1万件。这些侨批大量产生于19世纪中期以后，直到1979年侨批业务归口中国银行统一管理，侨批正式退出历史舞台，前后历时近150年。

据悉，广东、福建两省档案局已共同向联合国教科文组织提交申请，争取在2013年召开的世界记忆名录国际咨询委员会评审会议上将“侨批档案”列为世界记忆名录项目。

（中国新闻网 2012－05－17/杨薇）

“健康光明行”活动为近3 000名患者免费实施复明手术

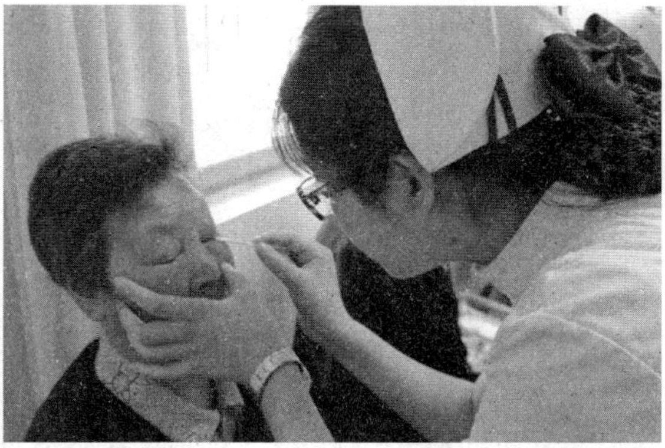

中国侨联副主席、新闻发言人乔卫17日在此间举行的“中国侨联新闻发布会”上透露，“健康光明行”活动自2004年启动以来，曾先后在甘肃、云南、安徽、湖北、辽宁、北京、天津、浙江、新疆、福建等全国10多个省区市开展，为2 667名贫困患者免费实施了复明手术，使他们重见光明。

据介绍，中国侨联“健康光明行”活动是一项为贫困白内障患者免费实施复明手术的公益事业。活动秉承“以人为本”的理念，以“扶贫济困、促进和谐”为主要目的，旨在使生活困难的农村白内障患者重见光明、重拾生活的信心，以及改善当地医疗条件、推动贫困地区医疗事业发展。

近年来，随着爱心企业的不断加盟，“健康光明行”这一惠及千家万户的公益事业产生越来越广泛的影响。活动过程中，各级侨联组织充分发挥联动作用和群众工作优势，积极整合社会各方资源，广泛参与，扎扎实实为困难群众办实事、办好事，取得了较好的社会效益，充分体现了侨联组织围绕大局、服务群众的社会职能。

乔卫表示，根据侨联2012年工作部署，中国侨联“健康光明行”活动已于4月初在湖北省襄阳市启动，预计10月底完成所有工作。此次活动由中国侨联联合湖北省侨联、天津市侨联、浙江省侨联、天津医科大学眼科中心、北京市卫生局、北京同仁医院等单位与湖北省相关单位协同开展。

据了解，活动主要内容包括：一是组织医疗队分赴湖北荆州、黄冈、襄阳、黄石、宜昌等地，为当地贫困白内障患者实施免费复明手术1 000例；二是医疗专家与当地医院开展学术交流和培训活动；三是为当地医院提供必要的医疗设备；四是与荆州侨联党支部签订结对服务基层协议。目前，活动已为襄阳和黄冈的贫困白内障患者实施300例手术，手术成功率100%。其余700例患者手术，将在年内陆续完成。

（新华网 2012－05－17/李菲）

中国已建成留学人员创业园160余家　吸引2万余海归

记者从17日在此间举行的"中国侨联新闻发布会"上了解到，目前，中国已建成留学人员创业园160余家，入园企业超过8 000家，2万余名留学人员在园内创业。

据介绍，81%的科学院院士、54%的工程院院士、72%的"863"计划首席科学家都是海外留学、修学回国人员，他们在各个领域作出了重要贡献。

据统计，1978年到2011年底，中国各类出国留学人员总数达224.51万，留学回国人员总数已达81.84万。

近年来，中国侨联围绕"科教兴国"、"人才强国"战略，根据海外新侨的要求和愿望，每两年举办一届新侨创新成果交流会，共表彰了在回国创业和为国服务中成绩突出的创新人才326人、创业成果100项、科技进步带头人38名、科技兴业示范企业47个，命名了科教兴国示范基地35个。

中国侨联副主席、新闻发言人乔卫指出，海外人才是中国现代化建设的特殊资源，是中国发展的特需人才，也是侨联组织的独特资源，吸引、鼓励海外高新技术人才回国创业和工作，是实施"人才强国"战略的重要内容。

同时，为积极服务"科教兴国"、"人才强国"战略，充分展示新侨创业创新成果，中国侨联拟于今年7月底至8月初举办"第四届新侨创新成果交流会暨华生生物国际科技创新峰会"。

（新华网 2012－05－17/李菲）

2011年中国侨办系统受理侨胞捐赠逾35亿元

中国国务院侨办官员18日表示，据不完全统计，2011年度全国侨办系统受理或协助办理的华侨华人、港澳同胞和归侨侨眷捐赠国内公益事业项目7 115个，捐赠金额达35.35亿元人民币。

国务院侨办国内司司长赵昆在接受中国新闻社记者专访时表示，统计显示，侨胞捐赠中投向教育领域的捐赠额为21.49亿元，占总捐赠额的60.80%；投向扶贫济困助残养老事业5.31亿元，所占比重为15.03%；投向基础设施建设3.35亿元，所占比重为9.47%；投向医疗卫生事业2.87亿元，所占比重为8.10%；投向文化体育事业2.04亿元，所占比重为5.78%；投向救灾2 883.28万元，所占比重为0.82%。

赵昆透露，接收捐赠超亿元的省份有6个，依次为广东12.48亿元、福建6.89亿元、浙江3.88亿元、河南3.12亿元、海南2.4亿元、江苏1.5亿元。接收捐赠超千万元的省和直辖市有11个，从多到少依次为上海、四川、山东、北京、湖南、云南、甘肃、广西、陕西、江西、湖北。

赵昆指出，当前侨胞捐赠呈现三个特点：

一是捐赠热点集中，领域分散。在近些年的统计数据中，用于支持教育事业的捐赠额度均是最大的，2011年仅广东、福建、浙江、河南、江苏五省捐助教育事业总额就达16.65亿元。赵昆说，除教育事业外，扶贫救济、助残养老等社会事业占捐赠总额的15.03%，修桥铺路等基础设施建设占9.47%，医疗卫生事业占8.10%，用于其他领域的捐赠则相对分散。

二是传统侨乡捐赠工作稳步发展，其他地区步伐紧跟。赵昆透露，有6个省市侨办接收捐赠分别超亿元，共占全国接收侨胞捐赠总额的87.73%，其中广东、福建两个传统侨乡省份捐赠总额占全国侨胞捐赠总额一半以上。河南、海南、江苏等省份近年来侨胞捐赠工作一直较为活跃。

三是基金会发挥作用大，侨资企业贡献大。从各级侨办上报的情况看，以基金会的名义捐赠的项目越来越多，尤其是在非传统侨乡地区也有了较快增长。基金会以其组织化、规范化的运作模式，为更多侨胞实现捐赠公益慈善事业提供中介和服务，其运作和管理日益规范化，并逐渐得到广大捐赠人的信任。

"此外，许多侨商通过其在国内的企业捐办公益事业，取之社会、回馈社会，捐赠数额较大，实现了事业发展与社会责任的双赢，成为中国公益慈善事业中的一支主力军。"赵昆说。

（中国新闻网 2012－05－18/张冬冬）

近300名海外侨商参加第一届"京交会"开幕式

2012年5月28日，北京市人民政府侨务办公室组织来自39个国家和地区的近300名海外侨商参加第一届中国（北京）国际服务贸易交易会开幕式。

海外侨商们认真聆听了国务院总理温家宝在开幕式上的致辞，表示将发挥自身优势，充分利用"京交会"和"2012侨商北京洽谈会"等贸易促进平台，努力实现自身贸易领域的拓展和贸易产品的转型升级，挖掘有价值的商业项目，促进住在国与中国之间的商贸合作。

海外侨商在京期间除了参加首届“京交会”开幕式外，还将参加高层论坛、专业交易洽谈、综合展示、主题推介、权威发布会等活动。

据悉，“京交会”自今年起，将每年举行一届，内容涵盖商业服务、通讯服务等12类服务贸易。首届“京交会”以“服务贸易：新视野、新机遇、新发展”为主题，在12个专业展览展示和交易洽谈区中，每个区域都以交易撮合、项目洽谈为主，辅之展览展示、专业论坛。

“京交会”5天期间将举办130多场活动，其中9成以上致力于洽谈交易，展览面积达4万平方米，现场设置100间私密洽谈间，有近30位“世界500强”全球负责人出席，67家“世界500强”企业报名参会，客商覆盖5大洲的82个国家和地区，中国大陆31个省市和港澳台地区全面参与。

（中国新闻网 2012－05－28）

27国青年华商结束研修　李海峰冀把握“中国机遇”

由中国国务院侨办主办的第13期、第14期“海外华裔青年企业家中国经济高级研修班”1日在北京大学结业。结业仪式上，国务院侨办主任李海峰、北京大学副校长李岩松等，为来自美国、马来西亚、菲律宾、法国、中国香港等27个国家和地区的100位华裔青年企业家颁发了结业证书。

李海峰在研修班结业式上指出，当前的中国正处在重要的战略发展阶段。加快转变经济发展方式、调整经济结构，深化改革开放，大力推进自主创新，着力发展战略性新兴产业，实现全面、协调、可持续发展将是未来中国经济社会发展的主导方向。

她说，经过30多年的改革开放，中国形成了全方位、多层次、宽领域的对外开放格局，全球流动的人才、技术、商品、资金和信息把中国同世界紧密联系在一起，这也为广大海外华侨华人提供了一个发挥各自在财力、智力、商业和人脉网络等方面优势参与和支持中国经济发展的广阔舞台。

“你们中许多人的祖辈、父辈多是德高望重、事业成功的知名华商。还有一批人借助中国大发展的背景，在海外艰苦创业，成就了事业。”李海峰说，老一辈华商心怀故土、情系桑梓，以不同方式在支持和参与中华民族的解放、建设与发展过程中发挥了不可替代的作用。

中国国务院侨办自2004年起开始举办“华裔青年企业家中国经济高级研修班”。李海峰表示，8年来，近500位海外华裔商界青年才俊从中受益，研修班增进了他们对中国当前经济形势、政策及投资环境的了解，密切了他们与祖（籍）国的联系交往，也拓展了中国与世界的联系渠道。

（中国新闻社北京2012－06－01/张冬冬）

我国公民海外安全问题日益凸显

据外交部统计，仅2010年我国出境人员就突破6 000万人次。目前，有1.6万多家中国企业在海外发展，在海外负笈求学的中国留学生更是将近200万人。来自外交部的资料显示，领事保护案件目前年均有3万多起，政局动荡、治安混乱、公共卫生问题、恐怖袭击、沉船车祸，都是威胁海外中国公民人身安全的主要“杀手”。

海外安全问题分传统和非传统两种。传统安全，是指一些国家政局动荡，这些可能导致武装冲突甚至是战争，对海外公民或者企业发展带来威胁。然而在最近几年，非传统安全因素发展得更加迅猛，海盗、恐怖袭击越来越多，疾病、地震、海啸、核辐射等都会影响到中国公民在海外的生存和发展。

中国人民大学公共管理学院副教授王宏伟说：“走出去的人多了，发生安全问题的概率就大了。尤其像非洲、中东等地区，地缘政治环境很复杂，各种各样的社会矛盾、种族矛盾、族群冲突，都可能会把中国人卷进去。”

在外交部网站的“海外安全”栏目下，各类型的安全提醒及警示累计达千余条，涉及全球众多国家与地区。近几年，有关部门适时发布中国人海外安全报告。2011年外交部正式开通中国领事服务网，为出境中国公民和机构提供“一站式”海外安全信息和领事服务，包括国别信息、领事新闻、安全预警、应急电话等，预防性领事保护不断加强。

在信息技术迅猛发展的当前，及时利用微博、QQ等新技术方式，也是搭建“海外安全网”的重要环节。中铁十三局集团四公司党委书记刘敏说，在一些海外突发事件中，企业前后方之间通过微博等即时通讯工具进行实时联系，能有效保证信息沟通顺畅，即时调整有关危机处理方案，“这些是宝贵的实践经验”。

（《新民晚报》2012－06－04/胡飞）

中国侨联系统首度挂牌保护涉侨文化遗产

湖南首批涉侨文化遗产8日在长沙授牌，“中国辛德勒”何凤山墓、抗日胜利芷江洽降旧址等8处特色遗产入围。这是中国侨联系统首次授牌保护涉侨文化遗产。

湖南省侨联主席曹亚称，此举旨在推动华侨文化遗产的保护与利用，凝聚侨界精神，搭建联系海外华侨华人的文化纽带。

涉侨文物是近年兴起的一个新的文物门类。从2008年开始，湖南省侨联在中国侨联系统率先对涉侨文物的保护与利用进行调研，并联合文物部门对湖南省境内的涉侨文化遗产进行全面普查。

据湖南省文物局局长陈远平介绍，从目前掌握的情况来看，湖南的涉侨文物数量众多，种类也十分丰富，客观全面地展示了海内外侨胞艰苦奋斗的优良传统及为祖国和住在国所作的积极贡献。具体总数和相关资料尚在整理之中。

当日公布的湖南首批涉侨文化遗产还有黄兴故居、墓，蔡锷故居、公馆、墓，唐群英故居以及程潜公馆，田汉故居以及谢冰莹故居。

陈远平表示，此次授牌标志着湖南涉侨文化遗产的保护正式开始，将发挥积极的示范推动作用。今后，湖南文物部门将携手侨联系统形成合力，增加投入，加大对这些遗产的宣传、保护与修缮力度，开辟涉侨文化遗产旅游线路，构建立体的展示、利用平台。

（中国新闻社长沙2012－06－08/傅煜）

第七期海外华文媒体高级研修班结业　何亚非出席

6月10日下午，第七期海外华文媒体高级研修班在华侨大学举行结业式，国务院侨办副主任何亚非、国务院侨办宣传司司长郭锦玲出席了结业典礼，并向学员们颁发了结业证书。

何亚非说：“经过三天的学习、交流和考察，第七期海外华文媒体高级研修班今天就要结束了，大家从世界各地汇聚厦门，聆听专家学者的讲座，感受闽南文化的风韵，相互交流经营媒体的艰辛与收获。相信这一切对今后海外华文媒体的进一步发展将起到积极的促进作用。”

何亚非表示，广泛联系海外华文媒体，为海外华文媒体服务，是国务院侨办的一项重要工作内容，为做好这项工作，国务院侨办每年都要举办“海外华文媒体高级研修班”和“文化中国——海外华文媒体地方行”等活动，组织海外华文媒体到中国各地进行研修、采访。

“近年来，国侨办倾力打造的‘文化中国’品牌，包括‘四海同春’春节慰侨访演活动，以及‘名家讲坛’、‘中华才艺’等特色文化活动，受到海外侨胞的热烈欢迎。”何亚非希望此次参加研修班的海外华文媒体可以作为传播中华文化的使者，关注这些活动，积极参与到活动中来，将中华优秀文化更好地传递给海外侨胞和当地社会民众。

据悉，本次研修班的学员来自美国、法国、澳大利亚、日本、毛里求斯等国家，年龄最大的接近80岁，最小的只有21岁。他们中有常年旅居海外的华侨，也有出生在当地国家的第三代华人，有的学员是第一次到中国。

在厦门研修的三天时间里，学员们学习了中华传统文化、两岸新闻传播、新闻采编业务等方面的课程，并参观了泉州闽台缘博物馆，观看了“闽南神韵”表演，近距离感受了海峡两岸文化的交融和闽南文化的独特风韵。

美国华网社长胡大江在接受记者采访时表示：“此次研修班安排的课程特别适合我们了解中国的政策和海外媒体之间的关系，使我们明白自己的定位，这对（我们）以后的工作启发非常大。”

（中国新闻网 2012－06－11/范超）

全国侨务信访工作会议在江西南昌召开

6月18日，全国侨务信访工作会议在江西省南昌市召开，本次会议首度由国务院侨办和国家信访局联合举办。

当天，来自全国各省、自治区、直辖市、新疆生产建设兵团、各副省级城市侨办的领导和业务处长，15个省、自治区、直辖市信访局的领导和业务处长参加了会议，参加全国侨办系统信访干部培训班的全体学员列席了会议。

据悉，全国侨务信访工作会议每五年召开一次。国务院侨办副主任马儒沛、国家信访局副局长徐业安出席会议并作了重要讲话。江西省副省长谢茹出席会议并致辞。

马儒沛在会上作了《扎实做好侨务信访工作，努力维护侨界和谐稳定》的工作报告，全面回顾了过去五年全国侨务信访工作的总体情况。

马儒沛指出，各级侨办系统在党中央、国务院的正确领导下，坚持以邓小平理论和“三个代表”重要思想为指导，深入贯彻落实科学发展观，认真贯彻中央关于信访工作的一系列决策部署，积极落实第六次全国信访工作会议和2007年全国侨办系统信访工作会议精神，创新思路，真抓实干，认真处理归侨侨眷和海外侨胞的来信来访，切实维护归侨侨眷和海外侨胞在国内的合法权益，在推进改革、促进发展、维护稳定、凝聚侨心、为国家大局服务、促进社会和谐稳定等方面作出了积极贡献。

马儒沛深入分析了侨务信访工作面临的新形势，对做好今后一个时期的侨务信访工作作了动员部署，号召各级侨办系统和广大侨务信访干部深入贯彻落实全国侨务工作会议精神和《国家侨务工作发展纲要（2011—2015年）》，牢牢把握稳中求进的工作总基调，坚持“以人为本、为侨服务”的根本宗旨，求真务实，扎实工作，不断开创侨务信访工作新局面，以优异成绩迎接党的十八大胜利召开。

国家信访局副局长徐业安在讲话中传达了中央领导关于做好新时期信访工作的一系列重要指示，通报了全国信访工作的总体形势，高度评价了各级侨办系统在为侨服务、依法护侨等方面作出的突出贡献，对做好新时期侨务信访工作提出了希望和要求。

会议期间，黑龙江省侨办等6家省级侨办和北京市政府信访办等2家地方信访局作了交流发言，从不同角度总结了做好侨务信访工作的经验体会，受到与会代表的普遍赞誉。

据悉，国务院侨办、国家信访局于会前还联合出台了《关于进一步加强涉侨信访工作的意见》（下称《意见》）。《意见》进一步明确了涉侨信访事项的工作范畴、职责任务，对涉法涉诉信访事项的处理作了明确规定，强调各级侨办要加强涉侨信访信息报送机制、监督检查机制、侨务信访工作长效机制的建立健全。

与会代表普遍反映，《意见》具有很强的针对性和可操作性，是指导当前和今后一定时期涉侨信访工作的一个十分重要的文件，充分体现了国务院侨办和国家信访局对侨务信访工作的高度重视。

（中国新闻网南昌2012-06-19/刘占昆　吴薇）

首次在5个国家和地区建立中国海创周海外联络站

今年的中国海创周将首次建立海外联络站，海创周组委会将在日本、美国、加拿大、澳大利亚及欧洲等5个国家和地区，与海外华人团体合作建立中国海创周海外联络站，使海创周真正由一项活动变成一项长期的引才工作。记者采访了解到，海创周越来越注重引才工作的实效和长效，“人才回归、项目落地”是海创周努力要实现的目标。

为了切实提升海创周引才实效，从2011年开始，参会留学人员和各类机构实现了高效的网上报名方式，大家可以预定海创周期间参加的活动，有针对性地开展人才项目预对接工作，实现参会各方“会前对接洽谈，会上签约合作”。今年海创周在筹备前期特别注重征集人才和项目需求信息，先后多次召开各类会议并成立专门工作小组，广泛开展企业走访活动，深入了解企业的资源和需求状况。在此基础上，通过中国海创网和驻外使领馆面向学子发布需求信息，以需求带动海外学子积极报名参会。同时，通过进一步完善“网上海创周”服务平台，广泛开展人才项目预对接工作。在本届海创周活动期间，组委会还将继续打造“海归创业·成功有我”品牌活动，通过一系列的微论坛、微沙龙活动，为海外学子创造更多与政府、投融资机构和成功企业家面对面交流的机会，为各类参会人员提供更广阔的交流空间，力争让每一位参会者都有收获。

2011年，在大连市委、市政府的支持下，海创周组委会在澳大利亚、新加坡成功举办了海外高层次人才洽谈会，在欧洲举行了海外华人团体座谈会，都取得了非常好的效果，也使得海创周组委会与众多的海外华人团体建立了紧密的联系。今年海创周组委会将在日本、美国、加拿大、澳大利亚及欧洲等5个国家和地区，与海外华人团体合作建立中国海创周海外联络站，使海创周由一项活动变成一项长期的引才工作。本届海创周期间，组委会还将依托教育部和科技部资源，通过与驻外使领馆建立长期联系，组织推荐海外高层次人才和团队归国创业，从而为吸引海外高层次人才回归开辟新途径，也使大连市海外引才工作常态化。

（《大连日报》2012－06－20/隋明林　李天然）

国侨办召开海外华侨华人专业协会会长联席会

6月25日至27日，国务院侨办在江苏南京召开了“第五届海外华侨华人专业协会会长联席会”。来自美国、加拿大、英国、德国、法国、澳大利亚、日本等16个国家的80个较有影响的海外华侨华人专业协会的84位主要负责人应邀出席。国侨办、江苏省侨办及江苏省多个部门和地市的相关人员，以及新闻媒体人员等出席会议。

国务院侨办副主任任启亮、江苏省副省长张卫国出席会议并在开幕式上致辞。任启亮在讲话中高度评价海外华侨华人专业社团充分发挥桥梁、纽带作用，积极促进中外科技、经济、文化交流，不断推动海外华侨华人高层次人才回国创新创业和为国服务；强调中国未来的建设发展将继续为海外人才提供广阔的空间和舞台，冀望海外专业社团加强合作，创新会务，继续鼓励和支持广大会员为中国建设创新型国家作出新的贡献。

张卫国介绍了江苏省经济社会发展情况，希望海外专业人士多到江苏成就事业，促进江苏省的产业转型升级和科技经济进步，实现合作双赢、共同发展。

会议通过大会交流、分组讨论、对接洽谈、展示推介、合作恳谈、参观考察，以及特别邀请科技部发展计划司、人社部专业技术人员管理司、江苏省政府官员作专题报告等多种形式，达到了加强联谊、促进交流、推动合作、共谋发展的预期目的。

“海外华侨华人专业协会会长联席会”是国务院侨办加大引进海外高层次人才工作力度的重要举措，是国务院侨办实施“海外人才为国服务计划”的一项重要内容。自2005年起，国务院侨办先后在北京、上海、广东和湖北举办了四届“会长联席会”，共邀请了近300位海外华侨华人专业协会主要负责人与会，取得了积极的工作成效。

（国务院侨务办公室网站2012－06－27）

第12届“华创会”开幕　千余海外代表与会

由中央海外高层次人才引进工作小组指导，中国国务院侨务办公室、湖北省人民政府暨武汉市人民政府联合主办的第12届华侨华人创业发展洽谈会（简称“华创会”），于6月28日在湖北省武汉市拉开帷幕。

据组委会介绍，今年参加“华创会”的嘉宾总人数超过3 000人。其中，华侨华人专业人士及工商界人士达1 000多位，来自41个国家和地区，包括华侨华人专业人士700人，侨商代表300人。大会共收集整理国内外项目2 219个，其中海外项目541个，国内项目1 678个。

会议主要突出引智特色，重视招商引资，重点推进未来科技城建设，以生物医药、IT光电子、环保等战略性新产业为重点。与往届相比，今年“华创会”更加注重引进海外高层次人才，更加注重专场活动的实效性，更加突显为中部崛起战略服务的特点。

“十二年一个轮回，‘华创会’走过了不平凡的历程。”湖北省省委书记李鸿忠介绍说，11年来，“华创会”在引进海外人才、技术和资源等方面取得了丰硕成果，吸引了来自世界50多个国家和地区的6 000名华侨华人专业人士和工商企业人士参会，签订了1 300多个合作交流项目协议合同。

受邀参会的著名华人科学家、美国麻省理工大学教授、诺贝尔奖获得者丁肇中也在开幕式上发表了演讲。

（中国新闻社武汉2012－06－28/杨凯淇　艾启平）

中国立法规定华侨回国办理事务可凭护照证明身份

中国国务院侨办副主任任启亮3日在接受中国新闻社记者采访时说，《中华人民共和国出境入境管理法》第十四条在立法上明确了华侨在国内办理事务可以凭护照证明身份，也解决了华侨身份证件在法律衔接上的问题。

2012年6月30日，第十一届全国人民代表大会常委会第二十七次会议通过了《中华人民共和国出境入境管理法》，于2013年7月1日正式施行。《出境入境管理法》第十四条规定："定居国外的中国公民在中国境内办理金融、教育、医疗、交通、电信、社会保险、财产登记等事务需要提供身份证明的，可以凭本人的护照证明其身份。"

任启亮介绍了第十四条制定的相关背景。他说，近年来侨情发展变化的一个突出特点是华侨与中国国内的联系更加紧密，越来越多的华侨选择在国内居住、工作、学习、生活。华侨是定居在国外的中国公民，按照现行法律规定，除了办理回国定居外，华侨不符合办理落户申领国内居民身份证的条件。华侨在国内所持的有效身份证件是中国护照。

"但他们在国内办理事务时往往被国内一些部门和单位要求出示居民身份证。因没有居民身份证在国内办理事务碰到诸多不便，近些年华侨反映身份证件的问题较为集中和普遍。"

任启亮说，《居民身份证法》规定，居住在中国境内的公民可以申领居民身份证，华侨回国定居的才可以申领居民身份证。《护照法》规定，护照是中国公民出入国境和在国外证明国籍和身份的证件。之前没有法律条款规定华侨在国内应当以什么证件来证明身份，这次《出境入境管理法》第十四条就解决了《居民身份证法》和《护照法》在法律上的衔接问题，明确了不符合领取居民身份证条件的华侨持有护照可以在国内证明身份。

针对华侨普遍反映的无居民身份证在国内办事不便的问题，从2008年2月开始，国务院侨办就主动与公安部、外交部、国务院法制办等部门进行沟通协调，研究解决华侨在国内的身份证件问题。任启亮说，在《出境入境管理法》立法过程中，国务院侨办主动邀请全国人大常委会法制工作委员会、全国人大华侨委员会、国务院法制办等立法部门召开座谈会，达成在《出境入境管理法》中对华侨在国内办理事务以护照证明身份进行表述的共识。

"在立法过程中，有一些部门对第十四条的规定提出了不同意见，国务院侨办反复向有关部门进行解释和说明，最终在国务院常务会议、全国人大常委会审议《出境入境管理法》草案过程中，第十四条得以顺利通过。"

任启亮介绍，此前一些部门对华侨在国内办理事务以护照证明身份已制定有政策规定。比如在金融方面，2000年4月中国人民银行《关于〈个人存款账户实名制规定〉施行后有关问题处置意见的通知》中规定：居住在境内或境外的中国籍的华侨在有关金融机构开立个人存款账户或在原账户上办理第一笔存款时，其实名身份证件可以是中国护照。

在社会保险方面，经国务院侨办积极推动，2009年9月人力资源和社会保障部办公厅印发了《关于进一步做好在国内就业的华侨参加社会保险有关工作的通知》，明确规定了华侨可以以护照作为参加社会保险的身份证件，并规定了华侨以护照号码编排社会保障号码。

公安部2008年5月修订的《机动车登记规定》和2009年12月修订的《机动车驾驶证申领和使用规定》，都明确规定了规章适用的机动车所有人和机动车驾驶人包括华侨，华侨的身份证明可以是护照和公安机关核发的居住、暂住证明。

任启亮表示，应该说，这次《出境入境管理法》第十四条的规定也是将实践中实施的政策上升为法律，同时通过立法来推动政策的进一步完善。

（中国新闻社北京 2012－07－03/谢萍）

全国国外侨务工作会议在成都召开　何亚非出席

13日，由国务院侨办主办，国务院侨办国外司、四川省侨办承办的全国国外侨务工作研讨会在四川成都召开，来自全国各省、自治区、直辖市、新疆生产建设兵团和副省级以上的城市侨办有关负责人参加了会议。国务院侨办副主任何亚非、四川省副省长甘霖出席开幕式并作重要讲话。

据了解，本次会议的主题是深入贯彻落实全国侨务工作会议精神和《国家侨务工作发展纲要（2011—2015年）》，总结交流近年来开展国外侨务工作的经验和做法，分析国外侨务工作面临的新情况、新问题，深入探讨侨务对台、侨务公共外交、构建和谐侨社工作等问题，进一步明确新形势下开展国外侨务工作的思路和任务，推动国外侨务工作全面、深入、科学地发展。

何亚非在开幕式上作了题为“服务大局，开拓创新，推动国外侨务工作科学发展”的主题报告。他总结了近年来开展国外侨务工作的主要做法和成效，分析了当前开展国外侨务工作面临的新形势、新情况，提出了今后一个时期国外侨务工作的总体思路和主要任务。

会议还邀请国务院台办主任助理龙明彪和中国国际问题研究所所长曲星分别作题为“当前台海形势与对台工作”、“当前国际形势与中国外交热点”的形势报告。与会代表还将围绕何亚非的主题报告精神与今后如何进一步开展好国外侨务工作进行广泛、深入的讨论。

（中国新闻网成都 2012－07－13/安源　刘贤）

新移民高潮影响海外侨情　华人转型应找准定位

“近10年间，海外侨情发生重大改变，甚至近5年来的新发展也让人应接不暇。”中国国务院侨办专家咨询委员会委员、清华大学人文学院经济研究所副所长龙登高就新移民对海外侨情的影响接受了中国新闻社记者的采访。

他指出，新移民的持续剧增极大地改变了欧美、澳大利亚等地华人社会格局，短短几年间，海外的“华人观”与以往相比有了很大区别，各国社会与媒体改变了对华人的印象。

近20年来，中国的海外移民正呈加速度递增，中国制造的商品如潮水般涌向海外市场，中国企业与资本也迅速“走出去”，这都改变了过去单一的华人移民影响。

据龙登高的报告《侨情与侨资的深刻变化与重大发展》显示，北美洲华人从1990年的200多万人急增至2010年的550万人，欧洲华人由数十万急增至200多万人，非洲华人则由数万猛增至近百万人，中国的留学生数量也与10年前相比每年增长10倍。

“近五六年来，中国正步入对外移民高潮的周期，留学移民、技术移民、商业移民、投资移民、家庭移民等人数都迅速增加。”

龙登高指出，受此影响，海外华人社会以老侨与港台、东南亚华人移民为主体的格局正逐渐转变为以中国大陆移民占多数。此外，华人素质提高，经济条件改善，其构成也更趋多元化。

“新移民在数量上成为海外华人社会的主体，导致新兴信息技术成为了华人与祖（籍）国沟通联络的新途径。”龙登高认为，新移民为华人社会注入了新鲜血液，海外华人与中国的联系及国际间的交流更加畅达便捷、丰富多样，信息技术改变了海外华人与祖（籍）国的空间观。

在国务院侨办专家咨询委员会委员、厦门大学公共事务学院教授李明欢看来，互联网络的兴起根本性地颠覆了海外华人以往联络感情的模式。

“新移民更倾向于通过网络获取信息、寻求帮助，社团网络化联系也较以往模式发生了变化。这种联系更快捷、更直接，一些海外华人甚至比国内亲属更快地了解到国内的信息与事件。”

“近10年间侨情的变化为华侨华人的生存和发展提供了新的机遇。”龙登高表示，华人社区、网络形态的丰富多样及新兴社团的迅速崛起都是有力的证明。此外，唐人街之外的立体综合商场型华埠在欧美各大都会和郊区纷纷涌现，正成为欧美华人崭新的社区载体。

李明欢则表示，这些变化表明海外华人的形象正处于一个“转型期”，海外华人需要在转变中正确寻找自己的定位。

（中国新闻网 2012－07－22/娄晓）

何亚非：侨务系统要把侨胞的生存发展放在首位

23日，云南省侨务工作会议在昆明召开。会议总结了6年来云南省侨务系统在为侨服务、华文教育等方面取得的成绩。国务院侨务办公室副主任何亚非出席会议并作讲话。

会上，何亚非分析了当前国际形势和侨务工作的发展规律，并阐述了“十二五”期间侨务工作发展的主要任务。

何亚非感谢云南省委、省政府长期以来对侨务工作的高度重视和大力支持，对云南省侨务工作给予肯定。他称，中国侨胞有60%在东南亚国家。云南省毗邻东南亚，是侨务大省，在侨商引资、为侨服务、华文教育、对外联谊等方面做了大量工作，是全国侨务工作最具活力的省份之一。

6年来，云南省侨办积极促成华商与云南企业签署正式合同38份，吸引侨资总额30亿美元，实际到位20.62亿美元，在云南经济社会发展中发挥了积极作用。中央、地方共投入资金8.49亿元，完成云南华侨农场改革。同时，成立云南华文学院，加大对周边国家的华文教育力度，与全球80余个国家的200多个侨团建立联系，与50多个华商总会建立合作关系。

何亚非表示，云南省侨务系统要把侨胞的生存发展放在首位，明确工作思路，拓展公共外交，注重涵养侨务资源，积极拓宽为侨发展和经济建设服务的领域和空间，提升侨务工作服务大局的水平和能力，为本地区的发展作出新的更大的贡献。

（中国新闻网昆明2012－07－23/史广林）

海归创业蓝皮书：完善中国绿卡持有者相关国民待遇

23日在北京发布的《中国海归创业发展报告（2012）》蓝皮书指出，中国应立足基本国情，借鉴全球各国通过绿卡进行国际人才竞争的实践经验，探索完善人才绿卡制度，完善绿卡持有者即永久居民的相关基本国民待遇。

由中国与全球化研究中心和北京大学光华管理学院创新创业中心共同完成的这本蓝皮书指出，在人才跨国流动中，由签证、绿卡、入籍等政策构成的人才入境以及移民的政策体系，既是人才流入所必需的、最基本的门槛，也是各国引进人才重要的、战略性的工具与手段。尤其是绿卡和入籍制度，是永久性和长期引进人才的必要政策配套，也是外来人才扎根的必要保障，还是吸引海外人才的手段。

蓝皮书表示，2004年8月，中国正式发布《外国人在中国永久居留审批管理办法》。该办法对外国人申请在中国“永久居留”的资格条件、申请材料、审批程序、审批权限、取消资格等方面作出了明确规定，却对持有绿卡者能够享有的国民待遇没有明确的规定。

为此，蓝皮书建议出台《外国人在中国永久居留审批管理办法》补充条款，对技术移民、投资移民、贡献移民进行细化分类并完善相关政策。对优秀人才、高技能人才、专业人才等技术移民申请绿卡可考虑实施积分评估制，并放宽申请者任职单位的限制。领军型世界顶尖人才则可以直接申请绿卡，不设定在中国的居留时间以及单位聘请等限制。

蓝皮书还建议，绿卡的职能定位应是享有“等同于本国公民”的基本国民待遇，不是“超国民待遇”，也不能等同于长期签证，但在参政议政等方面有所限制。同时，还需明确绿卡持有者的义务，以及持续持有绿卡需要的一定条件，并出台绿卡持有者符合一定条件后可以申请入籍的政策。

“绿卡申请制度应特殊考虑原籍中国、各类记录良好的海外留学人员与海外华人的申请，但在国民待遇上不特殊照顾。”

（中国新闻网北京 2012－07－23/张冬冬）

国侨办与12个省市签署合作协议　多在中西部及东北

中国国务院侨务办公室经济科技司司长庄荣文6日接受中国新闻社记者采访时透露，自2010年3月以来，国务院侨办已先后与中国内地12个省（直辖市）签署了合作协议或“备忘录”，以发挥侨务优势，服务国家大局，促进地方开放发展。

庄荣文介绍，2010年3月国务院侨办与重庆市政府签署《关于发挥侨务优势，建设中国内陆开放高地合作框架协议》，此后又先后与湖北、北京、甘肃、四川、云南、湖南、安徽、河南、江西、广东、吉林等省（直辖市）签署了合作协议或“备忘录”。

“从已经签署协议的省（直辖市）所在地区来看，主要集中在中西部地区以及东北地区等老工业基地。”庄荣文说，相比东部沿海地区，这些地方的对外联系渠道较少，对外开放程度较低，是中国西部大开发战略、中部崛起战略以及东北地区等老工业基地振兴战略所覆盖的地区。

在已经签订的合作协议或“备忘录”中，大都涵盖了5个方面的内容，即侨务引智引资、海外联谊、侨务外宣和华文教育、归侨侨眷服务及建立合作沟通机制。

“协议签署以来，国务院侨办与地方政府加强合作，联合举办了一系列大型引资引智活动。”庄荣文说，已有一大批海外著名侨商、高科技人才在地方投资创业，取得了较好的经济效益和社会效益。

庄荣文表示，通过强化联谊服务引导工作，众多高层次的海外对华友好力量更加积极地参与中国各地方的发展建设，海外华文教育、侨务文化外宣以及依法护侨和为侨服务工作也取得了较好的成绩。

他强调，国务院侨办与地方政府签署合作协议，加强了地方政府对侨务工作的认识和重视；同时，侨务资源的独特优势也拓宽了相关省（直辖市）对外联系的渠道，加快了开放发展的步伐，成为地方加快转变经济发展方式、实现“走出去”的重要力量。

（中国新闻社北京 2012－08－06/谢萍）

任启亮：海外侨胞在四方面发挥重要独特作用

中国国务院侨办副主任任启亮6日在上海指出，随着时代发展不断深化，广大海外侨胞在四方面发挥着重要而独特的作用。

任启亮是在当天出席上海市侨务工作会议时作此表述的。在听取上海侨务工作的汇报后，他充分肯定上海在为海外华侨回国创业、开展华文教育和为侨服务等方面所做的努力。

他说，广大海外侨胞拥有雄厚的经济实力、丰富的智力资源和广泛的商业网络，他们在促进中国经济结构调整、推进科技进步和创新方面，在维护和促进祖国统一，反对分裂、维护国家核心利益方面，在中国积极推进同各国关系，拓展公共外交，促进中国人民与世界人民友好交往方面，在提升中华文化国际影响力、改善外部舆论环境、提升中国形象、增强中国国际软实力这四个方面正发挥着重要而独特的作用。

“为有利于海外侨胞的长期发展，要坚持以人为本，坚持以联谊、服务、引导为核心的方法为侨服务。”任启亮特别强调，“十二五”时期，中国侨务工作要坚持“大侨务观念”。在他看来，侨务工作范围涉及政治、经济、文化、科技等方方面面，是全方位的工作，侨务工作的方式方法也是多方面的，“侨务工作不是侨务部门的事情，是大家的事情”。

（中国新闻社上海 2012－08－06/许婧）

欧美同学会会员人数已逾7万　成国内最大海归团体

截至2012年8月，欧美同学会·中国留学人员联谊会会员达73 768人，成为国内最大的海归团体。

“目前，欧美同学会所代表和联系的出国留学人员和归国留学人员数量达到前所未有的240万。”欧美同学会副秘书长许睢宁介绍，“此外，在各省区市拥有28家团体会员、15个国家分会和7万多名个人会员，并且与100多家海外留学人员组织保持密切联系。”

据悉，成立于1913年10月18日的欧美同学会即将迎来百年华诞，各项庆祝纪念活动已在开展。

（《人民日报·海外版》2012－08－16/林娟）

中国侨联：全国30个省级侨联都已成立法律咨询机构

中国侨联主席林军8日表示，截至目前，中国侨联法顾委已拥有海内外委员121名，在全国30个省级侨联、180个地市县侨联成立了法律咨询机构，拥有专兼职法律工作者3 000余人。法顾委组织已成为依法维护侨益的一支重要力量。

中国侨联八届七次常委会议当天在京召开，林军在会上作了以上表述。他说，为了进一步扩大维护侨益宣传，今年5月，中国侨联召开了法顾委成立30周年纪念大会，回顾了法顾委的发展历程，肯定了法顾委的维权工作，总结了法顾委的成功经验，为法顾委进一步充分发挥作用提出了新要求。

此外，中国侨联重视进一步加强与侨界人大代表、政协委员的联系，充分发挥他们参政议政的作用。今年全国“两会”前夕，中国侨联针对侨胞关心的热点问题，通过调研听取各级侨联的意见和建议，积极向侨界人大代表、政协委员提供提议案素材，素材采用率达100%。“两会”期间，中国侨联先后举行了6场座谈会，听取归侨全国人大代表、侨联界全国政协委员和列席全国政协会议的海外嘉宾对侨联工作的意见和建议。

同时，侨联还不断做好为侨服务工作，关注侨界困难群众的生产生活问题。各级侨联在春节期间，共慰问困难归侨侨眷8.4万人，累计发放慰问金1 200余万元。中国侨联领导分别带队赴海南、广西、广东、福建、云南、江西六省区华侨农场，与当地侨联组织一道开展调研，并就农场的改革发展问题向中央有关部门建言献策。

林军在会议上向常委会报告了八届四次全委会议以来的主要工作，并部署了年内后几个月的任务，包括：增强政治意识和大局意识，为党的十八大胜利召开营造良好氛围；做好协商推荐人大归侨侨眷代表和提名侨联界政协委员人选工作，为侨联参政议政奠定良好的组织基础；夯实基层组织基础；精心办好有影响的活动，确保年内任务圆满完成等。

（新华网北京2012－08－08/李菲　王子乔）

林军：创新成果助推经济转型　新侨人才呈现新特点

“据统计，1978年到2011年底，我国各类出国留学人员总数达224.51万，留学回国人员总数已达81.84万。而目前，全国已建成留学人员创业园160余家，入园企业超过8 000家，2万余名留学人员在园内创业。”中国侨联主席林军10日在出席由中国侨联主办的第四届新侨创新成果交流会开幕式时的发言披露了这些数字。

他表示，新时期以来，一大批海外学子学成归来，为中国科技创新和产业变革贡献才智，侨界创新人才正在成为我国科技事业发展历史过程中一股不可忽视的力量。

林军指出，近年来，中国侨联围绕“科教兴国”、“人才强国”战略，根据海外新侨的要求和愿望，每两年举办一届新侨创新成果交流会。通过这一活动的开展，既推进各地新侨工作的开展，先后成立了一批侨界专业人士联合会、留学人员联谊会等新侨回国创业服务组织，又发挥了新侨的独特作用，在推动国家自主创新、产业升级、区域协调发展等方面作出了积极贡献。本届中国侨界贡献奖共表彰创新人才143名、创新成果64项、创新团队54个。

林军表示，此次表彰的人才、成果、团队具有人选层次高、专业领域分布广、社会贡献率大的新特点。

据统计，创新人才、成果和团队负责人中有院士 9 人，博士以上学位的占 91.6%。其中，由“千人计划”引进的人才占了近 1/3，还有相当部分是“百人计划”、“长江学者”、享受国务院特殊津贴的专家。获国家三项大奖（自然科学奖、科技进步奖、技术发明奖）的有 43 人（49 项）。其中，64 个创新成果奖的获奖项目共获专利 440 余项，带动建立了 37 个产学研基地，产生直接经济效益 900 余亿元，间接经济效益 2 300 余亿元。54 个创新团队奖的获奖团队共获专利 3 100 余项，带动建立了 25 个产学研基地，产生直接经济效益 1 000 余亿元，间接经济效益约 4 300 余亿元。这些创新人才和成果在推动中国经济转型升级、产业结构调整等方面作出了重要贡献。

（中国新闻网北京 2012－08－10/娄晓）

李海峰冀海外侨胞做中国公共外交使者

中国国务院侨办主任李海峰 14 日表示，希望每一位海外侨胞都成为中国公共外交的使者，以多种方式客观、真实地向住在国主流社会及民众介绍中国国情和发展道路。

由中国国务院侨办和中国海外交流协会主办的“2012 中国海外交流协会海外理事会议暨东北行”活动 14 日在哈尔滨启动。李海峰在会上作主题报告时表示，中国与世界的联系日益紧密，公共外交在阐述本国立场、树立国家形象、营造良好国际环境等方面具有独特作用。

她指出，海外华侨华人生活在世界各国，行业分布十分广泛，既懂中国文化、了解中国国情，又融入当地社会，了解住在国的政治、文化和社会环境，具有“贯通中外”的天然优势，是中国与住在国之间沟通的重要桥梁和纽带，是公共外交的积极参与者和推动者。

李海峰表示，文化交流是公共外交的重要载体和有效途径。中华文化是海内外中华儿女共同的宝贵精神财富，塑造了中华民族淳厚中和、刚健有为的人文品格和道德风范，是中华民族薪火相传、团结奋进的不竭动力。

她说，国务院侨办将做大做强“文化中国”品牌，在明年春节期间继续组派 6 个“文化中国·四海同春”艺术团和 3 个艺术小组分赴 5 大洲访演，继续组织“名家讲坛”、“中华才艺”、“中华美食”、“中华医学”等系列活动，不断提升品牌活动的吸引力和感召力，继续支持世界各地侨社和海外侨胞自主创办的文化团体。

李海峰表示，希望海外侨胞都成为传播中华文化的使者，积极传承、弘扬中华民族“以和为贵、协和万邦”的优良传统和亲仁善邻、讲信修睦等优秀文化，与国务院侨办在拓展华文教育、推进中外文化交流、扶持华文传媒发展、推动中外文化产业合作等方面密切合作，为中华文化的发扬光大和人类文明的共同进步发挥积极作用。

（中国新闻网哈尔滨 2012－08－14/张冬冬）

“侨务涉疆涉藏工作专题研讨班”在成都开班

全国侨办系统“侨务涉疆涉藏工作专题研讨班”14 日在成都举办。来自全国各省、自治区、直辖市、新疆生产建设兵团侨办的学员及四川省侨办、成都市侨办的机关干部共计 120 余人参加了开班仪式。国务院侨办副主任马儒沛出席开班仪式并作动员讲话，国侨办人事司司长许玉明主持开班仪式。

本次研讨班是国侨办首次以侨务涉疆、涉藏工作为主题举办的专题培训班，旨在进一步贯彻落实中央新疆工作座谈会、第五次西藏工作座谈会和全国侨务工作会议精神，分析涉疆、涉藏侨务工作面临的新情况、新问题，进一步明确新形势下开展涉疆、涉藏侨务工作的思路和任务，推动涉疆、涉藏侨务工作全面、深入、科学发展。

培训期间，学员们将系统学习新疆、西藏的历史、现状、文化宗教、海外侨情及侨务工作、媒介素养与应急管理等课程，并赴四川藏区就灾后重建工作进行调研，交流分享各地开展涉疆、涉藏侨务工作的经验和做法。

国侨办副主任马儒沛在动员讲话中，紧密结合本期培训主题，就如何做好侨务涉疆、涉藏工作重点阐述了四个方面的内容：一是要深入贯彻落实中央要求和全国侨务工作会议精神，增强做好涉疆、涉藏侨务工作的紧迫感和责任感；二是要充分认识侨务部门开展涉疆、涉藏工作的独特优势，切实增强做好涉疆、涉藏侨务工作的信心；三是要准确把握形势，统筹做好新时期的涉疆、涉藏侨务工作，更好地发挥侨务部门服务大局、推动科学发展的作用；四是希望广大学员积极参加教育培训，务求学有所获。

马儒沛同时希望广大侨务干部进一步增强紧迫感和责任感，牢固树立政治意识、大局意识，按照中央对新疆、西藏工作的统一部署，以奋发有为的精神状态和求真务实的工作作风，创造性地开展工作，把涉疆、涉藏侨务工作提高到一个新水平，不断开创工作新局面，为促进新疆、西藏跨越式发展和长治久安作出应有的贡献。

近年来，国侨办充分发挥侨务部门的独特优势，积极引导海外华侨华人到新疆和藏区投资考察，与当地合作，共谋发展，开展了“海外华商西部行”、“侨资企业西部行”、“侨爱工程——点亮藏区牧民新生活计划”等系列活动，促进了当地社会经济文化的发展。

国侨办国外司副巡视员林旭、四川省侨办主任周敏谦、新疆维吾尔自治区侨办副巡视员赵生荣等也参加了开班仪式。

（中国新闻网成都 2012－08－14/徐杨祎）

全国华侨农场改革和发展工作会议在京召开

2012年7月26日，国务院华侨农场发展和改革工作小组在京召开全国华侨农场改革和发展工作会议。国务院办公厅、国务院华侨农场发展和改革工作小组18个成员单位、中央涉侨单位的有关负责同志，吉林、福建、江西、广东、广西、海南、云南等七省（区）人民政府分管领导和有关部门负责同志，华侨农场所在设区市（州）负责同志、部分华侨农场主要负责同志等共约200人出席了会议。

国务院领导对会议的召开高度重视。国务委员戴秉国于会前专门作出重要批示，对各地区、各部门贯彻落实国务院决策部署，稳步推进华侨农场体制改革，推动华侨农场所在地经济社会加快发展所取得的重要阶段性成果给予了充分肯定。他要求有关地方政府要进一步加强领导，强化主体责任，按照“体制融入地方、管理融入社会、经济融入市场”的目标，继续深化华侨农场体制改革，更加注重保障和改善归难侨民生，使广大职工和归难侨共享国家改革发展成果；国务院有关部门也要进一步加大政策支持力度，加强政策落实情况的监督检查，不断开创工作新局面。

会上，国务院侨办主任李海峰作主题讲话，国务院华侨农场发展和改革工作小组组长、国家发改委副主任杜鹰代表工作小组作工作报告。他们分别从不同侧面总结了2007年以来各地贯彻落实国务院关于推进华侨农场改革和发展的重大决策部署所取得的成绩和经验，总结了当前存在的主要问题，提出了下一阶段的工作目标和工作要求。国务院侨办副主任马儒沛主持会议并作总结讲话。

李海峰主任在讲话中指出，2007年以来，华侨农场改革和发展工作取得了阶段性重大成果，体制改革稳步推进，历史遗留问题得到有效解决，产业发展逐步加快，广大职工和归难侨生产生活水平显著提高，但仍然存在一些突出的困难和问题。她要求，下一阶段华侨农场要继续坚持“三融入”的改革取向，努力推动“五个转变”，即在管理体制上，由体制外向体制内转变；在经营机制上，由政企合一向政企分开转变；在扶持政策上，由边缘化向常态化转变；在思想观念上，由封闭性向开放性转变；在产业发展上，由输血型向造血型转变，实现华侨农场的彻底融入和良性发展。在具体工作中，要正确认识和处理经济属性与政治属性的关系，把华侨农场工作作为一项严肃的政治任务，讲政治、带感情、办实事，扎实推进华侨农场改革发展工作；正确认识和处理改革发展与维护稳定的关系，把保障和改善归难侨民生放在更加重要的位置切实抓紧抓好，关心归难侨所思所需所急，倾听群众呼声，着力维护华侨农场长期和谐稳定；正确认识和处理中央支持与地方主导的关系，明确地方政府的领导责任，调动和发挥广大干部职工的积极性、主动性，使党和国家的政策成为他们的自觉行动。

国家发改委副主任杜鹰在工作报告中，全面系统地总结了五年来各地各部门推动华侨农场改革发展所做的工作和取得的成绩，深刻分析了当前存在的问题及其根源。他指出，当前华侨农场工作正站在一个新的起点上，有良好的氛围、难得的机遇、很大的潜力，我们应当对华侨农场改革发展充满信心。今后要深入贯彻国务院侨办、中编办、发展改革委等十部门联合印发的《关于进一步推进华侨农场改革和发展工作的意见》，贯彻落实各项政策措施，深入推进华侨农场管理体制改革，切实加强工作组织领导，加大产业发展扶持力度，彻底解决历史遗留问题，维护华侨农场长期和谐稳定。

会议期间，吉林、福建、江西、广东、广西、海南、云南等七省（区）人民政府负责同志分别作大会交流发言，介绍了各地的工作经验和体会。会议代表还就深入贯彻落实会议精神，做好本地区工作进行了热烈的讨论，相互交流经验，启发工作思路。与会代表认为，随着改革发展工作的推进，华侨农场逐步走上了科学发展的健康轨道，农场职工和归难侨的生产生活水平得到了较大提高，这对于进一步团结和争取侨心、增强民族凝聚力、维护我国良好的国际形象具有十分重要的意义。大家普遍认为，李海峰主任的讲话从推动“五个转变”、正确处理“三个关系”的角度深入阐述了实现“三融入”的标准和具体要求，抓住了“三融入”的核心，为各地华侨农场深化改革、加快发展提供了重要的工作思路和检验标准，具有很强的指导意义。各地参会代表纷纷表示要按照会议的要求，切实负起华侨农场的领导责任，把广大职工和归难侨的合法权益实现好、维护好，把华侨农场管理好、建设好，更好地发挥比较优势、后发优势，使华侨农场成为地方经济发展新的增长点，使广大职工和归难侨共享改革发展成果。

（国务院侨务办公室网站 2012－08－17）

百余侨务工作者在穗参加 2012 年社区侨务工作研讨会

21 日下午，国务院侨办在广州召开 2012 年社区侨务工作研讨会。来自 20 个省、自治区、直辖市及部分市侨办有关负责同志，以及 2011 年全国社区侨务工作明星社区代表共约 100 人参加了会议。

国务院侨办副主任马儒沛在会上表示，随着社会经济的发展，社区的归侨侨眷和海外侨胞对社区侨务工作提出更高要求，社区侨务工作必须“接地气”，在思想上尊重归侨侨眷，在感情上贴近归侨侨眷，在工作上依靠归侨侨眷。社区侨务工作者要想侨之所想，急侨之所急，满足归侨侨眷多层次、多样化的需求。

据介绍，此次国务院侨办召开社区侨务工作研讨会，目的是总结交流“全国社区侨务工作明星社区和示范单位”创建活动中涌现出的新思路、新举措，深入学习“明星社区”的好经验、好做法，进一步推动各地创建工作深入开展，促进各级侨办与街道社区之间的交流与合作。

当日，与会代表还参观了广州市越秀区华乐街华侨新村社区，并参加“侨法宣传角”

揭牌仪式。

据悉，自1998年国务院侨办在全国推广开展社区侨务工作以来，广东省社区侨务工作不断探索创新，在基层建立和健全工作网络、工作机制、工作阵地，促进形成“社区为侨服务，侨为社区作贡献”的互动多赢局面。广东省社区侨务工作由大、中城市向小城市甚至农村延伸，由点带面发展，形成了社区各界广泛参与、互相配合，城乡并举、协调推进的总格局。

如今，广东已有49个社区设立了“侨法宣传角”，2个社区被评为“全国社区侨务工作明星社区”，15个单位被评为“全国社区侨务工作示范单位”和“全国社区侨务工作先进单位”，8名基层侨务干部被评为“全国社区侨务工作先进个人”。

（中国新闻网广州 2012－08－22/廖丽丽　黄爱华）

《中国海归创业发展报告（2012）》蓝皮书发布 海归人才首选大学及科研机构

近日，由中国与全球化研究中心和北京大学光华管理学院创新创业中心共同完成的《中国海归创业发展报告（2012）》蓝皮书在京发布。蓝皮书显示，海归就业时，选择外资企业和本土企业家创立的民营企业的有16.1%，另有13.6%选择了国有企业，7.4%选择了海归企业家创立的民营企业，到政府部门就业的有3.7%。

蓝皮书显示，打算回国就业的海归仍然把广东、上海、北京、福建、江苏等沿海省市作为优先考虑的工作地点。选择就业地区过于集中，一方面会提高海归就业难度，另一方面会加剧薪资竞争。

蓝皮书还显示，已经就业的海归人才最主要的去向是大学和科研机构，占样本数的1/3。此外，海归在新生物工程和新医药、制造业、新能源和新一代电子信息技术等行业也比较集中。

蓝皮书透露，35.8%的海归回国后在研发岗位工作。另外，从事销售和市场、生产和运营以及人事管理工作的已经回国就业海归比例分别为12.4%、11.1%和8.6%。

蓝皮书指出，从海归整体来看，近年来出现了一些“就业难”的情况，国内用人单位更加注重海归的实际工作能力和工作经验，更理性、有选择性地引进海外人才，看中的是其才能，而不是“海归”这个光环。

（《上海侨报》2012－08－22/陈丽伟）

《中国侨资企业发展年度报告2010—2011》公布

《中国侨资企业发展年度报告2010—2011》23日在北京公布。报告称，中国侨资近七年来强力回升，在外商对华直接投资中的绝对数额和比重都明显增加，在2010—2011年达到峰值，占当年中国新增外资的65%。

该报告是由中国国务院侨务办公室委托清华大学华商研究中心完成的。报告认为，侨资企业投资和消费在中国经济增长中的贡献更趋均衡的过程中，起到比往年更大、更重要的作用。

在分析侨资强势成长的原因时，报告指出，华商更适应中国市场环境；侨资企业在中国市场拥有自身的经营优势；海外华商与各级政府的联系较为密切，紧贴中国政府的经济规划和发展导向，从中获取资源，抢占先机。

"最近几年是侨资在对外直接投资中数额和比例都显著增加的关键期，也是许多华商家族企业代际传承的关键期。"报告指出，华商家族企业正在通过产业发展和资本运作，完善公司治理机制并以此实现代际传承。

报告还借助《福布斯全球华人富豪排行榜》，对华人富豪的地区分布和经营行业分布进行了分析。"房地产投资是海外华商长袖善舞的领域。"

报告指出，房地产业是十年来中国侨商投资增长最为显著的行业，且在2010—2011年度势头不减，并逐渐向多元经营转型。房地产业外资约占中国外资的1/5，逾200亿美元，基本上都是由侨商投资经营的。

报告说，在政府宏观调控常态化的背景下，预计为数不少的房地产企业或将被动或主动退出行业，并购重组及战略转型为大型侨资房地产企业带来新机遇。在房地产业实施多元化经营战略，可以带来更平衡的现金流来控制房地产的周期性风险，特别是政策调控风险。

"海外华商的投资，主导了近年来中国外商直接投资的持续增长，并在世界金融危机与欧债危机期间逆势上扬。"报告说，"中国对外直接投资总额在2010年首次超过1 000亿美元，2011年更达1 177亿美元；与2005年中国利用外资总量为603亿美元相比，分别净增454亿美元、574亿美元；全部来自侨资的增长。"

报告指出，香港及新加坡作为海外华商的经济都会和金融中心的地位正逐渐得到强化，华商经由两地投资中国大陆的现象显著增加。

报告称，由于中国内需市场对外国直接投资的吸引力日益增强，香港作为进入中国市场的金融中心和跳板的作用更为强化，特别是东南亚、中国台湾等地的华商以中国香港为中转和立足点进入中国内地。

（中国新闻网北京2012－08－23）

全国人大华侨委员会加强对新疆特殊侨情研究

全国人大华侨委员会调研组近日到新疆维吾尔自治区调研归侨侨眷权益保护法贯彻实施情况及修法意见和建议。

新疆是西北地区重点侨乡，有归侨侨眷约50万人，大部分为少数民族，散居在偏远贫困地区的居多；新疆旅居在海外的华侨华人有100多万人，90%以上为少数民族。改革开放以来，新疆移居海外和出国经商在外定居人员逐年增加。多年来，新疆认真贯彻落实归侨侨眷权益保护法及其实施办法，注重法律法规宣传，积极落实归侨侨眷参政议政权利，认真做好来信来访、侨务捐赠和扶贫工作，努力为归侨侨眷办实事、办好事、解难事，较好地维护了归侨侨眷的合法权益。

全国人大常委会委员、全国人大华侨委员会副主任委员虞云耀说，新疆把握侨情特殊性，在侨务工作中建立了制度保障和组织保证，归侨侨眷权益得到有效保护，法制建设进一步健全，侨务扶贫工作扎实推进，归侨侨眷参政议政权利、来信来访等工作全面落实，侨务工作效果明显，经验宝贵。希望自治区进一步提高对侨务工作、侨务法制建设的认识，牢牢把握以人为本、为侨服务、凝聚侨心、维护侨益、发挥侨力的立足点和出发点，加强对新疆特殊侨情的研究，推进归侨侨眷权益保护工作。调研组将认真研究自治区提出的意见和建议，向全国人大常委会作出反映，推动法律的进一步修改和完善。

（《法制日报》2012-08-24/潘从武）

中国八项措施构建保护华侨国内权益政策法规体系

3日，任启亮就此前召开的“全国侨务政策法规工作研讨会”接受中国新闻社记者专访时表示，中国官方高度重视侨务法制建设，国务院在每年的政府工作报告中都强调要“认真贯彻党的侨务政策”。近些年来，海外侨胞与国内联系交往更加密切，保护他们在国内合法权益的任务更加迫切。

任启亮表示，2005年全国侨务工作会议以来，国务院侨办和地方各级侨办有效履行政府职责，坚持依法行政、依法护侨，认真组织实施归侨侨眷权益保护法及其实施办法等侨务法律法规，加强侨务政策法规制定工作，不断适应和满足海外侨胞及归侨侨眷的新期待、新要求。

“一是在立法层面解决了华侨的身份证件问题。”任启亮表示，国务院侨办积极协调全国人大常委会法制工作委员会、公安部等部门，在今年6月审议通过的《出境入境管理法》第十四条中增加了华侨在国内办理事务凭护照证明身份的条款，从法律层面解决了华侨多年来反映的身份证件这一热点问题。

任启亮表示，二是推动解决了在国内就业的华侨参加社会保险的问题。在国务院侨办积极协调推动下，人力资源和社会保障部办公厅印发通知，明确规定了华侨可以以护照作为参加社会保险的身份证件，可持护照办理领取社会保险待遇手续，并规定了华侨参加社会保险的社会保障号码编制规则。

三是保障华侨学生在国内的受教育权。任启亮说，规定华侨学生可以统一参加港澳台侨联合招生考试，在国内接受高等教育；明确对就读于国内普通高校的华侨学生执行与国内学生相同的学费及住宿费等收费标准；规定华侨子女在其国内监护人户口所在地就读实施义务教育学校的，应当视同当地居民子女办理入学手续，依法享受免缴学费和杂费的权利。

“四是加强对华侨投资权益的保护。”国务院侨办联合全国政协港澳台侨委、致公党中央、中国侨联开展专题调研，向中央提交了专题报告，并起草了《加强保护华侨投资权益工作意见》，听取了中央政法委、最高法院、商务部等十多个中央部门的意见，积极争取出台政策性文件。

五是积极参与制定引进海外侨胞人才政策。十六个部门制定印发《关于建立海外高层次留学人才回国工作绿色通道的意见》，为华侨华人专业人士来华工作、生活、入出境及居留创造良好的政策环境；参与制定《关于支持留学人员回国创业的意见》，为留学人员回国创业提供政策支持。

“六是完善保护华侨捐赠权益的法规和政策。”任启亮说，国务院侨办修订印发《海外侨胞捐赠公益事业资金服务管理办法》，明确了接受侨胞捐赠公益事业资金的具体程序；联合外交部、民政部制定下发通知，重申了严格执行对华侨华人捐赠者实行“自觉自愿”的原则。

任启亮表示，七是明确了华侨等在国内的计划生育政策。国务院侨办会同国家人口计生委、公安部印发《关于涉侨计划生育政策的若干意见》，贯彻“根据特点、适当照顾”的原则，规范了华侨、归侨在国内的计划生育政策。

任启亮说，八是在法律层面明确了华侨回国定居的受理部门。针对华侨回国定居受理部门不明晰的问题，国务院侨办积极推动公安部、国务院法制办在《中华人民共和国出境入境管理法》中明确了华侨回国定居事宜由县级以上地方人民政府侨务部门受理。

（中国新闻社北京 2012－09－03/张冬冬）

中国侨联声明：强烈谴责日本政府“购岛”行为

中国侨联 14 日发表声明强烈谴责日本政府宣布“购买”钓鱼岛及其部分附属岛屿、实施所谓“国有化”的行为。原文如下：

2012 年 9 月 10 日，日本政府不顾中国政府强烈反对和一再严正交涉，宣布“购买”钓鱼岛及其附属的南小岛和北小岛，实施所谓“国有化”。这是日方公然侵犯中国领土主权、伤害中国人民及广大侨胞感情、损害中日关系的严重政治事件，是对历史事实和国际法理的严重践踏。中国侨联和广大海内外侨胞对此表示强烈愤慨和坚决反对！

中国对钓鱼岛及其附属岛屿享有无可争辩的主权，这些岛屿自古以来就是中国的固有领土，有充分的历史和法律依据。然而，日本政府罔顾事实，越走越远，不惜以损害中日关系为代价，竟然宣布“购买”钓鱼岛，实现所谓“国有化”。这种单方面行动完全是非法和无效的，丝毫动摇不了中国对这些岛屿的神圣主权。日本在钓鱼岛问题上的立场，是对世界反法西斯战争胜利成果的公然否定，是对战后国际秩序的严重挑战，包括广大海内外侨胞在内的中华儿女对此绝不允许。

广大侨胞历来有爱国爱乡、报效桑梓的光荣传统，在关系国家主权、领土完整的问题上，从来都是义无反顾、责无旁贷。我们严正声明：在维护祖国领土主权和中华民族大义面前，广大海内外侨胞坚决拥护和支持中国政府为捍卫国家尊严和领土完整所采取的一切必要措施和正义行动，始终坚定地与全国人民一道，同心同德，坚决反对任何形式的挑衅，坚决回击任何侵犯中国领土的行径。

（中国新闻社北京 2012－09－14）

国务院侨办：侨务机构在大陆实现全覆盖

“迄今为止，中国大陆所有的省、自治区、直辖市政府都有了专职从事侨务工作的部门。”国务院侨务办公室副主任马儒沛17日在拉萨举行的“西藏自治区外事侨务办公室”揭牌仪式上透露。

马儒沛代表中国国务院侨务办公室进藏出席此间揭牌仪式。他在接受中国新闻社记者专访时指出，西藏自治区是中国大陆最后一个成立侨务机构的省（区），此间成立的西藏自治区外事侨务办公室标志着中国在省（区）层面结束了没有专门侨务工作机构的历史局面。同时，为开展涉藏侨务工作奠定了坚实基础。

“西藏侨务工作将围绕着西藏稳定、国防建设和涉藏侨务工作展开，有很强的生命力。”马儒沛说，中国有几千万海外侨胞广泛分布在世界各地，国内有3 000多万归侨侨眷，侨务工作领域不断扩大。

他介绍，近年来，国务院侨办开展了很多有针对性的侨务工作，如“侨爱工程”和“关爱工程”已成为侨务工作的响亮品牌。

（中国新闻社拉萨 2012－09－17/万淑艳　白少波）

海外华侨华人在西部投资和创新创业将面临更加难得的机遇

“2012 海外高新科技暨高端人才洽谈会海外华侨华人商会峰会”19 日在四川成都开幕。国务院侨务办公室副主任马儒沛在开幕式上指出，当前四川正处于加快建设西部经济高地的重要时期，发展速度快、发展潜力大，海外华侨华人在西部投资和创新创业将面临更加难得的机遇和更为广阔的舞台。

马儒沛说，中国政府实施西部大开发战略已经步入第 12 个年头。近年来，西部地区经济高速发展、基础设施建设突飞猛进，各项社会事业不断加强、人民生活水平显著提高。今年年初，国务院正式批复同意国家发改委《西部大开发“十二五”规划》，明确指出要在国家“十二五”重要战略机遇期推动西部大开发再上一个新台阶。这标志着西部地区已经进入一个全面开发开放的全新发展阶段。

“由国务院侨务办公室和四川省委、省政府共同主办的‘海外高新科技暨高端人才洽谈会’已成功举办过五届，逐步发展成为国家侨务系统发挥资源优势支持区域经济协调发展，引进海外智力、推进地方科技创新的一项重要品牌平台活动。”据马儒沛介绍，本届大会以“汇聚英才·创新创业·合作发展”为主题，目的在于面向海外大力引进加快建设西部经济发展高地急需的人才、智力和技术，加快科技成果转化，深化与海外华侨华人专业人士开展科技合作。

据了解，本届“海科会”是第十三届西博会的重大专项活动之一。大会为期 3 天，吸引了来自美国华人生物医药科技协会等全球知名科技社团和美国、英国、法国、加拿大、瑞士、日本、澳大利亚、韩国、新加坡、挪威、瑞典、爱尔兰、意大利、德国、芬兰、葡萄牙、印度等 17 个国家和中国香港、台湾地区的近 200 位海外高层次人才参会，专业涵盖生物医药、电子信息、新能源新材料、环保、金融等多个领域。

（新华网成都 2012－09－19/李菲）

涉侨捐赠：总额超过 850 亿

国务院侨务办公室副主任马儒沛最近透露：据不完全统计，改革开放以来，海外侨胞、港澳同胞在国内捐赠公益事业的总额达 850 多亿元。近年来，涉侨捐赠继续保持增长势头。

近年来，侨捐每年用于教育事业的资金额 20 多亿元，占捐赠总额的六成左右。不过，变化也在悄然发生。就扶贫济困助残助老等社会事业来说，近两年的捐赠资金都达到 5 亿元，提高幅度较大。另外，文化体育事业也逐渐成为华侨华人、港澳同胞关注的领域，近两年的捐赠资金达到3亿元左右。另外在许多地区，特别是重点侨乡地区，海外侨胞和港澳同胞捐资兴建的图书馆、博物馆、体育馆、文化活动室（中心）等文化设施为推动当地文化事业的发展发挥了积极作用。

侨办是侨捐工作的主管部门。据不完全统计，仅2010年和2011年两年，由国务院侨办直接牵线搭桥促成的侨捐项目就有近50个，捐赠总额近亿元。在侨捐工作中，侨办不是被动接受，而是积极参与、主动引导。

长久以来，造福家乡的桑梓情怀让传统侨乡成为侨捐的主要地区。2010年和2011年两年中，仅广东和福建两省所占侨捐比重就超过50%，可谓占据了半壁江山。近年来，在各级侨办的有意引导下，其他地区的侨捐也取得了较大进展，如河南、山东、四川等地。

为了更好地实现侨胞的爱心善愿，国务院侨办于2008年推出“侨爱工程”工作品牌。如今，这已经成为侨胞回馈故土的平台和桥梁。2008年3月，国务院侨办与农业部联合在全国启动了“侨爱工程——万侨助万村活动”，截至2011年底，实施各类助村项目超过5 000个，惠及农民群众2 000多万人。2011年，国务院侨办推出“侨爱工程——点亮藏区牧民新生活计划”，向四川藏族地区牧民捐赠近万套便携式电视机设备。此外，通过“侨爱工程”，近年来国内的每一次自然灾害都受到侨胞的深情关注。

血浓于水，5 000万海外侨胞虽然身处异乡，却心系故土。中华大地发生的一切，他们时刻关注着。一次次的慷慨解囊体现的是他们对家乡的浓浓眷恋和一片赤子之情：2008年四川汶川大地震，海外侨胞捐赠款物超过13亿元；2010年玉树地震，侨胞捐赠款物9 000多万元；2012年甘肃岷县泥石流，侨胞捐赠3 000万元……这点点滴滴、分分毫毫都写满侨胞的情意。

为落实好涉侨捐赠项目，把好事办好，国务院侨办采取了各种积极措施。据赵昆介绍，今年，国务院侨办下发了《关于进一步加强华侨捐赠管理工作的意见》，要求各地侨办集中开展自查，完善制度规范，健全工作机制，规范工作管理，杜绝各种侵犯捐赠人权益的行为，促进了涉侨捐赠工作的健康可持续发展。

（《人民日报·海外版》2012－09－21/张红）

国侨办举行国庆招待会　近800港澳台侨胞出席

“中国的发展与进步，离不开广大海外侨胞的鼎力支持。”国务院侨办主任、中国海外交流协会常务副会长李海峰27日晚在北京表示，海外侨胞始终是促进中国经济结构调整、推进科技进步和创新的重要力量，始终是中国抗击自然灾害、开展公益事业的重要力量，始终是维护国家主权和领土完整、传承中华文化的重要力量。

9月27日晚，国务院侨办、中国海外交流协会在北京举行国庆招待会，欢迎专程来京参加新中国成立63周年庆祝活动的近800位海外侨胞和港澳台同胞。

李海峰强调，中国政府历来高度重视侨务工作，密切关心海外侨胞的生存和发展。国务院侨办作为中国政府联系广大海外侨胞的专门机构，将继续全面贯彻中央关于侨务工作的方针政策，坚持“以人为本、为侨服务”的宗旨，始终与广大海外侨胞同甘苦、共忧乐，努力实现好、维护好、发展好海外侨胞和归侨侨眷的根本利益。

李海峰指出，国务院侨办鼓励和支持海外侨胞积极开展中外人文交流活动动，服务公共外交，展示良好形象，共建和谐侨社，汇聚侨智、发挥侨力，在促进中国经济结构战略性调整、推进科技进步和创新等方面，发挥重要而独特的作用。

“维护国家主权和领土完整，是中华民族的核心利益所在，是全体中华儿女的共同愿望和神圣职责，在涉及国家核心利益的问题上，中国政府和人民的立场坚定不移，过去不曾、现在不会、将来也绝不做任何的妥协退让。”李海峰呼吁广大海外侨胞在民族振兴的伟大旗帜下紧密团结起来，为捍卫国家主权和领土完整、实现中华民族的伟大复兴作出新的贡献。

国务院侨办副主任马儒沛、任启亮、谭天星，中国海外交流协会副会长王杰等出席招待会。晚宴后，与会嘉宾欣赏了由著名歌唱家阎维文等带来的精彩文艺演出。

（中国新闻社北京 2012－09－27/杨凯淇）

华侨回国增　中国将逐步降外籍华人办“绿卡”门槛

中国官员 15 日在纽约表示，中国正完善出入境管理的相关法律，逐渐降低外籍华人办理中国“绿卡”的审批门槛。2011 年，有 9 600 多名海外华侨回国定居。

由中国国务院侨办、公安部、国务院法制办组成的政策法规调研宣讲团于当地时间 15 日下午在纽约召开座谈会。美东华人社团联合总会、美国福建同乡会、世界客属总会美东分会等美东地区十几个华侨华人团体代表参加了座谈会。

中国公安部出入境管理局副局长曲云海在座谈会上表示，改革开放以后，出入中国国境的人员数量快速增长，总量从 1980 年的 1 210 万人次迅速增加至 2011 年的 4.1 亿人次。其中，华侨华人一直是中国出入境活动的重要群体，大量华侨和外籍华人在华投资兴业，对促进中国经济社会快速发展发挥了重要作用。

2004 年 8 月 15 日，经国务院批准，公安部、外交部颁布实施了《外国人在中国永久居留审批管理办法》，即中国的“绿卡制度”。2010 年 6 月，公安部推出扩大外国人居留许可证签发对象政策，增设了探亲、投靠、置房、赡养、寄养类居留许可。

“随着中国经济的发展，海外华人华侨回国定居的数量呈逐渐增长趋势，尤其是部分老年华侨，眷恋故土，有着浓厚的回国定居的意愿。”曲云海表示，外籍华人除可按投资、任职者身份申请“绿卡”外，还可因家庭团聚事由申请“绿卡”。中国将于2013年7月1日起正式实施《出境入境管理法》，为下一步放宽外籍华人申请绿卡的条件、降低审批门槛消除法律障碍。

数据资料显示，包括华侨和外籍华人，当前中国移民已超过3 500万人，被认为是全球最大的移民群体。

国务院侨办政策法规司司长王晓萍在座谈会上介绍了国内有关部门出台的涉及华侨的一些政策法规。其中包括：推动解决在国内就业的华侨参加社会保险问题；保障华侨学生在国内的受教育权；积极参与制定引进海外侨胞人才政策；完善保护华侨捐赠权益的法规和政策、明确华侨在国内的计划生育政策等。

（中国新闻网纽约2012－10－15/阮煜琳）

《和谐与共赢：海外侨胞与中国软实力》广州首发

《和谐与共赢：海外侨胞与中国软实力》首发式暨“世界华侨华人文库”启动仪式23日在广州暨南大学举行。

《和谐与共赢：海外侨胞与中国软实力》是海内外学界首部探讨华侨华人与中国国家软实力关系的著作。全书分理论篇、领域篇、对策启示篇，共10章，约30万字。该书的首发标志着暨南大学“世界华侨华人文库”建设正式启动。

“世界华侨华人文库”涉及历史、文学、政治、经济、传媒、教育等各个方面，将依托暨南大学优势学科资源，汇总海内外学者在华侨华人研究领域的学术成果，搜集整理各地的华人华侨文献，力求展现华侨华人的历史、现状，反映新时期华侨华人研究新特点，为侨务政策和侨务工作提供注解及补充。

为推动高校创新能力的提升，暨南大学联合海内外相关研究机构、政府部门和企事业单位，于今年8月6日在广州成立了“华侨华人研究协同创新中心”。暨南大学校长胡军表示，“世界华侨华人文库”项目将以侨务工作急需解决的重大问题为导向，进行多学科、多领域、多层次协同创新，力求在华侨华人研究领域取得实质性的、更高水平的科研成果。

（中国新闻社广州2012－10－23/郭军）

国侨办举办多期华社负责人研习班推动和谐侨社

为增进海外华侨华人社团负责人对海外侨情和中国国情的了解，加深对中华文化和中国侨务等相关政策的认识，提高社团领导和协调能力，更好地为侨社服务，引领广大侨胞努力构建和谐侨社，自10月10日至10月21日，国务院侨务办公室先后分别与四川、江苏、浙江和山东省侨办联合举办了4期海外华侨华人社团负责人研习班，共有来自五大洲近200名华侨华人社团负责人参加了研习活动。

国务院侨办副主任谭天星先后赴成都、南京、温州和青岛等地，代表国务院侨办和李海峰主任看望4期研习班的学员，祝贺学员们圆满完成研习课程，为学员颁发结业证书并作重要讲话。谭天星副主任在讲话中，高度肯定海外侨团和侨领的重要作用，殷切希望参加研习班的学员成为“人品好、有才干、肯奉献”的合格侨领，将侨团建设成为宗旨明确、结构合理、运转协调、充满活力的团体，在促进侨社健康和谐发展，树立侨胞良好形象，弘扬中华文化，促进中外友好以及推动两岸关系和平发展等方面作出更大贡献。

今年，国侨办在总结以往工作经验的基础上，加大举办研习班工作力度，通过以国侨办名义主办和与地方侨办联合举办的方式，已经举办了9期海外侨团负责人研习班，参加社团负责人达460多名。在接下来的两个月，还将继续举办4期研习班，包括1期海外侨领高级研习班、1期华侨华人社团中青年负责人研习班和2期与地方侨办合办的华侨华人社团负责人研习班。

（国务院侨务办公室网站2012－10－24）

贵州侨界首获全国政协优秀提案奖

在近日召开的政协第十一届全国委员会优秀提案和先进承办单位表彰会上，贵州省侨联副主席、贵州侨商会会长、贵州华侨香精香料有限公司董事长王保生提交的《关于在国庆60周年庆典活动群众游行队伍中增加华侨华人队伍的提案》，获得十一届全国政协优秀提案奖。这是十一届全国政协侨联界别唯一获奖的涉侨内容优秀提案，也是贵州省侨界首次获得全国政协优秀提案奖。

本报记者通过贵州省侨联主席吕虹的帮助，联系上了正在香港的王保生委员。身为侨眷的王保生告诉记者，这个提案缘于自己1999年出席国庆50周年庆典观礼的经历：“我那年是侨界代表，当庆典上的彩车方队经过时我非常激动，但也发现，其中没有代表几千万海内外华侨华人的彩车，我觉得非常遗憾，那时候就有了这个心愿，希望国庆60周年庆典能看到代表侨界的彩车方队通过天安门广场。”

2009年3月，王保生作为十一届全国政协侨联界委员提交了《关于在国庆60周年庆典活动群众游行队伍中增加华侨华人队伍的提案》。该提案在全国“两会”上得到侨界委员的一致赞同，中央电视台以专题片的形式报道了该提案，引起社会各界尤其是海内外华侨华人的普遍关注和强烈反响。

2009年，北京市国庆办决定采纳王保生的建议。当年10月1日，承载着几千万海内外华侨华人对祖（籍）国热爱之情的“我的中国心”巡游彩车出现在新中国成立60周年庆典上。

对于提案获奖，王保生表示，这得益于省侨联对提案工作的正确指导，这份荣誉既属于个人，更属于贵州省侨联系统的全体工作人员、省各级侨联界政协委员以及贵州省广大侨界群众。

据介绍，王保生5年来共提交17件提案，其中一半以上的提案关注侨界问题。

（上海侨报网 2012－10－24/陈丽伟）

国侨办主任李海峰致信纽约总领馆慰问受灾侨胞

被称为历年来最强超级风暴“桑迪”侵袭美国，重创美国华人人口聚集的东岸走廊。中国新闻社记者今日从国务院侨办获悉，国务院侨办主任李海峰已致信中国驻纽约总领馆，表达对当地侨胞的慰问之情。

“惊悉飓风‘桑迪’肆虐美国东海岸，给当地民众生命财产造成严重伤害，贵馆也遭受损失……我和我的同事们十分担忧当地华侨华人朋友们的安危，请贵馆代为转达国务院侨办和我本人对灾区侨胞的问候。”李海峰在慰问信中说。

李海峰说，衷心希望侨胞们团结互助，加强防范和安全措施，与当地民众一道，积极应对飓风带来的影响和灾害，早日恢复正常的工作和生活。她还表示，“贵馆及当地侨胞如有需求，我办愿尽力提供协助”。

据美国移民政策研究所（MPI）最新研究报告的估算，美国华人人口近430万，其中出生于中国大陆和香港的占180万。超过一半的华人移民居住在纽约州和加利福尼亚州。而此次飓风经过的纽约、北新泽西、长岛地区，是美国华人移民聚居的三大都会区之一，约有华人移民41万。

美国华文媒体报道称，受飓风“桑迪”过境影响，纽约华人聚集地区之一的曼哈顿中国城内，商铺、餐馆基本暂停营业，在皇后区商业重镇法拉盛，华人和其他族裔小商业也遭受“重创”，业者指生意额下跌逾70%，美东华人生活受到巨大影响。

目前，中国驻纽约总领事馆及当地一些民选官员已开始陆续向受灾地区的侨胞和民众致电询问灾情，表示慰问，并提供咨询。

（中国新闻社北京 2012－11－02/张冬冬）

国侨办副主任谭天星冀海外侨胞做诚信守法模范

10月31日，国务院侨办副主任谭天星在钓鱼台大酒店会见并宴请了由荷兰中国商会会长张巧忠为团长的欧洲中青年侨领考察访问团一行。

谭副主任对访问团一行的到来表示欢迎，他向客人简要介绍了国务院侨办的职能和主要工作，对广大海外侨胞长期以来在参与当地经济社会发展、促进住在国与中国的友好关系、弘扬中华优秀文化、关心支持中国建设和统一大业等方面所作出的积极贡献给予充分肯定。

谭副主任说，多年来，国务院侨办倡导构建和谐侨社，提出了“和睦相融、合作共赢、团结友爱、充满活力”的和谐侨社理念，这既是对海外侨胞的期待，也应该成为海外侨社努力的方向。

谭副主任说，我们注意到，近期在一些国家发生华商被当地执法部门查抄的事件，值得认真关注和思考。长期以来，广大侨胞秉持刻苦耐劳、勤奋拼搏的优良传统，在发展自身事业的同时，也为住在国经济发展作出了积极贡献。与此同时，由于主客观原因，一些侨胞在事业发展过程中存在这样或那样的问题，希望海外侨胞积极树立“守法诚信、举止文明、关爱社会、团结和谐”的良好形象，努力成为遵守住在国法律法规，尊重当地风俗习惯的好“公民”、好“居民”。

谭副主任指出，中青年侨领是侨社的中坚和未来，希望其在推动侨社和谐发展、促进中外友好交流、弘扬中华传统文化、展示侨胞良好形象、提升华侨华人地位和影响等方面发挥更重要的作用。

欧洲中青年侨领考察访问团是应致公党中央邀请来访的，其成员来自11个欧洲国家。该团此行主要目的是与国内有关部门开展现代农业交流，除北京之外还将赴浙江、湖南考察访问。

（国务院侨务办公室网站2012－11－02）

外籍高层次人才来华　可享签证及居留便利

据人力资源和社会保障部消息，中组部、人社部、外交部、公安部、国家外国专家局近日发出外籍高层次人才来华签证及居留有关问题通知，为外籍高层次人才来华提供签证及居留便利。

提供签证及居留便利的措施为：第一，需多次临时入、出境的，可办理5年多次有效、每次停留不超过180天的长期多次签证；第二，需在中国工作或长期居留的，可办理工作签证或2至5年有效的外国人居留证件；第三，符合办理永久居留条件的，可申请办理永久居留手续；第四，符合条件的，颁发来华定居专家证或外国专家证。

通知规定，提供签证及居留便利的对象范围包括纳入中央海外高层次人才引进计划（即“千人计划”）等引进的外籍来华高层次人才及其外籍配偶和未满18周岁的外籍子女，或中国籍回国高层次人才的外籍配偶和未满18周岁的外籍子女。

（《人民日报·海外版》2012-11-02/叶紫）

统计称逾七成海外留学人员学成后选择回国发展

来自留学服务中心的统计显示：改革开放以来，各类留学回国人员总数达81.84万人，有72.02%的留学人员学成后选择回国发展。

记者18日在此间获悉，2011年度我国出国留学人员总数为33.97万人，各类留学回国人员总数为18.62万人，与上年相比出国留学人数和留学回国人数分别增长19.32%和38.08%。

据介绍，为了给高层次留学人才回国服务搭建双向选择的畅通平台，教育部留学服务中心将于11月24日在京举办首届“留学英才招聘会暨高端人才洽谈会”。本次招聘会将面向正在找工作的学成回国人员、已经回国工作准备寻求更好工作单位的留学人员以及即将回国的海外留学人员等。目前已报名参加招聘会的海外留学人员有1 500人左右，其中逾八成具有海外硕士及博士学位。

目前已登记注册参加招聘会及洽谈会的单位包括：中国石油天然气集团公司、中国石油化工集团公司、中国海洋石油总公司等在京中央企业；中国邮电大学、北京大学医学部、北京第二外国语学院等重点高校；国家开发银行股份有限公司、中国银河证券股份有限公司等金融机构；东华软件股份公司、北京东方冷翠国际技术有限公司等民营高科技企业。还有来自河北省、山西省、西安市、深圳市等近百家参展单位，共提供500多个岗位。

（中国新闻网2012-11-19）

中国华侨华人历史研究所召开侨史编纂研讨会

近日，中国华侨华人历史研究所（侨研所）召开《华侨史概要》修订大纲和《中国华侨农场史》写作大纲研讨会。会议由中国华侨华人历史研究所所长赵红英主持，中国华侨历史学会副会长方雄普等参加了本次研讨会。

关于《华侨史概要》一书。与会者一致认为自1994年该书出版以来，因其充分归纳当时的学术观点与成果，全面扼要地概述了华侨历史的发展脉络，受到侨史学界的重视，成为侨务干校、国内及海外高校讲授华侨史的基本书目之一。与会者认同修订时应注意两点：一是把握该书面世近20年来华侨华人这一群体本身的变化；二是要吸收学界最新的研究成果。对于修订工作的安排，与会者一致认为可以充分考虑编纂人员特长，合理制订进度计划，借鉴成果，开阔思路。

关于《中国华侨农场史》一书。华侨农场是在特殊历史时期，国家为安置回国定居的归侨、难侨而设立的。自20世纪50年代起，中国建立了84个华侨农场，分别在广东、广西、福建、云南、海南、江西、吉林7个省区，集中安置归难侨约24万人。目前，侨史学界尚无一部全面且系统介绍中国华侨农场历史的著作，因此该书的编纂具有重要意义和学术价值。

（中国新闻网 2012－11－15）

香港是侨务工作的前沿重镇

国务院侨办副主任谭天星25日在香港表示，香港地区历来是国家侨务工作的前沿重镇。香港侨界是维护香港长期繁荣稳定的一支重要力量，也是推进两岸关系和平发展与祖国和平统一大业、开展海外侨务工作、促进中外友好交流的重要桥梁和纽带。

当晚举行的庆祝香港侨友社成立30周年暨第15届理监事就职典礼上，谭天星作了上述表示。他还说，侨友社是香港侨界成立较早、面向基层的重要社团。会员队伍从30年前的50多人增加到如今的2 400多人。

谭天星希望香港侨友社继续团结侨友，发展和壮大侨界爱国爱港力量，支持特区政府依法施政，推进“一国两制”事业，维护香港长期繁荣稳定。

谭天星还希望香港侨友社继续联系侨友，积极担当海峡两岸、祖国内地与海外侨社之间的桥梁纽带，积极参与促进香港与内地交流合作，推动两岸和平发展与祖国统一大业，促进海内外侨界联谊交流和中外民间友好往来。

当晚举行的典礼上，香港侨界社团联会会长余国春介绍说，香港侨友社是香港侨界社团联会主要的社团之一，也是香港最早期的归侨群众团体之一。它历史久，人数多，在香港侨界享誉已久。今后，香港侨友社将继续积极参与社会事务，支持特区政府依法施政，推进香港与内地的合作交流。

（中国新闻社香港 2012－11－25/赵建华）

国侨办“第二期海外侨领高级研修班”在京开班

由中国国务院侨办、中国海外交流协会联合北京大学举办的“第二期海外侨领高级研修班”26日在北京开班。来自马来西亚、美国等27个国家和地区的50位侨领，未来一周将在北京大学研修包括侨团管理在内的多项课程。

“华社和侨团的发展，侨领是关键。”中国国务院侨办主任李海峰在开班仪式上指出，本期研修班的学员都是名副其实的各地侨界领军人物，多年来，为海外及港澳侨社的健康发展，传承和弘扬中华文化，推进中外友好往来，促进中国改革开放与和平统一大业，发挥了独特作用，作出了重要贡献。

她表示，近年来，海外华侨华人社会发生较大变化，人数不断增加，新的侨团不断成立。在新的形势下，为推动海外和谐侨社建设，国务院侨办在连续多年成功举办“华侨华人社团中青年负责人研习班”的基础上，制订了海外侨领培训研习计划。“海外侨领高级研修班”是该计划中层级最高的一个班次，对象为各地主要华侨华人社团的主要负责人，每年只举办一期。

李海峰希望学员们充分利用这次难得的机会，认真学习、积极思考、踊跃提问、相互交流，通过研修活动能有所收获，学以致用，在今后的工作中大力加强和谐侨社建设，团结带领广大海外侨胞树立良好形象，弘扬中华优秀文化，维护华社正当合法权益，积极融入当地主流社会，成为海外华社长期繁荣发展的领导者。

她说：“也希望大家发挥自身优势，将自身事业与祖（籍）国发展紧密联系起来，在沟通中国与世界方面发挥独特作用，成为中国和平发展道路的积极宣讲者、中华优秀文化的积极传播者、中外友好关系的积极促进者、中国现代化建设的积极参与者、中国和平统一大业的积极支持者。”

“虽然我们身居海外，有的还成为居住国公民，但毕竟我们都是炎黄子孙，希望中国综合国力蒸蒸日上、不断强大。”本期研修班的副班长、印度尼西亚印中商务理事会总主席林文光在发言时表示，希望通过此次研修班更多地了解中共十八大以后中国的发展道路，特别是如何改善民生，提高人民生活的幸福指数。

据了解，本期研修班为期7天，采取课堂讲授与实地考察相结合的方式：先集中研修，由中国中央政府部级官员和知名专家学者讲授中国经济、文化、外交、对台、侨务、民族、宗教等方面的情况和政策；而后，组织学员们参观国家博物馆及中国空间技术研究院等。

（中国新闻社北京2012-11-26/张冬冬）

俏江南董事长张兰申请退出政协

朝阳区政协：已收到张兰的文字申请

记者昨日获悉，朝阳区政协已核实并确认，俏江南董事长张兰注销了中国户籍。区政协同时称收到张兰因国籍变更愿意退出朝阳区政协的文字申请，目前正在依照规定做好相关工作。

事件缘起：因合同纠纷案被曝注销户口

张兰现为俏江南投资有限公司董事长。1991 年，张兰从加拿大回国后，开办了第一家餐厅，2000 年创办俏江南品牌。日前，张兰被曝因一起合同纠纷案，在户籍地派出所注销户口，并被怀疑已加入外国国籍。“变更国籍”一事使她朝阳区政协委员的身份备受关注。

去年底，张兰当选为朝阳区新一届的政协委员，对此，她曾对媒体表示，成为政协委员主要是因为自己企业文化和影响力，并非因为儿媳徐熙媛。张兰还围绕机场高速收费、生活便利店、用工荒等方面提交了 4 份提案。

政协回应：委员一般都是中国公民

此前，全国政协新闻部门曾表示，虽然政协相关章程中并没有涉及委员国籍的条例，但政协委员一般都是中国公民。今年全国“两会”期间，全国政协十一届五次会议新闻发言人赵启正就网上流传的“部分全国政协委员已加入外国籍”的说法正式回应——“经过查实，传闻有误。中国不承认双重国籍，如果有外国国籍就自动放弃中国国籍，政协委员，外籍是不行的”。

针对张兰注销中国户籍一事，朝阳区政协相关负责人日前曾对媒体表示，朝阳区按照《中国人民政治协商会议章程》制定了一份委员管理的暂行意见，其中规定，如果不具有中国国籍，应不再担任政协委员一职。

朝阳政协：收到张兰退出申请

昨日中午，朝阳区官方微博“北京朝阳”发布微博，称关于俏江南集团董事长张兰作为朝阳区政协委员变更国籍一事，经朝阳区政协核实，确认张兰已于 2012 年 9 月 17 日注销了中国户籍。朝阳区政协与张兰本人取得联系，并于 11 月 26 日收到张兰因国籍变更愿意退出朝阳区政协的文字申请。目前，区政协正在依照相关程序做好工作。

昨晚 10 点，记者打开政协北京市朝阳区委员会网站，张兰暂时仍在“委员名录”中，属于经济科技委员会，界别为“台胞台属”，委员号为 143。

（《北京晨报》2012－11－28/张璐）

任启亮：归难侨在侨乡文化传承上发挥着特殊作用

建立华侨博物馆、建设东南亚风情园、打造南洋风情旅游品牌……7日，国侨办副主任任启亮在海南兴隆召开的全国华侨农场文化建设工作座谈会上表示，归难侨在侨乡文化传承方面发挥着特殊作用，作出了积极贡献。

福建竹坝华侨农场为保护归侨文化遗产，投入50万元创办归侨史记馆，自2008年开馆以来已接待6万多人次参观，成为厦门市重要的爱国主义教育基地。双阳华侨农场在中小学的日常教学中融入了东南亚等民俗特色教育，还大力培养“妆糕人”手工艺制品的接班人队伍。

海南兴隆华侨农场建起了颇具规模的华侨博物馆，将反映老一代“兴隆人”艰苦创业精神的文物、图片以及党和国家几代领导人、文化名流等在兴隆留下的书画瑰宝陈列其中，展示农场发展的光辉历程，以教育激励新一代“兴隆人”。

云南省各华侨农场打造侨场少数民族文化品牌。甘庄华侨农场每年举办傣族“花街节”、彝族“火把节”、苗族“花山节”等群众性文化娱乐活动。少数民族文化和东南亚风情别致得结合在一起。甘庄街道还成立了傣族协会。

广东华侨农场则通过发展特色文化产业，带动侨区的经济发展。如江门海宴、清远英德、揭阳大南山华侨农场利用归侨文化及异国民俗风情资源，建成东南亚风情园、八国风情旅游度假区，成为当地文化旅游新亮点。

任启亮表示，侨乡地区广大归侨侨眷既是外国文化的引进者又是中国文化的传承者。各地应更加重视侨乡文化的保护、整理、挖掘和发展工作，打造侨乡特色、地域特色文化品牌。

（中国新闻网兴隆2012－12－08/张茜翼）

中国出台政策完善“绿卡”待遇

记者从中国人力资源和社会保障部获悉，日前，中央组织部、人力资源和社会保障部、公安部等25个部门联合下发《外国人在中国永久居留享有相关待遇的办法》（以下简称《办法》），规定持有外国人在中国永久居留证（中国“绿卡”）的外籍人员除政治权利和法律法规规定不可享有的特定权利和义务外，原则上和中国公民享有相同权利，承担相同义务。

中国“绿卡”制度自2004年8月由公安部、外交部开始实施，目前已为近5 000名外国人办理了永久居留手续，其中有相当一部分是海外高层次人才及其家属，“绿卡”制度已成为中国吸引海外高层次人才的一项重要制度。

随着近年来中国经济社会持续快速发展，以“千人计划”为龙头的海外高层次人才引进工作整体快速推进，在中国的外籍高层次人才数量迅速增加。中国“绿卡”门槛高、适用范围小等问题日益突出，亟待解决。

《办法》针对外籍人才来华工作普遍关注的就业、签证居留、通关、投资、职称、子女教育、社保、住房公积金、购房、办理金融业务、购物、旅行、驾照等方面问题，逐条规定可凭中国“绿卡”享受相关国民待遇。

《办法》规定，“在中国居留期限不受限制，可以凭有效护照和《外国人永久居留证》出入中国国境，无须另外办理签证等手续；其配偶及直系亲属，可按有关规定申请办理相应签证、居留证件或《外国人永久居留证》”。

在子女就学方面，《办法》规定，“随迁子女义务教育阶段入学，符合条件的，可享受相关政策，由其居住地教育行政部门按照就近入学的原则办理入、转学手续，不收取国家规定以外的费用”。这是首次在国家层面明确了持“绿卡”人员的子女可在居住地接受义务教育，享受本地居民待遇。鉴于中国高等教育阶段针对外国学生的入学要求更适用于外籍人才子女，因此仍按现行政策执行。

对于参加社保，《办法》明确，可以“绿卡”作为有效身份凭证办理社会保险参保手续。同时，为了体现“国民待遇”原则，《办法》明确在境内居住而未就业的“绿卡”持有者，符合相关要求的，也可以参加中国城镇居民基本医疗和城镇居民社会养老保险，享受社会保险待遇。

《办法》规定，“可按照《住房公积金管理条例》等规定，在工作地缴存和使用住房公积金，离开该地区时，可按规定办理住房公积金的提取或转移手续”，即持“绿卡”人员在住房公积金方面与中国公民享有同等待遇。

《办法》还规定，持“绿卡”外国人在缴纳所得税、办理金融业务、进行国内商旅消费、申请机动车驾驶证等方面都享受中国公民同等待遇。

相关负责人表示，《办法》的出台进一步完善了中国永久居留制度，为中国积极应对国际人才竞争、建立与国际接轨的人才引进机制、营造良好的外籍人才工作生活环境提供了政策保障，必将吸引和支持更多外籍高层次人才来华创新创业，进一步推动中国创新驱动和转型发展。

（新华网 2012－12－11/赵超）

专家称出国人员父母成城市侨眷最大“空巢”群体

“侨眷‘空巢’老人应引起足够重视。”华侨华人问题专家、中国国务院侨办专家咨询委员会委员庄国土指出，城市侨眷“空巢”老人比例最大的是前留学人员父母，这类人大部分分布在中等以上城市，以大都市最为集中。

20 世纪 70 年代末以来，中国持续出现较大规模的海外移民潮，移居海外的新华侨华人不断增多。据中国国务院侨办估算，改革开放后从中国大陆和港澳台等地区移居国外的新华侨华人接近 1 000 万人，随之而来的侨眷“空巢”老人也日渐增多。

庄国土就此表示，城市侨眷“空巢”老人具有如下特点：一是经济能力较强，这是与一般“空巢”老人的最大差别；二是受教育层次较高，对精神与情感方面的诉求更多；三是与亲友、邻里联系少，更不善于沟通。

他提醒说，城市侨眷“空巢”老人目前面临的问题主要是：缺乏对突发问题（如患急病、水电、搬迁等）的应对能力；缺少亲情导致的精神寂寞，缺乏伴友；与外界联系少而求助不易、不及时。

侨务机构的调查也印证了上述观点。北京市侨联于今年 3 月起对侨眷“空巢”老人展开专项调查，根据全市各城区、局（总公司）和高等院校侨联、各侨联社团反馈的情况，建立了 900 多位侨眷“空巢”老人的基础信息数据库。

分析显示，目前，侨眷“空巢”老人的困难包括：不能做家务、孤独无人陪伴、日常生活不能自理、住房没电梯、看病挂号难等。他们急需的帮助有：请保姆照顾、提供老年人餐桌、配备电梯、请人陪同看病、希望入住养老院等。

针对上述状况，庄国土建议侨务部门、社区组织及公益组织，建立专门针对侨眷“空巢”老人的关怀网络，定期联络侨眷“空巢”老人，了解其健康和需求情况，为其提供紧急事务求助、上门的家政服务、医疗服务等。对于老人有钱舍不得花的心理，应以适当的方式劝告其参加付费的关怀网络和适度户外群体消费活动等。

庄国土还指出，除城市侨眷“空巢”老人外，在福建（福州郊县）和浙江南部（以大温州地区为主）等地还有大量乡镇及农村侨眷“空巢”老人。不过他们一般有较强的生活能力，其乡邻、亲友、家族的相互照顾状况较好，较之于城市侨眷“空巢”老人而言，尚未形成明显社会问题。

（中国新闻社北京 2012－12－12/张冬冬）

在华印支难民文件资料收集整理推进会在京召开

12 月 13 日，国务院接待安置印支难民工作领导小组办公室（以下简称“国务院安难办”）在北京召开在华印支难民文件资料收集整理工作推进会，交流总结在华印支难民文件资料收集整理工作推进情况和经验，研讨促进文件资料收集整理工作的成果转化。广东、广西、云南、福建、海南、江西六省（区）难民办负责人及相关人员参加会议。国务院安难办副主任柴梅出席会议并讲话。

柴梅副主任指出，自 2011 年开展在华印支难民资料收集整理工作以来，各省（区）难民办高度重视，安排专人负责，按工作部署和要求完成了前期的资料收集整理工作，为配合在华印支难民的永久安置、完整记录留存 30 多年来安难工作的历史做了大量基础性工作。

她强调，各省（区）难民办要树立对接待安置历史负责的大局观，进一步提高对在华印支难民文件资料收集整理工作重要性的认识；要重视对文件资料收集整理工作的成果转化，积极推进文件的收集、录入、选编等工作，按时保质保量提交可收入《在华印支难民工作文件选编》的文件资料；要继续推进在华印支难民资料收集整理工作，及时留存、整理工作中有存档价值的文件资料，将文件收集整理工作常态化，为编制《在华印支难民工作文件选编》工作打好基础。

各省（区）难民办介绍了开展在华印支难民文件资料收集整理工作的主要做法。广东省难民办将资料目录按照类别和时间进行整理，条理清楚、目录明晰的做法得到国务院安难办和与会代表的一致好评。

会议期间，与会代表就《在华印支难民工作文件选编》的基本体例进行了研讨；原人力资源和社会保障部职业技能鉴定中心党委书记、现北京大学中国职业研究所所长陈李翔就职业技能培训工作作专题讲座。

（广东侨网 2012－12－17/乔铮）

中国国际移民报告：新的“人才回流”时代已经开始

17 日发布的“国际人才蓝皮书”《中国国际移民报告（2012）》指出，随着中国大陆经济快速发展和社会的开放，一个新的“人才回流”时代已经开始。

蓝皮书援引中国社会科学院 2010 年发布的《全球政治与安全》报告表示，中国正成为世界上最大移民输出国，目前约有 4 500 万华人散居世界各地，中国流失的精英数量居世界首位。

据教育部统计，1978—2011 年，中国各类出国留学人员总数为 224.51 万人，学成归国的只有 81.84 万人，约占总数的 36.45%，而蓝皮书主编、中国与全球化中心主任王辉耀表示，常规的发展中国家或者新兴发达国家的留学人员回归率一般都超过了 50%。

根据美国政府统计机构数据，2002 年在美国拿到博士学位的中国理工科博士生中，有 92% 在五年后仍然留在美国，居全球第一。

在国际化和知识经济的大背景下，人才是国家发展的不竭动力。为了减少人才流失的消极影响，中国政府近年来陆续推行了系列吸引海外人才的优惠政策，积极促进海外技术移民回流。

2010 年 6 月发布的《国家中长期人才发展规划纲要（2010—2020 年）》提出，到 2020 年人才发展要进入世界人才强国行列。

2010 年，中国留学生年度回国人员人数达 13.48 万人，创历史新高。截至 2012 年 7 月，中国“千人计划”已吸引专家 2 300 人。

蓝皮书分析，当教育经费占国民生产总值 5% 以上，研发经费占国民生产总值 1.9%

以上，科学家、工程师人均研发经费每年6万美元以上，从事研发的科学家每百万人口有1 500人以上时，归国的海外人才就会大幅增加。

蓝皮书指出，随着中国大陆经济快速发展和社会的开放，一个新的“人才回流”时代已经开始。2008年席卷全球的经济危机加快了中国海外人才回流的步伐。越来越多的海外技术移民直接回本土创业，为国内带回资金、技术、管理经验和关系网络等。海外的工作经历使这些归国人才的工作能力、科研水平有了进一步提高，在经济、科技、文化等各领域成绩突出，强化了国家的人才竞争力。

（中国新闻网 2012－12－18/蔡晓晶）

研究报告称海外投资移民80%以上为子女教育

中国第一部年度国际移民报告“国际人才蓝皮书”《中国国际移民报告（2012）》中显示，近年来，中国海外投资移民迅速增长，其中超过80%的申请人将子女教育作为最直接的移民原因。

蓝皮书中引用招商银行与贝恩公司联合发布的《2011中国私人财富报告》的数据指出，个人资产超过1亿元人民币的超高净值企业主中，27%已经移民，47%正在考虑移民；个人资产超过1 000万人民币的高净值人群中，近60%的人士已经完成投资移民或有相关考虑。

很多投资移民选择“移民不移居”，拿到“绿卡”取得移民资格后再返回中国工作，投资移民只是为了谋求他国公民身份的认可，而子女的教育是投资移民考虑的第一因素。

《2011中国私人财富报告》显示，80%以上申请人最直接的移民原因是子女教育。中国的教育水平和西方发达国家相比存在较大差距，加拿大、美国、英国等发达国家的教育资源更为丰富，教育体制更能培养孩子丰富、健全的人格，适合孩子的成长。

蓝皮书还指出，除了投资移民，子女教育也是很多技术移民的主要动因之一。虽然相当一部分技术移民在新的国家不能很快找到与自己之前专业完全相符的工作，而且要适应谋生的艰辛和社会地位的落差，但他们情愿退去在国内“成功人士”的光环，到国外为子女谋求更好的未来。

教育因素也导致“低龄化”留学生的迅速增长。美国国土安全部统计，2006年中国仅有65名赴美中学生，2011年赴美中学生人数增长100倍，达到6 725人。调查显示，2011年中国高中生出境学习人数占中国总留学人数的22.6%。

（中国新闻网 2012－12－18/蔡晓晶）

去年我国超15万人移民海外　国际移民总数排名第一

昨天发布的我国第一部年度国际移民报告——“国际人才蓝皮书”《中国国际移民报告（2012）》披露，我国正在经历第三次移民潮，海外投资移民和技术移民的比重逐渐增大，表明富裕阶层和知识精英正成为新一轮移民的主力军，移民人口的组成日益偏向中产阶层。

该报告由中国与全球化研究中心、北京理工大学法学院、社会科学文献出版社联合发布。

中国国际移民总数排名第一

报告披露，2005年至2010年国际移民总数从1.95亿人增长到2.14亿人，占世界人口比例的3.1%。过去30多年来，特别是近10年来，移入和移出中国的国际移民数量迅猛增长。2011年，中国对世界几个主要的移民国家永久性移民数量超过15万人，其中在美国获得永久居留权的人数达87 017人，美国成为中国国际移民最多的国家，其次是加拿大、澳大利亚和新西兰。

据中国国际移民蓝皮书对我国国际移民的移出数据分析，2010年，我国海外华侨华人数量超过4 500万，绝对数量居世界第一。

国际外来人口的国内移入方面：截至2010年底，在我国境内有短期和长期居留外籍人员已达1 020 145人；截至2011年底，持有外国人永久居留证的外国人已有4 752人。

从国际移民的现状来看，2005—2010年国际移民总数从1.95亿人增长到2.14亿人，占世界人口比例的3.1%，表现为主要移民输出国全部是发展中国家，而传统移民国家和高收入国家最受欢迎。

每年流失大量人才

报告分析，我国海外投资移民多集中在房地产、外币存款和股票等领域。在技术移民方面，主要以中青年为主，他们受教育程度和职业层次高，经济实力、融入意识与参政意识较强。

蓝皮书分析，中国国际移民快速发展的趋势不可逆转。报告同时认为，发展中国家由于其相对落后的经济和科技实力，处于人才输出国的地位，每年面临大量的人才流失。由于发展中国家缺乏完善的移民制度，不仅不能有效地吸引国际人才，而且在吸引本国人才回流方面也面临着诸多制度上的障碍。我国近期出台了一系列类似“千人计划”这样的海外高层次人才引进计划来吸引海外人才回国创业，在人才回流方面取得了很好的成效。而在吸引国际人才方面，还需要不断完善人才“绿卡”和移民入籍等移民制度，通过政府和社会的共同努力，推动全球人才来中国参与建设创新型国家。

我国正经历第三次“移民潮”

蓝皮书分析，随着我国综合国力的增强和经济国际化程度加深，我国正在融入世界国际移民进程之中。过去30多年来，特别是近10年来，移入和移出中国的国际移民数量迅猛增长。他们对中国的发展以及世界其他国家和地区的人员国际流动产生了深远影响。基于中国坚定不移的对外开放国策、发达国家和地区的国际移民发展经验以及世界国际移民的持续发展潮流，中国国际移民快速发展的趋势不可逆转。

蓝皮书指出，中国正在经历第三次大规模的“海外移民潮”，随着中国经济的快速增长和对外交流的不断扩大，越来越多的中国人移民海外，富裕阶层和知识精英正成为新一轮移民的主力军，移民人口的组成日益偏向中产阶级，移民现象已经渐渐影响大众生活，成为社会广泛关注的热点话题。同时，移民问题之所以引发广泛关注，还源于它折射出社会方方面面的现状，与政治改革、产业结构升级、环境污染、教育问题等密切相联。

（《北京日报》2012－12－18/童曙泉）

专题报告“蓝皮书”揭示华侨华人综合实力“五现状”

华侨华人蓝皮书《华侨华人研究报告（2012）》17日在北京发布。报告揭示，当前海外华侨华人综合实力呈现经济实力雄厚、参政热情高、科技实力渐增、华媒影响力提升、社团力量逐步壮大五大现状。

由中国国务院侨办所属华侨大学主编，中国社会科学文献出版社出版的华侨华人蓝皮书《华侨华人研究报告（2012）》认为，第二次世界大战后，由于相关国家的移民政策有了根本性的调整，许多海外华侨自愿选择了归化为住在国的国民，实现了从“客人”到“主人”、从“落叶归根”到“落地生根”的转变。

蓝皮书指出，半个多世纪以来，华侨华人以其独特的拼搏精神和中华传统文化的魅力，为住在国的经济社会发展作出了重要贡献，成为一股极具影响力的经济政治力量，彰显出他们的综合实力：

——华侨华人经济实力雄厚。华商企业集团和跨国投资发展迅速，虽然较之于发达国家，华侨华人企业的经济实力仍然有较大差距，尤其是在金融危机以后，华商企业集团的资产更是有较大的缩水，但对于住在国的经济发展来说，他们的经济贡献不容忽视。

——参政热情高，话语力增强。和平发展和国际环境的变化给海外华侨华人参政提供了机会，使他们参与住在国的政治活动越来越成为可能；同时，中国的和平发展和国际地位的提高使得海外华侨华人得到更多的尊重，唤醒了越来越多华人参政的热情。

——科技实力和人力资本越来越强大。海外“华人科学家部落”已经成为世界科技前沿的一支生力军，在促进全球科学技术发展与世界文明的进步、推动住在国与中国的科技交流合作中彰显出华侨华人的软实力。

——海外华文媒体影响力提升。无论是从数量上、种类上，还是从质量和影响力上，全球华文媒体都有了迅速的提升。它们在传达中国各种信息，传播中华优秀文化，推动中国文化走向世界，增进世界对华了解，促进中国同世界各国友好发展，联络两岸同胞感情，推动中国统一，积极引导华人社会，助力和谐侨社发展等各个方面都发挥出重要作用。

——华侨华人社团力量逐步扩大。华侨华人社团组织通过定期或不定期地举办各种文化科技活动，构架起维系乡情、密切乡音的纽带，凝聚了华侨华人智慧，加深了住在国与中国的科技文化交流，提高了整个华侨华人社会的声誉，无不彰显出华侨华人的整体实力。

（中国新闻社北京 2012－12－18/张冬冬）

过去五年中国新增留学回国人员 54 万余人

记者从 18 日在京召开的全国人力资源和社会保障工作会议上了解到，2008 年以来的五年中，我国新增留学回国人员 54 万余人。

人力资源和社会保障部部长尹蔚民在会上谈到我国深入实施人才强国战略取得的成果时说，五年来，我国人才发展体制机制不断创新，人才服务体系不断完善，政府人才工作不断加强，专业技术人才和高技能人才规模不断扩大。

过去五年，我国还新增高技能人才 880 多万人，新增博士后 5 万多人，新增留学回国人员 54.3 万人；海外专家“千人计划”、高端外国专家项目顺利实施，共聘请外国专家和港澳台专家约 240 万人次来大陆工作。

尹蔚民表示，要实现到 2020 年进入人才强国和人力资源强国行列的目标，今后要统筹推进各类人才队伍建设，实施重大人才工程，加大创新创业人才培养支持力度，重视实用人才培养，引导人才向科研生产一线流动，把各方面优秀人才集聚到党和国家事业中来。

（新华网 2012－12－18/赵超　徐博）

2012 年全国侨办主任会议在江苏南通开幕

“2012 年全国侨办主任会议”19 日在江苏南通开幕。中国国务院侨办主任李海峰要求全国各级侨办多为海外侨胞和归侨侨眷办好事、办实事、解难题，真正做到心为侨所系、情为侨所牵、利为侨所谋。

本次会议旨在总结交流全国各地贯彻落实《国家侨务工作发展纲要（2011—2015年）》（以下简称《纲要》）和全国侨务工作会议精神取得的新成效，研究部署 2013 年各项工作，学习江苏侨务工作经验，推动全国侨务工作科学发展。

李海峰在专题报告中回顾了 2012 年全国侨务工作。她指出，一年多来，各级侨办着力加强工作的规划性和实效性，呈现出崭新的气象：侨务工作战略地位进一步提升，纳入

各级政府规划体系；侨务工作方式不断创新，向更广领域、更高层面、更深层次拓展；侨务工作理念进一步深化，向重涵养、重服务、重法制转变；侨务部门工作条件进一步改善，呈现全面协调发展的良好态势。

李海峰指出，2013 年，中国侨务工作要落实侨务政策，支持海外侨胞、归侨侨眷，关心和参与中国现代化建设与和平统一大业，充分发挥侨务工作在加快转变经济发展方式、建设社会主义文化强国、扎实推进公共外交和人文交流、加强海内外中华儿女大团结、促进海内外同胞关系和谐等方面的重要而独特的作用。

国务院侨办副主任马儒沛、任启亮、谭天星，江苏省副省长张卫国，国务院侨办党组成员熊昌良出席会议。全国各省、自治区、直辖市，副省级城市，省会城市及江苏地级市的 180 余位侨办负责人参会。

（中国新闻社南通 2012－12－19/张冬冬）

国侨办 2012 年度涉侨基金会工作会议在武汉召开

国务院侨务办公室 24 日在武汉召开 2012 年度涉侨基金会工作会议。国侨办副主任任启亮出席并讲话。

国侨办涉侨基金会工作会议每年召开一次。10 个涉侨基金会负责人或代表出席本次会议。湖北省副省长王君正到会看望与会代表。

据了解，此次会议的主要议题包括：由国侨办国内司介绍一年来开展“侨爱工程”、涉侨基金会、海外华侨华人捐助国内公益事业的情况；组织学习民政部《关于规范基金会行为的若干规定（试行）》；各涉侨基金会代表介绍 2012 年度开展公益事业活动的基本情况、交流 2013 年主要工作设想。

2011 年度，全国侨办系统受理或协助华侨华人、港澳同胞捐赠项目 7 115 个，比 2010 年度增加 21%。从 2008 年开始，已累计实施各类助村项目 6 000 个，惠及 2 000 万人。此次与会的 10 个涉侨基金会均在湖北开展过捐赠，如香港应善良基金会目前已在湖北 14 个市州捐助了 70 余个项目，捐资达 1 600 多万元人民币。

湖北省外侨办主任晏蒲柳向与会代表介绍了湖北省情，以及湖北省外侨办协助涉侨基金会、海外华侨华人捐赠湖北公益事业等情况。

（中国新闻网武汉 2012－12－24/艾启平）

中国侨务“雁阵齐飞”呈现区域协调发展新格局

“侨务部门自身建设得到加强，侨务工作呈现区域协调发展的良好态势。”中国国务院侨办主任李海峰在刚刚落幕的“2012年全国侨办主任会议”上，梳理过去一年的侨务工作时如是表示。

纵观2012年，侨务机构实现在中国大陆全覆盖，东南沿海侨乡地区侨务工作创新发展、中西部地区侨务工作更加活跃、沿边省区侨务工作亮点频现，全国侨务工作“雁阵齐飞”的新格局日益清晰。

其一，中国大陆侨务机构实现全覆盖。今年9月，西藏自治区外事侨务办公室在拉萨正式挂牌，至此中国大陆所有的省、自治区、直辖市政府都有了专职从事侨务工作的部门。

在国务院侨办副主任马儒沛看来，西藏自治区是中国大陆最后一个成立侨务机构的省（区），此举标志着中国在省（区）层面结束了没有专门侨务工作机构的历史局面，同时也为开展涉藏侨务工作奠定了坚实基础。

其二，东南沿海侨乡地区侨务工作创新发展。广东省于今年10月启动华侨史编修工程，拟用5至6年时间，修撰一部约200万字的《广东华侨史》；福建省强调提升侨务引资的质量和规模，挖掘海外侨胞人才与项目资源，拓展引侨促贸新渠道，努力实现福建侨的优势向发展优势的转变；浙江引导广大侨胞“闯天下”与“强浙江”相结合，大力实施“侨商回归工程”。

其三，中西部地区侨务工作更加活跃。迄今为止，国务院侨办与12个省市签署战略合作协议或备忘录，其中有10个位于中西部地区，从整体上带动中西部地区侨务工作的开展。在中部，河南“华合论坛”的影响力越来越大；江西首届“华赣会”成效显著，创造了江西省引进侨资新纪录。

今年9月，“西部地区侨务扶贫工作座谈会”在宁夏银川召开，明确提出促进西部地区贫困归侨侨眷脱贫解困、扶持归侨侨眷就业创业是新时期侨务部门服务西部大开发战略的重要举措。除此之外，国务院侨办还完善了“侨资企业西部行”活动管理办法，努力促进侨务资源向中西部地区流动。

其四，沿边省区侨务工作亮点纷呈。2012年，广西全区各级侨务部门开展大型经贸活动46场，促进引进合作项目85个，引进专业技术人才100多人次；云南省今年6月份举办的“第十届东盟华商会”吸引来自37个国家和地区的600余名海外华商参加，通过合同、协议达成的总投资333亿元；新疆、青海、内蒙古等省区侨办在开展涉疆涉藏和沿边地区侨务工作方面也发挥了重要作用。

其五，侨务品牌活动向常态化、机制化方向发展。“华商圆桌会议”被纳入“博鳌亚洲论坛”框架，影响力不断提升；湖北“华创会”、吉林“东北亚人才高峰论坛”、四川“海科会”、上海“海星工程”、天津“华侨华人科技创新洽谈会”等纳入地方政府工作部署，成为促进地方对外开放的重要平台。

与此同时，全国侨务引智引资工作逐渐由洽谈会、论坛等平台模式向园区载体拓展。湖北省在武汉东湖国家自主创新示范区设立中华科技产业园，云南省着力建设瑞丽国际华商产业园，北京市设立世界侨商总部聚集区等，都切实提高了侨务引智引资的质量和效益。

“这些年，我们搭建系列工作平台，不断延伸工作手段，扩大了侨务工作的影响力，并向纵深发展，但是战略谋划和整体合力还需提升。”李海峰透露，未来中国侨务工作将进一步提高统筹规划能力，加强分类指导，促进侨务工作协调发展。

（中国新闻网 2012－12－26/张冬冬）

地方信息

政协委员吁上海尽快面向全球征集涉侨文物

正在此间召开的政协上海市十一届五次会议上，致公党上海市委员会建议成立“华侨华人人文资源征集委员会”，尽快展开涉侨文物征集工作。

据了解，致公党自2002年以来一直致力于推动上海华侨华人博物馆的建设，经过多年努力，现已获得共识，相关前期准备工作已在进行。但此项目牵涉面广，难度大，因此致公党上海市委提议借助“五侨联席会议”（上海市人大的华侨委、上海市政协的港澳台侨委、上海市政府侨办、致公党上海市委、上海市侨联）协作机制，成立一个由其成员单位，加上上海市文管会等部门参加的“华侨华人人文资源征集委员会”，负责推进这项工作。

办一个博物馆有其自身规律和要求，每个博物馆，都要有镇馆之宝，否则就很难突显其地位、产生其影响。方修仁认为，一方面，文物有其稀缺性和唯一性，需要未雨绸缪，尽快把文物征集工作提上议事日程；另一方面，华侨华人闯世界，就近代而言已有一百多年的历史了，许多华侨已年老，许多物件已历经沧桑。特别是那些亲历过重大历史事件，或曰有故事的人，剩下的不多，且随时可能逝去，必须“时不我待”作抢救性征集。

致公党上海市委建议，通过网络、电视、报纸等媒体向全球发布文物征集通知，提高知晓率和影响率；同时，所有涉侨部门都要行动起来，利用外事接待或出访考察的时机，或者请中国驻外使馆帮助，在海外华侨华人中间广泛开展文物征集工作，进一步拓展文物获取来源。

（中国新闻社上海 2012－01－12/许婧）

侨乡温州文成去年审结涉侨案366件　近九成为离婚案

记者从温州文成县人民法院获悉，2011年，文成法院审结各类民事涉侨案件366件，其中离婚纠纷328件，占涉侨案件总数的近九成。

据了解，文成县2011年审结各类涉侨案件366件，占全部案件的16.3%，同比上升19.6%。这些涉侨民事案件主要涉及同居关系子女抚养纠纷、财产纠纷、分家析产纠纷、婚后损害赔偿纠纷等。其中，离婚案件占到该县涉侨案件的近九成。

此外，为实现当事人在海外也能“当日立案，当日结案”，避免涉侨案件动辄就消耗近一年的审理时间，在2011年，对部分案情案件，文成法院还聘任海外特邀调解员进行特别调解，相关案件平均审理天数同比缩短16.9%。

温州文成是著名侨乡，共有10.5万华侨华人旅居世界55个国家和地区。

（中国新闻网温州2012－02－02/赵小燕　颜才威）

云南政协委员提案呼吁扶持散居归侨侨眷经济发展

记者9日从正在此间召开的政协云南十届五次会议上采访了解到，云南政协委员提案，呼吁扶持散居归侨侨眷经济发展。

来自云南砚山县的政协委员卢仕海提出，砚山是云南侨务工作重点县之一，20世纪60到70年代末先后安置了从印度尼西亚、印度、缅甸、越南回国的归侨6 000多人。目前，县内还有散居归侨侨眷、港澳眷属274户，共934人。

当地的归侨侨眷主要以做土特产生意、摆小烟摊、经营小饭店和小百货、批发水果、租地种蔬菜、做临时工、外出打工等为主，生活水平普遍较低。2011年，该县县城散居归侨侨眷人均可支配收入13 200元，比该县城镇居民人均可支配收入低3 200元；农村的归侨侨眷人均纯收入2 900元，与农村人均纯收入相差960元。因此，散居归侨侨眷的贫困形势仍相对严峻。

卢仕海称，这些散居的归侨侨眷90%是越南边民，因经济收入单一、经营方式粗放，经济收入处贫困线下。居住在县城的归侨侨眷主要于1988年被调整安置到县城自谋职业，依靠调整安置的补助和积蓄生活，经济实力弱，缺乏外援资金，仅靠个人积蓄发展、起步晚、起点低、规模小，生活处于窘境。散居农村的归侨侨眷主要以种植业为主，大部分在山区，土地少而贫瘠，收入较低，贫困面大。

卢仕海建议安排归侨侨眷非公经济发展资金，积极引导城镇散居归侨侨眷发展非公经济，并根据实际引导他们转变观念，调整产业结构，发展特色经济，力争用五年时间使散居农村归侨侨眷的经济状况得到有效改善。

（中国新闻网昆明2012－02－10/马骞）

日照东港区侨办为一批归侨办理特殊“身份证”

“终于有了自己的归侨证，非常感谢党和政府的关心与厚爱！”日前，当88岁的朝鲜归侨张茂芹从山东省日照市东港区侨办工作人员手中接过由山东省政府侨办签发的“山东省归侨侨眷身份证”时，激动万分。

据了解，东港区是山东省重点侨乡，归侨大部分于20世纪50年代初期由朝鲜归国，大都居住在农村。目前，多数归侨已年老体弱，又没有参加养老保险，靠子女赡养和亲朋的资助，过着相对贫困的生活。为体现党和政府对定居在东港区困难归侨的关怀，进一步调动广大海外侨胞和归侨侨眷参与经济建设的积极性，2010年9月，根据山东省《关于发放归国华侨生活困难补助的通知》的要求，东港区侨办开展了归侨生活困难情况摸底调查，经归侨本人申请，村、镇街道审查，区侨办、财政等部门审核，对持有“山东省归侨侨眷身份证”并符合生活补助条件的归侨，自2011年1月1日起发放补助。

近年来，东港区侨务部门集中开展了归侨侨眷身份确认工作，为大批归侨侨眷办理了“山东省归侨侨眷身份证”，此证是归侨侨眷特殊的“身份证”，是归侨侨眷享受各级政府出台侨务补助政策的重要依据。由于种种原因，东港区还有少数归侨没有到侨务部门确认归侨身份，因此，他们就享受不到这一补助政策。

（中国新闻网2012－02－14/秦纪峰）

苏州市侨办2012年建立五大机制打造“智慧侨务”

截至目前，苏州市累计注册侨港资企业超过9 000家，占苏州市外资企业1/3，引进海外高层次人才6 000多人。入选国家“千人计划”专家50人，100%是华侨华人，在全国地级市中名列首位；江苏省“双创计划”205人、“姑苏双创千人计划”229人，85%以上是华侨华人，为江苏全省第一。苏州市累计接受华侨捐赠超过7亿元，名列江苏全省第一。

2011年，苏州市新增侨资47.8亿美元，实际利用侨资超29.5亿美元，牵线搭桥促成侨资合作项目341个，占江苏全省1/2。社区侨务网络覆盖全市2/3的街道和社区。2011年，苏州市侨办荣立集体二等功，苏州市侨办、张家港市侨办、常熟市侨办、金阊区民族宗教和侨务局、吴中区外侨办等5个单位荣获江苏“全省侨务工作先进单位”，金阊区白洋湾街道荣膺“全国社区侨务工作明星社区”。

会议提出，2012年，苏州市侨务系统要建立“五大机制”：侨务工作协调机制，涉侨部门合作联动；侨务资源管理机制，整合资源信息共享；服务侨胞工作机制，全程服务首问负责；护侨情况反馈机制，征求意见定期反馈；侨务信访处理机制，来信来访快查快结。完善更新海外华侨华人高层次人才等10个信息库，全面打造“智慧侨务”和创建“暖侨聚力”品牌，努力实现办公自动化、沟通网络化、服务智能化、信息数据化、管理科学化，进一步推进苏州市侨务工作全面协调发展。

（国务院侨务办公室网站2012－02－15）

广东江门侨资企业逾3 600家　投资额近178亿美元

记者从江门市外事侨务局了解到，截至2011年底，在江门市投资的侨资企业逾3 600家，投资总额近178亿美元，主要涉及纺织服装、电气机械、通信设备及其他电子设备制造业等领域。

据介绍，近年来江门市转变侨务工作观念，正确引导海外乡亲从“投资善举”转变到“投资发展”上来，吸引他们积极回乡投资兴办实业。其中，李锦记集团主席李文达于1995年返回家乡新会投资设厂，2011年产值达142.64亿元，同比增长35.32%，连续两年产值超百亿元。

在侨资企业中，香港是江门最大的投资来源地和最主要的出口与转口贸易市场。目前，港商在江门投资的企业近3 000家，占全市外商投资企业总数的七成，投资总额超过80亿美元，占江门利用外资总额的七成。

江门素有“中国第一侨乡”的美誉，全市人口420万人，祖籍江门五邑的海外华侨华人、港澳台同胞将近400万，分布在世界五大洲107个国家和地区。

（中国新闻网江门2012－02－24/陈浩光　李健群）

没想到这么快就拿到中国绿卡

昨日下午，在星沙工作的美籍华人郑群怡博士拿到了长沙市公安局人口与出入境管理支队送来的中国绿卡。

“没想到这么快就拿到中国绿卡了。”昨日，美籍华人郑群怡从长沙市公安局人口与

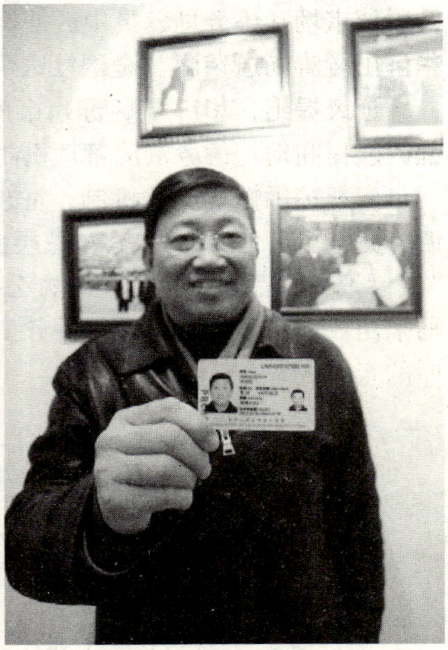

出入境管理支队外管大队民警手中接过中国绿卡时说。据悉，郑群怡是湖南企业引进的国家“千人计划”专家中首位获得中国绿卡的人。目前长沙有13名海外高层次人才及其家属获得中国绿卡。

郑群怡本是长沙人，1985年7月去美国后获得了美国国籍，但他因为工作需要经常往来于美国、长沙两地。2007年底，他辞掉在美国的高薪工作，到长沙投资创业。2008年公司与湖南中医药大学等单位成功承担了省科技厅重大科技专项预研项目，2010年又引进全球保健品领军企业康宝莱到长沙投资，共创康宝莱蕾硕（湖南）天然产物有限公司。

“现在好了，省去很多办理签证和居留许可的时间。”郑群怡笑着说，他的家人现在都住在美国。他和他太太都是长沙人，对长沙有着深厚的感情，这次回故乡创业，他的太太很支持。他的家人也正在申请中国绿卡。

“来长沙投资、任职、投靠父母、与长沙居民结婚等情况的外国人达到一定条件的均可申请中国绿卡。”长沙市公安局人口与出入境管理支队外管大队民警说，外国人被批准在中国永久居留以后，在有关法律规定范围内，可以自由选择居所、工作地以及工作单位，无须办理有关审批、变更或迁移手续，无须定期缴验证件。

相关链接

中国绿卡即外国人永久居留证，是获得在中国永久居留资格的外国人在中国境内居留的合法身份证件，可以单独使用。被批准在中国永久居留的外国人，由公安部签发外国人永久居留证，凭有效护照和外国人永久居留证出入中国国境。被批准在中国永久居留的外国人，每年在中国累计居留不得少于三个月。确因实际需要每年不能在中国累计居留满三个月的，需经长期居留地省、自治区、直辖市公安厅、局批准，但五年内在中国累计居留不得少于一年。

（《长沙晚报》2012－02－29）

南宁年内安排1 500余户归国华侨入住华侨城

南宁—东盟经济开发区管委会主任胡志崇3月1日向记者介绍，总投入12亿元人民币建设的南宁华侨城，年内将有1 508户归国华侨入住，该项目并适时启动二期建设。

据介绍，华侨城一期投资5亿元，建筑面积18万平方米，其中安置住宅13万平方米及农贸市场、综合批发市场、幼儿园等配套设施5万平方米，将解决开发区偏远农场归国华侨出行难和居住配套设施落后等问题。

记者看到，华侨城内的16栋住宅楼正在紧张施工中。当地民众称，华侨城是民心工程，能提高他们的生活质量。

依托多国归侨文化特色，南宁—东盟经济开发区建设东南亚小商品批发市场，打造广西旅游金名片，倍受游客欢迎。

南宁—东盟经济开发区总面积180平方公里，先后安置了印度尼西亚、越南、缅甸、马来西亚等9个东盟国家的归侨侨眷12 000多人，与世界29个国家和地区有着广泛而深厚的亲缘关系。

（中国新闻网南宁2012-03-01/杨志雄　蓝必祠）

海外高层次人才持居住证可参加当地社保

近日，江苏省人社厅下发《关于深入实施海外高层次人才居住证制度的通知》（下称《通知》），根据《通知》，江苏省将进一步优化人才发展环境，吸引更多的海外高层次人才来江苏创新创业。

《通知》明确，持有居住证的海外高层次人才可按有关规定参加国家、省有关政府奖励的申报和评选，也可申报单位所在地市、县政府各种奖励。江苏省积极鼓励和支持持有居住证的海外高层次人才按规定程序和要求申报评审相应专业技术资格或参加专业技术资格（职［执］业资格）考试，并免试外语和计算机。对具备条件的，由所在单位聘任相应专业技术职务。同时，持有居住证的海外高层次人才及其配偶、子女参加工作的，可参加工作所在地各项社会保险。配偶、子女为灵活就业人员的，可以灵活就业人员身份参加当地的各项社会保险，并享受相应的保险待遇。

据了解，目前在江苏工作的海外人才有5万多人，海外高层次人才申请居住证须满足一定条件，包括：非本省户籍；在国（境）外取得博士学位、每年在江苏省工作（创业）时间不少于6个月；具有海外工作经历等。

（《南京日报》2012-03-12/肖姗）

有贡献的外籍华人、港澳台人员可参评南京市劳模

三年一次的南京市劳模评选日前正式拉开序幕。本次劳模评选名额为360名，对南京

有贡献的外籍华人、港澳台人员均可参评。

此次评比名额主要按照区县、系统和直属单位所辖在岗职工和从事农业劳动力总数的一定比例进行分配，在兼顾各行业的前提下，重点考虑坚持创业创新、奋力创优创造，在科技创新、体制创新、机制创新和载体创新上作出突出贡献；为南京现代产业体系构建和产业转型升级作出突出贡献；为南京立足民生及各项社会事务建设、构建和谐稳定的社会环境作出突出贡献；为南京重点工程、重点项目建设作出突出贡献和热爱祖国、为南京创新创业发展作出突出贡献的外籍华人、港澳台人员等各类先进人物。

评选工作由南京市劳模评选委员会组织，市评委会负责组织、协调和指导全市范围内的推荐评选工作，审核市劳模事迹材料，确定表彰候选名单。预计今年 4 月下旬进行表彰。

（中国新闻网南京 2012－03－21/颜军海）

旅居海外侨胞 100 多万　新疆成西北地区重点侨乡

3 月 21 日，从新疆维吾尔自治区侨情调查培训班开班仪式上获悉，截至目前，新疆旅居在海外的华侨华人有 100 多万人，归侨侨眷约有 50 万人。新疆已成为中国西北地区重点侨乡。

为科学规划自治区“十二五”期间侨务工作目标和任务，掌握海内外侨胞的基本情况，自治区决定开展侨情调查工作。

此次全区侨情调查的标准时点为 2011 年 12 月 31 日零时，调查对象为自治区境内常住户口的归侨、侨眷。从 2012 年 2 月 1 日至 6 月 30 日，全面展开入户调查登记，下半年进入数据录入、审核、汇总阶段。

（天山网 2012－03－22）

江西：华侨农场体制改革基本完成

记者从 30 日召开的江西全省侨务工作会议上获悉，江西华侨农场体制改革大部分工作已完成，将进一步做好华侨农场体制改革收尾工作。

2007 年以来，江西省出台了推动华侨农场改革和发展的实施意见，成立了领导小组，全面落实了近 2 000 万元的改革配套资金，华侨农场改革发展的各项工作顺利推进。目前，华侨农场 98.42% 的人员参加了基本养老保险，93.66% 的人员参加了医疗保险。通过采取国家补助、政府优惠、农场照顾、个人投入等办法，筹资 2 000 余万元，在 2011 年 6 月全面完成了归难侨危旧房改造任务。除少数有争议的荒林待协商解决外，96.41% 的土地已完成确权登记。华侨农场经营体制改革顺利实施并取得了实效，职工劳动关系进一步理顺，农场面貌和归难侨生活明显改善。

据悉，未来江西省将进一步推进华侨农场改革发展，妥善解决华侨农场撤场设乡设镇后在岗管理人员编制落实、富余管理人员安置和身份确定问题，做好体制改革收尾工作；积极争取国家部委的全力支持和推动，努力解决好农场剩余金融债务和非金融债务的剥离与处置工作；积极争取政策，指导农场调整产业结构、争取资金投入，努力提升农场产业结构和产业水平；加强与劳动保障、农业、科技、扶贫等部门的协作，将农场特别是归难侨及其子女的就业培训纳入整体规划，提升就业技能，促进全员就业，维护农场和谐稳定。

（人民网 2012－03－31/魏本貌）

上海虹口区侨联：新班子成员八成是新侨

日前，上海市虹口区第六次归侨侨眷代表大会召开。会议审议通过虹口区侨联第五届委员会工作报告，选举产生了虹口区侨联第六届委员会。王炎萍当选为主席，戴宁等 7 人当选为副主席。值得一提的是，8 人的新一届领导班子中有 6 人是新侨。

开幕式上，中共虹口区委副书记施小琳充分肯定了区侨联过去 5 年的工作，希望新一届侨联委员会为实现虹口新崛起积极献计出力，切实维护好广大归侨侨眷的合法权益，努力提高侨联干部队伍素质。

上海市侨联党组书记、副主席沈敏到会提出三点希望：一要突出重点，服务创新驱动转型发展，促进文化大发展、大繁荣，维护社会和谐稳定；二要培育亮点，做好做深原有的特色工作，形成品牌，推动侨联工作好上更好、优势更优；三要拓展新增长点，保持侨联工作资源优势，推进侨联事业可持续发展。

（《上海侨报》2012－04－19/李宇萍）

江苏丹阳天地石刻园开园并被命名为“江苏省华侨华人文化交流基地”

4 月 23 日，亚洲最大的石刻主题游园——江苏丹阳天地石刻园正式开园。中宣部秘书长官景辉，江苏省副省长许津荣，镇江市委书记张敬华，镇江市委常委、丹阳市委书记李茂川等共同为天地石刻园启动开园按钮。

开园仪式上还举行了命名石刻园为“江苏省华侨华人文化交流基地”的揭牌仪式。

天地石刻园由丹阳市政府与中国社会科学院合作共建，由加拿大籍华人吴杰森先生捐赠的8 000多尊西汉至民国的石刻落户于此。园内集石刻博览、文化鉴赏、休闲娱乐为一体，是亚洲最大的石刻主题游园。园区总投资3.6亿元，占地面积1 200多亩，建筑面积1.5万平方米，景观面积40多万平方米。目前，丹阳市政府以天地石刻园为核心打造方圆66平方公里的江苏文化科技产业园，相继推出民俗旅游区、宗教文化区、数字生态养生区等8大功能区，努力使之成为一个独具魅力的文化旅游产业综合发展基地。天地石刻园试运营以来，已接待5万多游客，开园后每年可迎来200多万海内外嘉宾。

丹阳天地石刻园为弘扬和传承中华文化提供了新的平台。此次被命名为“江苏省华侨华人文化交流基地”，将有利于拓展海内外文化交流的渠道，进一步弘扬海外侨胞心系桑梓的爱国情怀。

（江苏侨联网 2012－04－24）

首家海归子女学校“落沪”

作为第一家主要面向海归子女招生的学校，上海星河湾海归子女学校由上海市闵行区教育局于2011年6月与上海中学签约共建，为上海中学国际课程办学基地。学校于今年3月启动招生，9月1日正式开学。

“一些海归子女因中国籍身份而无法入读国际学校，国内普通学校又不能很好地满足海归子女的受教育需求。”上海星河湾海归子女学校常务副校长王念祖说道。该校的不同之处在于，它是一所致力为我国海归子女提供教育服务的九年一贯制学校。学校的创新举措主要表现为以下4个方面：

机制创新：学校体现了上海闵行区以国际视野建设一流城区的大思路与大格局，也填补了海归子女专向教育的一个空白。

管理创新：校方被授权开设IB、AP、SAT和PSAT等课程及包括TOEFL（托福）、GRE在内的考试中心。

课程创新：语文和品德学科采用上海现行的教学大纲安排，英语主要采用美国主流教育的课程教材。其他学科则在兼顾上海二期课改的基础上，采用国际教材与双语教学。

教学创新：主要学科均为不低于60%的全英语授课，并随着学生英语水平的提高逐步增加比例。一至三年级采取包班制，每班由中、外教各一名管理；四年级以上采用小班制和走班制。同时，利用 iPad 平台进行教学活动，充分发挥其直观、生动的授课优势。

目前，星河湾海归子女学校已被列为上海市“引进千名海归计划”中海归子女就读的重点推荐学校之一。

(《人民日报·海外版》2012-04-26/林忆夏)

云南：侨场改革助推归侨侨眷老有所养病有所医

记者日前从有关方面获悉，多年来，我省高度重视归侨侨眷工作，深入推进侨场改革及归侨侨眷民生工程，归侨侨眷生产生活水平不断提高。

我省现有归侨侨眷 48.72 万人，其中困难归侨侨眷 11.79 万人，已享受应保尽保政策。我省不断开拓思路、创新办法，加大政策引导和资金扶持力度，全面改善侨场发展条件。针对侨场体制不顺、管理不畅的实际情况，我省以转变职能为核心，按照政企分开、事企分开、管办分开的原则，大力深化侨场体制改革。目前，全省 13 个侨场已按照体制融入地方、管理融入社会、经济融入市场的“三融入”要求，圆满完成了体制改革、危房改造和养老保险、医疗保险、土地确权等各项改革工作。

在侨场改革发展中，我省实施了一系列民生改善工程。中央和省投入补助资金 32 903 万元，户均补助 2.24 万元，全面完成全省侨场 1.47 万户危房改造工程。采取政府适当补助、个人自筹为主的办法，妥善解决侨场归难侨养老保险欠费及缴费困难问题，并通过增加财政补助，解决侨场职工后续养老保险缴费困难问题。目前，全省侨场职工、改制场员 1.66 万人，已全部参加基本养老保险统筹，100% 实现了老有所养。组织全省侨场职工、改制场员及家属分别参加城镇职工基本医疗保险、城镇居民基本医疗保险和新型农村合作医疗保险，实现了病有所医。积极开展扶贫救助，帮助解决突出困难，“十一五”期间，全省共投入 1 379 万元，妥善解决了侨场 3.45 万人的饮水安全问题。

(《云南日报》2012-04-26/陈晓波)

福清构建“爱心走廊”帮扶贫困归侨

福建省福清市江镜镇侨联 27 日启动“爱心走廊、共创和谐”活动，镇侨联委员与贫困归侨“一帮一”开展帮扶活动，用实际行动践行“以侨为本、为侨服务”的宗旨。

江镜镇共有贫侨 15 户，贫侨中年龄 80 岁以上的 7 人，最小的 66 岁。江镜镇侨联结合开展侨情大走访活动，逐门逐户详细了解他们的生活状态，建立了翔实的贫侨资料。这些贫侨大多年纪大、神智差、身体残疾、自理生活难，基本丧失劳动能力，靠低保补助金生活。经过侨联委员的共同探讨，一致认为要创新服务的理念，决定建立侨联委员与贫困归侨“一帮一”的长久帮扶机制，以侨帮侨，为民解忧。

这次活动中，侨联委员的拳拳爱心和真诚的行动感动了社会各界，也感动了旅居新加坡的江镜籍华侨谢全辉先生，他从海外委托其亲友向全镇贫困侨发放慰问金，并勉励镇侨联要加快建立扶贫帮困机制，健全长久的救助保障。此外，何齐凤委员为帮扶对象缴纳安装自来水的全部费用，龙田水厂也以最低收费、最便捷通道为其表达爱心；目睹活动现场的一位不愿公开身份的热心人，送给贫侨两套床上用品等。

（中国新闻网福清 2012－04－27/何文建）

浙江瑞安开办华侨子女班　为华侨解除后顾之忧

浙江省瑞安市政府日前决定，今年秋季在瑞安市外国语学校设立一年级和七年级华侨子女班各一个，各招生 45 人，招生对象为已取得国外居留证的瑞安籍华侨华人子女以及港澳台同胞子女。同时，华侨华人子女也可以在其法定监护人或委托监护人（祖父母，外祖父母；兄姐）的户口和房产所在地施教区就近入学。

近年来，随着我国改革开放的不断深入和国际地位的提升，海外华侨华人送子女回国接受教育的需求不断增加，因此做好华侨子女回国就读的工作成为侨务系统为侨服务的重点。经过瑞安市侨办多方协调，瑞安市华侨子女班正式开办。

“华侨子女班的开办真正体现了浙江省‘欢迎就读、一视同仁、根据特点、适当照顾’的华侨子女回国就读的侨务政策，将有效缓解华侨子女回国就读难的问题，对华侨子女接受中文教育起到积极的推动作用。”瑞安侨办主任周靖解释称。

（中国新闻网温州 2012－04－28/卓阳）

广西来宾华侨农场 8 000 名侨民圆“城市梦”

“想不到来宾变化那么大，简直不敢相信。”这是广西壮族自治区侨办退休干部、原来宾华侨农场职工黄志英在参观来宾市区、来宾华侨农场后的感慨。

由广西壮族自治区侨办组织的 68 名离退休老干部于 5 月 9 日到来宾市区、来宾华侨农场参观考察。参观团先后参观了城市规划馆、市区建筑群、市政府大楼、体育馆、来宾市教育园区、来宾华侨农场安置小区等，感受到来宾的巨大变化，尤其是来宾农场改革发展给侨场场民带来的实惠。

5 年前，来宾华侨农场只是一片蔗海果林，目前已变成迅速崛起的新的来宾市现代核心城区，已引进 A 股上市公司皇氏乳业等 23 家企业入区投资兴业。目前来宾市区仅有 4 条百米大道，而来宾华侨农场就占有 3 条。路网、电网、水网、弱电网等基础设施基本完善，正在加快推进高新产业园、金龟岛旅游综合开发项目、桂中水城、来宾奇石城、来宾体育馆、来宾五所大学院校、20 个现代高档住宅区 100 栋高楼、五星级酒店、电子科技广场等建设，“商贸中心区、教育园区、高新产业园区、金龟岛——民族风情博览园区”“四大片区”已基本成形，城区框架已全面拉开。

预计未来 5 年内，来宾华侨农场将建设成为一个拥有 20 万人口，经济总量突破 100 亿元，集商贸物流、金融保险、高新产业、旅游观光、科教文化、和谐宜居于一体的来宾市现代化核心城区。

以前来宾华侨农场职工主要从事农业劳动，终日面朝黄土背朝天，是地地道道的农民。改革之后，职工们放下手中的锄头镰刀、洗脚上田，进工厂、闹市场，当工人、做老板，在自主创业的同时还定期领取政府发放的生活补助金，享受政府给予的安置房福利、社会养老保险和医疗保险福利，已经完完全全变成了市民。

之前，农场土地主要经营种植、养殖业，由于生产力低下，部分土地因管理不到位而撂荒，被附近农民占用。改革之后，整体收回来宾华侨农场 3 800 多亩国有土地，实施项目开发。目前，在这些土地上已经建起 20 多家企业厂房、动工兴建了 100 栋 20 层以上高楼，各种充满现代气息的居民楼、商业楼纷纷拔地而起。2007 年前，来宾华侨农场大部分职工和归侨侨眷居住在低矮、潮湿的砖瓦房里；实施危旧房改造和失地职工住房安置后，农场绝大部分职工和归侨侨眷都住上了新楼房、改造房，预计 2013 年底前占地 16 万平方米的安置房高楼全部建成。8 000 名农场侨民圆了“城市梦”。

（中国新闻网来宾 2012－05－10/张祖良）

河南周口侨联“一对一”服务归侨侨眷

为进一步服务归侨侨眷，日前，河南省周口市侨联积极探索建立“一对一”联系服务机制。

该服务机制规定，对周口侨联干部进行分工，责任到人，明确每个侨联干部服务 10 名归侨侨眷，对其进行“一对一”联系服务。首先定期对每一位联系对象进行走访，帮助他们解决生活、工作中遇到的困难和问题。通过传统佳节走访慰问、联谊，向老归侨寿诞送祝福，帮扶新归侨创业，加大贫困归侨侨眷扶贫就业力度，深入开展“情暖侨心”活动，做好归侨侨眷的知心人、贴心人。

其次，为加强与归侨侨眷和留学生家属的联系，侨联干部每半个月与联系对象通一次电话，详细询问他们及国外亲友工作、生活等情况，及时做好电话记录；每月召开一次信息反馈会议，总结汇报各自联系走访的情况，分析侨情的新变化、新特点，积极探索为侨服务新路子。

除此之外，侨联干部每季度登门走访一次，主动听取侨界群众关于我市中心工作及侨联事业发展方面的意见建议，深入了解存在的问题、发生的重大事项等，帮助归侨解决实际困难。

（中国新闻网 2012－05－15/王秋兰）

南京为高层次留学回国人员子女开辟教育“绿色通道”

据南京市政府网站消息，南京市将为高层次留学回国创业人才子女开辟教育“绿色通道”。

一是对符合南京市有关规定的创业人才，其子女需要在宁入幼儿园的，按照“属地化”原则，由相关区县政府、教育局协调，优先安排就读质量较好的公办幼儿园。

二是对符合南京市有关规定的创业人才，其子女需要在宁接受义务教育的，按照“分级办学、分级管理”和“免试就近入学”的原则，由相关区县政府、教育局协调，优先安排就读质量较好的小学和初中。

三是对符合南京市有关规定的高层次留学回国人员、南京市“紫金人才计划”中符合条件的创业人才，其子女需要在宁接受高中阶段教育的，如参加本市中考，可加 10 分投档；如系外地转入的，可参照原就读学校，由市、区县教育部门协调大致相当层次或质量较好的学校接受其转学或借读。

（中国新闻网 2012－05－16）

福建省福清市法院聘任案件特邀调解员维护侨益

5 月 23 日，福清市召开“涉侨特邀调解员聘任暨诉调衔接工作”会议。福清市法院李平院长向陈玄蓂等 17 名“特邀涉侨民商事案件特邀调解员”颁发聘书，希望他们合力维护侨益，共促侨乡和谐发展。

福清是全国著名侨乡，有海外侨胞、港澳同胞近 90 万人，分布在世界 120 多个国家和地区，有归侨侨眷 80 万人。随着改革开放的深入和经济全球化的发展，华侨华人回国定居和参与投资创业、民事商贸活动日益活跃，涉侨纠纷矛盾也逐渐增多，情况日趋复杂。

为了切实保障广大侨胞合法权益、促进侨界和谐安定，福清市法院与福清市侨联共同制定出台了《关于建立涉侨民商事案件诉讼调解与人民团体调解衔接机制的实施意见》，成立了涉侨维权与诉调衔接工作协调指导小组。市法院聘任了陈玄冀等17名侨联工作者为“涉侨民商事案件特邀调解员”，加强涉侨维权与诉调衔接工作的组织协调，最大限度地形成涉侨维权工作合力，妥善化解涉侨矛盾纠纷，维护归侨侨眷、海外侨胞的合法权益，共同促进侨乡的和谐社会建设。

（中国新闻网福州 2012－05－24/洪其春）

粤五年邀103位侨胞列席政协会议

昨日，全国政协暨部分省、区、市政协侨务工作座谈会在广州举行。全国政协常委、港澳台侨委员会副主任、中国侨联原主席林兆枢出席会议并讲话，全国政协常委、国务院侨办原副主任刘泽彭传达全国侨务工作会议精神。省政协副主席徐尚武在会上致辞。

徐尚武说，近年来，广东省政协充分发挥我省毗邻港澳、华侨众多的地缘人缘优势，不断拓展新时期政协侨务工作新载体、新平台，汇集广大海外华侨华人的智慧和力量。从2008年开始，共聘请了10位海外侨胞特聘委员和邀请了103位海外侨胞列席省政协全体会议。通过这项工作，既涵养了省政协的海外智库和友好力量，也向他们展示了中国特色的民主政治制度，取得了良好效果。

（《南方日报》2012－05－28/雷辉　黎琴）

26岁新加坡海归赴四川宜宾角逐副县级职位

近日，四川省宜宾市公开选用紧缺急需优秀人才工作进入面试阶段。31名博士进入副县级职位面试，公平角逐8个岗位。年龄最小的任涛仅26岁，即将从新加坡国立大学毕业。70名来自国内外的硕士参加副科级职位面试，公平竞争19个岗位。

据了解，这位年仅26岁的应聘者叫任涛，在新加坡国立大学攻读生命科学专业。他报考的是宜宾市科技局副县级职位。他告诉记者，在新加坡留学期间，自己对新加坡在打造科技园区、发展现代农业方面的成功经验有所了解，这次如果他有幸能留在宜宾，将发挥自己的专长，为宜宾以科技助推产业、农业发展贡献力量。

宜宾市委组织部人才办负责人表示，参加面试的博士、硕士，除来自新加坡、韩国等国家海外高校的学生外，其他均毕业于国内重点高校。其中，宜宾全市共设副县级职位8个，3个为副县级领导职位，5个为副调研员职位。

面试采取结构化方式，考官根据考生的组织协调能力、语言表达能力、逻辑思维能力、政策水平和仪表仪态等打出成绩，并现场宣布面试结果。

据悉，宜宾市自2008年面向海内外实施“高层次人才引进计划”以来，目前已引进紧缺急需专业博士99名，硕士1 125名。

（中国新闻网宜宾2012－06－06/郭晓娟　杨艳）

北京市侨联特聘专家委员会日前在京成立

16日下午，北京市侨联召开北京市侨联特聘专家委员会成立大会。中国侨联党组副书记、副主席董中原，中共北京市委常委、统战部长牛有成，中国侨联副主席、北京市人大常委会副主任、市侨联主席李昭玲等向首批31位侨联特聘专家颁发聘书。

据悉，首批31位特聘专家分别来自北京市重点高校、中央在京单位及相关科研院所等20余个单位，均为归侨、侨眷或归国留学人员，具有海外学习与工作的经历，其中不乏入选“千人计划”、“长江学者特聘教授”的知名专家学者。

特聘专家委员代表、中国科学院院士赵进东发言表示，要利用所知所学，利用专家在海内外的影响力、号召力，利用特聘专家委员会这一平台，服务国家及首都经济社会发展。

董中原向全国第一个直辖市侨联特聘专家委员会的成立表示祝贺，他说，特聘专家委员会的成立是北京市侨联坚持“国内海外工作并重，老侨新侨工作并重”和首都新侨乡工作思路的成果展现，是围绕中心、服务大局的有力举措。他希望特聘专家积极发挥决策咨询的重要作用，凸显特聘专家委员会的智库特点，为首都的经济、社会和谐稳定作出积极贡献。

北京市侨联特聘专家、清华大学经管学院金融系主任李稻葵在大会后作了题为“2012年下半年中国宏观经济走势分析”的主题报告。

（北京侨联网2012－06－16）

江西安远县侨联开展结对帮扶“空巢”老人活动

江西安远县侨联在开展“访民情、办实事、转作风、做表率”主题实践活动中，了解到安远县欣山镇大坝头村有很多“空巢”老人，因村子地处偏僻、山路又崎岖，这些老人的生活生产十分不便。为此，安远县侨联主席吴德英组建了一支由28名成员组成的“志愿者服务队”，并带领这支队伍深入大坝头村，开展结对帮扶“空巢”老人活动。

每名志愿者结对帮扶2户以上的“空巢”老人，为老人们送上了油盐、米面、衣被等生活必需品，帮助他们解决生活困难。每名志愿者还深入结对老人家中，与老人聊天拉家常，了解“空巢”老人的身体状况和心理需求，帮其排遣长期独自居住所形成的孤寂感，让他们感受到党和政府的温暖与关怀，还积极帮助年迈体弱、行动不便的老人上山砍柴、打扫卫生、整理房间、洗晒衣被等，老人特别开心地说：“你们就像子女在身边一样。”

（中国新闻网 2012－06－21）

服务“老侨”　上海设立首家社区志愿服务基金

玫琳凯中国今天向上海华侨基金会捐赠20万元，成立上海华侨基金会静安“玫好家园——玫琳凯基金”，这是上海首家用于社区志愿服务的基金，将全部用于服务老侨、社区以及社会公益活动。

捐赠仪式上，上海华侨基金会副理事长、秘书长郑好，上海市静安区侨联主席张蓓及玫琳凯大中国区总裁麦予甫代表三方签约。现场还成立了“玫好家园志愿者队伍”，中国侨联副主席、上海市政协副主席、上海市侨联主席吴幼英，上海市侨联党组书记、副主席沈敏等嘉宾向志愿者代表颁发“志愿者护照”。此外，在玫琳凯上海行政中心内同期举行上海“侨之家”落户其间的揭牌仪式。

吴幼英表示，共建和谐社区要靠大家共同努力，玫琳凯基金及志愿者队伍的善举，将会吸引更多人加入服务“老侨”和社区的行列。

（中国新闻网上海2012－06－25/潘索菲）

广州发布新规吸引“海归”　提高资助和优惠标准

广州市政府25日公布《广州市鼓励留学人员来穗工作规定（修订草案）》（以下简称《规定》），加大对留学人员来穗工作的支持度、提高资助和优惠标准，以进一步吸引、集聚海外高层次人才。

《规定》于当天下午的市政府常务会议审议通过。新《规定》共29条，其亮点包括扩大享受优惠的适用对象，提供安家费和创业资助，增加非科技项目和专利申请资助，设立创业支撑体系，解除留学人员入户、子女入学等后顾之忧。

根据新《规定》，享受优惠的适用对象由原先的“在海外取得学士学位的留学人员”，修改为在海外取得硕士学位以上，其中公派出国的访问学者也提高到研究生学历或硕士以上。新规在提出适当提高安家费补助标准的同时，还规定对符合本市经济和社会发展方向、具有较大市场前景或社会效益的项目，给予专项资金扶持。

为将广州建设成文化名城，广州市政府对于非科技类项目如文化、艺术、教育和社会管理等领域项目也提供财力支持。与此同时，为鼓励留学人员将广州市作为专利申请地、提高广州的创新能力，新规增设了专利申请资助。

新规还对高新技术企业给予优惠和科技风险投资资金支持，并给予配套经费及租金减免等方面资助。对留学人员来穗工作而产生的入户、子女就读、居住等问题，新规从制度层面上实现无缝对接，政府职能部门提供优质服务密切配合。

广州市政府有关部门负责人表示，留学人员回国服务工作的国内外政策环境近年已发生很大变化，原《规定》已不能适应需要，有必要进行修改。广州市为实现“国际人才港”目标，先后出台了“2010—2020年中长期人才发展规划”等12项配套政策，并实施了“万名海外人才集聚工程”，从实际需要出发，原《规定》的扶持力度已滞后，有必要提高资助和优惠标准。

（中国新闻社广州2012－06－25/王华）

福建省晋江市首份旅菲华侨户口档案编汇完成

据诏安县侨联消息，近日，《旅菲英林乡亲户口档案》编汇完成。此份户口档案由福建省晋江市旅菲英林同乡会编撰，收编旅菲英林人298户，共1 280人，详细记载了晋江市旅菲英林华侨的祖先、子女及祖籍地、出生地、居住地等户口档案信息，便于旅菲英林华侨后代寻根谒祖，是晋江首份旅菲华侨户口档案。

（中国新闻网2012－06－26）

重庆市提高南侨机工及其遗孀生活补助标准

记者29日在重庆市外侨办获悉，为将重庆市“归侨侨眷关爱工程”落到实处，重庆市已从4月起对健在的南侨机工及其遗孀每月增加200元生活补助费，用以提高他们的生活质量。

南侨机工是抗战时期从南洋等地回国支援抗战的华侨汽车司机和修车师傅的通称。他们用自己的鲜血、生命和汗水，在华侨爱国史上谱写出了可歌可泣的壮丽诗篇，也在中国人民抗战历史上建立了不可磨灭的功勋。

据重庆市外侨办统计，抗战结束后定居在重庆的南侨机工共39人，现健在的有2人，老机工遗孀8人，他们均已80多岁高龄。

（中国新闻网重庆2012－06－ 29/韩璐）

上海华侨数量8年增长近五成　海归数量占全国1/4

上海市政府侨办、上海市侨联和上海市统计局2日联合发布的《2011年上海市基本侨情》调查结果表明，近年来归侨、归国留学人员及居住在上海的华侨华人、港澳居民数量大幅增加，上海已成为海外华侨华人、港澳居民和留学生回国（内地）投资、创业、生活和居住的主要选择地之一。

这也是上海继1985年和2004年后开展的第三次侨情大调查，采用普查的方法。

调查显示，目前上海归侨、侨眷、港澳居民眷属、归国留学人员和留学生眷属共有108万人，海外的沪籍华侨华人、港澳居民和留学生共有102万人，分别比2004年增长47.94%和50%，归国留学人员数量已占到全国1/4。

调查表明，沪籍华侨华人、港澳居民和留学生分布在海外159个国家和地区，人数最多的国家依次是美国、澳大利亚、日本和加拿大，居住在这4个国家的人数占总量的71.31%。

同时，移居海外的沪籍华侨华人及出国留学生数量稳步增长，在全球的空间分布更加广泛，与海外的交流联系更加密切，成为上海推动与世界各地友好交往的独特优势。

此外，海外的上海籍华侨华人主要居住在发达国家且拥有一批高层次人才，国内归侨侨眷中高层次代表人士多，优质侨务资源在上海经济社会发展中发挥了重要作用。

上海市侨办副主任陈文佳称，通过此次调查，也了解了上海侨界人士和海外侨胞的需求，对于上海侨界人士在创业、就业方面的困难，上海官方将及时听取他们对政府部门的意见和建议，解决他们的实际困难。

（中国新闻社上海 2012 - 08 - 02/许婧）

广东侨资企业服务法律顾问团完成换届

广东省侨资企业转型升级座谈交流会暨省侨办为侨资企业服务法律顾问团换届仪式7日在广州举行。18 名律师受聘成为新一届顾问团成员。

广东省侨办强调，新法律顾问团中 18 名律师在金融信贷、企业并购、知识产权、对外贸易等领域具有一定的专长，均是由广东省司法厅推荐入选，在业内拥有良好的口碑和一定的知名度。顾问团将为推动海外华侨华人更加积极热情地参与广东建设发挥重要作用，进一步凝聚侨心、发挥侨力。

聘任期间内，他们将为在粤侨资企业提供有关工伤赔偿、企业税务、土地使用证、企业裁员等方面的咨询服务，并计划赴基层开展调研，走访各地侨资企业和召开侨资企业座谈会。

广东省侨办“为侨资企业服务法律顾问团”成立于 2006 年，首批特邀律师 19 人，每届顾问团成员的聘期均为三年。

该顾问团根据各地侨资企业发展的新情况以及侨商的需求，在广东省侨办的组织下，先后赴广州、东莞、湛江、佛山、江门等侨资企业集聚的地级市举办“侨资企业法律咨询服务活动日”，得到了当地不少侨资企业的积极响应。此外，该顾问团多年来在协助处理涉侨经济纠纷中发挥着重要角色。

据广东省侨办介绍，该办还与广东省司法厅联合成立“广东省侨资企业律师服务团”，吸纳了全省 120 余名律师参加。

（中国新闻社广州 2012 - 08 - 07/杨薇　廖丽丽　黄爱华）

天津侨界医疗队下乡义诊　免费发放2万元药品

由天津市侨界医务工作者组成的“侨界医疗队”，9、10日赴该市武清区东马圈镇，为边远乡镇百姓义诊，并免费发放了价值近2万元的药品。

据了解，“天津侨界医疗队”由10名来自该市三级甲等医院心内科、神经内科、消化内科、骨科、妇科、儿科、呼吸科等科室，具有副主任医师以上职称的医疗专家组成。所到之处，医疗队成员不仅开展定点义诊、健康咨询，还利用展板、条幅等，向当地群众宣传侨法知识，让侨法深入人心。

两天来，天津侨界医疗队为当地300多名群众进行了专业诊疗，免费发放了价值近2万元的药品，为基层卫生院医务工作者进行实践培训近百人次。

由天津市侨办、卫生局共同组织的“侨爱工程——送温暖医疗队”下乡义诊活动，已在该市连续举办了5年，累计受益群众达4 000余人。

（中国新闻网天津 2012－08－10/郑旭辉）

中国最大归侨聚居地在广西　率先实行15年免费教育

8月22日，在新学期开学之际，南宁—东盟经济开发区的700多名幼儿园、高中学生家长高高兴兴地领取了教育券。除了开发区常住户籍人员子女外，在开发区投资、经商、工作两年以上且在职、在岗人员，以及购买住宅子女也是受益对象。来自广西桂林的王先生2006年来到南宁—东盟经济开发区一家企业工作，如今，他已经在开发区买了房，还叫上了家人一起过来发展。有了良好的发展空间，王先生把刚读高中的女儿也接过来一起生活。当天，他高兴地领取了教育券，他的女儿开始享受免费教育，意味着一年将少交1 500元左右的费用。据悉，本学期该开发区有1 400多名幼儿园、高中学生通过了享受15年免费教育的资格审核。

南宁—东盟经济开发区辖区面积180平方公里，目前有6万人口，其中归侨侨眷近7 000人。该经济区是中国国务院侨办的重点联系单位，也是广西北部湾经济区14个重点产业园区之一。目前开发区入驻企业达270多家，其发展目标是打造广西北部湾经济区最大的特色轻工产业基地，建成具有侨区特色的宜工宜商宜居生态新城和全国华侨农场改革发展示范区。

（中国新闻社南宁 2012－08－22/刘万强）

福建泉州侨批入选“中国档案珍品展”

日前，泉州市档案局馆藏的一封侨批被国家档案局选入“中国档案珍品展”，将作为该展的重要展品，在大陆各地展出。据悉，这是目前泉州市唯一入选“中国档案珍品展”的档案。

据了解，“中国档案珍品展”由国家档案局主办，该展自2004年首展后，已在大陆16个省市区巡展，受到社会各界的欢迎。最近，国家档案局又将展览内容进行调整扩充，泉州市馆藏的“1913年农历腊月十一日缅甸仰光寄同安侨批封”被国家档案局选中。

泉州市档案局表示，入选的侨批信内容与其他侨批基本相同，多为亲人之间传递亲情信息，但是其时间较早，保存完好，品相优美，字迹飘逸隽秀，书写工整整洁，且信中盖了许多一般侨批中罕见的如意吉祥章，这正是国家档案局选中它的重要原因。

据介绍，目前泉州市档案局已收藏3 000多封侨批实物，电子扫描件30 991件，建立起拥有3万多条侨批专题的目录数据库，是福建收藏侨批档案最多的收藏机构。今年5月，福建、广东两省联合申报的“侨批档案”，已成功入选世界记忆亚太地区名录。

（《福建日报》2012－08－30/刘益清　刘扬宇）

广东兴宁5年接受港澳台侨界捐赠逾5 000万元

记者9日从广东梅州兴宁市侨联获悉，改革开放以来，该市接受侨捐总额超过3亿元，其中最近5年来接受侨胞和港澳台同胞捐资5 000多万元。

据了解，兴宁市一贯高度重视华侨工作，认真落实各项侨务政策，通过乡情通报会等形式加强与华侨及港澳同胞沟通，激发广大华侨、港澳同胞的爱国爱乡热情，涌现出一大批爱国爱乡、热心桑梓的华侨、港澳同胞。他们踊跃捐资赠物，为家乡公益福利事业作贡献，兴建了一大批学校、医院、图书馆、敬老院、道路桥梁等，还设立奖教奖学基金、扶贫助学基金，大大改善了兴宁的教育、医疗、福利、交通条件。

据统计，1978年以来，兴宁市共接受华侨、港澳同胞的捐资和赠物折款约3.18亿元，捐赠项目近500个，其中100万元以上的项目66个，捐资1 000万元以上的有7人，有89名华侨或港澳同胞被授予“兴宁市荣誉市民”称号。近5年来，兴宁市海外乡贤、港澳同胞支持家乡建设的热情不减，累计捐资5 000多万元。

（中国新闻网梅州2012－09－10/杨草原　唐林珍　黄佑鹏）

湖南省引进海外高层次专家109名

自2009年湖南省实施引进海外高层次人才“百人计划”以来，全省已引进海外高层次专家109人，其中59人入选国家“千人计划”，居中部地区前列。这是记者从今天举行的湖南组织工作新闻发布会上获悉的。

湖南省主要采取3大措施引进海外高层次人才：

一是制定优惠政策引才。包括对省本级引进的海外高层次专家，省财政按照每人60万元的标准给予资助；对符合条件的“百人计划”专家发放永久居留证；努力为“百人计划”专家提供和国外基本相当的工作条件等。

二是搭建平台用才。各级各部门和用人单位，对引进的海外高层次人才充分信任、放手使用，舍得给岗位、交任务、压担子，积极支持专家创新创业。目前，湖南省引进的海外高层次专家主要分布在生物医药、化学化工、装备制造、工程材料、电子信息等领域。一批专家承担了国家和湖南省的重点科研项目，有效改善了湖南省高层次创新型科技人才紧缺的现状，推动了湖南省的科技创新和经济结构转型升级。

三是优化服务留才。专门成立由12个部门联合组成的引进海外高层次人才服务窗口，对引进专家实行一站式服务，发放“一本通”服务手册，以全程代理的方式为他们办理居留、出入境、落户、配偶安置、子女入学、医疗、保险、住房、税收等各项政策待遇手续，及时帮助他们解决实际问题。

（《湖南日报》2012－09－18/孙敏坚　刘文韬）

陕西开展“归侨侨眷关爱工程”　生活补助标准翻番

记者6日从陕西省侨办获悉，该省近年来大力开展“归侨侨眷关爱工程”，2012年全省困难归侨侨眷生活补助费预算从90万元提高到180万元，早期归侨和困难归侨的补助标准从每人每月150元提高到300元。

从2007年起，该省每年安排90万元用于全省早期归侨和困难归侨侨眷生活补助，部分地市也安排了配套资金。为此，陕西省侨办专门制定了《陕西省侨办困难归侨侨眷补（救）助费使用管理办法》，明确了补助对象、标准和发放程序及责任。之前，该省为早期归侨和困难归侨发放每人每月100元的生活补助费；2009年将这一补助标准提高到了每人每月150元，并针对归侨侨眷就业问题，开展了归侨侨眷职业技能培训工作。

据悉，陕西省现有归侨侨眷约30万人，海外华侨华人约22万人。其中归侨800余人，主要是新中国成立初期回国就读或者参加新中国建设的老归侨，以及20世纪80年代由国家统一安置的蒙古归侨175人。2006年至2011年底经陕西省侨办审核回国定居的新归侨98人。全省有困难归侨侨眷约6 000人，其中散居城市的约2 000人，散居农村的约4 000人。

（中国新闻网西安2012－09－20/田进）

丽水汤垟乡打造“暖侨”工程　为留守老人建公寓楼

丽水市青田县的汤垟乡是一个乡情特殊的乡镇，海外汤垟人人数是国内汤垟人人数的两倍，全乡归侨、侨眷占总人口95%以上，服务侨胞侨眷成了全乡的重头戏。

为进一步凝聚侨心、汇聚侨智、发挥侨力，提升归侨、侨眷的幸福指数，该乡以“经济上帮困、生活上排忧、精神上解闷”为旨启动“暖侨”工程，并组织实施关心居住安全系列项目、关爱身体健康系列项目、关爱心理健康系列项目、丰富精神生活系列项目、推进慈善救助系列项目、提供“绿色”服务系列项目六方面的服务内容活动。乡里为留守在家的老人修建的公寓楼也即将完工，届时将安排专人照顾老人们的生活起居，让在外创业的汤垟人更专注于事业拼搏。

看着位于村口欧式风格的“暖侨”工程公寓楼，子女都在国外的周翠花脸上堆满了笑容，她说，“政府部门启动‘暖侨’工程，在精神和物质方面给我们关心帮助，我是打心眼里欢迎”。“‘暖侨’工程让在海外创业的人倍感温馨，不但家里的父母孩子有人照顾，感觉与家乡的距离也近了，我们在国外创业将更安心、更有冲劲。”法国青田同乡会会长孙爱平说。

而在服务海外华侨方面，该乡组建了“绿色”服务队，以建立暖心服务卡、开展亲情语音和视频服务、探索乡侨联轮流上班制度等方式，全方位地为侨界人士提供侨事服务。

（中国新闻网丽水2012－09－24/丽统）

侨乡温州文成聘15位海外联络员解华侨诉讼难题

记者今天从浙江温州文成法院获悉，近日，该院在意大利米兰新聘了15位海外调解联络员，破解在意华侨诉讼难题。

温州文成是浙江著名侨乡，目前有11万多华侨旅居世界70多个国家和地区，约占文成县在籍人口的1/3。

作为华侨当地法院，温州文成法院面临着诸多难题。文成法院院长周虹表示，华侨打官司解决纠纷的周期很长，一个普通的婚姻纠纷案件，从起诉到收到判决书快的也要近一年，时间长的则要两三年，甚至三四年之久，诉讼成本极高。

2009 年 11 月，文成法院在意大利米兰试点，聘请了两位具有法律工作经验的意大利侨领担任该院驻米兰的特邀海外调解员，协助文成法院开展上网立案、送达法律文书、提供法律咨询、调解矛盾纠纷、督促当事人自动履行法院裁判等工作。此举使得涉侨案件的办案效率快速提高，平均个案审理天数从 2008 年的 140 天缩短到今年的 90 天。2012 年，文成法院共受理涉侨案件 296 件，审结 249 件，其中有 109 件是当天立案、当天开庭、当天结案。

近日，文成法院又在意大利新聘 15 名海外调解联络员，负责解答华人华侨的法律咨询、帮助华人华侨联络调解员或文成法院，同时协助法院寻找当事人住所和送达法律文书、调解矛盾纠纷、协助督促当事人履行裁判确定的义务。

温州中院副院长郑永胜表示，温州目前共有 50 万华侨分布在全世界六大洲 110 个国家和地区，而文成法院聘任海外联络员的尝试扩大了便民诉讼服务范围，对提高海外司法服务工作的效率和水平有积极意义。接下来，温州中院将总结文成法院先进的试点经验，适时在该市推广。

（中国新闻网温州 2012－09－24/赵小燕）

广东省为近 1.7 万户归难侨完成危房改造

记者从广东省侨办获悉，广东省近年着力改善归难侨民生，为近 1.7 万户归难侨完成危房改造，安排财政补助资金帮扶 4 万余名归难侨退休人员参加城镇职工基本医疗保险，并将 1.3 万多名华侨农场职工纳入低保，在粤归难侨的生产生活条件有了明显改观。

广东省是侨务大省，也是全国安置归难侨最多、最早的省份之一。据广东省侨办介绍，广东省目前共有 23 个华侨农场，总面积达 1 070 平方公里，总人口 30.6 万人，占全国华侨农场总人口的 49%，共安置归难侨 6.9 万人，占全国华侨农场归难侨总数的 43%。

据介绍，广东省近年来大力改善在粤归难侨的生产生活条件，加快完善华侨农场职工社会保障体系，安排财政补助资金帮助 7.9 万名侨场退休人员和职工参加社会养老保险，帮助 4.04 万名归难侨退休人员参加城镇职工基本医疗保险。

今年，广东省启动近 4 万户华侨农场新增归难侨危房户的危房改造工作，加快推进群众参加城乡统筹养老保险，预计将有近17万人受益。广东省通过完善侨场公共基础设施，大面积解决了侨场出行难、饮水难、用电难、就医难、就学难等困难。

广东省通过细化政策解决了华侨农场的大量历史遗留问题。广东省政府制订了推进华侨农场改革发展的实施方案，统筹解决侨场存在的突出问题；制定了《华侨农场金融债务处置意见》，处置侨场金融债务15.81亿元；清偿历年拖欠侨场职工工资、离退休金等5 056万元；制订了《华侨农场归难侨安居工程实施方案》，完成16 932户归难侨危房改造任务。

2007年以来，广东省财政共下拨7亿多元专项资金，重点解决归难侨危房改造等问题。同时，每年安排17个困难华侨农场财政转移支付4 950万元。广东省各部门倾斜安排扶持资金超过6亿元，重点解决华侨农场社保基金缺口、劳动职业技能培训和改善公共基础设施等问题。

（新华网2012－10－08/张建华）

泉州华侨历史博物馆获评首届泉州市社科普及基地

15日，在福建泉州市委宣传部、泉州市社科联主办的泉州市2012年社会科学普及宣传工作会议上，泉州华侨历史博物馆等12家单位获市社科联授予的“第一届泉州市社科普及基地”的称号。

泉州华侨历史博物馆馆长吴翠蓉在会上介绍了博物馆举办社科普及活动的亮点和特色：坚持“以侨为本”，弘扬华侨精神，办好特色展览；举办族谱展览，传播中华文化，为侨胞台胞寻根服务；走基层，进侨乡，提升社会服务能力。

吴翠蓉表示，此次获授“泉州市社科普及基地”的称号，是对华侨历史博物馆多年来社科宣传普及工作的肯定，同时也激励博物馆未来以更高标准、更严要求将社科普及活动深入推进。

（中国新闻网泉州2012－10－17/刘春艳）

福建厦门市侨办主任走访慰问特困归侨孤寡老人

10月16日，为进一步落实“下基层、解民忧、办实事、促发展”活动各项工作措施，在重阳节来临之际，厦门市侨办主任黄娇灵来到湖里区江头街道园山社区慰问特困归侨孤寡老人李祥德。

李祥德今年84岁，20世纪50年代从印度尼西亚回国，由于逃难过程中将证件丢失，一直无法办理户口，因此社区也无法为其申请低保，只能靠侨务部门的定期生活补助和社区的临时补助维持基本生活。现李祥德老人年事已高，没有子女，没有亲属，没有收入，孤身一人，生活十分困难。

厦门市侨办领导了解到这一情况后，将他作为“下解办促”活动的重点帮扶对象，给予关心和帮助。黄娇灵主任还要求相关人员深入调查，并协调有关部门，尽力争取为李祥德解决户口问题。

（中国新闻网厦门 2012－10－18/敏忠）

四川省入选国家“千人计划”突破百人

近日，中央海外引才专项办下达第八批“千人计划”入选专家名单，四川有8名引进人才入选。至此，四川省累计已有100人入选国家“千人计划”，入选数量居西部地区首位、全国第8位。

四川省100名引进人才平均年龄46岁，有5名是女性，58人拥有外国国籍。其中，中央在川单位引进87人，省属单位引进13人。

从学历层次看，95人具有博士学位，43人具有博士后经历。从职业背景来看，22人曾就职于世界排名前100位的知名大学；12人在国外大中型科研机构中担任过首席科学家或研究员；10人在西门子、通用电气等世界500强企业中担任过高级管理职务或自己在国外创办有企业。

从引进类别看，创新人才长期项目和青年“千人计划”引才最多，分别达59人和23人，此外有6人属于创新人才短期项目，11人属于创业人才，1人属于外专“千人计划”。从来源地看，分别来自美国、新加坡、英国、德国、以色列等国，其中来自美国的最多，高达51人。从专业领域看，主要集中在电子信息、生命科学、材料科学领域，其余分布于医学、化学、物理学等领域。

100名“千人计划”专家引进来川后，迅速开展前沿研究，突破关键技术，培养聚集人才，发展新兴产业，不仅快速壮大了我省高端人才队伍，而且产生了“引进一个人才、聚集一个团队、发展一个学科（专业）、兴起一个产业（领域）”等“裂变”效应，有力助推了我省的自主创新和产业升级。统计显示，11 名“千人计划”创业人才在川所办企业主要分布在新一代信息技术、生物医药、新能源、新材料等战略性新兴产业领域，投资总额达 4.93 亿元，2011 年实现产值 5.98 亿元，纳税 8 483 万元。不少海外引进人才已成为相关领域的领军人才。去年，省委、省政府一次性批准 7 名“千人计划”专家作为省学术技术带头人。

（《四川日报》2012－10－26）

“海归”来深创业前期有补贴
一等资助 50 万元，二等资助 25 万元，三等资助 15 万元

为吸引和扶持留学人员来深创业，我市制定《深圳市出国留学人员创业前期费用补贴资金管理办法》，该办法将创业资助标准分为三个等级：一等资助 50 万元，二等资助 25 万元，三等资助 15 万元。

该办法规定，申报一等资助者，要求在国（境）外取得博士学位或在国（境）外从事博士后研究工作 1 年以上，或属于《关于在留学人才引进工作中界定海外高层次留学人才的指导意见》（国人部发〔2005〕25 号）规定的海外高层次留学人才范围，具有在国（境）外 5 年以上学习或工作经历，其所在企业注册资本 100 万元以上，具有核心自主知识产权，经专家评定所申报项目技术先进、可行，有重大突破。

申报二等资助者，要求在国（境）外取得硕士学位或为访问学者，具有在国（境）外 3 年以上学习或工作经历，其所在企业注册资本 50 万元以上，经专家评定所申报项目技术先进、可行，有一定创新。

申报三等资助者，要求在国（境）外取得学士以上学位或为访问学者，具有在国（境）外 1 年以上学习或工作经历，经专家评定所申报项目技术有一定先进性和可行性。

持有重要发明专利技术或专有技术来深自主创业或为深圳急需的具有特殊专长的留学人员，可不受学历、经历等条件限制。

该办法自 2012 年 11 月 2 日起施行，有效期 5 年。

（《深圳特区报》2012－11－01/李文生）

济南又引 60 名“外脑”助发展　其中 52 名为创业人才

6 日下午，济南市第六批引进海内外高层次人才签约仪式举行，60 名高层次人才落户

济南，其中52名为创业人才，仅注册资金就达3.4亿元。

在签约仪式上，60名高层次创新创业人才被授予“泉城特聘专家”称号。引进海内外高层次人才，是济南市大力实施人才强市战略，积极为省会“发展更好、城市更靓、管理更优、生活更美”的目标提供人才支持的重要举措。市委、市政府高度重视高层次人才引进工作，市委书记王敏、市长杨鲁豫多次作出重要批示。今年以来，济南市以更大力度引进海内外高层次创新创业人才，在完成“5150引才计划”目标任务的基础上，启动实施了海内外高层次人才引进倍增计划（简称“5150引才倍增计划”），推动全市引进高层次人才的数量、质量、效益倍增。经市委、市政府研究同意，确定任奇伟等8人为济南市第六批引进高层次创新人才、丁文京等52人为济南市第六批引进高层次创业人才，同时授予其“泉城特聘专家”称号。

记者了解到，此次引进的高层次人才是我市“5150引才倍增计划”实施后引进的首批高层次人才。与以往相比，此批人才学历、层次更高，其中有院士1人，83%具有博士学位或博士后经历，75%具有海外工作、学习或成功创业经历。同时，在第六批引进的海内外高层次人才中，团队化、年轻化趋势更明显，平均年龄40岁，最小的30岁。创新创业方向涉及下一代信息技术、新能源、新医药及生物产业、高端装备制造业等济南市重点发展的战略性新兴产业。已注册的14家高层次人才企业已正常运作，有的企业预计3年内可实现销售收入5亿元。

（《济南时报》2012－11－07/林江丽）

广西桂林华侨农场倾力改善归难侨民生

“30年内我搬了6次家，房子一次比一次舒适。有党的好政策，我们归难侨的日子一天比一天好喽！”11月13日，广西桂林华侨农场越南难侨潘建生高兴地说。

潘建生感受到的变化源于桂林华侨农场实施的一系列民生工程。近年来，在各级党委、政府的领导下，在社会各界的支持和帮助下，桂林华侨农场实施了“侨居工程”建设，硬化了道路，新建了供排水管道、门诊住院大楼、健身活动场和民生大厦等，还举办了种养技术培训班，让每位归难侨及其眷属都掌握一至两门实用技术，不用为找工作发愁。

桂林华侨农场场长李天有表示，要全力贯彻落实党的十八大报告精神，从推进体制改革和产业发展入手，彻底解决农场住房、道路硬化、绿化美化、用电改造、饮水安全和水利设施等方面存在的问题，进一步保障和改善归难侨民生，使归难侨共享改革开放和发展的成果。

（中国新闻网桂林2012－11－14/陆汉宝）

世界客属第25届恳亲大会在福建三明开幕

根系祖地、客聚三明。20日晚，世界客属第25届恳亲大会在福建三明开幕。来自世界五大洲28个国家和地区、215个客属社团的5 000多名海内外客属乡亲代表齐聚祖地三明，共叙乡情、共襄盛举。三明市委书记、第25届世客会组委会主任黄琪玉，中国国民党荣誉主席吴伯雄在开幕式上致辞。福建省人民政府省长、第25届世客会最高荣誉主席苏树林致辞并宣布大会开幕。

据介绍，世界客属恳亲大会是海内外客属乡亲联络乡谊和进行跨国跨地区交往的重要载体，也是各国各地区客家人开展经济合作和文化交流的重要舞台。世界客属第一届恳亲大会于1971年9月在香港举行，此后基本上每隔两年在世界各地有关城市轮流召开，迄今已历时41年，共举行24届。

本届世客会由三明市人民政府主办，以“根系祖地、客聚三明”为主题。三明市是闽粤赣边“客家大本营”的重要组成部分，有10个客家县（市、区），被海内外客家人誉为“客家祖地”。作为目前世界上联系最广、影响最大的华人盛会之一，本届世界客属恳亲大会在客家祖地举行备受关注。值得一提的是，本届世客会规模为历届之最，参会国家和地区数量均是最多的一届。

作为龙岩永定移居台湾的客家人后代，吴伯雄在致辞中用客家话问候全球客家乡亲。“在三明参加世客会，无法用笔墨形容我现在的激动和感动。两岸同胞彼此间血缘相通、文化认同的亲密关系是切不断的。‘经济的合作手牵手，文化的交融心连心’，是我曾对两岸和平发展工作说的话，也适用于客家人的团结。让我们经济合作，文化交融，彼此增加认同感，共同保护传承客家文化。”

开幕式后举行的“明商之友”主题文艺晚会更是星光熠熠，精彩纷呈。除著名主持人毕铭鑫、杨澜、钟雯外，著名歌手、歌唱家冯浩华、冯宝东、张帝、文章、齐秦、常思思、刘媛媛、刘维维、曲丹等都到场献唱。

（东南网 2012－11－21/陈薪宇）

全面登记　建立完善三胞眷属“一户一档”

11 月 19 日开始，上海金山区朱泾镇侨联分会开展了新一轮的全镇三胞眷属档案登记工作。

期间，18 名联络员将一一上门填表，为归侨侨眷、台属和留学生家长家庭重新填写“一户一档”家庭情况表，填写完成的表格将由镇侨联分会的工作人员录入电脑，添上封面和“五必访”情况、活动参与情况，形成完整的“一户一档”。

档案登记工作为镇侨联分会更好地服务三胞眷属奠定了扎实的基础。

（上海侨务网 2012－11－21）

海南兴隆华侨农场的 124 张笑脸：归侨相守 20 年

记者近日走进海南万宁兴隆华侨农场展览馆，了解华侨之乡兴隆的历史变迁。在万宁兴隆华侨农场展览馆里，一面印着 124 张笑脸的人像墙十分引人注目，照片里的归侨侨眷，从周岁儿童至耄耋老人，都展现出一张张灿烂的笑脸。

兴隆是有名的华侨之乡，曾先后安置了来自马来西亚、印度尼西亚、泰国、越南等 21 个国家和地区的归难侨胞 13 000 多人。经过 60 年的发展，如今的兴隆华侨农场已发展成为农、工、商、旅游综合发展的知名企业。

今年 88 岁的李清泉是一位新加坡归国老华侨，他于 1953 年从新加坡回国，来到兴隆。照片墙上，李清泉老人的笑脸透露着满满的幸福感。“如今的万宁越来越好了，举办的活动影响力也越来越大，我希望自己能亲身去感受这样的氛围。”李清泉说。

照片墙上还有海南著名的“绿色卫士”郑文泰老人。生于印度尼西亚的郑文泰是家中独子，祖辈都是印度尼西亚华侨，家族在新加坡、马来西亚、印度尼西亚、香港等地经营多处房地产和酒店，家境颇为殷实。然而，为追寻自己的“绿色梦”，他放弃继承祖业，于 1992 年建造兴隆热带花园，一坚持就是 20 年，郑文泰已然成为海南生态保护的领路人。

一张张笑脸背后，是一个个幸福的故事。经过众多华侨、归侨的大力建设和辛苦劳动，如今的万宁和兴隆已被世人所熟知，也成为每一个兴隆人的骄傲。

（中国新闻网万宁 2012－11－22/全晓诗）

侨乡福建泉州便利民众出入境

福建省泉州市公安局出入境管理支队21日在“警营开放日”活动上透露，2010年至2012年10月，泉州共批准公民出国（境）人数近155万人次，为从石井口岸入境的台湾居民办理来往大陆落地签注2.5万人次。

泉州是著名侨乡和台湾汉族同胞主要祖籍地，分布在世界129个国家和地区的泉州籍华侨华人720万人，旅港同胞70万人，旅澳同胞6万人。台湾汉族同胞中44.8%、约900万人祖籍泉州。

近年来，泉州民众申请出国（境）人数大量增加，来泉旅游、探亲、经商的港澳台民众、华人华侨、外国人人数也逐年增加，泉州市公安局出入境管理支队受理数量高居福建省前列。

统计数据显示，2010年至2012年10月，泉州市公安局出入境管理支队为境外人员办理各类出入境证件、签证、签注3.5万人次，比2007—2009年增加近60%。

为了方便民众出入境，泉州市公安局出入境管理支队在原有的出国（境）申请无纸化审批、港澳个人游和台湾居民来往大陆签注自助受理等服务的基础上，陆续推出网上港澳旅游、港澳探亲再次签注申请和台湾居民口岸办证预受理等业务，开办在泉暂住人员赴台旅游业务，将台湾居民来往大陆签注最长有效期延长至2年等服务措施。据统计，仅今年前10个月，泉州市共批准公民出国（境）人数就达51万人次。

同时，自今年10月份泉州市实行外来人口居住证以来，泉州已有部分外来人口利用居住证进行签证，前往港澳台旅游。

（中国新闻网泉州 2012－11－22/陈龙山　苏巧凤）

广东珠海：旧村改造圆满解决287户侨房问题

287户分散在美国、加拿大等国家的海外侨胞及港澳同胞的祖屋问题，在旧村改造中已经获得圆满解决，记者26日在珠海旧村改造项目“心海洲”销售中心启用现场获悉上述信息。

心海洲项目位于珠海市香洲区前山三台石路与粤海西路交汇处，这里原是珠海最大的城中旧村前山村，旧村改造涉及侨房287户，侨房屋主侨居地分布在中国澳门、香港特别行政区及美国、加拿大等地。

珠海市卡都投资有限公司董事、副总经理叶明告诉记者，在前期拆迁工作中，开发商卡都海俊房产开发有限公司派出工作人员，在各地侨胞代表的组织下，专程奔赴中国澳门、香港特别行政区及美国、加拿大等国家拜访侨房屋主，并向侨胞详细介绍前山旧貌和改建规划，细致讲解拆迁补偿方案，最终获得了侨胞们的理解与支持。

据介绍，开发商除了在拆迁补偿细则上出台一些人性化的公开、透明措施外，在回迁房设计、园林绿化、综合配套等方面的规划获得侨胞和村民的高度认可，从而创下短短十天实现95%的拆迁签约率，在珠海实现了最大规模一次性拆迁、一次性建设、一次性回迁的纪录。

记者在销售中心启用现场，成功采访到一位原籍珠海前山村的澳门返乡同胞罗先生，他告诉记者，自己原先不愿意拆迁，但是后来看到心海洲的改造规划，感到非常有吸引力，因为项目改造完成后，自己家乡的面貌就会出现翻天覆地的变化，于是开始说服兄弟和亲友们去支持城中旧村改建。

（中国新闻网珠海 2012－11－27/邓媛雯　陈彦儒）

山东青岛退休归侨补贴标准提至每月200元

近日，青岛市侨界群众争相转告一条好消息：自明年1月1日起，全市退休归侨生活困难补贴标准由每人每月30元提高至200元。至此，备受侨界政协委员和代表人士关注的这一热点问题得到圆满解决。

青岛市自1997年起，对1978年底以前回国且在国有和县以上集体所有制企业工作的退休归侨，每人每月发放30元生活困难补贴。截至目前，全市共有460余位退休归侨享受到这一政策。但随着社会生活水平的提高和物价上涨，这一标准已明显偏低。近年来，提高早期归侨生活补贴标准问题在侨界群众中呼声渐高。在青岛市政协十二届一次会议上，刘克成委员提交了《关于提高归侨侨眷生活困难补助标准案》，呼吁青岛市尽快出台相关政策，让贫困归侨共享改革发展成果。与此同时，致公党青岛市委也通过各种渠道积极助推这一工作。

接到委员提案后，青岛市政府侨办把此事列入重要议事日程，对全市现有归侨侨眷情况进行了摸底调查，与有关部门一起对补贴标准进行了研究论证，并向刘克成委员及时反馈进展情况。11月初，市政府侨办会同市财政局等有关部门联合出台了《关于调整归侨生活困难补贴标准的通知》，不仅将退休归侨每人每月生活补贴标准提至200元，还进一步扩大了补贴范围，由原来规定的1978年延长至1990年底以前回国的归侨，同时将无退休金收入归侨的生活困难补助标准由每人每月150元提高至300元。

（《人民政协报》2012－11－28/代桂云　张永友　李建晖）

福建南安市连续三年实施贫困侨安居工程

笔者30日从福建省南安市外事侨务办公室获悉，泉州市外事侨务办纪检组组长林志彬日前带队到南安市，检查验收贫困侨安居工程。

在南安，验收组一行先后察看了诗山镇印度尼西亚贫困归侨洪绵流、康美镇印度尼西亚贫困归侨苏培祥和东田镇印度尼西亚贫困归侨黄瑞金三户的安居工程建设情况，对南安市超前完成安居工程建设任务给予了充分肯定，对南安市外事侨务办的工作给予了高度评价。

南安市连续三年实施贫困侨安居工程，迄今有23户贫困归侨获资助实施安居工程，搬进了新房，累计拆除危旧房1 400多平方米，建设新房2 300多平方米，大大改善了贫困归侨的居住条件。

（中国新闻网南安2012－11－30/南安侨　苏巧凤）

浙江丽水松阳县积极解决德籍华人归根难题

据松阳县侨联消息，近日，两位德籍华人来到浙江省丽水市松阳县信访局反映情况。

在1994年城市建设过程中，他们因久居国外，导致祖屋拆迁和安置手续未及时办理。现在他们已是古稀老人，身体欠佳，想落叶归根，回国定居，希望松阳县政府在11月28日签证到期前帮其办理好相关手续。

松阳县委县政府高度关注此事，立即将此信访件转给松阳县委统战部。蒋璟璟部长高度重视，亲自听取了两位老人的情况介绍，并召集常务副部长、县侨办、县侨联相关人员专题研究解决措施。

由于此事件的发生时间较久且相关情况较复杂，县委统战部、县侨办、县侨联相关人员积极努力，全力做好沟通、协调、服务工作，及时与城建、土管、公证、法院等相关单位取得联系，陪同两位老人咨询相关政策，并帮忙办理相关手续。

两位老人对此非常满意，连连表示，统战部和侨务部门是他们的“娘家”。

（中国新闻网2012－11－30/曹莉娜）

沈阳市外侨办为归侨侨眷解决难题360余件

记者11月29日从市外侨办了解到，该办三年来围绕房屋拆迁、生活保障、供暖补助、就业入学等方面，为归侨侨眷协调解决了难题360余件。

加强侨政管理，做好华侨身份认定、华侨回沈定居审核和“三侨学生”中高考加分审批工作，是政府侨务部门为归侨服务的重要内容。市外侨办严格按照有关规定，三年来共为295户362名华侨办理了回沈落户手续，使年老的华侨能够落叶归根，为年轻的华侨回国创业创造了便利条件，让年幼的华侨能够回国接受传统文化教育。此外，还为归侨办理身份认证341份，办理“三侨学生”加分证明275份。

（《沈阳日报》2012－11－30/梁馨月　杨杞）

《深圳市海外高层次人才评审办法》12月10日试行
8 000万元资助来深创业的海外高层次人才

记者昨日从深圳市人社局获悉，《深圳市海外高层次人才评审办法（试行）》（以下简称《办法》）将于12月10日起正式实施，符合《办法》所规定的海外高层次人才基本资格条件，但不符合深圳“孔雀计划”直接认定条件，且具有较强创新能力，学术水平在本领域内具有明显优势，专业成就突出，对深圳支柱产业、战略性新兴产业发展具有重大影响，可产生重大经济、社会效益的人才，也可申请海外高层次人才评审。

评审专家至少八成来自市外

据介绍，海外高层次人才评审申报包括个人申请、单位审核、主管部门审核三种方式。海外高层次人才提交评审申报材料后，深圳市人社局将依据申请人的专业领域，聘请相关领域国内外同行顶尖专家组成专业评审小组进行评审。专业评审小组人数由9人以上的单数组成，其中市外专家的比例不低于80%。

《办法》规定，评审专家不得擅自披露、使用申请人的技术或商业秘密；不得索取或接受申请人以及相关人员的礼品、礼金、有价证券、支付凭证、可能影响公正性的宴请或其他好处。评审专家与申请人存在利益关系或其他可能影响公正关系的，应当予以回避。

最高可享受150万元补贴

深圳市人社局相关负责人介绍，经资格审核、专家评审确定海外高层次人才人选名单，对公示期满无异议的人选颁发深圳市海外高层次人才证书。只要纳入“孔雀计划”

的海外高层次人才，就可享受80万至150万元的奖励补贴及居留和出入境、落户等特定待遇；对引进的海外高层次人才团队，给予最高8 000万元的专项资助。

记者了解到，2011年，《深圳市委市政府关于实施引进海外高层次人才“孔雀计划”的意见》以及5个配套文件正式印发。根据“孔雀计划”，深圳在未来5年将引进并支持50个以上海外高层次人才团队和1 000名以上海外高层次人才来深创业。

深圳对海外高层次人才认定方法以“直接认定”方式为主，“评审认定”方式为辅。此次《办法》的发布实施，为不符合深圳“孔雀计划”直接认定条件的高层次人才，创造了申请海外高层次人才评审的新渠道。

（《羊城晚报》2012-12-07/王俊报）

海南“侨文艺”创作不断涌现　反映归侨奋斗历史

记者从7日在海南万宁兴隆召开的全国华侨农场文化建设工作座谈会上获悉，据不完全统计，近年来，海南省华侨农场和重点侨乡在文学、音乐、舞蹈、书法、美术、摄影等各种门类的艺术创作中，共有130多件作品在国家级刊物发表或展出。

近年来，华侨农场和侨乡的文化工作者研究华侨文化、历史的学术作品，反映侨场、侨乡发展变化、歌颂改革发展大潮中华侨农场和侨乡优秀人物的文学作品相继出版。特别是华侨农场的文化工作者创作的《南洋风雨》（六卷）、《沧桑拾忆》、《东南亚史简编》、《泰国史略》、《岁月如歌》、《春花秋实》、《辉煌五十年》、《太阳河的故事》、《太阳河之歌》等，全面反映了海南华侨华人、归侨侨眷的奋斗历史和辉煌成就。

海南兴隆华侨农场2009年被评为“海南十大文化名镇”，2010年入选“全国特色景观旅游名镇”，海南的其他华侨农场在基层文化工作方面也走在当地农村的前列，海口、文昌、琼海、万宁等重点侨乡也涌现出了一批基层文化工作先进典型。

海南省华侨农场和重点侨乡基本实现了各侨队、乡村都配备基层文化辅导员。各场（区）、乡镇还从生产队或行政村挑选骨干，组建了文化工作队伍，积极推进侨场、乡镇与生产队、行政村（社区）的文化互动。

海南省将开展文化建设与创建精神文明活动有机地结合起来，发展了积极向上、内容健康、形式多样、风格清新质朴，既有浓郁乡土气息，又有清新异国情调，还带有华侨特色、地方特色的音乐、歌舞、戏曲、美食、工艺、民俗等文化形式。

（中国新闻网兴隆2012-12-08/张茜翼）

陈嘉庚长孙率团赴重庆慰问两位南洋机工

据重庆市外侨办网站消息，近日，陈嘉庚先生的长孙陈立人率领厦门集美校委会和云南华侨机工历史研究会一行来渝看望慰问健在的两位南洋机工程龙庆和蒋印生，并赠送了慰问金。

陈立人感谢南洋机工在70多年前，中华民族面临生死存亡的紧急关头，响应陈嘉庚先生的号召，抛家舍业回到祖国参加抗日战争，在千里滇缅公路上运送抗战物资的壮举。

厦门集美校委会和云南华侨机工历史研究会分别向程龙庆和蒋印生两位老人赠送了“赤子功勋”条幅。随后，陈立人一行与南洋机工二代进行座谈，追忆了父辈爱国主义情怀和忘我奉献的精神。

（中国新闻网 2012－12－10）

山东：“百千万工程”凝聚华侨华人力量

山东省近日出台关于贯彻国家侨务工作发展纲要（2011—2015年）的实施意见，提出将以“凝侨聚力百千万工程”为抓手，通过几年的努力，与数百个重点侨团、数千位重点人士、数万名华侨华人建立密切联系，形成侨务资源新优势，提升利用侨资规模和质量。

山东省提出，将与全球重要侨团、重点人士建立起更加广泛的联系，到2015年，与重点国家和地区的500个华侨华人重要社团、5 000名以上华侨华人重点人士建立密切联系。

在招商引资、引智方面，山东省提出，将以引进华商500强海外企业为重点，引导侨资投向现代农业、现代服务业、先进制造业和战略性新兴产业。到2015年，累计邀请1 000位海外华商来鲁考察洽谈，促成一批投资规模大、科技含量高、带动能力强的大项目落户山东，新引进50个以上海外创新创业团队和500位以上高层次人才，促成100个以上创新创业项目。

为支持海外山东籍侨社的发展，山东省将加强对海外山东籍重点社团的联系指导，引导海外骨干侨团加强组织建设，支持和帮助山东籍侨胞建立社团组织，引导山东籍侨胞积极融入当地主流社会，大力倡导和谐理念，促进侨团内部和侨团之间加强团结协作。

山东省表示，将高度关注华侨华人专业人士来鲁创业遇到的实际问题，在出入境、居留、子女入托入学、就医等方面提供方便、搞好服务。归侨侨眷服务方面，到2015年，实现山东全省贫困归侨全部脱贫；创建省级以上侨务工作明星社区、示范单位50个；涉侨信访案件处结率95%以上；促成“万侨助万村”帮扶对子300个，侨胞捐赠项目500个。

（新华网山东2012－12－10/袁军宝）

广东华侨农场文化建设取得显著成绩

12月7日，广东省侨办副主任林琳出席国侨办在海南省兴隆华侨农场召开的全国华侨农场文化建设座谈会，代表广东省侨办在会上介绍了我省华侨农场文化建设的主要做法和体会。

林琳副主任说，广东省委、省政府高度重视华侨农场的改革发展，我省华侨农场改革发展取得了重大突破和发展，华侨农场的环境和面貌有了根本性的巨大变化，广大归侨侨眷和职工群众的生活水平有了显著提高。与此同时，我省十分重视华侨农场的文化建设，全省华侨农场文化建设工作也取得显著成绩，通过大力改善华侨农场文化基础设施，大力扶持华侨农场经营性文化产业发展，大力促进华侨农场群众文化活动开展，不断丰富广大归难侨及职工群众的精神文化生活，对凝聚侨心侨力、促进和谐幸福侨场建设起到了重要作用。

林琳副主任介绍了我省加强华侨农场文化建设的主要做法：一是加强对华侨农场文化服务设施的建设。全省23个华侨农场共建有15个中心文化广场，41个社区文化小广场，13个图书馆，23个中心文化站，104个社区文化站（室）或读书室，所有行政村均设有农家书屋，为华侨农场文化发展提供了阵地保障。二是支持鼓励华侨农场归难侨和职工群众组建文艺队伍，组织大型广场文化活动，活跃华侨农场文化生活。三是搭建文化交流平台，在各侨场自发开展文化交流的同时，组织举办华侨农场文化活动周，促进华侨农场文化交流。四是积极争取驻穗总领馆和海外侨团的支持，扶持培育特色文化，拓展对外交流。五是发挥特色文化优势，促进华侨农场文化产业发展，助推华侨农场经济发展。

林琳副主任和与会代表交流了开展华侨农场文化建设的体会。他说，开展华侨农场文化建设要注重加强对文化建设的领导，注重发挥侨文化的独特优势，注重促进文化与其他产业的融合发展，注重加强文化对外交流，更好地保育和发展侨文化特色，拓展侨务公共外交。

（广东侨网2012－12－11/乔铮）

四川自贡与广东清远达成侨务工作合作协议

14 日，记者从四川省自贡市外事侨务旅游局了解到，该市与广东省清远市正式签署侨务工作合作协议，两市侨办实现侨务工作结盟。

自贡市侨务负责人与清远市侨务负责人分别介绍两市的基本情况，就两地开展侨务工作的做法和成效展开交流和探讨。

自贡市外事侨务旅游局负责人表示，此次自贡与清远两市建立侨务友好合作关系，不仅能助推两市侨务工作发展，也进一步拓宽了自贡市外事侨务旅游局的工作领域，为自贡市招商引资、加快城市发展进程起到积极作用。

（中国新闻网自贡 2012－12－14/乔贡）

泉州启动“百侨助百村”活动　海外捐资逾两千万

著名侨乡福建省泉州市 19 日举行“百侨助百村——共建美丽乡村”启动暨捐赠仪式。菲律宾、新加坡、马来西亚、阿根廷以及中国香港、中国澳门等国家和地区的侨亲慷慨解囊，捐资逾两千万元人民币支持参与家乡“美丽乡村”建设。

“‘百侨助百村——共建美丽乡村’活动，是泉州侨联发挥侨力资源服务‘美丽中国’建设的创新之举，充分体现了泉州侨联工作与时俱进、紧扣中心，同时也让我们看到了蕴藏在基层组织中的创新活力。”在当天的启动仪式上，福建省侨联主席王亚君如是说。

为发挥泉州侨界资源优势，助力“美丽乡村”建设，服务和推动侨乡经济社会统筹协调发展，泉州市侨联于日前下发了《泉州市侨联关于开展“百侨助百村——共建美丽乡村”活动的意见》。

目前，泉州鼓励事业有成的海内外侨商捐赠农村公益项目、引导侨资企业积极投入农产品深加工及流通等项目，以及发挥侨界智力支持作用。至 2016 年 10 月，泉州将着力实施“百侨助百村”活动，建设“村庄秀美、环境优美、生活甜美、社会和美”的“美丽乡村”。

当天捐赠的十个侨捐项目，涉及老年活动中心、学校、村休闲中心、水泥路拓宽、公园扩建、广场建设等多项内容。

（中国新闻网泉州 2012－12－19/孙虹）

1 508户归侨归眷将入住南宁—东盟经济开发区华侨城

近日，记者从广西壮族自治区人大外事华侨委员会获悉，2011年以来，南宁—东盟经济开发区深入实施农场综合改革，启动整体搬迁试点工作。目前，总投资10亿元的华侨城一期项目主体建设已全部完成，首批1 508户归侨归眷将于2013年初入住。

南宁—东盟经济开发区是全国最大的华侨农场，在特殊历史时期安置了来自印度尼西亚、越南、缅甸、马来西亚等9个国家的归国华侨12 000多人。目前，仍有归侨侨眷7 300多人在开发区偏远农场工作和生活。

“华侨城的建成将解决开发区偏远农场归国华侨由于分散而导致出行难和居住配套设施环境差等方面的问题。”南宁—东盟经济开发区管委会副主任李文说。华侨城位于南宁—东盟经济开发区大帽山西侧，总建筑面积18万平方米，其中安置住宅13万平方米（1 508套）及农贸市场、综合批发市场、幼儿园等配套设施5万平方米。

李文介绍说，为切实做好农场综合改革房屋搬迁补偿安置工作、保障房屋搬迁权利人的合法权益，搬迁户按人均40平方米享受“以房换房”方式安置，剩余合法住房面积且有虚增安置人口（享受每人20平方米的安置住房面积）的搬迁户，以剩余合法住房面积减去虚增安置人口安置总面积后，余下住房面积按规定进行评估补偿。

为确保公开、公平、公正，开发区对所调查的房屋面积及权属进行公示。公示后，针对搬迁户提出的各类问题，开发区组织工作人员下队逐户进行核实解决。

截至11月底，开发区已将评估结果向搬迁户公示完毕，12月将全面与搬迁户签订《农林场综合改革房屋搬迁补偿安置协议》，明年春节前部分搬迁户可入住华侨城。

华侨农林场是在特殊历史时期，国家为安置回国定居的归难侨设立的国有农业企业。广西华侨农林场共有22家，占地总面积910.65平方公里，是全国华侨农林场最多的省区之一。

“20世纪六七十年代，广西接收了印度尼西亚、越南归难侨12万多人，其中有8.67万人安置在华侨、林业、农垦三个系统的46个农林场。”广西壮族自治区人大外事华侨委员会主任盛忠雄介绍说。随着经济和社会的发展，华侨农林场旧有的经济体制和管理模式带来的问题逐步显现，大部分华侨农林场的经济发展水平落后于当地的经济发展水平，华侨农林场职工及其家属的生产、生活条件较差。

几年来，华侨农林场的改革取得了阶段性成效。广西共筹集旧房改造基金6.5亿元，完成改造归难侨旧房19 153户，归难侨危旧房改造任务全面完成。同时，社会保障基本实现了应保尽保，目前，华侨农林场职工参加企业职工基本养老保险人数4.58万人，有11.73万人参加医疗保险，参保率达92.14%。此外，华侨农林场分离办社会职能工作全面完成，场办学校、医院、派出所等社会机构已经移交属地政府完毕。

（人民网2012-12-21/郑恺　张红璐）

广东梅县500年原生态村落侨乡村挂牌国家级古村落

广东梅县侨乡村21日举行国家级古村落挂牌仪式。拥有500多年历史的客家原生态村落侨乡村成为广东省第二个“中国古村落（客家传统民居）”。

侨乡村位于梅州市梅县南口镇，开村于嘉靖年间，至今已有500多年历史。侨乡村现存较为完整的各式客家传统民居有108座，既有单层围龙结构，又有双层围龙结构，以及中西合璧的十厅九井结构和五杠式结构等，建筑总占地面积15万多平方米，总建筑面积9万多平方米，是中国客家地区现存围龙屋数量最多、密度最大、形制最丰富的村落，被国内外专家誉为世界民居建筑奇葩以及“客家围屋博物馆”。

2009年，侨乡村被定为“广东省古村落”，2012年5月被中国民间文艺家协会评定为“中国古村落（客家传统民居）”。

古民居研究专家、梅县博物馆馆长朱迪光表示，侨乡村古民居富有鲜明的时代特征，集中反映了客家人的迁徙史，同时也是梅县“文化之乡”、“华侨之乡”的历史缩影。据了解，侨乡村现有人口约2 700人，自20世纪初开始几乎家家有人出外谋生，现有海外华侨及港澳台同胞3 000多人，正因海外华侨和侨眷众多而得名“侨乡村”。

（中国新闻社梅州2012－12－21/杨草原　唐林珍　李少凤）

榕77户归难侨可获建房补助

记者昨日从市外侨办获悉，77户散居农村归难侨无房户的建房问题将得到解决，每户可以领到4万元的建房补助。

为解决无房归难侨的住房问题，市外侨办多次深入归难侨家中，了解核实无房归难侨的居住条件、经济收入以及存在的难题等情况。

通过摸底调查，市外侨办确定我市（福州）符合建房补助条件的散居农村归难侨有77户，其中第一批43户、第二批34户。

目前，第一批43户归难侨，每户4万元的补助款已全部到位并解决了住房问题。第二批34户归难侨，每户4万元的补助款已下达县（市）财政局。

（《福州晚报》2012－12－26/何佳媛）

今年温籍海外侨胞捐赠突破七千万

捐资建立葡萄种植基地，帮助村民脱贫致富；捐资设立奖学金，帮助贫困学子一圆读书梦……今年以来，温州市侨办筑巢引凤，搭建侨资慈善公益平台，着力打造“百侨助百村”、“侨爱工程”、“侨爱光明行”等“侨”字爱心品牌，引来了广大温籍海外侨胞的积极参与。据市侨办统计，截至目前，今年温籍海外侨胞向家乡捐赠款项累计已达7 013.3 万元，实现了新的突破。

据悉，市侨办自2010年建立市慈善总会侨爱分会并以此为平台集聚侨界爱心以来，已累计收到捐赠近千万元。随着这些款项的及时到位和用好用足，越来越多家乡父老感受到广大侨胞撒播的温暖与希望。

为切实提高扶贫帮困的效率，今年以来，市侨办加大“造血式”扶贫工作力度，着力引导海外侨团、侨胞和侨资企业参与我市新农村建设，推动农村经济发展。如法国法华工商联合会捐资10万元扶持泰顺司前镇左溪村创办大棚葡萄基地，壮大特色优势产业，为周边群众脱贫致富搭建平台；美国洛杉矶温州商会则出资20万元，帮助泰顺雅阳镇新联村开垦茶园，促进当地农业发展和农民增收。同时，不少侨胞着眼改善农村生活环境，捐资帮助实施道路拓建、水利工程、桥梁建设、绿化亮化等基础设施建设。如意大利华侨华人友好协会会长胡圣銮出资100万元，帮助文成县玉壶镇龙坑村建设连村公路，解决困扰该村多年的“出行难”问题；侨爱分会则捐资5万元帮助平阳县南雁镇前山村建设农业灌溉水渠，解决了400户村民的农田灌溉用水问题。今年一年，通过“百侨助百村”活动，广大侨胞共结对帮扶47个村，总金额达1 804 万元，用于新农村建设、科技扶贫等。

助学，是温籍侨胞为家乡捐赠爱心款项的重点方向。在永嘉县沙头镇石公田小学，荷兰华人郑莉莲捐助3万元餐费补贴，让全校32名学生吃上“爱心营养餐”；在泰顺县仕阳镇荣西村，意大利华侨何小双捐赠10万元，资助10位家庭困难大学生完成学业；在文成县南田镇，由侨爱分会资助120万元建设的侨商学校已经建成，即将投用……来自市侨办的统计，今年一年，海外侨团、侨胞、侨企捐款资助的学校达56个，受助学生近1 700人，资金总额达1 502余万元。这一笔笔捐助，在给寒门学子带去关爱的同时，也点燃了他们努力学习、回报社会的希望。

因病致贫、因病返贫，在一些农村依然存在。因而，帮助困难群众解决医疗救助问题，成为广大侨胞的关注重点。继去年侨爱分会向市“微笑联盟”捐资20万元参与救助唇腭裂患儿后，今年年初，侨爱分会捐资100万元，与温州医学院附属眼视光医院共同启动医疗救助项目——“侨爱光明行”活动，帮助贫困山区白内障患者实施手术。9月，在多位温籍海外侨领专程走访了解的基础上，侨爱分会向苍南县灵溪镇华阳社区卫生服务站捐赠10万元，用于解决医疗设备不足的实际困难，缓解当地群众“看病难”的状态。

让爱心给更多人送去温暖，让爱心唤起更多希望。今年以来，在加大力度引导鼓励海外侨胞参与家乡公益事业的同时，市侨办进一步加强侨胞扶持项目和捐助资金使用情况的跟踪服务和监督检查，根据捐赠者意愿及时移交捐助资金，全力配合推进结对帮扶项目，并经常性组织捐赠者实地考察捐赠款使用情况，切实维护侨胞在参与新农村建设、社会公益事业中的合法权益，确保每一笔捐赠资金都发挥最大效益。

（《温州日报》2012－12－26/潘秀慧）

中国首家街道级侨务办公室在杭州成立

27日，浙江省杭州市下城区天水街道正式成立中国首家街道级侨务办公室。

天水街道位于杭州市下城区武林CBD核心商圈，是杭州市侨务工作重点街道之一。现有归侨侨眷和海外侨胞540人，出国和归国留学生110人，空巢、独居归侨侨眷201人，其中独居老人53人。

今年天水街道试点成立中国首家街道级侨办，在社区建立侨务工作站，把侨务工作触角向基层延伸。27日，天水街道侨务办公室、社区侨务工作站暨“侨界人士健康会所”正式成立。

中国国务院侨务办公室国内司副司长王萍代表国务院侨务办公室国内司出席上述仪式，并对街道、社区的侨务干部表示慰问。

王萍对杭州市及天水街道、仓桥社区的侨务工作取得的新进展感到欣慰，她指出，社区侨务工作是依托社区的平台来关心许许多多生活在社区里的侨界人士，为他们做好服务。同时，发挥侨的优势，为社区建设和发展服务，努力开创“社区为侨服务好，侨为社区贡献多”双向服务的局面。

当天上午，杭州市许多街道和社区的同志来到天水街道仓桥社区的“金桥俱乐部”，参观考察了侨法宣传角、侨情展示角、休闲长廊、视频聊天室等硬件设施，并与归侨侨眷沟通交流。

（中国新闻社杭州2012－12－27/徐乐静）

江苏省出台《关于加快推进人才国际化的意见》

十八大报告提出，充分开发利用国内国际人才资源，积极引进和用好海外人才。江苏省按照全面推进现代化建设的新要求，制定出台《关于加快推进人才国际化的意见》，大力实施人才国际化战略，以人才国际化提升现代化发展水平。到2020年，建成国际化人才高地，人才发展主要指标达到国际先进水平。

把大力引进国际化高端人才作为当务之急。深入实施“双创计划”和海外留学人员回归计划，建立健全海外留学人员信息库。到2020年，引进海外人才30万人，常驻外国专家10万人，具有半年以上海外留学和工作背景的国际化人才占人才资源总量的10%。

把提升本土人才国际化素质作为根本之策。以选送优秀中青年党政人才赴海外培训为重点，建设一支眼界宽、思路宽、胸襟宽的国际化党政人才队伍。深入实施“企业家素质提升计划”，加大“333工程”海外培训力度。到2020年，至少选送党政领导干部10 000人次、企业家20 000人次、专业技术人才20万人次到境外培训；邀请100所世界名校在江苏开设“世界名校大讲堂”，建立100个各类人才海外培训基地。

把推进教育国际化作为长久之计。加强与国外学校合作，实施“高校优秀中青年教师和校长境外研修计划”、“江苏学生海外学习计划”，加强高技能人才海外培训。到2020年，具有硕士以上学位或高级职称的高层次人才达到70万人；高校、科研院所从事教学、科研的人才中具有海外进修或工作经历的达50%。

把优化国际化人才发展环境作为重要途径。提升海外人才薪资水平，建立海外人才专业技师职称评价绿色通道，加强人才引进后续服务，为国际化人才搭建创新创业平台。到2020年，全省人力资本投资占GDP比例的17%，全社会研发投入占GDP比例达到2.5%；人才引领经济社会发展的作用进一步凸显，人才贡献率达到48%。

（《中国组织人事报》2012－12－28）

（本栏目责任编辑　徐云）

热点时评

本栏目内容是对本年度涉侨时评的选登，以对具有普遍意义的新闻事件和迫切需要解决与解释的问题直接发表意见、表达鲜明观点的报道为主，按媒体报道时间升序排列。

参政遇阻，华人需冷静

美国华人媒体近日联合评选出了2011年纽约十大社区新闻，占据头条的是纽约市华裔主计长刘醇逸陷入“捐款门”事件。

从媒体已披露的信息看，刘醇逸涉及的这件公案并不复杂，刘的募款人之一——一名潘姓华人11月被美国联邦调查局（FBI）指控通过20名“空头”捐款人将来自一名FBI卧底的超出法律规定捐款上限（4 950美元）数倍的1.6万美元纳入刘醇逸的竞选资金，并借此获取纽约市竞选相对补贴基金。

刘醇逸对潘案的回应是，他因此“感到痛心”，并称他的“竞选团队未被告知真相”。事件发生后，从《纽约时报》到纽约本地主流媒体，都在大篇幅、反复地报道及评论该事件，《纽约邮报》最近还发表文章，称针对刘醇逸募款丑闻的联邦调查近日再次升温，并开始聚焦刘醇逸本人。

由于被主流媒体尤其是本地主流媒体反复地报道，此事件的延伸效应被凸显出来，以至于很多华人甚至其他少数族裔都认为对刘醇逸的调查是对少数族裔的不公。更有人认为这是族裔歧视的表现，为的是把亚裔小区的政治希望之星刘醇逸拉下竞选舞台。

不言而喻，FBI的多方调查和主流媒体的大阵仗，对亚裔尤其是华裔社区来说，会有负面影响甚至产生寒蝉效应，毕竟身为少数族裔之一的华人，对政治的热忱一向不是很高。有评论说，此事件可能使华人参政热情减弱，调查结果如果对刘醇逸不利，华人参政的形势倒退数年也未尝可知。

事实上，FBI关于这一事件的调查还在继续。因此，从刘醇逸到华人民众都应该冷静对待，配合调查。如没有确切的证据，还是要慎言种族歧视这种话题。

“种族歧视”有时会成为双刃剑，虽然此话题在美国很流行，但在某种程度上已被认为是属于比较敏感且易被操弄的政治话题，美国主流社会其实对此颇有看法，甚至某些美国人对此也有反弹心理。

对媒体的各种报道，也应以正确态度对待。媒体不是具有法律效用的调查机构，但在美国，媒体有权发布各种消息和评论。

华人作为少数族裔，要在政治上崛起，遇到各种挫折甚至于付出重大代价都是不可避免的，这也是近年来美国华人在政坛上崛起后应冷静思考和面对的。寄望新年伊始，华人参政能够逐渐走向成熟和兴盛。

（［美国］《侨报》2012-01-03/一娴）

从“米兰事件”到“罗马和平诉求”　意华社渐进成熟

1月4日晚，在罗马东部地区，周拯（音译）一家三口在下班途中遭遇两名年轻疑犯抢劫，并被疑犯掏枪射击。受害人周拯胸部中弹当场身亡，周拯怀中的小女儿被子弹击中头部，在送往医院途中不治身亡，周拯的妻子郑丽艳也中枪受伤，被送往医院抢救。

1月10日下午，经意大利有关部门批准，罗马、米兰逾万华侨华人及当地政要、民众、各国移民以及社团组织同时举行追思会和游行示威活动，沉痛悼念在罗马血案不幸遇害的中国侨胞，并呼吁意大利当局尽快缉拿凶犯、惩治犯罪、改善社会治安环境。

罗马血案作为近年来发生在意大利的最为残暴的一起恶性刑事案件，不仅使华人社会悲愤难平，意大利举国也为之震惊。凶案发生后，中国驻意大利使馆高度重视，通过使馆的积极斡旋，案发第二天，意大利内政部就召开紧急会议商讨加强安保措施，并向罗马增派400名宪兵，加大监控力度。

1月9日，意大利总统纳波利塔诺前往医院看望正在接受治疗的郑女士，罗马市长夫妇还到案发现场为遇难者点上蜡烛，表示哀悼。这在意大利华人移民史上尚属首次。罗马血案得到意大利最高当局的重视，华人华侨通过罗马、米兰追思会和游行示威活动，依法向当地政府表达自己的诉求，赢得了意大利社会各界的大力支持和参与。

罗马、米兰华社发起的和平抗议活动到目前为止已告一段落，华侨华人的合理要求也得到社会的认可和尊重。罗马和平诉求为何会得到社会的支持和认可？这里有很多值得我们思考的东西，它再一次让我们回想起2007年曾发生在米兰的4·12警民冲突事件。

纵观整个米兰4·12警民冲突事件，华人的激昂和愤慨依稀可见，多年的压抑和所遭受的不公，让满腹怨言的华人群情激愤。长期潜藏的矛盾瞬间被激发，失去理智的人们在一例违章停车引发的警民纠纷中，似乎找到发泄的理由和机会，从而引发华人与警察之间的对峙与冲突。

2010年6月中旬，法院最终认定在米兰4·12警民冲突事件中涉案的42名华人中的37人和一名意大利人触犯刑法。米兰市议会副议长、自由党议员迪斯特凡诺·马蒂诺因支持、参与米兰华人“暴乱”，被判处9个月零5天监禁；被公诉的37名华人，分别被判处5个月至1年零9个月的有期徒刑。

同样是表达夙愿，米兰4·12警民冲突事件由于表达手段失当，导致大规模的警民冲突，多名华人因行为过激而触犯当地法律，因而，华人社会的合理要求遭到当局的无情否决。而在罗马血案中，尽管华侨华人依然愤愤不平，但每一位参加抗议的华侨华人都保持理智，克制了情绪。华社的合理要求得到政府最大限度的满足，而且赢得了社会和公众的广泛支持。

从“米兰事件”到“罗马和平诉求”，当意大利华侨华人可以用成熟的心态面对一切时，我们不得不承认在米兰的4·12警民冲突事件中，或许存在太多情绪化和鲁莽。事实告诫我们，海外华人表达合理诉求时，只有抛弃冲动与鲁莽，时刻保持清醒和理智，以坦诚而务实的态度与政府进行沟通，才会具有事半功倍的效果。意大利华人用经历说明了他们的成熟，今后意大利华人必将再度用经历证明华人不仅具有宽广的胸襟，而且也是一个具有高度社会责任感的移民群体。

（［意大利］欧联网 2012－01－12/博源）

应对英媒偏见　华媒心态有待改善

1月7日，英国广播公司（BBC）著名主持人杰瑞米·克拉克森（Jeremy Clarkson）在英国《太阳报》刊文，将伦敦奥运会花样游泳门票事件与2004年莫克姆海滩拾贝遇难的中国女性同胞联系在一起，并评论称："'花样游泳'只是一些在水中头朝下、戴着帽子的中国女人，你可以在莫克姆海滩免费看到这些。"

针对这样带有倾向性的辱华言论，中国驻英国大使馆在1月8日通过声明，表达了对这种缺乏基本道德底线和媒体责任感的评论的愤慨，并要求《太阳报》纠正错误言论，以正视听。而英国主流媒体也纷纷发刊，报道和评述克拉克森和《太阳报》的言论。

"由于价值观的不同以及对中国社会缺乏全面的了解和认识，西方媒体带有偏见性的涉华报道在所难免。从总体看，无论是中国官方还是海外华人，面对西方媒体的'傲慢与偏见'，已经越来越理性，应对方式也更加成熟。"正在伦敦大学金斯密斯（Goldsmith）学院做访问的学者、中国传媒大学的张磊博士在接受《华闻周刊》采访时表示。

而针对克拉克森此次在《太阳报》的辱华言论，张磊表示："克拉克森在英国是出了名的'大嘴巴'，而《太阳报》的许多报道和言论都有哗众取宠以迎合市场的倾向。由于该言论涉及侮辱三方面——华人少数族裔、女性弱势群体以及不幸事件的遇难者，违反人类文明的基本道德底线，因此无论是官方，还是民间，都有足够的理由指责。"

但是，在面对西方媒体的失实或偏见报道，张磊认为应当针对具体情况区别应对："若涉及中国大局和国家利益的言论，官方的立场需要鲜明、响亮；而涉及民间或者是个人的言论，海外华人和社团则具有义不容辞的责任。"

尽管在面对英国媒体时而失实或偏激的涉华言论时，中国驻英使馆能够以逐渐成熟的机制予以回应，但是广大华人和民间华社还需进一步改善和加强回应技巧与策略。

张磊博士在接受《华闻周刊》采访时则表示："海外华人和社团有待通过所在国家的法律法规，更多层面、更多渠道地回应西方媒体的不实言论。比如涉及华人的偏激恶毒言论，海外华人和社团如果通过英国媒体的监管机构进行大规模的投诉，可能效果要好过官方的驳斥。""民间华人及社团的声音有待加强。如果一味地依靠官方出面，时间长了，英国媒体会不会产生逆反心态很难讲。但海外华人和社团等读者的声音，媒体是不能忽视的。"

"国家兴亡，匹夫有责"，张磊博士认为："海外华人应当摒弃弱者心态，从所在国家的思维和法规出发，通过加强民间交流和应对方式，逐步改变目前西方媒体的对华偏见。"

（［英国］《华闻周刊》2012－01－13/范慧勇）

中国崛起重塑马来西亚华人社群

英国广播公司（BBC）网站日前发表记者珍妮弗·帕克发自马来西亚槟榔屿的一篇文章，题为“中国的崛起会影响马来西亚的华人社区吗?”。文中指出，在马来西亚北部的槟榔屿州，侨民组成的华人社区正乘着中国经济崛起的浪潮发生着显著变化。

龙山堂邱氏宗祠是当地最富有的宗亲会之一。过去，它要往中国福建的祖籍地汇钱，不过，情况正在改变。像新安——龙山堂邱氏宗祠的成员祖籍就在这个小渔村——这样的地方眼下繁忙热闹，不再需要海外的汇款了。

龙山堂邱氏宗祠的邱武鸿说：“过去人们认为海外华人有钱，但如今国内人比我们更有钱。”的确，来自中国的投资在槟榔屿越来越明显。比如，正在修建的一座桥梁有一部分资金来自中国政府的一笔低息贷款，这座耗资14亿美元的桥梁全长24公里，很可能将成为东南亚最长的桥梁。

2010年，马来西亚成为中国在东南亚最大的贸易伙伴之一。仅在去年，两国的双向贸易额就达到463亿美元，预计到2015年数额将增加一倍以上。曾担任马来西亚总理纳吉布·拉扎克的政治秘书、负责中国事务的胡逸山说，大部分贸易额是由马来西亚的华人社团实现的。

华人在15世纪初开始抵达马来西亚沿岸。如今，他们在马来西亚2 800万人口中占24%，而且一直都比其他少数族群富有。根据2011年《福布斯》杂志的一项排名，在马来西亚最富有的10个人中有8个是华人。这种财富不均状况在占人口大多数的马来人中也引发了长期的怨恨。这种情绪曾在1969年爆发，并在两年后导致政府实施了一项反歧视行动计划，即新经济政策。这项政策为马来人和土生土长的人群提供一些特权，如获得更廉价的住房，在申请大学奖学金和公务员岗位时被优先考虑等，而华人和印度裔是没有这些特权的。这项政策在1990年被终止，但政府随后又出台了一些类似的计划。

来自反对党民主行动党的律师张念群说：“这种配额制在很多层面上依然存在。”她说，这限制了马来西亚华人在某些行业的就业前景，包括上市公司。分析人士说，这种格格不入的感觉使许多马来西亚华人选择到其他地方，包括中国去寻找机会。林嘉水的马来西亚联合机械集团有限公司在中国有工厂，不过他雇用马来西亚华商和新加坡华人担任中层管理人员。林嘉水说，随着中国经济开放，马来西亚华人发挥起桥梁的作用，因为许多在美国和英国接受教育的马来西亚华人也懂汉语和了解中国文化。

马来西亚多语种的教育体系使这一优势保持下来，作为少数族群的华裔和印度裔在小学阶段可以选择用母语学习。槟榔屿当地的中文报纸《光明日报》首席执行官、同时担任一家私立汉语学校董事的杨耀琨（音）说，随着中国的崛起，想学习普通话的人越来越多，包括了非华裔。汉语学校中的非华裔学生人数在过去30年间增加到6万多人，就连马来西亚总理也把儿子送到北京外国语大学学习汉语。

文章称，虽然马来西亚政府一直在通过“一个马来西亚”的口号来推动民族团结，但是接受采访的一些分析人士认为，这对马来西亚华人的处境没有根本性的改变。曾在世界银行任职的经济学家张基焯（音）说，一些马来人对中国内地人和马来西亚的华人不加区分，“马来西亚在某些方面受到本国政治的限制”，他还说，马来西亚必须更加积极地进入中国市场，马来西亚原本可以在中国有一个有利的开端，但“遗憾的是……从未利用这一优势”。

张基焯认为，大多数企业是通过马来西亚华商的个人努力进入中国的，目前，在推动两国关系方面马来西亚华商还能做很多事情。

（《参考消息》2012－01－27）

林书豪：比姚明更符合美国人口味

一名混迹 NBA 的黑发黄皮肤华人“小个子”，纽约尼克斯队的“边角料”球员，一夜之间演绎了“一球成名”的神话，他就是23岁的林书豪。其成名速度和成名方式都堪称现实版童话故事，成为一个不断刷新纪录和改写历史进程的事件。他的火爆势头不仅席卷美国体育界、华裔圈，而且也享誉整个北美和全体华人世界，甚至更大更远的范围。

和一飞冲天的神奇表现相比，林书豪的出身却显得平凡。他的父母在20世纪以留学生的身份从中国台湾来到美国，其父林继明不足1.7米，其母吴信信更矮一点。在美国土生土长的林书豪却出奇地长到了1.91米。

林书豪的成功之所以被称为“传奇”，不仅是因为他球打得好，而且学习也棒。林书豪毕业于常青藤名校哈佛大学经济学系，尽管高中时代被评为加州年度最佳球员，但他却没有得到任何高校的篮球奖学金，完全是凭借4.2分的 GPA（平均分）成绩和超高的 SAT（大学入学考试）分数跻身哈佛大学。完全凭借自己的学术能力进入哈佛，足以证明林书豪拥有聪明的大脑。

在他的成功之路上，林书豪颠覆了诸多传统观念，创造了一连串的第一。林书豪之所以走红，是因为他符合“最不可思议的人完成了最不可思议的任务”的逻辑，属于美国人推崇的“平民英雄”典范。

林书豪不会讲中文，英文却“呱呱叫”。性格上，他中和了中国人的特点和美国人的特色：生活上谦虚谨慎、处事低调、待人礼貌，骨子里是华人家庭教育的产物；球场上激情似火、张扬无忌、积极活泼，又展现了美国人的特征。与“小巨人”姚明相比，“小个子”林书豪的成功更契合美国梦，更符合美国人口味。

林书豪火爆了，全球华人兴奋了，尼克斯队高兴了，但受益最大的还是NBA联盟。多年以来，NBA联盟的推广策略之一就是打造明星，因为明星就是焦点，是热点和媒体关注点，最终都能转化为卖点。

林书豪的崛起，正是NBA寻求的契机。在姚明退役后，NBA曾为中国和亚洲球市的萎缩感到焦虑，因为中国是NBA最大的海外市场和最大的海外收入来源地。事实也是如此，姚明的退役对于中国的NBA热、NBA的海外收入、中国的NBA转播场次和收视率都带来了冲击。林书豪此时凌空出世，恰到好处，及时弥补了姚明留下的空缺，让NBA热得以继续在大中华区、亚洲、乃至于全球燃烧。NBA网站首页频频主打林书豪，可见聪明的联盟管理者已经开始有意推广林书豪，希望能将其打造为一个新星。

多年以来，NBA一直由黑人球员独霸，直到20世纪80年代，白人球员拉里·伯德才一度打破了黑人球员的垄断，这位“名人堂”球员成功带领凯尔特人队三次夺得总冠军。不过伯德退役时仍坦言：“篮球是黑人的运动，我只是试着适应它。”近年随着白人球员的增多和国际球员的加盟，NBA似乎开始呈现多元化和国际化，但实质上仍然是黑人唱主角，白人当配角。

尽管中国球员姚明在NBA也取得了成功，但几乎所有人都将此归因于姚明独一无二的高大身躯，因此，对于黄种人难以立足NBA的刻板印象没有多大改观。如今的林书豪却截然不同，他的成功更近乎于励志片——只要你够努力，你就会取得成功，无论你是什么族裔。《纽约时报》援引一位亚裔青年的话说：“现在所有美国亚裔小子都想成为林书豪。”这就是榜样的作用。

（《国际先驱导报》2012－02－20）

华人海外捐款遇双重尴尬

近日，香港华人置业集团副主席刘鸣炜向英国伦敦国王学院捐款600万英镑，专项用于资助国王学院的中国研究院（King’s China Institute）的消息引发各界关注。

关于华人捐助海外高校、支持海外教育研究的新闻屡屡引发热议。例如不久之前，剑桥大学接受了一笔来自中国一家基金会的370万英镑捐款，设立一个新的终身教授职位的消息，就遭到了英国舆论的非议。英国媒体质疑这笔资金可能有中国政府背景，担心其影响剑桥大学的学术独立性。而在2010年，中国留美学生张磊，向其读了4年博士的母校耶鲁大学捐款888.8888万美元的消息，则在中国国内遭到非议。

以上事件都反映出华人在海外捐款资助教育所面临的双重压力和尴尬。一方面的压力来自国内，国人往往质疑其不将捐款用于中国的教育事业上，有“吃里扒外”之嫌；另一面的压力则来自国外，海外舆论往往会质疑其捐赠行为的动机和目的，担心存在政治目的，会影响学术独立性。

英国布鲁奈尔大学刘芍佳教授在接受《华闻周刊》采访时表示：“其实相对于华人向

国内高校捐款的数量，华人向海外高校捐款的数量是很少的。打个比方，如果前者是一栋十层大楼，后者只能算是一两块砖头。”

但为何华人向国内的高校捐款往往不会引发国人的关注，而一旦捐款给海外高校就会为人热议呢？刘芍佳教授认为，一方面是因为“物以稀为贵”，正是因为稀少，所以人们才会去议论，如果捐的人多了，也就习以为常了，成不了“新闻”；另一方面则是来自媒体的炒作与渲染，因为华人捐款给海外的高校有“新闻点”，可以从中做文章。

“从我了解的情况来看，华人对英国高等院校的捐款其实屈指可数，近年来知道的不超过5个例子，而且大都是校友或校友的父母出于‘感恩’的心理进行的捐赠。”刘芍佳教授说。

他分析形成这种状况的原因时认为：“这与英国高校的一种冷性制度文化有关，英国高校欢迎捐款，但要附带条件‘没门儿’。英国人比较理性，不会因为你捐了款就给你一些实惠或便利，这一点让很多东方人没办法理解和接受，也是华人极少给英国高校捐款的原因；而将钱捐给国内的高校，情况就大不一样了，中国文化讲究礼尚往来，受赠的高校往往也会回赠捐款者一些东西，捐赠者能获得更多的实惠，这也是华人大部分的捐款还是捐给了国内高校的原因。”

此前有观点认为，国外的高校在维系与校友的关系和感情方面做得比国内高校好。刘芍佳教授却表示英国的情况并非如此。在英国高校中，除了牛津大学、剑桥大学、伦敦政治经济学院等少数院校做得比较好以外，其他很多高校在这方面还没有国内的高校做得到位。“许多国内的高校会定期给校友发送电子邮件保持联系，很多英国的高校做不到这一点，他们和校友之间的关系非常疏远，原因就在于他们的资源有限，没有钱和精力去做这些事。”

对于国内部分舆论称华人给海外高校捐款是“吃里扒外”的现象，刘芍佳教授认为这是狭隘的“民粹主义”：“第一，科研没有国界，学术没有国界，对教育和文化的支持应该是超越国界的；第二，华人向海外高校的捐款，很多都是用来推动中国和海外的交流，或者是弘扬中国文化的；第三，大家只看到这些华人给海外高校捐款的例子，但没看见华人给国内高校捐款的例子。”

对于海外舆论对华人捐款“动机”的质疑，刘芍佳教授从自己了解的实际情况进行了说明：“相对而言，英国高校都是缺钱的，不管华人捐赠的资金是来自个人还是政府，只要不影响他们的基本价值、不干预其学术目的，他们都是愿意接受的。媒体此前质疑剑桥大学收到的370万英镑捐款有中国政府背景，现实的情况也许并非如此，而且即使有政府背景又如何呢？英国高校纷纷抢着办‘孔子学院’就是一个很好的例子，是否是中国政府的资金，在英国高校来看并不重要，也不会影响他们独立办学的基本原则。”

针对社会各界对学术赞助是否干扰学术独立性的质疑，伦敦国王学院中国研究院的院长姚新中教授认为：“从我在英国高校20多年的科研教学经验来看，这种顾虑没有必要。英国高校无论从学者的任命到研究项目的确立，赞助人是不参与其中的。当然，赞助人有权确定资助哪些项目、哪些领域，这点无可厚非。但是对具体的学术研究人员的任命、具体的研究领域的定位等，各个学校是有自主权的，是不会也不允许外来人员干涉的。”姚院长表示，在这方面，英国高校的情况相对比较健康。

（［英国］《华闻周刊》2012－02－24/范慧勇　薛章）

身份界定与归属感

不久前，奥克兰大学叶宋曼瑛教授的一项研究成果被本地《英文先驱报》作了报道。该报用了带有挑起种族争端性质的标题——“研究发现，新移民的心留在中国”。这篇报道引起华社的广泛讨论。

这项研究历时三年，是针对来自中国大陆、台湾、香港等地的新移民的社会学调查。研究内容是多方面的，其中最引人争议的是，当“新移民”被问及自己身份的时候，有超过94%的永久居民和超过50%的新西兰公民认为自己是“中国人”。

这里的关键词是“中国人”。对于“中国人”有两层意思，一是法律概念上的“中国人”，二是血统概念上的“中国人”。在法律上，按中国《宪法》第三十三条规定：“凡具有中华人民共和国国籍的人都是中华人民共和国公民。”在血统上，按曾获国务院侨办优秀论文一等奖的《华侨华人分布状况和发展趋势》一文来看，对华人的定义应满足两个条件，一是要有华人血统；二是要保留一定程度的中华文化，比如懂一定程度的中文，自我认同为华人，或者所在国政府认为其是华人等。

叶宋曼瑛教授在做问卷调查时，应是选择那些在血统上是华人的人。当问及新西兰永久居民时，受访者回答自己是“中国人”，从法律上讲，受访者依然是中国公民，当然是“中国人”。当问及新西兰公民时，有超过50%的受访者回答，自己是“中国人”。这回答也并没有错，因为从血统上讲，他们依然是华人。正如林书豪，美国人认为“你是美国公民，不是美国人”。

这研究结果给擅长无事生非的记者留下攻击的缺口，把法律概念上或血统概念上的身份界定，偷换成“心留在中国”。华文媒体在报道这一新闻时，又作了概念上的转换，将身份界定转换成归属感或认同感。

据百度百科解释，归属感属文化心理概念。有两种含义，一是指个人自觉被别人或被团体认可与接受的一种感受；二是弗洛姆（E. Fromm）氏理论中的术语，意指心理上的安全感与落实感。

显然，这是对调查中的“中国人”的一种身份界定。人又是有心理活动的，他们来自中国，即使加入新西兰国籍，从血统上讲，他们依然是中国人，中国是他们祖（籍）国，祖（籍）国对海外游子负有保护与接纳的责任，这使海外游子自觉感受到对祖（籍）国的归属感。

因此，如果再有此类调查，就可以这样回答：“我是新西兰公民，同时我也是一个中国人，我效忠于祖国，我也热爱我的祖（籍）国。”对于永久居民，可以这样回答：“我是中国公民，我热爱自己的祖国，我侨居在新西兰，我也热爱新西兰。”

此外，作为一项社会学调查，它应有社会学调查的要求。从统计学上来说，该项目调查历时三年，调查的样本仅有90个，这对有近20万华人的新西兰而言，样本数是不够的，这也影响了这项调查结果的准确性。

从调查的社会效果来看，这是一项令人纠结的社会学调查。

（［新西兰］《先驱报》2012－03－02/陈钟）

日本移民在拉美扎根给华侨的启示

现代拉丁美洲居民的民族构成除保留了原有的美洲土著民族外，还融合了大量外来移民，其中就包括日本人。目前，生活在拉美的日本移民已扎下根来，他们不仅融入了当地社会，也影响着当地的发展。

一百多年前，南美洲国家进行了独立运动，各国基本上取得了独立。但是，南美洲国家尤其是像巴西等，人口少，劳动力严重缺乏。所以当时的南美洲各国除了推出鼓励各国移民到来的政策外，还向各个国家发出邀请，请他们派遣移民来居住，而这之中就有日本。当时日本人口已经相当庞大，人地矛盾非常突出，接到邀请后，就派遣了大量移民前往，这就是南美洲现在有大量日本侨民的原因。这些日本人及其后裔主要集中在巴西。

在巴西 1.4 亿人口中，只有不到 1% 是日本血统，这却是日本在海外国家中最大的移民集团。在大多数日本后裔家庭中仍恪守旧有传统，生活都比较优越。

20 世纪初，日本开始向巴西进行有组织的移民。1908 年 6 月 18 日，781 名日本人漂洋过海来到地球的另一端——巴西的桑托斯港。1910 至 1914 年间，日本移民巴西的人数为 1.42 万人。1925 至 1935 年是日本向巴西移民的高峰期，14 万日本人先后到达巴西。因第二次世界大战，在以后的 10 年中日本没有向巴西再移民。

从 1959 年开始，日本恢复向巴西移民，但规模远远小于从前。随着日本经济的复苏，日本逐步将向巴西移民改为资本输出，主要是投资矿业。但此时日本已向巴西输出了 26 万人。经过 5 代繁衍，目前在巴西的日裔已达 100 多万人。70% 的日裔生活在圣保罗，12% 生活在巴拉那州，2.5% 生活在马托格罗索州，1.2% 生活在帕拉州。

日本向巴西的移民是有组织的，根据日本皇家移民公司与巴西签订的移民合同，初到巴西的日本移民主要在圣保罗内地从事咖啡种植。合同期满后，日本移民可以向圣保罗海边地区扩散。

今天，有 40% 的日裔巴西人仍然不忘祖业，从事农业生产，很多人是拥有大量土地的农场主。而其他人则从事服务业，譬如开饭店、办诊所、设银行等。其中不少人已进入政界并取得成就，巴西政府的现任信息部长就是一位日裔，同时也是该国的第二位日裔部长。第一位在巴西政府就职的日裔曾任能矿部长兼巴西石油公司总裁。

以巴西为例，日本移民之所以取得成功，主要有以下四点经验：

其一，集体移民有凝聚力。80 多岁的日本移民藤田在巴西拥有自己的农场和饭店，是最早的一批日本移民。他在接受当地媒体采访时说，刚到巴西时，日子很苦，他们整天在田里干活，但大家并不感到孤独，因为早期移民是由日本皇家移民公司有组织地进行的。同样是干活，只是换了个地方，移民并未离开集体，而且他们也不愿离开集体。正是这种集中定居的移民方式使日本移民保留了自己的民族特性，在巴西的日裔非常团结，全国有数百个日裔侨社为日裔提供各种支持。今年6月，巴西中西部地区的5个日裔侨社进行了合并，成立了巴西利亚联邦区日巴联合会，积极开展宣传日本文化的活动。他们开办体育俱乐部，举办针灸、农业技术等各种讲座，并出版日葡杂志。

其二，日本移民与日本政府联系密切。在巴西生活的日裔与日本政府始终保持着密切的联系。长期以来，日本多次向巴西提供巨额农业开发与科研项目的贷款和赠款。许多日裔巴西人将从日本学会的先进农业技术用于生产，巴西广袤的土地为他们提供了施展才华的空间，并逐步使巴西成为世界重要的农产品输出国。日本移民从本土带来各种种子，在巴西引种成功，显示了日裔发家致富的本事，如今巴西许多大型农场都由日裔经营。根据日本与巴西的文化交流计划，日本政府每年还向巴西政府提供文化交流基金。

其三，日本移民对所在国积极作贡献。除美国外，日本是巴西侨民的第二大输入国。由于文化上的联系，赴日巴西侨民中，日裔占据了很大比例。在他们祖先生活的地方，巴西日裔反过来为巴西经济的发展积累资金。从1990年起，在日本的巴西侨民汇往巴西的钱款对巴西平衡对外账户起了积极作用。2002年，在日本的巴西侨民向巴西汇款26亿美元，超过巴西的飞机和汽车的出口收入，而且巴西日裔的侨汇仍在逐年增加。除汇款外，在日工作的日裔还在巴西购买新房或进行投资。巴西人对日本人普遍持有好感，他们认为日本人及其后裔工作勤奋，家庭责任心强，这也是日裔融入巴西社会的一个重要原因。

最后，日本移民用文化影响巴西。现今的日本后裔从事的职业多种多样，已完全融入了巴西社会。巴西是个具有浓厚移民文化色彩的国家，这种文化将世界各地移民引入巴西。巴西日裔在保持日本文化的同时，也对巴西本土文化产生了重大影响，最明显的是表现在饮食文化方面。典型的巴西烤肉店里，你能找到日本寿司、刺身，极具日本特色的各种调味也能在超市中找到。在日裔相对集中的圣保罗自由区，到处都是具有鲜明日本文化特色的店铺，从和服到小吃应有尽有，不仅是日裔，巴西其他民族的居民也会经常光顾这些店铺。

（［日本］《日本新华侨报》2012－03－08/蒋丰）

日本黑社会犯罪缘何拿中国人当幌子

在日华人群体的壮大引起了日本社会各方面的关注，就连黑社会也不例外。前不久，爱知县警冈崎警察署以涉嫌恐吓受害人的罪名，逮捕了住在冈崎市稻熊町的黑社会组织干部大塚英二等人。大塚英二等人于2010年1月，在冈崎市恐吓一位当时居住在名古屋市北区的男性风俗店经营者：“你买下的店铺是我们让中国女人干的店。”从2010年1月到11月，大塚英二等人先后共恐吓该男子20次，并连吓带骗地拿走了他290万日元。日本黑社会犯罪为何要拿中国人当幌子？仔细深究，就不能不联系到在日华人群体存在的一些现象。

首先，在日华人犯罪率高。近年来，随着各种宣传及警方打击力度的加强，外籍人员犯罪的比重正在逐步减少。据今年2月发表的犯罪统计显示，2011年日本全国共查获的外国人犯罪较2010年度减少12.7%，已经连续6年呈现减少态势。但是，在犯罪的外国人里，华人最多，其中盗窃案发生率最高，为50.2%；其他类型的犯罪中，诈骗罪的比例最高，达60%。综合已发生的案件，可以总结出如下特点：在规模上，有单独作案，有团伙作案——包括勾结日本人；在范围上，有的在一地连续作案，有的往返于多地流窜作案；在类型上，除了盗窃和诈骗外，抢劫、杀人、走私、造假贩假、贩毒运毒、交通肇事逃逸、偷税漏税等无所不有；在程度上，轻则破坏社会秩序，重则危及他人生命，或者涉案金额较高，如此等等，不一而足。在日华人频频犯罪，不仅损害了华人群体自身的形象，也给别有用心者提供了可乘之机。

其次，在日华人法律意识淡薄。日本社会的法律规章制度非常健全。例如，日本非常重视对知识产权的保护，而有些在日华人无视日本法律，通过邮局从中国国内或者通过互联网大量购买伪劣商品，在日本销售，非法获利。又如“喝破烂”，日本政府对废品回收行业有严格的法律规定，废品回收必须由政府指定的专人或专门机构负责，一般人不能打着回收废旧物品的幌子向民间收购。而有些在日华人不了解相关规定，趁深夜无人之际，擅自将堆放在空地上的垃圾拉走“回收”，结果被物主发现并报警。有的在日华人在日本的垃圾场“捡”废金属，被管理人员劝阻后，竟在逃跑过程中用车撞伤管理员，结果不但涉嫌盗窃，还被控诉妨碍公务和故意伤害。

法律意识淡薄，不但使在日华人极易触碰法律的“红线”，还有可能无意中成为他人犯罪的“帮凶”。有的中国研修生将自己的外国人登录证随意借给同胞使用，虽然暂时获得了一笔报酬，不想，同胞却拿着他们的外国人登录证采用分期付款的方式骗购大批手机并出售获利，而将大量的贷款甩给了他们。这些研修生在接到银行的催账单时，还浑然不知，直到大量的催账单陆续寄到研修生的供职公司，才使得罪行败露。最终，当事研修生不仅被解雇，还被警方逮捕。

最后，在日华人不够团结。在日本，华人之间相互欺骗、伤害的现象存在已有相当时日。有的中国留学生通过华人朋友的介绍到一家保险公司面试，却发现保险公司只希望有人加入保险，并不想招人。介绍者对此心知肚明，却为了一点点好处，把朋友骗去当“分母”。中国人之间发生打架斗殴甚至命案的报道，也常常见诸报端。同胞自残，不但增加了违法犯罪事件发生的概率，也严重损害了在日华人群体的形象。

（［日本］《日本新华侨报》2012－03－12/蒋丰）

经济衰退情况下侨胞生存状况剖析

笔者在坊间了解到，华社还有一批草根阶层的同胞，刚刚来到葡萄牙，暂时还没找到工作，他们整天躲避在货行搭铺间，不愿意面对现实。

他们在出国前，总以为国外就是人间天堂，到葡萄牙后，才发现葡萄牙是那么的破旧，与中国的繁华与热闹有着天壤之别。这种反差使他们左右为难，一些刚出来的侨胞，有的还背负着10多万元的出国债务，既没有身份，也没有余钱，面对葡萄牙极差的经济环境，很难找到一份适合自己的工作，因此非常苦恼。而回想在国内的时候，他们是那样的风光，工作轻松，生活愉悦，有些人甚至还是干部，手底下还领导着一批人。他们在某些“朋友”的忽悠下，花了钱财来到葡萄牙，却发现里斯本是这样的破破烂烂，大街小巷到处都布满着狗屎、尿臊味，一眼望去满街都是魑魅魍魉的人群，他们感到忧虑了。在这样的环境里，他们选择了回避，不敢面对现实，于是整天蜷缩在搭铺间的床上，默默地思索着一些问题，不敢迈出新的一步。

到这里之后，不管你以前当过皇帝，还是做过奴隶，一切都要从零开始。谁也不会在乎你过去的荣耀，谁也没有资格来卖弄过去的荣耀，你没有钱，就得从底层做起，找到一份可以让你有饭吃、有地方住的工作。但是，这些刚来的侨胞在性格方面有些怪异，有的表现得很谦卑，有的表现得很暴力，他们整天待在房间里，不愿意与外界接触。从某个角度来看，这些同胞在应对目前的困难情况时，心理素质不够好，心理承受能力太低，所以才采取这种逃避现实的态度。然而，随着时间的推移，如果一直找不到工作的话，身上仅有的一点钱就会被花光，那么接下来，你还是得走出搭铺间，去面对现实。要知道来到国外，你不可能会顺顺利利，人生本来就是一个艰苦的过程，是一个需要一直克服困难的过程。不要以为到国外来就可以发财、就有遍地黄金，这是一种忽悠，一种误导。假如这种误导放到20年前，还有它现实的一面。现在随着我们国内的生活水平越来越高，国内与国外的差距越来越小，甚至有些方面已经超过国外。

这些刚刚来到葡萄牙的侨胞，心理充满着怨气、忧愁和烦闷，需要与人接触，倾诉烦恼，释放自己内心的苦闷，让自己的心情做一个调整，这样才能改变生活方式和态度。既来之，则安之，如果真的不适应，还可以选择回国，当然，我们知道这些侨胞来国外之前，都已负有债务，他们的唯一选择就是先找份工作，有了开始，才有希望。客观面对困难，只要有双手在，只要肯吃苦，总能够克服困难，解决困难。

人的观念在改变，人生时时刻刻在改变，人的能力时时刻刻在应对这种改变，这就是一种适应能力。一般正常人都会说：“我要积极想办法找出路，振作起来，想办法应对这个困难!”但有些人就不这样，他们不知道怎么走出这个围城来，不知道该怎么找出路，心里在叫：“哎呀，现在该怎么办？怎么办呀!”越想越多，就会把生活里的其他困难与现在必须面对的困难加在一起，变成一个沉重的包袱。当包袱越来越沉重，背负不起了，人就会变得越来越消沉，自暴自弃。这些人不愿意与外界接触，这种自闭的性格，也会影响到他们将来的生活，甚至有可能形成一种反社会的人格，这样的人在我们华人社会的底层，表现得尤为明显。

现在葡萄牙华人的发展正进入一个无序的竞争状态，葡萄牙人对华人所表现出来的做法表示不满，所以他们开始对华人开的水果店进行彻查。他们查的无非就是卫生问题，只要我们水果店的卫生符合他们的标准，葡萄牙检查者也是无话可说的。随着时间的推移，在我们华人商铺的发展过程中，我们要改变一些经营方式和手段，做到与时俱进；随着财富的累积，我们华商应该不断完善自己的事业，以使其走向正规，不要着眼于眼前利益，要放眼未来，永续经营。

（［葡萄牙］葡华网 2012－03－14/于建华）

华人冒险“隐身入籍”成风气

近年来，越来越多的中国大陆新移民来到英国学习、工作和生活，其中加入英国国籍的人也越来越多。

《华闻周刊》的记者在调查采访过程中发现，在这部分华人中存在着一种“隐身入籍”的现象，即对于自己加入了英国籍的事实极少提及和谈论，不希望已经入籍的事情被广泛知晓。此外，“准双重国籍”的现象在华人中也较为常见。

现实因素致“隐身入籍”

《中华人民共和国国籍法》明确规定，不承认中国公民“具有双重国籍”，而且“定居在外国的中国公民，自愿加入或取得外国国籍的，即自动丧失中国国籍”。这意味着，华人在加入英国国籍的同时，即丧失了作为一个中国公民的权利和义务，不再拥有中国国籍。记者在采访中发现，实际操作中，一些华人尽管加入了英国国籍，但极为低调，少有人知。

在公共部门工作的黄先生在几年前已经加入英国国籍。他向记者表示，自己十几岁就到英国留学，毕业之后又在英国工作多年，“给英国交了这么多年学费，工作之后又交了这么多年税，不加入英国国籍，有点不划算。而且，在英国这么多年，习惯了这里的一切，再回中国担心会不适应，在衡量了各种现实因素后，选择了入籍”。

他表示，加入英国国籍还有另外一个原因，那就是持英国护照旅行更方便。据记者了解，目前持英国护照可以免签证前往世界上 166 个国家和地区。外出旅行更方便，这也是一些华人选择入籍的原因。

“中国情结”难割舍，试图维持“准双重国籍”

由于一些已入籍的华人所持有的中国护照尚未过期，因此在回中国探亲的时候，为了方便，他们依然持中国护照出入境。尽管英国护照可以免签前往 166 个国家和地区，但这些免签的国家中却没有中国，这是一些华人选择保留中国护照，在入境中国时冒险隐瞒已入籍事实，并使用中国护照入境的原因。

虽然这样的做法并不符合中国的法律规定，通过这种方式出入中国海关的华人也需要承担一定的风险，但仍然有不少华人还是试图维持这样的“准双重国籍”现状。

黄先生坦言，自己在入籍之后依然保留了中国护照，并在回国探亲时使用中国护照出入境。“我们的父母亲人都在中国，加入英国籍只是为了现实的便利，但在感情和心理上，还是认同自己是中国人，和中国的联系是不可能割断的。”黄先生说。

据他介绍，他每次回中国时，从伦敦希思罗出发到抵达中国的机场，再到返回伦敦，全程都使用中国护照，“入籍之后，在中国护照上你依然还有有效的永久居留，所以不会遇到问题”。

“当然，回中国的时候，我只带中国护照，不会同时把英国护照和中国护照都带在身上，否则被查到就会有麻烦。”他说。

为子女办理“双护照”

记者在采访中发现了一些在子女的“国籍”问题上犹豫不决的华人夫妻。

按照英国现行的法律，夫妻双方只要有一方加入英国国籍或获得永久居留权，之后出生的子女就有权自动加入英国国籍，同时也就意味着放弃了中国国籍。出于感情、子女教育和未来发展的考虑，不少华人夫妻对于让子女放弃“中国国籍”一事，始终是举棋不定。

当然，坊间也流传着让新生婴儿在事实上获得“准双重国籍”的“技巧”。

华人刘先生即将申请永久居留，他孩子的出生日期刚好在他和妻子转永居之后。他表示，以后希望把孩子送回中国去抚养和接受基础教育，没有中国护照会比较麻烦，因此可能会采用一些“技巧”，为孩子也办理一个中国护照。

据介绍，最常见的方法是，孩子出生之后，先到英国内政部办一份孩子“尚未加入英国籍”的证明，然后持该证明到中国大使馆，同时签署一份“放弃英国国籍”的声明，即可获得中国护照，在这之后，可以再去办理英国身份。

不过，由于婴儿的中国护照有效期只有5年，该方法也只能是权宜之计。

此外，在签证期限允许的情况下，一些持高技术移民签证或技术移民类签证的华人，会选择推迟申请永久居留，让孩子在申请永居前出生，这样即可合法地申请中国护照，之后再在符合条件的时候加入英国籍。

无可否认，不少做法都是利用了两国法律的漏洞，但这种事实上的“准双重国籍”和“隐身入籍”的现象也的确成为了不少处于现实与情感两难中的华人的无奈选择。

（［英国］《华闻周刊》2012－03－16）

颁发华侨华人证的呼声值得考虑

每年3月在中国召开的“两会”，无疑是情系故土的海外华侨华人关注的焦点。而在3月11日全国政协十一届五次会议第四次全体会议上，致公党江苏省副主委、江苏省政协副秘书长麻建国提出颁发华侨华人特别身份证、便于他们回国创业和居住的建议，引起了广泛的关注，海外华人更是热议纷纷。

5 000万华侨华人是中国的独特优势和重要资源，既是中国建设不可或缺的力量，也是连接中国与世界各国和地区最具凝聚力的人文纽带。30多年来，海外侨胞和港澳台同胞投资创业的企业约占中国外资企业的70%，投资额约占中国实际利用外资总额的60%，贡献与情感都无可替代。随着华侨华人回国投资创业、工作、居住及探亲旅游的现象越来越多，中国现有的政策法规和措施已不能完全满足人才、资金、技术等深层次的交流需要，尤其是在居留、资金审批领域的限制极大，服务体系欠周全。为此，麻建国建议：借鉴印度“海外印度人公民身份”的做法，给海外华侨华人颁发特别身份证件，在创业就业、项目扶持、子女教育、医疗服务、购买住房、出入境程序办理等方面享受国内公民同等待遇；或借鉴“港、澳、台同胞回乡证”的做法，实施华人华侨回乡免签。

与此同时，来自宁夏的全国政协委员朱奕龙也建议国家应颁发“华侨华人特别身份证”，以适应大批客居他乡者回归故土的世纪潮流。朱奕龙认为，2004 年 8 月 15 日中国公安部、外交部联合发布实施的《外国人在中国永久居留审批管理办法》（即中国“绿卡”的审批管理）规范的对象是外国人，但对与祖（籍）国联系越来越密切的华侨华人而言仍然极不便利。

颁发华侨华人特别身份证的建言，令人不禁联系到近年来海外华人社区不断提及并呼吁中国承认“双重国籍”的呼声。事实上，关于颁发华侨华人特别身份证和改革《国籍法》的言行，在近年来的两会或者其他官方议政渠道都时有出现，例如 2003 年，陈铎、叶佩英等 12 名全国政协委员曾提出《关于撤销“不承认中国公民具有双重国籍”规定的建议》；在 2004 年 12 月 28 日举行的留学人员代表座谈会上，国家科技部副部长刘燕华透露，为了吸引更多海外优秀人才，中国正在考虑效仿印度，为海外人才实行“双重国籍”的优惠政策；2005 年，民建中央在两会上建议：应修改《国籍法》，承认“双重国籍”；2010 年，全国政协委员朱世增在全国政协大会上建议，有条件地承认“双重国籍”乃是吸引高层次人才和广大海外华人积极参加中国经济建设、从法律上保护全世界华侨华人根本利益的有效手段，修改《国籍法》，承认“双重国籍”刻不容缓；2011 年 3 月，政协十一届四次会议上，全国政协外事委员会副主任韩方明委员提出设立“海外公民证”和“海外华裔卡”、吸引华人华侨人才的建议提案；2011 年 6 月 29 日，央视引述中国人保部副部长王晓初表示，相关部门正在研究“双重国籍”，最现实的做法是进一步完善永久居留制度（即中国“绿卡”），为留学归国人才提供便利。

由上可见，这一呼声近十年来始终没有间断过，而且有越来越热的趋势，这是因为中国的改革开放催生了经济建设的巨大成就，提升了吸引更多海外华侨华人回祖国居住、旅游、创业、学习的向心力，也促使原有的《国籍法》面临适应大趋势的修订考验。

当然，“双重国籍”会涉及很多复杂的问题。借鉴几十年来针对港澳台同胞行之有效的“回乡证”制度，给海外华侨华人颁发“华侨华人回乡证”甚或“中国公民（海外）护照”，以方便返乡旅行，其实是为海外华侨华人提供实实在在的服务，这是一个可以考虑的变通之道。

当然，颁发特别身份证也同样会涉及很多复杂问题，如华侨华人的认定问题，管理问题、部门利益问题等。因此，中国有关部门应在了解各国侨民政策和广泛征求海外华人民意基础上，比较和借鉴印度政府给海外印度裔人士发放“海外印度公民身份证”以及给在海外生长的有印度血统人士发放印裔身份证的有效举措，向外籍华人发放这种不具有“双重国籍”性质的海外华人身份证明，以满足海外华人回祖（籍）国探访、工作和生活，并周全考虑，避免可能产生的弊端。

“制国有常，利民为本；从政有经，令行为止”，“苟利于民，不必法古；苟周于事，不必循旧”。改革海外华侨华人回国签证和居留政策，与新世纪的社会潮流相吻合，有益于人才流动，也有助于实施中国“中长期人才发展纲要”的措施，更有利于增强中华民族的凝聚力和向心力，是利国利民之举，值得中国有关部门认真考虑。

（［美国］《侨报》2012－03－16）

华人异族通婚的文化同化问题

皮尤研究中心不久前公布的研究报告详细描述了一个多元化的美国。报告显示美国人的婚姻中，有8.4%为异族通婚，远高于1980年的3.2%。异族通婚是一个涉及社会、经济、文化和种族等领域的重要话题。关于在美华人的异族通婚，近来坊间有不少讨论，总体上持较肯定态度。异族通婚不仅表现了社会多元化特征，而且通过观察异族通婚，还可以了解种族歧视的历史和现状。

异族通婚对华人来说有很长的历程。美国从1660年开始实施异族通婚禁令，在臭名昭著的《排华法案》中，就有禁止华人和白人通婚的条款。直到20世纪60年代，美国才全面废除《禁止异族通婚法》，可国会至今尚未就《排华法案》向华人致歉。

华人的异族通婚，通常可以分为种族通婚和民族通婚两种：前者如华人与白人或其他种族的人通婚；后者如华人与韩国人、日本人等东亚民族通婚。无论哪种，文化因素都起了很大作用。一般来说，民族通婚的文化因素影响小一些，毕竟韩、日受中华民族影响很深，婚姻双方同化起来较容易。

相对较难的文化同化是在种族通婚问题上。这方面有两种不同观点：传统同化理论认为，异族通婚使少数族裔通过文化同化，被主流社会所接受；新同化理论认为，异族通婚使双方互相接受，求同存异，形成新的文化状态。这两种现象都是存在的。例如，在第二代华人移民与白种人通婚中，基本上是华人全部接受主流社会的文化价值观，即单向地被同化。

而在较年轻华人与白种人通婚中，则可以看到互相影响的因素。在这部分婚姻中，华人一方接受主流社会的价值观，同时又保留自己民族的文化特质；另一方则常对中华文化抱有兴趣，采取包容并接受的态度。报载有华人女婿接受很多华人风俗，甚至包括对祖宗进香叩拜。

许多异族婚姻的矛盾，也会像普通婚姻那样由家庭琐事引起，但是这些琐事也常折射出文化因素的影响。例如华人的“坐月子”风俗，不少白人就难以接受；有的白人女性对华人不自觉表现出的大男子主义心存疑虑。如能妥善解决矛盾，这类婚姻确实会形成新的文化状态。

华人社区流传“在美国做华人难，做华人男子更难”的说法，主要指许多华人女性不愿选择华人男性，因为华裔男性长期以来被主流社会所丑化。这种情况折射出美国社会的种族歧视，但同时还有其他复杂的原因。其实现在华人男性在很多领域，如高科技、医学、金融等，都有出色的表现。华人在接受美国文化的同时，也会去芜存菁地保留自己的传统文化；而随着华人社会地位的提高，各种偏见终会逐渐消失。

根据皮尤研究中心的报告，亚裔的异族通婚最近有所减少，从2008年的30.5%回落至2010年的27.7%。这大约与近年来华人大量移民美国，可选择同种族对象的机会较多有关，同时也与华人在各领域有出色表现和华人整体地位提高有关。

（［美国］《侨报》2012－03－19/一娴）

"房子"：海外华人身上重重的"壳"

"压力山大"，这也许是对加拿大华人面临的住房压力的贴切形容。近日，加拿大卑诗大学（UBC）一项针对温哥华、多伦多及蒙特利尔新移民的调查发现，有一半的移民在租房或供房上花去了自己一半以上的收入，有15%的移民花去75%或者更多。一直以来被视为"多金"的华人，也面临着住房支出太高的沉重压力，住房支出占去他们收入的31%至50%。

数据显示，美国华裔人口中，自己拥有住房的占62.2%，租赁房屋的占37.8%。华裔购房者月供比例多于收入1/3的占35.1%。华人社区版图的扩张与人口的稳定增长是无可争辩的事实，然而另一方面，华人住房过度拥挤的情况也十分严重。

2009年12月，《旧金山纪事报》用大幅图文报道了旧金山一户华裔家庭的蜗居故事；近日，媒体再度曝出纽约一家华人的蜗居生活；一对父母、3个孩子和亲友，生活在曼哈顿只有32.5平方米的家里。

对于一些旅居西班牙的侨胞来说，一套房子也是"一个美丽但遥远的梦"。身为打工一族的阿莉一直想拥有"一个自己的家"，不再寄人篱下，不再忍受共用卫生间的拥堵、厨房里的噪音和呛人的油烟。然而，捉襟见肘的经济状况与沉重的生活负担，让她这一想法的实现变得十分艰难。

对于那些有房可供的人来说，压力也正在逐步增大。加拿大卑诗大学的调查结果显示，住房支出占收入的比重并没有随着移民在所在国居住时间的增加而明显改变。伴随着各国经济的低迷，华人的就业情况不容乐观，一些人甚至被迫失业，这使得房贷成为更大的负担。

供房压力大的原因也与华人选择的还款方式有关。西班牙大型房地产中介公司Tecnocasa 研究中心 2007 年披露的统计数据显示，旅居西班牙的华人群体住房抵押贷款平均金额为 24.95 万欧元，在该国属于高水平。他们平均还贷年限为 34.26 年，与其他族群相比最短。因此，华人每月还贷的负担最重。

对于那些租房的华人来说，情况也不容乐观。温哥华的房租从 2005 年至 2008 年上涨了 11.6%，但同一期间平均工资的上涨却远不及此，一些行业的工资甚至在下跌。

选择“蜗居”的人有各种现实原因，缺钱无疑是其中之一。对一些初来美国留学的年轻人来说，普通的家庭可能已经为其学费倾其所有。因而，与同学合租或“蜗居”是经济而现实的选择。对于在霍普金顿镇拥有一栋四室两厅大房子的韩先生来说，“蜗居”在波士顿市则是为了后代的教育。他的双胞胎女儿考上了著名的波士顿拉丁学校，这所学校在波士顿市属公办学校，要求入读学生必须家住市区。他们在不愿放弃郊区大房子的前提下，只能选择“蜗居”在市区的小房子里。

解决海外华人的住房与租房问题，当地政府责无旁贷。那些因为缺钱而“蜗居”的人大多是生活在底层的人，生活空间的狭小使他们的生活质量更低。

因此，当地政府应该正视移民面临的住房问题，采取相应措施。旧金山市政府在 2007 年曾推出一个为期两年的房租补助计划，为每个家庭提供每月最高 500 美元的小额租金补助。然而，2008 年的调查情况显示，在华埠居住的家庭虽然已经处于无家可归的边界上，却很难得到这个补助。一些家庭因为收入太低，不符合市政府租金补助资格；一些家庭的申请虽被接受，但由于房租太贵，有补助也找不到合适的住房。

当地政府需要采取综合措施，如增加社会住宅的数量、建立住房保障机制等，解决移民的住房问题。其中，帮助新移民找到合适的工作，改善他们的收入，是解决住房问题的关键。

（《人民日报·海外版》2012－03－21/赵琼）

中国人为何在他国只能做二等公民?

前几天，一个从南非考察回来的朋友告诉我一件事，说他们一行十多人在南非首都约翰内斯堡一家餐厅吃午饭时，被几个持枪蒙面的黑人抢劫财物，自己价值 2 万多元的东西被洗劫一空，连藏在袜子里的黄金首饰也未能幸免，随团游客都未能逃出强盗魔掌。然后，他非常感慨地说：中国人在国外不但不受人尊重，而且财产与生命安全也没有保障。换句话说，中国人在别国只能做二等公民，这究竟为什么呢?

我认为一个很重要的原因是，中国人的意识形态和价值观不被西方国家的政府与民众认同，两者往往是背道而驰的，就像同一平面的两条平行线永远无法相交一样，也就是姓资姓社区别的两大分水岭。民主、自由、均富都是资本主义国家民众的基本追求和人生选择，而中国人顶礼膜拜的是理想、道德、公有，两相比较起来，大相径庭。

其二，在外申请国籍或永久居住权（绿卡）的中国人，从事的大都是技术含量不高的劳动密集型行业，而且服务行业甚多，政界的却寥寥无几。例如，澳大利亚60多万华人中居然没有一个国会议员，仅有一个华人后裔女国会议员，却是同性恋人士选出来的，其不代表全体华人的利益。纵然华人能力再出色超群，也只能从事技术工作和经商。即便个别华人从政，也属凤毛麟角。

其三，中国人在国外一旦凭技术取得成功，多半虚荣显摆，不可一世，惹得老外嫉妒打压，害得自己得不偿失。谦虚、低调、平静的心态已荡然无存，传统美德渐渐被异化，礼仪之邦的国民素质被老外日益看贱，最终得出“中国人就是那么回事”的轻易结论，这能怪谁呢?

其四，凭自己辛勤劳动、省吃俭用、积少成多、变为富豪的中国人，在别国不计其数。然而，这些人正应了“穷人富了不像样”的俗话，常常一掷千金、挥金如土，很少涉足慈善事业和社会捐赠活动，因此常常被洋人蔑视，甚至招来洋人的偷盗抢劫、绑架勒索。

其五，在国外的华人多半吃苦耐劳，时常加班加点，虽很受其老板欢迎，但此举打乱了洋人的游戏规则。外国人一般工作八小时后就下班休息，极少为老板额外工作，即使开出高额加班工资，也不愿牺牲自己的休息时间；而中国人看在高加班费的份上，总喜欢迎合老板的口味，让洋人感觉自己有被抢饭碗的危险。

其六，华人在国外团结性极差，往往是“各人自扫门前雪，莫管他人瓦上霜”，没有向心力和凝聚力，很难形成政治气候。大多华人沉迷于自己的小家庭、小日子、小幸福，即使有社交活动也常常局限于华人圈子，与其他人种，特别是与白人很难为伍，人为地自降身份、画地为牢。

其七，在婚姻方面，中国人与洋人善始可以，善终很难，主要是文化教育、思想观念和生活习惯等方面差异很大。更有甚者，许多中国女人嫁给老外，仅仅是为了绿卡或者间接出国，所以让洋人瞧不起，不把中国人当人看待。

（［西班牙］欧华网 2012－03－21/田白云）

汉语走向世界的路还很长

近日，访美学者、北京大学教授叶朗在接受记者采访时表示：“随着我国经济实力和综合国力的增强，国际社会对中国的文化也越来越关注。这种关注在进入21世纪后更为明显了。有人说世界各地出现了‘汉语热’，这可能有点夸张，但世界各地学习汉语的人数在不断增加，这是事实。”

近几年，汉语学习在世界各地成为了一种潮流。例如，韩国很多中小学教师主张在小学开设汉语课；墨西哥全国有50多所院校和公司开设了汉语课程，5 000多人在学习汉语；美国《时代周刊》甚至告诉读者“如果你想领先别人，就学汉语吧”。如此“汉语热”，怎能不让我们感到骄傲和自豪呢?

但是，叶朗教授为什么说“汉语热”“可能有点夸张”呢？笔者认为，在“汉语热”的背后有两个现象值得我们思考：

一是汉语虽“热”，却还远未成为强势语言。现在互联网上85%是使用英语，在联合国各种场合使用的语言中，95%也是英语，汉语的使用率只占到百分之零点几。在国外举行的国际会议上也基本没有使用汉语的。

当前，汉语还面临着不少挑战：诸如全球化背景下外来语的影响和冲击；信息化条件下，语言研究水平亟待提高；国内众多的方言使汉语缺乏内部的统一性；文字尚不够规范等。只有解决了这些问题，汉语才有可能成为强势语言。

二是从外国人学习汉语的实际情况看，除了经贸合作的现实需求外，外国学汉语的学生，几乎言必称孔夫子，许多人都不知道中国还有鲁迅。有相当部分外国人对汉语的热情，似乎更多是出于对中国传统文化的欣赏、把玩与好奇，注重的是中国文化的“过去”，而对现代中国的文化知之甚少。

中国有着五千年文明史，文化遗产之丰厚举世公认。但是，在提高一个民族的“软实力”方面，如何有效地增强中国现代文化的独特魅力，让人们在关注中国“过去”的同时也倾心于中国的“现在”，这应该更值得我们思考和努力。

世界兴起“汉语热”是好事。但兴奋之余我们也必须清醒地认识到，它离我们期望的目标还很远。也就是说，我们在推广汉语的同时，还应该深入地思考如何应对全球化背景下外来语的影响和冲击，以更好地向世界展示中国现代文明的精髓，让汉语真正成为世界强势语言。要达到这一目标，显然我们还有很长的路要走。

（《人民日报·海外版》2012－04－07/马广志）

英国华人参政的票源分析

临近伦敦市长的选举，华人群体一向不积极参与，可他们却是相当可观的潜在票源，即使不能说是“兵家必争之地”，也可以说是“群雄虎视眈眈之肉”。

无论承认与否，作为“群雄之一”的各华人候选人，肯定也希望获得华人选票的支持。但华人候选人面临的一个问题是，我的目标票源是谁？我相信很多人会立刻说，我要代表的是当地人的利益，似乎只有切割和华人的关系才能获得当地人的支持。

但笔者不同意这个观点。没错，选举当然是要代表当地人的利益才能赢，但当有数以十万计的华人出来投票，却依然没有华人能够胜出的时候，这不是华人候选人是否去到安全选区或本区华人太少可以解释的。很显然，是因为华人选民本身实质上有独立思考和选择空间，而导致华人选票的分散。

华人选票的分散，最根本的原因就是华人选民的利益诉求不一样，而各政党的华人候选人又没有发现到华人的共同利益在哪里。为什么说华人的共同利益很重要呢？因为华人候选人不多，一个区最多就一个，比如说他/她是个保守党候选人，如果他/她不能提出华人都能够接受的利益的话，那么支持工党或者自民党的华人选民还是不会投票给他/她的。所以，所有华人都能够接受的利益必定是华人的共同利益，而且这种共同利益大得可以超越党派之争，华人选民才有可能在心仪工党、自民党的情况下依然把选票投给保守党候选人。

虽然这个道理对于其他社群的人同样成立，但华人的共同利益，有时候又是和其他社群有一定冲突的，比如说移民问题。笔者虽然站在党派立场赞成减少移民，但其实也明白有相当部分的华人是支持增加移民来增大华人群体的。那作为华人候选人应该如何面对华人选民呢？

虽然我相信在还没有达到5个华人成为国会议员的时候，华人始终是最大的票源群体，否则华人候选人也不会一直呼吁华人出来投票。华人候选人这么积极地请华人出来投票，说明他们明白华人的选民会对华人候选人有好感，但如果提不出足以跨党派的华人共同利益，华人在选举时候的选票流向将是一个疑问。这是我参加完英国广播公司BBC举办的“伦敦市长选举与你”讨论会后的一点感想。

（［英国］BBC英伦网2012－04－10/黄河）

“百分之百的美国人”骆家辉

骆家辉毫不修饰自己的人生轨迹：就是一个“百分之百的美国人”。无论在何时何地，无论面对何人何事，他都不会改变，因为他不需要察言观色而去改变自己。

人们似乎都喜欢将洪博培与骆家辉相比较，两者又似乎有相当奇妙的对应度。这前后两任美国驻华大使的交接，被美国媒体称为“一次有趣的调换”：用一张基本不太会汉语的中国面孔，代替一张精通汉语（中文）的美国面孔。洪博培与骆家辉的从政之途也颇有相似之处，都曾经当过州长、熟悉中国；前者熟谙汉语，算是文化语言上的“中国通”；后者虽无汉语优势，却早在出任奥巴马内阁商务部长之前，就有了“对华贸易关系专家”的名声，堪称商贸领域的“中国通”。

除了对“祖先的家园”依稀存有的眷恋、好奇与尊崇以外，骆家辉出使中国前后更多的是自许为“一个百分之百的美国人”的立场，直言“我要向中国人民展示美国的价值观”。

或许，一张东方人的面孔会让中国人困惑，甚至一厢情愿地把骆家辉当作“同胞”，但从商务部长到驻华大使，不时强调“我是百分之百美国人”的骆家辉丝毫未因为自己身上的中国血统而影响到自己的使命和所代表的美国利益。“我们将尽一切手段敲掉中国的贸易壁垒”、“随时准备在对话失败的情况下将中国诉诸WTO”，这是时任美国商务部部长的骆家辉在美国对华贸易政策听证会上就中美贸易问题放出的“狠话”。当然，骆家辉直言不讳：“我不清楚华裔身份是否给中国之行带来什么优势。我们来中国，代表的是美国，是美国总统，是美国人民。美国的政策，不会因为谁参与了协商而发生改变。”骆家辉同时指出，“我以我的中国血统而自豪，我以我的祖先而自豪，我以华裔为美国的贡献而自豪，但我是百分百的美国人”。

作为驻华大使，骆家辉坦言自己和家人住在北京，“才能真正看见中国人日常的生活。我们遇到很多热情友好的中国人，他们对美国充满好奇，也憧憬美中关系更好发展。嗯，住在这里比访问令人兴奋得多”。

骆家辉于2011年8月14日下午在美国驻华大使官邸首次举行媒体见面会，透露作为中国移民后代出使北京令他感到“既谦卑又荣幸”。他认为自己任期内最重要的事情是增进两国人民之间的理解和拉近双方距离。“我希望看到更多的中国人能明白美国是代表自由、机会和平等的国度，也希望更多的美国人了解中国光辉的历史、对世界文明的贡献、目前面临的挑战和中国在短时间内就完成的令人惊奇的成就。”

他也多次强调自己代表美国政府的内涵：“在个人层面上，能作为中国移民的孩子代表我的出生地美国以及我的家庭珍视的美国价值观站在你们面前，我感到既谦卑又荣幸。”“我和父母、妻子、孩子都直接代表美国以及美国作为自由、平等和机会之土地的希望。我，以官方身份，作为服务于总统和美国人民的美国驻华大使，将代表的正是这永久的希望和这些价值观……”

今年4月初，骆家辉应邀出席博鳌亚洲论坛，没有入住论坛会场所在的五星级索菲特酒店套房，因为那价格是美国政府差旅财务规定的3倍；他随后自行住进了附近的四星酒店千舟湾度假酒店。当被媒体记者问及是否会在博鳌玩几天时，骆家辉称能一天解决的事不会待两天。这一新闻被曝光后，媒体又翻起了他的很多事迹：包括他携妻和3名子女在去年8月搭乘航班赴华就任，坐经济舱，自背双肩包，穿休闲皮鞋；抵达北京机场后，也是自己手提肩扛行李出关，且放弃乘坐大使专车，全家都挤进了一辆福特商务车……包括他携全家游长城，排队一个多小时坐缆车，还感到不亦乐乎……

骆家辉的这些举动，也许在一些国人眼里是作秀，但也不得不承认骆家辉的特立独行，是对照中国官场的一面镜子，相比之下会令多少人汗颜。而居然还有所谓的央视著名主持人大言不惭地问骆家辉：“大使先生，听说您是坐经济舱来的，这是否在提醒大家，美国欠中国钱?”反而被骆家辉上了一课：“作为政府官员，不管是我们领事馆的官员还是北京大使馆的，也包括总统的内阁成员，一般的规则就是乘飞机时坐经济舱。”

这就是“百分之百的美国人”的本色表现，是骆家辉毫不修饰的人生轨迹。有舆论指称骆家辉的这些言行，展现了美国“谦卑的软实力”。在我看来，这一切真实地揭示了一个美国人和美国家庭的价值观，是一种人格的力量。尽管他曾经是州长、商务部长，现在是代表美国的特命全权大使，但骨子里浸透了普通美国人的行为准则和文化素养，无论在何时何地，无论面对何人何事，他都不会改变。

（［美国］《侨报周末》2012－04－12/沙蒙）

两中国学生在美遇害敲响留学生安全警钟

4月11日凌晨1时，两名正在美国南加州大学就读的中国籍留学生在住所附近的车内被枪杀。警方怀疑这是一起持枪抢劫案，犯罪嫌疑人目前在逃，案件仍在调查之中。这起事件再次为中国赴美留学生的人身安全问题敲响了警钟。

据当地警方透露，枪击案发生在西亚当斯地区南加州大学校园附近的一条街道上。南加州大学校方证实，遇害的中国留学生为一男一女，姓名分别是瞿铭和吴颖，均生于1988年，同为南加州大学工程学院电子工程专业研究生。经警方初步查明，案发时，瞿铭正驾驶一辆宝马轿车护送吴颖回她租住的公寓，并将车临时停在路边交谈，一名枪手突然从车外向车内开枪，子弹穿过玻璃击中两人。瞿铭中枪后奋力跑出车外，到吴颖租住的公寓外拍门求救，但因体力不支倒在门外。警方闻讯后赶到现场，将两人送往附近的医院救治，终因伤势过重，抢救无效死亡。

警方认为，这是一起持枪抢劫案，犯罪嫌疑人是一名男子，具体情况不详。多位目击者反映，案发时至少听到3声枪响，并看到有人慌忙逃离现场，但由于当时一片漆黑且正在下雨，无法看清嫌犯的体貌特征。警方仍在对案件进行深入调查，并加紧在附近区域搜捕嫌犯。南加州大学公共安全部门当天中午已在案发地点所在的街道设置了临时安全岗楼，并派人全天24小时守卫。

案发后，南加州大学校方已经联系被害学生家属，并及时向全校师生通报了有关情况，提醒他们提高警惕，注意人身安全。中国驻洛杉矶总领馆立即启动领事保护应急机制，一方面派工作人员赶赴学校了解情况，促请校方配合家属处理善后事宜，另一方面提醒领区内其他中国留学生，切实提高安全防范意识，尽量避免夜间外出。

南加州大学校园地处犯罪率较高的洛杉矶中心地带。据美联社援引当地警方的数据称，今年以来已有4人在该区域被杀，而上一次南加州大学学生死亡案件发生在2008年。

两名中国留学生遇害案，震惊了整个南加州大学校园，很多学生第一时间打电话向父母亲友报平安，还有一些学生因担心人身安全，正在考虑搬离案发社区。学校不少师生和附近居民也自发来到案发现场献花致哀。校方当晚在校园内举行了正式的悼念活动。

南加州大学是全美留学生人数最多的大学。据统计，2011年外国留学生人数为7 226人，占全校学生人数的19%。而在留学生当中，中国学生人数占35%，是最大的外国留学生群体。这种情况是全美大学的一个缩影。近年来，赴美留学的中国学生数量迅速增长，已占在美留学生总数的1/4。

中国经济的高速增长，让越来越多的家庭可以承担起子女留学海外的费用。但与此同时，由于美国社会枪支泛滥，部分地区治安混乱，中国留学生遭遇暴力犯罪以及各类事故等不幸事件的数量也在上升。随着中国学生留美热潮的持续升温，人身安全问题应该引起学生、家长以及有关部门的高度重视。

（《中国青年报》2012－04－13/鞠辉）

西班牙中餐业何去何从?

曾令所有海外中餐餐饮业从业者骄傲不已的中餐，眼下早已经不见了昔日的光环。以色香味俱全著称的中华传统美食，在经历了数十年的发展历程后，已下滑到了令食客不屑的地步。特别是在西班牙，那些清一色在门口矗立的庙宇样（中餐馆）的招牌，似乎在向食客诉说它有过的不凡经历。

西班牙中餐馆逾6 000家，年销售额未知。但从行业内人士处得知，6 000余家中的半数以上，目前在“半温饱”的状态下维持经营。一个仅有3名工人的餐馆老板告诉记者，他的餐馆一个月下来，收益仅够维持工人的开支和社保、房租等，他个人几乎没有收益。说到赚钱，他表现得更直接，“什么钱都赚不到，就赚了全家老少的吃喝费用”。

一份调查报告《世界眼中的中国》显示，中餐成为仅次于长城和功夫的“中国象征”。中餐能上全球的餐桌，这固然有其自身的魅力，但更离不开勤劳的华人中餐从业者。但是，遍布全球的20多万家中餐馆所面临的问题是，家庭式管理不专业、菜式口味过于“本土化”（所谓的“老外餐”）、恶性竞争、消费水准处于中低端等。这些不仅导致华人中餐业不景气，更可怕的是，让中餐甚至中国传统餐饮文化在海外的形象大打折扣。

法国是一个美食之国，巴黎的美食更让世界许多食客风靡而至。位于巴黎十三区的华人餐饮业相对集中，这里汇集了很多粤港、闽浙等地的美食，每家餐厅都有着自己的顾客群和消费者。记者曾先后多次去过巴黎十三区，这里的餐饮业状况远不是西班牙的华人餐饮所能比的。

那些橱窗内挂着烧腊、卤制食品的粤港餐厅，几乎家家生意火爆，前来就餐的客人几乎天天都要排队。记者粗算了一下，餐价方面比西班牙至少高出三分之一，而口感、品质、地道程度也远不是西班牙华人餐饮所能比的。

由此来看，把经济萧条归咎于餐饮业低迷，这个定论有些为时尚早。大餐档次不够，小吃规格偏高，这才是西班牙华人餐饮业停滞不前的主要原因。世界权威餐厅指南《米其林美食指南》显示，在法国数以千计的中餐馆中，名列榜单的高档中餐馆仅有两家。而在西班牙数十年的餐饮业发展中脱颖而出，因菜品地道、推陈出新、独具特色而受到食客欢迎的中餐馆，仅占西班牙6 000多家华人中餐馆的5%，近年来声名鹊起的歌斯达海鲜大酒店就是其中的代表。难怪常常听这里的华人说，想找一家有特色的中餐馆招待朋友，都要费一番心思。

记者感言

餐饮业不景气，是海外华人近年来的痛中之痛。如何实现转型，如何成功定位，是每个中餐从业者必须要冷静面对的大问题。从BUFFET LIBRE到WOK，餐馆短暂的生命力再次告诉人们，转型不能背离传统，而中餐恰恰就是传统餐饮文化的一个缩影。用不伦不类、不中不洋的“快餐、自助”替代有着精华国粹的中国餐饮，那是对中国传统饮食文化的一种误读和曲解，其生命力不长是起始就注定的。

（[西班牙] 欧华网2012－04－18/晨阳）

南加大血案当引华侨华人反思

南加州大学两名中国留学生近日在寓所门口被杀害，在美中两国引起很大反应。案件本身的严重性和网上的激烈争论凸显出的各种问题，令人深思。

其一是给留学的安全问题敲响一记警钟。据报道，2011 年，中国来美留学的人数已达到 16 万，预计今年还会增加。过去留学生偶尔也会出现事故，但没有这次案件重大。随着留学生的增多、网络的快速传播，影响也就随之扩大。

南加州大学有超过 2 000 名中国留学生，南加州大学校园所在的部分地区，是洛杉矶有名的治安混乱区。据报道，在案发街区，5 年来共发生过 124 起凶杀案（不含本案）。虽然有关方面有提醒留学生注意安全，但还是未能引起许多涉世未深的留学生重视。他们对当地的环境常常缺乏足够的安全意识和警惕心，例如，尽量不要去治安乱区，无意中触犯帮派潜规则也可能给自己带来危险等。因此，提高安全意识是留学生们的当务之急，必须认真对待。

其二是提醒人们防范针对华侨华人包括中国留学生的作案现象。过去一向有观点认为，在美华人由于有“多一事不如少一事”的传统，加上英语不好等缘故，即使被侵犯也往往忍气吞声、不报警，因而有些歹徒专门找华人下手。另外，在一些移民杂居的地方，对华人采取歧视和敌视的现象也是经常发生的。

美国社会经过多年的平权运动，反对种族歧视已形成全民共识，但由于各种原因，种族歧视依然存在。前不久的华裔军人被虐待自杀案、近日华盛顿前市长贝瑞的反亚裔言论，都说明种族歧视依然存在，少数族裔之间的歧视甚至敌视也依然严重。南加州大学生被杀案尚未侦破，没有证据证明歹徒是专找华人下手，但是华人群体应该学会一旦受袭，无论案子多小，都应及时报警或采取必要措施，改变华人群体软弱可欺的一贯形象。

其三，华侨华人群体包括留学生，应该勇于维护自身的权益和形象。南加州大学学生被杀害的案子，在华人中很受关注，关于两个学生的各种猜测甚至是谣言也沸沸扬扬，就因为他们开的是宝马车，不仅网上有言论称其为“官二代”、“富二代”，甚至有部分美国当地主流媒体未经核实，将二手宝马车说成豪华新车，将受害者称之为“富二代”，有的甚至还对受害者进行冷嘲热讽。

过去，很多华侨华人包括留学生，都给人一种遇事沉默忍让的感觉，但这次南加州大学中国留学生学者联谊会的表现却值得赞赏。这些年轻的学子组织召开追思会，呼吁大家捐款帮助受害者家人，并且要求主流媒体澄清不实报道，这令人想起 2008 年很多留学生掀起的揭露国外某些主流媒体对中国不实报道的行动。如果一个族裔群体勇于发出自己的声音，那么这个族裔群体的形象就不会再是软弱的，族裔群体的切身利益才能得到保护。

（［美国］《侨报》2012－04－19/一娴）

警惕日本炒作"唐博案"的背后玄机

距离日本山崎马扎克公司中国籍员工唐博因涉嫌非法窃取机密信息而被捕的日子，已经过去将近一个月了。许多在日华人，特别是那些华文媒体的记者，无时无刻不在担忧唐博目前的处境以及未来的命运，也时刻关注着"唐博案"进展的相关信息，以及事件背后的诸多因素。

"唐博案"首先让人们想到的是，近年来，以美国为首的西方国家指控中国企业和个人从事"商业间谍"活动的案件不断增加。人们看到，美国每年都会掀起几回中国网络间谍和商业间谍炒作潮。2010年涉及美国经济间谍法案的案件共有7起，其中6起与中国有关。2011年底，在美国国家反间谍执行局发表的报告中，涉及中国经济间谍案的指控再次呈上升趋势。随着20世纪苏联解体，一度紧张的美苏间谍战，已经变成了美国等西方国家针对中国的合围攻击手段。

在美国加紧指责中国的时候，作为同盟国的日本也不甘寂寞，跟风造势。2009年年底，日本警察厅发布的《治安回顾与展望》报告书称，中国对日的经济间谍活动日益增加，还预测"今后中国还将通过向日本尖端科技企业和防卫产业领域派遣研究员、技术员、留学生等多种手段进行长期的、巧妙的高科技情报间谍活动"。2010年，日本《信使周刊》污称"中国在日本的间谍有3万名，而且最擅长布置'桃色陷阱'"；同年年底，日本右翼政治评论人樱井良子为了吸引众人视线，竟然编造"预言"，称在日68万华人都是中国政府和军队指派的特务，一旦"有事"，中国政府可能会"命令"他们从事间谍、恐怖和骚乱活动。她还发出"把中国人赶出日本"等极端言论。

其次，梳理近年来发生的诸多所谓"华人间谍案"后，人们还可以发现，美日炒作"中国间谍案"的手法大致有三大特征：一是在指控海外中国企业和海外华人从事商业间谍活动的同时，还大肆渲染"中国的网络商业间谍无处不在"，屡屡指责一些国家政府网站、企业网站被攻击是中国黑客所为；二是将个别事件升格为国家间谍行为，指责中国政府在背后操控指挥；三是不但企业向法院提起诉讼，政府官员和国会议员也大肆叫嚣，污蔑中国。

在本国经济和社会出现严重问题的大背景下，美日狂炒"中国间谍案"，实质是重拾冷战思维，目的是为宣传"中国威胁论"作注脚。最终使命是要矮化和妖魔化中国国家形象，打压中国日益蓬勃发展的经济。

最后需要人们关注的是，中国企业走出国门也成大趋势。海外华人通过多年奋斗，很多都在所在国研究机构和大型企业中担当重要角色。在美日等国家对中国加强戒备的情况下，海外国企和海外华人都将成为放在显微镜下进行观察和监视的对象，也有可能随时面对无端的指责。如此一来，海外华人，特别是身处核心部门的华人，他们未来的处境可能越发艰难。对此，海外华侨华人一方面要加强团结，另一方面要认真学习和研究所在国的相关法律，学会用法律维护自身权益，这样才能使自己的生存环境更加安全和稳定。

（［日本］日本新华侨报网 2012－04－20/曹军）

华人社团要做实事

怕孤独或许是天生的，深入骨髓的群居性决定了人总在寻找同伴的温暖。这种寻找通过各种各样的方式体现了出来。从小到大，谁没参加过形式各异的兴趣小组？尤其是浪漫的大学校园里，五花八门的社团是多少人心中不灭的回忆。

对于漂洋过海踏上异国土地的华人而言，寻个名目聚在一起，听听乡音，聊聊乡事，慰藉一下思乡之情，是再自然不过的一种选择。所以，“无论在世界的哪个角落，有华人就有华人社团”，这样的说法一点儿都不夸张。

随着越来越多的国人走出国门，海外华人社团自然蓬勃发展起来。同乡会、商会、和平统一促进会、友好协会等由来已久，乒乓球协会、高尔夫球协会等专业协会也如雨后春笋般冒出了尖儿。

众人拾柴火焰高，道理人人都懂。对海外华人而言，各种华人社团不仅给了他们一种温暖的归属感，也让他们得以在专业领域中互通有无，资源共享，共同发展。华人社团让他们在自身利益遭到外力损害时，得以团结众人之力维护自己以及华人群体的权益。华人社团也让他们可以站在一起共同发出属于自己的声音。无论是“南非华人警民合作中心”，还是法国巴黎美丽城大游行，无论是智利大地震后的积极捐款捐物，还是意大利罗马的万人和平大游行，没有华人社团的穿针引线、组织奔走，就没有这浩大的声势，也不会有华人的声音，更不会让世界看到海外华人积极向上的形象。

当然，前进的路上有鲜花必然也有荆棘。海外华人社团的发展不是没有问题。遇见回国开会的侨胞，名片上通常都会有一长串的头衔，各种协会的名称看得人有些眼花缭乱，海外华人社团的名目繁多由此可见一斑。很多社团的名号也越来越大，但很多却是徒有虚名。更有些地方的社团内部矛盾重重，在很多事情上根本无法达成共识。

如果把海外华人比作一个巨大的有机体，各个华人社团就好比是一个个的小细胞。只有这些小细胞各司其职，整个机体才能有活力。

（《人民日报·海外版》2012－04－20/张红）

遭遇文化差异，华人应入乡随俗

爱荷华州 21 岁的中国留学生唐某被控以租房为借口强奸女房主，并在被捕后涉嫌干扰证人。唐某的父母闻讯赶来美国后，被指试图用金钱贿赂受害人让其改变口供，企图以严重阻挠司法公正的方式达到庭外和解的目的。行为被曝光后，唐某父母遭警方逮捕并被起诉。

但近日爱荷华州约翰逊县检察官珍妮特·莱尼斯宣布，撤销对犯罪嫌疑人唐某父母企图贿赂受害人的指控。莱尼斯在一份书面声明中说，撤销指控是因为“‘文化差异’（Cultural Differences）可能导致这对父母无意地触犯美国法律，他们的意图只是在庭外与受害人解决这件事”。原本要交20万美元保释金的唐某父母，因“文化差异”被取消指控而释放。

唐某父母真要感激检察官莱尼斯，并非所有华人在遇到因文化差异造成的法律纠纷时，都能得到如此宽容。这类例子比比皆是，典型的例子有如电影《刮痧》里的故事：有2 000年悠久历史的刮痧治疗法，却被美国人认为是对儿童的虐待，主人公因而父子分离、夫妻分居、朋友决裂、工作丢弃，甚至被通缉。最后，几经波折，虽然这种文化差异被美国法官所理解，但是主人公已为此付出了沉重的代价。

文化差异一向被认为是华人移居美国后在生活和工作方面都颇受困扰的问题。中国是有5 000多年历史的东方古老大国，美国的历史仅有200多年，其文化源于欧洲，又是世界最发达的现代化大国。由于地理环境、历史背景、发展过程等因素不同，东方和西方、古老的传统和现代的理念碰撞后，产生了巨大差异。这种差异表现在思维方式、风俗习惯、教育理念、家庭观念等诸多方面。

撇开涉及深层次的文化差异问题，华人移民因在生活和工作上不适应而产生各种问题的例子不胜枚举。近期的例子就有因为禁鱼翅法案牵出许多中西饮食文化差异方面的争执，以致有华人认为是受到歧视；有华人移民保留从中国带来的习惯，如在节假日给老师送大礼，以求孩子能得到较好的照顾，此种行为也引起了本地家长的不理解和侧目；还有华人在教育孩子方面，依然带着中国传统文化中“棍棒出孝子”的观念，因而触犯法律；另外，在中国，把幼童独自留在家里是司空见惯的，但在美国就会违法。像唐某父母那样寻求庭外和解的事情，在中国的人情社会里可能司空见惯，但在美国就是被认为是阻挠司法公正的犯法行为。

中美之间的文化差异是客观存在的，有时文化本身并没有一定的优劣标准，人们应该在尊重差异的同时，对不同的文化“取其精华，去其糟粕”，互相学习，互相促进，达到理解宽容、求同存异的境界。

对移居美国的华人来说，在美国生活，首先要努力了解美国相关法律，避免因文化差异而触犯法律，造成严重后果；同时，在保留自己民族优秀文化传统的同时，要学习美国人的思维方式，了解美国文化风俗，以和谐融入美国社会。

（［美国］《侨报》2012－04－23/一娴）

经济基础是侨团建设不可缺少的重要因素

欧洲的华侨华人社团没有持续稳定的收入，仅靠会员的会费来维持运转，所以，我们要精打细算，要把会费花在刀刃上。这些钱不是个别人理解的那样，是闲散、娱乐的钱，它是我们华人社区用来做公益的钱，加上我们侨领们的时间与精力，构成了我们华人社区公益事业的资源。

为什么我们要做公益？道理很简单，就是我们跟我们的孩子，还有我们孩子的孩子要生活在这里，我们要改善他们的生存环境，要融入当地主流社会，要拥有跟当地人一样的权利，也要像当地人一样履行自己的义务。由于用来做公益的资源实在太少了，因此，我们要更加珍惜。因为欧洲的华人从整体上还没有解决生存的问题，当地社会许多福利没有普照到华人的群体。我们这一代生活在这样的环境里，没有办法，难道还让我们的下一代也像我们一样生活吗？我们获得一个合法的身份需要多少年？我们积累一笔可以开店的原始资本又需要多少年？当地人生出来就有合法身份，想开店又有父辈的积累和银行的支持，许多华人就为这两个当地人生而俱来的东西，有可能把自己一辈子都搭进去了。

意大利华人近20年取得的成就来之不易，背后是我们祖国人民付出的巨大代价。我这不是在讲什么大道理，只要你站在宏观的角度上，你就不难看到：中国改革开放30年，从1978年到1998年的20年里，整个民族牺牲了太多的东西来进行原始资本积累。马克思在《资本论》里说，资本主义国家原始资本的积累是血淋淋的，同样的道理，社会主义国家原始资本的积累也是。1997年的亚洲经济危机，中国做出了两个比较大的战略调整：一是以房地产改革为主进行拉动内需战略。1997年之前，中国实际上没有房地产市场，都是福利分房，为了房地产市场有需求，就取消福利分房，使房地产市场有了需求，但是买不起怎么办？于是就推出了按揭等一系列措施。二是调整出口市场结构。从出口亚洲市场的重心转移到欧美市场，为了使中国的产品在欧洲市场有竞争优势，汇率也做出很大的调整。汇率是把双刃剑，伤害别人的同时也在伤害自己，为此中国的制造业从业人员需要放弃很多福利待遇。欧洲华人经济就是在这样的宏观大背景下迅速发展起来的。如果我们把意大利华人社区比喻成一个机体的话，社团是骨架，华人经济就是血液。在这里我们就不难发现，为什么意大利华人社团的蓬勃发展都集中在这20年当中，原因就在于这20年也正是意大利华人经济发展最迅猛的时期。

侨团建设需要和自己的经济实力相匹配。拥有老板的身份却只有一个员工的收入，也是一件比较尴尬的事情。老板的身份需要有比较大的接触面，而比较大的接触面就需要比较大的应酬，比较大的应酬就需要比较大的开销，比较大的开销就需要比较大的收入。如果本人没有比较大的收入来匹配的话，那么就会想方设法地从公共资金里报销。如果公共资金里有制度，制度靠民主来保障，破坏制度就等于破坏民主，这就容易导致个人专制。

（［意大利］意大利侨网 2012－04－23/三木）

良好教育提高社会地位　美华人靠“三师”改变未来

早期的华人移民，漂洋过海，客居异邦，靠“三把刀”——菜刀、剃刀、剪刀谋生，意指华人移民最擅长的餐馆、理发和裁缝这三种职业。近年来，华裔移民大多接受过良好教育，“三师”——律师、医师、工程师则成为他们追求的新职业。良好的教育背景使华人提高了社会地位，改变了命运。

重视教育

美国华文媒体《世界日报》日前报道，在全美华裔精英组织“百人会”的年会晚宴上，智库米尔肯研究院创的始人米尔肯发表专题演讲，称赞华人对教育的重视是中国发展创造积累人力资本与社会资本的原动力，而华人对社会的贡献将受到美国历史的认可。

华人重视教育，美国人都有目共睹。米尔肯说，华人对教育的重视远远高于美国普通家庭。美国人将家庭过半收入用于买房、交通，而华人将家庭一半以上收入用于子女教育，高出美国普通人家庭17倍。这使华人日益成为美国各科技领域的领军族裔。在硅谷信息技术企业，非美国本土出生的执行官有15%是出生于中国，工程技术企业非本土出生的执行官有30%是出生于中国。

在美国唐人街，早年靠小生意起家的华人比比皆是，有摆摊的、有开餐馆的，个中辛酸，只有自己知道。为了让子女不用每日辛劳，能够在写字楼里找到工作，成为真正的“白领”，华人对子女教育的重视程度远远超过其他族裔，华人子女日后成绩优异、工作体面也在意料之中。

期盼成功

华人在美国很多领域成为精英，而整个美国华人的状况如何呢？华人移民美国已有160多年历史。截至2009年，美国华裔人口达到363.9万，占美国总人口的1.2%。

由美国华人全国委员会和马里兰大学共同发布的《2011年全美华人人口动态研究报告》对美国的华人状况进行了梳理。在美国，华人家庭平均收入居于较高水平，但是，华人的贫困率为9.6%，高于白人8.1%的贫困率；25岁以上华人拥有大学以上文凭的比例为51.8%，是美国平均水平的两倍；同时，华人未获得高中文凭的比例为18.7%，高于美国平均水平的15.4%。

在就业方面，美国华人主要从事医疗保健、餐饮服务、制造业、科学研究等行业，其中有57.2%的人从事管理、软件开发、会计等高级“白领”工作，这一比例远高于美国的平均值32.4%。同时也有很多从事厨师、服务员、收银员、纺织工人等低收入“蓝领”工作，这种两重性在其他亚裔中则并不明显。因此，这些低收入的“蓝领”就会把希望寄托在“华二代”身上，希望他们努力读书，改变命运，不再从事和父母一样的“蓝领”工作。

不问政治

很多在美国生活的华人都会描述他们渴望的“中产”生活——满意的薪水、城中的公寓、乡间的别墅、每年的度假。他们大多不会奢望能够在美国政坛上留下什么足迹。

在美国的华人中已经出现了市长、众议员、参议员，但据数据显示，华人担任公职的意愿并不强。从就业取向上看，82.4%的华人在私营部门工作，而在政府部门工作的仅为14.1%。这些与第一代华人的语言和社交能力不高有关。

华人要真正进入政界，需要具备多方面素质，比如人际关系、服务意识、语言和形象等，更重要的是，了解美国社会，喜欢美国文化才符合美国民众的要求。第一代华人进入美国政坛几乎没有可能，在美国生长的“华二代”、“华三代”进入美国政界是有可能的，这就要看父母从小的引导。如果华人父母依旧希望孩子成为律师、医师、工程师，这些华人孩子恐怕还是会努力读书，不问政事。

（《人民日报·海外版》2012-04-25/王丕屹）

要勇敢走出唐人街

曾经海外华侨华人多集中于“唐人街”。这些散布于世界各地、充满浓浓中国味的街巷，既是慰藉和庇护，也是围墙与阻隔。相对封闭的社区，阻碍了侨胞与住在国主流社会的往来。近年，走出“唐人街”开始成为一些海外华侨华人自觉或不自觉的行动。

“早年在南非，暴徒不敢向中国人下手，他们以为每个中国人都是李小龙或成龙。后来见中国人比较有钱，终于有人铤而走险，却发现他们不仅不会功夫，案发后还不愿报警，于是针对华人的犯罪陡增。”1992年到南非的李新铸，谈起往事，笑中带着心酸。“2003年，遭遇刑事犯罪致死的中国人就达24人之多。”

“中国人提倡谦虚、追求低调，但在外国人看来，这些都是懦弱的表现。”一位来自秘鲁的侨领说，只有主动发声，才能维护自己权益；只有参政议政，才能进入主流社会。他还特别强调，“在海外不能埋头苦干，要仰头苦干。我们也要懂得宣传自己，要讲我们在这里修路、建学校，为当地带来的好处，才能赢得更多尊重和支持”。

菲律宾菲华商联总会理事长庄前进认为，“要融入主流社会，需要侨胞们积极参与当地事务”。菲律宾侨社工作有著名的“三宝”：捐建农村校舍、志愿消防和义诊，这些工作都使得华侨华人在当地赢得好感与肯定。

泰国中华总商会主席刘锦庭则介绍，泰国华人积极参政议政，泰国历届总理和内阁部长中有很多华裔，他们为泰国的发展献计献策，已成为泰国主流社会的重要力量。所以，华人参政议政非常有必要。因为只有这样才能从根本上、最大限度地为侨胞争取权利、维护华人权益，从而进一步融入当地主流社会。

我们相信，海外侨胞一定能够消除“过客”的心态，走出“唐人街”，积极融入当地主流社会。

（《人民日报·海外版》2012－05－07/王尧）

菲律宾华人不愿“娘家婆家闹翻”

据史料考证，中国移民到菲律宾已有逾千年的历史，也建立了庞大的事业基础，在菲律宾经济中占据举足轻重的地位。而随着近些年经贸往来的增多，越来越多的两国民众到彼此国家工作或生活，这都使得两国民间往来和人际交流变得频繁。

菲律宾华裔比例小、作用大

根据西方的说法，菲律宾群岛是西班牙航海家麦哲伦于1521年横渡太平洋时所发现的。事实上，麦哲伦只是发现菲律宾的第一个欧洲人。早在他之前，中国就和菲律宾有数百年频繁的接触与往来了。

西班牙对菲律宾殖民统治期间，华人即在菲进行农耕，教导本地人种植，奠定了菲律宾的农业基础。在菲律宾百年来的经济发展史上，华人也一直扮演着先锋的角色，尤其是在引进国外的技术、资本与生产设备等开创初期的农耕与手工业方面。

目前，菲律宾有200多万华侨华人，他们的人数占菲律宾总人口的1%到2%，但华人掌握的经济比重却很大。华商已经进入菲律宾各行各业，所控制的领域占菲律宾经济的60%到70%。由于事业发达，文化水平高，组织结构健全，全菲各地华人社团约有2 000个。华侨华人在菲还热心参与各种公益事业，如慈善、公共安全、社区福利等。

菲律宾华侨华人也是中菲关系发展的重要纽带。许多菲律宾华人虽已入菲籍，但仍心系祖国，其中有许多人在菲律宾事业成功后回到祖（籍）国投资，成为菲律宾投资中国的一支重要力量。

华人不愿两国交恶

黄岩岛事件发生后，随着事态升级，很多菲律宾华侨华人都担心会受到连累。

《菲律宾商报》执行副总编辑庄铭灯告诉《国际先驱导报》，眼下华人在菲的安全并不令人担忧，即便5月11日发生了以闹剧收场的反华游行，菲律宾社会也没有发生针对华人的排华事件。黄岩岛事件从发生至今一个月，菲律宾华人社区和当地人也未曾爆发任何冲突。

庄铭灯介绍说，前往菲律宾经商的中国人数近年持上升趋势，他们主要来自福建一带。在菲律宾的中国留学生人数也在增加。此外，以菲律宾作为旅游目的地的中国游客人数上升迅速，今年第一季度，菲律宾的中国游客数量就同比增加了七成。

不过菲律宾华人的确处于两难的位置。庄铭灯说：“此次争端的两国，一方是自己的祖（籍）国，另一方是居住国，华人就像被夹在中间。他们不希望看到两国交恶，尤其是一些华商对于局势已经有些焦急。”《菲律宾商报》刊登评论指出：“（菲律宾）华人社会很多人关心南海问题，‘娘家’和‘婆家’关系闹翻，当地华人成‘夹心饼’，左右为难。”

菲民众盼和平解决分歧

同样，前往中国大陆和香港、台湾地区务工的菲律宾人也不在少数。菲律宾是劳务输出大国，有超过1 000万菲律宾人在海外就业，约占总人口的1/10。有媒体估算，香港菲佣人数高达15万，大陆菲佣在6万左右，加上菲律宾教师、歌手等演艺人员，在大陆的菲律宾劳工应有10万人。

5月9日，中国某地产界人士发微博称辞退家里的菲佣以示“爱国”，而此举也引发了各种争议。这类激烈情绪的表达中也不乏理性的声音。创新工厂CEO李开复在微博中呼吁，不可借爱国之名行民粹之事，“可以批评国家立场，但不应殃及弱小无辜”。

而在菲律宾普通民众看来，政客煽动矛盾的做法是极不明智的。不少菲律宾网友在中国国际广播电台菲律宾语网站发表留言，表达对两国关系和平稳定的期盼。一署名Linsom的菲律宾网友说，“阿基诺政府在黄岩岛问题上的所作所为不能代表菲律宾民众，菲律宾民众是热爱和平的！我希望黄岩岛事件能够和平解决”。网友Patrick Valdez则建言：“任何的争端与分歧都可以通过良好的沟通来解决。在当前形势下，争端和分歧只会减缓国民经济的发展。”

庄铭灯也告诉记者，事实上多数菲律宾普通民众对南海问题都不关心，炒作的主要是政客。大多数菲律宾人根本不知道有反华示威游行的活动，他们都希望两国间争端能以和平渠道化解。

（《国际先驱导报》2012－05－25/许林贵　谢来）

孔子学院遭遇麻烦根源何在?

美国国务院5月17日发布公告，目前在该国持有J-1签证的孔子学院中国教师将于6月30日离境。美方称不会为他们续签签证；如果他们愿意，可回到中国再申办适当的交流项目签证。

此事传到中国，各大媒体都把此举解读成“美国驱逐孔子学院教师”。《人民日报》称，美国存在一些政治势力，不断抹黑孔子学院的教学活动。而此事又和最近大陆发生的老外骂人、央视主持人在微博呼吁“清扫洋垃圾、赶走洋泼妇”搅和在一起，又让人感受到了中美之间的对立情绪。

按美国官方说法，是部分中国教师违反了规定。美国国务院指出，J-1 签证是一种非移民签证，签发给来美国参加美国国务院批准的“交流访问计划”的各类外籍人士，目的是提供美国和其他国家之间的教育和交流机会。虽然孔子学院教师是以教授、教师以及研究学者身份来美，但他们违反了 J-1 签证持有者不得在公、私立高中、初中以及小学教书的规定。

尽管从技术角度看，美国国务院占理，但若深入分析，此举可以有多种解读。有人说是美国害怕中国的“文化侵略”；也有人说美国害怕中国把孔子学院作为宣传工具；更有人说美国担心中国把孔子学院的教师当作“间谍”使用。

对于这些声音，不可忽视，但也不可太当真，文化交流、公共外交是各国都非常重视的事情，这股潮流是挡不住的。说白了，孔子学院就是教外国人学汉语的地方，中国人自己也不要过度解读，不要为了表功而增加太多功能。

无独有偶，孔子学院在英国也遭遇麻烦。如果说，在美国遇到的麻烦是技术问题，那么，在英国遇到的则是原则问题。

伦敦经济政治学院国际关系教授兼中国问题专家克里斯托弗·休斯说，该校接受中国政府提供的资金，用于建设一个作为北京“宣传工具”的中心。据称，该校接受来自中国政府的约 40 万英镑资金。

当前，中国已经具备一定的经济实力，文化产业投入大，也有实力给外国的大学一点“赞助”，但一定不要财大气粗，有些事，给了钱别人也不会说好，当然，个中原因极其复杂。一个不可忽视的背景是，只要带有中国政府性质的并购，无论是经济界还是文化界，都会受到怀疑和忌惮。孔子学院遭遇非议，也是因为这是一个强大的政府行为。媒体和舆论对政府总是以监督和怀疑的态度来评判。

相反，对于非国有企业间的并购和投资，舆论宽容度则要高很多。之前吉利并购沃尔沃、而今万达收购 AMC 电影院得以顺利通过都是基于此。《洛杉矶时报》认为，万达收购 AMC 符合中国的战略，即与美国企业结盟以增强其国产娱乐业实力并扩大全球影响力，或者说“软实力”。

不妨设想，如果国有的中影集团在美收购，是否还会得成善果？且收购美国的影院，还是靠资金的力量，买的是硬件，距文化强国还相距甚远。文化真正要走出去，一定是靠一个个鲜活的个体，且是先在国内繁荣，然后才在墙外开花。还是那句老话，越是民族的，越是世界的。

（［美国］《侨报》2012－05－25/王冲）

访问学者：给孔子学院的未来支三招

最近的孔子学院风波虽然是美国国务院自摆乌龙，并以美方致歉并收回原来的通知而告终，但它引发了更多的人对孔子学院的关注和思考，这未尝不是一件好事。孔子学院在不同国家有不同境遇，我们要针对不同国家的情况，采取相应的措施。

孔子学院在国际汉语教学中的主力作用必须肯定。中国经济持续高速增长，国际影响力的提升造就了全球汉语热。中国因势利导推出孔子学院，满足了国际社会对汉语学习的需求，同时以语言为载体向世界介绍中国文化。但孔子学院也遭到国内外两方面的质疑，国外主要质疑孔子学院的性质和动机，国内主要质疑孔子学院的效果。动机本就是一个很难被证实或证伪的命题，只有在实践中用事实说话，特别是通过外国合作方的强烈愿望和汉语学习受益者的亲身经历来证明。至于效果，必须指出的是，对外文化传播和公共外交是一项长期事业，不能有急功近利的思想。在看到有人反对孔子学院的同时，还要看到更多人的欢迎和赞许。

笔者认为，对于孔子学院的未来发展，不妨尝试三招，首先是对外方合作院校建立淘汰机制。全球汉语热本质上是需求驱动而非供给驱动，庞大的学习需求驱动外国院校开设汉语课程，进而向中方提出建立孔子学院的申请，即外方申请中方审批。对于不能获得本国政府支持的孔子学院，应暂缓批准。对于已建孔子学院要实行年度绩效评估，若政府设置障碍，学校本身投入不足，不能很好地尊重和保障志愿者教师正当权益的，要予以撤销。比如，有的外方机构不能安排好志愿者的住宿、医疗保险和居留，强迫为外校甚至商业培训授课，造成工作量严重超负荷和安全隐患，应在适当时候撤销一些不符合条件的孔子学院，让符合条件的、有更强意愿的院校开办，这样更能赢得外方院校和政府的重视与尊重，从而取得良好的效果。

其次，邀请地方师范院校参与共建孔子学院。目前在世界数百所孔子学院中，有些高校一家就承担了近20所孔子学院的共建，但需要从校外招聘教师和志愿者，增加了管理的复杂性和难度，因此，出现了对志愿者管理不到位、照顾不周的情况。全国各地有大量师范院校，拥有较充足的师资力量，也能提供合格的、有教学经验的教师。国家汉办应让更多的地方师范院校参与到孔子学院的共建中，不但可以提高汉语教学质量，还能促进地方院校的国际交流，促进国际社会对中国各地的了解。

再次，汉语国际培训企业应大有作为。针对不欢迎甚至拒绝孔子学院，但又有强劲汉语教学需求的国家，应鼓励中国汉语培训企业走出国门。如印度，在中国绝大多数邻国都建立了孔子学院的情况下，这个人口最多的邻国则继续拒绝孔子学院。印度有对汉语人才的庞大需求，很多大学都有建立孔子学院的强烈愿望，在此背景下，印度本土汉语培训机构应运而生，可质量和规模都不能保障。英美能把英语教学与考试做成一大赚钱的产业，中国一些语言培训机构也有这样的实力，把汉语教学在国外做成一大产业。印度政府拒绝了有中国政府背景的孔子学院，但没理由拒绝中国汉语培训企业在印度的商业存在。企业培训汉语不仅可以消除外国政府的猜疑，起到汉语国际教学附带传播中国文化的功能，还能赢得利润，这应成为孔子学院之外的另一种国际汉语推广模式。

（《环球时报》2012-05-29/龙兴春）

海归子女升学加分：这一招，能管用吗?

6月1日，厦门市正式实施《厦门经济特区鼓励留学人员来厦创业工作规定》修订稿。新规定指出，高层次留学人员的子女参加高中阶段各类学校入学考试可以参照归侨子女的标准享受照顾分待遇。此举再次引发了人们对海归子女教育问题的关注，为什么要加分？加分政策是否能有效解决海归子女难以适应国内教育的问题？加分政策管用吗？

"加分"一招表关怀

"总体来说，申请享受加分的人数很少，并不影响教育的公平性。但是，这却体现了政府对海外人才子女的人文关怀，说明政府从各个层面与细节上关心、支持留学人员来厦门生活和工作。"厦门留学人员管理中心陈雪莲主任在解读加分政策时说。

事实上，厦门并不是第一个实施海归子女加分政策的城市。今年5月，南京规定符合条件的留学回国人员其子女如参加南京中考，可加10分投档。2011年，广州规定取得"广州市留学人员优惠资格证"的留学人员，其子女参加高中阶段学校招生考试统一录取的，加10分投档。

广州市副市长徐志彪面对加分质疑时曾解释道："国内学生多接受应试教育，海外人才的子女恐怕跟不上，所以才决定给他们加分。"

此招难解烦人题

一份去年完成的《在沪"海归"青少年现状调查及对策研究》报告显示，子女教育成为海归"第一烦"。过半受访海归子女表示不适应国内的教育，他们的父母也因此在去留之间艰难徘徊。但通过给海归子女考试加分真能缓解其子女受教育的"水土不服"吗？

在6月1日厦门高层次人员子女申报中考加分的第一天，黄爱民就为孩子递交了申报材料。黄爱民今年2月份刚入选厦门市引进高层次人才的"双百计划"。在介绍孩子的情况时她说："孩子回国时很小，虽然刚开始不习惯，但慢慢就好了。现在孩子成绩不错，加的几分可能也用不上，但政府的政策体现了对我们的支持。"

而对于孩子14岁才回国的谢昌霖来说，一切就不那么简单了。

谢昌霖在澳大利亚工作多年后于2009年回广州创业，把女儿送入一家重点中学。而谢昌霖的女儿对新的课堂教育非常不适应。由于中文只具备听说的能力，上课时面对老师的板书像读天书。繁重的课业也让她难以承受，更无法理解为什么已经会了的题目要重复练习。为此，谢先生的女儿经常和老师发生冲突，被同学们看成异类。无奈之下，谢昌霖去年把女儿又送回了澳大利亚。

"这个结果实属无奈，孩子在中国的学校不适应，即使通过享受加分政策上了不错的学校，还是难以保证孩子能适应国内的教育。"谢昌霖无奈地说。

解题还需出新招

由此看来，通过升学加分并不能从根本上缓解海归子女的“水土不服”。子女“水土不服”，从根本上导致了海归父母难以落地生根。海归子女升学加分的政策，从长远上来看，是应该慎用或者需要进一步深化的。

厦门大学教育研究院副院长杨广云认为，光靠同等条件优先录取甚至颇具争议的中考加分等通道还远远不够。他说：“治疗海归子女‘水土不服’的关键还是要看入学后的心理调适。学校应该在日后的教学中长期关注海归子女的心理调适问题。”

（《人民日报·海外版》2012－06－07/贾艳杰）

反思之后他们用脚为教育投票

这几年，海归的光环在一次次的媒体报道中渐渐褪去：据新华网报道，国内某留学中介机构发布的《海归就业力调查》显示，“海归”起薪一般在3 000元左右。许多受访“海归”表示，现在进入世界500强企业和国内科研机构以及大型国企的难度越来越大，他们对薪金的要求也趋于理性。

据中国新闻网消息，世界人力资源实验室对随机抽取的1 500多个“海归”样本统计的结果显示，超过35%的“海归”存在就业困难问题，40%的“海归”感觉自己的职业方向出了错。

于是，在“海归”之后，又涌现了“海找”、“海待”等新名词，意即“海归”没那么吃香了，甚至连工作都找不到。按理说，接下来媒体应该报道留学热由热变冷之类的新闻了，但是出人意料的是：留学热不仅没有变冷，反而越来越热。

一位在20世纪80年代出国的“海归”博士告诉记者，他发现他当年没有出国的大学同学的孩子很多都出国了，尽管他们中有很多人自己就在国内高校任教；他认识的很多教育部门官员的孩子也都出国了，尽管他们自己在做报告的时候还说：“我们的高等教育成绩斐然。”

一位高校教师更是态度鲜明：“有条件的家庭，为自己着想、为孩子着想、为我们这个国家的未来着想，都该送孩子去英美这样的国家学习。我在国内高校（还是名校）做了十多年的老师，对中国高校的教育理念与培养人才的过程越来越失望……更失望的是目前的师资与课程的设置。国内的职称评审制度实在太烂了，对送审论文的学术鉴定几乎没有任何意义，因为鉴定的专家自己的学术水准也是有问题的；还有就是这一过程充满了大量的中国特色的关系条子，有学术头衔的老师并不一定有学问；再者学生几乎没有啥选择机会，根本学不到他最想学的科目与知识；开设出来的选修课，任课老师也都是半路出家，一知半解地照本宣科。”

早在2005年底，21世纪教育研究院联合搜狐网进行了一次教育满意度问卷调查，回收有效问卷共计2 006份。而这次满意度调查结果显然让人“很不满意、不太满意”。

公众认为基础教育领域里最突出的问题是忽视德育、体育，高等教育里最突出的问题是大学教育质量滑坡。68.9%的公众表示对当前大学的教育质量很不满意、不太满意；64.5%的公众表示对当前学生的综合素质很不满意、不太满意；53.9%的公众对“学校的师资水平”持很不满意和不太满意的态度。

2011年3月1日，由21世纪教育研究院编写的《教育蓝皮书：中国教育发展报告(2011)》在京发布，教育蓝皮书称，与前两年相比，我国主要城市的公众教育满意度有所降低，处于“比较满意到不太满意之间”的状态。

而如雨后春笋般在国内很多大城市的知名高中里崛起的国际班固然是得益于国内经济的快速发展，越来越多的家庭有能力支付留学的费用，但意在留学的学生们，更是用实际行动完成了一次对教育的投票。

相比第一、二波留学大潮中的前辈出国前的无知与懵懂，他们早已实现与世界的近距离接触。他们的父母大都曾走出国门，甚至他们自己也早已以夏令营等各种方式走进他们心仪的高校。

深圳某外国语中学的张老师在去英国学习两个月后感触良多：“虽然早有思想准备，但差距比我想象的还要大得多。”她计划等自己的儿子到了初中阶段让他出国看看，“让他多一些选择的机会。”

另一位母亲告诉记者，她的儿子在高一的暑假去了美国21天，回来以后即坚定地对父母说：“我要去美国读大学。”母亲感慨：“你看，十几年的教育敌不过这21天！”

相比第三波留学潮中一些学长的冲动，第四波留学大潮中的小留学生的理性在增加，他们并不认为只要出国读书就是好，他们不再只关注大学排名，而开始更多地关注专业排名。他们会有计划地去上语言培训班，参加相关考试，向心仪的大学递交申请。

同样变得理性的还有他们的父母。中国每年有数十万人自费出国留学且人数还在不断攀升，究其原因，固然有父母对留学生的成功、成才抱有极大的希望，对投资子女出国留学的回报有较好的预期。然而，随着媒体对国外一些学校和留学生出现问题的曝光以及“海归”身价的不断贬值，在对留学的预期投资回报率产生怀疑后，再次选择支持子女出国的父母在反思后变得更加理性。

有人这样评说：“如果因为留学出现问题或者未能达到自己的预期，就将这归咎于出国留学这件事情本身——就像那些根本不曾为生活奋斗过的人过不上好的生活却指责生活本身，这是毫无道理的。”

一位去美国读高中的小留学生的父亲说：“我不认为这就是一项简单的投资回报项目，不是今天我选择花100万甚至更多送孩子去美国读书，他完成学业后就应该立即找到一份高薪的工作才能对得起这份投资。人生是长跑，不是短跑，不应该如此急功近利。我相信只要孩子好好把握留学的机会，这段经历会让他受益匪浅。”

（《中国青年报》2012－06－11/朱丽亚）

中国工薪家庭卖房送子女留学　美媒质疑：值得吗？

报载2011年美国私立高中的中国留学生增至6 725人，与2006年相比增加100倍，增长速度惊人。以美国私立高中学费估算，四年平均20万美元，并非小数目，但仍有那么多中国父母缩衣节食，送自己子女前来美国“镀金”。

从正面角度看，国民收入提高，出得起20万美元的家庭增多，才有如此多的初中才毕业就来美国留学的学生，是个可喜现象。但仔细追究，其中竟有部分父母是工薪阶级，甚至卖了房子，全家挤在出租小房中，以供子女到国外读高中。如此投资，是否值得，令人存疑。

据“中国高校改革第一人”的南方科技大学校长朱清时说，“近30年来，中国的大学没有培养出优秀人才”。类似的观点导致一些父母即使牺牲自己，也要咬牙供子女在异域学习新知、开创新生活。

由此观之，部分父母赶在子女进入高中前千方百计安排其出国，目的是让其更早地融入主流社会，也较少遇到语言障碍，赢在起跑线上。这种观点乍看言之成理，但对一位心智尚未成熟的青少年，放其单飞，置身海外，是福是祸，还须考虑清楚。

首先，须打破“外国月亮比较圆”的思想，也不应尽信留学中介“美国读书前景极好”的美言，更不应视“进入美国私立高中的学生，就可进入排名前100的大学”为理所当然。而应务实地比较，投入如此多的财力，骨肉分离，自己的子女所学与未来回馈是否值得。另外，非常重要的一点是，子女就读的高中是否是真正管理严格、教学优良的好学校，而非一般的补习学校。

再者，美国教学方式重视启发、鼓励创新，对个人人格的成长固然有帮助，但也因过分尊重个人自由，青少年如不能自制，也极易误入歧途而不自知；将中国独生子女投入这样的环境，如交友不慎，或因外在环境诱惑，都可能沉湎逸乐，学业无成。

中国父母望子成龙、望女成凤之心，众人皆可理解，但在举全家之力送未成年子女出国之事上，还须三思：子女承受挫折的压力有多大，子女自立的能力有多强，海外临时支持的助力有多大，全家孤注一掷的风险能否承担得起。而不是盲目地以“逃避”心态，把子女丢到国外，就算了了心愿；若仍不成器，甚或堕落，那就是“爱之适足以害之”。

（中新网2012－06－13）

排华法案，提升政治道德始于国家道歉

6月18日，美国众议院全票通过道歉决议案，就1882年《排华法案》向全美华人正

式认错并道歉忏悔。

领衔提出683号决议案的华裔女议员赵美心吐露心声：“议案最终承认这些不公，它正式就给华人带来不公正待遇的法律进行道歉，承认美国的建国原则之一是所有人生而平等。”

回眸历史，1848年加利福尼亚州发现金矿，大批华人赴美淘金。举凡矿业、农业、服装业，华工均有杰出贡献。穿越美国东西部的漫长铁路线，“每一根枕木下都有一具华工的尸骨”，绝非虚言。

不料19世纪中叶之后，美国爆发严重经济危机，失业大军与日俱增。不良政客大肆煽动白人民粹情绪，诬指华人抢走饭碗。一时间，排华浪潮席卷全美。

排华论者大放厥词，诋毁中国人道德败坏，不愿采用美国的生活方式，对美国毫无益处。又谩骂中国人一有机会就自然涌入美国，其趋势会使美国成为中国的一个省份，使美国“蒙古化”云云。

白人暴徒抢劫、纵火、私刑迫害华人，种种恶行，无日无之。加州政府更是针对华人，频频开征歧视性的人头税、海关税，甚至提篮税，损招不一而足。

尤有甚者，以移民为立国之基的美国，竟于1882年国会悍然通过《关于执行有关华人条约诸规定的法案》，亚瑟总统签署生效。这部俗称《排华法案》的法律，规定华人不得归化为美国人；在美华人，被迫随时随地携带身份证件，为各国移民罕见；十年内完全禁止华工入境，此后有效期限一再延长。1882年到1943年，美国先后制定排斥中国移民的法令达15部之多，条款愈发严苛。

1892年，美国最高法院宣布：“不是出生在美国的华人，从来没有被认为是美国的公民，归化法中也没有给他们这样的权利。”美利坚大门从此重重向华人关上。以“种族大熔炉”自诩的美国，历史上第一次也是唯一的一次，排斥一个民族分享美国梦。

面对美国的排华逆流，1896年北洋大臣李鸿章访美，接受《纽约时报》记者采访时痛斥：“排华法案是世界上最不公平的法案。”他反问美国记者：“你们为美国人的民主自由而自豪，但你们的排华法案对华人来说是自由吗？这不是自由！”

美国排华浪潮恶浪滔天，大洋彼岸的中国人，民族意识觉醒，忍无可忍，掀起轰轰烈烈的抵制美货运动。就连1905年，末代科举考试，第二场时务策五道题中也针对《排华法案》专门出题：美国禁止华工，久成苛例，今届十年期满，亟宜援引公法，驳正原约，以期保护侨民策。

《排华法案》臭名昭著，当年美国政治家霍尔坦承法案是种族歧视的产物，同美国宪法格格不入。连美国总统罗斯福也毫不讳言其是“历史的错误”。

“二战”爆发，中美结成盟国。此时日本利用《排华法案》作最佳宣传武器，离间中美关系。宋美龄女士国会精彩演说，慷慨陈词，全场动容。

值得一提的是，著名侨领司徒美堂功不可没。罗斯福从政前，出任司徒美堂所创立的华侨社团安良堂法律顾问十多年，二人情谊深厚。司徒美堂来信，请求老友，提请国会废除不得人心的《排华法案》，言词恳切，令人动容。

1943年12月，罗斯福总统签署法令，正式废除《排华法案》。他说：“国会和个人一样，也会犯错误。我们要有足够的勇气承认过去的错误，并加以改正。”“要采取这种早就应采取的措施，以纠正过去对我们朋友不公正的行为。”

历时百年的排华运动终于成为历史，但留下的历史创伤，却迟迟难以愈合。由于不允许华人家庭成员来美团聚，此时在美华人人数剧降到7万人。心有余悸的美国华人心结难解，对美国政治愈发疏离冷漠。

20世纪后半叶以降，世界历史翻开新的一页，进入国家道歉时代。弱势族群诉求国家道歉，还原历史真相，抚平历史创伤，汇成浩浩荡荡的历史潮流。国家道歉，通过重新诠释历史，审视为主流社会刻意忽视的历史不义，以期奠定政治和解基础。

加拿大、澳大利亚等国政府，先后向原住民低头致歉。近年来，美国政府也先后向黑人、印第安人、日裔公民、夏威夷原住民表达歉意。

如今，美国华人人数不下400万，各行各业表现抢眼，工程师、会计师、教授等专业人士层出不穷，被誉为美国模范少数族群。华人国会众议员赵美心登高一呼，勇敢发声，众志成城，发动“1882计划”，号召勿忘1882，决心讨回历史公道。

去年10月6日，美国参议院全票通过议案，向华人表达歉意。此次众议院从善如流，通过国家道歉法案，彰显美国政治人物与普通民众正视历史，从国家道歉入手，提升政治道德，涵养人权文化，推动全民和解，踏出勇敢一步。

“岂容青史尽成灰，不信东风唤不回”。历史可以原谅，但绝不能遗忘。

（《法制日报》2012－06－23/俞飞）

不再当“猪仔” 跻身“知识阶层”

不久前，美国国会众议院全票通过议案，对包括1882年通过的《排华法案》在内的歧视性法律对美国华人造成的伤害表示歉意。美国参众两院先后通过议案，标志着美国正式以立法形式向曾经排斥、歧视华人的做法道歉。

观察家强调，让国会道歉的真正原因，在于在美华人经济条件的改善、文化素质的提升以及政治地位的提高。放眼美国，华人移民早已不再是当年的“猪仔”，他们的受教育程度也越来越高。在美国，他们已从“劳力阶层”逐步转变为“知识阶层”，从低等行业上升到实业与金融业，从不敢“发声”到参政议政、争取政治权益。

有分析人士指出，众议院表决仅用了几分钟，但美国华人社会为这个迟到的“道歉”等待了130年。对于人数达400万、亚裔移民最大族群的在美华人来说，这无疑是具有特殊意义的一天。

1988年，美国政府就其“二战集中营”政策向日裔移民道歉，并对受害人及其家人做出每人2万美元的赔偿。一些华人团体目前呼吁美国政府也应该向受到《排华法案》迫害的华人家庭提供赔偿。对此，洛杉矶警察局华人顾问委员会会长张军律师表示，美国参议院通过议案时曾明确表示，该议案不作为华人向美国政府起诉要求赔偿的法律依据。“由于年代久远，加上举证很难，走法律途径要求政府赔偿会比较困难。”张军告诉记者。

华裔将成美第三大少数族裔

目前美国政界高层中不乏华人面孔，除了首位华裔国会议员赵美心外，还有前任商务部部长、现任驻华大使骆家辉；前任美国劳工部部长赵小兰、美国能源部部长朱棣文等。根据2009年的一项统计数据，在美国出任中小城市市长的华裔超过50位。全美华人数量目前已突破400万，是亚裔移民中的最大族群。有调查报告显示，到2020年，华裔将成为全美第三大少数族裔，其中有60%的华人拥有投票权。

美国人对新移民印象如何?

在一些人看来，美国当地的华裔如今依旧遭遇着“隐性歧视”。记者日前随机采访了几位美国朋友，倾听一下他们对于华人真实的看法。美国CMB区域中心行政主管Ky Boyle在接受记者专访时谈道，他对于中国的投资者有着很高的评价，“我所接触的中国移民都非常棒，他们工作很努力，人也很聪明、很友善并乐于助人”。当然也有一些中国移民到美国之后整日无所事事，有人更是不尊重当地的文化风俗，造成了不好的影响。“但这只是个别的例子，不要把它当作是普遍的现象”。

美国Molasky集团公司首席财务官Bradley Sher告诉记者，他在与中国投资者打交道的过程中，发现他们很聪明，“问的问题很有深度，我希望能和更多的中国人交朋友”。

（《广州日报》2012-07-03/黄瑶）

“华美族”：梅花香自苦寒来

在美国，有两个非常耀眼的外来人才群体，一个是犹太族群体，另一个是华美族群体。“华美族”是对在美国学习、居住和工作的华人的总称，通常被认为有较高的教育水平、经济能力和社会地位。华美族群今时今日在美国社会获得的立足与发展，经历了一个漫长而充满艰辛苦楚的历程，亦为美国社会的发展作出了巨大贡献。6月30日，在“第三届北美华人学者清华论坛”上，提出“华美族”概念的美国纽约圣若望大学亚洲研究所所长李又宁教授建议，华人要大胆亮出自己的身份，展现华人对美国社会的价值。

华人参政：从觉醒到争权

6月18日，美国众议院通过议案，对包括1882年《排华法案》在内的美国历史上通过的一系列排华法案致歉。这不仅对历史上为美国崛起作出重大贡献的华人表达了尊重，也体现了包括华裔在内的亚裔已经成为美国政治中不可忽视的群体。

美国华人全国委员会主席薛海培在接受采访时表示，这次美国国会对《排华法案》的致歉是美国华人政治觉醒的胜利，是全体华裔共同努力争取的结果，表明华裔参与政治和公共事务的积极性已有提高。他说：“美国历史上华人还从来没有像这次一样成功地推动过维护自己权益的法案，从这个意义上说，今天是华人参政的里程碑。”

然而，薛海培指出，130 年前通过的《排华法案》给华人造成的政治伤痕，使华人在心里砌起一堵拒绝参政的墙，导致华裔的参政积极性与其他族裔相比仍然较低。如今，这堵墙已经拆除，希望华人可以更加积极地参与美国的政治和公共事务。

华人经济：从唐人街到硅谷

唐人街曾是华裔经济的摇篮，餐饮业、洗衣业一度是华裔经济的两大支柱。后来，随着美国修改移民法，投资移民和技术移民大批涌入，催生了华人经济在新行业的发展，其中最为突出的是知识和资金密集型行业，如金融、房地产、教育、法律、医疗卫生等。

在美国高科技产业发展中，华裔高科技产业占有一定比重。以硅谷为例，华人移民对硅谷的经济贡献功不可没。20 世纪 80 年代开始，在此创业的华人移民与日俱增。有资料显示，在硅谷，华人移民创业比重在 80 年代为 9%，90 年代后期增至 20%。到了 20 世纪 90 年代，来自中国大陆的知识新移民大量进入就业市场，并迅速成为硅谷华人的主体。有调查显示，硅谷创造的财富中，40% 有华人的参与，每年涌现的 5 000 家初创企业，约有 1/4 由华人创办。

可以说，美国信息产业的发展与华人新移民的贡献息息相关，离不开华人的聪明才智和勤奋努力。

华美族：从模范移民到平等公民

皮尤研究中心 6 月 19 日公布了题为“亚裔美国人的崛起”的调查报告，指出亚裔已成为美国社会增长最为迅速、收入水平和受教育程度最高的族群。

然而，美国国会众议院亚太裔党团小组以及亚裔权益组织均对此报告予以反驳，他们表示，将亚裔描述得过度美好可能会引发误导，容易使一些需要帮助的亚裔群体遭到忽略。

诚然，包括“华美族”在内的亚裔群体在美国的奋斗和成就值得肯定，但要摆脱“模范移民”的刻板印象、从容平等地享受公民权利，还有很多功课要做。

（《人民日报·海外版》2012－07－04/杜博）

老子也是软实力

中国文化正在更深更广地走向世界，它的吸引力在哪里，挑战又在何方？孔子学院出国已满 8 年，成绩斐然、有目共睹。当前全球掀起学习汉语浪潮，从密西西比河到尼罗河，全世界又来一次当年仓颉造字“天雨粟、鬼夜哭”般的热闹。汉语无疑具有强大的吸引力，但语言是文化的载体，我们面临的挑战是：语言之船上需要承载什么文化内容。

现在中国社会又一次意识到儒家的文化力量，一提中国软实力则言必称孔夫子。但中国春秋轴心文化不是只有“以人为本”的儒家，还有以自然为中心的道家学说等。当前的国学热其实是儒学热，而我们的文化并不是只有儒家一家。孔子学院也不是儒学院，正如歌德学院不是歌德研究所。中国对外传播的文化主体也不应只是儒家一家。

中国古代文人登车揽辔，有平天下之志。此固然不错，但我们要知道，古人舍得用大量的时间欣赏自然和文化历史的美，不断检讨端正自己在宇宙社会的位置，追求健康合理的身心生活，这是儒道结合的结果。儒家追求齐家治国平天下，而道家以身心健康与自然和谐为己任。

当今世界物质日趋丰富，可惜工作之劳、子女之累、物欲之诱把现代人紧紧缠住。更可叹的是，身心交瘁的诸位，还要装出好汉淑女，此欺谁乎，欺天乎？自欺乎？其实中国人如此，西方人也差不多。据我旅美 30 年观察，美国人素称乐观，但在工作、生活、家庭的压力下，多数人也处于身体和精神的双重亚健康状态下。

在当代喧闹之中倾听 2 500 年前智者的空谷足音，发掘古人的养生之道、养心之道、养性之道，比照当前世道人情，争取悟出一番新意，或可给世人一面护心镜、一副藤子甲，免得被四面飞舞的流矢伤心伤身。

老子对自然的保护（“道法自然”）、对身心健康的追求（“圣人不病以其病病”）、对贪婪的批判（“知足者富”）、对低碳经济的推崇（“虽有舟舆无所用之”）、对女性的赞扬（“牝以静胜牡”）等都有现代意义，是中华文艺复兴的基础之一，对西方来说都是天籁之音，对中国来说，更是振聋发聩的软实力。

道家思想在现代世界应有广大市场，因为它与开放市场经济、绿色经济、低碳经济、慢生活、保护环境、追求身心健康等现代潮流遥相呼应。但道家思想庞大繁杂，终究它该如何走向世界呢？

道家学说向世界传播仅靠诠释《道德经》等经典是不够的。老子自己说“道可道，非常道”，也就是说他不相信语言的力量。我在美国课堂讲老子常常借助非语言的方式，如以黑板画的形式来把老子和现代生活结合起来。边画边讲，主要是讲老子思想在物欲横流的当代的应用，我称其为“画讲新道家”。

我在美国卡尔顿学院开设“道家健康”与“长寿之道”课程，选修的学生人数在本校各种课程中名列前茅。学生踊跃选课的主要原因是画讲道家和太极拳、太极剑的结合。

在湖波岛影的异国校园里，师生相得，其乐融融，文化与年龄的差异在中华文化巨人面前荡然无存。如此这般，当代东方软实力西行比当年西方硬实力东进多了一番优雅与从容。如此这般，道家的确是中国文化对外传播的强大软实力。

（《人民日报·海外版》2012－07－07/赵启光）

美国为啥为排华法案道歉

2012 年 6 月 18 日，美国众议院以全票通过“排华法案道歉案”，以立法形式向曾经排斥歧视华人的做法道歉。

1882年，切斯特·阿瑟总统签署《关于执行有关华人条约诸规定的法律》，即《排华法案》。它规定10年内不准华人入境，不得准许华人归化为美国公民等。这是美国历史上唯一以法律形式排斥少数族裔的法案。1902年该法律被无限期延长。

《排华法案》之所以出台，经济原因是根本。在1860年之前，华人是加州最大的移民团体。时任州长的麦道格曾于1852年称赞华人是加州“最有价值的移民”。但19世纪70年代美国发生经济危机，失业潮出现，排华思潮开始在白人劳工中抬头，针对华人的暴力事件不断增加。工人的诉求也就影响到政界。直到1943年，历时61年的《排华法案》才被废止。

此次美国国会的道歉，是一系列因素作用的结果。一方面，美国本土的华人群体在发展和提升。他们从“劳力阶层”逐步转变为“知识阶层”，从不发声到争取政治权益。另一方面，近年来涌入的华人新移民的受教育程度和技能、财产及政治意识都有明显提升。尤其应注意2012年是大选年，美国华裔人数已达400万，每一位众议员都需要争取华裔的选票。

值得一提的是，类似的情况还发生在加拿大、澳大利亚等国，因谋生机会多，它们同样在19世纪中后期吸引了大量华工，后来也上演了同样的排华丑剧，诸如澳大利亚的《白澳政策》（1901年确立，1972年取消）、加拿大的《中国移民法案》（1923年通过，1947年废除）等。

他们也先后对“历史性的错误”做出道歉，如加拿大总理哈珀于2006年6月为华人“人头税”平反道歉，并向受害者进行赔偿。2008年2月，澳大利亚总理陆克文向议会提出建议，对澳大利亚过去实行白澳政策给土著居民带来的伤害表示正式道歉。

当然，在这些国家，道歉并不能解决根本问题，争取政治地位的平等还需要华人社会自身的继续努力。

（［日本］《新华时报》2012－07－12/沈燕清）

在日中国留学生需要怎样的“娘家人”

古代女子出嫁后，在夫家受了委屈，就喜欢往自己娘家跑，一来可以诉苦，二来可以得到精神慰藉甚至“撑腰”。由是，“娘家人”被赋予了“强有力的后盾支撑”这一含义。其实，需要“娘家人”关怀的，除了已出嫁的女子，还有留学生这一群体。

对于“独在异乡为异客”的种种不适感，相信每位留学生都已感同身受。生活中遇到困难时，来自外界的援助远胜于单打独斗，至少可以使人得到些许心理安慰，让人感到像回了“娘家”一样的温暖。对在日中国留学生而言，“娘家人”范围甚广，除了已经在日本定居且已经取得一定成就的华人，还包括中国驻日大使馆、众多在日华人社团以及广大致力于中日友好的日本各界人士。如果说“娘家人”关心自己的孩子需要通过适当的方式，才能帮助其顺利成长，那么，从经济上、精神上、生活上对其多加关心，则是格外需要加以考虑的。

打工，是绝大多数中国留学生在日生活中不可或缺的内容。日本社会竞争激烈，生活节奏快，对于留学生来说，学费、生活费等支出加在一起，是一笔不小的开销。解决收入来源的唯一途径，就是打工。所谓留日生活清苦、单调，很大程度上源于留学生承受着沉重的经济压力，生活内容不外乎打工、上学，奔波于住所、学校、打工地点之间，课余时间打几份工是常有之事。为了缓解留学生的经济压力，中国教育部设立了“国家优秀自费留学生奖学金”，2011 年度面对在日中国留学生的颁奖典礼已于今年 5 月在中国驻日本大使馆举行，38 名留日中国学子获此奖项。近期，日本山口银行为 3 名中国留学生提供了学费和生活费资助。日本福岛大学也决定，免除地震灾区在日华人入学者的学费。奖学金、助学金、经济资助或费用减免等举措的推行，可以较好地帮助在日中国留学生减轻经济压力，从而减少其后顾之忧，可以将更多的精力投入到学业中。

远离亲人，留学海外，如何尽快适应当地的生活、习俗、文化等，是包括中国留学生在内的每位留学生都要面对的问题。中日两国虽然交往历史源远流长，但两国文化仍然存在差异，在适应、融入的过程中产生孤独和隔阂感在所难免。而且，留学生往往已步入成年，存在对于异性、情感的渴望，如果无法正确处理情感挫折，不能很好地调适自己的心态，往往容易做出极端举动，在伤害他人的同时也毁灭了自己的前途。就像今年年初，台湾留日学生张志扬因为恋爱失败，不仅杀害了自己追求已久的女孩，并且残忍地杀死了女孩的室友，后又在被带往警局询问途中自杀身亡。虽说解铃还需系铃人，但如果“娘家人”适时给予精神抚慰，大到讲解国家之间历史文化的不同，小到给予日常生活方方面面的详细指导，通过提供心理咨询等具体方式帮助其排解负面情绪，往往可以使当事人更快地走出阴影，以积极乐观的态度面对留学生活。

留学海外不仅是了解所在国家的机会，也是通过与他国留学生接触从而了解更多国家不同文化的好时机。在这一过程中产生的种种思想观点的碰撞、交锋，以及由此得到的收获，是留学生活的宝贵财富。为此，留学期间加强与外界的互动必不可少。然而，新一代的中国留学生多是独生子女，娇生惯养使他们养成了以自我为中心的习性。出门在外稍有不顺，很容易自我封闭，拒绝和他人交往，形成“宅”一族，这样不仅影响自身适应留学生活的速度和程度，也不利于自己日后的发展。遍布日本各地的众多华人社团日常为中国留学生组织了各种各样的活动，如新春游园会、祭祀、参观等，这为了解日本文化和加强与他人的接触提供了良好契机，更好地帮助中国留学生锻炼了社交能力。因此，这一优良传统应该得到发扬光大。

（［日本］《日本新华侨报》2012－07－27/曹军）

“我们是谁”：在美华人的终极之问

华人来到美国这片土地，立即会对“我们是谁”这个最简单的问题产生最深刻的困惑。网上流传一个笑话，“进校门的时候被门卫拦住，居然连续问了我三个哲学上无人能解的终极问题：你是谁？你从哪来？你要到哪里去？”其实，这些问题，到美国后就不是笑话了。

提出“文明冲突”论的美国大思想家亨廷顿的遗世之作，书名就是“我们是谁”。亨廷顿对在移民大潮冲击下美国国家特性的演变忧心忡忡。他没有明说的话是，文明的冲突正在美国国内上演，美国正在打一场盎格鲁撒克逊文化与其他文化的战争，其激烈与严重程度，并不亚于国际上的文明冲突。

同样的问题，来美华人时时刻刻都会遇到。对原来不留意的肤色、语言、文化的差异，会变得分外敏感。族裔间互相打量、互相评论、互相融合，也互相冲突。

美国号称“民族熔炉”，来美之前，将其理解为各民族和睦融合；来到美国后才发现，“熔炉”背后有文章，在保守势力眼中，熔炉就是将你原来的文化熔化掉，留下的只有盎格鲁撒克逊文化，比方说提出“独尊英语”等。去到加拿大，发现加拿大提倡的是“文化拼盘”（或是“文化马赛克”、“文化沙拉”），力求保留移民的文化特性。华人在美国，如何与主流文化对接，保持自己的文化特性，成为无法避免的问题。

因此，作为华人，要对“我们是谁，我们从哪里来，我们要到哪里去”这样的终极问题做出自己的回答。移民到异国他乡，遭遇到的问题，无非是生存与发展。具体到美国华人，主要存在于社会与政治领域。首先是反歧视问题。对华人的歧视，有历史的根源。臭名昭著的《排华法案》只有到今天才刚刚由国会两院致歉。因此，华人面对的问题，首先就是反对歧视，要求公正：“我是华人，但也是美国人。”

最新的例子就是陈宇晖案。这名在阿富汗前线浴血作战的华裔美军士兵，不是死于敌人的枪口，而是死于战友的虐待。而更令人震惊的是，陈案主犯获轻判，仅入狱 30 天，罚款 1 181.55 美元，继续在军中服役，降一级军衔。对于一起人命关天的事件，就采取这样一种如同拍拍肩膀“下不为例”的处理，如何服众？此案不仅涉及美军的道德与行为规范，更涉及种族欺凌。民权团体将此案与陈果仁案相比，指出 30 年前因种族歧视被杀害的陈果仁未能伸张正义，今天的陈宇晖也未能伸张正义。

无独有偶，华裔加州众议员赵美心的外甥廖梓源亦被指在军中饱受凌虐，在阿富汗吞枪自杀。3 名被告，一人轻判入狱 30 天，另外两人无罪释放。正如赵美心所言，陈宇晖和廖梓源之死只是冰山一角。这说明反歧视尚未成功，华人仍需努力。

在求发展问题上，华人参政是一个要害问题。中国人说“朝里有人好做官”，美国则应该是“朝里有人好办事”。华人在美国政坛，需要有自己的代言人。最典型的例子，就是华社呼吁美国当局就《排华法案》道歉已经多年，直到赵美心在当选联邦众议员后，奔走呼号，《排华法案》致歉案才得以在国会参众两院通过。除了赵美心的成就，近年来华人参政可以说是成就斐然，如华人参政进入“旧金山时间”、“奥克兰时间”，在当年《排华法案》的发源地，出了华人市长李孟贤、关丽珍。但总体而言，华人参政还是处于初级阶段。迄今为止，还没有大陆背景的人出来参与竞选，尤其是留学生一族。

在华人参政问题上，狭隘的华人视野，或者是“华人至上”主义也是要不得的。应该呼吁华人多支持华裔候选人，但同时也应该尊重做出其他决定的华人，不能狭隘地说，“华人就该投票给华人”。在回答“我是华人”的时候，不能同时排斥非华人的选择。

（［美国］《侨报》周末 2012－08－05/萧冬）

华人和“竹子天花板”

亚裔在美究竟算不算“模范族裔”，对此，很多人有不同看法。因为华人在亚裔中占多数，故这个问题同样适用于华裔。很多华人对自己的“族裔”能获得模范称号感到高兴，同时，也有很多华人及华人团体认为这种模范称号并未如实反映华人的真实状态。

其中一个重要指标，就是华人在美国各行业管理层中所占比例很小。据“亚太领导力教育”的研究，2011 年全球百强企业中，仅 30 家有亚裔董事；在 1 211 个董事会席位中，29 位亚裔领袖占有其中的 32 个席位，而 100 位 CEO 中仅 2 人有亚裔血统。

所谓“竹子天花板”，是指美国企管中的不同种族占据各自位置的结构如同金字塔，界限分明，很难打破，大部分亚裔处于底端，少数处于中间管理层，进入更高领导层的屈指可数。相对看不见的透明天花板，竹子天花板是看得见而且很难逾越的，因此用以比喻华人在美企业的处境。华裔学生在中学和大学的成绩出众，不过华裔在美国社会生活中并未获得同样的地位。究其原因，族裔偏见是一个方面（不是种族歧视，有时，尤其在精英聚集的企业，很难说会有明显的种族歧视）。这可能是一种根深蒂固的习惯性看法，也可能是一种潜意识偏见。

当然，华人自身的原因也很多。首先是英语能力，以及由此导致的文化融入程度和沟通能力不够，这是华人难进管理层的一大原因。

其次，华人选择的教育取向，倾向于成为专业人才，而不是领导和管理所需要的通才，工程师、会计师、律师、医师、精算师等常是华人的首选。

再次，华人有着观念上的先天不足。很多华人进入企业后，缺乏做管理的意愿或意识，眼光还是放在专业的专精上。相对来说，在领导和管理通才所需要的社会意识、献身意识、团队意识等方面，华裔是比较缺乏的。同时华人进入企业奋斗的过程中，缺乏合适的榜样，因为进入企业管理高层的华人极少，榜样越少，学习的动力也就少，就会形成不良循环。

最后，良好的社交能力是很多华人所缺乏的，华人给人的印象常常是比较沉默甚至羞怯，虽然业务精湛但缺少社交能力。作为管理人才需要号召力、凝聚力，要能发挥个人的创造力，也需要社交能力来编织人际网络。华裔在奋斗过程中遇到不公正是常见的，仅责备这些不公无助于改变自身形象，华裔最终必须担负起改变这些偏见的责任。华人应该从自身做起，从观念的转变做起，树立“I can lead”（我能领导）的自我形象，努力融入主流社会，重视通才教育，提高沟通和社交能力，加强社会意识和团体意识等。尽管这种现状可能需要一代人才能有明显改变，但只要努力，最终一定会有很多华人打破“竹子天花板”的陈规，成为符合美国社会所期望的领导人才。

（［美国］《侨报》2012－08－14/一娴）

美国华人呈现两极分化

美国航天局迄今最昂贵的火星探测项目“好奇号”火星车日前登上火星，在这项被美国视为太空计划重要里程碑的任务中，有许多杰出华裔科学家投身其中。人们看到，在华裔科学家取得骄人成绩的同时，还有很多移居美国的华人不会说英语，不停地打零工以维持生计。生活在美国的华人，在语言水平、教育程度、就业收入等问题上两极分化的趋势日益严重。

语言分化

华人移居美国，首先面临的是语言问题，只有语言过关才能有教育、就业、融入主流社会的机会。美国移民政策研究所通讯与公共事务部主任迈克尔·米特尔斯泰特日前表示，语言不通是中国移民融入美国社会的最大障碍。对于新移民而言，英语熟练程度是一个主要问题，语言障碍使得人们难以完全参与到经济、政治和社会生活中。

在纽约唐人街开店或打工的华人，很多人根本就不会说英语，照样过得很好。上班时，同事是华人，服务对象也是华人；下班时，朋友是华人，到超市、商场买东西，几乎不用说英语，满意就付钱，就连长途巴士都有华人公司开的。有美国出租车司机开玩笑说，有很多华人在美国生活一辈子，只会说两个词——“yes”和“no”。

但是，很多融入美国主流社会、不在唐人街讨生活的华人英语水平很高，他们大多在美国大学接受过良好教育，工作语言是英语。还有很多第二代移民，已经在美国政坛取得了一定成绩，他们的英语水平也是很高的。

教育分化

华人在美国很多领域成为精英，这些华人都在美国接受过良好的高等教育，学以致用，获得了美国主流社会的认可。

然而，整个美国华人的教育状况如何呢？华人移民美国已有160多年历史。截至2009年，美国华裔人口达到363.9万，占美国总人口的1.2%。华裔美国人的教育水平呈两极分化特点，虽然25岁以上的华裔群体拥有本科以上学位的比例达到51.8%，是美国普通人平均值（26.4%）的两倍，但高中以下学历的华裔比例达到18.7%，比相同水平的美国人平均值也要高出3个百分点。

华人居住喜欢“扎堆”，有调查显示，超过一半的华裔居住在加州和纽约州，51.4%生活在旧金山、洛杉矶、纽约五大都市地区。尽管越来越多生活状况有了改善的华裔离开了美国各地的“唐人街”，但还是有很多华人父母希望孩子能够接管家族生意，对读书没有太高的要求，很多第二代华人高中毕业就回家跟父母学做生意了，过几年全盘接手，日子过得也不错。

就业分化

有美国媒体这样形容居住在美国的华人——“每天一大早便涌到纽约唐人街街头等待一份零工的，除了墨西哥人便是华人；每天西装革履，一只手端着咖啡一只手拿着报纸、鱼贯走进曼哈顿高级写字楼的，也有不少华人面孔。据调查显示，这两个群体人数大体相当。前者既无房产也无学历，更无固定职业；后者则拥有高级住宅、高等学历、高薪职位”。这就是美国华人的生存现状。

早期移居美国的华裔主要靠“三把刀”——菜刀、剃刀、剪刀谋生，意指华人移民最擅长的是餐馆、理发和裁缝这三种职业。近年来，很多华裔移民为了改变生活方式，鼓励子女读书，希望他们将来成为“三师”——律师、医师、工程师的一员。

“2011年美国华裔人口动态研究报告”显示，很多华人在美国从事电脑软件、管理、行政、会计和审计等“白领”职业，但也有大量的华裔从事厨师、服务员、收银员、纺织机械操作等“蓝领”职业。职业不同决定收入不同，富裕程度也就不同。

（《人民日报·海外版》2012－08－15/王丕屹）

华人的未来在哪里？

我看见白人常到湖畔去欣赏落日、钓鱼，看见那些华人与印巴人在打沙滩排球。在饭店里，我看到华人群体在交杯换盏中嬉笑打闹，这些场景与国内并没什么两样，不同的是，我注意到那些白人的眼光。

我认识一个毕业于加拿大名牌大学的广东人后代，成绩优秀，他自认为有能力脱颖而出，不会重复父辈的艰辛，却不肯进入世界500强公司，因为他不愿见识白人群体里暗藏着的轻视和傲慢。

我也认识一名华人男子，他在经历种种磨难之后终于实现了之前的梦想，达到自认为的峰顶，他争取到加拿大政府机构里一个还不错的职位，过上他梦想中“采菊东篱下”的小镇田园生活，却难忍丝毫没有挑战性的工作环境与灵魂上的苍白无力以及平静得没有自豪感的高保障的生活，于是他开始寻找性的通道来验证自我雄性生命力的因由。他拼命游荡在冒险刺激的旋涡中，以抵消他过人的才智和潜质。白天他是一个道貌岸然的绅士，夜晚就会撕下面具，躲进温柔乡变成不顾廉耻的魔鬼。清醒时眼前浮现祖国年迈的父母和童年时路边小摊里零食的芳香，他追问自己：这究竟是不是他真正想要的异乡尘土！他只能追问，却不明白自己下一个的方向是什么、在哪里，也不能确定自己能够做些什么，能够承担什么。他经过心血殆尽的努力挣扎，到现在却也只能麻木着，他根本不会想自己为什么如此费力，如此奋斗，如此挣扎，却苦痛于现在所得到的。

华人的生活荣辱图景充斥着北美大地的各个角落，承受着漂泊他乡的苦痛，他们从卑微一步步走到今天，以寻求这个社会的广泛认可。奋斗与坚韧是他们的特质，麻木与卑微也是他们的标志。他们怀有希望，借助微弱的亮光就能毫无怨言地攀登；他们有生活的小目标，不奢望有大方向；他们有小家庭的未来，不敢有群体意图。大部分华人所梦想的田园小民图景在经过努力后，在不远的将来都会得到不同程度的实现。于是，生活陷入意得志满后而转向空虚和无聊，一旦进入此种状态，移民梦也就算是行得圆满。

一代代华人扎根在北美这块土地上，生活由清贫到富足，思乡之情一直未断。长此以往，华人群体的未来终归还是一盘散沙。

很久以前有华人学者提出“中文加拿大”概念，因为，华人总体在经济、文化等方面占有优势，但在政治上却要弱于“英语加拿大”和“法语加拿大”。在文化上，以大多伦多地区为例，这里存在一个颇具规模、种类齐全的中文新闻系统，包括日报、周报、电台、电视台等，虽说质量一般，但是种类繁多；内外政府、非盈利机构等开新闻会时，英语媒体和中文媒体平分秋色的场面并不少见；华语文学作品与话剧艺术频被搬上银幕。而在经济上，“中文加拿大”的特色更为明显。众所周知，在大多区的房市、车市中，华人消费群体尤为引人注目并成为主力。一些大银行系统和电子系统的咨询热线，除英语之外就是中文，中文还分普通话和广东话，服务之殷自然因华人金钱之多。而华人餐饮业，从高级酒楼到普及型餐馆都遍布大多区，为各族裔提供美食。但是，最弱的是华人的政治，这正是我们最需要关心的问题。

我们为什么要关心今天华人的政治和政治人物？我们为什么要讨论华人明天的政治和政治人物？我们为什么要讨论华人未来的政治和政治人物？因为，华人只有掌有权力，才能决定华人在这个社会的走向，所以我们这些可能被华人政府家决定命运的人，最殷切的期望就是：这个权力在手的人究竟在政府中的比例有多大，占有多少地位，说话分量有多大，起到的作用有多少。

华人因其每个人都是个体的坐标，每个人的起点都不同，新移民和华裔的居住模式从族裔聚居转变为既集中又分散居住。城里和城郊既有聚居现象，又存在多城市居住和分散居住现象。许多华人因工作变迁而频繁选择居所，因此，地理分布较为宽泛。华人之间派系繁多，致使选票分散。加上华人在北美绝大多数生活艰苦，他们对于政治无暇顾及，甚至是漠不关心。正因为这样的环境，我们不得不做出这样的思考：我们生存在一个多文化并行的氛围中，也意味着我们进入一个价值多元的社会与时代。但是，事实上，什么都可以，很可能也就意味着什么都不可以，你有知道的权利，我也就失去隐秘的权利，你有掠夺的自由，我就失去不被掠夺的自由。解放不一定意味着真正的自由，而是一种变相的捆绑。而价值的多元是不是代表着不需要固守价值？当然答案肯定不是。我们希望有权力的华人在政治中能体现华人的价值与华人利益的价值判断。

今天有相当数量的华人在北美各个领域取得相当杰出的成就，社会地位得到极大的提高，为加拿大作出了巨大的贡献。但是，我们依然要看到生活在贫民窟的落寞华人，还在为生计奔波，时刻要关注聚集在唐人街的下层华人的命运。这样的生存现实，或许会在一个比较长的时间内存在着。

越来越多的年轻一代华人在北美接受高等教育，华人经济实力日益雄厚，觉悟程度日趋提高，早已为华人参政奠定物质和思想基础。而融入主流社会的老话题，实质上就是一个长期的伪命题，若是一味地摒弃自己祖（籍）国的文化传统和思维模式与价值观，去迎合当地主流社会所设定的规则，就会凸显出华人文化里的谦卑心结，更无法让这个政府和社会兑现华人的政治地位与权益。事实上，主流社会接纳外族也都是相对而言，那些大公司和银行的华人主管或政府极少数的华人内阁成员无非是出于对华人选票上的政治考量和中国巨大市场利益的衡量与盘算。而今在国际格局的演变中，华人为获取政治上的地位和权力，只能依存日益强大的祖国，团结族群的力量，选出自己的华人政治代表人，喊出自己的主张和自己的所需，而不应该迷失于所谓的“融入主流社会”。

正因为我们面临这样的一个生存环境和多元的社会，我们所面临的绝对不是一个价值放弃的问题，而是一个“一切价值都必须重估”的巨大考验。这正好也与哲学家尼采的一个书名相符合。当年的尼采在他所处的时代中有他对那个时代和作为天才的困惑。而如今，不管在何时，对价值的重估是一件非常艰难的任务，而我们现实中的这个移民国家虽说是一个混合的社会，但已经具备成熟特质，为使我们华人的生存环境和未来更美好，我们必须要找到更多的华人政治人物来进入到政府中去，承担有能力的思考，作出有价值和更成熟的判断，并担负这个重大的任务，而这正是我们生活在加拿大的华人所希望看到的。

我们真切地希望，在不远的将来能看见那些有作为的华人政治人物，他们能大声说出属于我们华人的主张与意见；他们气魄开阔、眼光远大地带领我们华人群体走向这个国家和社会的更好处境；他们敢于大声说出自己的主张，大声说出我们华人的“不高兴”，他们站在主流社会的前面，不再忍耐，不再谦卑，不再退让，并获得更多的权益，带领我们走向更高品质的生活。我们也希望，作为个体，不要以为你是个杀鸡的，没有人会听你的；不要以为你是个做厨师的，没有人在意你；不要以为你是个政府官员，只知道办公室桌前的工作比其他重要。总之，我们必须意识到，我们都要开始学习说出“不高兴”。

（［加拿大］《北美时报》2012－08－17/戴湖湖）

印尼华人看到新的未来

当1998年5月的暴乱席卷印尼首都雅加达的时候，华人地质学家、商人巴苏基·贾哈亚·普纳马与恐惧万分的邻居一起，奋起保卫自己的生命和财产。他们用木棍、燃烧弹甚至是老式猎枪，抵御抱有强烈反华情绪的袭击者。

这场暴乱因严重的经济危机和残酷的政治权力斗争而引发，其间出现了大肆的抢劫、强奸和杀戮行为，人们不禁将之与纳粹针对犹太人的屠杀相比较。这次事件也给印尼华人带来了深重的创伤，很多人对这里针对华人的似乎难以消除的种族主义感到绝望，纷纷选择逃往国外。

亲朋好友也劝巴苏基离开，但他决定赌一把留下来，他认为：“离开的人应该是暴乱分子而不是我们。这是我的国家，为什么我要离开?”

自此以后，巴苏基的矿业公司被政府官僚毁掉，而且作为一名基督教徒，他忍受了种种冷嘲热讽——作为世界上人口最多的伊斯兰国家，印尼不需要作为“异教徒”的闯入者。然而，巴苏基却干了一件不久前还看似不可能的事情——他成了一名成功的政治家，挫败了那些主要是穆斯林教徒所认为的“印尼选民不会支持一名华裔基督教徒”的预言。

巴苏基首次参政是在自己家乡的勿里洞岛，现在他正试图在雅加达复制自己的成功。他认为，印尼正朝着“奥巴马时刻”前进，与过去长期充满偏见和仇恨的暴力历史说再见。印尼华人虽然在几个世纪前就已经扎根在这片土地，却经常被占多数的“印尼本地人”视为外来的侵入者。

去年，巴苏基去美国时，在民主党全国代表大会期间造访了丹佛，奥巴马获得总统候选人提名让他大为吃惊，作为肯尼亚人后代的奥巴马曾在雅加达度过他的孩童时代。巴苏基说，印尼也一直在打破传统障碍，有一天将选出一位来自少数族裔的领导人。

尽管印尼通过了新的国籍法，结束了把印尼华人与“印尼本地人”区分开来的局面，这在理论上让巴苏基有了担任总统的可能性，但距离其成为印尼总统还有很长的一段路要走。

现在，巴苏基正把注意力放在如何赢得下个月雅加达副市长的第二轮竞选上。巴苏基和他的竞选伙伴市长候选人佐科·维多多在上个月轻松地赢得了首轮投票。他们谴责政治权势集团内腐败盛行，承诺将改变这个受瘫痪的交通、破败的基础设施和贪婪松散的官员摧残的首都城市。

整个竞选过程一直被不时出现的偏见所干扰，最明显的就是有人宣扬伊斯兰教不许选民支持一个“异教徒”。印尼法律禁止利用种族、宗教和其他身份问题来动员选民，而这次受到密切关注的市长选举将检验印尼，或者至少是雅加达是否击败了 1998 年时控制了整个首都的恶魔。

巴苏基在周末的一次开斋节活动上提到他的候选人资格时说：“几年前，这会是非常困难的。”

迪迪·夸塔纳达是一名印尼华裔研究人员，在一家促进民族间融合的基金会工作。夸塔纳达说，他认为雅加达更富裕的地区之外的印尼人不太会投票支持一个非穆斯林的华人竞选总统或者其他高级官职。他预言，这将“需要两三代人的时间”，但是“情况肯定是已经大大改善了。我不能说没有反华情绪，但华人现在在这儿可以平静地生活了”。

（［美国］《华盛顿邮报》2012－08－18/安德鲁·希金斯）

美兵陈宇晖案折射华人处境　种族歧视毒瘤仍蔓延

3 个月监禁，降职一级。美国华裔士兵陈宇晖死亡案第三名被告的判决结果在意料之中，因为此前的霍尔孔中士的轻判已经具有指示性作用，从 18 年到 30 天监禁的判决落差，让人很难接受。

我们为什么关注陈宇晖？因为陈宇晖含冤而死。他的死，是不堪责难的自杀还是他杀之后的巧妙布局？这都需要司法给出一个公正的判决。但多名涉嫌虐待陈宇晖的美军军人，只是获轻判或脱罪，司法天平已经出现了倾斜。

我们为什么关注陈宇晖？因为陈宇晖案折射出华人的处境。在美国的历史和现实中，“人权”和“民主”这两个“普世价值”并没有得到普遍尊重，种族歧视的毒瘤仍在蔓延。在陈宇晖案中，军方似乎在有意护短。美军缺乏对人最起码的尊重，少数族裔的士兵被视为异类，女兵被视为性侵对象，俘虏被视为发泄对象。

我们为什么关注陈宇晖？因为他是我们的兄弟。美国军队中每一天都有一个人自杀，亚裔仅占军队的4%，但自杀率却高达13%。刚刚送别廖梓源，又送走陈宇晖。这种关注，虽然不能使逝者起死回生，却能警醒周边的华人。

我们为什么关注陈宇晖？因为我们看到了华人的凝聚力。如果没有华人社团的组织，没有华人的参与，陈宇晖案也会无声无息。廖梓源也是被虐致死，但直至陈宇晖事件曝光，才被人广泛提及。如果你再沉默，下一个轮到的，也许就是你。

只要战争存在，虐兵现象就是无法根除的顽疾；只要种族主义阴魂不散，歧视就不可避免。关注陈宇晖，并不能彻底改变判决本身，但这是华人世界维护权益迈出的一小步，只有一步步努力，才能最终推动人类的进步。

（《人民日报·海外版》2012－08－22/杨子岩）

在日华人文化观：“福原爱加油”要怎样说出口？

邵黎今年40岁，已经在日本生活了15年。留学生时代结束后，他进入了日本一家中型IT企业，成为了一名白领“新华侨”。他的言谈举止俨然像个土生土长的日本人，严谨礼貌、宽厚待人。

由于大学课程是在中国完成，他的性情、价值观等均与其他中华男儿无异。他喜爱运动，那个年代的人尤其喜欢乒乓球。来到日本之后，他努力寻找一切机会，观看中国乒乓球队的比赛。对祖国的感情平时虽深藏胸中，但每到世乒赛或奥运会时，他就仿佛又找回了大学时的激情澎湃。如果遇上中国选手在日本打比赛，他每场必到。高举国旗助威呐喊是他爱国之情最好的抒发形式。

在关注乒乓球的这些年，他一直喜欢日本女子乒乓球国手——福原爱。不仅因为福原爱从4岁就到中国打球，喜爱中国文化，并且多年来一直活跃在中国，还因为她那一口流利的、带有浓重东北口音的中国话。2008年四川大地震后，福原爱在接受采访时用东北话说：“我心疼啊，我真不行了！而且我不知道自己能干什么。日本才来了60个人，那哪够啊！我也去的话肯定61个人了么。”

就因为这一句话，邵黎成了福原爱的忠实拥趸。2008年奥运会时，他跟老板软磨硬泡，最终拿到年假，回北京观看了福原爱的全部比赛。虽然当时福原爱还是没能进入女单8强，但邵黎能和很多中国观众一起，为中国选手和福原爱一起加油呐喊，已觉得很是开心。

伦敦奥运会开幕半年前，邵黎就已经为赴现场观战做好了一切准备。他研究好福原爱可能参加的比赛日期，按照她可以一直打到女单决赛、女团决赛的日程表，订好伦敦的酒店。可是由于突来的工作原因，他比原定计划迟了3天，在当地时间7月30日才赶到伦敦。他看到的第一场乒乓球是女单16进8的比赛。福原爱的对手是荷兰选手李洁，一个为圆乒乓梦旅欧11年的华人。

这场比赛过程中，邵黎发觉自己不太适应场内的观众气氛。放眼望去场内尽是金发的欧洲人，只有零星几堆日本人手拿日本国旗，为福原爱鼓掌。至于给李洁加油的人，他就分辨不出来了。反正这块场地的看台上没有中国国旗，也很少有中国人。

欧洲人看乒乓球比较理智，他们不喊不叫。掌声虽然给李洁的较多，但从没有为其呐喊助威，这让邵黎为李洁感到了一丝伤感。一个为圆奥运梦的女孩，16岁时走出国门，辛劳11年，现在她第二次站在奥运赛场上，却看不到她熟悉的五星红旗，听不到她熟悉的呐喊助威，这感觉定比4年前的北京奥运更悲伤。

邵黎沉默了。在这样的场合，自己到底应不应该为福原爱呐喊加油？虽说用日语可以解决一切问题，但那样的话自己心里会很憋屈。微妙的三角关系让邵黎十分为难，尤其是看到福原爱在领先一局的情况下被连翻3局，差一点输掉比赛时，“福原爱加油”几个字差点脱口而出。

但邵黎仍是欲言又止。一瞬间，观众席仿佛别无旁人。在他眼中，体育馆只剩下了球案边的福原爱、李洁，还有站在暗处的自己。三个同样会说中文的人，分别代表三个国家。站在陌生的英伦土地上，一句加油鼓励的话却不知如何说出。是自己想得太多了吗？人家都说，与异文化相处最重要的是互相迁就不伤害。但就在此刻，一句“福原爱加油”要怎样说出口？

（［日本］日本新华侨报网 2012－08－27/邢熠）

移民潮之惑

在21世纪，人才是最宝贵的战略资源，是构建最佳经济发展模式的关键性因素和决定性力量。随着经济全球化和知识经济的迅猛发展，人才争夺必然会越来越激烈，企业间、国家间都愿意为吸引和留住一流人才而进行“不可避免的较量”。

发达国家可以用“发达”之利器来吸引“外脑”，因而，总能在争抢人才的战役中凯歌高奏、大打胜仗。有谁能拒绝高工资的诱惑，又有谁不渴求更好的生存环境和更安全的生活保障？西方发达国家挑起了全球人才争夺的战争，它们利用政策、法律等方式，吸引外籍科技和专业人才，以期其技术和知识能促进本国经济与科技的发展，从而使自身永葆“发达”。

然而，在西方富国千方百计、全力以赴地在全球范围内争抢科技人才的同时，发展中国家必然会出现人才流失现象，像中国、印度等人才大国，这种高端人才向发达国家单向流动的现象会变为一股移民大潮。人才流失必然会导致一个国家国际竞争力的下降，中科院发布的《全球政治与安全》报告显示，中国现阶段已是世界上最大的移民输出国。某些中国学者认为，中国“绝对是目前世界上人才损失数量最大的人才流失国”。新移民所具有的高学历、高技术、高资产等特点，决定了他们不仅制造了中国精英阶层的流失，同时也带走了中国参与国际竞争所不可缺少的技术、知识和财富，使国家面临“人财两空”的尴尬。

移民潮再次兴起说明什么呢？我们可以认定其源头是西方强国针对中国、印度等发展中国家所制订的“阴谋计划”，但我们也可以借机反思我们与西方大国在国家竞争力方面的差距到底有多大。我们可以发现我们的教育状况、空气质量、食品安全、法制环境尚有多大的改进空间，我们也可以重新寻找吸引和留住人才的积极力量。为了不让“中国凤凰”大批飞往海外，我们需要有勇气和耐心去“种植”比西方国家更好的“梧桐树”，我们要更有意志和信心去建设一个完美的“法治国家”。

西方强国挑起的全球人才争夺战向我们发起了攻击，给我们在经济发展、国际竞争力提升等方面带来了各种程度的负面影响，但我们也不必谈虎色变，被西方的“工资优势”、“教育优势”、“环境优势”吓倒。如果我们能够认清经济全球化使移民潮成为一种难以避免的必然现象，符合经济、资本、人才全球化的规律，反映了资源全球化配置的客观现实；如果我们能够正视世界上不少经济强国都曾体验过精英外流的痛苦和无奈，移民需求反映了人们对生存环境、教育环境、社会环境等方面需求的变化，那么，我们就有能力从这一令人悲愤的现象中发现一种积极的因素和能量。

“精英移民”之痛是中国作为一个发展中国家在走向世界一流强国的进程中需要付出的代价。移民潮的影响是双面的，它对中国经济产生的负面影响是暂时的、有限的，但对中国社会向前发展的积极影响却是深远的、丰富的。移民大军不仅会增加中国对世界的认知，而且也必然会扩大中国的国际影响。别国离乡的中国移民永远是中国人，至少华人的身份无法改变。华人走向世界即使不算扩大中国国家的影响，也该算是加深了中国文化的影响。

对于吸引和留住人才而言，我们是有强大优势的，这个优势归功于强大的中国文化。移民后的国人怕是难以告别固有的中国文化背景的。文化心理因素致使移居人群难以“舍弃”中国，他们或是仍然扎根在中国，或是“脚踩两只船”，在中西文化间东奔西走。事实上，对于中国和印度这样的人才输出大国来说，正在升温的“归国潮”和“人才回流”也将是必然出现的浪潮。高薪固然好，空气也重要，但人文环境怕是更加难以割舍的精神需要。故土难离，只要故土越来越强大，越来越进步，越来越贴近法制轨道，只要她发展的空间越来越大，越来越好，谁会忍心离开呢？

中国正在崛起。崛起的中国需要建设世界一流的创新型国家，因而对人才资源的渴求度正在加大。国内的人才不能走，外籍的顶尖人才也是越多越好。中国政府制订了“千人计划”等海外高层次人才引进计划，期待一大批高尖端人才来华一展才华。中国是新兴大国，是一片充满魅力的热土，发展机会是可想而知的。“外国月亮必定比中国月亮圆”——眼下还重复这样的老调就太老土了。

（《光明日报》2012－08－28/嘉波）

华人圈永恒的问题：将来到底要不要回去？

虽然在美国一切顺利，有房有车，有稳定的工作，但张曼夫妇长期以来一直纠结着那个海外华人圈永恒的问题：将来到底要不要回（国）去？“宝宝在那边是美国人，回来就是中国人，多好，多方便。”张曼说。也许就是在这样的动因下，开始出现了一个与中国相关的双重国籍人群。

他们的数量不可考，大多数人不愿意接受采访。他们一边自喜着拥有两国权利，一边担心着双重身份的泄露。

个人的两难亦是国家的两难：中国不承认双重国籍，但不能回避的双重国籍人群现象，是直指司法和道德的难题。

“善于与人同化，才能一起前进”

中国在清王朝晚期和民国时期，曾承认双重国籍。1907 年，荷兰殖民者勒令荷属印度尼西亚华侨全体改入殖民地籍。为了护侨，清政府在 1909 年对抗性地通过了《大清国籍条例》。荷兰殖民者奉行出生地原则，而清政府则奉行血统主义，即以亲子关系来确定国籍，承认“双重国籍”。其后，民国政府继承了清政府的相关规定，承认“双重国籍”。

新中国成立以后，东南亚的华侨已达 1 000 万之多，80% 是二代或三代华侨。这些华侨多数从商，势力庞大。东南亚很多刚刚摆脱殖民统治的国家，基于民族情绪，难以接受华侨的模糊身份，甚至引发了几起大规模排华运动。

1955 年亚非会议期间，周恩来总理以外长身份与印度尼西亚外长签订了解决华侨国籍问题的条约，根据这一条约，海外华侨在一人一国籍的原则下，自愿选籍。

周恩来对华侨团体解释说，“过去中国弱，那时虽也存在着双重国籍问题，但没有人拿这个来制造国际间的纠纷。现在中国强起来了，有的国家就从中挑拨，说你们这样的大国，有 1 000 多万华侨待在海外，是不是想搞颠覆活动”，因此，“不论从我们国家的对外政策上，还是消除误会、解除怀疑、改善我们两国的关系上，都须解决这个问题”。周恩来鼓励华侨，“能善于与人同化，才能和人家一道前进”。

自此之后，中国不再承认双重国籍。那么现在困扰中国的双重国籍是如何形成的呢？据专家介绍，目前有两类现象较为突出。一类是留学人员或以其他方式移居国外的中国人在取得外国国籍后并不报告，仍然保留中国身份证及户口，乃至回国后继续使用中国公民的身份证。另一类是中国公民在境外加入外国国籍后，向中国驻外使领馆申请退出中国国籍，而由于外交部门和公安部门的信息分享不太及时，导致公安机关未能及时注销已入外国国籍者的中国国籍信息，造成双重国籍。

“没有户籍不方便的，连条退路都没有”

张曼在美国留学时结婚，经过几年辛苦打拼，她和老公两人都有了美国绿卡，儿子也获得了美国国籍。但他们依然在纠结那个海外华人圈永恒的问题：将来到底要不要回

(国)去?

终于两人做了决定，请假回到老公家乡山东，在老公的户籍所在地给儿子报了个户口。张曼对回国并没有明确的规划，“回国”对他们而言只是个“万一”的选择，“万一以后我们回国发展了呢?万一以后宝宝想回来呢?没有户籍不方便的，上学都成问题，连条退路都没有”。

回国对这对夫妻而言，是一条退路，相当于一份保险，最关键的是，保金便宜到可以忽略不计。申报户口时，只需要托人弄一张准生证和宝宝的出生证明，便很顺利地在派出所报上了户口。“宝宝在那边是美国人，回来就是中国人，多好，多方便。”张曼说。

对取得澳大利亚国籍并且没有注销中国国籍的黄维而言，放弃一国国籍就是放弃了一国的福利。在澳大利亚持澳大利亚护照，在中国要分享医保、房补等福利，就使用中国的户口，何乐而不为呢?

对于一些在中国做生意的商人，保留中国国籍意义更大。刘先生于多年前移民加拿大，但是在广州生意做得很大，作为外商，他享受了各种税收政策优惠。他坦言自己并没有放弃中国国籍：“我知道这是不允许的，但是在国内做生意和生活，作为外国人还是有很多不方便的，加籍身份只在需要的时候才用，更多时候，我仍然是中国人。”

从以上案例大约能窥见寻求双重国籍的动因：既能享受欧美国家优渥的社会福利，又能在国内投资时得到特殊照顾，且不必担心来回奔波办签证以及购房、就业、医保、子女教育等方面的限制。

国家利益的风险

对个体而言，双重国籍可以“占两头好处”，可对国家而言，需要考虑更多的也许是制度风险。

首先，双重国籍可能会引发司法管辖权的问题。一个中国公民若具有双重国籍，假如他在中国犯罪，可能会逃往另一国，向对方国家提出外交保护要求，或者该国主张“本国国民不引渡”，这就给中国司法机关的管辖带来了难题。由于双重国籍涉及两个国家的政策协调，还有可能招致外交纷争。

其次，专家认为，在阶层分化已现端倪的当下，若开放双重国籍政策，实际上是赋予一小部分群体超国民待遇，使其成为少数享有特权的人。尤其是在国内城市，新移民在户籍、子女入学、就业等问题仍没有得到公平对待和根本解决的情况下，贸然启动对海外华人的双重国籍，或将招致国内民众的意见反弹。

曾在北京大学光华管理学院任教的许德音教授写过这样的故事。学院里来的归国博士，不少是拖家带口的。最新来的一对年轻夫妇，曾在美国名校教书，都有绿卡，但一对生在美国的儿女的身份却成了问题：若是美国公民，孩子出生时父母尚未取得绿卡，中国国籍法不承认他们的外籍身份；若是中国公民，孩子已是就学年龄，却办不了户口。夫妇两人为此苦恼不已，甚至考虑返回美国。

随着中国经济的迅速发展，在华外企，甚至中国本土企业的薪酬水平不断提升，海归也越来越多。但对那些持外国护照的海归来说，他们的在华身份问题，却成了一大困扰。这样的故事已经耳熟能详：某某联系好在华的高薪工作，却因工作签证没有落实而迟迟不能成行；某某某已经回国，却因办不下中国绿卡而不得不回流。还有更尴尬的故事：持外国护照的某某，到了退休年龄，告老还乡，却因中国绿卡一卡难求，又懒得每年申请延续签证，索性在自己的祖籍地当了“黑户”。

有人可以左右逢源，受两国庇荫，有人则落叶难以归根。华侨华人出入境便利和回国定居诉求的激增也愈发受到社会广泛关注。人员跨国流动的新形势，对中国目前的跨国流动人员管理模式已经提出了新的课题。

（《环球》杂志 2012－08－31）

国人要如何理性爱国?

一般情况下，在涉及国家之争和民族矛盾的问题上，民众所展现的爱国意志主要是对政府的决策提供动力和支持，而不是以一种非理性的压力把政府逼到墙角，干扰国家的发展和外交大局。

日本野田政府“购买”钓鱼岛的行为引发了中国民众连续一个星期的反日示威游行活动。针对少数人在示威游行中的“打砸抢”等极端行为，中国社会和媒体开始对爱国行动进行反思，提出“爱国不要演变为害国”、“理性爱国”等呼吁，这是一个可喜的进步。在中国，要理性爱国，四项原则必不可少。

第一，要理性爱国必先理性认识世界。在无政府状态的世界政治中，国家对普通民众的重要性不言而喻，爱国主义的情感和行动既是必需，也极为必要。然而，如何认识和处理本国与他国以及整个外部世界的关系却是爱国行动能否保持在正确轨道的前提。

对中国来说，近代以来的世界具有双重性。一方面，在殖民与帝国主义时代，中华民族“睁眼看世界”付出了“血与火”的巨大代价，在备受侮辱与伤害的同时，华夏文明几次面临生死存亡的关口；另一方面，中国从西方文明中的获益也极为可观，既打破了几千年王朝更替的历史循环，步入到正常的民族国家行列，也在积极参与全球化的过程中，走出农耕文明，开启和推动了工业化与现代化，而科学、民主、自由、法治等价值观的传入，更让中国人民受益匪浅。

因此，在与外部世界的交往中，中国人既要不忘历史，更应放眼未来。历史悲情固然可以凝聚民心，但也容易跌入盲目排外的陷阱。在国家之间的竞争中，以延续几千年不辍的文明底蕴和世界第二大经济体的现实国力，中国应该以更自信、开放和包容的姿态与形象展现在世界面前。

第二，理性爱国必须要有大局观。虽然国家不等于政府，爱国不等于爱政府，但在国家之间的竞争中，毕竟政府才是行使主权和决策的主体与代表。即使是互联网和新媒体高度发达的今天，在信息高度不对称的国际政治博弈中，也只有政府才有足够的资源和信息在权衡利弊得失的基础上进行科学合理的决策。

就现今中国而言，实现民族复兴和完成现代化是发展大计，推行和平发展战略是外交大局。在南中国海和钓鱼岛问题上，从短期看，虽然中国的国力已经足以保障主权和领土不被进一步分裂，但也不具备足够的实力和成熟的机会从根本上解决这些问题。就长期而言，在中华民族复兴和现代化的完成之日，必定是南中国海和钓鱼岛问题的根本解决之时。

因此，在此过程中，时间对中国有利，中国需要以时间换空间，最终赢得在维护主权和领土完整斗争中的胜利。这两年来，无论是美国推行“重返亚太”战略，还是日本、越南、菲律宾等国的挑衅，都是看到了这一点，希望找各种机会实施所谓“先下手为强”的策略或者对中国发展大势予以干扰。对广大的中国爱国民众而言，必须看到这一点，切不可自乱阵脚，自毁长城。

第三，理性爱国必爱同胞。“匹夫兴亡、国家有责”，在根本意义上，国家的存在仅仅是一种手段。保护国民的安全，保障国民自由、平等和幸福生活以及实现自我价值的权利才是国家存在的根本目的。国民同胞是国家构成的基础，没有国民同胞，国家就是一具空壳。从这个角度上讲，爱国的真正目的就是爱同胞。

正所谓“一屋不扫何以扫天下”，对自己同胞不能体恤爱怜的人，不可能是真正的爱国者。一个置同胞的尊严和利益于不顾的人，也不可能是一个真正的爱国者。由此观之，贪官污吏、滥权乱法者、生产毒奶粉者、制造假药者、地沟油食品化者以及打砸抢等目无法纪者都不可能做到理性爱国。与损害自己同胞的利益相反，爱护同胞、加深同胞之间的感情、以理依法处理同胞间的利益和观念分歧，建设一个和谐的社会，才是理性爱国的前提所在。

第四，理性爱国必讲文明。虽然国家的存在由来已久，但真正意义上的爱国主义只有在以人民为主体与核心的民族国家出现之后才产生，先有民族国家，而后才有爱国的情感和行动。但爱国主义一经产生，对民族国家就有极大的影响。爱国主义的内涵决定一个民族的品质和文明程度，进而决定所在民族国家的文明程度。

中国正处在大国崛起和民族复兴的关键阶段，什么样的爱国主义将决定中国成长为一个什么样的大国，也将对未来的世界政治产生重大影响。在这方面，马克斯·韦伯（Max Weber）关于民族“政治成熟性”的论述具有非常深刻而重要的意义。以史为鉴，德国之所以出现纳粹主义、日本之所以出现军国主义与它们在国家崛起关键阶段的政治不成熟有着直接的关联。

在21世纪的今天，中国爱国主义的文明程度将由两个方面决定。对内要实现宪政并在此框架中建构自由主义的公民社会，合格的爱国者必须是合格的现代公民；对外要将和平而不是暴力、宽厚而不是褊狭、良善而不是邪恶的理念传递给世界。只有如此，中华民族才能有望走向“政治成熟”。用马克斯·韦伯的话说，如此才能有望以“主宰者民族”的资格参与“世界政治”。

在根本上，非理性爱国是中国公民社会建设滞后的产物。根据世界历史的经验，民族国家的建构与公民社会的形成具有同步性，但在中国，两者之间却存在较大的落差。从这个角度来看，理性爱国的落脚点就在于公民社会的建设，这便是中国需要急迫努力的方向。

（［新加坡］《联合早报》2012－09－24/周慧来）

以华裔指代亚裔是误导公众

纽约市议员丹尼尔·卓姆近日向纽约市议会提出法案，要求在收集人口数据时对亚裔人群进行详细分类，而非仅用“亚裔”两字笼统囊括所有亚裔族群。在多元化社会的背景下，这种呼声的出现表明美国的少数族裔随着人口不断增加，各自的利益需求也日渐突出。

在美国，某些情况下，族裔分类还是沿袭过去的做法，即只是一个大致分类，如非裔、西裔、亚裔。有时亚裔还被放在“其他”类别里，如一些公立学校的分类登记，给亚裔群体造成很多困扰和不便。

亚裔美国人是指具有亚洲血统的美国公民，包括华裔美国人、菲裔美国人、印巴裔美国人、越裔美国人、韩裔美国人、日裔美国人和其他来自亚洲的美国人，约有22个分支。美国亚裔人数近年增长很快，2000年至2010年，美国亚裔人口共增长46%，目前全美约1 700万的亚裔人口中，华裔约400万。

在亚裔中，印度、巴基斯坦等南亚族裔，由于外貌与华裔有较大区别，比较容易被区分，其他如华裔、韩裔、日裔及越裔等东亚或东南亚移民或后代就较难被区分，各种族裔间教育、收入水平等也差别很大。因此，主流社会将亚裔称为“模范族裔”时，可能是指其中部分族裔，事实上有人认为主要指的是华裔及日裔。

进一步细分族裔的建议，虽并非由华裔议员提出，但华裔在这一问题上受的困扰比其他亚裔更大。

据报道，旧金山警局由于电脑系统落后，过去10年一直将该市逮捕的所有亚裔美国人都登记为“华裔”。旧金山警局以这种方式向公众公布以及向执法机构报告至少10年，对公众造成严重误导。据2010年人口普查数据，亚裔是旧金山最大少数族裔，占总人口比例的1/3，华裔占亚裔比重为64%。在华裔人口占亚裔比重过半的旧金山，警察当局把亚裔和华裔如此混同，令人费解。

华裔人数众多，但华裔不等同于亚裔，以华裔指代亚裔对公众会有误导。另外，华裔民众占多数，华裔应对自己的族裔身份有更多认同，即应该首先是华裔，其次才是亚裔。

不久前在纽约某区选举中，一韩裔候选人对决两位华裔候选人，有华裔选民就认为反正都是亚裔，投谁都行。这种想法也不能说有错，但是作为亚裔中人数最多的族裔，加之中国经济崛起，华裔在主流社会中应得到更多的认识和重视。

因此，美国华人在认同上首先要以华裔为重，这样才有助于增强华裔族群的凝聚力，积聚更多的力量，争取华人的更大利益。在美国这样多元化的社会里，在融入当地社会的同时，加强族裔认同，对华人来说是好事。

（［美国］《侨报》2012－10－01/一娴）

马来西亚华人：不能忽视的少数

在马来西亚的政局中，华人正成为一支重要力量，这既与马来族群政治有关，也与中国崛起的大背景有关。用前总理马哈蒂尔的话来说：“任何一个政党若得到华裔的支持，它将赢得选举。”

华人为何长于挣钱

“悄悄告诉你，整个沙巴最有钱的就是福建人。”在位于马来西亚沙巴州亚庇市中心的办公室里，亚庇中华工商总会会长陈友仁对记者说。陈的另一个身份是章桂木业有限公司董事长，他的哥哥陈守仁也是当地知名的华人企业家，两人的祖籍在福建泉州。

综观马来西亚的经济版图，占总人口25%的华人高居经济金字塔的上层。在10大富豪排名上，华人占据了8席。

即便在中国餐馆，也很少能看到华人服务员的身影。“领班可能会是华人，但端盘子的收入对华人没有什么吸引力。”一位马来西亚华人说。

华人为何长于挣钱？马来西亚总理纳吉布华曾在出席华人商界集会时总结：“在座诸位更富于企业家精神，更加脚踏实地，于是我们走上富裕之路。”

过去，这种经济地位的分化曾引发族群关系的紧张，大马政府也一度推行明显重马来人而轻华人的所谓“新经济政策”。但随着歧视性政策暴露出的问题越来越多，政府意识到民间资本尤其是华人资本的重要性，华人企业的发展环境慢慢就放宽了。

中国经济的飞速发展和中国市场的巨大潜力，令大马政府越来越依赖中国这个贸易伙伴，亦在无形中提升了华人的地位。

“如果芒果、蔬菜等农产品不能出口到中国大陆，那只能全都扔到海里去。如果失去了中国游客，马来西亚经济肯定受很大影响。”马来西亚中华大会堂总会副会长黄益隆说。

公开自己的主张

除了“有钱”之外，马来西亚的华人还具备另一个特征：求稳。华人求稳的一个重要原因是害怕。从1950年代开始东南亚历经几次排华浪潮，令华人刻骨铭心。让华人不满的是马来人政党巫统的一党独大，制度上的不少细节设计均对华人不利。长期与巫统合作构成“国民阵线”的马来西亚华人公会（简称“马华”），虽然属于执政党联盟，但在议会中的席位正日益减少。在国民阵线中，马华的地位从与巫统对等逐步演变为从属的角色。

最近几次民意调查显示，大多数华人都倾向于反对党，而不是执政联盟中的马华。

现在，马来人群体也发出了要求改变的声音，引发他们不满情绪的主要是日益严重的贪腐问题。“透明国际”2010年底发布的一份报告指出，一半马来西亚人认为腐败情况已经恶化。

对于大多数华人而言，改变要靠大选，但他们更坚持这样的理念：国家必须实行“两线制”，即形成一个执政联盟，一个反对联盟。“这样一来，包括中华大会堂在内的中立的非政府组织就能发挥重要作用，有很大的选择空间。”黄益隆说。

“教育让我们一条心”

在华文小学读书的学生占马来西亚小学生总数的22%，但政府对华文小学的拨款仅占总拨款额的3.6%。

“以前，政府要宣布为华文学校拨款都会被认为是一件敏感的事情。”东马最大的华文报纸《诗华日报》的一位高层对记者说。

政府拨款不足，华人企业家和华人社团便成为华文学校的坚强后盾。这种变化的表现之一是不少土著居民选择华文学校，以至华文学校的课室紧张。学了汉语，他们可以去中国找机会发展。即便留在本地也有用武之地，毕竟，有越来越多的中国游客来到大马旅游。

多元化教育开放的趋势逐渐明显。每年，都有马来西亚华文老师到中国进行培训。不过，中马华文教育合作还集中于软件方面，马来西亚教育界不少人士建议中国政府对华文教育投入更多的硬件支持——即使不便直接捐款援助，也可以尝试由走出国门的国企承担为当地建设华文学校的职责。

就在2012年3月，马来西亚学术鉴定局宣布：承认146所中国大学学士或学士以上学位文凭。这一重要的政策变化，使得很多原本希望到台湾留学的马来西亚人，转而选择前往中国大陆。

（《南方周末》2012－10－04）

华界恶性竞争何时了？

总部设在大多区康山一座漂亮全玻璃幕墙大厦内的利享金融集团，最近拒绝了一单佣金达万元的大宗理财业务，而客户是一名富裕的中国大陆移民。该公司总裁、从业30年的资深投资师、理财师谭北鸿对本报记者解释说，在商言商，公司打开门为每个客户服务，更何况这是一个慕名找上门来的大客户，但这单生意是实在很难做，只得将其拒绝了。原因是这个客户开出的条件是要取回经纪佣金的一半，因为他之前接触过的华人经纪公司也开出这个价码想招揽他这个客户，但他还是选择在质量和服务方面都有口碑的利享金融集团。谭北鸿算了一笔账：这单业务是有1万元的佣金，但要向政府缴纳4 000多元税款，如再向客户返还一半佣金即5 000元，就所剩寥寥无几的1 000元了，完全不足以维持经理人处理这宗业务和服务客户所需的成本开支。当然，也不可以用降低服务质量的手法去平衡这宗业务的收支，甚至争取赢利。谭北鸿说，拒绝这个客户的另一个更重要原因是这样做涉嫌违法，因为加拿大金融机构监管局条文规定，不得用返还佣金的手法招揽业务。他明白，这个客户也可能去找其他华人公司做这宗业务。在目前已进入恶性竞争环境下的本地华人业界，为了抢夺客户，公司和经纪各出奇招，甚至是贴钱做生意，这种现象屡见不鲜。而像地产经纪那样承诺向客户返还佣金的行为，已经悄悄蔓延于华人金融业界，情况令人担忧。

而另一不愿透露姓名的某华人金融公司老板向记者坦率地承认，上述现象的确普遍存在。迫于严峻的市场竞争环境，公司的一些经纪特别是新入行员工，尽管自己不愿意，但为了拿到业绩，揽到客户，除了付出劳动外，有时还得从微薄的佣金收入中拿出部分去送给客户，希望能做成生意。而经纪的主要收入正来自于业务佣金提成，向客户返还佣金自然减少了经纪的收入和公司收益，如果情况严重，最终难免影响对客户的服务水准，受害者仍然是客户。虽然公司不赞成经纪这样做，但在华人业界竞争趋于无序化的情况下，你不做，别人也会去做，所以只得对经纪的这类行为采取睁一只眼闭一只眼的放任态度，否则公司就没生意了。

谭北鸿认为，华人金融界地产界经纪以返还佣金手法揽生意已成为业界的一种潜规则，但这种现象在西人主流业界并不存在，反映的是华人业内的竞争已趋向恶性化，以及华人公司经营文化如何才能与本地商业游戏规则接轨，是要按正道或要走偏锋赚钱的问题。几十年来在主流金融界获奖无数的谭北鸿深有体会地表示，华人公司在加拿大业界已占有一定地位，但要取得长足和稳定的发展，还得改变在原居地的经营观念及摒弃投机取巧手法。按照相关法规和市场规则行事，实实在在地经营，才能长远发展下去，尤其是金融保险业的政府监管极为严格，就更应规范好经营行为，信用、信誉好了，生意最终还是会来的。而市场恶性竞争发展下去的结果，只能是客户、经纪、公司三输，对谁都没有好处。现在一些华人公司因收益减少，只好以削减员工职业培训、缩减办公场地和设施等办法去减低成本，以求维持生存。

既然华人市场有因传统习惯、消费模式、语言等有别于主流的特殊性，除了政府监管外，能否通过行业监管及自律，去制约违规行为和促成有序竞争？身为本地一华人金融协会理事的谭北鸿对此并不抱太大的期望。他表示，主流业界的行业协会在这方面发挥着很好的作用，华人圈里尽管成立有多个协会，也就有关问题作出过讨论，但这些协会全部是娱乐联谊性质的组织；而且华人有谁也不服谁的陋习，尽管像佣金返还等行为成为了大行其道的“公开秘密”，但很难在行业规管上有任何作为。这样，也容易为一些金融欺诈案件的发生提供一定的土壤。按谭北鸿的话来说，经历过唐炜臻、邓文越、枫叶投资等惊天大案的冲击后，华人投资者普遍对华人金融业者抱有本能的戒心，不信任情绪明显增加，使当前的华人金融业状况只可以用“烂泥塘”去形容，并饱尝恶性竞争的苦果。为了回避存在于华人业内的恶性竞争，谭北鸿将公司的未来主营业务转向主流社区和高端客户方向上，毕竟公司有这方面的历史基础和足够实力。

而事实上，本地华人社区不仅有在政治上一团散沙、内斗内行的恶名，在商界上也是恶性竞争严重，地产中介、超市业、零售业、学校培训以至媒体业界等各行各业莫不如此，其市场基本处于一种政府管不到、同行管不了、华人不敢管的“三不管”的无序状态。其长远发展下去，实非华人经济之福。

（[加拿大]《北美时报》2012－10－12/马克）

海外华人急需政治家

我常见到一种父母，他们完全把孩子当作加拿大人来养，家里不说中文，不让孩子上中文学校。孩子平时吃的是快餐和西餐，交往的全是白人朋友，有意识的品尝各类咖啡和奶酪，模仿本地白人的口音，留意白人日常生活中的习惯和讲话中的笑点，总之，离中国人的圈子越来越远。他们认为只有这样，孩子才能真正把自己当成一个加拿大人，才能彻底融入加拿大主流社会。而另一种父母则相反，他们经常对孩子灌输中国文化，从小送孩子上中文学校，暑假带孩子回国，甚至用几年时间让孩子回中国读书，千方百计让孩子对自己的根有所认识，让他们吸取中国文化精华，为他们规划未来奋斗目标，追求更成功更久远的中国式成功。这些家长本身对国内的功利行为很是反感，却在国外做着比国内更功利的事情，他们对孩子的要求更高、更强烈。这些父母认为，不管你是美国籍，还是中国籍，别人还是会把你看成中国人。父母本身的不自信和自卑情结，让孩子对自身早有清醒的认识，所以，在很小的年纪，他们就练就了抗压本领，被别人歧视时，心理承受力很强，挫折感也不强烈。

华人在某些方面的确卑微，也很辛酸。经济融入、政治融入和文化融入是海外华人融入当地社会的三个重要组成部分。现今华人在海外参政已经不是什么新鲜事，各种当选的好消息不断传来，但离真正的政治融入还有相当长的距离。温哥华的中国富豪很多，但能真正参政的人很少，最有钱的人大多只顾埋头做买卖赚钱，政治和选举离他们很遥远。

对久居国外的人而言，想家已经不是一个概念，而是一种习惯。只是他们由于生存需要，思维与立场变得越来越模糊，似乎没有剩余的精力去表达自己的意见或观点，得过且过，维持现状或是麻木不仁几乎是绝大多数华人海外生活的基调和日常形态。加拿大移民部在逐年更新他们的移民政策，考虑本国利益与需要成为政策变迁的第一要务。而能移民过来的人当然是他们需求的高级人才，这些人绝大多数在祖籍国也都是精英人士或技术人才。移民他乡后，他们所承受的生存苦难也是必经之路，而加拿大的各类入职门槛并没有因他们而降低。他们的资格要达标，他们的语言要合格，他们的学历要匹配，若不如此，就不能真正融入这块土地，更难体会到主流心态，也注定他们只能生活在边缘之地。

而这样的局面要靠什么人来帮助而获得改变呢？华人父母辛苦生活，一代又一代，他们忍受着艰辛，为的是什么？其实目的很简单：更好的生活，更好的未来，更好的下一代。下一代，这是多么美好的字眼，为了下一代，他们宁肯“没有”上一代，也“不要”这一代。一位华人母亲为让儿子读书，为让全家实现移民梦，从第一年打工直到儿子读博士毕业，她没去学英语，没有继续完成自身专业教育，不请假，不旷工，不买衣服，不下饭店，不看电视，不去游乐，只因不敢停止一份收入不高的辛苦工作。你也许会说她没有眼光，不会打算，能力不够，但她只管一心守住这样简单的心思。许多华人为了孩子们的生活和学习，换学区、换工作，拼命挣钱，让孩子学钢琴、入中文学校、补法语、学习当地各类体育项目。为了不使下一代重复父辈们的艰辛，为了孩子的幸福和他们的未来，华人之间早已拥有这份默契和共识。这样的共识让海外华人心中有一份默默而强大的坚忍。有这样一种东西，不管在美国或加拿大，华人们都紧紧抓着不放，不管你是来自中国的哪个省市，不管你说着中国的哪种方言，只要是华人，他们都会承受着心里的这份坚忍。华人全体真正在乎的那件东西，它叫做核心价值。这个核心价值，可以因阶级、因族群、因利益之所导或因意识形态之所在而有所分歧，但是，给孩子一个最好的未来，却是任何人无可非议的事情，它成为海外华人生活中最大的共识，它超越政治，超越任何生活琐事，更无关立场。

谁可以给我们华人孩子最好的未来？我敢肯定，那就是我们华人群体迫切急需的领袖式的人物，一个政治家。这个政治家，就是我们华人所要托付的人，就是我们华人要把孩子交付给他的那个人。谁会最尊重我们的孩子，谁会最爱我们的权力，谁会最为我们操劳，谁会最珍惜我们的生活与拥有？是这个政治家，我们需要这样一个政治人物。这个政治家要有足够的胸襟，有悲悯情怀，他一定要爱加拿大，他要把加拿大变成我们华人每个人心中的加拿大，他必须拥有这样的能力。

华人经历过辛酸的移民生活，经历过成年后读书阶段的压力，经历过和亲人的离别与乡愁，经历过移民政策不断更迭挤压，经历过工作不断变更和波折，经历过不安全的多伦多城市所发生的变态截肢与枪击抢劫案件，经历过虽有专业技术却多年没有正式工作的弱势心理，经历过隐形歧视和高高的专业资格门槛，经历过合法权益受损却不知如何反抗的愁苦。“在异国的少数族裔没有政治地位是非常可怕和危险的事。不管这个少数族裔有多少大学校长、多少诺贝尔奖得主、多少亿万富翁，都无济于事。”曾任美国劳工部财务总长的华裔莫天成，他的示范作用说明，海外华人的政治融入对于经济和文化融入发挥着不可替代的作用，华人要真正维权，依照所在国法律积极参政是根本出路。

但又存在一个严峻问题，华人虽然知道，而且很早就意识到我们急需要政治融入，急需要一个政治家，但我们依然是行动力差。广大华人的“政治冷感”使其对居住国的政治选举向来抱着冷淡的态度，这一点如果没有突破，华人永远是一盘散沙：缺乏组织，缺乏投入，缺乏责任，缺乏执行与头脑。华人成立的社团其实是很好的组织机构，但事实上它的作用微乎其微，反而带来互相攀比、争山头、各自为政、争会长位置等旁门左道的坏处。华人社团本是公益组织，侨社会长基本上没有工资、没有补助，完全是义务服务，然而很多人对这个职务依然趋之若鹜。这并不是因为这些参选者都有很高的思想觉悟和很强的服务意识，而是因为国内各级政府、侨务部门对华侨社团领袖人物一直都很友好，也很信任。因商业来往密切，不少商人盯上社团领袖这个位置，只是为自己牟私利而已。甚至某些侨团社团里设有多名或挂名常务副会长、副会长、秘书和顾问。近年来的一些社团成员趋向年轻化，比如由华人筹组及主导的温哥华政党社团“民族联盟党”（NAP）、多伦多的福建社团，它们的成员一般都具有良好的教育背景、经济地位，富于创新精神和开拓能力，只是他们至今没有意识到参与政治对商业发展的重大作用，而社团的各类问题与弊端也没有得到根本的改善。其实，从以前的华人社团山头林立、人人称王，或者是日薄西山的“老家伙”华人社团组织，或者说是有钱人争名夺利的游戏组织等，其中有识之士完全可以直接利用社团本身的华人属性，融入加拿大国家的社会生活、政治制度和法律规范中，利用他们的游戏规则为华人争取权益，而这样的组织机构更是能够成为产生最好的华人政治家的最好的基地和实验场。今天，我们已经看到，一些有识之士已经开始了他们的行动，特别是生活在多伦多的第二代、第三代的年轻华人，他们有语言的优势，也有着老一辈所不具有的现代意识和服务理念。他们奔走于各华人聚集地，呼吁各社团摒弃以往以出生地域、工作地区为界限的陈旧观念，汇合到一起来。把散沙聚集，把华人的利益和目标整合，把华人精神凝聚起来，把华人的未来记在心上，把华人的后代放在首位。华人政治家的出现是多伦多华人未来的必然趋势，如果不这样，我们华人就不会有未来。

我真的相信，未来的这位华人政治家心中，一定有一双我们华人后代期待的双眸。在不远的将来，我希望华人因为有了这样的政治家，华人的后代完全有可能成为加拿大未来的总理，你们相信么？

（［加拿大］《北美时报》2012－10－12/戴湖湖）

鼓励华人专才参加政府部门工作

华人移民新西兰已有150多年的历史。在这悠悠岁月里，一个成熟的华人小区已经逐步形成。今天有近20万华人生活在这片美丽的土地上，我们是新西兰的第三大族群。我们通过辛勤的劳动获取财富，通过接受良好的教育成为社会栋梁。我们积极融入主流社会，为社会发展服务。与早期华人相比，我们的社会地位和经济地位发生了根本性的变化。

近年来，随着中国经济的崛起以及中新两国友好合作关系的深入发展，中国已经成为新西兰最重要的贸易伙伴之一。贸易部长Tim Groser先生2010年2月在上海时就曾说过："2009年发生的经济危机对全球的贸易造成了严重冲击，中国在帮助新西兰躲过经济衰退的过程中扮演了重要的角色。"在这个历史大背景下，新西兰华人的社会经济地位得到了空前的提高。新西兰华人是推动新西兰社会发展不可或缺的力量，是中新两国开展经贸、文化、教育、旅游等各领域合作的重要桥梁。

与此同时，华人在新西兰政府部门任职开始成为新西兰政府和华社认真讨论的议题。新西兰政府在今年2月发表的《中国战略》中已经明确指出，新西兰的未来在于融入生机勃勃的中国经济。新西兰必须与中国建立和保持充满活力、目标明确的战略关系，因此新西兰的政府部门需要大批华人专才的不断加入。

鼓励华人专才进入政府部门，是因为我们拥有其他族裔所没有的优势，那就是我们通晓中文，了解中国的文化习俗。同时，随着华社成员结构的不断变化，华人在政府部门任职的条件日趋成熟。他们当中不少人是当年的留学生，系统地接受了本地高等教育，通过艰苦努力在新西兰站住了脚、扎下了根、开拓了事业。他们对新西兰的社会和法律有着比较深刻的理解，完全能够适应新西兰的工作和生活。

目前，在政府决策部门很难寻觅到华人的影子。应该承认，政府职位对许多能进入大公司工作的青年专才缺乏吸引力，因为就薪酬和职业发展前景而言，大公司更具有吸引力。另外很多有才华的华裔青年根本没想过进入政府部门，这点值得我们关注。因为它可能说明的不仅是信息的不足，还可能是文化的缺失，而这种缺失可能是历史造成的，毕竟华社曾经遭受过歧视。

华社向政府部门输送人才，是华社的需要，更是国家的需要，我们要走的路依然很长。但是，我们应该对越来越多的华人面孔出现在新西兰政府部门充满信心。

（［新西兰］《先驱报》2012－10－13/杨健）

关注无国籍的海外中国人

在泰国北部三省、芭堤雅以及周边国家境内，生活着20多万名当年中国军队第93师的后代。该部队隶属于原国民党云南地区的第八军，在1949年战败后，由于没有退路，不得已进入现在的金三角地区与滞留在当地的原国民党抗日远征军残部合并为93师。1949年后，由于蒋介石要求他们于金三角地区等待东山再起，因此这支部队和他们的后代一直未能来到台湾。

泰国政府曾经上诉联合国，理由是台湾当局非法在他国领土驻军。台湾对这支军事力量的存在无法否认，先后派出两任原第八军高官要求他们一路撤回台湾。由于种种原因，只有极小部分的人员经历千辛万苦抵达了台湾，在蒋经国和李登辉时期，台北总是以诸多借口拒绝这批遗民进入台湾。到陈水扁当政时期，形势就更不利了。

泰国与缅甸政府曾多次围剿这支部队，但均遭失败，于是主动谋和了。泰政府愿意提供一片地区供93师定居，但规定他们不得离开圈地，条件是要求93师作为雇佣军围剿让泰政府军也同样感到棘手的泰共游击队。但是这些人（和他们的后代）却成为没有国籍的人，无论是中国大陆、台湾还是泰国和缅甸政府都不肯给予他们国籍。他们只有难民证，永远不能离开这小小的圈地。

由于没有国籍，办不了护照，他们不能出国，他们被所在国视为异类，子女不能正常上学和就业。这些无国籍的海外中国人总是受到特别的“关照”，他们被限制走出山区去就业。如果下山打“黑工”，一旦被警察抓住，就要被罚款、监禁，然后被遣返原地。虽然不排除有少数人成功申请到泰国国籍的可能，但是入籍有着各种繁琐的手续，也是一个极其漫长的等待过程。

中国内战已经结束了60年，国共两党高层可以把手言欢，这说明中国人内部的矛盾是可以解决的。而这些无国籍的海外中国人也同样是炎黄子孙，他们每年还在过着春节、端午、中秋，唱着中国的民歌，讲着中国的语言，中国政府没有理由推脱自己的责任，对他们放任不管。

我曾参观他们在芭堤雅的一个居住地，跟他们交谈，他们其实没有多少要求，只有一句发自肺腑的“还我国籍”。我有时候真的很不理解，为什么越南、科索沃、伊拉克的难民能引起世界那么大的关注，而我们可怜的中国难民却在长达60年的时间里被不闻不问呢？

（VeryCD网2012－10－19）

“放宽华人签证助长非法滞留” 内政大臣与官方数据自相矛盾

英国政界和商界就放宽中国游客签证的争拗目前还在持续。内政大臣特蕾莎·梅女士持反对放宽立场。她认为一旦放宽，一些游客会乘机非法滞留，或者冒充难民。她表示，来自中国的难民、犯罪分子会威胁到英国的社会安全。本报记者近日走访多个政府部门就相关问题进行采访，官方提供的数据显示内政大臣的说法是不正确的。

华人在英犯罪逐年减少

今年8月，英国文化大臣亨特建议放宽对中国游客颁发签证的政策，内政大臣特蕾莎随即致信首相卡梅伦表示坚决反对。她反对的第一条理由是：至今仍有400多名中国犯罪分子关在监狱等待服刑后遣返。

记者向英国司法部查询，获取的数据显示目前正在英国服刑的中国大陆华人人数不到200人，而人数还在逐步下降。

今年6月30日，在英国各地监狱服刑的大陆华人有172名，今年3月31日则有210人，一年前的6月30日有218人。目前服刑人数与去年同期比较减少了21%。

2012年6月30日，英国监狱共关有人犯86 452名，其中外国籍的有10 861人。中国大陆华人仅占外国籍罪犯总数的1.5%；在全部犯人中大陆华人所占比例不到2‰，华人人数相对来说极少。

申请难民华人每年下降二至三成

内政大臣特蕾莎女士反对放宽中国签证的第二个理由是每年有大批中国人来英国申请难民。政府有关部门相信这些人并不是政治难民，仅仅是为了经济利益而冒充难民的。

记者从边境署获得的数据显示，中国大陆华人在英申请难民的人数在过去两年有明显下降，内政大臣声称每年有上千华人申请庇护，是不准确的。边境署向本报记者表示，今年1～6月只有343名大陆华人申请难民，比去年同期少了15%，比2011年同期则下降了32%。

数据显示，中国周边国家如印度、阿富汗、巴基斯坦、斯里兰卡的公民在英申请庇护人数居高不下，至今一直在上升，而中国则稳步下降。

访法华客多十倍 非法滞留反减少

据边境署提供的数据，因违反移民条例被扣留在移民中心的大陆华人也在逐年减少。

2009 年有 1 536 名大陆华人因无证打工或者签证过期滞留不归，被发现后扣留在移民中心；2011 年人数下降到了 1 254 人，减少了 13%。

被扣留的华人除部分获准释放外，大部分被遣返回中国。2011 年 1 月至 3 月英国自愿或强行遣返中国大陆华人共 967 名，今年同期增加到 1 024 人，去年 4 月至 6 月遣返大陆华人 528 名，今年同期则上升到 654 人。种种数据显示，英国打击和遣返华人犯罪分子或移民违规者还是相当有成效的。

另据记者从法国和德国内政和司法部门了解到，过去 5 年，中国游客大规模前往欧洲大陆观光。去年前往法国的中国游客比来英国的多 10 倍，前往德国也比来英国的多 8 倍，但“黑”在这两个国家或申请难民的微乎其微。德国边境部门告诉本报记者，过去 3 年在德国申请难民的华人每年不超过 100 人。

很显然，英国内政大臣所谓放宽签证会助长华人非法滞留或申请难民的说法是站不住脚的。

（［英国］《华商报》2012－10－22）

新老华侨代沟

老侨与新侨是按移民时间划分的，1979 年及以后，由中国移民海外的人称为新华侨华人。曾有一位移居美国 60 多年的老华人对记者说：“老华侨是来美国谋生的；新华侨是来美国读书的。”

教育碰撞

老侨与新侨最大的差距是教育层次的差距，学历差距决定了就业的差距。早期移居海外的老侨，漂洋过海，客居异邦，靠“三把刀”——菜刀、剃刀、剪刀谋生，意指华人移民最擅长的餐馆、理发和裁缝这三种职业。新侨大多在中国接受过高等教育，在海外攻读了硕士或博士，“三师”——律师、医师、工程师成为他们追求的新职业。

在唐人街，很多老侨经营自家生意，或是开超市，或是开餐厅，收入可观。在华尔街，很多新侨跻身跨国公司，也有的因为金融危机，经历就业和失业的轮回。老侨笑话新侨：“书读了不少，找到工作的奇累无比，找不到工作的灰头土脸，还不如从小学做生意。”新侨讥讽老侨：“不读书，不会说外语，只会在唐人街吆喝，永远也融入不了主流社会。”这是老侨和新侨在教育上的碰撞。

生活碰撞

很多新侨因为学历高，在海外主要从事医疗保健、餐饮服务、制造业、科学研究等行业，其中有很多人从事管理、软件开发、会计等高级“白领”工作。老侨的学历不高，只能从事厨师、服务员、收银员、纺织工人等低收入“蓝领”工作。

工作不同，收入也不同，生活方式更不同。例如，在硅谷信息技术企业，非美国本土出生的企业执行官，有15%是出生于中国；工程技术企业非本土出生的企业执行官有30%是出生于中国。这些新侨每天拼命地学习和工作，都是为了能早日实现成为“中产阶级”的梦想，如今他们已经实现了，有满意薪水、城中公寓、乡间别墅、海外度假。

做“蓝领”的老侨就不同了，生活拮据，租房蜗居，辛勤工作。他们对事业有成的新侨十分羡慕，但时过境迁，自己无法改变自己的人生，唯有把希望寄托在下一代身上，希望孩子努力读书，将来能成为律师、医师、工程师等。由美国学者做的调查显示，美国人将家庭过半收入用于买房、交通；华人将家庭一半以上收入用于子女教育，高出普通美国人家庭17倍。这个结果不足为奇，老侨希望孩子通过学习来改变生活状况。

文化碰撞

喜欢吃快餐，喜欢泡咖啡馆，喜欢看好莱坞大片，即使和家人说中文也时不时蹦出几个英文单词。这是新侨融入西方社会、接受主流文化的结果，是好事还是坏事？对此，新侨和老侨也有碰撞。

多数老侨认为中国文化不能丢，尤其是传统文化：唐人街春节热闹的庙会；除夕夜亲人聚在一起包饺子吃团圆饭；端午节赛龙舟吃粽子；中秋节赏月吃月饼。相比老侨，新侨对西方节日更有兴致，情人节会情人，感恩节孝敬父母，圣诞节吃大餐。值得一提的是，圣诞节期间是欧洲和美国商场的促销季，在蜂拥的抢购人群中，有很多华人的身影。这些新侨过起圣诞节甚至比西方人还讲究，圣诞树、巧克力、火鸡大餐、送孩子的礼物一个都不能少。很多移居海外的新侨都有过圣诞节狂欢而在春节狂加班的经历。

在唐人街谋生的老侨就不同了，他们最盼望的就是中国的传统节日，因为每到此时，他们的生意就会格外好。老侨也很开明，他们希望新侨能够融入主流社会，并被主流社会接受；但与此同时，老侨更希望新侨能够在节假日把子女送到中文学校学习，让自己和下一代都牢记中国的传统文化。

（［日本］《新华时报》/2012－10－25）

华商自律守法是生存根本

随着10月16日西班牙华人犯罪团伙被西班牙警察控制的媒体报道一出，西班牙华人再一次被舆论推向风口浪尖。一夜之间，生活在西班牙的所有华人都被怀疑为犯罪嫌疑分子，当地各大媒体史无前例的全方位报道，震惊了整个欧洲乃至全世界。媒体的大量负面渲染，导致当地华人的形象一落千丈，同时，也激起当地民众对华人的反感、排斥、指责，甚至谩骂。最近几年，华人社会在西班牙的发展，大家有目共睹。西班牙经济深受欧债危机之害时，我们华商的经济规模却越来越大，涉及的经营范围也越来越广。从传统的餐饮服务业，到仓储物流、批发贸易，电信行业，华商不仅坚守着传统的行业，在新兴行业上也紧跟潮流，不落于人。实际上，华人经济能有今天这样的规模，来之不易，是西班牙华人华侨经过几十年的努力与打拼创下来的。长期以来华人以他们普遍具有的艰苦创业、勤俭持业、务实兴业等优秀品格，为居住国的经济发展和社会进步作出了不可磨灭的贡献。

华人经济规模持续扩大，本是一件值得称赞的好事，但是对当地人来说并不是一件好事情。正所谓“树大招风”，中国人的事业发展引起当地人的很大不满，产生了纠纷摩擦，他们认为中国移民抢占了他们的市场与就业机会，抢夺了原本属于他们的财富。西班牙当地社会普遍认为，华人与当地社会之间的隔阂主要是由文化与价值观念上的差异所导致的。同时，生活习惯上的不协调，造成当地民众与华人之间缺少互动与互信，一旦中国人有事情发生，当地人普遍存在着幸灾乐祸的情绪。

近几年，我们海外华人在意大利、俄罗斯、西班牙等国所受到的“特别照顾”让我们反思，为什么受伤的总是我们？抛开当地社会对中国人的偏见，以及政府稽查华商的动机，中国移民到底怎么了？是非法经营者还是合法经营者？该不该被查？这是值得大家深思与反省的。

回顾历史，记忆犹新。事实上，西班牙社会民众与中国人之间的摩擦一直在不断发生。比如，西班牙埃尔切市（Eliche）中国鞋厂被烧事件、马达隆（Mataron）车衣厂被关门事件、瓦伦西亚华人走私集团被瓦解、马德里制作假证窝点被端、暗藏巨额资金出关被扣等，这类事件屡见报端，进一步加深了当地社会对华人的戒心，每次大搜查都会引发当地社会对中国移民话题的激烈讨论。

部分中国移民认为，在欧债危机的大背景下，西班牙政府为了转移本国民众的不满，将诸多社会问题的产生源头嫁接在外来移民头上。而中国移民在商业贸易方面所取得的成绩，正好被当地各种党派与各种政治集团所利用。更何况，“枪打出头鸟”，有钱的中国人成为当地社会排斥的对象与牺牲品，似乎就成了顺理成章的事情。范仲淹说：“先天下之忧而忧，后天下之乐而乐。”这是一种忧患意识，华人经济的发展也一样，在增强企业竞争力的同时，还要增强忧患意识，只有这样，华人经济才能健康地发展。

华商应学会商业游戏规则

当部分违反法律遭处罚的华商在抱怨西班牙社会总是针对中国人时，他们应该考虑得更多的是如何规范经营，而不是总违法或抱以侥幸心理，仅靠谋求规避政府稽查的方法来防止被罚，那是很可悲的事。事实上，有关华人社会犯罪的指责并不是完全无中生有，有资料显示，中国人在西班牙的犯罪率比前几年明显有所增加。

另外，长期以来，中国货几乎是廉价商品的代名词，国人也对造成廉价的最主要原因——廉价劳动力司空见惯，并理所应当地认为这是中国产品的最大竞争力。但是从人文的角度讲，这种廉价导致的优势已经越来越不能容忍。道理很简单，你背井离乡来西班牙创业，对当地贡献有限，而且让竞争对手在自家地盘上没有活路，那你有什么理由让当地人不心生妒忌和怨恨呢？

华商素质有待提高，自律很重要

从华商与当地居民及政府所产生的矛盾与纠纷及贸易的摩擦来看，华商的素质还有待提高，不规范的经营需要尽快改进；同时，华商要学会自我保护与游戏规则，要学会适应当地人的风俗习惯，了解当地的文化与民情，并尊重他们的传统与习俗。华商素质参差不齐，相互之间缺少沟通，没有大局意识，很难在当地形成一股力量，华商之间的真正合作很少出现。有的甚至为了一点小事，就势不两力，甚至拳脚相向。这种鲁莽的做法，给我们当地侨胞带来了许多负面影响。我们应该认识到，谋生存，求发展，最基本的一点是要遵守当地的法律与法规及游戏规则。只有遵纪守法，我们才能抬得起头，才能有发言权。游戏规则是一种秩序，不遵守规则，就会被人挤出去，只有熟悉当地的法律，掌握当地人的游戏规则，才有可能利用它，从而获得成功。

西班牙是一个法治国家，我们在此生活和工作，要想与当地人一样受人尊重，就必须与当地人一样受到各种法律的约束；要想在这里长期发展，就必须树立遵守当地法律的作风，从自我做起，规范经营，规范做事。历史证明，和平共处是我们发展社会文化与经济的重要条件之一。我们应吸收西班牙民族的优点，学会尊重他们的生活方式与生活习惯。正确处理好与当地人民之间的关系，从某种意义上来说，也就是学会自我保护。我们只有从大局出发，从局部开始，扎扎实实，齐心合力，才能推动西班牙华人经济良好、稳定地发展。

（［西班牙］欧华网 2012－10－26/戴华东）

对外汉语人才应具备跨文化能力

自2005年首届世界汉语大会以来，“汉语热”在全球持续升温的报道常常见诸各类媒体，加之孔子学院逐年增多，中国文化推广到世界的时机已成熟。但纵观海外汉语教学的发展，情况并不乐观，有学者做了一个统计，“2003年，海外学习汉语的人数是2 000万；2004年是2 500万；2005年已达3 000万；2006年超过3 000万；2007年已达4 000万”。但从2007年到2011年，年均4 000万的数字没有发生变化，是什么原因导致了汉语国际推广工作的停滞不前？

有分析认为，外派教师首先应该解决自我生存的问题，然后才是教学与文化推广工作。文化差距巨大、相对隔绝的人际交往让跨文化适应能力显得更为重要。2011年4月，教育部颁布的《关于征求对〈普通高校本科目录修订一稿〉修改意见的通知》中提出，自2012年起将主要培养对外汉语教学师资的“对外汉语”专业更名为“汉语国际教育”专业，这意味着，对对外汉语人才的跨文化能力培养工作已箭在弦上，刻不容缓。

对外汉语人才跨文化能力的构成

所谓对外汉语人才，是指具有汉语言与文学的专业水平和第二语言的交际能力、具有跨文化交际知识与技能、专门对那些把汉语作为第二语言学习的外国人进行汉语教学和汉文化传播的人。根据这一概念，汉语母语及文学的知识与汉语作为第二语言的教学技能，第二语言的知识与交际能力，跨文化交际的知识与技能共同构成对外汉语人才必备的能力。

跨文化意识。跨文化意识是指“具有不同文化背景的人，在从事交际过程中所运用的一种特定的思维。它需要在价值观、人生观、世界观及思维模式、非语言行为规则、时空观念、礼仪习俗等诸方面打破在相同文化背景下从事交流的思维定势，使其在主观上能够对异质文化获得正确的反应和理解，以保障在跨文化间的交流中实现信息的沟通”。

跨文化态度。在跨文化交际过程中，需以积极的态度对待文化和非本民族文化，这样，在文化交流中就会表现适度，即使文化碰撞冲突发生，也可以以尊重、理解的态度对接收到的信息再解读、再沟通，以便使交流得以进行。随着社会进步及跨文化研究的逐步深入，跨文化全球本土化的理念得到了学者们的普遍认同。在对外汉语教学中，包容并欣赏学习者的文化特性，是通过对异文化的学习、认知与理解来实现的。正确的跨文化态度，就个人而言则可以缓解文化休克带来的巨大冲击，可以减轻精神压力、提高工作效能。就其更广泛的意义而言，正确的跨文化态度，则可以在文化共享中突破文化传播瓶颈，促进文化的全球化发展。

跨文化知识。首先，跨文化的理论知识：作为一门交叉学科——跨文化交际学，它得益于包括来自哲学、心理学、社会学、传播学、文化人类学、语言学等学科的研究理论的滋养。所以学习知识，必先掌握与它们关联的跨文化理论知识。其次，文化诸要素与交际关系及交际过程中体现出不同文化的特征对交际的流畅度均有影响，前者指世界观、社会规范、思维方式等抽象的文化要素对跨文化交际的影响，后者则指言语、非言语、时间、空间等具象的文化要素在跨文化交际中的作用。再次，文化差异产生的缘由的认识也是跨文化认知能力的重要组成部分，它可以帮助学习者深入理解文化与交际的关系，产生跨文化交际的敏感度，充分做好迎接文化休克的心理准备，从而为顺利实现文化适应，将汉语言的知识及中国优秀的文化传播出去提供保障。

文化休克。文化休克是每一个从事跨文化交际的人必然经历的体验，只有程度的差别，没有例外。它指的是“由于失去了自己熟悉的社会交往信号或符号，对于对方的社会符号不熟悉，而在心理上产生的深度焦虑症”。文化休克又称文化震荡，对外汉语人才主要的工作是对外国人进行以汉语为第二语言的教学活动，所以文化休克是在所难免的人生体验，获取文化休克及文化适应的知识和经验也是跨文化能力的重要构件。

对外汉语人才跨文化能力的培养框架

中国是有着悠久历史、文化从未断裂且在不断变化着的国度，“和而不同”就是宜于国际社会和谐发展的中国文化观念。中国经济的快速发展和“汉语热”的需求，催生了对外汉语学科，为中国与世界对话提供了人才储备。为了进一步培养出高规格的、适应国际需要的对外汉语人才，将中国的魅力汉语和文化精华传播四方，笔者认为，必须从以下几个方面打造对外汉语人才的跨文化能力：

在认知方面，应多层次打造对外汉语人才的跨文化能力。在哲学的高度上，应动态地认识中国文化，在全球化视野下审查中国文化的有限性。

建立对外汉语及教学能力课程、第二语言文化能力课程及跨文化能力课程三大课程独立又统一的课程体系，训练学习者扎实的基本功，为实现汉语的跨文化交流提供条件。

将隐性课程常规化，具体可以根据条件做好以下工作：将留学生教育与对外汉语教育相结合，增强跨文化的感受能力；请进来，听取专家做前沿研究动态报告，开阔视野；开展跨文化专题讨论，加深课程印象；上一节对外汉语课，讨论得失，提高教学能力；针对不同文化的学习者，开展文化辩论赛，促进文化交流；举行一定规模的跨文化艺术活动；参观当地合资企业，了解跨文化培训的状况。

在实践方面，古人云："纸上得来终觉浅，绝知此事要躬行。"对外汉语教学主要是跨文化交流能力的教学，所以实践能力对对外汉语学习者十分必要，教学单位需创造更多跨文化交流的机会以便招募学习者作为志愿者，使他们得到锻炼。

（《光明日报》2012－10－28/刘晓玲）

加拿大为何拒绝中国移民：贡献少　恶习惹人厌

2012年是不是玛雅人预言的"世界末日"还有待证实，但如果说2012年是加拿大移民对中国的封杀年应该会有很多人认同。加拿大投资移民"关门"的阴影尚未完全消融，加拿大移民部近期又公布了全面更新的"三线"技术移民制度：计分技术移民、技工技术移民、经验技术移民。

新的移民制度一经提出，很多了解加拿大技术移民政策的人不禁惊呼，新政策对中国人来说太过严苛，该政策明显倾向非中国地区，尤其倾向于欧洲语系移民，这必将造成中国移民的大幅削减。新的政策调整主要面向三个环节：

第一，语言。语言要求被提升到至关重要的位置，普遍认为雅思的成绩要达到6分及以上，对于非英语系国家移民者来说无疑是一道难以逾越的槛。

第二，学历。所有海外学历须经过认证，中国本土毕业而没有海外学习经历的人几乎都被挡在门外。

第三，年龄。47岁以后的计分为0，对移民要求的年龄限制令有移民想法的高龄人士彻底梦碎。

众所周知，加拿大移民政策作为国家的基本国策，每年都有明确的配额，在投资移民政策收紧，技术移民政策被寄予很高期望的情况下，此次看似简单的调整，其实意有所指。业内人士认为：康尼（加拿大现任移民部长）的改革无疑是针对中国人的。这个一直被中国人称为"狠角色"的中年男子，终于在加拿大移民政策改革上挥舞出了最尖利的弧线。那么，康尼为何要如此针对中国移民群体呢？

第一，民意呼声高，政府负担大。很多人还在津津乐道移民潮的话题时，其实真正的移民高潮早已经过去。技术移民作为加拿大移民政策中吸纳海外人士最多的渠道，在多次的移民原因调查中，作为最庞大的申请群体的中国技术移民，从来都是以加拿大的福利制度的优越作为移民的重要动因。结合中国的福利制度相对偏低，很多媒体、中介机构也多以此招徕申请人前来办理，久而久之，中国的技术移民就延伸出相当多贪图福利的群体而移民加国。数额庞大的技术移民群体的涌入，必然会占用加拿大的就业岗位、社会资源和福利，因此也引起了加拿大本国公民（永久居民）的不满。作为民选的政府，不管是哪个政党在台上执政都必须听从民意的呼声，尤其是在现行经济不景气的大环境下，日益庞大的技术移民无疑又增加了政府的负担。一方面是本国公民要求就业的呼声高涨，另一方面限制移民涌入可以减少政府的负担，所以，限制技术移民最大来源地的中国申请人就理所当然地成为了政策导向的首选。

第二，投资移民贡献少。投资移民因具备丰厚的经济基础及企业管理经验，作为提高就业和提升经济的重要引擎，理论上会广受各移民国家的欢迎。近年来，庞大的投资移民群体转移大批资金至海外也在国内备受争议。但来自中国的投资移民移居海外之后，或不敢贸然启动新的投资方案、或已经有心无力进行二次创业，因此鲜少投资实体经济。他们普遍热衷购买房产，因此，直接炒高了加国房市，非但对加拿大经济增长没有实际贡献，反倒影响了当地人的生活。中国投资移民的这种操作方案也背离了加拿大政府原有的对投资移民的初衷，既然不能带来有益的帮助，限制来自中国的投资移民涌入也就顺理成章。

第三，华人反华，窝里反。来自中国的新移民大批涌入，让早期移民加国的中国人很是不满。那些早期的中国移民不远万里来到加拿大，为的是拥有一个多民族、多元化、和外族人士比邻而居的氛围。如今，大批的中国新移民进入，很多的中国城拔地而起，大街上随处可见汉字，日常交流依然用中国话，在异域他乡依然感受的是中国式的生活模式背离了他们移民的初衷，这是他们所不愿意面对和接受的。所以，在世界各地，尤其主流的移民国家偶尔也会出现“华人反华，窝里反”的负面报道。

第四，中国陋习移民海外惹人厌。近日，一则“中国籍留学生因在公路上飙车成功甩掉警车后炫耀”的帖子引发很多人关注。不管是来自中国的声音还是来自加拿大的声音，几乎都一边倒地批判中国人在海外的陋习。其实中国人的陋习不仅仅在青年身上，很多所谓成功人士身上的陋习也让老外难以接受。比如：随地吐痰、过马路不遵守交通规则、相互攀比、在公共场所大声喧哗或吸烟、遇事喜欢找关系及私下解决等。随着中国移民申请人的大幅涌入，此类陋习在世界各地的中国人聚集地迅速发酵并扩大，甚至已经逐渐影响到了各国的原住民。此类不好的习惯已然引起了各国政府和当地居民的担忧，因此，各国相继出台政策限制中国人入境的行为就不难理解。

移民是改变现有生活环境的重要方式。从近年来加拿大、美国、澳大利亚、新加坡等国家或明或暗地逐步限制中国人移民的政策来看老移民在海外的形象是其他人能否移民的重要参考，也是外国考核中国软实力的重要体现，更是衡量一个国家国际地位的重要依据。鉴于此，综合素质是国人迫切需要提升的，这不仅有利于新移民的申请，更是对华夏子孙未来在国际发展前景的负责。

为了让加拿大等国不再对中国移民者“say no”，更为了自身的可持续发展，中国人提升自我、完善自我的改变已经刻不容缓。

（网易教育网 2012－10－29）

在美民主选举？玩的就是政治

在这次美国四合一的大选中，出现华人风起云涌投入选举的可喜现象，但在激烈竞争中出现的各种怪象，也值得警惕。

在美国参与民主选举，玩的就是政治。政治的标准有哪些？一般选民都要求候选人有高尚的道德标准，清白的身世背景，良好的小区服务纪录。同时，进入到网络世代，个人历史数据查证更容易，只要重大选举一到，为抓到对手把柄，竞争双方可谓是“上穷碧落下黄泉”，所以有人戏称如果要选美国总统，从八岁开始就必须要谨言慎行，以免落人把柄。

最近的美国选举也出现新的现象，借由超级政治行动委员会（Super PAC）组织的合法化，媒体不时发布负面的含沙射影的批评，候选人甚至以不实的资料抹黑竞争对手，大打“乌贼战”。在这次华裔参选的选区，就看到几起相类似的案例，乃至因攻击对手的手法不当，被告上法庭。

俗话说“真金不怕火炼”，其实候选人平日小区服务的经历，就是最好的纪录。换句话说，候选人若不能积极走入小区、服务小区，不与选民及媒体互动，不思在小区立下良好口碑，只想靠政党的力量背书，坐享其成，最终当选，不啻在政坛形成另一种形式的“帮派政治”，必然被民众厌恶并唾弃。

很多人认为美国之所以伟大就是因为它标榜自由、民主、平等，但深究美国历史，也能发现美国社会仍然存在着不公不义的事情，有赖小区人士的登高一呼。而华裔小区服务人士在投入公职选举时，也留下了不同的足迹，不管好坏，都将成为华裔从政史的一部分。

美国第一位华裔联邦众议员赵美心上任后，致力于推动国会针对《排华法案》向华人道歉，泯除主流社会与华人心中的疙瘩，就得到了众多华人的支持。另外，还有许多小区人士，以各种形式服务及回馈小区，数十年如一日。而且，还进一步结合主流人士组成服务团体闻声救苦，不论小区或海外，发生重大灾难即出手援救，甚至捐出款项抛砖引玉。这种“以服务代替领导”的方式，最容易赢得小区民众的认同，更可以让主流社会了解华人。因此，这类华人社会精英投入美国政坛，大大有益于提升华人的形象，同时也大大提高了华人在美国社会各个阶层的地位。

但是华裔投入小区活动，并非都受到赞誉，部分民选官员良莠不齐，令人诟病。洛杉矶知名的律师张军就曾含蓄地指责部分华裔人士从政只流连于剪彩、颁奖之间，“流于形式”。张军还没有点出的是，部分华裔民选官员喜欢贪图小惠，轻者要求中餐馆业主白送餐饮、赞助活动；更甚者以自身背景介入工程，为利益团体游说；等而下之的甚至向承包商开口索贿，继而遭到判刑。这些华裔从政时的“官场现形记”，令选民齿冷，也让华人从政纪录蒙羞。

美国许多人士从政是累积了良好的纪录，或是成功人士素有口碑，经得起考验，才投入选举，服务大众，所谓“怕热就不要进厨房”。如果动念不正，妄想以从政大捞一笔，不止得不偿失，甚或身败名裂，从过去华裔的从政经历可以引以为鉴。

（［美国］《星岛日报》2012－10－30）

劳工部前副部长级财务总长莫天成：华人不仅要参政且要会参政

莫天成在谈及自己的美国梦时曾说：第一，希望美国和中国的管理人才能够多交流，华人在美国不仅要有许多的工程师、医生，还要有更多的管理人才，并相信第二代、第三代华人能够做到这一点；第二，希望华人在美国不管做什么都不再受到怀疑。

莫天成于1963年来到美国，1968年大学毕业时，因为是华人而无法找到工作。但他经过自己的努力，先后在美国国防部、外交部、财政部和劳工部任职。他说自己在劳工部担任副部长级财务总长之前，接受了白宫、参议院和联邦调查局长达一年的背景调查，源于他有来自中国大陆的背景。他笑称，当年李肇星大使称他为“（中国）国产（美国）副部长”。

莫天成说许多华人在解决了温饱问题后开始参与到美国政治中来，这非常好，但由于对美国政治的了解还不够深入，有时会被利用，最终成为替罪羊。他特别提到了1996年的黄建南政治献金案。如果华人不能够从这样的事件中吸取教训，今后还将出现类似的情况。为此，莫天成期望参政的华人一定要了解美国政治，了解美国政治的游戏规则，按照美国法律来处理问题，不能在一知半解的情况下就投身政治活动。

莫天成认为每位华人都应读李文和在2002年出版的自传《我的国家和我对簿公堂》，因为李文和遇到的事情是每位华人都有可能遇到的。莫天成指出李文和案可以总结为三点：一是华人在遇到执法部门调查时，应该学会说，“我会进行合作，但请和我的律师作具体的商谈”；二是华人要懂得找合适的律师，在因政治问题遇到调查时，要找国家安全律师，而不是移民律师；三是华人社团应主动维护华人权益，不应对华人权益遭到侵犯而坐视不管。

他指出，目前华人社团组织在如何维护华人权益、如何拓展维权渠道、如何与主流媒体合作等能力方面还有需要改善的地方。比如，每年华人社区的春节晚会，除了邀请地方官员外，也会邀请当地的主流媒体，希望建立起良好关系。社团管理应逐步迈向专业化的管理轨道，有独立的经济条件，才能真正为信仰做事情。例如，华人社团在举行保卫钓鱼岛游行中，选择周日游行还是选择周一游行，这就是很有讲究的，周日由于公休，得不到主流媒体的注意，周一则能得到主流媒体的关注。

华人社区拥有了共同的方向和理念后，再一步步脚踏实地，不断努力，最终就能够像犹太组织一样在美国的政治、经济、文化中占有举足轻重的地位，维护好自己族群的权益。

（［美国］《侨报》2012－11－04/枫渔　邬杰）

西班牙华人前仆后继地携款闯关

11 月 5 日，西班牙宪兵在接近西班牙与葡萄牙边境 Caya 的公路上，查获一位违规携带 10 万欧元巨款、欲驾车出境的中国男子。在检查中，宪兵从副驾座位下发现了这笔巨款。现在，遭查处的华人只有在证明所携巨款具有合法来源的情况下才能取回，同时，他还将受到处罚。

违法携巨款闯关，对于旅西华人来说，已经不是什么新鲜事了，但此次华人携款闯关事件却有些显得特殊。因为就在半个月前，西班牙警方刚刚对华人涉嫌偷逃税款和洗钱的团伙进行过声势浩大的“帝王”打击行动，并且旅西华人的整体形象也因此深受影响。如今，在有关“帝王行动”的余波远未消散之际，华人又再次发生违法携带巨款闯关、涉嫌洗钱的事，这真可是胆大妄为，“顶烟而上”。

对于西班牙警方对华人洗钱团伙所实施的“帝王行动”，有一种说法是：警方对于此案本来是要继续进行调查的，但是由于 10 月初的时候，在西法边界和西葡边界分别发生了华人携带巨款，并且是上百万巨款闯关的事件，西班牙警方不得不提前实施了对华人洗钱团伙的抓捕行动。虽然这一说法并没有得到官方的证实，但携款闯关作为“洗钱”的主要方式之一，一直是西班牙警方关注和打击的主要对象。在“帝王行动”中，西班牙媒体趁机对华人进行大肆的污蔑和丑化，并将少数华人的违法行为扩大到整个华人群体。而就在华人不断进行抗议，力图扭转自己形象的时候，“华人携款闯关”的事件又发生了。此类状况接二连三地发生，一时间也让华人有口难辩，尴尬不已。

其实，“违法携巨款闯关”给华人群体所造成的影响早已出现。在很长一段时间内，西班牙当地海关在边检的时候，就开始针对中国人进行特别检查。华人不仅会被要求单独排队，甚至还会被带到办公室内进行仔细的搜查。尽管如此，华人携款闯关的现象依旧是屡禁不止。对于这些专门对中国人采取的行动，我们的第一反应往往是“歧视”，殊不知，这恰恰是华人自己造成的。

对于个别人的违法违规行为，给华人所带来的负面效应，华人都知道这是“一粒老鼠屎，坏了一锅汤”。因为在一些西班牙人看来，中国人都是一样的面孔，于是乎，在他们眼里，其他无辜的中国人也变得像嫌疑犯。这样一来，广大华人就成了个别违法华人博得一己私利的牺牲品，在不知不觉中被伤害。

“携款闯关”对于铤而走险的人来说，也是“刀刃舔血，风险重重”。当成包成箱的花花绿绿的钞票被搜出来以后，不仅被金融管理部门重视和关注，而且一些警察和律师也是垂涎三尺。如此，在各方的“眼红”下，携巨款闯关的华人就成为砧板上的鱼肉，只能任人宰割。根据西班牙政府的规定，违规携带巨款被查以后，当事人不仅要说明现金的来源，同时还要受到政府的高额处罚。此外，个别警察在搜查中也会趁机抽走一些钞票，而对此，当事人往往只能是“打落牙齿，往自己肚子里咽”。由于华人携款闯关事件频频发生，现在为这些闯关华人要回被没收的巨款的工作，对于不少律师来说，也是一项可以日进斗金的肥差。据了解，现在律师帮助这些华人要回巨款的价码通常都为被没收金额的

30%，甚至是50%。由此可见对于腰缠万贯的闯关客来说，当他踏上闯关之路时，早已有数张血盆大口在等待着他。

风险重重的携款闯关事件之所以屡禁不绝，是因为高额的违法收益，让许多人不惜侥幸一搏，前仆后继。虽然西班牙屡屡曝光腰缠万贯的华人闯关客被警方截获的事，但闯关成功的“旅客”还是大有人在，而这也更激发了一些人的侥幸心理。然而对于各种违法行为，西班牙政府也绝不会总是疏于管理。于是，从屡禁不止的携款闯关开始，西班牙政府展开了长时间的调查和大规模的打击活动。如此看来，“帝王行动”绝不是偶然的，而11月5日的携款闯关事件，不仅给“帝王行动”添加了很好的“后注”，同时也让华人今后面临着更多的调查和打击。

现在，由于个别华人的违法违纪，华人群体整体形象遭到破坏。长期以来，华人经济的快速发展，也引起了当地一些人的妒忌，因此，华人在这里极易成为社会动荡时的攻击对象。而华人的违法行为，更会使这种状况雪上加霜，甚至为一些排外的人和某些不负责任的媒体提供往华人身上倒脏水的口实，在他们的煽风点火下，就会在社会上形成排华活动，而这些都已经在“帝王行动”后被体现出来。这种前仆后继的携款闯关现象，在华人中也应该成为人人喊打的对象，因为这已经严重影响到华人在西班牙的立足和发展了。

（［西班牙］欧浪网 2012－11－11）

西警方“帝王行动”了　华人该如何行动?

面对西班牙警方所展开的帝王行动，如果罪证确凿，罪犯认罪，法院判罪公证，我们认为，应该支持警方的行动。只有这样，才能震慑西班牙华人社会中极少数的不法分子，才能让华人社会有一个安定与宁静的生活环境。但是，我们绝对不能容忍的是，在这次行动中，西班牙的大小媒体如获至宝似的，借警方的正常办案行动全面出动，肆无忌惮地在电视、报纸和电台上大肆侮辱华人社会的整体形象，毫无区分地将所有华人都称之为“黑帮分子”，甚至将警方侦办案件时所录的某个华人的对话录音放到电视上，而且还说得“振振有词”、“证据确凿”，好像电视台的人员也参与了侦破工作。这种行为本身已经触犯西班牙法律，有些媒体甚至还捏造一些耸人听闻的数据，无限夸大该案件所涉及的范围和人员。所有这些侮辱与诽谤行为，已经严重地损害了全体华人在西班牙的正面形象，造成华人的生活和工作环境每况愈下。

我们该怎么办？这是摆在每个西班牙华人面前的挑战。也许有的人会说，我不是华侨，我是在西班牙出生长大的，我会说地道的西班牙语或加泰罗尼亚语，我是西班牙人；也许有的人会说，我是中资企业的，是国内派来的，在这里投资经商，与华侨界发生的事情无关；也许有的人会说，我从来西班牙第一天起就一直生活在西班牙人的社会与圈子里，从来不过问中国人的事；也许有的人会说，我是开饭店的，他们是做生意、做国际贸易的，他们出事了，与我无关。但是，我们想告诉大家，所有这些所谓的华侨、华人、中资企业、华侨企业等都是中国人自己把自己分成“三教九流”，西班牙人看到的只是一个亚洲人的面孔：黑头发、小眼睛和黄皮肤。西班牙人不会区分中资企业、华侨企业，不会区分侨领和侨胞。在西班牙人眼中只有一个形象：你是中国人。这次“帝王行动”说的就是“你们中国人”。

所以，我们必须摈弃以往自己制造出来的成见，团结起来，把华人所有的力量都拧成一股绳，去反抗西班牙媒体对我们的诽谤和侮辱。我们手上能够用来反抗西班牙媒体、维护我们华人社会整体形象的武器只有一个——法律。我们必须诉诸西班牙法律，把媒体告到法庭。让这些媒体的法人代表在法庭的板凳上坐一坐，就已经够他们颜面扫地的了，更不用说届时西班牙各大小同行业媒体的报道。我们相信，从此以后，西班牙媒体就不敢如此肆无忌惮地造谣诽谤在西班牙生活并且对西班牙各方面的发展作出贡献的全体华人，至少会有一定的收敛。这也是真正展示我们旅西华人团结力量的时候和机会。

都说中国人很像犹太人，很会做生意，可是，大家是否看到，“二战”以后，全世界的媒体从来没有发生过诽谤犹太人的事情。这是为什么？也许有很多解释，但是，我们能给的解释是：全世界的犹太人都知道用法律的武器去震慑那些无事生非、造谣诽谤的媒体。一旦发现这样的无赖媒体，就将其告上法庭。我们中国人为什么不学习一下犹太人这一精明之道呢？把危机变成机会是我们中国人的特长，我们应该把握好这场旅西华人社会形象危机，将坏事变好事，维护在西班牙生活的绝大多数华人的尊严和良好形象，为我们华人在西班牙社会长久的安定生活，也为我们的第二代、第三代在西班牙长期生活作出我们第一代华人应该做的努力与贡献。

所有愿意加入到我们倡议的行动中来的侨领、侨胞、中资企业、华侨企业和有良知的中国人，请联系我们。我们首先会推动成立一个维护华人社会形象的法律委员会，制订工作计划和步骤。然后由委员会出面聘请西班牙有良知和正义感的优秀律师，可以是中国人，也可以是西班牙人，将西班牙最主要的、恶意攻击华人社会形象的几家媒体告上法庭。

请看一下西班牙的伊比利亚环球网络杂志社为华人社会打抱不平的文章。连西班牙人都看不惯了，看不下去了，出来替我们华人社会说话。如果连我们华人自己都无动于衷，那么，我们华人今后的日子将会更加艰难，西班牙的排华势力会更加猖獗。

要么在沉默中走向死亡，要么在反抗中走向光明！

是可忍，孰不可忍！西班牙的中国人，行动起来吧！

（［西班牙］欧华网 2012－11－21/周敏康）

中国人　为什么受伤的总是你?

在海外做华文媒体有一段时间了，发现一个现象：隔三差五就会有报道触及“歧视”这个话题，当然是我们同胞又被老外歧视了。歧视是个动词，有两种语态：主动和被动，也就是歧视与被歧视，可为什么每次都是华人被歧视，怎么就从来没有华人主动歧视老外一回呢？有人说，我们中国人历来讲究“和为贵”、“以理服人”，是老外不懂得“有朋自远方来，不亦乐乎”的道理，欺负我们远涉重洋来到地球另一端的手无寸铁的中国人。这个论点似乎有一定道理：老外，尤其是西方人，普遍比华人身强力壮，遇事不会像我们那样精打细算，而是往往是用拳头解决，我们打不过，自然受欺负。不过这好像是霍元甲时代的事情了，自从“东亚病夫”的招牌被一脚踢开，东方出了个李小龙，西方人就不敢肆意在黄种人头上动土了。

又有人说，是中国“十亿人民九亿农”，穷人太多，小农思想盛行，经济发展水平较为落后的缘故，当然被人看不起。可是就在去年，中国已经取代日本成为世界第二大经济体，各路专家预言中国赶超美国指日可待，令人望而却步的一线精品名店里中国人云集，购奢侈品如同买大白菜，地球人都知道中国人有钱，谁还拿我们当穷人，谁就是21世纪的文盲，因此，因穷而受歧视的说法貌似可以休矣。

可为什么我们还是被歧视呢？从字面上看，“歧者，不同也”。歧视就是以不同角度审视，区别对待。平心而论，面对眼睛形状、皮肤颜色、身高体重、语言习惯等都和自己差异很大的种族时，谁也不能一碗水端平，肯定要“区别对待”。但是这“区别对待”在中国就是把洋大人捧在手里、含在嘴里，生怕怠慢了人家一点，影响了国际关系、国际形象，而在国外就是同胞受欺负、被歧视，简直生不如死。令人奇怪的是，我们却没见过和我们习性、文化相近的哪个韩国人、日本人抱怨被西方人歧视。真想大声问一句：中国人，为什么受伤的总是你？

拿“帝王行动”来说，最近各大华文媒体连篇累牍地报道华人在西班牙的“遭遇”：孩子在学校被别的同学指鼻子叫“黑手党”，走在街上被人白眼或是吐口水，来华人店里买东西的老外客人不付钱或少付钱，甚至还有将店铺作为炸弹袭击目标的恐怖行动发生，曾经遍地黄金的西班牙瞬间变成人间地狱。以上这些“事实”我一件也没有经历过，只是读过相关报道，其实心里还有些怀疑：向来友善的西班牙人不太可能会做出这样不可理喻的事情来吧？直到有身边朋友亲口跟我抱怨说：“我的女儿小小年纪在学校被别的小朋友叫作‘黑社会’，我女儿可委屈了。”我劝他道：“孩子之间开玩笑而已，说者可能连黑社会是什么都不知道。”朋友听了更是如火上浇油：“我去学校接孩子，学生家长也这样骂我。大人不可能不懂什么叫黑社会吧？”我回应道：“好啊，你下次就双目直视对他说：‘我就是黑社会，我认识你家小孩，我知道你家住哪里’，这话没有任何把柄可抓，但是威胁的语气绝对让他不寒而栗，看他以后还敢不敢当面侮辱你。”朋友一听，哑然失笑：“是啊，我怎么没想到，我是黑社会我怕谁？”

我想说，不崇尚武力的中国人，在面对危机时总是摆出受害者姿态，仿佛要博取世人同情才能生存。我们穷的时候认为是贫困导致的被歧视，等我们富裕了，又怀疑别人嫉妒而歧视我们。我们弱小的时候总是甘愿受欺负，等我们被人看作可怕的黑恶势力了，我们还是眼泪汪汪地说：“你们错怪人家啦，人家只是洗了点钱、偷了点税，哪像什么古惑仔那样杀人如麻、喋血街头的，不要冤枉好人哦。”顺着这种思维，我们永远摆脱不了被歧视的感受，说到底，“被歧视”只是一种感受，不是一种宿命。只要在心理上强大了，这种无中生有的感受自然会消失。如果在心理上不够强大，任凭你穿金戴银、腰缠万贯、体壮如牛、智商过人，还是会怀疑周围的人在排斥你、贬低你、歧视你。

偶然看到网上发起了征集志愿者提供“华人不是黑社会”素材并做成视频的活动，这让我想起了一首歌《东北人不是黑社会》。其实我以前还真不了解东北，但是这首歌一传唱开来，反而有了“此地无银三百两”之嫌，让我一听到黑社会，就不自觉地首先想起东北人。在此无意澄清旅西华人中间到底有没有黑社会存在，但一个可以肯定的事实是，一提到黑社会，西班牙人首先会想到意大利、俄罗斯等老牌黑手党派，可是也没见到哪个意大利人、俄罗斯人哭哭啼啼地说：“讨厌，歧视人家啦。”意大利顶级时装和黑手党勾结是路人皆知的事实，可是买者照样趋之若鹜，没听说哪个人去名店门口骚扰的。为什么只有我们中国人，跟老外发生任何龃龉，首先想到“被歧视”呢？到底是我们真的被歧视，还是我们应该停止扮演弱者了呢？

（［西班牙］欧华网 2012－11－21/齐远）

贪官外逃前赴后继　中国锁定英国为重点区

近日在中纪委召开的防止国家工作人员外逃会议上，中国首次将英国列入外逃重点地区。据中国公安部门的调查，2010—2011 年至少有 20 名中国贪官逃往英国。记者了解到，他们大多以投资移民的方式藏匿英国。中英双方目前没有签署引渡条约，中国即便掌握贪官的行踪，在短时期内也难有作为。

英国首次成为贪官逃亡热点

5 月 23 日，中国共产党中央纪律委员会在北京召开了防止违法违纪国家工作人员外逃工作协调机制第三次联席会议。会议指出，重点加强对配偶子女均已移居国外的官员管理，努力构建起严密管用的防逃网络。会议还指出，近一两年来通过引渡遣返、劝返等方式，已经成功将一批外逃的重大案件涉案人员缉捕归案，但是外逃贪官人数仍然居高不下，而且持上升趋势。会议首次将英国列为重点防范的地区之一。

据中国多个官方的资料显示，在过去 20 年中大概有 1.6 万名贪官，卷走 8 000 亿元逃到海外各地。其中涉案金额较少、身份级别相对较低的大多就近逃往泰国、缅甸、马来西亚、俄罗斯、蒙古等国；而涉案金额大、身份级别高的大多逃到加拿大、美国和澳大利亚等国。

加拿大和美国一直采用较为宽松的移民政策，特别对投资移民的金钱来源审查较松。这两国在吸引大批正规、合法投资移民的同时，也“引进”了成千上万的中国贪官。中国政府多年来坚持不懈地与加拿大、美国交涉，希望逮捕和遣返出逃的中国贪官，但成效不大。但近几年中国对赖昌星、高山、佘振东、许超凡和许国俊等特大要犯的追缉和审判，让不少贪官也意识到加拿大和美国并非是最理想的天堂。

美加遣返多名特大要犯，震慑贪官

厦门远华特大走私案主犯赖昌星涉嫌偷漏进口关税100多亿元，1999年案发后携妻和三个子女逃亡加拿大。在经过12年的遣返与反遣返的博弈后，赖昌星最终在2011年7月被押送回中国。今年5月赖昌星被判无期徒刑。

2004年12月3日，中国银行原哈尔滨河松街支行行长高山出逃加拿大。五天后，河松街支行巨额存款案爆发，嫌疑人高山在过去两年内卷走存在该行的多家大型国企存款近10亿元人民币。中国警方全力以赴，全力搜捕高山及其团伙。2007年2月16日，在藏匿2年后，高山夫妇在加拿大温哥华因提供移民假材料被捕。目前，高山还与加拿大官方作最后抗争，希望躲过被遣返的命运。而高山的妻子和女儿早在高山出逃前已办好加拿大的投资移民手续，现在也因当初申请不实，面临遣返。

2001年中国银行广东开平支行前后三任行长许超风、许国俊和余振东逃往美国。他们三人在此前盗取4亿多美金汇往美国。在中方多年的强烈要求下，美国先后逮捕三人，余振东被遣返回中国获刑12年，许超凡和许国俊在美国以洗钱罪分别被判入狱25和22年。

按照中国官方的估计，三起大案影响甚广，使那些一度积极准备携巨款逃亡美国、加拿大的贪官们开始动摇。不少人最后关头放弃赴美加，另寻他途。

近年藏匿于英国的贪官明显增加

据中国公安部门掌握的信息，近三四年来一些贪官对政局稳定、治安良好的英国逐渐产生兴趣。有情报显示，与美加相比，目前在英国藏匿的中国贪官人数不算多，但近一两年明显在增加。而中国公安检察部门估计，明后年将会有更多的腐败官员“乔装打扮”逃到英国。

据中国有关方面向本报记者提供的信息，近年来躲到英国的贪官通过的途径大概有两种：第一，获取英联邦小国护照再转往英国；第二，以家人名义办投资进入英国。

英联邦成员国伯利兹、巴巴多斯和巴哈马位于中美洲，他们的国家为了吸引资金，变相出卖国籍，凡能出资数万美金者就能获得该国国籍。这三国在香港一直有中间商“代卖”护照，凭借过去是英国殖民地的身份，持伯利兹、巴巴多斯和巴哈马护照就能自由进出英国和一些欧盟国家，每次入境可停留6个月，随时进出，不受限制。

伯利兹护照，早些年在中国富豪和官员中曾经十分受欢迎，上海前首富周正毅、深圳最大金主黄茂如和他们的家人都拥有伯利兹护照。

据悉，近些年逃到英国的贪官就是持伯利兹护照进入英国，他们只要每半年出境一次，到法国或其他周边国家度一个周末，又能回来英国住上6个月。英国对一些前殖民地国家格外“开恩”，居然授予在英国居住的前殖民地公民投票权。中国贪官们只要居住在英国就会有投票权，可以参加国会和地方议会选举。

本报记者了解到，2006年广东江门一银行高管带着老婆、儿子持伯利兹护照入境英国，数月后他在伦敦伊岭百老汇买下一幢价值250万英镑的豪宅。此官员夫妇目前在英国又生下两个孩子，全家人都已转成英国永久居民。据悉，广东检察院早就了解到此官员的行踪，多次劝其回国投案，但一直遭拒。

英国降低移民要求，为贪官打开大门

长期以来，英国一直实施较高的投资移民门槛，中国贪官一般很难直接涉足英国。从2010年开始，英国降低了投资移民要求，去年初，英国又进一步放宽投资移民政策。新政包括投资100万英镑5年后可获永久居住权，投资500万英镑3年可获永久居住权，投资1 000万英镑2年就获永久居民身份。

据记者从英国内政部获取的信息，2010年前的10年以投资移民方式来英的中国大陆华人不到30人，而2011年1年内就有85人，2012年前3个月则有50多人，预计2012年来英投资的大陆华人会比前一年要翻一番。据中国官方有关部门估计，赴英大陆投资人中至少有四成是贪官，他们往往让妻子或丈夫以主申请人身份到英国投资，贪官本人及子/女则以家属名义一起申请。

记者了解到，目前居住在英国牛津的一位原国企贪官就是借着这个巧妙的方式逃到英国的。这位官员曾经是中国浙江某药厂的副总，他太太于2010年开始办理赴英投资移民，他本人则通过关系另办到一本因私护照，还制作出一套完整的户口、工作、住址等证明文件。2011年中，他太太的投资移民办妥后，他就将平时积累“弄到”的巨款汇往英国。今年年初，就在那家他服务的国企在被他和同伙逐步“榨干”后，他毅然出走英国。

中英引渡工作任重道远

中国公安部门表示，尽管知道一批贪官藏在英国，但中英两国没有签署引渡条约，遣返贪官工作在短期内难有作为。

不过，中国人民大学法学院陈卫教授表示，中国与美国、加拿大、澳大利亚和英国虽然没有签署引渡条约，但贪官也不要得意忘形。去年11月英国一名叫普莱斯的娈童犯在中国躲藏8年后被引渡回英国。没有签署引渡条约，并不能说明双方不能就个别特殊的案件作特别的处理。

陈教授指出，英国如果发现有类似赖昌星、高山、余振东这样的大案，英国人不会无动于衷，毕竟贪腐触及到公共道德、社会法律的底线。英国政府对那些金额巨大、证据确凿的贪腐案不可能一概而论。

（［英国］《华商报》2012－11－22）

外国人能否参政亟待入法

一场官司，让俏江南创始人张兰“已经注销户籍并变更国籍”一事得以曝光。在备受争议中，她也果断出手，于近日“主动”请辞北京市朝阳区政协委员。

级别不高、人数不多、解决顺利，这起“外籍政协委员”风波看上去不怎么惊心动魄。然而，民众在不经意间戏谑着“张兰曾骂移民者不爱国”的同时，心中也画上了一

个大大的问号，在政协等中国政治机构中，究竟还隐藏着多少“张兰”？

在中国，相比于人大代表被明文规定为须是年满18周岁的中国公民，政协委员的身份则未作明确规定，《中国人民政治协商会议章程》未明确禁止外籍人士加入政协。这就给外界造成一种印象——政协委员不必是中国公民，加入外籍的华人亦可？虽然政协发言人赵启正在今年“两会”中口头表示“政协委员，外籍是不行的”，但官方明确“说不”的态度，是从政协委员极强的政治属性出发的。作为每年“两会”之一的政协会议，会对最高权力机关“人大”的立法产生关键性影响。这样一个决定国家和民族利益大事的场合，让那些外籍且隐瞒身份的人员实质性参与，如何能够议好政、参好政？

政治机构中有双重国籍的张兰，那些没有官方身份、没被曝光的双重国籍的人士更是大量存在，前有今年“两会”上人大常委代表直指这一现象的存在，近有公安部等机构出台政策进行清理。显然，这些均暴露了相关机构在管理上存在的漏洞。

如今抓住一个张兰紧咬不放已经意义不大，去讨论她改国籍干什么也无关宏旨。张兰事件的首重意义在于，官方既然已经明确拒绝外国人加入政协，就应避免出现更多潜藏着的“张兰”，从而将政协委员的“公民身份”明确写入法律规章制度，同时制定配套规则，规范委员的产生、履职、变动、辞任等，将存在的政治隐忧扼杀于摇篮之中。

第二重意义就是，作为在全球5 000万华侨华人之中的一大群体，已加入外籍的华人，他们或事业在中国，或心系故国，在所在国之生计与国家发展命运紧密相关。他们同时所具有另一重的“旁观者”身份，在对国家发展出谋划策方面占有优势。因此，如何在中国的政治架构中，让华人“名正言顺”的议政参政，同样值得立法机构考虑。

（［美国］《侨报》2012－11－29/钟海之）

谁制造了“中餐馆丑闻”？

层出不穷的中餐馆中毒事件、狗肉谣言，最后被证明子虚乌有、纯属诽谤，但这并不意味着中餐馆可以自此脱责。事件的出现本身就折射出中餐业的无序竞争及存在的弱点。如不正视，受损害的终将是中华餐饮的名誉及利益。

据意大利欧联通讯社11月27日报道，意大利女歌手中餐馆中毒身亡案于近日告破，中餐馆终于得以洗清冤屈，但负面社会影响依然将持续，许多当地人仍不敢前往中餐馆就餐。

中餐馆信任危机

一个月前，一位60多岁的意大利著名女歌手在一家中餐馆就餐。就餐过程中，女歌手突然感到腹部不适，便返回家中，几天后不幸病逝。歌手亲属认定死因是在中餐馆食用了不洁的意大利海鲜贻贝，疑为食物中毒造成了老人意外死亡。

当地媒体在事实未查清之时，对此事件“火上浇油”，妄加评论并大肆渲染，有的媒体称中餐食品卫生靠不住，中餐馆涉嫌谋杀意大利人等。一时间意大利中餐业阴云密布，餐饮生意一落千丈。

类似的“中餐馆信任危机”不仅出现在意大利。2011 年，英国约克郡生意最兴隆的中国玫瑰粤菜馆就被诬陷出售狗肉。英国本地媒体跟风炒作，“中餐馆使用猫肉、狗肉”的谣言四散，令一些在英中餐馆生意受损。

2011 年 4 月，西班牙多家电视媒体也炮轰中餐馆，称马拉加中餐馆“屠狗做餐”。

2009 年，法国电视二台的节目以“亚洲餐”为题做了一项调查，仅仅通过对个别华人地下食品加工厂的暗访，就得出华人外卖店 80% 食品不符合卫生标准的结论，把脏乱差与华人餐馆相联系，对中餐业整体形象恶意抹黑。

几年前，一家英国著名媒体《卫报》曾指出，“认为中餐是垃圾餐的论调在西方盛行”。而如今，这种论调并没有改变。

“丑闻”因何而起

一直以来，海外中餐馆的形象问题，包括厨房卫生不达标、部分食品存在隐患、作坊式管理良莠不齐等成为海外媒体关注的焦点。中国璀璨的餐饮文化博大精深，怎么会被“阿猫阿狗”、不洁贝类等败坏而黯然失色呢？

厦门大学南洋研究院院长、华侨华人问题研究专家庄国土教授认为，海外中餐馆被当地社会指责和诟病并产生信任危机，并非这几年的事情，而是从李鸿章时代就开始了。除中国人外，国外的中餐馆基本上都是作为廉价餐饮被外族人消费。

中餐馆广受诟病的一个主要原因是卫生状况差。这与华人，特别是华人新移民的卫生习惯本身不佳有关。意大利社会早就批评中餐馆的卫生状况，基于对中餐馆卫生和其他方面的成见，一有中毒事件发生就习惯性归咎于中国餐馆。一如日本的中餐馆，最被诟病的就是卫生。

文化的差异也造成了偏见。庄国土认为“文化不同，产生不同食材。有些食材为西方或东亚以外的民众所不乐于接受，有些食材则是宗教文化所忌讳，如狗肉”。中餐馆食材无所不包，这与国外大多数民族食材来源相对集中于几种食物形成反差。

经济利益也是不得不考虑的因素。在国外，中餐业经营时间太长而被服务业同行所不乐见，也为当地习俗所嫌弃乃至被法律所禁止。

“丑闻”终结者

在英国中餐馆“猫肉、狗肉”诽谤事件出现后，有海外媒体认为，海外中餐馆亟须增强公共危机意识来化解危机，通过主动与政府机构沟通、借媒体发表声明来处理问题。

对此，庄国土有不同看法，他认为这只能收一时功效，不能治本，“这是以国内惯用的以‘加强宣传’手段来改变公众看法和思维的做法，这在海外很难奏效”。

如何终结丑闻，专家认为，应该在食材选择和供应上尊重当地习俗，不要为了小利而偷偷摸摸供应让当地民众厌恶的食材或采用不当的烹饪方式（如活杀活吃），损失主要客源。另外，最重要的是在自觉遵守卫生法规前提下确实提高卫生水平，尤其是厨卫。日本餐馆的诚信天下无二，与日本人的信用，尤其是其卫生有莫大关系。

改变中国人习惯的赚快钱方式也是必需的。须知在国外，诚信就是金钱。

（《人民日报·海外版》2012－11－30）

改变消费观念是华人规避伤害的根本

从开年到即将接近岁尾，盘点2012年意大利华人社会所发生的各类事件，恐怕要数针对华人的社会治安案件发生得最多。意大利华人被偷、被抢案件几乎每天都在发生，而且针对华人为目标的犯罪数量一直呈上升趋势，其暴力犯罪手段更趋于向凶残化发展。毫不夸张地说，今后一个时期，如果不能有效地解决好安全问题，将直接影响着意大利华人社会的生存发展。

海外华人的安全问题来自于多个方面，有政策性的财产意外损失，也有治安带来的伤害。谈到政策性的财产意外损失，不能不重提意大利华人"洗钱案"。在该案的侦办过程中，官方公布的涉案资金额为27亿欧元，而华人被扣押的资产就超过了数亿欧元。不可否认，案件中政府查没的资产有不光明的成分，但也有超过半数以上的钱是华人打工一族的血汗钱，而这些钱犹如石沉大海，很难再回到他们手中。

2012年，意大利警方类似于打击"洗钱案"的行动从未停止，每一次行动中，华人被查没的资产、现金少则几十万欧元，多则上千万欧元。仅佛罗伦萨警方的一次行动，一天之内，华人被扣押的豪华车辆就超过了百辆，被冻结的资产超过了3 000万欧元。与此同时，2012年，意大利华商被扣押的商品更是不计其数。华人财产意外损失事件的不断发生，已经严重威胁到华人经济的正常发展。

经济危机导致民众收入普遍缩水，失业率不断攀高，治安形势持续恶化。而被外界认为富得流油的华人，也就理所当然成为了不法分子抢掠的对象。以至于进入2012年犯罪高峰时，意大利单日针对华人的犯罪案件就高达数十起，而且犯罪作案手段极其残忍。

华人驾名车、戴名表、穿品牌、住豪宅、出入高档消费场所，早已成为意大利的一道风景线。有人把华人的这种行为视为是一种成功标志，有人则认为华人炫耀财富完全是"虚荣心"在作祟。要改观华人的消费心理和行为，绝非一朝一夕就能成功，让富裕了的海外华人学会低调处世、低调做人更非易事。但人们必须清楚地看到，华人的消费行为已然成为华人社会安全的最大隐患，成为了华人引来祸端的导火索。

无论是政策还是治安事件造成的华人经济损失或人身伤害，归纳起来可以说都是"炫富"惹来的祸根。人们必须正视这个问题，目前，在犯罪分子的眼里，华人已经变成了"钱袋"的代名词，唾手可得。

毋庸置疑，经济危机是造成了犯罪率升高的主要原因，但我们也应该认识到，意大利移民来自多个民族和国家，单从企业和规模上看，恐怕有些国家的移民财富聚集量比华人不知高出了多少倍。那么，为什么受伤害的总是华人，不能说与华人的消费观念不无关系。因此，遏制和减少针对华人的犯罪，不仅仅是提高防范意识和手段的问题。华人在生活中只有学会“遮富”和低调处世、低调做人，逐步改变自身的消费观念，才是预防犯罪和规避伤害的根本所在。

（［意大利］欧联网 2012－11－30/博源）

“矿工案”折射加国社会纠结

近日关于加国工会申请禁制令阻止中国临时矿工到卑诗省墨玉河煤矿就职一案，主审法官已驳回了联邦政府提出的抗辩及受理工会提出的司法复核申请，相关聆讯将在下月10日进行。而联邦政府随即提出另一项司法复核，对裁定进行上诉，法官则希望各方能在下月中矿工抵达前完成协商，否则可能会进入禁制令的申请程序。

首先我们看到，代表性的反对声音出自工会。尽管卑诗劳工联盟主席辛克莱（Jim Sinclair）日前声称，工会并不是针对中国人，而是在为加国劳工求职的公平性抗争，其实这话本身就经不住推敲，是一种罔顾现实的为反对而反对之举。因为加拿大不少行业缺乏人手，这些工作加拿大人并不愿意做，但同时又不希望其他人来做。加拿大亚太基金会高级研究员张康清就质疑，到底有多少加拿大人愿意下矿坑采煤？事实上输入中国矿工的加拿大德华国际矿业总裁刘乃顺曾多次强调，实情是因为招不到本地工人，才引进中国矿工的。他称如果工会真有100个适合的矿工人选，欢迎将名单及履历提供给德华审核，否则就是“不负责任地撒谎”；而如果公司花了额外的资源引入外劳而被工会突然从中作梗搞砸，对公司及矿工来说那才是真正的不公平。

至于称在招聘时附加普通话要求，以此将本地劳工排除在外的说法，已经被HD矿务国际公司证实纯属无稽之谈，并通过声明强调并没有将国语列为招聘条件。本来据以辩驳上述指控的理由已十分充分，但所谓主流社会的反应却显得分外燥热，似乎把这些屈指可数的中国矿工视为黄祸，欲除之而后快。要知道整个加拿大现有19万临时外劳，而卑诗省有7万，为什么就偏偏针对200多个来自中国的矿工呢？一如全加华人联合会全国执行主席蔡宏安所指，最近就中国矿工的争议明显存在双重标准。就业辅导专家吕秉义也指出，这次赴加的中国矿工技术高、学识好，并非靠出卖廉价劳动力的抢饭碗者，反而来自爱尔兰的劳工无论在语言、背景上都更能与本地工会工人抢工作，不应该以双重标准看待这批中国矿工。

正如西门菲沙大学（SFU）学者拉博夫（Joshua Labove）分析所说，工会、政治人物及舆论都将焦点集中在这次引进的中国矿工身上，显示本国社会对来自不同文化的外国劳工存在忧虑。由于这种“文化上的风险”（Cultural Risk）所致，必然会增加日后劳务输入程序的复杂性，这与加拿大立国宗旨背道而驰。

加拿大政府方面在这个问题上也难辞其咎，对于“过火言论”，身在其中的政府态度暧昧，任不健康的言论和气氛蔓延，从立案到拍板，多个环节留下被人掣肘的把柄。

（［加拿大］《环球华报》2012－11－30/喻京润）

华人月子中心遭质疑　“地下”变“阳光”有多难?

近日，隶属美国圣伯纳汀诺县的奇诺冈市，70名民众走上街头，举牌拉条幅，抗议华人月子中心利用私宅从事经营性业务。有示威者表示，这些大腹便便的孕妇影响了本地居民的生活，并怀疑她们来美国的真正目的是使下一代成为美国公民。

经济“灰色带”

华人月子中心遭遇“滑铁卢”并非新鲜事。近年来，华人月子中心如雨后春笋般多起来，但大多呈无序发展之势。作为“新生事物”，月子中心常常在模糊的法律边界内寻找生存的缝隙，多处于“地下”状态，难以成为“阳光”产业。

值得注意的是，不仅月子中心的华人经营者处于“地下”状态，华人课后补习班、华人诊所的经营者同样面临类似“地下”考验，这些行业困境使人们开始反思海外华人的赚钱之道。

在美国，一些华人原本想通过辅导学生来谋生，然而当地政府却将课后补习班归为儿童看护行业，对于师资、设备、饮食等都有极高的标准和要求。可想而知，华人中心的简单补课在当地政府眼里是多么“不正规”。

据报道，中医行业在英同样面临“规范”质疑。由于缺少英国政府的认可及监督机构的监管，在英中医诊所逐渐走向“边缘”，并大量倒闭，中医行业海外发展状况令人担忧。

欠缺规范是主因

由于缺少行业规范，不少华人主导产业步入“地下”，难以良性发展。分析人士指出，英国政府和各中医协会未对整个中医行业建立规范的章程制度，是导致华人诊所“关门”的主要因素，更是它们不敢“出头露面”的重要原因。面对西医疗法在英国的稳固“江山”，华人中医诊所不仅不被政府承认，更缺少持续发展的行业规范，且监督机制、管理系统均有漏洞，遇冷也就在所难免。

华人月子中心同样欠缺行业规范。美国《侨报》今年7月报道称，大多没有营业执照的华人月子中心，常因缺乏规范化管理，使婴儿健康受到威胁。

其实，一些华人经营者对行业规范是心存畏惧的。有媒体报道，“规范”意味着更高的要求，包括资金充足、经营正规，此外，工作人员的专业素养、房屋设施及卫生条件也都要挺过“硬”门槛，否则，只会引来各方质疑。加州洛杉矶县政府部门日前表示，该县住宅区内的部分华人月子中心违反了居民住宅不得短期分租的法规，希望涉事房东尽早结束营业，不然等待这些经营者的将是法院的传票。

海外华人移民尝试各种赚钱之道实现各自的异国梦，然而要生存下去，则须考虑多方因素。语言、文化、体制上的微小不同，就可能造成华人赚钱之道的巨大差异。

（《人民日报·海外版》2012－12－05/滕红真）

华人：传承路上新意多

中华文化是联系海内外华人的重要纽带，在海外生活的华人深知文化传承的重要意义。对于如今的华人们来说，采用何种方式将文化传承下去已成为越来越重要的问题。

传统方式遇困境

在文化的传承上，华人们有着自己的传统方式，但现在，这些方式正面临着诸多困境。

华人会馆是海外客家人传承文化的重要载体，在20世纪70年代以前，客家人移居海外，事业发展都要靠会馆。如今，随着海外客属华侨的生存环境发生变化以及人口的不断流动，客家人原来同乡聚族而居的模式被逐渐打破，华人会馆正面临着凝聚力减弱的尴尬局面，这也使得客家文化的海外传承面临着前所未有的挑战。

遭遇挑战的不仅仅是客家文化，代表着华人勤奋与智慧的传统华人老手艺也面临着相似的困难。以往华人老手艺的传承都是通过寻找继承人的方式来实现，但是随着时代的发展，如今已经没有多少年轻人对这些费时又费力的工作感兴趣。继承人的缺乏，使得这些传统行业变得越来越没落，逐渐成为夕阳行业。

跟随时代寻变化

随着社会的不断发展，越来越多的华人意识到，一成不变的传承方式已很难适应时代发展的需要。为了更好地传递中华文化，他们进行了积极的探索。

二十四节令鼓是以中国传统二十四节气为基础，结合南粤狮鼓和传统书法艺术的特点创作的艺术，马来西亚华人陈再藩是这门艺术的创始人之一。在他看来，要让更多年轻一代接受古老的传统文化，就需要对文化进行不断创新，用今天的方式去包装传统文化。所以，二十四节令鼓在击鼓的同时还加上武术、舞蹈和配乐，十分独特。由于没有鼓谱，表演时全由鼓手即兴发挥，所以它也一直处于不断更新的状态，深受年轻人的喜爱。

在多元的文化背景下，采用中西合璧的方式也成了华人们传承文化的不二选择。为了在西方进一步推广二胡，加拿大青年二胡演奏家李歌邀请众多加拿大和中国作曲家，从二胡的特性出发，创作了一系列别具当代风格的全新曲目。前不久，在她的倡议下，一场名为“二胡、钢琴、吉他——跨文化创作”的音乐会在卑诗大学音乐大楼的演奏厅举行，精彩的演出不仅让人们领略到了中国传统乐器的风采，也扩大了二胡在加拿大的影响。

未来更加多样化

在文化传承方面，华人们一直不遗余力地贡献着自己的力量。在他们的努力下，中华文化的传承方式正朝着多样化的方向发展。

在欧美，一些华人社区中心办起了国画班、中国器乐班、中文班和烹饪班等，这些传统的中国文化对于久居异国的华人有着强烈的吸引力，越来越多的华人愿意来到这里学习。在马来西亚，华人们通过坚持开办华校来确保中华文化的传承。加拿大的中文学校更是通过举办才艺表演，为学生们提供了运用和展现中华文化的平台。

更令人欣喜的是，如今越来越多的华人青年也加入到了致力于中华文化传承的队伍中来，他们的独特视角也为文化的传承注入了新的活力。相信在海外华人的共同努力下，中华文化一定会永远流传下去。

（《人民日报·海外版》2012－12－07/张敏）

合理避税和偷税漏税的钢丝绳，请谨慎走好！

日前的一些信息显示，西班牙税务部门加强了对偷税漏税的打击，媒体报道中说“查税风暴日益猛烈”。这一现象表明，华人将在这一轮查税风暴中成为主要对象，并引起了西班牙华人的强烈关注。尤其是在“帝王行动”之后，华人在商业经营方面的合法性受到了很大的质疑，而众多华商在面临这种状况时，更多的是一种委屈和无奈，同时因为权威信息的匮乏让他们感到茫然，不知如何应对。

记得多年之前西班牙媒体就有报道，在一项民意调查当中，近半的西班牙人认为移民只纳部分税收甚至不纳税。其实辩驳的数据就摆在那里，可这就是一种国民印象，不是几句微弱的抗议和辩护所能扭转的。而这一现象也从另一面反映出西班牙本国国民对税收知识的缺失，他们自己都不甚了解西班牙税收政策的执行，以至于想当然地认为移民和西班牙人在税收上存在不公平。可以说，在欧洲各国当中，西班牙税收政策的执行是相当宽松的，在西班牙的企业为了逃避税收，还是有很大的操作空间的。所以，华人在这种相对宽松的经商环境中就形成了一些习惯做法以期减少税收的缴纳。税务部门在经济快速发展的年头往往将更多的精力集中在大型企业上，而华人企业大多为中小型企业，所以较少受到检查和打击。如今西班牙政府需要尽一切力量增加财政收入，自然开始扩大检查范围，对潜在的税收资源进行挖掘。尤其是年关将近，政府的财政压力更大，因而面对类似的“查税风暴”，华商也不必风声鹤唳，过度猜想查税的政治意图。

对于一般的中小企业而言，逃避税收，归根结底无非是通过少报收入和多报开支两种途径。多报开支需要尽可能多地提供支出凭证，比如购物发票。这一点不容易，一般商家不愿意凭空多开发票，因为这意味着对方在多报自己的收入，会给自己带来多交税的压力。那么操作性较强的就是少报收入。餐馆、百元店、酒吧等，虽然需要给每个客人开账单，但并不是所有的客人都会拿着这些票据去申报，那么商家就可以瞒报其中的一部分收入，税务部门面对庞大的客流量往往也无从查起。这一点不是秘密，西班牙的税务部门也很清楚市面上出售的正规支付软件里，都包含了取消票据的功能。所以这种做法虽然也是偷税漏税，却有执法部门的某种默许。

来到西班牙的华人从打工者到老板，往往只是一种资金和经营经验的积累，但对相关法律的认知并不全面，沿袭一些习惯做法，加上一点代书楼的介绍，就开始自己进行账务管理。所以，他们对上述规避税收的做法没有正确的认识，甚至自行其是地加进了自己的操作。像某中餐馆的一个案例：餐馆的刷卡机本身已经有五六万欧元的进账了，而相关人员报账时竟然只报了四万多的收入。税务检察官说："就算我傻到认为来你们饭店吃饭的所有客人都是刷卡的，你这个收入也对不上啊！"所以，该餐馆最终被处以巨额罚款，这是较为极端的例子。问题是很多商家在少报收入的时候并没有合理地整合数据，例如提供的支出发票上显示进货数量惊人，销售量却申报很少，那这些货物难道最终都被扔掉了吗？所以规则在那里不是不能利用，但首先要了解这些规则，要想钻法律的空子，首先就要对奉公守法的行为有正确的认知。

（［西班牙］欧浪网 2012－12－18/殷海跃）

"后危机时代"西华人应学会真正的融入

自从10月16日华人遭遇"帝王行动"以来，时间已经过去了两个多月。这两个月对于当地所有华人来说，都是难以忘记的。确实在这两个月的时间里，发生了太多的事，从"帝王行动"开始之后，西班牙警方对华商的无情打击，政府部门不负责任地乱说话，到西班牙众多媒体落井下石，将打击面扩大到整个华人群体之上，以至于西班牙出现了许多排华事件。从整体来看，事件发生之后，华人成为了西班牙社会的关注焦点，而随着事件的发展，一些不明真相的西班牙民众开始将经济危机的责任归咎到华人身上，将一些传言当成了真实发生的事情，例如，中国人不纳税，剥削童工，卖酒给未成年，甚至有贩毒、贩卖人口、敲诈勒索等行为。

这对于整体华人来讲，其负面影响是空前的。旅西华人的形象遭到严重破坏，而且生意和生活都受到不同程度的影响。一些地方的华商生意甚至下降了70%，而同时当地华人在事件之后仍然遭受各种歧视；一些中国小孩在学校、地铁被骂为"黑社会的孩子"；食品店被客户以"不纳税"为由而少给钱，甚至还遭到了一些不法之徒的野蛮攻击；针对中国人的偷盗、抢劫在这段时间里大量增加。整个华人群体中都弥漫着不安的气氛，不少侨胞都开始怀疑华人是否还能在西班牙生存和发展下去。

在这样的情况下，中国政府及时采取实际行动，对旅西华人表示了支持。在上个月27日，外交部杨广玉大使率领的代表团访西，明确无误地向西班牙方面传达了"中国政府始终对这起事件保持高度关注"这一信息，并希望在不影响西班牙司法独立性的前提下，让华商企业重新营业。几乎在同一时间，当地华人和华商也努力地开始了自救行动，一些侨领自发地组织起来，成立维权小组并主动出击，找各媒体和政府机构会谈，阐述华人群体的观点和诉求，让媒体和政府机构对旅西华人的情况增加了解，实事求是，走出误区，力图重塑旅西华人的形象。

在这一系列行动之后，西班牙方面的态度可以说是明显地发生了变化，最为显著的变化就是在这段时间之后，西班牙各媒体均不再使用"MAFIA CHINA"（中国黑帮）的字眼，而以“有组织犯罪”代替。与此同时，之前被关押的华商被释放，这也可以看成是政府有意对事件降温的措施。而根据我们最新得到的消息显示，此事件的主角之一，西班牙国贸城已经在准备营业了。据了解，企业的重新开门是得到了西班牙政府批准的。

可以说国贸城的开门已标志着整个事件在向好的方向发展，西班牙所释放出的善意信号也非常明显：西班牙终究不愿意失去和中国的友谊，更不想失去中国这个庞大的市场。可以说，这起事件如果没有中国政府的强力支持，如果没有事后当地华人的积极奔走，绝不会这么快就出现“峰回路转”的局面。

纵观整个“帝王行动”事件的发展，笔者最深的感触就是，这起事件给了华人一个教训，或者说是给华人上了一课，这堂课的名字就叫“沟通和融入”。在事件发生之前，大部分华人都没有将“交流”、“融入”当一回事，只是挂在嘴边而已。而在事件发生之后，不少华人发现我们和当地主流社会的误会以及裂痕已经如此之大了。因此，越来越多的华人通过报纸、电视、广播等各种媒体来解释这个误会，以还华人清白。同时，越来越多以前对此毫不关心，只顾着低头赚钱的华人开始关心起西班牙主流社会的动向，并且向周围的西班牙邻居解释“中国人不是黑社会，我们和你们一样”。

什么叫交流，这就叫交流。张广玉大使来西班牙时曾经表示当地华人“不能只低头拉车，不抬头看路”。确实，如果想把车拉好，就必须看路，看清周围的大环境，要注意道路安全。而要做到这一点，交流是必不可少的，只有当两个族群彻底地了解之后，才能增进友谊，才能得到融合，才能获得深化发展。在建立了解之前，这些都是一句空话。

本月19日，华人维权小组与马德里移民局局长举行了座谈会，在座谈会上，移民局长表示了对华人的支持，随后切中要害地说出了当前华人要解决的问题，并给出了他的建议。他认为先前出现排华现象的根源是经济危机造成的，部分当地居民认为中国人抢了他们的饭碗。“帝王行动”的发生，使本来就有的排华现象突然加重，一些传言也变成了不少人所认为的“事实”。而要解除这个误会还是需要全体华人做出努力。

华人要更努力地融入西班牙社会，让西班牙人感觉中国人是在与他们“同甘苦，共患难”，例如，可以开展一个名叫“一公斤奉献”的活动。每个参与者奉献一公斤的食品，可以是大米、面粉、豆子，什么食品都可以，奉献的食品用来救济那些受经济危机影响最严重的人。当真正做到交流和融入之后，华人群体必然可以化危机为机会，得到更好的发展，也可以为西班牙作出更大的贡献。

（［西班牙］欧浪网2012－12－21/劲鹤）

“月子中心”与政治庇护合流　大陆人为获绿卡不择手段

路径：申请庇护获准 绕道越南回国探亲

通常来说，被祖（籍）国“迫害”了的人士，才会在美国申请“庇护”，并在美国合法居留下去，而且是不能回到祖（籍）国的。但是，不少寻求“假庇护”的人士并没有受到祖（籍）国的迫害，他们一方面在美国申请居留权，另外一方面经常回国与家人、朋友团聚，甚至经商。

移民律师告诉记者，在政治庇护申请尚未通过之前，申请人不得离开美国。如果离开美国，会被视为自动放弃庇护申请。但是，在政治庇护批准之后，申请人有权申请所谓的难民旅行文件（Refugee Travel Document），可以自由进出美国，到世界上任何地方旅行，但不能到申请人在申请政治庇护时宣称会受到迫害的地方。例如，中国大陆的申请人凭难民旅行证离开美国回到中国，移民局的官员会认为该申请人已经不再害怕受到迫害，从而会提出取消其庇护申请以及绿卡申请。

但是，通过庇护申请绿卡的等待时间很长，在洛杉矶地区有不少中国大陆人士在获得了难民旅行文件之后，经常会通过第三国回到中国大陆。一位申请庇护居留美国的女士告诉记者，获得难民旅行文件之后，她每年都要回国探望年迈的双亲及年幼的女儿。为了不留下入境的记录，她都是绕道越南等中国的周边国家进入中国，因为那里不需要在护照上盖章。同时，护照过期之后，她就在国内托关系办理中国护照，以便在等待美国绿卡及公民的时候有一本中国护照。

这位女士告诉记者，许多与她一样办理“庇护”的人士，都经过同样的途径回到中国探亲、访友甚至经商。同时，一些受“庇护”人士还在中国相亲、结婚，一点都没有被“迫害”的迹象。就她自己来说，她与丈夫40岁就下岗了，辗转到了美国之后，想通过“庇护”获得美国的身份，以便将来可以供孩子上大学。

动向：“月子中心”与政治庇护合流

备受争议的“月子中心”除为境外产妇提供来美待产及协助生产服务外，近来还增添了新的服务项目，即为一些来美待产的妇女提供一胎化“政治庇护”服务。在这项服务的诱惑下，越来越多的中国待产妈妈正在利用“月子中心”来美，并试图通过办理“政治庇护”留在美国。

这种“移民”美国的方式被认为是目前风险最小、所需资金最少的来美渠道，因此，越来越多的中国待产妇都在试图利用“月子中心”作中转站留在美国。一位不愿具名的受访者表示，她因有朋友常从中国大陆到洛杉矶的“月子中心”待产，接触到一些在“月子中心”待产并同时聘用律师在办理一胎化“政治庇护”的准妈妈。

大多数在美生产的中国妈妈因没有在美合法居留身份，因此生产之后必须离开美国。“而现在‘月子中心’可为能到美国生产的孕妇提供办理‘政治庇护’的机会，一旦成功，母子及其家人即可永久留在美国。”

凡在媒体上能找到广告的“月子中心”均表示可以为孕妇提供一胎化“政治庇护”服务。“月子中心”的业者称，根据以往的经验，这种来美生产然后办“政治庇护”留美的成功率高达95%，各家收费标准在4 000美元到6 000美元不等，这是在美待产、坐月子以外的费用，是请律师的费用。

招数：用真假两本护照 从墨西哥回大陆

美国移民局在东岸刮起的针对“政治庇护”的打假风吹到了西岸，让洛杉矶华人社区中许多在庇护申请中造假的华人感到惊恐，有些人已经买好机票，或飞往他州暂避风头，或干脆回国隔岸观火。

以“一胎化”名义获得庇护的蒙特利尔公园市居民黄女士听说洛杉矶也将掀起扫荡假庇护风暴后，坐立不安，已于20日买好机票，准备飞往外州的姐姐家里暂避一时。“好不容易来到美国，我不想就这么放弃。”

去年她接受了别人的建议，经墨西哥绕道回国探望了父母和孩子，中间花钱买了另一本假护照。表面上看，庇护身份的她只是去了趟墨西哥，规避了“庇护者不能回国”的法律规定；而实际上，她用另一本护照从墨西哥绕回中国，让“庇护”护照上没有留下任何回国的记录，从而避开了移民局的视线。

但心虚的她还是担心百密一疏，觉得躲一躲为好。“纽约律师楼里那么精明的‘庇护’专家都能被移民局和FBI查出来，我们这小虾粒米哪能保得住不出岔子？还是三十六计走为上吧。”

经历：持政庇绿卡去中国　返美时绿卡或没收

持政治庇护获得的绿卡去中国大陆，回美时移民局就有可能没收绿卡。

本报曾经报道过，在纽约曾发生过多位闽籍人士持政治庇护获得的绿卡返乡，回到美国时绿卡被移民局入境管理处官员没收。一名来美多年的郑先生因思乡情切，身边又有朋友同样持政治庇护获得的绿卡返乡，顺利回到美国，因此，郑先生决定返乡看望十多年未见的妻子和儿子。未料返美入境时，被机场移民官拦下，没收其绿卡。据报道，多位闽籍人士遭遇到此情况，其中以三四十岁的人为多。

对于庇护绿卡持有者来说，第一，他们曾向移民局表示，中国政府对他们以往的迫害使得他们对未来恐惧，所以不愿回中国；第二，他们在申请庇护时，曾签过一个表格：如果他们对美国政府说谎，美国政府将不再批准他们的任何移民申请。在这种情况下，如果他们回中国后，得以安然无事地回到美国，那就出现两个问题：第一，他们日前对美国政府所称的恐惧是不是事实（因为他们是自愿回国）；第二，他们说中国政府会对他们进行迫害，是不是真的（毕竟他们全都安然返美了）。

律师：办庇护后回中国是不打自招

洛杉矶华强律师提醒那些办了“庇护”后还大摇大摆回国的华人，他们是在不打自招地告诉移民局“我是假庇护”，否则一个遭到迫害的人怎么可能再回到迫害自己的祖（籍）国呢？与此同时，她也告诫同业，不能为了赚钱而不顾庇护的真实性，否则对自己、对客户都将不利。

华强相信，美国东岸针对华裔移民的这把火一定会烧到西岸，美西移民局已经在重新审查以往的庇护案件，试图从中找出欺诈的证据，现在只是还没有像纽约一样进行大批抓捕和驱逐行动而已。

洛杉矶律师邓洪在接受《侨报》访问时曾表示，以政治庇护方式取得留美身份的人中，许多都是在欺骗美国政府，一个很明显的例子是：约有半数通过政治庇护案拿到绿卡的人现在都回过中国大陆，这与办理政治庇护案的初衷自相矛盾。邓洪还表示，通过办理政治庇护取得留美的合法身份未必可取。

多年前，政治庇护案的通过率可高达80%，而近些年来中国大陆的情况已发生了巨大变化，美国政府对政治庇护案的审批也越来越严。邓洪表示，现在洛杉矶地区政治庇护案的通过率约在20%左右。

邓洪还表示，家长以政治庇护方式骗取留美身份对孩子的影响很不好，会让这些孩子认为欺骗别人并不是一件坏事。他表示，近年来许多犯有刑事案的华裔青少年，其家长均是以政治庇护的方式取得留美身份的。

（［美国］《侨报》2012－12－25/蔚宇　高睿）

（本栏目责任编辑　徐云）

华教视点

本栏目内容是对境内外有关华文（侨）教育、双语教学、孔子学院等新闻报道和评论的选登，以媒体报道时间升序排列。

中国华文教育基金会获年度首笔大额捐赠千万元

中国华文教育基金会9日在北京获得本年度首笔大额捐款1 000万元人民币。根据捐赠者的意愿，这笔捐款将用于支持中国华文教育基金会开展有利于弘扬中华文化、发展华文教育事业、促进中日文化交流的活动。

此笔善款来自旅日侨胞王宝喜创办的企业——上海和星投资管理有限公司。26年前，他负笈东瀛，并逐渐在日本求得发展，担任日本冈藤商事株式会社中国事业部主管。2005年起，王宝喜开始在中国内地创业，于2010年与日方共同出资成立此公司。

据介绍，该公司今年将投资38亿元人民币，在上海崇明岛投资开发一个占地40公顷，建筑面积达30多万平方米，集上海中日友好会馆、中日环保科技展示中心、早期防癌诊断中心、动漫中心、生态环保居住区等项目为一体的综合性森林花园式公园，并将同时引进世界领先的日本环保垃圾处理技术，在上海杨浦建立中日环保研发中心。

9日下午在北京钓鱼台国宾馆举行的捐赠仪式上，担任该公司董事长的王宝喜向中国华文教育基金会理事长林文肯递交了捐赠支票样品，并共同签署了《捐赠协议》。中国国务院侨办副主任赵阳向王宝喜颁发了《捐赠证书》。

国务院侨办副主任赵阳指出，海外华文教育是广大华侨华人学习汉语、传承中华文化、保持民族特性的“留根工程”和“希望工程”，一直得到海内外相关团体和热心人士的大力支持。此次捐赠在国内外企业经历全球性金融危机、普遍遭遇困难的时刻更是显得弥足珍贵，必将影响和带动更多的海内外企业和有识之士关注与支持华文教育事业。

中国华文教育基金会是在中共中央总书记胡锦涛同志的倡导下，于2004年9月成立的。7年来，基金会着力推动华文师资培养、华裔青少年中华文化传承、华文教师暖心、传统节庆文化拓展、华文教育现状调研等六大工程的实施。

（中国新闻网2012－01－09/张冬冬）

中国华文教育基金会2011年募集资金7 868万元

中国华文教育基金会副理事长兼秘书长左志强于10日透露，2011年，该基金会坚持以项目带动募捐的模式，努力拓宽筹资渠道，深入开展募资工作，全年募集资金总额达7 868万元人民币。

10日，中国华文教育基金会二届六次理事会在北京举行，左志强代表基金会秘书做工作报告时如上表示。他从募集资金、项目策划与实施、内部建设等方面，回顾并总结了基金会2011年的工作情况。

左志强表示，2011年，中国华文教育基金会共开展了各类工作项目52个，其中32个是当年的新项目，使海外数千名华裔师生受益，有力地推动了海外华文教育事业的发展。

据介绍，2011年，中国华文教育基金会共资助54所海外华文教育示范学校540万元人民币，用于改善其办学条件。2012年，基金会还将再出资460万元人民币，支持第二批14个国家的46所同类学校开展华文教育，两年内受益学校将达到100所。

谈及2012年的工作思路，左志强表示，基金会将坚持以海外华侨华人为主要募捐对象的方式，找准潜在捐赠人；充分挖掘中国侨商投资企业协会、中国海外交流协会的丰富资源，积极开展募资工作；同时还计划探讨在海外、境外设立分支机构，扩大资金募集的半径。

（中国新闻社北京2012－01－10/张冬冬）

因地制宜开展华文教育　温州领跑4个全国“第一”

2011年，温州充分发挥侨务资源和教育资源的独特优势，积极探索华文教育的新模式，因地制宜地开展海外华文教育，创造了4个全国“第一”。

全国第一个创办全日制“华文教育艺术特色班”。2011年9月，温州市少艺校“华文教育艺术特色班”开班。这个由温州市侨办和少艺校合作创办，专门针对华侨子女进行全日制华文教育的班级，在国内为首个。

全国第一个成立“华裔少年艺术团”。以温州少艺校首届“华文教育艺术特色班”为班底组建的“华裔少年艺术团”，成为全国首个“华裔少年艺术团”。

全国侨办系统第一个在海外举办“华文教育论坛”。2011年5月，温州市华文教育考察团在意大利佛罗伦萨举办“意大利托斯卡纳大区——中国温州华文教育文化交流论坛”，首开全国侨办系统在海外举办“华文教育论坛”的先河。

全国侨办系统第一个向欧洲外派华文教师。2011 年 9 月，由温州市侨办遴选的周欢怀、吴云逸两名华文教师赴意大利佛罗伦萨中文学校任教，成为全国侨办首批向欧洲外派的华文教师。

（中国华文教育网 2012－01－17/刘时敏）

全球第 138 所孔子学院在加拿大渥太华开课

1 月 24 日，加拿大第 12 所孔子学院在加拿大首都渥太华举行了开课仪式，这也是全球第 138 所孔子学院，其全称为“加拿大首都文化、语言及商业孔子学院”。2010 年 12 月，加拿大卡尔顿大学与孔子学院总部签署了开办协议，中方合作院校为华中师范大学。经过双方一年多的共同努力，今天正式开课。

渥太华市长沃森也代表渥太华市民对孔子学院的开课表示热烈祝贺，他赞扬加中两国关系的快速发展，并指出，中国游客来访数量已紧追日本、澳大利亚和新西兰等国，成为加拿大第四大游客来源国，而且游客人数还在增加。

孔子学院院长李征主持了开课仪式。他对记者表示，辛辛苦苦地忙了一年多，现在终于迎来了正式开课，辛勤耕耘，有了成果，这让他颇感高兴与欣慰。

这所孔子学院具有两大优势，一是具有综合性特点，即不仅在本校开展汉语教学，还可带动本校的中国研究与教学。二是具有地处首都的地理优势，可以同时为联邦政府机构、企业与商会提供咨询与培训。因此，孔子学院的教学对象也将由上述两部分人组成：一是在校大学生；二是政府与商贸行业的在职人员。

（人民网 2012－01－29/李学江）

逾 7 000 在校生学习汉语　蒙古国“汉语热”持续升温

中国国家汉办代表团 1 月 29 日在蒙古国首都乌兰巴托与 120 多名汉语教师志愿者举行座谈会，探讨如何满足在蒙古国持续升温的“汉语热”需求。

中国驻蒙古国大使馆文化参赞魏宏胜致辞说，近年来，随着中国经济实力的不断增强，文化影响力不断提高，包括蒙古国在内的世界各国普遍看好中国的发展前景，学习汉语的兴趣越来越浓厚，汉语在文化、教育交流中的作用空前突出，文化价值和实用价值不断提升。

随着渴望了解中国、了解中国文化的人越来越多，“汉语热”在蒙古国持续升温。目前，蒙古国有60多所学校开设汉语课，在校学习汉语的学生有7 000多人。来自中国的127名汉语教师志愿者在40多所学校中履行着“传播汉语，传播友谊”的光荣使命。

中国国家汉办代表团团长杨金成在致辞中说，蒙古国冬季漫长寒冷，物质条件比较匮乏，物价不断上涨，但可敬的汉语教师志愿者不怕困难，执著奉献，精神可嘉。

座谈会上，汉语教师志愿者代表汇报了半年来在教学、生活等方面取得的成绩和经验，也谈到了遇到的问题和困难。

（新华网2012－01－30/石永春）

中国侨务高官连访中文学校　期盼中华文化留根海外

“现在全世界有两万多所华文学校，帮助侨胞发展华文教育是中国政府的责任，要有长远眼光，百年大计，以人为本。”当地时间4日上午，中国国务院侨办副主任许又声在走访巴西圣保罗华侨天主堂中文学校时作上述表示。

当地时间2月5日上午，率领“文化中国·四海同春”赴大洋洲艺术团在澳大利亚墨尔本访问的国务院侨办党组成员、秘行司司长熊昌良一行参观了当地新金山中文学校，并与教师代表进行座谈。

新金山中文学校校长胡培康介绍称，新金山中文学校已建立20年，学校能够生存发展得益于三个方面：一是与祖（籍）国的密切联系，包括中文教材支持和教师培训；二是作为非营利性机构，获得了澳大利亚政府的补助；三是澳大利亚社会的支持，包括华人家长的支持。

“文化中国·四海同春”赴欧洲艺术团团长、国务院侨办副主任马儒沛率团赴比利时访演期间，专程考察了布鲁塞尔中文学校。该校创办于1998年，由旅比华侨华人捐资兴办，是比利时第一所涉及教授简体字、汉语拼音和普通话的学校，也是比利时唯一获得“海外华文教育示范学校”荣誉的中文学校。

在未来5年内，国务院侨办将建设300所海外华文教育示范学校，并给予重点扶持。此外，每年将有计划、有步骤地资助一批贫困华校，帮助其改善办学条件；帮助200所华文学校建立“育侨中文图书室”，并为之配置适用的中文图书及音像制品；资助、支持全国性或地域性的华文教育组织改善工作条件，提高服务质量。

（中国新闻社北京2012－02－05/张冬冬）

江苏南京新增5个省级华文教育基地

为促进海外华文教育事业的发展，江苏新增9所学校为海外华文教育基地。近日，江苏省侨办在南京师范大学举行仪式为这些基地正式授牌。江苏省人民代表大会、国侨办文化司、江苏省教育厅、南京师范大学等单位的相关负责人，以及来自马来西亚的近百名华文教师和江苏新增的9所华文教育基地代表出席了此次活动。

此次南京新增的省级华教基地分别是南京晓庄学院、南艺附中、南师附中、汉江路小学、南京行知小学5所学校。至此，南京地区已设立了8个“江苏省华文教育基地”，占全省省级华教基地总数的36%。南京市侨办相关负责人表示，华文教育工作作为该办常抓不懈的基础工程、“留根工程”和“资源涵养工程”，将在传播中华优秀文化、保持华侨华人民族特性、促进华侨华人社会发展、增强华侨华人竞争力等方面发挥积极作用。

（中国新闻网南京2012-02-23/颜军海）

暨大华文教育师资方向远程学历教育在印度尼西亚开学

日前，暨南大学华文学院华文教育专业师资方向远程学历教育开学仪式在印度尼西亚廖群岛省省会北干巴鲁举办。

此次北干巴鲁首次面授的课程共有“中国民俗”、“现代汉语词汇”、“中文信息处理”、“华文现代教育技术”四门，分别由暨南大学华文学院的王衍军博士与张彦军老师负责指导。同时，暨南大学另派有12位教师在印度尼西亚的雅加达、泗水、梭罗、坤甸、山口洋、棉兰、巴淡、巨港、邦加9个城市分头展开面授工作。

巴淡和谐文化基金会秉持推广华文教育、优化中华文化、提升师资水平为培养教育人才的宗旨，并关注印度尼西亚廖省的省会北干巴鲁的华文师资培训。在努力地商讨与筹备下，巴淡和谐文化基金会与印华百家姓协会达成共识，并与暨南大学华文学院开展暨南大学华文学院华文教育专业师资方向远程学历教育，已招收30多位当地的华文老师，成功地设立函授教学点。自2009年巴淡市正式成为暨南大学远程华文教育本科专业在印度尼西亚的第10个函授教学点后，首次开办暨南大学华文教育专业远程函授的北干巴鲁是继巨港后的第 12 个函授教学点。

（中国华文教育网 2012－02－28）

两岸华教专家厦门研讨协同创新华文教育

来自海峡两岸的 30 多位高校负责人，于本月 3 日相聚在华侨大学厦门校区，研讨新形势下如何进一步凝聚两岸智慧和达成共识，协同创新华文教育工作，深化两岸高校交流合作。

由中国海外交流协会主办，华侨大学承办，台湾世界华语文教育学会协办的“两岸华文教育协同创新研讨会”于当天在华侨大学厦门校区开幕。国侨办副主任、中国海外交流协会副会长赵阳，华侨大学校长贾益民，世界华语文学会教育学会理事长、台湾中原大学校长程万里等相关负责人出席开幕式并分别致辞。

赵阳副主任在致辞中称，海峡两岸有关部门在帮助海外华文教育方面不遗余力。他呼吁两岸有关部门今后要加大力度给予华文教育更多支持，特别是两岸高校的华文教育工作者应加强交流与合作，求同存异，开放胸襟，携手推动海外华文教育繁荣发展。

华侨大学校长贾益民在致辞中表示，当前，两岸关系步入和平发展轨道，为两岸高校之间的交流合作创造了有利条件。两岸高校应适时地探讨如何扩大合作交流领域、提升合作交流层次、拓展合作交流渠道、搭建合作交流平台、创新合作交流模式。

程万里理事长在会上提出三个期盼：在大陆成立一个全国性的华文教育学会来承担起主办华文教育的研习、联系和协调的工作重任，建立起两岸沟通的桥梁；成立两岸华文教育协调委员会，由两岸共同参与；建立两岸华语文教师、研究生和本科生的交换机制，开展学者讲学、学生交换等交流项目。

（中国新闻社厦门 2012－03－03/杨伏山　朱考华）

马来西亚华商古润金再向华文教育基金会捐款千万

继 2011 年向中国华文教育基金会捐赠 1 000 万元人民币，完美（中国）有限公司董事长古润金再次捐出1 000万元人民币，用以支持中国华文基金会工作及发展华文教育事业。

3月6日下午，“完美（中国）有限公司资助中国华文教育基金会捐赠仪式”在国务院侨办举行。国务院侨办副主任赵阳、中国华文教育基金会理事长林文肯、副理事长兼秘书长左志强以及正在北京参加两会的广东省侨办主任吴锐成等人出席该捐赠仪式。捐赠仪式上，赵阳向古润金颁发了《捐赠证书》。

国务院侨办主任李海峰在捐赠仪式前会见古润金一行时指出，中国华文教育基金会是由胡锦涛总书记倡导成立的，为弘扬中华文化、推动华文教育健康发展起到了很大的作用。李海峰赞扬了古润金大力支持华文教育事业发展的善举。

赵阳在捐赠仪式上说，今年是古润金领导的完美（中国）有限公司扎根中华大地拓展业务的第19个年头。18年来，古润金秉承“取之社会，用之社会”的经营理念，热心慈善，积极参加各种公益事业。赵阳表示，有以“完美”公司和古润金为代表的爱心企业和慈善人士的支持和热心帮助，中国华文教育事业的明天一定会越来越好。

作为马来西亚的第三代华裔、中国侨商会副会长和完美（中国）日用品有限公司董事长的古润金，也曾是马来西亚循人独中的华校生，他致辞时动情地说：“海外华人要自立自强，就要从学习自己的语言开始。支持华文教育，就是支持和帮助海外华侨华人，更是一件有利于海外华侨华人社会发展的大事。”

（中国新闻社北京2012－03－06/范超）

推动华文教育　云南省侨办为华裔学生发放补助金

3月7日，云南省侨办为昆明华文学校发放华裔学生困难补助金20.1万元，旨在推动云南省华文教育的发展。

据云南省侨办副主任袁光兴介绍，云南省委省政府对华文教育工作非常关注，华文教育专项经费也逐年增加。此次发放华裔学生困难补助金的意义重大，其针对家庭经济比较困难的华裔学生，以助学金的方式帮助他们完成学业。同时，云南省侨办对各州市县学校招收的海外华侨华人的学生也给予了一定的困难补助。

“采取助学金的补助方式，为吸收海外华裔青少年来云南学习创造了有利条件，我们下一步还要继续加大力度，使云南华文教育工作再上一个新台阶。”袁光兴说。

来自缅甸腊戍的王月萍是此次受资助的学生之一，她对记者说，热爱中华文化的她因为家庭贫困而从未想过上大学，后来通过介绍来到了昆明华文学校，如果成绩及格的话，一年后便可进入福建华侨大学。

“云南省侨办给我们发放助学金，同时，还免去我们的学费和住宿费，真的非常感谢。”王月萍说，“我今后会更加努力地学好中华文化，也会向自己的外国朋友介绍自己的祖（籍）国。”

（中国新闻网昆明 2012－03－08/李晓琳）

列席海外侨胞研讨华文教育　吁为华校提供幼儿师资

全国政协十一届五次会议列席海外侨胞 9 日举行小组专题讨论，研讨“海外华文教育状况”。巴拿马中华总会会长麦杞佳表示，在国外寻找会中文的专业化幼儿师资非常困难，希望中国大陆为海外中文学校提供高水平的专业化幼儿教师。

“与其花很多精力去创立或者维持一所中文教育机构，倒不如把中华文化和中文教育的内容打入当地学校，作为课外的课程。”南非约翰内斯堡市议会议员孙耀亨指出，可以通过中国内地学校与当地学校交换学生，中方为其提供中文教材等方式，支持当地学校开展中文教育。

孙耀亨表示，目前，很多华语以外的国家和地区的家长已经意识到，中国现在已经是一个经济大国，当他们的孩子长大的时候，中文极有可能已经成为世界最重要的语言之一。

休斯敦达拉斯美中商会理事会主席顾天鹏介绍，在休斯敦，中文教育机构主要包括孔子学院、华人家长合办的中文学校及以营利为目的的中文学校等。近来有一种趋向，有些美国人特别热衷中文教育，在美国公立学校成立中文教育班，针对美国人开展中文教育，发展非常迅速。

加拿大文化更新研究中心院长梁燕城认为，华文教育重要的是中华文化教育，可以先用外语，培养孩子学习中国历史、了解中华文化的兴趣。他提议用儿童喜爱的方式，来推动中国历史、文化及语言教育的发展，同时加大力度培养具有中华文化素养的双语教师。

（中国新闻社北京 2012－03－09/张冬冬）

华文教育是留根教育　委员建议“送进来走出去”

日前，全国政协委员、上海市政府侨办副主任蔡建国感慨地对记者说，在组织了数次华人青少年回国的“寻根夏令营”活动后，我们还要继续走出去，为在世界范围内推广华文而努力。面对这些华侨少年，不仅要用传统动人，更要用新媒体引起他们的共鸣。

期待政府继续加大发展力度

蔡建国提出，首先，各级政府有关部门要提高对海外华文教育重要性的认识，认真总结工作经验，注重理论素质和国际视野的培养。其次，在海外华侨华人比较集中的地区创造条件，设立华文学校，并争取纳入当地的义务教育体系，与主流教育接轨。如果有条件，在国内一些与海外华侨华人联系密切的地区，如福建、广东等地开办华文教育学校，整合教育资源，在这些地区有条件的大学里设置相应课程以供海外华侨华人子女学习中华文化。

他表示，最重要的是，有关部门应设立专项资金，以培养华文教育专业教师，并充分发挥诸如海外孔子学院的优势，把华文教育与孔子学院密切联系起来；同时建议有关部门适当提高华文教育职工的待遇，吸引年轻、优秀的人才加入这一队伍；培养华文教育志愿者队伍，向海外的华文教育机构或社区派遣志愿者，以解决海外华文师资不足的状况，从而保障华文教育的顺利推进。

“走进来，送出去”增加互动

蔡建国说，这几年来，上海市政府侨办每年都举办一些冬令营、夏令营等活动，为了让更多华人少年接触华文，甚至还增加了春令营和秋令营。每年都有1 000多名华人青少年来到上海，学习华文，了解华文。据悉，这个数字还在不断增长。

而教育的关键，除了教师，就是教材了，蔡建国表示，把这些青少年接来了解华文是第一步，第二步就是送教材、送教师出去。因此，应发挥国内高校等教育机构的作用，组织力量做好华文教材的编写和华文教师的培训工作。

而在教育过程中，除了增强传统文化的正面引导，更要用新媒体、新手段来引导华人青少年乐于、主动地来学习。例如，可以设置华文教育的网络教学课堂，拍摄关于中华文化的宣传片、纪录片等，让华文教育可以不受时间、空间等条件的限制，只要有需要，便可随时随地学习。

另外，简化签证办理手续，如有需要，可适当延长在华期限。协调规范各地侨办、出入境管理等工作程序。此外，有关部门可与海外社团、协会或者企业共同设立华文教育基金会，除每年定期组织学生冬（夏）令营以及“寻根之旅”等活动外，也可从基金会中设立专项教育经费，供海外华侨华人子女求学之用。

（东方网2012－03－12/陈晓琪　刘轶琳　曹子琛　李涛）

华大成立华文教育研究院　推动华文教育快速发展

为贯彻落实党的十七届六中全会和全国侨务工作会议精神以及《全国侨务工作发展纲要（2011—2015）》，不断提升“为侨服务”的能力与水平，进一步实施华文教育拓展和提升计划，促进华文教育学科建设与发展，迅速提升我校华文教育的水平，我校成立华文教育研究院，作为我校华文教育研究、学术交流和政策服务的平台。

目前，研究院设立三个中心，即华文教育普查与研究中心、华文教学资源研发中心和华文水平测试中心，承担着国务院侨办华文教育调研及研发项目，完成国家汉办及各级政府侨办、社会团体以及海外华侨华人社团、华文教育机构委托的各项华文教育、汉语国际教育的调研及研发项目。其中，华文教育普查与研究中心主要承担开展海外华校普查及数据库建设，发布《世界华文教育发展年度报告》，编撰出版《世界华文教育年鉴》，编制海外华文教育大纲和开展华文教育理论研究等工作；华文教学资源研发中心主要承担研究、开发、编写华文平面教材和多媒体教材，建设华文教学案例库、华文教材和教辅资源库，开展与教材推广相关的应用研究和师资培训等工作；华文水平测试中心主要承担研发、建立针对海外华裔青少年华文水平的测试考评体系和量化指标等工作。

学校期望通过几年的努力，使华文教育研究院成为华侨大学开展华文教育的理论中心、决策中心、研发中心和推广中心，为学校更好地履行“为侨服务，传播中华文化”的办学使命，打下坚实的基础；为推动华文教育事业的繁荣和发展，为新时期开创侨务工作的新局面，作出新的贡献。

（华侨大学网站 2012－03－16/董成雄）

马来西亚教育部颁 8 项措施挽救华小华语教育

为解决长期困扰马来西亚华文小学（以下简称华小）的师资短缺问题，马来西亚教育部 21 日在国会召开新闻发布会，马来西亚教育部副部长魏家祥宣布了 8 项具体力劳动补救措施。

魏家祥表示，由他领导的内阁特别委员会制订的解决华小师资问题的 8 项措施，21 日正式获得通过。马来西亚副首相兼教育部长慕尤丁指示，有关措施必须马上落实，同时还要监督有关措施的进展和成效。他说，相关的 8 项措施包括 5 项短期措施以及 3 项长期措施。短期措施为：第一，在各州教育局协调下，聘请临教以填补马来西亚华小所需 1 874名教师的不足。第二，调走华小约 100 名不具双语资格的教师，并由具有双语资格的课业辅导老师代替。第三，所有微型华小须由具备双语资格的老师执教。第四，调走全国约20名不谙华语的社会科学系教师，并由临教代替。第五，小学第一阶段（一至三年级）国、英语教师须具备双语资格，而高年级（四至六年级）则由专修国、英语教师执教。

3项长期措施为：第一，增加及培训马来西亚师范学院的教师数量和资力。第二，提高教师的专业化水平。第三，与高教部协商，调派中学华裔教师到华小工作。

马来西亚华校董事联合会主席叶新田则向记者表示，马来西亚华小师资短缺问题已经三四十年未得到妥善解决。马来西亚华校董事联合会将在3月25日如期举行“华教救亡运动——华小师资严重短缺抗议大会”，以挽救马来西亚华小华文教育。

（中国新闻社吉隆坡2012－03－21/杨政）

城市中的华人希望从印度教师处学习普通话

世界上人口最多的国家语言，其应用范围自然也在全球较为广泛，这是毋庸置疑的事实。对于许多在印度长大的华人来说，他们都是首次学习如何说自己的国语——从印度教师那里。随着普通话愈加受到欢迎，许多更擅长说英语和印地语的华人学生加入了孟买学习普通话的行列。自19世纪以来，定居在这个城市的华人家庭已达到将近3 000个。

“我是华人，因此，我必须学习如何说汉语。”19岁的西恩·马说道。自他的祖父母迁到孟买之后，他们就没有回过中国。

西恩·马出生在孟买，现在是大二的学生。他正努力掌握如何书写数千中国汉字所包含的各式笔画。“我学习了印度文化，”他坦言道，“我对中国一无所知，真的不知道中国人说什么语言。”由于缺乏汉语教师而给在孟买出生的华人带来的这种文化困境一直未得到解决，直到最近才有所改观。

“我在一家英文中等学校学习，学的第二语言是印地语。”马说道，“我们在家里说英语。”

两年前，萨蒂延德拉·乌帕蒂耶（音）教授就开始教授4名正在上大学的华人学生及一位家长学习普通话。“孟买的华人家长想鼓励他们的孩子学习普通话，鼓励他们回到中国去。”乌帕蒂耶说道。

“每次我宣布开设课程时，总会受到众多来自在孟买出生和长大的第二、第三代华人的询问。”总部位于孟买的一家印度—中国咨询公司的CEO纳齐亚·瓦西说道，“他们想要找回自己的根。这门语言（汉语）是他们的身份之一。”

（［印度］《斯坦时报》2012－03－29/仲伟东译）

云南授予省内13所学校为首批“华文教育基地”

4月6日，云南省侨务办公室授予省内13所学校为首批“云南华文教育基地”，进一步整合省内优质教育资源参与华文教育工作，促进云南省华文教育的发展。

作为中国第五大侨乡，云南与老挝、越南、缅甸3国接壤，毗邻多个东南亚、南亚国家，因此，在此开展华文教育工作拥有地缘、亲缘、人缘的优势。

近年来，云南省充分发挥与周边国家地缘相近、人文相通的优势，积极推进华文教育工作，以多形式开展教师培训，以多渠道发送华文教材并建设基地开展华裔青少年华文教育工作。2007年以来，云南共为周边国家华文学校培训教师11 791名，向华文学校外派教师197人，并向缅甸、老挝、泰国、越南四国免费发放242万册教材。

此次被授予“云南华文教育基地”的学校有：云南华文学院、玉溪师范学院、保山学院、西双版纳职业技术学院、临沧师范高等专科学校、德宏师范高等专科学校、昆明华文学校、昆明市艺术学校、昆明市第一中学、昆明市第八中学、昆明市外国语学校、普洱民族中学和昆明明通小学13所学校。

（中国华文教育网2012－04－09）

侨办将拓展华文教育　推动“汉语热”在全球升温

随着中国经济的发展，“汉语热”在全球升温。国务院侨务办公室主任李海峰4月9日在第六届世界华侨华人社团联谊大会开幕式上表示，国务院侨办将大力开展华文教育，加强与相关国家政府教育主管部门的交流合作，努力推动华文教育进入当地主流教育体系。

李海峰说，“十二五”期间，国务院侨办将加大华文师资的培训力度，通过学历教育、专题培训、远程教学、巡回讲学等多种形式，培养骨干人才，培训华文教师。同时，进一步完善华文教材体系，重点开发“本土化”教材和多媒体、网络教材，努力满足海外华裔青少年多样化、多层次的学习需求。

华文教育是传承中华文化的一项重要工作。近年来，国务院侨办加强工作规划和部署，形成了广泛运用社会力量支持海外华文教育工作的新格局。自2010年以来，已累计培训华文教师1.7万多人，并首批资助60所海外华校和16个重点华文教育组织，改善办学条件，为200所华校配置了“华星书屋”。

李海峰表示，国务院侨办还将在5年内邀请10万名华裔青少年参加各类“中国寻根之旅”夏（冬）令营活动，在侨胞聚居国家和地区开展“中华文化大乐园”夏（冬）令营活动，提高华裔青少年学习中华文化的兴趣。

自2010年第五届世界华侨华人社团联谊大会召开以来，国务院侨办已举办了百余期华裔青少年夏（冬）令营，吸引了4万余名华裔青少年参加。其中，2010年海外华裔及港澳台地区青少年“中国寻根之旅”夏令营活动吸引了近6 000人参加，极大地激发了华裔青少年的民族认同感和自豪感。

（中国华文教育网 2012－04－10/崔静）

美国已成全球设立孔子学院及孔子课堂最多国家

4月12日至14日，第五届全美中文大会在华盛顿举行。今年的中文大会气氛空前热烈，共有超过1 300名政府官员、美国中小学校长和孔子学院院长参加。美国前副国务卿约翰·内格罗蓬特在大会开幕式上称，在美国，人们学习汉语的热情十足，应鼓励更多美国学生学习汉语和中国文化，以建立更加密切的美中合作关系。国家汉办主任、孔子学院总部总干事许琳表示，美国的汉语教育近5年来飞速发展，汉语教师在美国供不应求，随着美国经济的复苏，“汉语热”将会持续升温。

在大会的汉语教学现状研讨分会上，美国国家级语言教学咨询专家玛丽安·迈特博士称，中文是美国增长最快的教育项目之一。有数据显示，在美国浸入式语言教学领域，从2000年到2012年，中文普通话的开课量增长了650%，而其他语言作为一个整体只增长了40%，足见近年来中文的受欢迎程度。

在美国，“汉语热”也带动了图书、音像等产业的发展。在本次大会的汉语教学资源展上，记者看到有十余家美国本土出版社展出中文教材，内容涵盖大、中、小学汉语教材、工具书、考试用书，以及平板电脑软件和多媒体音像资料等。很多公司和机构适时抓住“汉语热”带来的市场机遇，投入资金，研发产品，加入到推广中文的大军中来。

据统计，美国2011年开设汉语课的公立大、中、小学超过5 000所，学习汉语的学生人数突破20万人，是5年前的10倍。与此同时，1 000多所大学开设了汉语专业，招生规模达5.2万人。

如今，美国已成为全世界设立孔子学院和孔子课堂最多的国家，在48个州已设立81所孔子学院和299门孔子课堂，其中包括斯坦福大学、哥伦比亚大学、芝加哥大学等世界著名高校。

（《人民日报》2012－04－17/张旸）

2012远程师资培训项目获印尼华教界广泛赞誉

4月19日，中国华文教育基金会副理事长兼秘书长左志强在京听取了华文师资远程培训项目的汇报。

北京市华文教育定点学校——北京燕京文化专科学校副校长潘汉亮汇报了此次赴印度尼西亚招生的成果，并向此次活动的资助和赞助单位转交了印度尼西亚雅加达华文教育协调机构、雅加达圣道语言培训发展中心、西爪哇省华文教育协调机构、万隆立人学校等印度尼西亚华教机构赠送的礼品。

潘汉亮在汇报中表示，由中国华文教育基金会资助、中澳企业家联合会赞助的“2012华文师资远程培训”在印度尼西亚各地受到了广泛关注和好评，短短的几天内便吸引了近300名华文教师报名。印度尼西亚华文教育协调机构相关负责人表示，印度尼西亚是千岛之国，这种远程师资培训项目非常适合印度尼西亚国情，能够解决地理上的阻隔，让很多小岛上的华文教师能即时接受北京专家的培训；而且印度尼西亚的华文教师缺口非常大，中国华文教育基金会的这一项目能在短时间内帮助当地华文教师提高“造血”能力，提升他们的教学技巧和文化素养。许多华文教师参加了2010年和2011年的远程培训，均对这一项目的效果给予了充分肯定，希望这一项目的开展能够常态化，也希望能有机会到北京亲身感受一下。印度尼西亚《国际日报》、《千岛日报》，葡萄牙《葡华报》等华文媒体对此次活动进行了报道。

“2012华文师资远程培训”由中国华文教育基金会主办，北京海外交流协会和北京燕京文化专科学校共同承办，中澳企业家联合会赞助。

（中国华文教育网2012－04－20）

福建侨办与教育厅联合发文　规范外派教师管理

由福建省人民政府侨务办公室和教育厅联合印发的《福建省外派华文教师管理办法》

（闽侨〔2012〕18号）于2012年5月7日正式发文。

该管理办法根据国家海外华文教育工作发展部署和国务院侨办《外派教师工作管理条例及工作流程》，结合福建省海外华文教育工作实际制定，旨在进一步开辟外派华文教师选拔与手续办理的良好通道，同时加强外派华文教师管理，保障外派华文教师权益，进而有力地推动福建省的外派华文教师工作。

近年来，国家越来越重视海外华文教育事业，不断加大工作力度。《福建省外派华文教师管理办法》的推行，将作为福建省海外华文教育工作的新举措，助力海外华文教育事业这一海外华侨华人的“希望工程”，助力中华民族的“留根工程”。

（中国华文教育网 2012－05－09/李雪华）

郑州大学和河南大学被列为国侨办华文教育基地

2012年5月17日至18日，经国务院侨办批准，郑州大学、河南大学华文教育基地揭牌仪式先后在郑州大学、河南大学举行。国务院侨办副主任赵阳、副省长徐济超、省政府副秘书长介新、省外侨办主任朱清孟等领导分别出席了郑州大学、河南大学华文教育基地揭牌仪式。

根据海外华文教育发展的需要，2000年春，国务院侨办开始在全国遴选建立“华文教育基地”。华文教育基地的主要任务是：承担海外华文教育教材的研究、开发工作；招收、培养海外华侨华人子弟；接待、开展海外华裔青少年夏（冬）令营活动；为海外各级各类华校培训教师；根据需要选派教师到海外华校任教以及开展海外华文教育的理论研究工作。按照惯例，全国各省市的华文教育基地不得超过一个，而鉴于河南是中华民族和华夏文明的重要发祥地，开展华文教育工作具有得天独厚的优势。此次，郑州大学、河南大学同时被国侨办列为华文教育基地，充分体现了国务院侨办对河南侨务工作的重视和支持，为我省开展华文教育开辟了新渠道，形成了以国侨办为主、社会各界积极参与配合的河南华文教育工作新格局。

相关链接：

自2000年以来，国侨办相继在全国遴选了40多所实力雄厚、条件较好的院校，作为开展海外华文教育工作的基地。

（中国华文教育网 2012－05－24）

国侨办“华文教育·名师巡讲”团赴加拿大讲学

应加拿大多伦多市教育局和温哥华市BC省中文协会邀请，国务院侨办组派“华文教育·名师巡讲”团于5月11日至23日在加拿大的多伦多和温哥华两市进行讲学。巡讲团成员包括四川大学文学院王晓路教授、陕西师范大学国际汉学院赵学清教授和华中师范大学附属小学高级教师陶佳喜等。

在加拿大期间，巡讲团主要就汉字教学法、小学语文教学法以及中华传统文化等内容对两地的华文学校教师进行了培训。授课内容得到参训教师的一致好评。巡讲团还与多伦多市教育局、多伦多和温哥华两市的国务院侨办华文教育示范学校以及有关华教组织进行了座谈和交流，并参加了BC省中文协会的春季研讨会。

中国华文教育基金会还对加方承办单位予以了经费支持。

（中国华文教育网2012－05－28）

积极推广“华文，动起来!”

近日来，《联合早报》刊登了许多关于华文难学、难教的文章。当然，在新加坡重英轻华的环境下，华文日渐式微，其作为第二语文的教学也显然面临着巨大挑战。

如今我们进入了科技爆炸的时代，周边的大小事务瞬息万变，语文的教学自然也不例外。笔者在此有个提议，就是积极宣传“华文，动起来!”的口号，并以此为中心，开展一个全国性校园与社区的常年活动。学习华文的宗旨就是要让学生学以致用，并终身受益，而不只是为了应付考试。

“华文，动起来!”这个概念较早出自于新加坡华文教研中心院长陈之权博士和该中心的兼职讲师黄龙翔博士所撰写的《华文，动起来！——流动设备为华文学习开拓新方向》一文。两位资深的学者提倡“流动学习”的华文学习模式，并表示，如果流动学习能融合学生的正式与非正式学习、校内与校外学习、独立与集体学习，就能达到“无缝学习”（时时学、处处学）的理想境界。两位学者也强调让华文学习“动”起来，从课室内“动”到课外，从老师引导到学生自主学习，这是本地教育界目前正在探讨的研究方向。随着流动科技与设备普及化，有些学校已开始使用如手机、掌上电脑等媒体，辅助华文的教学，不再局限于纸质形成的课文与练习。

其实，教师最能够理解学生学习华文的难处。为此，华文教师得使出浑身解数，除了提高学生的华文水平，还得培养学生学习华文的兴趣。但是，一些有趣的课堂活动反而受到家长的批评。比如，以“电影教学”为例，教师在课堂上播放电影，之后进行讨论，然后再做相关的课后练习。教师的出发点往往是以学生的学习兴趣为主，但有家长认为这是在浪费宝贵的上课时间，建议教师应该让学生多做一些练习，要不然还要花钱请补习老师帮忙恶补华文。

笔者认为，在质疑任何教学法之前，先想想：为何华文教学法比其他科目来得多，而且极为新颖独特？显然易见的是，随着学习环境与学习习惯的改变，教学法自然也要与时俱进。其实，许多华文教师经常集思广益，探讨如何再提高学生对华文的兴趣。在家里，家长就扮演着重要角色，直接影响到孩子们在日常生活中能否很好地使用华文。

当然，由于新加坡实行的是双语教育，希望培养的是双语人才。因此，两种语文相比较，应该说华文和英文同样重要，而不能够只是偏向于英文；再者，如今国际的形势已经发生改变，中国崛起的速度惊人，许多外国人纷纷开始学华文，那新加坡本地的华人更是要抓住学习华文的良机。

华文是实用语文，应该赋予“动感”，而不是死气沉沉地学习。希望莘莘学子、家长、社会人士，尤其是教育界的同僚能够多用华文，尤其是在沟通方面，让华文华语生生不息。

（［新加坡］《联合早报》2012－05－30/萧国荣）

甘肃华文教育基地揭牌　副省长称当地资源有优势

5日，国务院侨务办公室西北师范大学华文教育基地在兰州揭牌设立。未来，围绕海外华文教育的目标和要求，该基地将发挥学科优势和地域文化特色，承担华文教育理论研究、华文教材研发、华文教师培训和举办华裔青少年夏（冬）令营等方面的工作。

甘肃省委常委、常务副省长刘永富出席揭牌仪式时表示，作为中华民族和华夏文明的重要发祥地，甘肃历史悠久，文化厚重，“具有甘肃地域特色的丝路文化、黄河文化、始祖文化、长城文化和彩陶文化等地域文化在陇原大地交相辉映，这是开展华文教育的宝贵资源。”他说道。因此，开展华文教育工作具有得天独厚的优势。

刘永富说，随着近年“汉语热”在全球持续升温，汉语开始成为让世界了解中国、感受中华文化的重要渠道以及维系华侨华人与祖国联系的感情纽带，越来越多的海外侨胞通过各种方式来不断提高自己的汉语水平。

刘永富表示，在甘肃设立华文教育基地，这对于拓宽甘肃对外交流渠道，进一步做好全省侨务工作，让世界了解甘肃，让华侨华人了解甘肃，提升甘肃的对外影响力，都具有重要意义。

国务院侨办文化司司长雷振刚介绍，海外华侨华人形象地把华文教育称为中华民族、中华文化在海外的“留根工程”。随着“中国热”、“汉语热” 和 “中华文化热” 的兴起，散居在世界各地的5 000多万华侨华人，表现出对祖（籍）国文化深深的眷念之情，对华文教育需求越来越强烈，越来越迫切。

西北师范大学校长王嘉毅说，有着110年历史的西北师范大学近年已在海外建立了两所孔子学院，并在孔子学院所在地开设多处汉语教学点，以开展中华文化传播工作。“下一步，学校将通过招收培养海外华侨华人子弟，培训海外华文教师，选派教师到海外华校任教等方面的工作，推动华文教育全方位多样化发展。”

（中国新闻社兰州 2012－06－05/冯志军）

49 名马来西亚华校校长结束天津集训

由国务院侨办主办，天津市侨办、天津大学华文教育基地承办的2012 年国务院侨办“华文教育·校长研习”马来西亚班结业典礼于7 日在天津大学举行，49 名来自马来西亚的华文小学校长结束了为期15 天的集训。

据介绍，本次研习班主要开设了校长管理艺术讲座、教育心理学、教育管理学等课程，还安排了中国地域文化讲座、剪纸艺术讲座及京津两地的参观考察活动。

马来西亚华校校长代表曾庆安说，此行我们接触到了许多知名的专家教授，他们毫无保留地跟我们分享教学经验和心得；天津市内名校的考察及京津两地的参观活动则丰富了我们对于中华文化的认知；教育心理学、教育管理学等课程的设置更让我们学到了很多教学管理的新思维、新方法，这将有助于马来西亚华文学校办学水平的提高。

天津市侨办主任哈文龙在此间表示，中国和马来西亚有着非常好的经贸、文化往来，如今有很多马来西亚侨商在天津投资兴业，各位在座的华校校长及华校教师担负着传播中华文化的使命，是促进中马交流交往的友好使者。他希望通过此活动，让更多的海外华校校长亲身感受中华文化的魅力，了解更多教育管理方面的知识。

据悉，自2001年国务院侨办在天津大学设立华文教育基地以来，天津大学在国家开展华文教育方面作出了很大贡献，培训了数百名海外华校教师和校长。

（中国新闻网天津2012－06－07/辛文萍）

2012年欧洲孔子学院联席会议在爱丁堡开幕

英国爱丁堡大学孔子学院是欧洲最早建立的孔子学院之一，当地时间6月6日，来自欧洲各国孔子学院的代表云集在这里，参加欧洲孔子学院联席会议。

来自欧洲26个国家的75所孔子学院的中外院长、15个孔子课堂的代表，以及15所中国合作院校的代表出席了本次会议。在当天下午举行的开幕式上，苏格兰首席部长萨蒙德发表讲话说，孔子学院的建立使得苏格兰的学生们有了进一步了解中国的机会，他对此表示欢迎。

中国驻英国大使刘晓明在致辞时表示，孔子学院的发展目前已经进入了新阶段。“现在孔子学院的发展已经从数量的增长转到了提高质量方面。现在的趋势是从快速增长转到可持续发展上，这要求我们做到以下几点：改善管理；加强本土师资的培训；分享资源和经验；提高教育质量，培养更多、更好的学生。”

爱丁堡大学校长奥谢在致辞时说，大学在加强各国人民之间的友好交流方面起着重要作用，而爱丁堡大学在与中国交流方面更是有着悠久的历史传统。“我们很自豪拥有第一个在西方、在欧洲大学里学习的中国学生。1857年，中国留学生黄宽从爱丁堡大学医学系毕业，回国后，把西医引进了中国，并培养了第一代西医。这种交流重要的一部分已经转移到了与中国各大学的互惠联系上，包括了共同教育项目、交流、共同研究等内容。”

中国国务院参事、国家汉办主任、孔子学院总部总干事许琳在开幕式上发表了主旨演讲。

据悉，截至2012年4月底，欧洲共开设孔子学院129所，孔子课堂104个，分布在34个国家和地区。在中外双方的大力支持和共同努力下，欧洲各国孔子学院平稳地发展着，在汉语教学和文化交流工作中逐渐摸索出了一条适应当地需求，具有自身特色的发展道路。

（国际在线2012－06－07/张哲）

马来西亚华小学生人数逐年减少　已跌破60万人

据马来西亚《星洲日报》消息，马来西亚教育部副部长魏家祥6月16日透露，马来西亚华小学生人数在逐年减少，目前已跌破60万人。

他说，他在担任教育部副部长初期，华小学生人数约有65万人。

他是于16日为士满慕华小新校舍主持开幕礼时做出上述表示的，他也呼吁华教人士，与教育部合作，推广华文教育，并表示教育部与华教人士日后还有很多的合作空间。

“马来西亚的华小向来自强不息，世界上有不少人在学习汉语，但是，马来西亚的学生是在学习中华文化。日后，大家还有很多合作的空间。”

（中国新闻网 2012－06－17）

粤外派华文教师数量居中国首位　今年再派出130人

记者从27日召开的广东省2012外派华文志愿教师大会上获悉，2004年至今，该省向海外派出华文教师达600多人次，数量居中国各省份首位。其中，自2008年起，广东省每年派出的华文教师都超过百名，预计今年这一数字将达到130人。今年的外派华文教师将于7月陆续启程前往印度尼西亚、菲律宾、泰国、马达加斯加和意大利等国。

为满足海外侨胞学习中文的需要，促进海外华文教育事业的发展，2003年，广东省侨办发起招募弘扬中华文化志愿者活动，得到社会各界的热烈响应。2004年，在中国国侨办的指导下，广东省侨办首次派出8名华文教师赴印度尼西亚支教。随后，派出人数逐年增加。目前，广东省派出的百余名华文教师分布在三大洲、五个国家、18个城市的33所华校及华文教育机构。

广东省侨办文教处副处长黄林炎表示，广东省侨办和省教育厅最近将联合出台《广东省海外华文教育五年规划》，提出实施“南粤华教情——华文教师支教计划”，依托国侨办资源，每年派出100名以上华文教师、华校管理人员赴海外华校任教任职；每年保持200名以上外派教师储备；每年组织100名以上外派华文教师（含备选）参加赴任前培训，并会不断增加外派国家与地区。

同时，广东省侨办正在制定《外派华文教师管理与服务实施细则》，对外派华文教师的管理和服务提出更高、更规范的要求；明确提出建立联络机制，加强联络沟通的要求；提出了建立外派华文教师联络人制度；制定了应对突发事件的应急方案。

黄林炎说，广东外派华文教师在当地积极教授华裔中文，培训当地师资，开展丰富的课余活动，传承中华文化，牵线搭桥促进广东省与海外华校开展校际交流，参加各类活动，展示华文教师风采，使海外华教的粤字招牌更加响亮。

据悉，这几年，广东省通过外派华文教师工作的，促成该省学校与海外合作办学项目4个；促成海外多所华校成为广东省高校对外汉语专业学生的实习基地；促成海外一批华教机构成为广东省高校的对外招生报名点；促成省内40多所学校与海外华校“结对子”。

（中国新闻网广州 2012-06-28/郭军）

任启亮：国务院侨办已建立41个华文教育基地

吉林省第二个“国务院侨办华文教育基地”揭牌仪式于5日在位于长春市的东北师范大学举行。中国国侨办副主任任启亮介绍，迄今国侨办已建立41个华文教育基地，这些基地在面向海外华裔新生代传承中华文化方面发挥了重要作用。

任启亮说，近些年来，随着中国经济的快速发展，“汉语热”、“中华文化热”在全球范围内持续升温，海外华人社会对发展华文教育的呼声也越来越高。国侨办应海外华社的需求，在支持华侨华人兴办华文教育方面做了大量有效的工作。

同时，从2000年开始，国侨办也在国内一些省市遴选了多所实力雄厚、条件较好的大专院校，作为开展海外华文教育的基地，以更好地利用社会资源做好新时期的海外华文教育工作。

据介绍，东北师范大学是中国教育部直属高校、国家“211工程”重点建设大学。

任启亮说，华文教育是面向海外数千万华侨华人，尤其是海外华裔青少年这一庞大特殊群体开展的民族语言教育和中国文化传承工作，是华侨华人保持民族特性的重要保证，被形象地称为中华民族在海外的“留根工程”、“希望工程”。

他表示，十多年的实践证明，华文教育基地的建立，不仅提高了华文教育工作的社会化程度，还有效地弥补了国侨办人力不足、专业资源有限的缺憾。随着东北师范大学的加入，华文教育基地的整体实力将得到进一步的补充和加强。

（中国新闻社长春 2012-07-05/李彦国　贺宝庆）

暨南大学举办2012年海外华裔青少年寻根夏令营

7月13日至7月31日，来自意大利金龙学校、美国敦煌文化服务中心、蒙古华侨蒙中友谊学校、英国中文教育促进会、意大利米兰华侨中文学校、印度尼西亚苏南省和谐文化教育基金会5个国家的6个团队，共173名海外华裔青少年及领队将在华文教育基地——暨南大学华文学院体验20天的夏令营学习生活。

据悉，此次夏令营活动由中国海外交流协会主办，暨南大学华文学院承办。

此次夏令营活动中，暨南大学华文学院的一批有着丰富教学经验的老师将负责他们的教学工作。而且，海外华裔青少年还将会在冬令营学习汉语、中华舞蹈、中国武术、中国书画、剪纸、制陶等中华传统文化和技艺培训，参观岭南历史文化景观及广州亚运后城市新面貌、新景观，体会中华文化的博大精深，感受作为炎黄子孙的自豪和骄傲。

（中国新闻网广州 2012－07－15/方李瑾）

英国私立中小学四成五开汉语课

“十多年前，当中国的‘汉语水平考试’（HSK）在英国落地时，全英报名应考的人只有五个！而今已经增加至2 000人。更值得注意的是，依托于英国大学而设立的孔子学院数量目前已达20家，且除了汉语教学之外，正在朝专科特色型方向发展。”

在伦敦，《羊城晚报》记者专访了国家汉办孔子学院总部驻英国事务代表、英国汉语考试委员会主任陈同度。他谈到，英国现已成为欧洲孔子学院最多的国家，而且绝大多数合作办学的高校都是英国排名前30位的大学，“汉语热”渐成趋势。

陈同度介绍，我们国家从2005年开始在海外启动建设孔子学院，到目前已覆盖106个国家，共开设了360余所孔子学院。其中，英国的孔子学院数量不仅在欧洲国家中排名第一，在全世界范围内也仅次于美国。

他介绍，在英国，设立了孔子学院的大学，98%都在英国排名前30位，例如，伦敦政经学院、伦敦大学、曼彻斯特大学、谢菲尔德大学、利物浦大学等，办学质量相当有保证。“伦敦政经学院的国内合作方是清华大学，伦敦大学亚非学院的合作方是北京大学，曼大的合作方是北京师范大学。”

孔子学院采用中外合作办学模式，实行理事会下的校长负责制，也就是一所英国高校对应一到两所中国高校，中英双方各派一名院长共同担任学院的领导职务，而且双方在投入比例上也保持1∶1。“有人以为我们在国外办学，全靠中国出钱，这绝对是一个误区。”

陈同度说。

陈同度告诉记者，英国私立中小学开设汉语教学课的，两年前就已经达到40%，现在这个比例上升到了45%。而公立学校中，大概也有17%左右开了汉语课。6月初，苏格兰国家语言大学、苏格兰三水大学又与天津教委签约合作，在苏格兰9个行政区建立中小学汉语教学中心，由天津市组织对外汉语教师来提供汉语培训。

此外，中英两国教育部长2010年曾在北京签署推动汉语教学的框架协议，宣布将在5年内帮助英国培养1 000名本土教师。陈同度说："为此，国家汉办已在英国举办了两次培训活动，吸引了近500人参加，其中大部分是当地主流学校教师或兼职教师，还有超过1/4的是当地周末中文学校教师。另外，国家汉办每年还组织英国汉语教师到中国参加培训。而这些措施在培训英国本土教师方面，都起到了良好的作用。"

（《羊城晚报》2012－07－18/邓琼　宋金峪　马汉青）

国家汉办将大力支持拉美国家开展汉语教学

中国国家汉办主任、孔子学院总部总干事许琳于19日接受中巴记者联合采访时表示，国家汉办将加大对拉美地区的投入，帮助拉美国家尽快普及汉语教学。

正在这里出席2012年伊比利亚美洲地区孔子学院联席会议的许琳说，为解决拉美国家缺乏汉语教学师资的问题，孔子学院总部已提出相应措施。

第一，国家汉办将增加给拉美国家的奖学金名额，大力支持拉美国家派遣留学生到中国学习汉语。第二，国家汉办将组织300人的专职教师队伍，其成员主要从志愿者中选拔，重点支持拉美地区的汉语教学。第三，大力促进各国孔子学院与所在大学的合作，设立汉语师范专业，重点培养本土教师。

许琳说，为促进孔子学院实现可持续发展，总部要求各国孔子学院和课堂制订中长期发展规划，以适应当地需求，融入所在大学和社区。在落实规划过程中，孔子学院也要学习当地文化，实现双向和更深层次的交流，进一步提高孔子学院在当地的影响力。

为期两天的2012年伊比利亚美洲地区孔子学院联席会议于19日在巴西最大城市—圣保罗闭幕。来自伊比利亚美洲地区的14个国家的29所孔子学院和孔子课堂负责人、中国驻外使领馆代表及中外方合作大学代表出席了该会议。

（新华网2012－07－20/杨立民）

温州2012年“海外华文学校校长培训班”结业

8月3日，为期3天的温州2012年海外华文学校校长培训班圆满结课。40余名来自意大利、荷兰、奥地利等国的海外温籍华文学校校长、教师代表以及温州外派欧洲华文学校支教教师和参加中华大乐园活动的教师顺利结业。

本次培训班课程是针对海外华文学校校长教学工作实际需要而设计的，采取专家授课、讨论研讨、实地观摩相结合的培训模式。培训课程分学校管理和汉语教学两大板块，其中，学校管理包括国内教育管理先进理念授课和交流，而汉语教学涵盖拼音、汉字、阅读、作文等实用课程。

来自意大利中华语言文化学校的校长蒋忠华表示，此次培训内容既有国内先进的教学方法，又有治校方略，非常符合海外华校校长的“胃口”，让其获益匪浅。

（中国华文教育网2012－08－09）

在美中文学校新变化　被收养中国儿童成学习主力

勒星顿中文学校成立于1995年，是一家私人、非营利性组织，每周六早上教授汉语、中国传统习俗和文化。学校由在莱克星敦的华人居民经营管理，其中大部分都是志愿者。

17年前建校的时候，勒星顿中文学校只有十来个学生，大多数是居住在莱克星敦的华人子弟，家长们希望孩子们能在异国他乡学到汉语，并接触中国的风俗习惯。“我们以前从未做过广告宣传。”勒星顿中文学校公关协调人辛迪（Cindy Lio）说，“现在有了更多校舍，可以向社区宣传我们的学校了。”

“当时没有中文学校，我们只是抱着简单朴素的理念，即我们要传承中国传统文化。”学校前校长廖晖（Hui－Lio，音译）说。从学校创办之初到现在，廖晖一直为学校提供着力所能及的帮助。“在美国长大的中国小孩根本没有机会接触到中国的任何东西，他们可能回家会跟祖父母说中文，但是读写能力及其他技能却很差。”

目前一些被莱克星敦当地家庭收养的中国孩子也加入了该学校，学校成为他们了解母语和中国的重要途径。勒星顿中文学校也有一些成年人学生，他们因为生意往来，需要经常往返于美中之间，学习中文、掌握简单用语，对他们来说十分必要。

“过去都是华人来莱克星敦上肯塔基大学，然后去别的地方寻找工作。”廖晖说，“但是现在，我们的学生多来自收养华人小孩的家庭。”过去两年，中文学校的入学人数已经达到200人，新校舍的增加，将会再提升这一数字，廖晖补充说。

（［美国］《侨报》2012－08－14/庞克）

华文教育的喜乐与哀愁

目前，约有5 000万华侨华人分布于全球五大洲100多个国家和地区。以传承中国语言与中华文化为目的的华文教育正在蓬勃发展。随着时代的变迁，华文教育的发展也见证和面临着属于自己的辉煌与困惑。

5 000所华文学校

近日，云南昆明学院迎来了缅甸明德文教会23所华文学校的65名教师代表。他们是来参加由中国国家汉办、孔子学院总部举办的缅甸中文教师培训班的培训活动，这也是缅甸华文教育教师第一次大规模接受华文教育培训。

近年来，随着缅甸政府内外政策的调整，中缅经贸、文化交流逐步加深，中断近40年的华文教育，正以多元化的态势逐渐恢复。云南侨办统计，缅甸现有华人250万左右，其中80万人接受了华文教育。

随着中国综合国力的日益增强，对外交流的进一步扩大，华文的文化价值和商业价值逐日提升，移居海外的中国人数更加庞大，面向海外华侨华人的华文教育也呈现出蓬勃发展的良好态势。近日，由华侨大学与社会科学文献出版社联合发布的首部华侨华人蓝皮书提供的数据显示，目前，海外华文学校超过5 000所，华文教师达2万多名。其中，华文教育的重点地区亚洲有华文学校3 000多所。欧美各国的华文学校也如雨后春笋般蓬勃发展，仅美国就有华文学校500多所，学生6.8万人。

华文教育的困惑

华文教育是侨务工作的重要内容，海外侨胞也强烈关注华文教育。然而，长久以来，海外华文教育一直存在很多问题，比如，华文教材缺乏、师资力量匮乏、华校办学条件差、生源流失等，而且华文教学时间难以保证，教学质量参差不齐。此外，海外华文教育还会受到住在国政策环境的影响。比如，从1966年开始，印度尼西亚1 000多所华文学校被勒令关闭，印度尼西亚华文教育由此经历了长达30多年的历史空白期。

随着世界“汉语热”的兴起，很多人以为华文教育迎来了大好机遇，但事实上也遇到了许多困惑。蓝皮书指出，这些新的困局包括：汉语国际推广与海外华文教育资源配置的不平衡，导致了海外华文教育资源的严重缺失；世界“汉语热”的工具性动因导致了华文教育日益实用化和扁平化，以及华文教育人才及生源的流失，最终引发中华文化教育的缺失；海外汉语国际推广机构和华文教育机构之间缺乏有效的协调和沟通，不利于“中国形象”的树立和中华文化的传承；汉语国际推广过程中，“中国文化”与“中华文化”的概念含混不清使海外华文教育无所适从，从而削弱了“文化软实力”和文化传承的效果等。

（《人民日报·海外版》2012－08－19/张红）

90名热心海外华教杰出人士开启北京之旅

9月3日，来自21个国家的近90名热心海外华文教育杰出人士陆续抵京，参加2012年“华文教育·杰出人士华夏行”。

此次来京参加“华文教育·杰出人士华夏行”的嘉宾分别来自蒙古、日本、朝鲜、韩国、菲律宾、泰国、马来西亚、印度尼西亚、缅甸、老挝、英国、意大利、德国、法国、西班牙、瑞典、美国、加拿大、巴西、澳大利亚等21个国家。他们将于9月3日至8日赴北京，9月8日至14日赴新疆进行交流访问。

在京期间，他们将赴北京同仁堂聆听中医讲座，到红剧场观看《功夫传奇》，赴国侨办听取国学讲座，到老舍茶馆品茗听戏，赴华声天桥感受北京民俗，他们还将参观故宫、鸟巢、水立方、国家博物馆等景点。北京活动结束后，他们还将赴新疆参加新疆组织的特色活动。

2011年第二届世界华文教育大会上，国务院侨办、中国海外交流协会首次对海外广大热心华文教育发展的人士进行表彰，授予26个国家的189位热心人士为“海外华文教育杰出人士”。该项活动也获得了海外热烈的回应，在海外华人社会产生了积极影响。此次是国务院侨办、中国海外交流协会首次邀请海外广大热心华文教育发展的人士来华访问。

2012年“华文教育·杰出人士华夏行”由国务院侨办、中国海外交流协会主办，北京市政府侨办、北京海外交流协会承办。

（中国新闻网2012－09－03）

国侨办今年外派教师将超700人　重本土师资培养

“2011年国侨办外派教师400余人，2012年预计外派教师750人，外派的国家也有所增加。”中国国务院侨办文化司副巡视员汤翠英9月7日在接受记者采访时表示，尽管外派教师数量有所增加，但只有培养当地师资力量和提高当地师资水平，实现教师本土化的效果，才能从根本上解决海外华校师资短缺的问题。

汤翠英介绍说，1987 年 8 月，国务院侨办从原广州华侨学生补习学校（现暨南大学华文学院）选派了两位教师，赴马达加斯加邹省塔马塔夫华侨学校教授华语，由此开启了国侨办长期开展的外派教师工作。

她表示，选派国内优秀教师赴外任教，对迅猛发展的海外华文教育事业起到了积极的推动作用，不仅在一定程度上缓解了当地华文教师严重缺乏的现状，确保了华语教学的正常进行，还为当地华文教师起到了“示范教学”作用，在很大程度上提高了外派教师所在学校的教学质量。

“与此同时，外派教师也向海外侨胞传达了一个声音，即祖（籍）国关心海外侨胞创办的华校。一些学校把我们的外派教师亲切地称为‘祖国教师’，这充分体现了海外侨胞对祖（籍）国的感激之情。”

针对目前海外华文教师短缺这一现状，汤翠英强调，选派教师赴外任教，只能缓解海外华校的一时之急，还应在培养本土师资方面做出更多的努力。

（中国新闻网 2012－09－10/范超）

全国侨办系统五校华文教育工作会在滇召开

全国侨办系统五校华文教育工作会于 12 日在云南昆明召开，国务院侨办文化司司长雷振刚、文化司华文教育处处长邱立国、云南省侨办和五校负责人共 40 余位嘉宾参会。此次会议针对当前新形势下如何发挥各自优势，有效推动华文教育事业发展的主题，进行了深入探讨。

国侨办文化司司长雷振刚表示，目前华文教育事业发展形势良好，国侨办对华文教育工作非常重视，近年来，五校充分发挥各自优势，努力提升华文教育的地位，为推动华文教育的发展作出了巨大贡献。雷振刚称，华文教育工作虽然取得了巨大进步，但也面临着来自各方面的挑战，在新形势下，华文教育要“谋新图变”，研究侨情新变化、海外教育的新需求，从而去探索开展华教的新思路。华教需要“创新”，但更要注重基础，雷振刚说，在教材、教师、教法的问题上，要打好基础，扎实推进，大力研发本土教材、提高教师素质、加强华文教育基础研究，进一步推动华文教育事业的发展。

全国侨办系统五院校包括暨南大学华文学院、华侨大学华文学院、北京华文学院、广西华侨学校、昆明华文学校，先后成立于 20 世纪五六十年代，是在中侨委主任何香凝的亲自关心下创办的归侨学生补习学校。学校负责华侨学生归国后的接待、补习等工作，招生对象主要是华侨、港澳台的青年以及外籍华人学生，他们通过一段时间的学习可以报考国内各级学校。五校一度成为归国侨生过渡到国内各级正规学校的桥梁，在特殊的历史时期，为解决归国侨生的学业问题作出了卓越的贡献。

随着时代的变迁，五所学校不断发展壮大，大多已经成为国内一流高等院校，但无论怎样发展，五所学校为侨服务的宗旨始终没有改变。一直以来，五校之间相互学习、相互拉动，在各自的领域里开展华文教育，弘扬中华文化，为新时期的侨务工作作出了突出贡献。

（中国新闻网昆明 2012－09－12/李晓琳）

国侨办云南设华裔奖助学金　195 人获 92 万元奖励

国侨办非学历汉语长期班华裔学生奖助学金发放仪式于 9 月 12 日在云南昆明举行，来自昆明华文学校的 195 名华裔学生获得了国侨办提供的 92 万元人民币奖励。

“非学历教育汉语长期班华裔学生奖助学金”是国务院侨办 2012 年在昆明华文学校设立的资助项目，旨在帮助家庭经济困难和品学兼优的非学历教育汉语长期班的学生顺利接受华文教育，做传播中华文化的友好使者。

据了解，此次在云南设立的奖助学金总额为 92 万元，其中 59.5 万元为助学金，名额有 140 个，一等助学金 5 500 元/学年、二等助学金 5 000 元/学年、三等助学金 4 000 元/学年、四等助学金 3 500 元/学年；同时为 55 名品学兼优的汉语班华裔学生提供了 32.5 万元的奖学金，一等奖学金 8 000 元/学年，二等奖学金 6 000 元/学年，三等奖学金 5 000 元/学年。

泰国华裔学生李贵宏在来到昆明华文学校的第一年便获得了国侨办提供的助学金。因为家庭贫困，他从未想过还能继续读书，并有机会上大学。“努力学习是感谢国侨办对我们华裔关心的最好方式，也是我们改变命运的唯一途径。”李贵宏说，他的理想是大学毕业后回到泰国做一名华文教师，传播中华文化。

国侨办文化司华文教育处处长邱立国说，希望获得奖励和资助的华裔学生能身怀感恩之心去学习中华文化，珍惜来之不易的机会，也希望华裔学生将来回到居住国后，能做中华文化的传播者和推动者。

昆明华文学校原名为昆明华侨学生补习学校，创建于 20 世纪 60 年代，是中国政府在西南地区设立的唯一一所侨校，是中国西南地区最早面向海外华侨华人、港澳同胞及对华文感兴趣的外国朋友而开展的汉语和中华传统文化教育、交流与合作的综合性语言文化学校。从 2008 年至今，学校共招收来自东南亚、日、韩、北美、南美、非洲等地区的汉语长期班华裔学生约 1 080 人，其中 2011 年、2012 年在校生人数分别为 280 人、320 人。

（中国新闻网昆明 2012－09－13/李晓琳）

“华文教师证书”认证标准审稿会在暨南大学召开

9月18日，“华文教师证书”认证标准审稿会在暨南大学华文学院召开，国内12位语言学及应用语言学领域的知名专家学者出席了审稿会，暨南大学党委书记蒋述卓教授参加了会议并致辞，暨南大学华文学院常务副院长邵宜、副院长曾毅平也出席了会议。

北京大学陆俭明教授、李晓琪教授，北京语言大学赵金铭教授，北京师范大学马燕华教授，上海师范大学齐沪扬教授，香港教育学院陈学超教授，华南师范大学李盛兵教授等12位知名专家学者在审稿会上畅所欲言，就认证标准中各子系统问题进行了充分的讨论和交流，对评估体系逐条进行了评阅。专家组充分肯定了标准研究取得的重要进展，并对下一步工作提出了建议。

“华文教师证书”实施方案是国务院侨务办公室委托暨南大学承担的一项重要科研课题，由暨南大学华文学院多名具有丰富教学及科研经验的教师组成课题组，时任暨南大学副校长的贾益民教授担任组长。

2012年初，课题组向国侨办提交了认证方案初稿。半年多来，课题组就“认证标准”进行了专题研究，取得了阶段性成果。在本次审稿会上，课题组负责人向专家组报告了工作进展，并对“标准”二稿进行了具体说明。

（中国华文教育网站2012－09－19/方李瑾）

柬埔寨华教大环境利好　各省市均已成立华文学校

据柬埔寨《星洲日报》报道，柬埔寨金边教育局代表陈章桂日前出席“中华文化大乐园”夏令营活动时，对柬中两国文化交流与其他各领域的合作关系给予高度评价与赞扬。

他表示，柬埔寨华文学校如雨后春笋般在柬埔寨全国各省市成立，为柬埔寨栽培出很多精通柬、中双语的优秀人才。他强调：“哪里有阳光，那里就有中华民族传统文化存在。”

据他介绍，从1950年至1970年，在柬的华文教育蓬勃发展，但1970年后，因战争迫使全国华校停课。他说，柬埔寨政府推行多元文化政策，取消对华文教育的限制后，1990年柬埔寨政府再次允许复办华校，当时，在金边复办的华校有14所之多，学生人数达万人。

目前，柬埔寨政府实行经济开放政策，引起了外商大量涌入，尤其是中国企业在近几年到柬埔寨的投资不断增加。因此，学习和掌握华文不仅仅是“留根”的问题，更有助于就业谋生，这都为华教发展营造了良好的社会氛围。

（中国新闻网2012－09－19）

非洲掀学中文热潮　汉语已成为谋求发展的重要手段

近期，2012 年非洲地区孔子学院联席会议在南非斯坦陵布什大学举行。来自非洲地区 22 个国家的 30 多所孔子学院、孔子课堂和 11 所中国合作院校的 120 多名代表，围绕孔子学院发展规划的制订、如何融入大学和社区及本土师资的培养等问题展开了热烈交流和研讨。

中非交往日益密切，特别是经贸领域交流的不断深化，激发了非洲人民学习汉语的热情。利比里亚大学孔子学院院长阿里发对本报记者说，汉语不仅是非洲人了解和认识中国的窗口，也成为非洲人谋求发展的重要手段，非洲的汉语热已势不可挡。

中国国家汉办主任和孔子学院总部总干事许琳在开幕式上说，非洲自 8 年前创建孔子学院以来，已成为全球孔子学院发展速度最快、最具活力的地区。目前非洲有 26 个国家（地区）开设了 31 所孔子学院和 5 个孔子课堂，还有 10 个国家正在申请开设孔子学院。

（《人民日报》2012－09－19/苑基荣）

中国暨南大学与墨西哥两所大学签署合作协议

中国暨南大学于 9 月 28 日在墨西哥西北边境城市蒂华纳分别与墨西哥的加利福尼亚国际大学和下加州自治大学签署教育交流协议，决定开展教师互派和合作培养学生等合作项目。

按照协议，暨南大学将在电影和新闻传播等领域与加利福尼亚国际大学开展交流；与下加州自治大学在框架性协议下开展全方位合作，包括教授、研究人员、学生方面的交换计划，并组织合作研究项目、培训计划、国际学术研讨会等。

暨南大学副校长宋献中在签约仪式上说，今年适逢中墨建交 40 周年，希望利用这次访问机会与墨西哥同行交流经验，促进中墨两国学校之间的相互了解，增进友谊，加深合作。他对墨西哥学生来暨南大学交流学习表示欢迎。

中国驻蒂华纳领事朱成立表示，中墨两国之间的文化交流近年来不断加强，很多优秀的墨西哥大学生都愿意去中国学习。他希望，通过两国之间高校的合作，能加强两国的人文交流，推动两国外交关系的进一步发展。

签约仪式结束后，当地学生向中国来宾展示了极富墨西哥特色的民族歌舞和中国传统的舞狮表演，表达了对中华文化的热爱和向往。

此外，暨南大学还在蒂华纳设立了中南美洲招生处，并举行签约仪式，任命墨西哥蒂华纳侨领刘可伟为负责人，正式开始对外招收该地区的华侨华人学生和墨西哥学生。

（新华网墨西哥蒂华纳 2012－09－28/梁希之）

北京华文学院启用新校区　罗豪才出席开学典礼

北京华文学院新校区开学典礼暨董事会成立大会于29日在北京举行。原全国政协副主席罗豪才出席大会，国务院侨办主任李海峰出席大会并发表讲话，大会由国务院侨办副主任马儒沛主持。

“华文教育是海外侨胞保持民族特性的‘留根工程’、‘希望工程’。”李海峰在讲话中指出，北京华文学院前身北京华侨补校自1950年正式创办，60多年来，北京华文学院始终秉持为华侨华人学习中国语言文化提供条件，为促进中外文化交流和友好往来服务的办学宗旨，孜孜不倦，锐意进取，对促进华文教育学科建设发挥了重要作用，为党和国家的侨务事业作出了重要贡献。

李海峰希望北京华文学院注重内涵发展、特色发展、创新发展，力争通过5年的努力，把学院建设成海外华裔青少年学习体验中国语言文化的中心以及专业化、高素质的华文教师培训中心和中国华文教育理论的研究中心。

北京华文学院院长周锋在发言中说，北京华文学院是中国唯一一所专门从事华文教育的专业院校，自成立以来，北京华文学院先后迎来了130多个国家和地区的8万余名华裔青少年、华文教师和政府官员，并在此学习研修中华文化，在全球华文教育领域享有盛誉。北京华文学院将以新校区启用和董事会成立为契机，力争在5年内把学院打造成具有优美的教学环境、优良的办学资质、优秀的教学团队的国际一流华文教育专业学校。

会上，还宣布成立了北京华文学院董事会。董事会由社会上有影响、经济上有实力、学术上有造诣的人士，以及中央国家机关的有关部门负责人组成。香港亚洲金融集团董事长陈有庆担任首届北京华文学院董事会董事长，著名演员成龙、张铁林也应邀担任董事。

据悉，北京华文学院新校区于2010年4月开工兴建，新校区占地总面积219亩，总建筑面积68 353平方米，项目总投资5亿多元人民币，可接纳来自世界各地的2 000余名华裔学生在校学习。

（中国新闻社北京 2012－09－29/范超）

海外华文教育与中华文化传播协同创新中心成立

近日，海外华文教育与中华文化传播协同创新中心在华侨大学正式揭牌。

海外华文教育与中华文化传播协同创新中心，以向世界各地系统地阐释当代中国道路、中国特色的和平发展模式等为目标，将今后的重点任务放在研究海外华文教育的历史、现状、困境及其对策，以及华语习得研究与华文教材建设的本土化等方面上，力争成为专业优势明显、国际一流、融合海外华文教育和中华文化传播的“思想库”。

中心由华侨大学牵头，中国社科院文化研究中心、中国华文教育基金会、台湾世界华语文教育学会、社会科学文献出版社等组织共同组建。据悉，中心现已拥有专职教学科研人员130余人，其中副教授以上70余人，具有博士学位者60余人。

（《福建日报》2012－10－09/吴在平　田圆　孟祥龙）

93名优秀海外华文教师在福建开启华夏行

受到中国国务院侨务办公室及中国海外交流协会表彰，并获“终身成就奖”、“杰出贡献奖”、“优秀奖”荣誉的93名优秀海外华文教师，于22日在福建开启了他们的2012“华文教育·优秀教师华夏行”活动。

2012“华文教育·优秀教师华夏行”由国务院侨务办公室主办，而福建则是该活动的首站。来自16个国家，为优秀中华文化传承、为海外华文教育发展、为中国与世界各国友好合作作出积极贡献的93名优秀海外华文教师，参加了此次活动。

来自澳大利亚的周如真小姐是第一代海外移民，到澳大利亚已经20年了，但她有12年时间是在西澳黎明中华中文学校从事华文教育。她告诉中国新闻社记者，黎明中华中文学校目前在校生有450多人，从1岁的儿童到高中生都有；不少澳大利亚人很喜欢中文，专门将子女送到黎明中华中文学校学习中文。

在这些优秀的海外华文教师中，最年长的75岁，最小的35岁；从事华文教育的时间少则10年，多则20年以上，有的甚至达30年以上。

来自马来西亚的李天岱先生从事华文教育已经30多年，对“华文教育·优秀教师华夏行”颇有感触。他说，让优秀海外华文教师到祖（籍）国考察交流，使华文教师进一步体验中华文化的博大精深，是在为海外华文教育注入源头活水，必将有力推动海外华文教育的发展。

福建省政府侨务办公室主任杨辉对各位优秀海外华文教师到福建考察交流表示最热烈的欢迎。他说，福建作为中国的重要侨乡，旅居世界各地的华侨华人有1 264万人；福建经济社会发展取得令人瞩目的成就，离不开海外侨胞的关心和支持。

他也表示，海外华文教育是中华民族的“留根工程”，博大精深的中华文化是海内外中华儿女共同的魂。福建高度重视海外华文教育，2009 年命名了 31 所海外华文教育基地学校，今年又命名了 10 所，给予了海外华文教育有力的支撑。

据了解，福建站活动 27 日结束后，2012“华文教育·优秀教师华夏行”还将到四川、重庆继续开展活动。

（中国新闻社福州 2012－10－22/孙贤迅）

汉语成为加拿大第二大“外语”　讲普通话者大增

加拿大统计局近日发布的 2011 年人口普查结果显示，当地讲汉语（包括粤语、普通话或其他方言）的民众数量超过 111 万人，汉语因此成为加拿大“第二大外语”。

在加拿大，“外语”指的是除英语和法语外的其他语言。在该国最大城市多伦多，有 32.2% 的居民在家说“外语”（其中，讲粤语者人口最多，其次是旁遮普语）。此外，讲普通话的加拿大居民数量比 2006 年增加 51%。

目前，加拿大人最常说的“外语”为旁遮普语（约 46 万人）。如果将这种语言的近亲乌尔都语计算在内，其人口总数达到 118 万人。据悉，说上述语言者多为巴基斯坦或者印度移民。数量紧随其后的就是讲中文的新移民。

目前，有 17.5% 的加拿大居民（总计 580 万人）在家至少能说两种语言。2006 年，这个数字只有 130 万人。在上述 580 万人中，多数人都会说英语和另外一种语言（如旁遮普语或普通话），包括魁北克在内，只有约 138 万人在家说英语和法语这两大官方语言。

（人民网 2012－10－25）

辽宁在海外建设 14 所孔子学院　助力汉语国际推广

辽宁省教育厅副厅长、省高校工委副书记周浩波于 10 月 25 日在辽宁省人民政府新闻办召开的新闻发布会上说，截至目前，辽宁省已经在海外建设孔子学院 14 所，辽宁 18 所高校与 8 个国家的 24 所大学开展合作办学。

继 2004 年中国第一所海外孔子学院在韩国首尔正式揭牌后，作为中国对外汉语窗口、中华文化殿堂、国际汉语教育载体的孔子学院迅速在世界绝大部分国家和地区“生根发芽”。

孔子学院由中外合作出资开办，不但跳出了传统对外汉语教学的圈子，而且这种中外自愿合作、互利双赢的新模式，使作为非营利性教育机构的孔子学院，一头“扎进外国主流”，成为广受欢迎的当代“文化使者”。

“老外们”纷至沓来，涌进孔子学院。据悉，孔子学院的学生年纪最小的只有4岁，年纪最大的竟有80多岁。

大连外国语学院的邸珍玉老师告诉记者，2009年，大连外国语学院与韩国仁川大学合作成立孔子学院，韩国语专业毕业之后，一直在大连外国语学院国际交流处从事行政工作的邸珍玉成为仁川大学孔子学院的首任中方院长，既主持日常行政工作，又负责上课教学。

目前，中国共有数千名像其一样的中文老师和中文志愿者，遍布世界90多个国家和地区的孔子学院和孔子课堂，把汉语作为外国语教给外国人。

周浩波说，辽宁省教育部门近几年来，为推进教育国际化进程，先后实施了大学校长、书记赴英国牛津大学、美国密西根大学等10余个高层次境外培训项目，18所高校共招收890名国家奖学金学生和省留学博士奖学金学生，并与8个国家的24所大学开展合作办学。

目前，辽宁省已与俄罗斯、日本、韩国、美国、意大利、立陶宛、约旦、黎巴嫩、哥伦比亚等国的多所院校合作成立孔子学院14所。大连外国语学院是中国汉语国际推广的基地，现有4所海外孔子学院。

（中国新闻网沈阳2012－10－25/秦逸）

泰国华人村17名华文教师进行本科函授论文答辩

10月24日，云南华文学院2009级泰国华文教师汉语言本科（函授）班毕业论文答辩在清迈大谷地教联高级中学举行。这个班的建立是中国海外交流协会实施的海外华校教师本土化系列举措之一，17位华人村的华文教师经过两年的学习，系统地学习了汉语基础知识、中华文化、汉语教学技能等课程。云南省海外交流协会文教部部长高厘原、云南华文学院副院长段洁云、主任吴文莉，教师袁红红、宋一杰、党欣、徐晓俞等人出席了论文答辩会。

参加论文答辩的华文教师们从华人村华校华文教育的现状与发展、华文教材的研究与探讨、师资的成长与培养、学生的学习动机与兴趣等方面阐述了各自的论文，并较好地回答了答辩组专家的提问。

答辩结束后，高厘原表示，中国海外交流协会为了实现华文教师的本土化，采取“请进来”和“走出去”的方式，为海外华校培养适应海外华教新形势的华文教师，正逐步由为海外华校“输血”变为“造血”。

段洁云在总结中表示，此次参加答辩的17篇论文，凝聚了指导老师和学员的心血，涵盖了华人村华文教育的方方面面，是对华人村华文教师的一次深度检阅，是对华人村华校的一次全面了解，云南华文学院将一如既往地为泰北华人村乃至全泰国华校的发展提供技术支持。

与此同时，2012 级泰国华文教师汉语言本科（函授）班于 10 月 13 日至 26 日分别在南邦育华和大谷地教联高级中学开课，共有 60 位泰北华文教师在云南华文学院教授们的指导下，提升着自己的专业知识和教学技能。

（中国华文教育网 2012－10－29/陇睿）

拓宽海外华教之路　荷兰两中校加强交流合作

当地时间 10 月 27 日，荷兰鹿特丹丹华文化教育中心利用自身与乌特勒支中文学校的秋假有一个星期时间差的机会，前往该校听课，为不断提高海外华文教育水平与其进行了横向交流，并就教学发展及合作进行了研讨。

荷兰乌特勒支中文学校和鹿特丹丹华文化教育中心是荷兰最大的两家中文学校，学生总人数均超过 500 人。在此之前，两校曾先后获得中国政府授予的“海外华文教育示范学校”的荣誉称号。两校一直保持着密切的交流与合作关系。今年 6 月，乌特勒支中文学校派出 3 名教学骨干到丹华听课取经，丹华的教师也进入课室听课，并在学校餐厅举行座谈会。两校教师还根据所在教学班级的年龄组别展开了分组交流和讨论。

目前，两校都由具有丰富海外华文教育经验的专业人士组织教学，建立了热情投身华教事业的师资队伍，在组织高质量的教学方面有很多共同点。同时，两校也根据各自的实际情况而显示出不同的教育特色。丹华在开拓新型华文教学方式、引进新的教学理念和确保教学进度方面给予较大的关注，而乌特勒支则坚持“重质量”的原则，把教学质量放在第一位，在组织基本课程学习的基础上开展更加广泛的专题教学，让学生多渠道接触中华文化知识，同时致力于将华文教育普及到主流社会。

座谈中，两校就目前海外华文教育面对的共同困难交换了意见和看法。两校负责人均表示，不仅两校之间的交流要深入开展下去，同时也希望其他兄弟学校积极参与进来，为不断提高海外华文学校的教学水平作出贡献。

（中国华文教育网 2012－10－30/张亮）

第三届世界汉学大会开幕　395所孔子学院扎根海外

“第三届世界汉学大会”于上周末在中国人民大学开幕。这是继2007年与2009年两届世界汉学大会之后的又一次全球范围的汉学研究盛会，共有来自海内外的100余位专家学者参加。

本届大会的主题为“汉学与当今世界”，并设有“‘新汉学’的趋势与展望”、“中国道路与世界经济秩序”、“文化差异与国际政治的走向”、“传统伦理与人类的未来”、“中国典籍的翻译及其当代意义：对译及其差异”五个议题。

开幕式上，教育部副部长郝平透露，目前全球正掀起一轮轮“汉语热”的风潮，世界对汉语学习的需求也在不断增长，我国已在108个国家和地区开设了395所孔子学院和523个孔子课堂。

据悉，在本届大会上，国内著名学者汤一介、乐黛云、方立天等人将受邀点评，美国贝勒大学资深教授谢大卫、美国哈佛大学杜维明教授等知名海外学者也将在分组会议上发表论文，汉学家艾恺、1986年诺贝尔文学奖得主索因卡等嘉宾也将与会。

（《北京晚报》2012－11－05/王妍）

坚守民族的“根”

许多去过马来西亚的东南亚华人都对这里深厚的华文氛围艳羡不已。无论是现代化的首都吉隆坡，还是偏僻的乡村，到处可以看到华文的招牌，听到华语的声音，这与马来西亚华人100多年来对华文教育的坚守与执著是分不开的。马来西亚启德行集团副董事、经理刘利民说：“因为文化是中华民族的根。”

华文中学终获批复

7月26日，马来西亚彭亨州首府关丹华文独立中学（简称“独中”）终于获得马来西亚政府批准，在全马华人社会引起强烈的震动。因为多年来，马来西亚政府对于增加华文中小学数量一直有所限制：“可以死，不可以生”（独中）；“死一个，生一个”（华小）；可以搬迁，但不可以开办新学校等。而现今，在华人社会坚持不懈的争取下，独中终于获批，马来西亚华人因此而大受鼓舞。

7月29日，7 000多华人共同举行请愿大会，要求政府批准复办另一所已争取了26年的昔加末独中，许多华人社团领袖出席了大会并签名。

华人子弟可以在华文学校学习母语，使华人倍感欣慰。刘利民说：“我们希望保留自己的文化、自己的根。”

“枝繁叶茂”困难重重

在马来西亚2 830万的总人口中，华人约有640万（占24.6%），但华文教育在马来西亚的落地生根，直至枝繁叶茂的路途上，却经历了一番风雨。

早前，先贤们来到马来西亚开垦之余，有了一些基础之后，就着手自办教育，从国内引进教材，让下一代了解自己的文化。1901年至1919年，梁启超、孙中山等人都曾到马来西亚办学，华文教育因此蓬勃发展。但英国殖民统治时期，推行英文教育，一些华文学校不愿意改，殖民政府于是断绝经费支持，此时，华文学校改为独立中学，费用只能由华人自己承担。

为应对危机，马来西亚华校教师会总会和马来西亚华校董事联合会总会相继成立，以争取华教的生存和发展空间，被马来西亚华人尊称为“族魂”和“马来西亚华文教育之父”的林连玉等一批华人为华文教育坚持抗争。林连玉亟呼：“华人的文化就是华族的灵魂，而华社的教育机关就是华族的最后堡垒。”

积极捐助未来可期

在几代马来西亚华人的不懈坚持下，马来西亚现已拥有华文小学1 294所，华文独立中学61所。马来西亚华人社会对华文教育的认同感极强，85%～90%的华人送孩子入华校学习华文，他们对先贤们的努力和付出充满感激，也更加珍惜现有的条件。

华小的基础设施建设及61所独中的全部经费都落在华人社团人士的肩上，为了使华裔后代继续接受母语教育，大家有钱出钱，有力出力。黄乃裳中学每年80万马币的缺口主要靠华人社团和启德行集团捐助。

马来西亚的华人社团和华文学校，常年举办各种诗歌、作文，以及相声和华文歌曲比赛，强化“根”的意识，并精心呵护中华民族的民俗文化。由于中国经济的发展，华文教育在马来西亚迎来了最好时机，联邦政府对华文教育的创办限制有所松动，个别州也开始对华文教育给予资助。

（《人民日报·海外版》2012－11－05/江宝章）

云师大商学院8年千名学子赴泰国汉语教学

6日，云南师范大学商学院45名学生由昆明出发赴泰国进行为期半年的汉语教学。截至目前，该校已有近千名学生作为中泰文化交流的使者前往泰国进行汉语教学、传播中华文化。

泰国是世界上“汉语热”最集中的国家之一，2004年，云南师范大学商学院与泰国春武里府、东方大学签订赴泰汉语教学志愿者项目协议，并决定每年派出两批志愿者赴泰国春武里府中小学进行汉语教学实习。

云南师范大学商学院执行理事刘学民表示，赴泰汉语教学志愿者项目以实际行动促进了汉语及汉文化在世界上的传播，加深了中泰两国人民的相互了解与文化交流。同时，为云南培养出具有国际语言交流能力的后备人才，也为东南亚诸国综合性汉语言文化教学服务提供了便利。

据悉，本批45名汉语教学志愿者将以教授汉语语言知识，传播中华文化为己任，充分发挥专业优势，运用所学的中文专业知识认真备课，采取极具趣味的教学手段，与泰国学生开展丰富多样的汉语教学活动。

（中国新闻网昆明2012－11－06/史广林）

美国加州举办中文教学论坛　专家指出汉语教学尴尬

正在美国旧金山出席中文教学论坛的语言学家陆俭明发出警言，汉语教学作为事业发展良好，作为学科却进展迟缓，甚至停滞。如果没有扎实的科研领航和科学发展观念，汉语不可能健康稳步地走向世界。

由加州中文教学研究中心、加州中文教师协会联合主办，加州大学伯克利分校全美中文教学中心等16家机构协办的第三届中文教学论坛于11月10日在旧金山举行。

中国国家语委咨询委员会委员、北京大学汉语语言学研究中心原主任陆俭明、美国阿拉巴马大学语言学教授瑞贝卡·奥克斯福德担任主讲嘉宾，他们分别就科研领航汉语教学和外语学习者的心理认知与情感交融的话题与300多位出席者分享交流经验。

被语言学界誉为“20世纪中国现代汉语语法研究八大家之一”的陆俭明在接受中国新闻社记者访问时强调，汉语教学面临一个尴尬现状，“一方面发展形势大好，另一方面又存有许多不科学的做法。以为会说流利中文者就能教好汉语的想法是不正确的”。

他对这种现状忧心忡忡，“越是形势大好，越要有清醒头脑”。

陆俭明指出，首先要明确汉语教学在本质上属于外语教学，应作为一个独立学科，开展独立汉语教学本体研究，完善基础性研究。

他举例说，现在仍然没有一个针对汉语学习者的比较科学的汉字表、词汇表和语法要点表。对那些专门学习汉语、研究中国文化、零起点的外国学生来说，第一年应该教多少汉字、哪些汉字，多少词语、哪些词语，多少语法点、哪些语法点都没有科学的计划和安排。

“有人统计了12种比较有影响的汉语教材，共同的汉字量、词汇量很少，不足10%，说明编教材的人心中没数，各自为政。”

陆俭明还指出，汉语教学大多注重讲解字和词的意思，不注重用法。比如，一名外国学生向他问好，“您身体优异”，就是不知道“优异”一词的用法。而这类辞典又相当缺乏，教师和学生都缺少此类参考书。

陆俭明早在20世纪90年代末就提出了科研领航汉语教学的理论，但收效甚微。随着中国国力的强大，世界范围内学习汉语的人数节节上升，汉语教学得到蓬勃发展。但汉语教学研究本身却进展迟缓，有的甚至处于停滞状态。

论坛另一位主题演讲嘉宾瑞贝卡·奥克斯福德也是国际知名语言学家。她认为语言学习与学习者的心理认知及情感交融密不可分，如果能把学习语言上升为感官和心理共鸣的最高境界，学习便成为快乐的享受，而不是被动地接受。

论坛共同主席张晓江向中国新闻社记者介绍说，本届论坛共有来自美国、中国等12个国家和地区的300多名中文教师和学者出席。论坛首次开设了中小学教育探讨环节，也在中文学习教程展览中首次出现了中国国家开放大学对外汉语教学中心研发的平板电脑学习软件。

（中国新闻网旧金山2012-11-11/刘丹）

掌握汉语逐渐成为俄罗斯年轻人职业发展重要优势

中国驻俄罗斯大使馆公使衔参赞裴玉芳日前在接受新华社记者专访时说，随着中国综合国力的不断增强，掌握汉语正逐渐成为俄罗斯年轻人职业发展中的重要优势。

裴玉芳说，汉语教学在俄罗斯有着悠久的历史，但很长一段时间里，俄罗斯的汉语教学主要以教授学生中国古代哲学、文学等基础知识为主，而且学生人数有限，影响了中俄两国的交往。自中国改革开放以来，尤其是中俄建立战略协作伙伴关系以来，两国人民友谊不断加深，全面务实合作不断深入，俄罗斯对汉语人才的需求有增无减，要求也不断提高。

“目前，懂汉语的俄罗斯大学生毕业后就业机会比较多。”裴玉芳说。曾经有报道说，2006年时俄罗斯企业里一名懂汉语的部门销售经理月薪可达到2 500美元至4 000美元。

近年来，很多俄罗斯高校开设汉语课程，培养既懂专业知识又精通汉语的高级人才。据不完全统计，2007—2008学年，俄罗斯境内约有100所国立大学开设汉语课程，其中将汉语列为第一外语的大学就有40多所，学习汉语的大学生、研究生超过1万人。此外，中小学也同样出现学习汉语的热潮。在莫斯科市有十多所中小学开设汉语课程，学习汉语的中小学生达2 000多人。

裴玉芳认为，孔子学院在汉语传播方面发挥着重要作用。自2005年俄罗斯圣彼得堡大学开办第一所孔子学院以来，截至2007年底俄罗斯共开设了12个所孔子学院、2个孔子课堂和1个广播孔子课堂。孔子学院和孔子课堂通过举办中国文化讲座、各类展览、竞赛和汉语短期培训班等形式多样的语言文化活动，使俄罗斯各界关心中国的朋友更多地了解到中华文化、中国的发展和建设，满足和支持了俄罗斯人民学习汉语的愿望和热情，增进了两国人民间的友谊。

“中俄去年和今年互办‘语言年’，是双方继2006年和2007年成功互办‘国家年’

之后，为推进中俄世代友好，促进战略协作的又一重大举措。”裴玉芳强调，此举不仅有利于两国人民更好地了解沟通，更有利于为双方各领域的合作交流培养人才。

（新华网 2012－11－15/高帆）

国侨办讲学团赴英授课　与中文教师交流教学经

近日，第七届中国国侨办中文教师培训团走进英国。这次的专家培训团阵容强大，由四川大学文学与新闻学院，外语学院教授、博导王晓路带队，专家团成员包括深圳市耀华实验中学主任魏雪梅，暨南大学的屈文军副教授和山东师范大学、国家一级演员贾春雷教授。

王晓路教授在贝尔法斯特开始了第一场培训，授课内容符合海外教师在教学中对中国文化理解的需求，他在“比较视野中的中国文化：特质与要素的考量”专题中，探讨中国文化博采众长、包容万象的发展过程。同时他强调了教育的社会功能与文化传承，指出文化软实力与国家竞争力的重要性。他的演讲贯穿古今中外，妙语连珠，深入浅出，老师们听得如痴如醉。

暨南大学屈文军副教授的讲课吸引了所有老师和在英侨领们的兴趣，特别是他谈到了中国近代史内容应当纳入华文教育课程的意见和原因：要深入了解中国文化，就要了解中国人的心理；要了解中国人的心理，就要了解中国人的历史情怀；了解了中国近代史，能深刻意识到中国的现代化转型任重道远；了解了中国近代史，能理性思考中国的未来之路。诸多精辟的分析有助于海外教师们在中华文化和历史方面的教学。

深圳市耀华实验中学魏雪梅主任用诗意般的语言教授了汉字学习和作文指导的教学方法，她的讲课方法本身就是一个当堂教授的过程，教师们从她带来的课件中看到了动画，看到了网上教学的情景，学到了识字教学的原则。这些教学方法给老师们开拓了思路，对中文教学很有帮助。

山东师范大学教授、国家一级演员贾春雷的课程更是本次培训中的亮点。他强调要认识中国音乐，不能仅会唱中国歌曲，听几段传统乐曲，还必须从民族、历史、地域的角度去考察、了解中国音乐，从而真正理解中国音乐的内涵，了解它在世界音乐体系中的地位和历史价值。

英国中文教育促进会至今承办了七届国务院侨办海外教师培训的课程，每次活动都给老师们带来很大的收获。英国中文教育促进会参加接待的几十位老师们的义务奉献精神也令专家们非常感动，给他们留下了美好的记忆。

（中国华文教育网 2012 - 11 - 16/黄珍理 肖丽）

对日汉语教师证书登陆上海

即使日中的关系目前暂处“冰河期”，日本人的“汉语热”也依旧不降反升。“汉会话”在日本成为继英语后的第二外语。在中国，日本人是学习汉语的外国人中一支不可忽视的主力军，一年有数万名日本人加入学习汉语的队伍，他们也成为各中文学校的“抢手货”。目前，日本的汉语教师证书正陆续地登陆上海，并抢占上海这个市场。

据了解，从 2002 年开始，需要培训中文的日本企业猛增，很多汉语培训机构一年就要接收数千名日本学生，这个数字远远超过韩语、法语、德语等语种的学习人数。一家在日的汉语培训机构称，虽然目前中日关系进入了紧张期，但依然没有影响到日本学生学汉语的热情，不但没有人因为外部环境退学，而且还有不少的新生源源不断地加入汉语学习的队伍。这个现象在上海也是一样的。一位不愿透露姓名的业界人士表示，他就职的一家汉语培训中心在 2004 年刚开业时仅有 200 多名学生，但目前已经有上万的学生从培训中心毕业，目前，一年大约要接待近 2 000 名日本学生，“日本人学习汉语的市场很大，但奇缺优秀的汉语教师”。

从 2005 年开始，在日本本土就相继有数个关于汉语教师水平的资格证书出炉，从一定程度上规范了日本的汉语教师队伍。近日，以追求专业水准和注重教学实践而闻名的 JCT. TEST 考试也将正式登陆上海。已经有不少年轻人表示希望借参加 JCT. TEST 考试的机会，提高自己的教学水平，并顺利投身于汉语教学事业。

（［日本］《中文导报》2012 - 11 - 22）

相关链接

“JCT. TEST”，全称为对日汉语教学水平考试，由 JCT - TEST 考试中心主办，是为测试汉语教师的“对日汉语教学水平”而设立的专门化考试。

国家汉语国际推广基地落户云南　面向西南周边国家

25 日，国家汉语国际推广师资培训基地在云南师范大学揭牌。基地主要面向西南周边国家的本土汉语国际教育，因此，未来东南亚、南亚国家学习汉语将会更加方便。

近年来，随着全球兴起的“汉语热”，来华学习汉语的外国留学生人数激增。云南省利用地缘优势，积极开展教育国际合作，以高等教育为重点的对外交流合作不断深化，先后与85个国家、地区和国际组织建立了教育合作关系。从2008年开始，云南省政府每年安排400万元专项资金开展汉语国际推广工作，并积极赴泰国、老挝、柬埔寨、越南、印度、尼泊尔等国组织教育宣传展，以扩大云南华文教育在东南亚、南亚的影响力。目前，来滇留学生已达2.5万人，其中大部分来自东南亚、南亚国家。

据介绍，国家汉语国际推广师资培训基地将在面向西南周边国家的本土汉语国际教育师资培养及教育官员长短期培训、教材研发、学术交流、网络平台建设、中华文化体验基地建设等方面开展工作。

云南师范大学校长杨林表示，该校将充分利用云南多元的民族文化资源优势和毗邻东南亚、南亚国家的地域优势，把基地建设成集现代技术于一体，具有云南特色的中国文化魅力体验馆和面向东南亚、南亚国家的中华文化传播平台。

（中国新闻网昆明 2012－11－25/史广林）

中国将再推动建设300所海外华文教育示范学校

中国国务院侨办副主任马儒沛于27日在广西南宁表示，世界范围的“汉语热”持续升温，华文教育面临着前所未有的发展机遇，中国政府高度重视华文教育工作，将用5年左右的时间再建300所华文教育示范学校，逐步将其打造成为在海外传承中华文化的示范基地。

由中国国务院侨务办公室、中国海外交流协会主办的“海外华文教育示范学校暨华文教育组织工作座谈会”，当天在广西南宁开幕。

马儒沛在会上说，中国将继续加大投入，采取更为有效的措施支持海外华校快速发展。将本着“成熟一批，建设一批，完善一批”的原则，在已建立的104所“海外华文教育示范学校”的基础上，用5年左右的时间再建300所华文教育示范学校；每年给予100所初创或举步维艰的华校以必要的物资支持，帮助其改善办学条件，尽快走出困境；每年重点资助、支持一批全国性或地域性的华教组织；每年资助200所华校建立“华星书屋”，为之配备一批图书、音像制品，满足华校师生日益增长的文化需求。

此外，充分发挥中国国内华文教育基地院校的资源优势，通过“走出去”、“请进来”等方式，多渠道、多形式开展长短期华文教师培训工作，全面提升华文教师专业水平。国务院侨办将根据海外华校的需要，继续扩大外派教师规模，每年从国内选派大批优秀教师赴海外重点华校开展长期支教活动，壮大海外华文教师队伍。

“华裔青少年是华文教育的主要受体，也是中华文化在海外传承的希望和骨干力量。”马儒沛说。近年来，中国国务院侨办策划、举办了一系列全新的中华文化体验和教育活动，相继创办了以“中国寻根之旅”为龙头品牌的各类夏（冬）令营活动。今后中国将全面推广中华文化大赛，走出去举办“中华文化大乐园”，组织国内“优秀才艺学生团”赴外交流，让更多海外华裔青少年参与中华文化体验活动，适应华文教育形势的发展。

（中国新闻社南宁 2012－11－27/黄艳梅　刘万强）

中国力推海外华文教材“本土化”　拟5年初步完成

中国正在推动华文教育教材编写“本土化”、多样化发展，以满足海外华文学校教学需求。海外华文教育示范学校暨华文教育组织工作座谈会27日在广西南宁召开，中国国务院侨务办公室副主任马儒沛表示，未来将加大“本土化”教材的研发力度，力争在5年内初步完成“本土化”、多样化教材体系建设，以满足海外华校多样性需求。

马儒沛介绍，经过多年努力，国务院侨办已经初步建立起从幼稚园到初中的华文教育主干教材体系，华文教材的发行量已连续两年突破200万册，覆盖了50多个华侨华人聚居国。

他说，在继续完善主干教材体系建设的同时，今后将以满足“本土化”、多样化需求为目标，根据不同国家和地区的实际情况，按照重点突出、有序推进的原则，大力研发“本土化”华文教材，力争用5年左右的时间初步完成“本土化”、多样性教材体系的建设。

对于中国推动华文教育教材编写“本土化”，海外华文教育工作者拍手称赞。菲律宾华教中心副主席黄端铭告诉中新社记者，只有教材“本土化”，才有生命力，教材才能更贴近学习者的语言、生活习惯，更利于学习者接受。他说，菲律宾华文教育现今主要使用的教材还是十几年前邀请中国老师在菲律宾实地了解情况后，双方合作编写而成的。时代在发展，华文教育亦如是，修订重编“本土化”教材确有必要。

印度尼西亚雅加达华文教育协调机构执行主席蔡昌杰亦认为“本土化”教材编写会令当地人感觉更加亲切，以当地人熟悉的题材教学，更易于学习者学习汉语。

会上，云南省侨务办公室副主任袁光兴则表示，将加强华文教材建设，完成华文教材改编任务，针对缅甸、老挝、泰国华文学校的实际情况改编教材，并加大发送力度，扩大华文教材覆盖面和采用率。

华文教育教材“本土化”工作进展顺利。目前，为中亚地区新疆籍华侨华人子女编写的中文教材已经进入终审阶段；为欧洲地区部分国家中文学校编写的小学教材，为缅甸、泰国北部地区华校改编的“人教版”九年义务制小学教材，为印度尼西亚华校编写的小学教材，为柬埔寨华校编写的初中教材，以及为东南亚地区幼稚园教师编写的培训教材等都在紧锣密鼓地进行中。

（中国新闻网 2012－11－28/王雪）

中国华文教育基金会在穗召开2013年项目工作会议

12月11日，中国华文教育基金会2013年项目工作会议在广州召开。有关省（市、区）的侨务部门和华文教育基地近70人参加了会议。国侨办副主任马儒沛、广东省侨办主任吴锐成出席了开幕式并做了讲话。国侨办文化司副巡视员汤翠英，中国华文教育基金会副理事长兼秘书长左志强、副秘书长李献国、卢海斌等人也出席了会议。

开幕式上，广东省侨办吴锐成主任致欢迎辞，介绍了广东省侨办近年来开展华文教育工作的进展情况，重点介绍了与省教育厅联合制订的海外华文教育发展三年和五年规划以及承办基金会华裔青少年南粤文化行，尤其是禅武文化项目的情况。国侨办副主任马濡沛结合党的十八大相关内容，对华文教育基金会接下来的工作提出了配合主要渠道，加强项目实施，提高工作能力，做大做强品牌项目，发挥民间公益组织优势，挖掘潜力募集资金等方面的要求。

随后，左志强副理事长对基金会2012年整体工作进行了回顾和总结，介绍了基金会在全国侨务系统、基地院校和在我国驻外使领馆的配合下开展工作的情况，并对2013年工作进行了展望。他强调，2013年，中国华文教育基金会将重点培育各类优势品牌项目，精心打磨形成若干个项目群；进一步建立和完善项目管理制度，推进制度的规范化、标准化；加强对项目实施过程的监督检查，保证公信力，对捐赠者负责；加强自身队伍建设，注重对项目管理人员外语、财务等方面能力的培养；开展海外华文教育调研；推动品牌项目创新；总结经验，进一步加大宣传力度；密切与项目合作方的沟通与联系等。

随后，广东、江苏、福建三省和上海市侨办以及暨南大学、北京华文学院和昆明华文学校七家单位，先后介绍了各自开展项目的情况。其中广东省侨办重点介绍了在禅武特色项目和以项目带动宣传、项目带动募捐方面所做的努力和取得的成绩。大会还安排了交流和研讨环节，与会代表们畅所欲言，积极沟通，为进一步做好华文教育工作提供了许多新见解和新思路。

（广东侨网 2012－12－11/黄毅）

国际汉语教师新标准出台

备受海内外汉语教师关注的《国际汉语教师标准》（2012版）（以下简称新《标准》）由国家汉办/孔子学院总部于12月12日正式对外发布。

国家汉办/孔子学院总部制定的《国际汉语教师标准》自2007年发表以来，曾受到国内外汉语教学机构和教师的广泛关注和积极评价。几年来，汉语国际推广工作发展迅猛，取得了阶段性成果，全球汉语教学形势发生了很大变化，出现了很多新情况。为进一步适应国际汉语教育的实际需要，提高国际汉语教师的能力和水平，国家汉办/孔子学院总部组织国内外专家和一线教师，吸取原《国际汉语教师标准》实施过程中的建设性意见，历时3年对其进行了修订。

新《标准》由“汉语教学基础”、“汉语教学方法”、“教学组织与课堂管理”、“中华文化与跨文化交际”和“职业道德与专业发展”5部分组成，构建出国际汉语教师的知识、能力和素质的基本框架，形成了较为完整、科学的汉语教师标准体系。

新《标准》有三大特点：

第一，研究并参考了其他国家对于第二语言教师认证的有关标准，使新《标准》具有国际性和通用性。这十分有利于汉语教师队伍的“本土化”建设。有一种说法，全球“汉语热”带来了全球“汉语教师荒”。据不完全统计，目前对外汉语教师缺口在500万以上，单靠国内高校对外汉语教学专业毕业生，远远满足不了如此庞大的需求。所以，培训本土汉语教师是缓解“汉语教师荒”的有效办法。

第二，强调汉语教学、中华文化传播、跨文化交际3项基本能力。在新《标准》中，加入了跨文化交际能力，并对此有详细描述：了解世界主要文化的特点；尊重不同文化，具有多元文化意识；能自觉比较中外文化的主要异同，并应用于教学实践；了解跨文化交际的基本原则和策略；掌握跨文化交际技巧，能有效解决跨文化交际中遇到的问题；能使用任教国语言或英语进行交际和教学。这为国内高等院校相关专业培养对外汉语教师提供了指导，要求其培养的学生能力更加全面，不仅要掌握一定的教学理论和教学方法，而且还要有全局意识和文化传播能力。

第三，目前，海外中低年龄段的汉语学习者人数增长较快。而中小学生与成年人特点各异，相对应的教学方法不同，进而对教师的要求也有所不同。在新《标准》中，针对这一新情况，“汉语教学方法”和“教学组织与课堂管理”部分对国际汉语教师提出了要求。

据悉，新《标准》将成为遍布全球108个国家的400所孔子学院、500多个孔子课堂的汉语教师选拔和培训、国际汉语教师资格认证、国内80多所大学的汉语国际教育专业学位研究生培养等工作的依据。

随着新《标准》的出台，《国际汉语教师标准资格认定办法》也即将出台。遵循国际教师认证惯例，除考试外，还要结合必要的培训。另外，也会考虑以往通过了《国际汉语教师标准》认证的那部分国际汉语教师，根据他们的实际情况，使新《标准》和原

《标准》进行有效衔接，具体办法正在制订当中。

作为一个国家级权威标准，新《标准》的发布有利于整顿目前国际汉语教师资格认证乱象，组建一支质量上乘、人员稳定的国际汉语教师队伍，吸引更多年轻人投身于对外汉语教学，从而保证我国的汉语国际推广事业长期可持续地发展。

（《人民日报·海外版》2012－12－13/刘菲）

福建持续拓展海外华教　力争5年培训万名教师

据福建省侨办12月13日披露，福建省自2005年以来，海外华校师资培训和外派工作一直走在全国前列，与海外452所华校建立了联系，外派1 227名汉语教学志愿者和教师到海外华校任教，培训海外华文教师近万人，促进了海外华文教育水平的提升。

福建是中国重要侨乡，旅居海外的闽籍侨胞达1 260多万。福建把华文教育作为传承文化、维系乡情、涵养资源的“留根工程”，深入开展海外华裔青少年夏（冬）令营活动，大力加强海外华文教育基地建设，持续拓展海外华文教育工作。

福建省侨务办公室主任杨辉表示，会尽力满足海外华侨华人的要求，开展形式多样的华文师资培训、华文教师赴外任教活动。未来5年，计划培训教师1万名，安排赴外任教者1 500名，从而提高海外华文师资队伍的整体水平。

福建省近年来已在43家优质高校、中小学、幼儿园建立海外华文教育基地，借此与海外华社、海外华教机构以及侨领合作机会，通过“请进来”和“送教上门”方式，着力培训海外华文师资。

在扩大海外华裔青少年交流方面，杨辉称，要完善海外华裔青少年夏（冬）令营“四级联办”模式，努力扩大规模、提高质量，力争使未来5年参营的海外华裔青少年突破4万人次，继续保持在全国前列。

目前，福建省9个设区市、26个县（市、区）均举办过海外华裔青少年夏（冬）令营，近4万名华裔青少年参加，营员规模之大居全国首位。

（中国新闻网2012－12－14/孙贤迅）

刘延东在第七届全球孔子学院大会开幕式上指出
办好孔子学院　为增进中外了解、友谊架起沟通之桥

第七届全球孔子学院大会开幕式于16日晚在北京国家会议中心举行。国务委员、孔

子学院总部理事会主席刘延东出席了开幕式并致辞，并为全球孔子学院先进个人和先进单位颁奖。

刘延东指出，2012年汉语国际推广事业实现新发展，到目前为止，已建立400所孔子学院、500多个孔子课堂，注册学员65万人，为各国人民开启了认识中华文化和当代中国的窗口，对传递人民与人民之间的情感与友谊、促进不同文明间的交流互鉴发挥了重要作用。刘延东强调，高举和平、发展、合作、共赢的旗帜，尊重人类文明多样性和发展道路多样化是中国共产党十八大的重要精神，中国政府会积极支持孔子学院的稳步发展。

刘延东还指出，本届大会以“促进孔子学院融入大学和社区”为主题，很有意义，希望孔子学院能适应当地文化传统、思维习惯和学员特点，在提升教师、教材和教法水平上下功夫，激发学生学习兴趣，提高办学质量；发挥好综合文化交流平台的作用，增强吸引力和感召力，厚植中外友好的民意基础；拓展办学空间，丰富教学内容，由大城市向其他地区延伸，由校园向社区推广，更加适应大学和社区的需要。坚持政府支持、社会参与、民间推动，与所在国的国民教育体系相结合，与学生未来职业发展相结合，实现中外双方共建共管、共享共赢。

来自108个国家和地区的大学校长、孔子学院代表共2 000多人出席了大会。

（新华网 2012－12－16）

国侨办拓展海外华文教育　年培训师资超万人次

中国国务院侨办主任李海峰12月19日在南通表示，2012年海外华文教育工作得到进一步拓展。国务院侨办邀请3 400多名华文教师来华培训，“走出去”培训华文教师7 000余人次，向海外选派教师730多人。

“2012年全国侨办主任会议”19日在江苏南通开幕。李海峰在工作报告中表示，国务院侨办至今已评选海外华文示范学校104所，与澳大利亚、泰国、马来西亚、印度尼西亚、意大利等国政府教育部门的联系和合作取得了新进展。

据介绍，国务院侨办与地方侨办合作举办的华裔青少年夏（冬）令营，吸引了2万余名华裔青少年参加；浙江、海南、江苏、广东、山东等省加强了华文教育工作规划和基地建设，云南省成立了云南华文学院；海南省还设立了华侨华人子女留学金、奖学金。

李海峰指出，2012年，北京华文学院新校区正式落成，暨南大学、华侨大学的教学、科研工作及规划建设也取得了新进展。

李海峰还表示，2013 年，国务院侨办将以“感知中华、加强联谊、共谋发展”为主题，举办第九届“世界华裔杰出青年华夏行”，举办“中国寻根之旅”大型集结营，着力增强华裔新生代对祖（籍）国的向心力。

（中国新闻网 2012－12－20/张冬冬）

华侨大学日本硕士班开班

中国国立华侨大学自成立以来招收的第一批海外华语与华文教育专业研究生班——2012 级日本硕士研究生班，于 12 月 6 日在华侨大学厦门校区隆重开班。首批 20 名新学员，均来自日本华文教育第一线。此举标志着海外华文教育更上一层楼，对于扩大华文教育研究生规模、发展华文教育研究生教育具有非常重要的作用和意义。

贾益民校长代表华侨大学致辞，对 2012 级日本硕士研究生班新同学表示欢迎。贾益民校长分析了海内外华文教育蓬勃发展的形势，及开办此班的重要意义。他强调，华文教育不仅面临着“教什么和怎么教”的永恒课题，还面临着“传播什么和怎么传播”等一系列重要课题。校长寄语新同学，要秉承华大的办学宗旨、办学理念和大学精神，在老师指导下，深入研究、探讨华文教育的理论问题和实践问题，切实提高自身的理论素质和教学才能，进一步树立华文教育的学科意识，认真总结华文教育的规律和特点。希望来自日本的华人学员通过 3 年学习，学有所获，学有所成，为促进华文教育事业和中日两国人民长期友好发展作出积极的贡献。

据悉，“华语与华文教育专业”日本硕士研究生班，是针对海外学员为适应日本社会现实、践行华大“为侨服务”办学宗旨、满足日本对应用型和复合型人才的需求，由华侨大学与日本文培学院合作开设的研究生课程认证班。日本硕士研究生班，将为提升海外华文教育打造新的模式和范例。

（［日本］《中文导报》2012－12－20/杨文凯）

我们为什么会让孩子来孔子网络学堂学中文？

自中国杭州孔子网络学堂 2011 年进入欧洲市场，西班牙孔子网络学堂 2012 年 10 月末开课以来，立刻因网络教学形式灵活、收费低廉、师资雄厚、迎合时代、切合华人现状等特点迅速在旅西华人社会中引起关注。尤其是偏远城镇的华人孩子家长，实感该教学形式解决了一直困扰他们多年的渴望孩子学中文，但生活的城镇没有学校无法实现的难题。

而对于那些在西班牙长大的华侨二代来说，在周末或者是其他自己合适的时间，坐在电脑前与国内教学水平一流的汉语老师面对面交流，既找到了上网聊天的感觉，又在不知不觉中学到了中文，可谓一举双得。因此，该网络学堂尽管在西班牙开始不到两个月时间，但是各地家长携孩子报名踊跃，在北部、南部及中部中文教育缺乏地区表现尤为显著。

说到让孩子参加网络学堂学习中文的原因，生活在中部城市 Garcia 的朱先生在采访中介绍说，自己有一双儿女，因为生活所在地距塔拉戈纳（Tarragona）华人中文学校较远，每周送孩子上课路上花费时间很多，也很不方便。相比之下，朱先生很喜欢这种教学方式，称其节省了很多时间，孩子不出家门就可以在家里随时上课，而且教学质量跟国内私立学校相同，老师也很负责任，花费也不多，省时、省力又省钱。

（［西班牙］欧浪网 2012－12－23/一鸣）

澳大利亚2014年将开设中文课　课程覆盖中小学

澳大利亚学校、幼儿教育和青年事务部长彼得·加勒特于19日在一份联合声明中宣布，计划2014年将中文普通话课程列为澳大利亚中小学教育的正式课程之一。

作为深化澳大利亚政府提出的“亚洲世纪白皮书”计划目标的一部分，这一教学计划从现在到2013年4月12日是处于收集意见的草案阶段，正式实施将在2014年。依据现有草案，中文普通话课程将加入覆盖澳大利亚1至10年级（相当于我国小学一年级到高一）的外语教学，学生们可根据自身的语言和文化背景从3种学习方式中自由选择、灵活学习。

贸易部长克雷格·埃默森和高等教育部长克里斯·埃文斯当天还在这份联合声明中公布了旨在进一步实现“亚洲世纪白皮书”目标的贸易和高等教育草案。

在高等教育方面，澳大利亚政府明年将通过政府资助的形式帮助更多学生到亚洲进行学术研究。在贸易方面，一项资金额度为60亿澳元（约合393亿元人民币）的“亚洲世纪商业参与计划”草案将面向公众征询意见。从明年7月1日起，该计划的款项将被用于资助企业组织进行各项活动，以便更好地利用“亚洲世纪”中产生的商机。

（新华网 2012－12－30/王小舒）

（本栏目责任编辑　徐云）

专题报道

本栏目内容是对本年度华侨华人社会中某些具有典型意义和较高新闻价值的人物、事件、问题、社会现象等进行调查评述的选登，以期客观反映其发生、发展和结果及影响的全过程，揭示主题的深刻意义。以媒体报道时间升序排列。

探寻海外华人历史古迹的“生存状态”：保护并传承

据史料记载，中国人到外国侨居，开始于商朝时期，到了唐朝时期，中国人移居国外的数量逐渐增多。早期的中国人在海外“开疆辟土”，至今留下了许多带有中华文化的历史遗迹，如古庙、墓地、纪念碑等。这些历史古迹为当今人们研究先辈的海外拓荒史留下了宝贵的财富，但随着各国社会的变迁与发展，这些华人的历史遗迹是否能完好的保存并传承？这是一个值得探讨的问题。让我们共同来关注海外华人历史古迹如今的“生存状态”。

柬埔寨华人庙宇40年筹建再现香火

经过数年的艰苦筹资重建，位于柬埔寨干拉省干拉实丹县近夺乡遂明村的三山国王庙，终于在热心华裔人士郑棉发和钟贵强及他们家人等的大力支持下圆满落成。

近夺乡原来也是一个经济兴旺的市镇，当地华人也非常活跃，早在1925年便有人倡议在当地修建华人庙宇，初时只是一个草堂，至1962年才正式建成庙。波尔布特时期，神庙被摧毁，庙的所在地被改造成水渠，直到今日，足足过了近40年，在多位华人侨领和热心人士的资助下，三山国王庙才得以重建。

据郑棉发介绍，2009年8月份，近夺乡重建庙负责人委托孙宝儿代为传达三山国王庙在重建过程中因缺乏资金而中途停工一事，后在孙宝儿的陪同下，他应邀到工地了解情况后，便决定捐钱资助，以完成当地华人的夙愿。

他说，当地老一辈华人早在20世纪50年代便开始筹资兴建三山国王庙，当时近夺乡是华人聚居区，三山国王庙也成了当地华人社区聚会与宗教信仰的神圣场所，为了筹钱建庙，他们还邀请了潮州酬神戏表演，以答谢神恩，保佑乡民平安。

郑氏说，宗教信仰和建庙是华人弘扬中华文化，传承传统风俗习惯的美德善举，不但能使中华文化香火代代相传，还能给当地乡民以精神上的庇护。因此，他和家人都应该义不容辞的支持，使其功德圆满。

马来西亚华人百年古坟被毁 骸骨达百具

同样是在东南亚，马来西亚的一些华人古迹不但没有被完善保护，而且还被损毁得相当严重。马来西亚槟榔屿开埠首任甲必丹辜礼欢家族墓地，疑因当地的路屋业发展而遭到毁坏，大约有78个辜礼欢后世子孙古坟悉数遭毁，多达百具骸骨被草草埋葬，棺木也在现场被焚烧，引起震惊。

遭人挖掘尸骸的辜氏先人中，有槟城第一行医华人辜立亭及举世闻名的大文豪辜鸿铭的曾祖父辜龙池等。辜氏家冢地百年来被菜园环绕，而古坟被毁时，菜农们都目击了其过程。

辜礼欢家族冢，坐落在罗弄巴都兰樟福建公冢与青草岭组屋间一片面积很大的山坡地，背山望海，风水极佳。该地除了是辜礼欢的百年归老之地，也散落着其78个后代祖坟。该片百年历史的古坟，在短短两周内遭人毁灭，对此，当地的菜农也感到震撼。

在坟地的现场，石刻墓碑遭人“迎头”击毁断裂，墓地上一些石碑都被画上编号，坟地也被人掏空露出墓穴，一些坟上则以土覆盖，一片凌乱，相信这些墓地是在仓促下被毁掉的。

该坟地周边被10多户菜园地环绕，而被毁的坟墓分布范围极广，当地菜农发现一些外籍劳工从早上至太阳下山，一直在进行挖穴、毁坟、拾骨、烧棺、洗骨等工作。然而，令他们不解的是，一切“拾金”仪式从简，也没见有道士或和尚到场超渡，只供奉鸡及椰浆，即指示开棺“拾金”。

槟城古迹咨询委员会（CHAT）成员的黄木锦建筑师对辜礼欢家族冢被毁感到痛心及震惊。他表示，数月前还发现该家族冢依然存在，不料不久前重返旧地，却发现家族冢已毁于一旦。他说，一般坟地在“拾金”前必须获市政局批准，必须遵守必要条规，如竖立巨型通告及登报通知后人。他还说，有些古坟已有百年历史，已属古迹，不能轻举妄动。

拒绝建墓园征地　悉尼华社捍卫历史古迹

马来西亚的华人墓地被毁坏令人惋惜与气愤。而在大洋洲的澳大利亚，当地的华社组织也同样为捍卫自己的历史古迹做着抗争。

澳大利亚一块占地7公顷的华人菜园，邻近悉尼东区墓园。由于它的历史价值以及社会意义，在1999年被纽省政府列为历史文物。早在160年前，这里便是一块耕地。而华人管理这菜园亦有超过100年的历史。但纽省小区关系委员会及纽省土地及房屋管理署公布了一个计划，拟将悉尼东区LA PEROUSE华人菜园的60%用作扩建墓地之用。华人服务社对这个建议强烈反对，认为这块耕地应被保留，它不但是代表华人移居澳洲的一个重要里程碑，而且每天也为悉尼市场及餐厅提供农产品。

纽省土地管理署在2008年为此地进行了一项评估，即“菲腊湾中国菜园官地初步评估”报告。该报告指出，“这块地作为耕种之用是充分发挥其价值，而且非常成功地达到此目的”。报告更清楚指出，这块地不适合作为墓地之用。华人服务社质疑这片土地既然100多年来已发展成为一个标志，并一直为市民提供新鲜的菜蔬，为何仍有提议要把它转变作另一个不合适的用途。

华人服务社表示明白人口的增长，导致墓地短缺的问题。服务社期望政府从一个长远的角度考虑问题，制订一个长远解决墓地短缺的方案，而不是贪图一时之便，让现有墓地征用旁边的细小土地，而一段时间后又要再另找地方发展新墓地。

华人服务社认为华人菜园应保留其现有的用途，这已是一个法定古迹，一个活生生的标志，对澳大利亚及澳大利亚华人有特殊的历史意义。将这一块拥有百年历史的耕地转为先人安息之所并不合理，而且它不但潮湿且低洼，如要改建墓地，必须先通过大工程提高它的地床至水位以上，既破坏环境，又浪费物力、财力。

美国河滨市“纪念亭”见证华人拓荒史

地处美国内陆的河滨市，尽管亚裔人口并不算多，但早期华人在此地“开疆辟土”的历史，却不容抹灭。位于Mission Inn路与Orange路上的河滨市公共图书馆前，坐落着“华人先民纪念亭”，其象征着早期华人先民的拓荒史。

与已故的河滨加大蒲大邦教授、前内陆华人联谊会创会理事长陈定国一起催生这座纪念亭的内陆华人联谊会创会会长张善利表示，当年有建亭构想，是为了纪念中国人来美200周年。他说，1988年，主流组织“大盆地考古基金会”在早期华人聚集的市场街（Market），挖掘到150年前移居当地华裔的遗迹，他们在当地栽种柑橘，并协助兴建铁道、地下水道等。

事实上，河滨市的华人遗迹，早在200多年前就出现。根据联邦人口普查统计记录，1880年，河滨已有20位华人居民。他们协助引进多种柑橘品种，并发明柑橘包装法。而河滨市最早的中国城，则在1870年兴建，最后因大火废弃。1885年，第二座中国城又在河滨市Tequesquite Arroyo附近兴起，但又遭逢一场大火，至今已衰败。因此，其后移居此地的华裔，希望通过兴建纪念亭的方式，替先民留下足迹。

至今已有20多年历史的纪念亭，不仅是许多居民、情侣休闲的好去处，也见证着华裔移民在河滨开垦的血泪史。

温哥华华人历史景点缅怀先侨

在美洲的加拿大，也拥有着众多的华人历史遗迹，它们记录着先辈们早期的奋斗历史。作为温哥华华埠地标之一的铁路华人纪念碑便是早期华裔工人奋斗史的最好见证。

纪念碑以中字为基，左边是提着铁锹修铁路的华工，右边是扛着枪参加第二次世界大

战的华侨，中间有一对联：“先贤伟业志壮山河，加华丰功光昭日月。”

“修建铁路的华人和为加拿大参战的华裔士兵是我们华人今天的楷模。没有他们，就没有我们华人的今天。”大温哥华文化中心文物馆馆长兼艺术总监杨裕平面对着纪念碑说道。

加拿大于1867年独立建国，当时的西部地区——英属不列颠哥伦比亚地区，即现在的卑诗省还未归入加拿大版图。由于该地区横亘北美最大的山脉落基山脉，峰峦险阻，使其与加拿大东部地区几乎隔绝。卑诗人提出，除非加拿大修建一条铁路贯穿落基山，否则就正式加入美国。最终，加拿大首任总理麦当劳与卑诗人签订了修路的协议而使卑诗省于1871年成为加拿大第六个省份。

出于对修建美国铁路华工吃苦耐劳精神的印象和引进廉价劳力产生高利润的吸引，太平洋铁路西段工程招募了大量中国劳工。落基山脉的险恶环境，给承担着打隧道、架桥梁、运砂石等艰巨任务的华工带来了难以想象的困难，因伤因病而致死的华工达4 000名。据记载，平均每修一英里铁路就会死一名华工。

1885年11月7日，加拿大太平洋铁路全线贯通，华工为此立下了汗马功劳。麦当劳总理曾说过：“没有华工，太平洋铁路就不能如期完成，也就不可能有西部的开发。”加拿大民众也说：“没有华工，就没有加拿大地理上和政治上的统一。”可是又有多少人知道，1880至1885年期间，来自广东省参加修筑穿越落基山险恶地区铁路的劳工，达1.7万名。铁路竣工后，他们劳力再无需要，贫困无依，更无力返回中国国土，便沿着新成铁路线流落。

在加拿大历史中，这一切全部湮没无闻。所以，今天这些纪念碑铭刻着华工修建太平洋铁路的巨大贡献，诉说着华工当年修路的艰辛和血泪，也表达了加拿大人民与侨胞们对他们的感激和怀念之情。而对于在“二战”中牺牲的华裔士兵，他们的功劳更无须多谈，没有他们，华人今天就不会拥有公平权并享受与加拿大人平等的权利。

华人历史遗迹记录着一代代华人在海外生活、奋斗的历程，对于前人是一种纪念，对于后人更是一笔精神财富。然而在现实中，保护历史遗迹与社会发展、城市建设之间难免有着冲突矛盾。但是，保护华人遗迹应该站在历史的高度，而不能单纯只顾当前利益。对于海外华人而言，力争保护华人遗迹是对自我尊严的捍卫，更是功在千秋的责任。

（中国新闻网 2012－02－15）

透析海外华人剩男剩女的婚姻：海归加入相亲大军

2月14日晚6时，110名单身海归齐聚北京的一处餐厅，一起参加由欧美同学会主办的单身海归相亲活动。相亲活动现场，主办方向女嘉宾发放玫瑰花，祝女嘉宾早日找到心仪的对象。

从20世纪80年代末开始，“出国热”开始在国内显现，而对于80后一代而言，选择出国接受高等教育已是很普遍的事情。可当他们逐步达到适婚年龄，一个现实问题摆在了面前：有不少华人在读书期间去海外深造，寒窗苦读多年，等辛辛苦苦拿到海外文凭或者在当地找到工作后，一不小心却跨入了“剩男剩女”的行列。如今，在众多的相亲节目或者婚介机构中，海归的面孔也越来越多。

现状：不愿与外国人相恋　海归加入相亲大军

从20世纪80年代末开始，“出国热”开始在国内显现，而对于80后一代而言，选择出国接受高等教育已是很普遍的事情。如今，随着80后逐步达到适婚年龄，在国内许多大型电视交友节目或者交友网站上，人们常常能看到海外留学归国的80后年轻人征婚，而在青岛这个每年都有众多留学生出国、回国的城市，海归相亲者也日益增多。

24岁的李哲（化名）是青岛本地人，两年前通过学校的“2+2”项目到俄罗斯海参崴出国留学。如今，学成归来的他多次被父母、亲戚介绍去相亲，虽然不是很想参加，但为了不让家人为难，他每次都会与对方见面。

李哲称，留学的时候，班里的16个同学来自国内各个地方，起初他和同班的一名来自淄博的女生交往，关系比较融洽，可随着了解加深，两人发现性格有不和之处，并且在回国后就是否一起回青岛的问题上不能达成统一意见，于是两人便分手了。

“我留学后肯定要回青岛，所以还是先找本地人或者能一起在青岛待的人，但我肯定不找外国人。”李哲说，他不喜欢找外国女朋友，主要是因为在沟通上不顺畅，而且两国人在生活习俗和文化理念上有差异，交往起来有隔阂。

与李哲不情愿相亲不同，从英国留学回来的28岁的赵芳（化名）现在正在婚介公司的推荐下，积极寻找自己的意中人。据熟悉赵芳的朋友介绍，她在英国留学了8年，大部分时间都用在了学业上，剩下的时间也不过是与中国同去的伙伴聚聚会或者参加一些实践活动。由于不主张找外籍男友，因此，从出国留学至今，赵芳一直没有谈恋爱。

调查：海归多剩男、剩女　择偶条件普遍较高

近日，记者调查了岛城几家婚介机构了解到，最近两三年，希望通过婚介机构找到另

一半的海归越来越多，且年龄多集中在27岁至36岁之间。

“目前在我们机构中，相亲的回国留学生占到总相亲人数的20%。”岛城一家婚介机构的王经理说，海归相亲者的比重在近两年中有所增长，其中一部分人是在父母的要求下，到婚介中心登记相亲；有一部分人则是主动到婚介中心登记。从男女比例来看，女生占据多数，而从年龄上来看，男生年龄普遍偏大，集中在30岁左右，女生年龄多集中在27岁左右，两者中也不乏35岁以上的人群。

为何留学“镀金”的海归成了剩男、剩女呢？

其一，潜心苦学，忘我工作。前来相亲的桥梁设计师杨悦认为，华人历来有勤奋的传统，为在激烈的竞争中出人头地，他们将大部分时间投入在事业或学业上，根本没有时间去谈恋爱。等到有条件时，很可能已成了“标梅已过，嫁杏无期”的女士或“无家无室，形单影只”的男士。

这样的现象在华尔街和硅谷的华人精英中更为普遍，华尔街高管张明表示，华尔街大多精英非常忙碌，没有时间陪女朋友吃饭、逛街甚至约会，沦为“剩男”也不足为奇。即便在已婚人士中也不乏失败案例，原因是他们忙于创业而疏于家庭，有的人甚至因经常出差成了每月回家一次的“月父”，或每季度与家人团聚一次的“季父”。

其二，交际圈子狭窄。旅美中国学生常常局限于实验室、办公室或同学圈、华人圈，而且他们当中理工科男生居多，而文科女生则偏少，校园里如遇不到合适对象，毕业后机会就更渺茫。再加上价值观和文化等因素，他们中大多数人还是希望寻找华人为伴侣，当天就有不少人表示只考虑华人，因为见过太多异族通婚的失败案例。

其三，高不成，低不就。美国华人是高知识群体，过半人口拥有高等教育学历，其中相当一部分拥有硕士和博士学历。很多人因眼界过高反而变成了高不成、低不就的单身人士。

外形和家庭条件俱佳的杨悦说：“我们这些高学历的女生都希望找到比自己更聪明能干的男生，这会给男生造成比较大的压力，如果说女人是半边天的话，也许高学历的女人可能又多了另外半边天。”

其四，不解风情，社交受阻。由于长期与冷冰冰的数据和电脑为伍，使得一部分人缺失了结交异性的技巧和勇气。在当天的相亲中，就有IT精英将自己几分钟的短片利用各种技术形式加以展现，但其花哨的形式却未能博得现场女生的好感，原因是内容平淡到“让人想睡觉”。另一名“典型理工男”在被要求谈谈除科研之外的生活时，他却仍坚持大谈所谓创新和执行力等女生们不感兴趣的话题，被批太“不解风情”。

分析：缺乏归属感和文化差异推动回国相亲

“国外生活再好，也没有家的感觉。”刚从俄罗斯留学回国的杨小姐说，她是家中的独生女，在国外完成学业后，就回国找工作了，而男友则在莫斯科的一所大学攻读硕士。

在俄罗斯期间，两人边学习，边做小生意，由于平时在校内花销少，做生意的收入基本能维持两个人的生活。杨小姐称，她所学的语言专业和男朋友所学的经济专业在俄罗斯很好找工作，如果在国外生活，他们的收入应该会比国内高许多，但是因为自己比较恋家，因此留学后就坚持回国了，她的男朋友也答应，硕士读完后，就到青岛陪她。

对于留学生倾向于回国，青岛婚姻情感心理咨询师秦启竞解释道，留学生到国外后，由于在语言、文化传统、生活习惯等方面不适应，会缺乏安全感，所以对家的依赖感特别强烈。“80 后出国的人年龄普遍偏小，他们更容易想家。”秦启竞说，之所以现在有越来越多的大龄海归回国相亲，与当时集中出国留学有一定关系。此外，国内现在发展环境比较好，也成为吸引年轻留学者回国就业、相亲、生活的一大原因。

此外，从事婚介工作的陈先生介绍，越来越多的留学生回国相亲，也是受到文化差异的推动。由于海外回国留学生是在多种文化氛围中成长起来的，因此通过文化差异和生活习惯的对比，他们能更清楚地了解自己究竟适合哪种文化氛围，是否合适找外国人当对象。“现在，这些海归在选择对象时，很注重价值观念是否相同或相似，谈得来是很重要的一个条件”。

个例：相亲尊重父母意见　双方相处要合得来

韩国留学 4 年后回国的邱辰（化名）下个月将要订婚，她告诉记者，自己在选择男朋友时，父母会给予她一些建议，比如希望她能找一个踏实稳重、有责任心、会过日子的男人。

“没留学前，就觉得爱情最重要，别的不去考虑太多。经历了留学，才知道会过日子的人才能长相厮守。”邱辰说，父母在她找男朋友时，多次提醒她要关注男方的性格和为人，而在家庭环境方面，要求并不是很高。她在留学期间，学会了独立生活，懂得精打细算，知道过去仅凭感情找对象不是真正的生活，因此，回国后再找男朋友，就会多采纳父母的意见。现在将要与她订婚的男友，就是一个稳重、沉着、会过日子的人。

24 岁的李哲说，他现在并不着急找女朋友，因此，在相亲的事情上一般都是父母做主。“类似家庭情况、对方条件等信息，我爸妈和亲戚早就了解清楚了。”李哲说，他的主动权主要掌握在与女方的相处上，之前的情况都是父母把关。虽然自己并不是很喜欢这种方式，但是明白父母是为自己好，也就接受了，但在实际的相处过程中，他还是希望能找到一个与自己在思想和价值观念上比较相近，有共同语言，能懂他、理解他的人。

从事婚介工作的陈先生认为，由于海归的家庭条件普遍较好，因此，在选择相亲对象时，家长会比较倾向于门当户对，为子女谋求更好的生活环境，这对于很多年轻人而言，是比较容易理解的。但是，最终两个年轻人是否能走到一起，还是由他们双方能否相处融洽决定的。

学者建议：放下物质和外在标准

社会学者建议，婚恋对于这些身处异乡的单身男女的心理健康和生活是非常有益的，成功案例表明大龄男女青年只有放下物质标准，放开心胸去爱，才可能建立健康的婚恋关系。

巴斯托学院（Barstow College）教授姜镇英在美国教学 29 年，在婚恋问题上经常与学生们交流。他认为，很多华人在征婚或者寻找配偶时比较喜欢罗列成就和物质标准，这样往往易造成悲剧结局。

不过，在他的学生当中，也有成功的案例。有豪门背景的小月（化名）曾经在英国念书，后来到美国继续深造，她是一个非常低调的女生，在念书时她和同龄人在接触中也没有建立亲密恋爱关系。后来她在活动中认识一个男生小杨（化名），小杨出自一个离婚家庭，个子不高，而且几近而立之年。而小月一直都喜欢运动型的高大男生，并且小杨出自离婚家庭，所以，她一开始也对此有所顾虑。

小杨是一个非常努力的男生，很有生意头脑，小月对做生意也很感兴趣。但她很独立，不希望依赖父母，因此，想跟小杨学习。后来小杨发现，小月在生意上是一个非常好的帮手，两人逐渐成为好朋友而且产生感情。现在，小月发现身高已不是问题，而且小杨性格也和她很合得来。小杨则认为，从前他交往的女孩子个性都很强，而小月的性格温柔，也正适合他。所以，两个人在10月份刚刚领了结婚证书，准备办婚事。

（新华网 2012－04－23）

裸商：在国内赚钱，去国外安家

10月1日，41岁的上海商人马浩又要再一次离开中国，为老父亲过完70岁生日后，将要与定居在新西兰奥克兰市的妻儿团聚，这一次驻留新西兰的时间将是两周。

这已是今年马浩第五次飞往南半球，手持永久回头签证（IRRV）的他，可以随时进出新西兰。移民5年，马浩已经适应了一家三口分居两个半球的生活，他能够准确地报出上海经停香港，然后直飞奥克兰的多个航班号。“机长的长相和姓名我都记得很清楚。”马浩一边轻描淡写地说道，一边摆弄着手中的iPad，里面有10岁的儿子参加学校夏令营的照片。

马浩正是当下中国数目不详的隐秘裸商群体中的一员。所谓的裸商，是指通过投资移民方式将资产和家庭转移出境，而本人仍在国内经商。舆论对这个群体的质疑是：用实业做抵押，获得贷款后去海外投资移民，或事先把资产转移到海外，等时机“成熟”，即宣告自己破产，逍遥国外。英国《经济学人》杂志最近发布了一份报告称，中国大陆有超过16%的富人已移民海外，或是正在办理移民手续，另有44%的人准备离开。

马浩并不讳言自己裸商的身份。不知道从什么时候开始，富豪们只要聚在一块，话题慢慢地便会集中到移民上。马浩和南方周末记者谈起2012年3月在外滩十六铺码头的一家高级会所内的一次富豪聚会。在这次聚会上，富豪们的主要话题便是移民海外。单论个人资产，拥有两家公司，以及十多套上海内环内高档住宅的马浩，其个人资产仅在这些人中排位中游。

令马浩印象深刻的是，聚会中的一位富豪甚至拿到了圣基茨和尼维斯联邦两个国家的永久居留权。经身边人提醒，他才知道那是加勒比海地区的小国。这两个面积仅有200多平方公里的岛国，能够为中国富人提供的移民优待却无比可观。“你不需要告诉移民官你来自哪里，也无需提供资产来源证明”，换回绿卡的代价，只是拿35万美金购买当地房产。

聚会结束后，马浩仍对这个拗口的国名意犹未尽，忍不住拉住那位朋友的手问道：“你一年会去那个什么联邦几天?”朋友笑笑，父母、妻儿都在美国洛杉矶，留着他一个人打理中国国内的生意，除了全家去度假，他很少在那个至今陌生的国家驻留。

在马浩的圈子里，身家千万以上的朋友有好几位成为了裸商。与马浩相同，这些人不会立刻更换自己的国籍。“移民与公民的唯一区别就是没有选举权和被选举权，”对选举没有什么兴趣的马浩，更愿意拿着中国国籍，自由地往返两个国家，“至少我回来看老父亲，不需要看签证官的脸色。”

李渊，典型的温州资本炒客和不婚主义者，同样也是裸商群体中的一员。李渊的父母早在2005年便移民加拿大。李渊为父母在温哥华西部湖边买了一套别墅，“两层小楼背后是一片茂密的原始森林，房价却只有上海的一半”。李渊兴奋地比划着。

对于44%的富人准备离开的数据，38岁的李渊并不认可，迟迟不肯移民与父母团聚，这被他归结于炒客的本能，“我们离不开中国，在加拿大很难找到每年15%利润的生意，但是在中国能”。

尽管国内楼市的预期被普遍调低，但是李渊仍坚信地产刚需能够释放出惊人的能量。他的这份坚定，为自己赢得又一次胜利。在捂盘3个月后，他终于在9月初将徐汇区一套高层住宅出手，账面多了30多万元人民币。

与李渊的阔绰出手相比，另一个上海人马明远则低调许多。多年沉浮于中国股市的他，已不愿意在巨量资本中寻求辗转腾挪的刺激。稳健的他在2009年选择了美国政府提供的EB－5投资移民项目。这个项目每年将向全球开放1万个名额。代价则是投资50万美金到美国移民局批准的商业项目中，5年后将取回本金。

马明远争取绿卡，是为了自己的女儿。他的女儿已在新加坡国立大学念完本科，现在考取了英国剑桥的硕士。离异多年的马明远曾一度考虑移民英国，但英国“105万英镑全额投资移民”的巨大开销让其却步。“还好女儿把毕业后的职业规划放在了美国”。

相对于技术移民，投资移民对于裸商而言，更有诱惑，也更具备操作性。花钱，然后坐“移民监”，接着就等着入籍了。而这也是一些跨国中介近年来力推的项目。

“裸”着是为了安全

马浩、李渊、马明远三人，恰好构成了多家移民中介机构描摹的中国裸商的群像——“35到45岁，个人资产在1 000～4 000万之间，家庭原因是其移民的主要动力”。自2010年始的第三波移民潮出现后，舆论已对精英阶层和财富的流出多次预警，聚焦于富人移民身上的原罪讨伐始终没有缓和的迹象。研究者认为，裸商群体的出现，其危害不仅仅是财产经济的损失，而且极容易引起社会和金融秩序等问题。

一边是富人们忙着更换自己的身份，一边则是来自官方愈发深情的挽留。南方周末记者了解到，2012年初，浙江就有多个市县纷纷成立了“引进办”，意在促使浙商资本能够重新回归故土。善于捕捉政策风向的李渊，始终念叨着“15名外省浙商商会会长作为政协委员集体亮相2012年浙江两会”的消息。

李渊目之所及，这两年来官方的主动示好并不罕见。他的一位宁波慈溪的朋友，已为全家办好移民新加坡的所有手续。几日之后，副市长带队亲临拜访。“意思是嘱托其要多支持家乡建设，不要忘本”。

但伴随着当地政府领导的挽留措施，是各地传来的不利的消息。“政策正在波动期”，这是马浩和朋友们聚会时的一致感叹。这些先富起来的人，能够最早嗅出风向的丝毫异动。最近的聚会上，马浩听得最多的就是全国多个地方开始“突击征税”，一个地方法院院长甚至跟马浩抱怨，当地公安对今年查办企业家经济案件数量定了指标，“案子一多，法院办案人手根本不够，所有人都累垮了”。

在股市里摸爬滚打多年的马明远，深知权力天平倾斜的力量。2012 年年初，银根紧缩，地产商无法拿到银行贷款。一浙江衢州的地产商朋友被迫向亲友借贷，最终被以非法吸储刑拘，至今未能取保。

投资的不确定性，让李渊这种在楼市轮番调控中摸爬滚打多年的人充满了焦虑。抛去变化多端的地产政策不谈，“每隔几年就发布一个‘非公经济 36 条’，但现实中总是遭遇来自国有资本的打压。”作为地产炒客的李渊对于政策的理解非常透彻。两年前，李渊用一部分倒腾房产赚取的钱，入股了一家民营加油站，不间断的油荒和断供让他和合伙人苦不堪言，最终将加油站低价甩手给一家国企。

出于对自己财产以及人身安全的担心，是造成富豪们移民的直接原因。从事移民咨询中介 5 年的美籍华人 Edward 告诉南方周末记者，部分投资移民的资产来源异常复杂，其中可能包括非经商取得的灰色收入，甚至存在民事纠纷的继承资产等非法资产。

手持非法收入，继续待在国内，对富豪们而言，不是一个明智的选择。以一个“合法身份”转移到境外，则可以一劳永逸——而在财产转移前，给非法收入一个“合法身份”，这一切统统可以交由熟练的中介完成。据 Edward 介绍，部分中介机构甚至为灰色资产转移提供了专门的服务。

资产在转移前，能漂白就漂白，如果不能漂白，而自己投资移民的国家又要追问个人财富的来源，那就只有另寻去处。例如，马浩身边的一位朋友最终将移民目的地从加拿大换到了新加坡。新加坡不要求申请者详细地说明资产的来源，而且并不对海外收入征税。

家人都在国外的马浩，已经不是很关心国内时事。但 2012 年 9 月 15 日晚，他给公司的十多个员工发了一条短信：不要上街，不要围观，更不要去砸别人的东西。

“财富让我们多了一种选择”

方便子女教育、保障财富安全和为未来养老做准备是富人选择移民的主要原因。

“不要对移民的有钱人进行有罪推定，仅仅是财富让我们多了一种选择。”马浩觉得自己的发言能够代表多数裸商的心声。

时光倒转 5 年，马浩尚独自生活在新西兰。目的只有一个，就是蹲满“移民监”。这是颇为生动的比喻。获得移民签证的马浩，必须像坐监狱一样居住在这个国家，以满足政策要求的居住时限，否则绿卡将被取消。按照新西兰的政策，从首次入境之日起，2 年内，每年要在新西兰住满 184 天。

换回永久回头签证的马浩，同样换回的还有免签 166 个国家的护照，彼时正在纽约经营一家外贸公司的他，免签美国能够为他带来无尽的便利。

马浩打发“移民监”时光的方法，就是那座令其获得签证的牧场。花费了1 000万元人民币的他，拥有一座面积近200亩的靠海牧场。马浩不雇用工人，也不放养牛羊，“我唯一做的便是自己拿着机器修剪草坪，然后挖几个洞，练习高尔夫”。

“那时候每年在上海待3个月，美国待3个月，新西兰待半年。”马浩尝试着经营起奥克兰本地的塑料包装贸易，这是他的本行。除了上海，他另一家公司开在纽约，“大陆的生意则交由妻子打理”。

移民新西兰的初衷，仅是为去美国淘金获得便利。之后，为了许儿子一个轻松的童年，也是马浩将妻儿送出国的动力来源。彼时读二年级的小侄子，每天抱怨最多的便是作业太多。“我们住在浦东的国际社区，中国小孩没有几个，课业最重的就是这几个读公立学校的小孩。”

一次，小侄子因为熬夜写作业而乱摔东西。第二天马浩便带着小侄子找到了班主任，“我当时塞给他5 000块钱，唯一要求就是不要给我侄子布置作业”。结果可想而知，老师拒绝了这笔钱。

曾经想着以后让儿子去私人开办的上海国际学校，后来，马浩决定将目标放在国外。“我不需要儿子考第一，一片草场，还有大海，没有比这个更能让儿子玩得开心。”

招商银行与贝恩集团联合发布的《2011中国财富报告》显示，方便子女教育、保障财富安全和为未来养老做准备是富人选择移民的最主要原因，抱持此三个目的者，分别占到受调查者的58%、43%和32%。

马浩坦言，他已经厌倦了现在的生活。“一个人有3 000万已经足够体面生活了，我已经有了，比钱重要的是充足的睡眠和家庭的快乐。”

移民中介曾经提醒马浩，美国教育同样优质，还没有那么漫长的“移民监”。“只要每隔183天登陆美国境内一次就OK了，甚至可以飞去关岛。”旅居纽约多年的马浩并未同意，理由就是“纽约的空气还是差了一些”。最终，两年“移民监”蹲满，马浩从此可以随时出入新西兰。

“移民监”的相对宽松，让还在中国股市低谷中徘徊的马明远选择了美国。按照美国的规定，3年内，每183天登陆美国境内即可，之后便可顺利入籍，“每半年买一张飞关岛或夏威夷的机票，就算是给美国政府报到了。”

拥有10年移民规划经验的上海律师田英华告诉南方周末记者，裸商们挑选移民目的地更注重性价比，“移民监”限制最为宽松的美国成为首选。据统计，整个2010年，美国便向中国人发放了7万张绿卡，“其中很多就是需要照顾国内生意的裸商们”。

仍渴望在国内房产市场上捞上最后一桶金的李渊，并没有申请移民的原因便是严苛的“移民监”政策。按照加拿大法律规定，以5年为一个周期，所有加拿大永久居民都必须累计在境内住满730天。只要没有成为公民，就必须一直履行这个义务。

凡事皆有例外，同样是依照加拿大法律规定，李渊的几位温州同乡，选择了让妻子“代夫坐监”。在陪伴孩子度过最初的留学生活后，待到3年期满，妻子便可先期入籍。然后，妻子再返回中国与丈夫一起居住，这样有裸商身份的丈夫便被法律视为在加拿大居住。此种规避手段在移民加拿大的温州商人中并不罕见。

但“代夫坐监”也易导致两地分居，使许多裸商出现了情感危机。李渊便曾经目睹了两地分隔带来的闹剧，自己的一位远亲不断打听自己丈夫在国内的生活，甚至不惜雇用私家侦探调查。最终，洁身自好的丈夫因为忍受不了这种猜疑，让律师发函至加拿大，要求解除这段维持8年的婚姻。

被妻子和儿子抱怨多次的马浩，将彻底摆脱裸商身份的时间定在了2013年年中，“我已经过了用红酒杯喝白酒换订单的年纪了，最重要的还是守护家人。”

钱如何转移？

李渊承认，裸商们并不会在中国留守太久。一旦中国经济形势出现滑坡，如何携带丰厚的身家离开国境，便是这个群体不避讳，但绝不公开的隐秘议题。

成为裸商的第一步，便是把国内的钱带出去投资，这并不容易。中国大陆个人直接海外投资尚未解禁，例如，马浩就是借助国内公司的资源优势，几经腾挪，才从当地一位年迈的牧场主手中购得了那片广袤的草场。

个人没有公司的马明远最初受困于被严格控制在5万美金的个人换汇额度上，这意味着马明远认为最廉价的美国EB－5项目，也需要凑齐10个人的换汇额度。

马明远承认，在中介的牵线下，他花了几千块钱找到了外汇黄牛，黄牛拿了十张陌生人的身份证换回了50万美金，在移民中介的眼里，这被称为“蚂蚁搬家”。

多位资深移民顾问告诉南方周末记者，利用境外诸如开曼群岛这样的离岸金融中心来完成资产转移，已经成为裸商们的首选。在富人的眼里，“这是对个人资产进行全球性优化配置”。

操作模式其实很简单，如马明远这样的移民申请者，可以先在境内设立一家公司，然后选择在开曼群岛花几千块钱设立一家离岸公司，再让境内公司将境内资产结汇50万美元注资到离岸公司，最后由离岸公司将这些钱汇入美国政府圈定的EB－5项目。

在李渊的温州圈子里，类似的信息敲击着富人们的敏感神经。最为常见的则是寻找地下钱庄，他甚至听说过令其咋舌的手法：在澳门一些特定赌场里，有人故意输钱给庄家，最后，扣去佣金，这些钱将会返还到这些人的海外账户。“这有些接近于天方夜谭了，”马浩用生意人的精明否决了这种做法，“人民币还有进一步升值的空间，这样铤而走险的做法完全没有必要。”

尽管不断有舆论质疑投资移民的增加正在掏空中国财富，但是数据暂时不支撑这一论断。南方周末记者从北京因私出入境中介机构协会了解到的数据是，中国技术移民和投资移民的比例是20∶1。而目前已办理移民的中国富人，6%的资产是对外投资，94%的财富还是放在国内。

“处置我的个人财产还需要半年时间，”马浩在纽约的贸易公司已低价转手给朋友，上海一家医疗器械公司也正在寻找接盘者。最让他头疼的是十多套尚有租约的房产，“总不能赶人家走吧。”

除了购买足够余生无忧的新西兰债券外，所有能够变现的资产，将全部换成黄金。“说不好哪天就开征房产税，我一年要交给国家一套房子，还是黄金最保值。”不过，超过50克的黄金将不被允许带出国，所以，他仍将这些财富放在国内。拥有中美生活经历的马浩，有一套中西混杂的财富观，“留太多钱给孩子是一种祸害，不过我至少留了一个永久产权的牧场，地下800米也都是他的。”

“移民不代表内心有鬼，更不代表不爱国。”马浩说。2012年4月份，为了转手自己在纽约的贸易公司，马浩返回了美国。在曼哈顿高档酒店与友人吃午餐时，一条新闻让他多了几分豁然。报纸援引美国国税局的数据，2012 年第一季度，499 人正式放弃美国公民身份，解除了对这个国家的纳税义务。理由则是对新的税收政策的预期悲观。“美国人也在移民，生意场上更多时候只能在商言商。”

（《南方周末》2012－09－20/赵一海）

留守的“洋娃娃”

福州约有万名“外籍”小孩留守家乡，父母则在国外打工；接受“中式”学前教育，多数在 5 岁前会到国外去。

在福州闽江入海口一带，有这样一群留守儿童——他们跟着爷爷奶奶等亲人生活在中国，但他们是外国公民，具有外国国籍。这些孩子被称为“洋留守”。而这些留守的“洋娃娃”，父母多数在美国打工，多数是非法移民，因精力和时间问题，不得不将孩子送回国内。

一方面，长期隔着大洋，很多孩子与父母感情疏离，变得很叛逆。另一方面，他们在国内接受学前教育而导致在国外“水土不服”，“洋娃娃”5 岁左右再回到国外，往往要从头开始。

统计资料显示，福州有近万名这样的“洋娃娃”。

5 岁的小豪是个留守儿童，不过他是个“洋留守”，他是美国公民。

小豪的父母都在纽约打工，属于非法移民，小豪出生在纽约，出生后留下手印脚印，自动获得美国国籍。

因父母打工时间长，无力照顾他，4 个月大的时候，“洋娃娃”小豪被送回福建长乐市猴屿村，由爷爷奶奶抚养。

在福州，像小豪这样的“外籍留守儿童”不是个例。

据福州市政协的一份材料披露，福州现有“洋留守”近万人。

他们的父母多数是“非法移民”身份，在国外打拼，每天工作 13 个小时甚至更长时间，不得不将孩子交给国内的亲人抚养。

据相关资料显示，“洋娃娃”分布在福州各个地区，以闽江入海口一带的各县、乡、村为主。其中长乐市约 5 000 人，马尾区亭江镇约 2 000 人，连江县琯头镇约 2 200 人。

“寄”回来的孩子

长乐市猴屿村目前居住着700多人，在外侨胞则有13 620人。

与猴屿村隔闽江相望的琯头镇，位于福州市连江县南部，闽江入海口北侧，也是当地著名侨乡，全镇居民5.6万人，海外侨胞也达5万余人，其中侨居美国的有4万多人。

琯头镇归国华侨联合会主席倪法林说，这些侨胞大部分是改革开放后“移民”的，包括琯头镇在内的闽江入海口地区，在20世纪90年代时偷渡现象曾达到高峰。现在的琯头镇，几乎家家户户都有“华侨”。

据长乐市政协委员、美国长乐公会驻长乐办事处主任郑孝煌介绍，1990年以后出国的年轻人，当时大多未婚，在国外站稳脚跟后，才陆续结婚和生育。孩子出生在美国境内就自动获得美国国籍，大量移民的第二代就成了美国公民。

这些“第二代”的父母多数是偷渡出国，为了挣钱和拿到外国国籍，不得不高强度工作，一天平均要工作13个小时，没时间和精力照看孩子。

“一般在孩子几个月时就抱回国内给爷爷奶奶、外公外婆带。”郑孝煌说，此外，在美国养一个孩子的成本比国内高很多，而且国外对幼儿的养护有非常严格的规定，如果父母没时间照顾孩子，没尽到监护人职责，很容易被举报，甚至被判刑。

将“美国小公民”送回国给爷爷奶奶、外公外婆带，孩子的父母需要跟监护人签订委托书。郑孝煌说，也有移民是为了让孩子学习中国文化，才把孩子交给国内亲人抚养。

“孩子几个月大就送回国内，这成为一种风气。有的甚至还未断奶。”长乐市归国华侨联合会秘书长潘星描述，有时候在飞机上“偶遇”送回的孩子，他形容“有时候整个飞机上都是婴儿，嘎嘎嘎响，就像一窝鸭子。”

因为有小孩返乡的市场需求，甚至有的快递公司开展了“递送”孩子的业务。

“美国——中国，双向快递，机场接送包裹、小孩。”这是美国华通快递公司在纽约唐人街打出的广告，送一个孩子回国的价格是1 000美元。

“一个人带一个孩子。我们这边的人从美国送机，你们那边在机场接人。”该公司的洪先生介绍了“快递”方式。

很多父母选择由顺道回国的亲戚或老乡将孩子带回国内，也是给1 000美元的好处费，或替对方把机票钱付了。

“妈妈是谁?”

大部分“洋留守”都没真正见过父母的模样，有的孩子会抱着女老师的腿直呼“妈妈”。

4个月大的小豪，还躺在襁褓中，就已经飞过了太平洋。

当小豪于2007年回到长乐市猴屿村时，爷爷奶奶非常高兴，12年没见到儿子，也从未见过儿媳，却先见到了孙子。

小豪父亲1995年偷渡到美国时只有20岁，2005年他在纽约碰到同样是长乐籍的小豪的母亲，两年后小豪出生。

随同小豪一起到中国的，还有两桶洋奶粉。此后一年，爷爷奶奶会定期收到从纽约寄回的奶粉，是美国政府为低收入家庭免费提供的。

小豪回来后，立即成为了家庭核心，爷爷奶奶所有的工作都围绕他展开。

“教他走路，教他说话，教他穿衣服……”奶奶郑秀梅说，就像当年带儿子一样，感觉自己又做了回母亲。

“我教他说的第一句话就是‘爸爸’。指着照片让他认这是爸爸，这是妈妈。”郑秀梅说，她很注意给小豪灌输爸爸妈妈的概念，但小家伙似乎不领情。

小豪第一次上幼儿园时，怎么都拖不进教室。郑秀梅就吓唬他，“不进去就送回你妈妈那里”。没想到小豪反问：“妈妈是谁?”

猴屿华侨中心幼儿园共有 32 个孩子，其中有 15 个是“美国小公民”。园长邹荣说，大部分“洋留守”都没真正见过父母的模样，有的孩子甚至会抱着女老师的腿直呼“妈妈”，有的下课了还黏着老师，爷爷奶奶接都接不走。

在郑秀梅家的客厅里，散落着各种玩具，遥控飞机、电动摩托车，有的是小豪的父母从美国寄回的。

倪法林认为“洋娃娃”与普通孩子相比，全身带“洋”字，洋奶粉、洋玩具、洋衣服。

小豪父母每天都会打越洋电话了解儿子一天的情况。后来，年过花甲的爷爷学会用 QQ，每天把小豪叫到电脑前，让他和爸爸妈妈视频聊天。

有时候小豪只顾玩玩具，而不顾电脑里父母的呼喊，这时，大洋彼岸的小豪妈妈会忍不住哭。

琯头镇归国华侨联合会主席倪法林说，“洋娃娃”的父母往往通过寄回金钱等物质形式弥补感情上对孩子的亏欠。例如，当地有种黄梅鱼，一斤几十块钱，但无论多贵，“洋娃娃”的爷爷奶奶都会买给孩子们吃。

“有差距”的教育

两年来，小豪一直坐在爷爷的三轮车后面去幼儿园上学。但放学后他不做作业，沉迷于玩具和 iPad 上的各种游戏。

奶奶郑秀梅说，对小豪毫无办法，从没打过他。

长乐市实验幼儿园是全市最大的公办幼儿园，共有 13 个班，每个班上都有 10 名左右的“洋留守”。

园长陈美琴总结“洋留守”的特点：在行为习惯上不如父母带的孩子，对各种信息接收的程度不如父母带的孩子，家园配合（家长和幼儿园的配合）不好，严重影响了孩子的学习。

她举例说，小班组织孩子们排队喝水，一名 3 岁的“洋留守”总不排队，老师教育多次都没用。孩子的爷爷得知后，以为老师为难他孙子，多次跟老师吵架。

陈美琴介绍，长乐市实验幼儿园、猴屿华侨中心幼儿园等公办幼儿园，执行的都是“国家标准课程”，“洋留守”跟其他学生一起学习，并没有外语等特殊教学。也有个别幼儿园注意到了“洋留守”的需求，从而开始开拓新市场。琯头镇的“华侨幼儿园”有 230 名学生，幼儿园的林园长称，2005 年以来每年 80% 的学生是“洋娃娃”。

福州市政协网站上一篇名为《洋留守儿童面临教育难题　委员建议侨乡设高质量小学》的材料提到：“侨乡幼儿园大部分条件差、规模小、布局不合理、师资力量薄弱、管理不规范，保教水平不高，与新移民对教育的期望有一定差距。”文章认为，“尚未建立针对外籍小公民身份特点的教学方法，这些孩子回到移居国居住后，幼时对家乡的记忆会逐渐淡化”。

美国福建同乡会主席郑棋不赞成“洋娃娃”在国内接受教育。3至6岁是幼儿智力发育的关键时期，但对于那些留守的孩子来说，“家长”是爷爷奶奶、外公外婆，而老人们的教育观，与现代社会的育儿理念会有所不同。

倪法林认为，“洋留守”在物质上比较充裕，但精神上比较叛逆，而且严重依赖祖父母，而跟父母的关系冷淡。

郑棋认为“洋留守”接受的学前教育危害很大，等他们到国外后，一切都要从零开始，往往跟不上当地同龄人的步伐。

据郑棋了解的情况，“洋留守”回去后，要先从幼儿园学起或学习一两年的语言，才能上小学，往往比国外学生晚了一两年。

“留守”的生活

“洋娃娃”因为没有户口，不能参加新农村合作医疗等医保活动，如果得了大病他们会到美国去看病。

在长乐市妇联陈副主席看来，“洋留守”有两种：一种是像小豪这样出生在国外，拥有外国国籍的孩子。他们占现在的“洋留守”的大多数，一般年龄较小，5岁之前就会回到国外。另一种是出生在中国的儿童，父母在其年幼时出国了。他们一般在中国生活时间比较长，在父母取得外国的国籍后才能去国外。这一类儿童在20世纪八九十年代的时候比较多。

琯头镇归国华侨联合会主席倪法林则认为，“洋留守”单指拥有外国国籍的孩子。

美国福建同乡会主席郑棋认为，福州市政协的材料统计数字相对保守，他认为福州至少有2万名“洋留守”。

倪法林说，一个留守的“洋娃娃”，“就是一个美国人在中国”，“如果搞得不好，可能就涉及外事方面的问题”。

他称地方政府很重视“洋娃娃”的人身安全、疫苗接种、卫生健康方面的问题。

猴屿村村支书郑心航、猴屿乡副书记郑玉秀都说，政府对“洋留守”一视同仁，跟其他孩子“没什么区别”，“都是中国人”。

猴屿乡卫生院一位工作人员说，今年全乡共有6名“洋娃娃”被抱回来，对他们都进行了疫苗接种。

“洋娃娃”在医疗方面与当地孩子的差别是，因为没有户口，不能参加新农村合作医疗等医保活动。

据琯头镇归国华侨联合会副主席林祖勋介绍，大部分“洋娃娃”看病都是在村镇医院自费，如果患的是重病，那么美国有更高的医疗保障水平，而在非法移民主要聚居地的美国加州，即使没钱看病，也可享受全面医疗保障。

对于父母在美国但没取得绿卡且没有美国国籍的孩子，会被默认为中国人，可以去上户口，这样的“洋娃娃”可以享受9年义务教育。

猴屿华侨中心幼儿园园长邹荣说，每个学期都有几个“小公民”中途不辞而别。美国法律规定，儿童护照的有效期限为五年，因此，很多“洋留守”在5岁之前都会飞回美国。

读完幼儿园的这个学期，小豪就要去纽约了。他对见父母没有概念，问他想不想念爸爸、妈妈，他迅速回答“不想”。

根据现行美国移民法律规定，等美国籍子女满21岁时，非美国籍的父母可以随孩子入籍。按照这个规定，小豪的父母如果自己“拼”不到绿卡，就只能等小豪慢慢长大了。

（《新京报》2012－12－06/冯军　王磊）

美国老侨放弃绿卡七载难“回国”
统战干部倾情奔波一年终“搞定”

党的十八大报告把“以人为本”、“执政为民”列为“检验党一切执政活动的最高标准”，而千千万万统战、侨务干部为民奉献的实践，为践行这一“最高标准”做了最好的注脚。

7年多的时间，2 600多个日日夜夜，对于78岁高龄的美国归侨黄丽老先生来说，真的太漫长了。黄老未曾想到，重新申办国内户籍的过程竟会如此复杂曲折。

今年11月2日，黄丽独自赶赴南京拍摄了第二代身份证件照，并和原单位的老同事聚首吃饭，幸福与满足冲散了委屈与无奈，这顿饭，黄丽吃得特别踏实。因为他终于恢复了南京市户籍，结束了长达7年多的“无户”生活，实现了叶落归根的夙愿。

激动之余，准备长期定居上海的黄丽老先生近日向上海市共和新路街道统战科，送上鲜红的锦旗，以表达深深的谢意。

海外生活诸多不适　放弃绿卡决意回国

包含出国前户籍所在地、住址、工作单位、出国时间、原因等近20条信息的书面申请书，护照、国外定居证件公证原件和复印件，在南京注销常住户口的证明，拟定居地户主书面同意接纳入户的意见……今年10月，黄丽根据南京市侨办传真至上海市闸北区共和新路街道统战科的《华侨申请回国定居须知》，把每份20页的材料一式6份备齐装订，经过细心包装后寄到南京，这整整120页的材料，寄托着老人全部的希望。

一个月后，当南京市公安局将签发的第二代中华人民共和国居民身份证送到黄丽手中时，这位78岁的归侨知道，7年多的夙愿终于了却了。户口和身份证尘埃落定，他可以像出国前一样，去邮局寄取包裹，到银行存取款，也可以自己购买火车票，或者出国看望可爱的孙子、孙女，尽管这一切有些姗姗来迟。

在共和新路街道统战科，记者见到了这位头发花白、右耳严重耳鸣的老人。他和街道统战干部何田共同向记者讲述了这条充满曲折的“回家”之路。

居住在共和新路街道洛善居民区的黄丽，于1995年随全家从南京移民到了美国，“我的爱人是上海人，1985年公派去美国进修，后来为两个儿子办理了出国学习的相关手续，儿子相继在美国学习工作、结婚生子。”黄丽原是南京气象学院（现南京信息工程大学）党委委员，农业气象系党总支书记、副研究员。1995年退休后，便在南京办理了出国护照，在获得移民签证后，移居到美国与家人团聚，次年3月获得美国绿卡。

在美国生活期间，黄丽感到在生活、语言、饮食习惯等方面有诸多的不适应。“我学的是英语和俄语，书面阅读没有问题，但是口语不行，在美国无法与外国人沟通。”生活上的不便自不必说，就连黄丽推着孙女的婴儿车在公园漫步，有友好的路人想与他寒暄几句时，黄丽也无法完全表达内心的想法。

“太太有自己的社交圈，儿子们工作繁忙，我大部分时间都待在家中看报读书，与外界交往不多。”转眼间，孙子、孙女到了上学的年纪，经常独自留守于家中的黄丽更是备感孤独冷清。“人老了就希望叶落归根，我想在生我养我的故土入土为安。”这样的观念随着黄丽年龄的增长而愈发强烈，尽管遭到了家人的阻止，黄丽还是于2005年放弃了绿卡延期，毅然返回中国。

定居地与原户籍地不一致　恢复户籍遥遥无期

早在退休出国之前，黄丽就已经与爱人在上海购买了商品房。回国前，妻子嘱托在上海的妹妹、妹夫和外孙女照顾黄丽的生活。回国后，黄丽将申请恢复户籍的材料一一准备完毕，但几年来，黄丽数次往返于上海的出入境管理处、公安系统等相关部门之间，得到的答复均是：“应回原户口注销地恢复户口关系。”

记者查阅后发现，《中华人民共和国公民出境入境管理法实施细则》第十条规定，“定居国外的中国公民要求回国定居的，可由本人或者经由国内亲属向拟定居地的市、县公安局提出申请，由省、市、自治区、直辖市公安厅（局）核发回国定居证明”。但记者经咨询后得知，上海户籍政策规定：归侨出国之前在何处注销户口，就要去何处申请恢复。

既然上海无法办理，那南京呢？由于黄丽的行政、工资、医疗、组织关系等都在南京信息工程大学，学校对此很重视，曾多次派人与南京当地相关部门联系解决老人的户口问题，但得到的答复认为黄丽的拟定居地（上海）和原户籍地（南京）不一致，答复指出，“作为归侨回国定居，在拟定居地必须有住房，一个75岁的老人更应有亲属照顾其生活起居，并承诺监护、赡养，仅有学校的稳定经济来源和医疗保障是不够的。为对其本人负责，在南京办理户口是不合适的。归侨落户应在拟居地申请，不受出国前户口所在地限制”。

这样看来，两地相关部门其实都是遵循政策依法办事，但却似乎没有因为归侨的实际情况“酌情考虑”。

“我在这块土地上出生、成长、生活工作并为之奋斗，晚年却无立足之地，我的出路在哪里？”几十次的信访、反复的诉求、无数次奔波于各个管理部门，恢复户籍的申请却迟迟没有结果，筋疲力尽的黄丽感到陷入了绝境。

老身份证不能用，护照又即将到期，没有户口的黄丽日常生活受到了严重影响。黄丽甚至担心哪一天去世，尸体需要火化，家属可能都不知应该去哪里注销户口……多年来，他像一只无脚鸟，没法落脚，更没有归属感。黄丽甚至做了最坏的打算：重办签证再回美国。“虽然这有违我回国的初衷。当时放弃绿卡延期也等于放弃了美国生活保障和医疗保险的待遇，但可以重新申请，程序再复杂，时间再长，总比在这当个‘无户’居民好啊！”

统战干部坚持不懈　7年飘零夙愿终了

在一次街道侨联的老归侨座谈会上，几乎已不抱希望的黄丽向侨联联络员提及此事，联络员随后向共和新路街道统战科反映了黄老的遭遇。去年10月10日，黄丽抱着试一试的想法，第一次走进了共和新路街道统战科，当时的统战科科长何田接待了这位神情沮丧的老人。

“他精神状态不好，身体微颤，我向他详细了解了情况。”第二天，何田就开始四处咨询。一方面，他逐级向区、市侨务部门相关领导汇报情况；另一方面，他几次致电公安系统、出入境管理处等部门了解、咨询相关的户籍政策。

虽然在此过程中，何田和共和新路街道统战干部多次“碰壁”，但是他们仍坚持一贯认真负责的工作态度，对恢复户籍一事“盯住不放”。“我很同情黄老的遭遇，我们社区侨务部门一直坚持‘以人为本，为侨服务’的宗旨，希望尽最大努力，借助各种力量帮助他。”何田对记者说。

“有一次何田打电话找我，因为家里电话没放好，整整一天都没打通，他非常着急。”黄丽回忆说，街道统战干部把他的事当成自己的事去做，“虽然我是归侨，但是户口问题不是他们的管辖范围，他们这样坚持不懈为我奔波，我不胜感激。”经过共和新路街道统战干部多次与上海、南京市侨办联系、反映情况、协商和寻求解决办法，今年5月，何田接到了南京市侨办的“报喜”电话，经过多番努力，南京市公安局同意申报黄丽户籍，并让其准备材料，何田立即通知了黄丽。“这时，虽然知道希望很大，但心情也很忐忑，不到最后一刻还是有一丝担心。”黄丽说。

10月底，黄丽的户籍申办完毕，他的户口落在了南京的原同事家中，属“非亲属关系”。但好事多磨，由于动车实名制的原因，黄丽的老身份证在购买车票时信息无法显示，他不得不从火车站折返。随后，又是共和新路街道统战干部替他买好了车票。

今年11月2日，黄丽独自坐上了上海开往南京的动车，为办理第二代身份证拍摄证件照。7年飘零终于“靠岸”，78岁的美国归侨黄丽得以叶落归根。

（《上海侨报》2012－12－12/李宇萍）

（本栏目责任编辑　徐云）

特别关注

本栏目内容选登了本年度引起广泛关注的涉侨现象和焦点问题的文章，并配之相关背景资料，以期读者全面解析文章内容的思想观点。

海外身份证与“绿卡”制度

“双重国籍”是个永恒的话题。在今年“两会”召开之际，世界华人社会要求中国承认“双重国籍”的呼声再起。在“两会”上，政协列席代表、西班牙华人协会主席叶玉兰带去《关于海外华侨双重国籍的建议案》（列席代表没有提案权），她认为，中国强大了，海外华侨“落叶归根”的愿望也越来越强烈。如果放弃外国国籍，那么所得养老金会被取消，“有家难回”的感觉始终困扰着这些在国外生活、忙碌了半辈子的华侨老人，有了“双重国籍”就不会出现“有家难回”的情况。全国政协相关负责人表示，她的发言非常具有代表性，一定会向有关部门和上级领导反映。

在“两会”上，关于“双重国籍”，引起强烈反响的是政协委员叶建农的发言。他指出，“双重国籍”越来越成为没人管的“潜规则”，“规则不允许，潜规则每天都在进行”。他建议要么使之合法化，要么就要认真监管，按照《国籍法》严格“堵死”，以维护法律的严肃性。

叶建农委员的发言在小组讨论中得到强烈的反响，被国内外媒体报道后，也引起强烈反应与广泛讨论，同时，也等于是向管理部门提出了如何监管“双重国籍”的问题。

看来关于“双重国籍”的问题是该到有所反应的时候了。国家人力资源和社会保障部副部长王晓初最近表示，人社部并非这个问题的主管部门，但据他了解，相关部门正在认真研究“双重国籍”的问题。他表示“双重国籍”是个敏感问题，具有很强的政治意义，情况比较复杂。最现实的是要进一步完善永久居留制度（所谓的中国“绿卡”），为取得外籍留学归国人才提供便利。

今年“两会”上，社会各界提出的关于解决“双重国籍”的方案有，如发海外华侨华人身份证、海外华裔身份证，以及完善中国“绿卡”制度等。

海外华侨华人特别身份证

海内外华侨华人中提议设立特别身份证制度的意见很多，最高规格的是致公党全国政协委员麻建国在全国政协全体会议上的发言。他说：“随着华侨华人回国投资创业、工作、居住及探亲、旅游的情况越来越多。现有的政策法规和措施已不能完全满足人才、资金、技术等深层次交流的需要。”他建议，“借鉴印度‘海外印度人公民身份’的做法，颁发海外华人特别身份证，在创业就业、项目扶持、子女教育、医疗服务、购买住房、出入境程序办理等方面享受国内公民同等待遇；或借鉴《港、澳、台同胞回乡证》的做法，实施华侨华人回乡免签证。对于无犯罪记录的申请人，由本人及在国内的亲属提出申请，并经原户籍管理部门证明，可领取《华侨华人回乡证》。”

“积极探索、设立和颁发外籍华人居住证，持该证件可多次进入中国大陆，居住时间不限。海外华人可在经济和教育上享受一些与大陆居民相同的权利。”

致公党的建议应分成两部分：华侨特别身份证与华人特别身份证，这是两个不同性质的证件。关于华侨在国内的身份证件问题，在《出入境管理法（草案）》中已有规定，并且已经进入立法程序，虽然护照作为身份证件尚有一些技术问题，但护照作为华侨在国内的身份证件已经进入立法程序。本文对华侨的身份证件暂不作进一步的讨论。

关于“海外华人特别身份证”的建议是解决海外华人回祖（籍）国的身份证明，这需要通过立法程序。现在正在进行的《出入境管理法（草案）》的立法是个机遇。“海外华人特别身份证”也只是一个身份证件，出入境的证件还是护照，两者同时使用可以给予免签证。不过还有个技术问题，很多华人在入外籍时都改个洋人名，就会有个与“海外华人特别身份证”对接的问题。对于“海外华人特别身份证”也不应要求它承载太多的功能，这不利于对外国人的管理。这个建议能在多大程度上为中国政府所接受，还应耐心等待。

完善“绿卡”制度

“绿卡”是一种给外国公民的永久居住许可证，持有绿卡就意味着持卡人拥有在签发国的永久居留权。同时，持有“绿卡”可以在一定时间内免去入境签证。中国的“绿卡”制度始于2004年。

当时，世界各国华侨华人呼吁中国承认“双重国籍”，尤其是北美加拿大各国呼声最为强烈，其理由是承认“双重国籍”有利于中国引进资金与人才。中国公安部、外交部于2004年8月15日发布《外国人在中国永久居留审批管理办法》。该《办法》实施以来，获得“绿卡”的外国人并不多。据报道，截至2009年，全国公安机关为1 486名外国人签发了“绿卡”，为1 787名此前批准在中国定居的外国人换发了“绿卡”，总共也就是3 000多名。现行的“绿卡”制度被认为“门槛太高”，不利于引进人才。

完善“绿卡”制度成为当前的一项紧迫任务。人力资源和社会保障部部长尹蔚民于今年全国人大闭幕的当天，在2012年留学人员回国服务工作部门联席会议上透露，我国将尽快完善高层次人才永久居留政策，加大力度吸引海外人才。《外国人在中国永久居留审批管理办法》将降低中国“绿卡”门槛，在报经国务院批准后，将尽快颁布实施，并制定下发《关于进一步完善外国人在中国永久居留待遇的意见》，使中国“绿卡”制度成为符合国际惯例、在国际人才竞争中能够充分发挥作用的制度。

新的中国“绿卡”制度应该尽快推出，它会降低“门槛”，但是还会有“门槛”。它的适宜对象是高层次人才。“绿卡”是永久居住许可证，对居住在中国的外国人有时间上的要求。因此，对广大外籍华人要回祖（籍）国的签证办理，还应有其他宽松政策，如前面所说的“华人特别身份证”。

“双重国籍”是个敏感问题，具有很强的政治意义，因此，要耐心等待。最现实的是促使中国政府推出外籍华人回祖（籍）国的便利政策，这个在将来应该会有的。

（［新西兰］《先驱报》2012－04－13/陈钟）

被贴“闯入者”标签　海外中国商人生存状况堪忧

近日发生的尼日利亚近百名中国公民被羁押事件牵动着国人的心，海外中国商人们的生存状态再次成为众人关注的焦点。近年来，涉及海外中国工人、华商被扣押、遭排挤事件屡屡发生。众所周知，中国人依靠着吃苦耐劳的传统，不管走到哪里，很多人都能在不同的领域脱颖而出，但因为文化传统与经商方式的诸多差异势必与当地民众存在隔阂，也很容易被贴上“闯入者”，甚至“掠夺者”的标签，当地政府也不时会采取一些政策上的手段进行打压，给海外经商和打工的中国人造成种种困扰，海外中国商人的生存状况令人担忧。

被指抢夺当地人饭碗　尼日利亚近百华商被扣

尼日利亚移民局5月22日以“在尼非法从事纺织品贸易活动”为由，在尼北部城市卡诺的堪汀夸里纺织品市场，逮捕了45名中国商人，其中包括34名男性，11名女性。23日从中国驻尼日利亚大使馆获悉，尼移民部门22日在全国范围内对非法居留和务工的外国人员进行集中整治，在拉各斯、卡诺等地先后有近百名中国公民被扣押。

据媒体报道，堪汀夸里纺织品市场是尼日利亚乃至西非地区最大的纺织品交易市场，在市场内进行纺织品销售的有上百家中国商铺。尼日利亚卡诺州移民局局长伊曼纽尔·布拉斯科22日指责被捕的中国商人如同“拾荒者”一样钻市场的空子，“中国商人从事的低端工作夺走了尼日利亚人的饭碗，对尼日利亚的经济发展造成了伤害”。

事实上，在尼的中方企业人员，特别是一些私营业主确实存在着一些违法行为。在面对签证申请困难时，部分人员有时会采取一些权宜之计。如采用短期商务签证在尼非法就业；多次延期商务签证非法滞留；申请工作配额时编造工作岗位等。这些行为导致尼方对中国实施严格的工作签证政策，并经常清查、抓、罚、遣返中国在尼非法滞留人员。

经过中国驻尼日利亚使领馆的不懈努力，在尼日利亚被扣押的95名中国人于25日均已获释，并且多人已经回国。中国驻尼日利亚大使馆25日同时向媒体发表书面声明证实，中国公民在尼日利亚被扣押事件已得到基本解决。

在非华商遭遇政策打压　经济受重创

类似此次尼日利亚扣押中国公民事件在非洲其他国家也时有发生。博茨瓦纳政府为鼓励及保护本土公民零售业的发展，在2011年9月初，博茨瓦纳贸工部出台新贸易法规，其中诸多条款专门针对外籍投资者设限，目的是保护当地零售业及带动本国就业。其中，尤其对外商经营服装业的营业执照申请及续签做了严格限制，致使多数华商受到影响。

《博茨瓦纳贸易法》修正后，对外商所经营的商铺进行了严格排查，尤其对中国的商铺，排查更为严格，营业执照的合法性，营业执照规定经营的类别是否和实际销售的相符，经营人员的身份是否合法等，一系列检查措施令中国商铺在运营上如履薄冰。在博接近3万华人都受到不同程度的影响，造成华人的骚动和恐慌。

博茨瓦纳政府组织贸工部、移民局、城市管理部门、警察局等多部门成立联合检查小组，对所有华人商城进行大规模检查。许多华商经营受重创，店铺关门，难以为继，华商面临转行，甚至撤出博茨瓦纳的境地。华商们称这次事件为“软排华”。这次华人危机规模之大，影响之深在非洲地区极为罕见。

无独有偶，日前，在加纳也发生了清查逮捕中国工人的事件，随着中非经贸交往的进一步加深，一些涉及中国人的争议事件也日益增多，对在非华人、中国政府和中非关系，都形成了考验。

“大扫荡”不断　欧洲华商生存环境日趋艰难

对于欧洲多国华商来说，经济危机的后续影响仍在持续，一波接一波的大检查以及政府的无理执法使华商们的生机正在逐渐泯灭，接连不断的“大扫荡”使得欧洲华商的生存环境日趋艰难。

在西班牙，由于受持续经济危机的影响，西班牙大批商店关门倒闭，房价和租金也连连下降，而这也为善于变危机为机遇的华商提供了抢占高品质店面的机会。旅西华商抢占高品质店面，让许多在西班牙人心目中具有特殊地位的店家改头换面，成为西班牙人俗称的“中国店”，这对华人今后的发展，以及增加自己在当地的影响力，都具有重要的意义。但在为自己带来优势的同时，也引起许多西班牙当地人的担忧，甚至是反感。

对于华商纷纷抢占高品质店面的情况，西班牙当地人，尤其是西班牙商人的反应是十分复杂的。虽然华人商家的出现，在一定程度上维持了当地的繁华，并让许多已经倒闭的知名商家起死回生，但不少西班牙人不仅对华商没有任何感激，反而是以一种恐惧和排斥心理来对待出现在身边的旅西华商。

类似的情况同样发生在意大利。欧债风暴不断蔓延，希腊之后，意大利被推到了欧元区债务危机的风口浪尖，意大利的经济形势完完全全成为了欧债危机的晴雨表。在此情况下，华人经济也面临着严峻考验和挑战。

意大利华人企业数量近些年持续增长，标志着意大利华人群体规模的日益壮大，随之所引发的种种问题也就接踵而至。意大利主流社会、政客、媒体无不戴着滤镜看待华人经济，认为华人经济始终徘徊在灰色地带。这种长期以来主流社会对华人形成的思维定势，在国民收入大幅缩水的情况下，难免会引起当地一些人的嫉妒，甚至会导致公众排华情绪的升级。

在罗马尼亚，自 2011 年 6 月以来，布加勒斯特海关总署与经济卫队郊区警局对全市几个大仓库进行持续查封行动，华商仓库被封的达 900 多家。6 月 8 日开始，布加勒斯特海关总署和经济卫队、郊区警局等检查部门相继对位于罗马尼亚布加勒斯特近郊道拉里商区的华商经营的多家仓库群，展开全面检查封锁，且历时 20 多天之久。

同样在法国，2011 年 4 月底，法国劳动、就业与卫生部下属的“劳动监察局”致函巴黎 13 区等华人聚居区域的商号，称“您的商店一直周日营业，这种状况触犯法律”，限令其即日“改邪归正”。法国的有关部门严格执行限制周日营业的相关法令，也引起很多华商的不满。

华商对此“不平而鸣”的焦点问题只有一个，就是为什么在巴黎一个尽人皆知的、有近 30 年历史的“华埠星期天全天开门”的传统，会在一夜之间宣布违法而被立即取缔？这是一件在一般百姓看来有些奇怪的事件，在华埠被取缔之后，无论从哪个方面来讲，都让人难以理解。

海外华商应多方应对　改变“闯入者”身份

从尼日利亚近百名华商被扣事件到欧洲华商屡屡遭遇大检查，给海外华商们的生存状态提出了新的难题。有媒体指出，海外华商要想防范和化解风险，首先要树立风险意识，在投资和扩张前，须对当地的有关政治和社会情况进行认真调查和研究。

其次，还需要华商本身坦然面对自身缺点，防范漏洞。如尼日利亚事件发生后，中国驻尼日利亚使馆新闻发言人丁永华提醒在尼中国同胞，要认真及时核对居留绿卡、签证和护照有效期，如存在问题应及时采取延期、补办等相应措施。同时应遵守当地移民法律法规，切勿从事与所持签证种类不符的行为。

笔者认为，海外华商们还要调整自我心态，把对方苛刻的挑剔视为一种自我完善的过程。华人社会只有积极克服自身缺点，树立健康的社会印象，才会被当地所认可和接纳。

另外，华商们要转变思想观念，不要给当地民众留下“闯入者”甚至“掠夺者”的印象。不顾方式地单纯追求经济利益，势必会遭受不满和排挤。的确，华人在异国他乡的土地上获取经济利益，不该仅仅把其视为一个淘金乐园，而更应该把其看作是一个永久的发展平台，把这片生存的土地当做一个家，当做一个需要为之付出努力的地方。

（中国新闻网 2012－06－01/王海波）

孔子学院究竟惹了谁？妖魔化孔子学院背后的冷思考

美国国务院在当地时间5月17日发布公告，要求全美孔子学院必须申请美国认证，才能在其所在大学开展教学。公告同时要求，目前在美国持有J－1签证的孔子学院中国教师须于6月30日前离境，美方不会为他们续签签证。

5月17日，美国国务院一纸公告将孔子学院持有J－1签证的汉语教师推到了“悬崖”边上，真可谓往前一步是“主动回国”，退后一步就要被“遣送回国”。孔子学院在美8年，为何一夜之间就骤然陷入如此两难境地？于是乎，四面八方传来了不满之音：国内媒体报道直指美方别有用心；国外专家学者、在美教师纷纷表示质疑、不解；许多网民也参与到了这场风波评判中，表达了他们的爱国之情。显然，作为正方的孔子学院以绝对优势博得了各方的认可。

5月25日，美国国务院再次发表声明，主动表示“签证问题”仅仅是一场技术性的失误。美方态度360度大逆转力压各方猜测，不满之声渐渐淡出，大众对于签证风波事件本身的关注越来越少，却对“孔子学院”的兴趣与日俱增。一时间，评论矛头直指“孔子学院”，痛斥孔子学院诸多弊端、冷嘲热讽之声占了上风，笔者不禁感叹：在“签证风波战”中以高票获胜的孔子学院在短短几周内又缘何落得被“妖魔化”的下场？孔子学院究竟惹了谁？

事实还原：一场技术性的乌龙事件背后影射强大舆论力量

5月17日，美国国务院突然发布公告，称在该国持有J-1签证的孔子学院部分中国汉语教师违反了美国的签证规定，必须于6月30日离境。5月19日，中国国家汉办主任许琳以个人名义给美国81所孔子学院所在学校的校长发了邮件，表达了该事件对中美文化交流影响的担心。5月20日，一些孔子学院的所在学校的校长开始给美国国务院写信，对公告提出质疑。在美执教的中文教师在接受采访时亦表现出对公告的各种不理解。

5月24日，中国外交部发言人洪磊表示，中国有关部门正在与美方进行紧急协商，希望有关问题能够得到妥善解决，不要影响相关孔子学院项目的正常开展。5月25日，这场风波突然“峰回路转”。当天，美国国务院发言人表示有关孔子学院教师J-1签证问题不针对孔子学院本身，本意是想清理相关签证问题、确保签证正确使用。至此，一段“技术性”的乌龙风波终于平息。

据统计，自5月17日签证风波以来，“孔子学院”成了中国媒体及网民讨论的绝对热门话题，事件发生后，仅19日当天，关于“孔子学院在美遇到签证风波”报道及转载就达2 000余条，各大媒体纷纷将此事件放在重要导读区域，主要官方媒体及时跟进报道和评论了这桩美国对中国的最新“发难”事件，并对此表达了忧虑、不满乃至气愤。除对事件的事实还原外，评论员文章也铿锵有力、颇为显眼。

与此同时，外媒对此也高度关注。《华尔街日报》在报道开篇提到“孔子后裔”、北京大学教授孔庆东在微博中对美国国务院这一指令的抗议：“美国以签证为由，要求孔子学院中国教师限期离境。而在中国，随处可见好莱坞大片、硅谷芯片和麦当劳薯条，美国的文化入侵从娱乐、科技到食品，可谓全方位、多角度、深层次。”这则微博作为最突出的对美国表示愤怒的声音之一，也被《大西洋月刊》在报道中引用。

可见，这场技术性的乌龙风波背后不仅体现了中国媒体、网民舆论力量之大，也再次印证了中美之间确无小事这一道理。

孔子学院风波激起各方关注　学者民众质疑声四起

然而，一波未平，一波又起。签证风波看似已获得平息，网上舆论却将矛头对准了孔子学院。一时间，铺天盖地的批评声四射开来，一些旅居国外的学者感言：虽然名为孔子学院，但大多数孔子学院并不教授孔孟之道。学生在这里最多只能学习汉字入门课程，而汉语教师平常投入功夫更多的是教老外们一些包饺子、打太极、剪纸等生活课程。对外，孔子学院因政府身份屡被怀疑；对内，则是用很多资金去供给国外教学。其实际的办学成果并没有想象中那么好。

曾经执教孔子学院的汉语教师也顺势倒起了苦水，在题为《孔子出海之难》的报道中，记者描述了一位内布拉斯加—林肯大学（UNL）孔子学院教授中文的志愿者Nancy的执教真实现状，Nancy表示要将一门没有普及性的语言打入美国校园是非常艰难的。最开始，Nancy与一干志愿者顶着酷暑在校园路边发传单，“但来的基本都是黑头发、黄皮肤的孩子”，而那些在家长鼓励下来学习汉语的黄头发、白皮肤的美国人，则是因为汉语

“上面印着钞票符号”。他们本身学汉语的热情并不高。

一些网友则认为：与其花那么多钱到国外去办汉语教育，不如多投入资金做好国内的“希望工程”，尤其是首先要解决边远贫困地区的义务教育问题。令国家汉办腹背受敌的是，两年多前那件至今不了了之的“史上最贵网站”事件，也再次被翻出来用以作为指责孔子学院资金运营方面的失职的凭证。

一些媒体也跳出签证风波重新审视孔子学院，将其与德国歌德学院、西班牙塞万提斯学院进行对比之后分析其存在的一些弊端，《华商报》日前更是发表文章指出“扶植孔子学院，不如扶植中餐馆”。

“孔子”出国8年风雨路　推动汉语教学文化交流功不可没

2004年，全球第一家孔子学院在韩国首尔成立。而在建立时间方面，德国歌德学院自1951年建立，至今已有60余年的历史，而塞万提斯学院也已有20年的发展历史。孔子学院走出国门短短8年时间，尚属探索发展阶段，正如国家汉办主任许琳在日前召开的欧洲孔子学院联席会议上所说：“孔子学院还很年轻，要有耐心，让它在风雨中成长。”

作为一个年轻的“孔子学院”，其角色定位本身就遭遇了各种冤枉：在一些外国人眼中，孔子学院带有意识形态色彩，官方化行为过于严重，曾因被疑为“间谍机构”而接受过调查。但在许多中国人眼中，又把孔子学院看成了中国软实力的形象代言人，认为其是一种单纯输出中国文化的宣传手段。因此，就有了孔子学院只会教洋学生包饺子、打太极的言论高频率地出现在大众对孔子学院的认知里的情况。

然而，孔子学院真正的角色定位，则是中国国家对外汉语教学领导小组办公室在世界各地设立的推广汉语和传播中国文化与国学的教育及文化交流机构。其最重要的一项工作就是给世界各地的汉语学习者提供规范、权威的现代汉语教材；提供最正规、最主要的汉语教学渠道。归根结底，孔子学院的主要任务非常清晰，即教授汉语。

在今年的伦敦书展上，孔子学院的汉语教材展厅让人眼前为之一亮。国家汉办英国汉语资源中心主任陈同度在介绍展台的特点时曾表示：“我们的展台分几个区，有教材区、文化区、孔子学院、孔子课堂区，主要是向（英国）主流社会，向英国的观众（受众）、英国的教育界、出版界介绍我们的教材，介绍孔子学院和孔子课堂。”

在教授汉语的同时，孔子学院积极开展与当地政府、教育机构的文化交流活动，以语言为纽带，通过文化交流的方式增进彼此之间的了解，通过一系列的文化活动展示，协助当地学校、机构等举办“中国文化节”、“中国文化讲座”等活动，为促进世界各国对中国文化公正客观的了解、在保证文化交流活动的高质量和师资的专业化方面作出了很大的贡献。

同时，“孔子”出国8年，它的模式不是单独出国办校，而是一直坚持与国外大学合作，孔子学院至少给世界各国提供了一种互惠双赢的双边合作国际语言文化推广模式。尽管这只是在初期阶段，存在一些问题，但成效依然相对可观。全球300多家孔子学院的发展速度、规模均有差别，仅以小部分存在问题的现象抹杀孔子学院8年的工作成果显然是一种对孔子学院的“妖魔化”行为。

妖魔化孔子学院背后的冷思考　规范化发展才能走得更远

对于孔子学院的签证风波，有报道称“坏事”也能变好事。一些美方孔子学院院长认为，美国大部分孔子学院内的中国教师均在周边中小学及幼儿园从事教学活动。近两年正值孔子学院在美国的迅速发展期，教师及志愿者队伍日益壮大，所以签证争议的出现也有积极因素，有利于让双方都意识到具体操作层面上的问题所在，也有助于孔子学院在美国长期规范化发展。

针对目前对于孔子学院发出的各种质疑声，旅外学者希望国家汉办加强与所在国民间的联系，继续完善可持续师资队伍建设。对于孔子学院外派教师的可持续化问题，一些学者认为，这场孔子学院的乌龙风波倒是对中国政府的一次很好、很及时的提醒。文化交流往往比经济交往更需要民间力量来推动，这不仅可以减轻西方社会的疑虑，还能取得更好的效果。

以孔子学院输出教师为例，目前，孔子学院教师的主力来源是国家汉办公派教师，任期一般为一到两年。任期结束后，由国家汉办重新选派教师。新教师会面临适应当地教学环境、工作语言等问题。对学生而言，则要重新适应新教师的教学风格、特点。有学者建言，在选派教师方面，我们可以效仿德国歌德学院的模式，其在选派教师上基本都是雇用当地的德国人和德文教师。只有将教师取之于所在国民，然后用之于当地的孔子学院，师资队伍才能向可持续发展之路迈进。

正如国家汉办主任许琳所说：“孔子学院总体来讲是受欢迎的，任何新生事物的发展过程中都会有一些杂音，但是有人批评就表示有人关注。”我们应该给年轻的孔子学院发展、进步的空间，同时，也希望这种发展应该是孔子学院在倾听各方声音后，进一步完善相关体制基础上的可持续进步。

（中国新闻网 2012－06－12/范超）

盘点2012大选年海外华人参政　热度背后仍需冷思考

随着时间即将步入12月，2012国际“大选年”也进入了尾声。俄罗斯、法国、墨西哥、美国等国家大选均已尘埃落定，韩国能否诞生首位女总统也将于年底揭晓。在一系列国家扎堆换届与大选的2012年，不甘“失声”的海外华人也积极参与其中。

华人在竞逐各国各级要职屡创历史的同时，手中选票也受到前所未有的重视。然而，透过华人参政热度持续升温现象，如何把手中有限的选票变成现实影响力，如何改变政要与人口比例失调的现状等问题仍有待海外华人冷静思考。

势如破竹　海外华人参政大获丰收

纵观2012国际“大选年”，海外华人势如破竹，参政表现可圈可点。

其中，尤以美国表现最为突出。今年竞选美国国会席位的亚裔人数达30人，创下历史新高。2008年和2010年，亚裔参选人数还分别只是8人和10人。“这是我们亚裔迈出的一大步。”华裔国会议员赵美心在选前评价称，今年选举将可能成为亚裔参政的里程碑式的一年。

11月6日举行的美国大选引来了世界的瞩目，华人参政历史再度被改写。在联邦，美国历史性地诞生了3名华裔女众议员：孟昭文以67.7%的得票率完胜共和党对手丹尼尔·哈洛伦，成为美东地区第一位亚裔及华裔国会众议员；从政长达27年的赵美心，以超过两位数的差距战胜共和党对手杰克·沃斯维尔连任，成为加州历史上首位获得连任的华裔国会众议员；有一半华裔血统的谭米·达科沃斯以54.7%得票率战胜共和党对手乔·沃什。

在地方，麻州、加州等地方议员、教委等各级选举中，华人亦斩获颇丰。两位竞选连任的麻州华裔众议员陈德基及黄子安轻松当选；加州有两个选区出现了新气象，第49选区的周本立和第19选区（前12选区）的丁右立，都是该选区连续第三届当选的华裔新科议员，他们从前辈华裔众议员手中接棒成功，维持了华人政权的传承性，对比过去华人参政后继无人的状况，此结果，令华人社区十分欣慰；旧金山市议会11名市议员仍保有4位亚裔，其中3名为华裔；圣利安德鲁市第4区市的李国斌赢得议员选举，成为该市首位华裔市议员……

在竞选取得突破的同时，华人还踊跃投入到总统选战中。赵美心与美国前华裔劳工部长赵小兰，分别应邀出任“奥巴马竞选委员会”共同主席和“亚太裔辅选罗姆尼委员会”主席，领衔两党的亚裔辅选团队。此外，还有4名华裔青年在两党竞选团队中出任要职。

海外华人逐渐意识到，参政是华人融入主流社会的必经阶段，也是维护华人合法权益、表达华人社区诉求的重要方式。逐渐厘清个中道理的海外华人，开始积极投身参政之路，势如破竹，取得了不俗成绩。

澳大利亚悉尼华人常住人口最多的好市围选区，于当地时间9月11日揭晓选举结果。12名新一届市议员中华人独占三席，分别为团结党候选人刘娜心、工党候选人单伟广及自由党候选人吴金营。同时，今年新州地方市议会选举，数十名华裔背景人士参选，人数众多，打破了纪录，仅好市围市的好市围分选区就有14名华裔人士角逐议员席位。此外，吉隆市华人协会会长沈凤，参与了吉隆市议员竞选，并打破了华人参与该市议员竞选的零纪录。

在印度尼西亚首都雅加达的省长选举中，“过江龙”佐科在第二轮投票里脱颖而出，以53%得票率打败了现任省长法乌兹。选举的另一个令人瞩目的焦点是佐科的华裔副手钟万学当选副省长。这对于印度尼西亚政治的意义不容低估，被华文媒体解读为：意味着印度尼西亚华裔终于摆脱“边缘人”的身份进入了社会主流。

虽然，一些华人在选举过程中不免铩羽而归，但是，因为改写了华人参政的历史，他们虽败犹荣。在“兵家必争之地”的巴黎13区，首位竞选法国国会议员的华人吴振华在第10选区以35.27%对64.73%的较大劣势不敌绿党对手，收获“意料之中”的失利。法国多元化委员会教育、治安小组组长蔡垂彪说，13区是左派大本营，绿党对手本身就在巴黎市政府任职，这本来就是一个“不可能完成的任务”，所以吴振华败选一点也不奇怪。但是，人民运动联盟亚洲事务专员孙文雄认为，吴振华作为首次参加立法选举的华裔，这本身就具历史意义，并表示吴振华能够从左派及其联盟的根据地巴黎东部杀出重围进入第二轮，可以说成绩斐然。

热度不减 华人参选意愿不断提高

“过去华侨华人有‘不差我这一票’的想法，如今是‘选了再说’。”法国华侨华人妇女联合总会主席邱爱华，反复强调华人参选意愿的提高。牵动世界目光的2012年法国大选，见证了不愿再沉默的华人参政热情。

据法国媒体的统计数据显示，目前约有150万华侨华人散居在欧洲大陆诸国，其中逾40万在法国。仅巴黎一地，就有近百个华人社团。法国舆论称，这样庞大的群体要如何争取自己的合法利益，是这几年在法华人奋斗的方向之一，华人开始意识到参加选举的重要，明白要利用选票争取自身的合法权益。为此，法国华裔族群进行广泛动员，并积极参与总统候选人的竞选造势活动，参政热情空前高涨，投票率再创新高。其中很多平时不太注重政治的华裔青年都积极参与到投票活动中。法国舆论也称，2012大选是华人参政的“大年”。

华人居住相对集中的巴黎13区华人副区长陈文雄表示，该区有逾11万华人拥有投票权，80%以上拥有投票权的华人在今年大选中积极表达了自己的主张。中国留学生郑昕嵘在索邦大学校园里感受到“热烈的政治氛围”：宣传海报、小广告随处可见；选情热点连日占据早报头条；书店里充斥着关于大选的书籍甚至分析报告……郑昕嵘表示，身边的华侨华人“有投票权的应该都去投票了”。

同样，在美国，总统选举对400万华人而言，其意义特别深远，华人的总体投票率较往年有明显增长，部分投票站的华人投票人数更创下历史新高。“我已经连续多年参加总统大选投票，感觉今年参加投票的人比往年明显增多。”已在美国生活近40年的华裔林先生如是说。

在英国，华人也积极参与地方选举投票。在伦敦市长及大伦敦市议会选举后，“华人参政计划”对全英华人进行了随机抽样调查，其中54%的被访者表示参加了投票；伦敦地区的华人投票率更高达63%，比英国32%的平均投票率高出近一倍。

英国“华人参政计划”主席李贞驹指出，近年来，英国华人登记选民的人数不断增加。每次选举中，不同政党的候选人开始主动接触各阶层的华人，进一步加深了各政党对华人的了解。“华人已经意识到，必须与这个国家沟通。”行使选举权无疑是最直接、最有效的“沟通方式”之一，华人显然已经意识到了这一点。

华人能够不再沉默、踊跃参与，不仅是华人参政意识得到增强的表现，更重要的是很多华人协会、商家进行的相关动员工作。华人社团不仅组织选民登记，举办活动为候选人站台背书，鼓励选民用手中选票发声，而且积极将选民团结起来，成为支持华人参政、鼓励华人发声的良好平台。

巴黎一个华人团体在2011年底成立了助选联盟，通过拍摄宣传短片，呼吁华人参与投票。法国华人团结联盟在选民登记时一共分发了1.2万多张宣传单，以邮递形式发给6 000多名华裔选民。法国华人服装业总商会、法国上海经济文化发展会等刊登公益广告，呼吁华人积极参加投票。法国华裔互助会、潮州会馆、法国华侨华人会多次召开动员会，号召本会会员及所有拥有投票权的华人参于投票。

英国“华人参政计划”在伦敦市长选举前组织义工团队，在英国各地提醒华人登记选民以及按时投票的同时，还举办多次讲座、辩论会，以引发华人社区对选举的讨论，提高对自身权益的关注。

来自华人社团、商家等的强有力支持引发华裔胜选者的重视，美国华裔国会众议员赵美心在成功获得连任后曾表示，工会力量和华人选民功不可没。孟昭文、谭米·达科沃斯在竞选过程中同样得到众多华人社团的背书和大力支持。旧金山华裔市议员马兆光在成功连任后，也对该区的华人团体表示了十万分的感谢，并承诺一定会继续关注区内华裔民生和经济发展。

多方示好　华人选票日益受到重视

随着各国华人选民的增加，参与选举投票热情的提升，华人手中选票的分量日益受到上至总统、下至地方政要的重视，这在各国大选密集交错的2012年表现尤为突出。

美国总统奥巴马的两个女儿今年4月份到旧金山唐人街的一家中餐馆与朋友聚餐；此前，奥巴马到旧金山和洛杉矶等地展开筹款之旅，在旧金山筹款途中甚至不忘到当地华埠中餐馆点中餐外卖，拉取华人选票；法国政界也看好华裔选票的流向与力量，决战总统宝座的萨科齐和奥朗德都曾不失时机地向华裔群体进行宣传：今年龙年春节，萨科齐在爱丽舍宫与当地华侨华人共庆中国农历新年；奥朗德则来到巴黎13区“中国城”向华侨华人拜年……

以美国为例，全美现有华人近400万，约占美国总人口的1.3%。虽然数量不多，但在共和党参选人与奥巴马的支持率不相上下的情况下，这1.3%完全可能成为“关键少数”。奥巴马在上任前，就十分重视亚太战略。一方面，多位华裔精英也活跃在美国政坛高层，例如，卢沛宁出任白宫内阁秘书，骆家辉、朱棣文当上部长，后来，骆家辉还担任美国驻华大使，成为美国政坛一道新风景。另一方面，美国主流政客更看中了华人手中的选票，为了选票，拉关系、登广告、表承诺，忙得不亦乐乎。

而且，华人参与政治虽然有政党倾向，但很多华人的政党忠诚度并不高。据盖洛普2009年的一项民调显示，超过46%的亚裔选民自认为是“中间派”，高于全美的平均36%。这种现象和美国政党的组织特点有关，也和华人比较实际有关，很多华人在选举时更重视议题。过去华人的注意点主要是在税收、福利、教育（特别是教育平权议题）、族裔平等、移民、住房等问题上，现在涉及宗教、信念的诸如同性恋等问题，也是华人的着眼点。

在今年的总统大选中，包括华裔在内的亚裔群体，成为两党争夺的重要目标。今年全美11个州的22个市县提供以中文、印度文等亚洲国家文字印刷的选票与相关材料，便是一个很好的说明。

各方势力争夺华人选票，也与他们参政意识缺乏有关。据英国官方选举委员会的统计，2010年大选中，有30%的华人没有登记投票；在登记投票中的华人里，也只有50%的投票率。华裔议员韦鸣恩勋爵分析，参加选举投票的意识并没有根深蒂固地植根于英国华人心中。他认为，其中理由有很多：或许我们大多忙于自己的生意和家庭事务；或许因为以前从未拥有过投票权；或许我们并未意识到自己的投票能改变作为少数族群的地位；又或许华人在大选及其他选举中没有自己的候选人。

韦鸣恩强调，虽然华人占英国人口比例有限，但这并不意味着华人手中的票无足轻重。在许多选举中，主要政党及候选人都明白有多少主流选民会支持自己，于是那些浮游边缘的选民就成为各方争取的关键。“在上次大选中，根据各党派战略家的分析，妇女和少数族群的选票是选举战场中的关键。所以，如果你是一位在英国的华裔妇女，那么你就拥有着强大的力量”。

华人选票日益受到重视，再加上海外华人参政意识的日趋苏醒，华人在各国政治选举中的活跃度处于攀升态势。在美国总统大选中，华人的总体投票率较往年有明显增长，部分投票站的华人投票人数为历史最高。同样的情况也发生在法国和英国。美国华人全国委员会主席薛海培表示，今年的大选或许开启了美国亚裔政治觉醒的新时代。

困难重重　选票变影响力需冷思考

英国华侨华人总数达60多万，但作为该国第三大少数族群，目前英国国会中华人议员总数却为零。如英国一样，政要人数与人口数量不成比例的情况昭示着多国华人参政并不完美的现实。

谈及2012年的各国大选，很多海外华人首先想到的就是投票和参选。而相比投票和参选，其实西方政治更重要的在于影响力。而如何用手中数量有限的选票寻求最大影响，成为各国华人参政路上不得不冷静思考的话题。

据莱克研究机构和美国亚裔公正中心等机构5月公布的民调结果，随着人口增加、投票意愿增强，亚裔族群投票率有望在美国总统选举中有所突破，但这部分选民的意见仍被政党及其竞选阵营忽视。在社会层面，有专家认为，部分人在用种族主义的目光看待亚裔。总有人奇怪地认为“亚洲人怎么会是美国人?”许多政治人物仍在质疑，“我们能相信亚裔吗?”“他们对谁忠诚?”华人作为美国亚裔群体的最大组成部分，同样面临着被忽视和质疑的境地。

据媒体报道，华裔在管理层岗位的缺失，几乎涵盖了教育、科技界乃至企业界。再加上整个华人群体参与选举投票的热情处于不稳定状态，致使华人参政仍面临较大劣势。对从政的华人来说，一方面是物质利益的损失；另一方面则是政治因素的非物质代价，个人生活不够注意或不够检点造成的声誉上的影响，或者因主客观因素出现差错甚至涉及违规、违法行为。

9月，正在角逐美国联邦众议员的纽约州华裔众议员孟昭文，因其父孟广瑞被指涉及一宗贪污案而使其竞选活动蒙阴霾。孟广瑞被控从一名面临刑事起诉的朋友处收受8万元，联邦当局指他可能用这笔钱来贿赂检察官。孟昭文的共和党对手哈劳活曾经公开质疑孟昭文能在其父被捕的同一时间借出10万元进行初选活动的举措，暗示这笔钱是孟广瑞提供的。而孟广瑞在接受《纽约时报》简短的电话访问时否认自己是“政治斯文加利”(Political Svengali，“斯文加利”是英国小说人物，据称用催眠可使人唯命是从)。幸而孟昭文顶住了父亲涉案的压力，在竞选国会议员中胜出。

针对纽约市华裔主计长刘醇逸2013年竞选募款涉人头捐款一案，曼哈顿下城联合民主党部创办人刘毛淑卿指出，联邦政府“令人发指”的调查行为，其真正目标是打击刘醇逸的声誉。刘毛淑卿认为，这场官司对美东华人来说是重要的一战，对今后华人的政治参与度影响极其深远。她表示，若想要移民对国家产生认同，就需要有人从军、从警、从政，否则永远都会觉得自己是个过客，“我们带着希望和梦想来到美国，却听闻华人政治人物被安上如此莫须有的罪名，真的是太不公平了。”

更有评论认为，这种打击看起来是司法问题，其实则是政治打击。这就不能不引起华人的高度关注。经过几个月的严苛检查，至今只查到刘醇逸的竞选团队中潘心武、徐佳二人有嫌疑，刘本人并无问题。孟昭文的父亲被“钓鱼执法”钓上了钩，与她本人不沾边。用打击助手来打击本人，打击父亲来打击女儿，不违法但是并不高明。

此外，语言文化差异也是部分国家华人参政的绊脚石。例如，在今年的俄罗斯大选中，当地大多数华商参政热情比较低。有侨胞解释称，受困于文化水平或外语沟通能力的限制，在俄华商有时候会显出“事不关己，高高挂起”的态度。

同时，随着华人参政积极性的提高，参选人数的增加，难免会出现同族裔争夺同一职位的现象，有华人社团忧虑华人候选人间的竞争可能分散票源，最后被其他族裔候选人“渔翁得利”。竞争者之间若出现某些抹黑等竞选手段更可能给华人参政带来负面影响。要想把手中选票变成政坛影响力，则需要华人团结起来，共同前行。

（中国新闻网 2012－11－30/陆春艳）

（本栏目责任编辑　徐云）

人物聚焦

本版内容选取了本年度取得了瞩目成就的华侨华人中的6位，摘编其荣誉和事迹。人物先后次序按中文姓氏笔画升序排列。

庄小威

——美国科学院最年轻华人院士

庄小威，1972年生于苏州。15岁时考入中国科技大学少年班。1991年本科毕业后赴美留学，1997年，在加州大学伯克利分校拿到物理学博士学位。2001年，被聘为哈佛大学助理教授。2006年年初，成为该校物理和化学系的双聘教授，此前曾获得2003年“天才奖”，是第一位获此荣誉的华人女科学家。2012年，成为美国84位新晋的科学院院士之一。

庄小威曾在一次采访中说，自己从小就喜欢科学，能取得今日这般成就，最主要是因为顺着自己的心意和兴趣学习，才保有了强烈的动力。

1991年，仅19岁的庄小威在中国科技大学毕业后赴美。经过6年在异域的潜心学习，她在加州大学伯克利分校拿到了物理学博士学位。此后，她又在斯坦福大学师从诺贝尔物理学奖得主、华裔科学家朱棣文做博士后研究。正是这个时候，庄小威偶然与化学、生物学科的合作伙伴一起做一些跟踪分子行为的实验，从此开始跨越物理和化学两个学科的研究，站在了世界科学的前沿。做科研是一件十分辛苦的事，只有对自己的学问拥有长期的热情，才能拥有动力，而动力就是化解一切困难的秘诀。常常一周七天，庄小威除了吃饭和睡觉，剩下的时间全是工作。

庄小威在科学世界的成就，取得了业界的公认。2001年，不到30岁的庄小威被聘为哈佛大学助理教授。她的物理根底启发她将带荧光的分子标记物附在病毒上，当用激光照射时，标记物就会发射出特殊的彩色光。用这种方法，借助显微镜，她翔实跟踪了单个病毒的行为，也跟踪了诸如蛋白质和核糖核酸（RNA）片断这样的单个分子行为。她拍摄了单个流感病毒的连续影像，这是世界上首次记录到病毒的各阶段过程。

2003年，庄小威获得麦克阿瑟“天才奖”，也是第一位获此荣誉的华人女科学家。

2004 年，美国著名的《科技评论》评选出在纳米技术、计算机与通信及生物技术领域从事前沿技术研究的、年龄在 35 岁以下的 100 名青年创新者，庄小威名列其中。

2006 年年初，庄小威晋升为哈佛大学物理和化学系的双聘教授。在哈佛大学建立了以自己名字命名的单分子生物物理实验室，带领 21 名博士、博士后研究流感、艾滋病、SARS 等病毒侵入宿主细胞的过程。

“我的秘诀就是忘掉过去的成功和失败，一切从头开始，绝不轻言放弃。”庄小威刚开始读博士的时候，并不是所有学生中最突出的那一个，她甚至一度怀疑自己做实验的能力。在进行博士后研究时，她也曾遇到整整一年时间都在摸索试探，什么结果也做不出来的困境。

在一次次压力和挑战面前，庄小威始终没有轻言放弃，自己的动力来自加倍的努力。在哈佛大学做助理教授时期，庄小威的其他同事都偏向选择相对“安全”的课题，这样才能迅速地出成果、发论文。因为在哈佛大学，如果 6 年期间发表的论文数量没有达到要求，就面临走人的境地。但庄小威的冒险精神，让她从一开始，就决定选择一些有难度、有风险的课题。当她载誉无数，并晋升为哈佛大学的教授时，有人问她，现在是否可以选一些比较重要的课题做了，她表示：“我一直是在找重要的课题做，从来没有想找容易的问题做。”

庄小威建议国内教育界：首先，一定要培养学生的创造能力，要鼓励学生提问题，没有一个问题会是笨问题，100 个问题中总会有一个是聪明的问题，这个聪明的问题也许就是一个很大的科学发现。其次，应鼓励学生尽早进实验室做科研，不要把分数看得太重，要让学生多接触科学前沿，大胆地思考和解决那些还没有解决的问题。

（据《深圳晚报》相关报道整理）

（本版责任编辑　易淑琼）

李　凯

——从中国炼铜工人到美国国家工程院院士

李凯，1954 年生。考上工农兵大学生的炼铜工人、改革开放后第一批留学的中国大学生。2012 年 2 月美国国家工程院公布了新当选的 66 位院士和 10 位外籍院士的名单，李凯名列其中。

李凯 16 岁初中毕业后，就进入长春第二有色金属冶炼厂当工人，在工厂工作的两年，他当过炉前工，也当过电解铜车间工人。1973 年大学招考工农兵大学生，需要从厂里的 400 个年轻工人中推荐一个人去参加当时的“高考”，工厂最后选中了李凯。李凯成为了

中国恢复高考前少数的幸运儿之一。那年他进入吉林大学计算机系学习。毕业后的第二年，他又赶上了“文革”后第一届研究生考试，并考取了中国科学院研究生院。

在北京就读研究生期间，李凯从外教那里获得如何到国外读书的信息，但在那个年代，李凯甚至不能从银行换到外汇支付去美国学校的申请费。留学政策还在摇摆之中，最终邓小平定调，支持中国学生留学。

于是李凯向美国一些学校提交了申请，但没有提交申请费。即便如此，最后他还是获得了耶鲁大学和伊利诺伊大学香槟分校等校的全额奖学金及录取通知书。他最终选择了耶鲁。李凯就这样成为了中国改革开放以后第一批出国留学的大学生。1981 年夏天李凯到达耶鲁时，几乎身无分文，不过一切似乎也正重新出发。

1983 年获耶鲁大学计算机科学硕士学位后，李凯师从世界上第一个“图林奖”获得者艾伦·佩利斯攻读博士学位，1986 年获博士学位。其博士论文提出了分布式共享内存思想，开创了计算机科学的新领域。随后他进入普林斯顿大学任教，现任该校计算机系终身教授。

喜欢动手是李凯自小的习惯。“9 岁那年就用晶体管做收音机，在大学里面我自己动手用半真空管和半导体做了一台电视机。”李凯一直是那种觉得学校教的太少，自己主动去学习一些东西的人。

2001 年以前，李凯发现许多公司都存在数据存储问题。“美国公司在此前 40 年的时间内，一直用磁带保存数据，但磁带保存容易丢失且不容易找，而重复保存既耗人工又占地方”。

于是李凯 2001 年与人共同创办了 Data Domain 公司，研制出世界上第一款商用重复数据删除产品，产品体积小、可靠性强，公司产品渐成市场主流。如今重复数据删除技术已成为存储领域的新分支，Data Domain 公司也成为该领域的领头羊，并于 2009 年被 EMC 以 21 亿美元收购。于是李凯教授也因此获得了美国“华人教授首富”的称号。事实上，自公司被收购后，业绩又得到进一步提升，只 2011 年便创下 15 亿美元的年营收。

2012 年 2 月 8 日，李凯收到了美国国家工程院寄给他的一个包裹，才得知他当选了美国工程院院士。美国国家工程院称，李凯当选的理由是他在数据储存和分布式计算机系统研究方面取得了重要进展。

美国国家工程院院士是工程界最高荣誉，主要是授予那些在工程领域内从事研究、实践和教育并作出卓越贡献的人士，目前在任院士共有 2 249 人，华人院士约有 80 余人。当选美国国家工程院院士已经是工程领域专家的最高荣誉头衔了。

（据中国新闻网有关报道整理）

张维加

——23 岁的英国皇家天文学会会士

张维加，男，1989 年 12 月生，浙江诸暨人。2007 年从杭州第二中学考入北京大学，毕业后进入英国牛津大学读博士。张维加从小就对天文、物理、化学兴趣浓厚，大学期间发表个人论文 27 篇，其中 SCI 与 EI 论文有 7 篇。2012 年 6 月，张维加申请成为英国皇家天文学会（Royal Astronomical Society）会员。

张维加出生于杭州一个普通人家，母亲是中学老师，父亲是电脑工程师。他没读过幼儿园，小学、初中也没有择校，就在镇上的普通公办学校就读。2004 年，张维加以全市第一名的中考成绩进入杭州第二中学就读。“开学不到一个月，张维加就来我办公室，问‘有些课我能不能不上？我已经自学过了。’”杭州二中校长叶翠微回忆说，他请班主任和任课老师评估后，决定让张维加的大部分课程免试，也没有动员他参加任何学科的奥林匹克竞赛。

就在这样一个相对“原生态”的环境中，张维加在高二时就写出了论文《寒武碰撞性大陆起源与生命进化的研究》，并获得全国青少年科技创新大赛前三名，他也因此获得了保送北京大学元培学院的资格。“一个不到 15 岁的孩子提交的论文，当时在浙江没有教授能在第一时间读懂。”叶翠微说。

据北京大学介绍，本科四年中，张维加共发表个人论文 27 篇，其中 SCI 与 EI 论文 7 篇。2010 年，当时 21 岁的张维加负责的课题组的一项研究成果在《科学通报》上刊登，这也是唯一一个由张维加自己领导的课题组。哈佛大学该领域专家 Willie Soon 教授专门发来邮件评论这篇论文的贡献和意义，并在邮件中称：“十亿个人中才能出现一个张维加……在不久的将来，人们会意识到这一点。”该论文发表后不久，国际有限元研究的领军人物、捷克科学院的 Michal Krizek 院士通过中科院的林群院士寻找张维加，并邀请张维加赴捷克演讲。

2011 年 3 月，张维加发表 *European Physical Journal*（《欧洲物理杂志》）封面文章，文章指出，由于地球内部的核幔耦合，地球远古曾经出现过自转加速的现象。该领域的领军人物 Dr. Richard Holme 称：“这是一篇令人着迷的论文，其结果本身的美丽即使最后被证明是错误的，也依然是让人着迷!”

大学毕业后，张维加拿到全额奖学金到英国牛津大学学习，专业是航天工程物理专业，主要从事深空探测、月球环境探测等方面的研究。以专业课第一的成绩直升入英国牛津大学攻读博士学位，在读期间他又发表了3篇SCI期刊论文。2012年6月，被成立于1820年的英国皇家天文学会吸收为会士。

杭州二中校长叶翠微分析，在张维加的成长过程中，几个教育陷阱都非常幸运地被规避了。首先是奥林匹克竞赛。中国有着全世界最多的奥赛金牌，但是却没有因此产生专业性人才，这种表面看来速成的学习和竞争法则，实在是对孩子的摧残。而张维加从没有参加过奥赛。其次，由于提前保送北大而规避了高考，使得张维加在高三的最后一个学期里，没有在题海战术中反复训练，而是有了大半年的“神仙日子”，将他的兴趣进行到底。

从平等民主的家庭环境，到开放自由的杭州二中和北大元培学院，他们为张维加提供了最开放、最自由的发展空间，让张维加独立思考的能力和钻研科学的兴趣发挥到了极致。

张维加在接受媒体越洋采访时表示，自己取得博士学位后，可能继续留在牛津进行博士后工作，也可能去欧洲航天局或者美国国家航空航天局工作。但是，无论将来去哪里工作，都是为了积累些工作经验，然后回国为我国的升空探测和月球探测事业作出更大的贡献。

（综合《光明日报》、新华网有关报道整理）

张勇民

——法国国家药学科学院院士华裔第一人

张勇民，20世纪50年代出生在内蒙古呼和浩特市，1982年毕业于北京医学院药学系（现北京大学医学部药学院），获理学学士学位。同年7月由教育部派往法国留学。1983年9月在巴黎第十一大学药学院获药物化学硕士学位，1986年7月在巴黎第十一大学药学院获法国国家博士学位，并获博士论文一等奖。1986—1988年在北京医科大学（现北京大学医学部）药物化学博士后科研流动站工作，期间获得国家自然科学基金委青年科学基金和卫生部青年科学基金资助。1988年9月获中国卫生部1987、1988年度孙氏鼓励医学科研基金一等奖。2012年11月7日的法国国家药学科学院院士大会上，被增选为正式院士。这是旅法中国科学家中第一位当选为法国科学院院士的人。

张勇民现在在法国国家科研中心与巴黎第六大学联合分子化学研究所从事生物活性糖类物质研究，担任巴黎第六大学博士生导师。自2000年起，先后在生物技术及生物医学

领域主持了3项由中法两国科技部发布的中法先进研究计划项目。2000年被聘为北京大学天然药物及仿生药物国家重点实验室高级访问学者。2001年获中国国家自然科学基金委员会杰出青年基金（B类），与北京大学开展合作研究。2003年晋升为法国国家科学研究中心主任研究员，从事寡糖药物的研究。2004年担任浙江大学—巴黎高等师范学院药物化学联合实验室主任。2005年受聘担任北京大学天然药物及仿生药物国家重点实验室学术委员会委员。2006年受聘担任吉林大学客座教授，教育部长江学者海外评审专家，兰州大学"教育部'春晖计划'基地"学术委员会委员。2007年受聘担任国家自然科学基金委员会海外评审专家。2008年当选法国国家药学科学院通讯院士。2009年受聘担任浙江大学光彪特聘教授。2010年受聘担任北京大学药学院客座教授。2011年受聘担任北京化工大学和天津大学客座教授。

其在20世纪80年代主要从事天然药物研究，1989年在第25届国际药物化学大会上荣获"药物化学研究鼓励奖"。20世纪90年代开始从事糖化学及糖生物学研究，在选择性糖基化反应、复杂糖类的化学合成、以糖为基础的新药研究、糖与糖之间的相互作用等国际前沿领域做了一系列原创性的工作。

2007年10月在杭州组织召开的中—法生物有机与药物化学研讨会，担任大会法方主席，并担任2011年6月在天津召开的中法药学研讨会暨中法生物医药企业对接洽谈会会议组委会主席。到目前为止，张勇民已发表学术论文150篇，单篇最高引用次数为173次，获发明专利4项，培养博士生20余名。

（据中国新闻网相关新闻整理）

陈其钢

——首位获得"罗西尼音乐奖"的华人作曲家

2012年度"罗西尼音乐奖"于法国时间11月21日晚在法兰西学院艺术院揭晓。享誉法国、欧洲乃至全世界音乐界的旅法中国作曲家陈其钢成为获得该奖项的第一位华人作曲家。罗西尼奖是以已故意大利著名歌剧作曲家罗西尼（1792—1868）名字命名的奖项，专门奖励年度最优秀的作曲家，用来表彰获奖人的整体成就。

旅法28年的陈其钢是当今少数几个在世界音乐舞台上极为活跃的中国作曲家，对中西方音乐的研究均有极高造诣。陈其钢巧妙融合东西方音乐的理性与感性特质，有“音乐诗人”之誉，其创作一直以细腻、内省甚至悲凉的风格为特色。主要作品有管弦乐《源》、《逝去的时光》、《蝶恋花》、《失乐园》、《五行》和《二黄》；芭蕾音乐《大红灯笼高高挂》，奥运主题曲《我和你》，电影音乐《山楂树之恋》和《金陵十三钗》更是人们耳熟能详的作品。

陈其钢，1951年8月28日出生在上海，脱胎于艺术家庭的熏陶与良好培养。中学时代就在中央音乐学院附中主修单簧管，后曾历任省级管弦乐团演奏员及指挥、作曲等。1977年考入中央音乐学院作曲系，师事罗忠熔先生；1983年以第一名成绩考取教育部出国研究生，次年赴法国深造；1984—1988年获当代音乐大师梅湘（梅西安）赏识，破例纳为关门入室弟子，并同时亲炙 I. Malec，C. Ballif，B. Jolas 等巴黎高等音乐学院名师。连续四年获得法国政府奖学金。1988年以优秀成绩相继取得巴黎大学（Sorbonne）硕士学位和巴黎音乐师范学院高级作曲文凭。1987年和1991年连续两次为法国现代音乐研究所作曲研究员。

与在国内的不显山露水相比，陈其钢在欧洲乐坛享有很高的声誉：2002年，其作品《蝶恋花》在欧洲获得普遍好评；2004年应聘为斯特拉斯堡爱乐乐团驻团作曲家，这是法国音乐历史上第一位非法国人获此殊荣。2005年，他又获得了具有“法国诺贝尔音乐奖”之称的“交响音乐大奖”。

陈其钢说：“在做奥运之前，对流行音乐我是很不屑的，因为作为一个写作古典音乐、做严肃音乐的人来说，我们要花的时间和功夫太多、太长，必须是从小学起，这与写流行歌曲有很大不同。通过奥运之后，我接触了一些搞流行音乐的人，在这个过程中，对流行音乐有了更深一步的了解和感情。我发现流行音乐有它自己一套完整的规律，要做好的话其实是非常不易的。也就是从那以后我开始逐渐地涉足这个领域，这时我才体会到音乐没有等级，音乐只有好坏、高低，只要你是真诚的，只要你说实话，做一个好的歌曲和做一个好的交响乐都是很难的。因为说谎是最容易的，但说谎的歌一听就能听出来，音乐也一样，因为它没有词，如果是说谎的话就是一个形式，这是我的理解，其实古典和流行两者之间是一个世界。”

（据个中国新闻网、凤凰网及百度百科相关资料整理）

孟昭文

——美东地区第一位亚裔及华裔国会众议员

在2012年11月6日举行的纽约州国会第六选区众议员普选中，纽约州华裔众议员孟昭文共得票10.0571万张，以67.7%绝对高票优势战胜共和党竞争对手丹尼尔·哈洛伦，成为美东地区第一位亚裔及华裔国会众议员，创造了美东地区华人参政的历史。孟昭文也是继赵美心之后全美第二位华裔女性国会众议员。美国国会第一位女性前议长、现任国会民主党领袖的佩洛西（Nancy Pelosi）及多位现任国会众议员均致电孟昭文，祝贺其当选。

孟昭文（Grace Meng，1975—），生于美国纽约市皇后区，第二代华裔，通晓中文。前纽约州第22选区州众议员孟广瑞的女儿，出身政治世家。孟昭文本人也是法学背景出身，毕业于密歇根大学，在纽约叶史瓦大学卡多索法学院获得法律博士学位，之后成为律师，2004年成为纽约州首位亚裔州众议员。

归纳胜选的关键因素，孟昭文认为是竞选团队合作无间，为共同目标而努力的结果。孟昭文说："最大挑战是与时间赛跑，如何尽可能与每位选民沟通。"孟昭文父亲孟广瑞7月因涉嫌充当司法黄牛被控汇款诈欺。回忆当时，孟昭文表示，"我曾经非常担心，但后来证明，负面的影响并非原先想象那么大。"选民对她的关注度也因此提升，更激励了竞选团队努力消弭选民猜忌的决心。"我没有否认该控诉，只是试着正面思考，藉危机来激励自己。"

国会众议员克劳利表示，孟昭文的胜选令人激动，也很高兴能和孟昭文成为新的同事。孟昭文的成功是皇后区多元文化、多元族裔成功融合的典范，希望孟昭文未来能继续以各族裔桥梁沟通者的角色在国会发挥重要作用，努力服务选区选民。

孟昭文认为自己是新生代，喜欢透过网络与年轻人互动。身为少数族裔女性，她深知责任重大，"从年轻人看我的眼神，我知道许多人被我这次选举启发，视我为榜样。"她也期待，透过自己，能有更多华人参政，不论是出任政府公职，或是参选议员，希望能透过这样的方式，让主流知道，华裔美国人也是美国人，并不是外人，也不只是新移民，要让主流社会懂得尊重华人。她期待更多年轻人关心政府运作，与韩裔相比，她认为华人在这方面仍有所不足，华人应学习关怀不同族裔，也应鼓励孩子服务小区。

谈到未来，孟昭文说，国会众议员的工作以立法为重心，但她最重视的还是如何满足选区的需求。此次风灾造成纽约电力、交通、燃油系统大乱，她认为纽约的基础建设确是到了该改进的时候了，这也是她上任后的首要目标之一。

（据美国《世界日报》、《美国侨报》相关报道整理）

海外华人新社团

本版内容是对本年度海外华侨华人新建社团的新闻报道的摘选，条目主体保留报道中的事实性资料（包括社团名称、成立时间、会长、宗旨等内容）部分；先按亚洲、美洲、欧洲、大洋洲、非洲地区，再按报道时间升序排列，并注明信息来源。

亚　洲

日本华文文学笔会成立　会长王敏

日本华文文学笔会新年前夕在日本宣告成立，日本法政大学教授王敏被推选担任该会首届会长。

2011 年 9 月，由部分作家、教授发起串联，起草笔会成立宣言和组织章程，以繁荣日本华文文学为目的，关注和支持注册会员发表作品、论文及参加评奖活动，促进日华文学对外传播，并在日、中、韩三国展开双向学术交流和举办专题作品研讨会。到 12 月初准备工作就绪，草案通过，笔会正式成立。本届理事会成员有华纯、荒井茂树、王智新、藤田梨那、田原、林祁等知名作家和研究学者，在日本侨报社出版了《为什么咬合不上？——日中相互认识的误动作》的王敏担任首届会长。

日本华文文学笔会在成立宣言中写道："最近几年，世界出现了从未有过的华文文化凝聚现象，华文报纸杂志遍布世界各个角落。用汉字书写的文学作品，与异域文明相遇，迸发光彩，通过不同渠道流向了汉语平台，成为中华文学这棵参天大树的一个分支。华文文学发展到今日，已日益成为一种世界性的文学现象，它与英语文学、法语文学、西班牙文学一样，由东南亚、日韩、北美和其他大洲汇合成跨国界的语种文学，为多元化文明比较提供了丰富的对比参考材料。"

笔会将致力于"将日本华文文学与学术研究的实力联结为东北亚汉字圈的一道亮丽风景，与中、韩各国相互呼应合作，促进东北亚华文文学的繁荣发展"。为此，笔会邀请日本和中、韩重量级学者与作家担任顾问，并与香港世界华文文学联会、中国世界华文文学会建立合作关系。

（［日本］《日本侨报》2012－01－04）

香港大岭山同乡会成立　会长叶仲伦

香港大岭山同乡会日前在香港成立，并举行了首届会董就职典礼，金桔村乡亲叶仲伦担任香港大岭山同乡会首届会长。

首届香港大岭山同乡会会长叶仲伦表示感谢乡亲的信任和支持，誓言要发扬团结乡亲、增进乡谊、互助互爱的精神，使旅港乡亲们积极支持和关心家乡的经济发展和公益事业，为香港的稳定和祖国、家乡的繁荣昌盛作出贡献。

大岭山镇委书记梁荣业介绍了大岭山镇近年来港资企业的基本情况和发展前景，希望香港大岭山同乡会成立后，能带领广大乡亲积极参与大岭山的事业发展，推介大岭山、宣传大岭山，与家乡共谋发展、共创辉煌，进一步促进两地的交流与合作。

据了解，旅居香港的大岭山乡亲近万人，他们一直以来都积极致力于造福家乡，热心招商引资、兴学育才以及投身公益慈善等事业。

（中国新闻网 2012－01－09）

在日河北省同乡会成立　会长彭鹏

1月7日上午，“在日河北省同乡会”在日本东京正式成立。在日河北省同乡会的成立标志着河北省同乡会在海外又增添了一个新的落脚点，中国河北籍海外华侨华人又多了一个促进沟通、加深往来的基地。

在日河北省同乡会会长由日中儿童交流协会会长、河北省华侨华人联合会日本委员彭鹏兼任。成立仪式上，彭鹏致辞表示：“祖国的发展欣欣向荣，河北省的繁荣发展势头也是有目共睹的，这是我们在日华侨华人最引以为豪的，河北省同乡会将在迈出坚实步伐的同时，积极在文化交流以及经济合作领域配合河北省政府、河北省华侨华人联合会做好相应的工作，从而起到桥梁作用。”

同乡会事务局局长卢刚发言表示：“我们为这一天的到来感到非常高兴，我们将团结在日的河北老乡、团结祖国同胞、团结日本友人，共同为推进在日河北人的生活及工作的稳定发展付出努力，一起为促进中日友好贡献力量。”

长期致力于中日友好的日本友人、日本国际交流多言语杂志社 *Global Community* 代表宫崎计实作为在日河北省同乡会顾问发言，他说：“中国的发展势头是不可阻挡的，河北省的发展也在稳步前行，我虽然是一名日本人，但我愿意通过自己的努力为河北省同乡会在日本的蓬勃发展作出贡献！”与会现场，活跃在日本各行各业的河北人士亲切交流，共同祝福河北省同乡会在日茁壮成长。

（［日本］《日本新华侨报》网 2012－01－13）

在日中国企业协会成立　会长李玉华

2月7日下午，在日（新潟、山形、福岛）中国企业协会成立大会在中国驻新潟总领事馆召开。中国驻日本大使馆公使吕克俭出席会议并致辞，中国驻新潟总领事王华宣布协会成立，宫晓冬副总领事等一并出席会议。

在大使馆和商务处的指导下，为增进领区内中国企业之间的相互交流，维护企业合法权益，推动领区内中国企业经营环境的改善，进一步扩大中日地区间经贸合作及发展中日友好关系，中国驻新潟总领事馆在充分调研并听取领区内中国企业意见的基础上，积极联系并组织企业完善了协会成立前的各项准备工作。

吕克俭公使首先致辞表示，在日中国企业协会代表着中资机构和企业在日本的整体形象，协会成立以后要利用各种对外活动的机会，积极塑造协会良好形象，大力宣传会员企业，通过协会的整体力量和品牌效应，促进会员企业得到更大发展。

王华总领事在宣布协会成立后勉励大家团结一致，共谋发展，今后要积极开展协会活动，为会员企业提供相识相知、交流合作、互惠多赢的平台，促进彼此间业务交流，也使协会的凝聚力与向心力不断增强。总领馆愿为支持领区内企业发展和促进地区间人员交流作出更大贡献。

在随后召开的协会第一次理事会上，选举产生了会长并任命了事务局长，理事会员企业代表纷纷发言表示，协会今后将在总领馆的领导下，密切关注国内外政治、经济形势动态，通过举办一系列形势报告会、专题研讨会及讲座等活动，及时帮助会员企业掌握最新信息，调整企业经营策略，争取更大的发展并进一步做好吸收新会员工作，不断扩大协会组织规模。

（［日本］《日本新华侨报》网 2012－02－13）

福建永春县各学校菲律宾校友联谊会成立　理事长孟永刚

泉州永春县各学校菲律宾校友联谊会成立暨首届职员就职典礼，日前在菲律宾马尼拉金湾大酒楼举行。

中国驻菲律宾使馆领事陈美銮出席并致辞，永春县人大副主任、永春县侨联主席陈发源率庆贺团前往祝贺。

菲律宾永春同乡会理事长、校友联谊会荣誉理事长郭从愿在致辞中说：“永春县各学校菲律宾校友联谊会的成立，标志着永春新一代年轻人在菲华社会的舞台上学习经验，发挥才能，为将来菲律宾永春同乡会培养更多的优秀人才，也将为中菲友谊作贡献。”

永春县各学校菲律宾校友联谊会首届理事长孟永刚表示，要把全体校友紧紧团结在联谊会周围，拧成一股力量，为母校、为家乡、为菲律宾的繁荣作出更大贡献。

（中国新闻网 2012－02－20）

菲律宾南安公会宿务分会成立　理事长郭亚平

菲律宾南安公会宿务分会成立大会暨首届职员就职典礼18日在菲律宾素有“南方皇

后之城”称号的第二大城市宿务市举行。郭亚平任首届理事长。

中华人民共和国驻宿务总领事、世界南安同乡会、世界南安青年联谊会、菲华南安公会、南安市各界代表以及宿务当地的华人社团代表等出席了典礼。典礼在中菲两国的国歌中拉开序幕。首届理事长郭亚平表示，将发扬菲律宾华侨华人团结合作、守望相助、诚信包容、同舟共济、爱国爱乡的优良传统，为宿务南安乡亲、为建设和谐的宿务华社贡献力量。菲律宾南安公会理事长赵展聪说，早在20世纪30年代，在菲律宾的南安籍乡亲就开始筹备成立南安公会，但后来由于战乱而功亏一篑。菲华南安公会几十年的发展历史，是在菲南安乡亲近代史的缩影。他勉励宿务的南安乡亲同心协力，把宿务南安分会办成宿务南安人的家。

据悉，宿务市现有华侨华人10多万，其中，南安乡亲占了相当比例，各行各业中都有南安人身影。他们秉持南安人吃苦耐劳，勤俭朴素的风格，为宿务当地的经济建设发挥积极作用。目前菲律宾南安公会已有3个分会，分别是东北吕宋分会、棉兰佬分会和宿务分会。在菲律宾的地方乡会中，南安公会是首家发展出众多乡会的社团，体现出旅菲南安人团结奋进的精神风貌。

（中国新闻网 2012－03－26）

香港东莞清溪同乡会成立　会长黄金富

香港东莞清溪同乡会成立暨第一届会董就职典礼3月30日在香港喜来登酒店举行，旅港侨胞、香港“发明大王”黄金富当选为首届香港东莞清溪同乡会会长。

据介绍，东莞清溪镇定居在香港的乡亲有8 800多人，他们在香港各行各业艰苦奋斗、谋求发展，涌现出一大批成功杰出人士。他们一直以来都积极致力于造福家乡，投资办厂、捐款办学、热心公益，促进了清溪社会经济迅速发展。

首任会长黄金富表示，他将以“联络感情、互相扶持、提倡公益、共谋福利”为宗旨，竭心尽力把同乡会建成交流和合作的重要平台，凝聚老中青核心力量，扩宽同乡会社交网络，促进旅港乡亲与家乡之间的友谊和发展，共建经济文化发展的新天地。

东莞市委常委、统战部部长李小梅，清溪镇委书记陈浩林，镇长黄宇富等市镇领导及中联办有关负责人等组成庆贺团参加了同乡会成立庆典活动，并一起为香港东莞清溪同乡会成立揭牌。李小梅部长指出，清溪旅港乡亲是连接东莞与香港交流的桥梁纽带之一，是推动东莞、清溪繁荣发展的重要力量。他希望广大旅港乡亲在同乡会的引领下，能广泛团结海外同胞，推介家乡投资环境，支持家乡各项事业，把同乡会建成“清溪人”在香港的第二个家。

（中国新闻网 2012－04－02）

香港东莞石碣同乡会成立　会长樊松登

香港东莞石碣同乡会成立暨第一届会董就职典礼日前在香港帝京酒店隆重举行。樊松登就任香港东莞石碣同乡会会长。

樊松登在典礼上表示，他将与同乡会各位成员携手合作，遵照同乡会的宗旨，发扬爱国爱乡、服务乡亲、促进乡谊、互助互爱的精神，做好各项会务工作，加强乡亲联系，凝聚乡亲力量，令香港东莞石碣同乡会成为一个出色、有代表性的同乡会。

东莞石碣镇镇长游耀波代表石碣镇委镇政府对香港东莞石碣同乡会的成立表示祝贺，并向各位同乡会成员介绍了近年来石碣的经济发展情况。他希望广大乡亲能以香港东莞石碣同乡会为平台，加强联系，增进友谊，守望相助，造福桑梓，为祖国的繁荣富强、为香港的稳定发展、为家乡的现代化建设作出新的更大的贡献。

据悉，目前石碣籍港人有5 218人，多分布在九龙、上水、新界、沙田等地，居住相对分散，多为工薪阶层。成立香港东莞石碣同乡会，主要是要把香港辖区的石碣乡亲团结起来，加强同乡之间联络，增进乡情乡亲，相互扶携，从而推动莞港合作，促进在港乡亲与家乡的联系。

（中国新闻网 2012－04－19）

香港东莞莞城同乡会成立　会长张宇凯

香港东莞莞城同乡会成立暨第一届会董就职典礼日前在香港举行，东莞市委常委、统战部部长李小梅等领导及嘉宾，以及莞城旅居香港的乡亲出席了活动。

香港东莞莞城同乡会会长张宇凯在就职典礼上表示，将发动广大会员，积极宣传推介莞城，促进香港莞城两地经济合作，并发挥广大香港乡亲的经验智慧，为家乡建设出谋献策、贡献力量。

莞城街道党委书记刘林宏代表莞城人民对同乡会的成立表示祝贺，并希望同乡会能够充分发挥桥梁与纽带作用，秉承“爱国、爱港、爱乡”的宗旨，发扬“友爱、团结、互助、发展”的精神。

东莞市委常委、统战部部长李小梅指出，香港东莞莞城同乡会的成立，标志着东莞的旅港乡亲跟家乡的联系又增添了一座友谊的桥梁、亲情的桥梁，相信香港东莞莞城同乡会在张宇凯会长的带领下，广大会员能继续发扬爱国、爱港、爱乡的优良传统，团结凝集乡谊，为旅港乡亲排忧解难，增权益，谋福祉，为香港，为家乡的公益事业和经济文化建设作出更大的贡献。

（中国新闻网 2012－04－19）

日本立命馆大学“中华校友会”成立　会长文启财

4月21日下午，日本著名私立大学“立命馆大学”在京都隆重举行立命馆大学中华校友会成立大会。来自日本各地、中国大陆、中国台湾等地区的100多名校友及嘉宾出席了成立大会，香港、北京、上海立命馆校友会也发来贺电祝贺。

中国驻大阪总领事馆总领事刘毅仁、日本原总理大臣鸠山由纪夫、京都市市长门川大作派代表到会宣读了祝贺词。学校法人、立命馆大学总长、大学长川口清史，京都府副知事太田升及立命馆大学校友会副会长西村隆在成立大会上致了辞。原日本官房长官野中广务，众议院议员、前环境省副大臣近藤昭一，日中协会理事长白西绅一郎也在纪念恳亲会上致辞，热烈祝贺立命馆大学中华校友会隆重成立。

据悉，这是日本第一个由中国大陆、台湾、香港的中国留学生统一成立的以“中华”命名的中华校友会，意义深远。成立大会上，第一任会长文启财先生代表立命馆大学在校及毕业的一万名中国留学生致辞。他首先感谢母校立命馆大学的培养和栽培，并对立命馆大学中华校友会的成立给予大力支持的日本政府、中国驻大阪总领事馆、京都府、京都市表示衷心的感谢。他希望中华校友会成立后能携手祖国各地的立命馆校友为中日友好交流、祖国两岸的统一、母校立命馆大学的发展作出新的贡献。

（中国新闻网 2012－04－23）

日本福建经济文化促进会横滨分会成立　会长陈圣方

4月19日，成立一周年的日本福建经济文化促进会在日本横滨举行年会，回首成立一年走过的道路，同时宣布日本福建经济文化促进会横滨分会成立。中国驻日本大使馆参赞兼总领事刘亚明以及侨界代表等到会祝贺。

日本福建经济文化促进会横滨分会首任会长陈圣方表示，横滨是日本华侨华人的发祥

地，横滨开港是日本近代化开端。这里包含着我们上一代华人的血和汗。今天闻名于中外的横滨中华街、横滨山手中华学校，都是我们上一代华人奋斗和努力的结果，同时也是我们华侨华人团结、相互帮助的传统和榜样。他还说：“我们日本福建经济文化促进会横滨分会的大多数成员都是在祖国改革开放后来到横滨的。在几十年的拼搏中，我们也得到华人前辈各方面的照顾和帮助，可以说我们是‘背靠大树好乘凉’。今天，我们饮水不忘掘井人，成立横滨分会就是要团结起来，为建设更好、更和谐的横滨华侨社会作出我们的贡献。为横滨华侨社会这棵大树浇水，为横滨的发展作出贡献。我们决心与总会一起团结起来共同努力，为家乡的发展、为中日的友好作出我们的贡献。”

中国驻日本大使馆参赞兼总领事刘亚明代表中国大使馆领事部向福建经济文化促进会横滨分会的成立表示衷心的祝贺。

（［日本］《日本新华侨报》网 2012－04－23）

香港东莞东城同乡会成立　会长李家仁

4 月 23 日，香港东莞东城同乡会成立暨首届会董就职典礼在香港美丽华酒店隆重举行。领导嘉宾、东城旅港乡亲近 500 人出席了庆典活动，香港著名儿科医生、太平绅士李家仁教授就任首届香港东莞东城同乡会会长。

香港特别行政区候任行政长官梁振英、中央政府驻香港联络办公室副主任林武、东莞市委副书记姚康、东莞市政协副主席钟淦泉、东莞市侨联主席曾民盛、东城区党委书记黄少文等领导出席了成立典礼，并共同为香港东莞东城同乡会揭牌，分别向首届会长、荣誉会长、副会长、会董颁发证书。

香港东莞东城同乡会会长李家仁表示，香港东城同乡会将秉承“爱祖国、爱香港、爱家乡”的办会宗旨，积极联络乡亲，互相扶持、提倡公益、共谋福利。

据悉，目前旅港东城籍乡亲有 5 000 多人，分布在香港岛、九龙和新界等地区，成立香港东莞东城同乡会主要是为了把香港辖区的东城乡亲团结起来，加强同乡之间联络，增进乡谊，相互扶携，从而推动莞港合作，促进在港乡亲与家乡的联系。

（中国新闻网 2012－04－28）

香港东莞大朗同乡会成立　会长叶健民

香港东莞大朗同乡会成立暨首届会董就职典礼日前在香港举行，叶健民任首届会长。

全国政协常委、中央政府驻香港联络办副主任黎桂康，东莞市委常委、市委统战部部长李小梅，全国政协委员、香港广东社团总会主席王国强，东莞市政协副主席钟淦泉，市旅游局、市外事侨务局、市侨联、市委统战部、香港同乡总会以及大朗镇委书记胡浩举等400多人参加了活动。

全国政协常委、中央政府驻香港联络办副主任黎桂康说："希望我们的同乡会能够进一步秉承爱国、爱港的宗旨，加强与内地的进一步交流和合作。"东莞市委常委、市委统战部部长李小梅希望广大会员继续发扬爱国、爱港、爱乡的优良传统，团结凝聚乡情，为旅港乡亲排忧解难，争权益，谋福祉，为香港为家乡的公益事业和经济文化建设作出更大贡献。

大朗镇委书记胡浩举说："我们衷心希望，以香港大朗同乡会的建立为新的起点，广大旅港乡亲能常回家看看，多回家感受家乡的变化，为家乡的发展建言献策。我们也将全力支持香港大朗同乡会的发展壮大，为广大乡亲回家乡投资兴业提供最大的帮助和最优质的服务！"

香港东莞大朗同乡会会长叶健民说："我们深信，在大家共同努力和鼎力相助之下，香港东莞大朗同乡会必定会不断壮大，会务越办越好，事业蒸蒸日上。"

（中国新闻网 2012－05－09）

日本湖南人会静冈分会成立　会长杨晓冬

6月6日发行的《日本侨报电子周刊》第1 034期，报道了日本湖南人会静冈分会成立的消息，家住静冈的日本湖南人会理事杨晓冬出任该会静冈分会会长。杨晓冬表示，要把分会办好、办出特色，为推进静冈和中国的交流作出新的贡献。

今年4月，日本湖南人会事务局长张盛开调到静冈大学担任副教授，为静冈的湖南人交流创造了更加有利的条件。加上杨晓冬作为静冈县的亲善大使和日本湖南人会的理事，几年前就发起成立了中国交流会，举办了丰富多彩的中日交流活动，吸引了众多喜欢中国的静冈市民们参加。特别是两三年前，受东京汉语角的启发，杨晓冬为当地的日本朋友开设了中文学习班，而学习班的几位老师里就有两位湖南人执教。据不完全统计，活跃在静冈各地的湖南人已经有数十名。为纪念中日邦交正常化40周年和日本湖南人会成立3周年，加强家住地方会员的交流，日本湖南人会静冈分会正式成立。

6月2日至3日，日本湖南人会会长段跃中在静冈市日中友好协会主办的演讲会和静冈汉语角成立仪式上，高度评价了杨晓冬在静冈15年为中日交流所作出的贡献。他还指出，日本湖南人会积极支持在日本各地普及汉语角，最早的东京池袋汉语角，以及后来陆续诞生的广岛汉语角、横滨汉语角、名古屋汉语角和静冈汉语角，都是在日本湖南人会会员的大力支持下创办的。因此，期待日本湖南人会静冈分会继承和发扬这种精神，为推进中日友好作出新的贡献。

（［日本］《日本侨报》2012－06－06）

日本金华总商会成立　会长马健

6月23日，日本金华总商会在大阪成立。中国驻大阪总领馆赵大为领事和韩冰领事出席了成立大会。

会上，赵大为发表了热情洋溢的祝贺讲话，他说，金华人在日经过艰苦打拼，已经在日本经济中占了一席之地，还有很多日本商人将到浙江省金华市投资和发展贸易，所以成立日本金华总商会很有必要。它一方面会促进在日本金华人的团结协作，另一方面也会增加日本企业与金华市的经济合作。

日本金华总商会首任会长马健是高级厨师，他到日本大阪后开办了两家酒店，同时积极向金华市介绍日本企业到家乡考察投资。他在成立大会上说，作为在日金华人，他为家乡的飞速发展感到骄傲，今后要发挥总商会的作用，为家乡金华的发展作出更大的贡献。

（［日本］《关西华文时报》2012－06－25）

澳门宁德市同乡会成立　会长陈言华

澳门宁德市同乡会成立庆典暨第一届理监事就职典礼近日在澳门新葡京大酒店隆重举行。200多位在澳宁德籍乡亲欢聚一堂，欢庆盛会，共话发展。

会长陈言华、理事长李安月及所有理监事庄严宣誓：团结旅澳乡亲，守望互助、爱国爱澳爱故乡，努力推动两地的经贸合作和友好往来，维护澳门繁荣稳定，支持家乡建设发展。

宁德市长郑新聪代表宁德市委、市政府向大会致辞，向旅澳乡亲表示祝贺并献上礼品。澳门特首崔世安派人送来花篮以示祝贺。驻澳中联办联络部副部长叶俊斌，澳门特区立法会议员、行政会议员陈明金及市政府代表团全体成员到会祝贺。宁德市蕉城区政府和宁德市外侨办赠送了礼品。福建省港澳办、福建省侨办和宁德市委统战部等单位以及宁德市海外侨社等20多家单位向庆典发来贺电贺信，共庆盛会召开。

（中国新闻网 2012－07－13）

柬埔寨浙江商会成立　会长施永平

柬埔寨浙江商会日前在钻石岛会议中心举行成立暨首届理事会就职典礼晚会。当晚，出席大会的包括中国驻柬大使馆经商处参赞金远、领事部主任韦宁、中国浙江省党组书记岑国荣、柬华理事总会长杨启秋勋爵、柬埔寨中国商会长高华以及5大会馆、13宗亲会、各商会、同乡会和中资企业等各方代表。

柬埔寨浙江商会长施永平说，该商会的成立，是柬中两国经济合作深入发展的必然趋势，也是广大旅柬浙江籍工商业者的共同心愿。随着柬中两国友好合作关系的不断增强，浙江籍工商业者来柬投资发展越来越多，越来越广泛，越来越具规模。因此，柬埔寨浙江商会成立，将会更好地促进柬中两国经济交流与合作，更好地为旅柬浙江籍工商业者投资发展服务。施永平说，该会将致力于发扬“和谐互助，资源共享”的精神，牢记增进柬中友谊、推动社会进步、促进经济发展、致力慈善公益、弘扬中华文化的历史使命，团结浙商，精诚服务，联谊华社，报效社会，努力为增进柬中两国传统友谊、为促进柬埔寨经济发展、为造福华社华人作出应有的贡献。

中国驻柬大使馆经商处参赞金远说，在柬埔寨，就有数百家来自浙江的创业，涉足物流、农业、林业、纺织、贸易等多个行业。经过多年的努力和奋斗，这些成功的企业，也为柬埔寨经济社会发展作出了应有的贡献。他希望在柬浙商时刻关注中国国内的政策动向，紧守诚信精神，促进互利共赢。

（［柬埔寨］《星洲日报》2012－08－14）

日本上海同乡会在东京成立　会长袁列

8月18日，日本上海同乡会在东京“聘珍楼”日比谷店举行了成立大会。中国驻日本大使馆参赞兼大使馆发言人杨宇出席了大会并祝辞，逾百名在日上海人以及部分在日华侨华人组织代表、中资企业代表、中国留学生学会代表出席了成立大会。

杨宇在祝词中首先对日本上海同乡会的成立表示热烈祝贺。他在讲话中说，上海人的精明、能干、务实、勤奋闻名于中国乃至世界，在日上海人有将近10万之众。日本上海同乡会的成立，为在日上海人在海外的奋斗史上写下了隆重一笔。

杨宇对日本上海同乡会寄予了三点希望：一是希望日本上海同乡会今后为增进中日两国民众相互理解、增进两国友好合作努力，通过实际行动进一步树立上海人在日本的良好形象，同时把一个客观的、全面的、正确的中国形象介绍给日本民众；二是不忘家乡，继续为上海的经济建设和社会发展作出应有的贡献；三是加强在日上海人的团结，提高凝聚力。

会上，日本上海同乡会第一任会长袁列宣读了日本上海同乡会成立宣言，并介绍了成立日本上海同乡会的初衷和准备过程。

上海市侨务办公室和上海市海外交流协会联名发来贺电，预祝成立大会圆满成功，并希望日本上海人同乡会今后积极拓展会务，发挥中日桥梁纽带作用。交流会上，与会者们进行了热烈的恳谈与交流，一致认为日本上海同乡会的成立为大家提供了一个彼此交流和合作的平台，并对日本上海同乡会的发展壮大充满了信心。当天会上，以促进经济发展和友好交流为主旨的“日本上海经友会”也同时宣布成立。

（［日本］《日本新华侨报》网 2012－08－20）

香港海南社团总会成立　会长张泰超

庆祝香港回归祖国15周年暨香港海南社团总会第一届会董会就职典礼联欢宴会1日晚在香港国际会展中心举行。至此，旅港琼属乡亲期盼已久的香港海南社团总会正式成立，标志着香港海南社团的社会活动进入一个崭新阶段。

来自世界各地的嘉宾、海南乡亲和旅港乡亲近2 000人共同见证了这一美好时刻。

据了解，香港海南社团总会由14个香港琼属社团及香港知青联谊会发起组成，以“爱国、爱港、爱乡，联谊与服务乡亲”为宗旨。会长由张泰超担任，李文俊为署理会长，云海清为秘书长，李运强、邢李、潘正洲等人受邀担任永远名誉会长。

海南省委副书记、省长蒋定之向总会发来贺信。蒋定之说，长期以来，广大旅港海南乡亲本着爱国、爱港、爱乡的情怀，为香港长期繁荣稳定和家乡发展进步作出了积极贡献。香港海南社团总会的成立，是香港琼籍社团资源的有效整合，有利于加强在港海南人的大团结和整合。他希望，香港海南社团总会不断增强凝聚力和影响力，在维护香港的繁荣稳定、支持香港特区政府依法施政、团结香港琼属海南社团和各界人士等方面不断努力，为促进琼港两地的交流与合作作出新的贡献。

（中国新闻网 2012－09－02）

菲律宾华人公会成立　主席邱仁士

菲律宾华人公会（菲华公会）10日在马尼拉正式宣告成立，这是菲律宾第一家以参政为宗旨的华人团体。

菲华公会主席邱仁士在记者招待会上说，菲华公会是一个志愿发起的民间组织，其成员主要为华裔菲律宾人。成立公会的目的是团结菲律宾广大华人群众，保护华人及其他少数族裔在菲律宾的合法权益。

邱仁士表示，菲律宾有200余万华人，拥有华人血统的菲律宾人更是不计其数，但是该国却没有一个华人政党。菲华公会是第一家明确提出以参政为目的的华人团体，其近期目标是吸引更多拥有华人血统的菲律宾人加入该会，以达到菲政府关于组建政党最低人数的要求，从而更好地在政治舞台上为华人等菲律宾少数族裔争取权益。

据了解，菲律宾现有数百个华侨华人团体，它们绝大多数都属于同业会、同乡会、同学会和同宗会等社会团体性质，其中最具影响力的是成立于1954年的菲华商联总会。

（新华网 2012－09－11）

阿联酋中国河北商会暨同乡会成立　会长王立良

近日，阿联酋中国河北商会暨同乡会正式成立。这是中东地区成立的第一家河北区域的商会和同乡会。

阿联酋中国河北商会暨同乡会在秉承联络乡亲、增进乡情、团结一致、互相扶持、倡导善举、共谋福利的创会宗旨下，致力于加强和各侨社沟通，为会员更好地融入当地环境，密切联系祖国家乡，集聚河北侨胞，增进相互间的友谊，共同建设繁荣、和谐、团结的河北社团。商会将广泛团结和联系阿联酋的华侨华人，加强中阿两国的交流与合作，发挥自身优势和作用，为促进阿联酋与中国的经济文化交流合作作出应有的贡献。

中华人民共和国驻迪拜总领事詹京保向成立大会致贺词。他高度评价了在阿河北人吃苦耐劳、团结奋进的创业精神，充分肯定阿联酋河北商会暨同乡会成立的重要意义，并希望该会能继续秉承冀商重信尚义、顽强坚毅的优秀品质，不断加强与侨居国的贸易合作和互通友谊，树立现代河北的新形象。

（河北侨联网 2012－09－29）

澳门安海紫云宗亲会成立　会长黄东阳

澳门安海紫云宗亲会成立大会暨首届理监事就职典礼日前在澳门举行，由祖籍安海曾埭村的黄东阳任会长。宗亲会成立当天，逾400名宗亲会员参加了成立大会。旅澳晋江乡贤、澳门立法议员陈明金到场祝贺，并为该会首届理监事就职监督。

澳门安海紫云宗亲会会长黄东阳在发言中表示，将恪守职责，为安海紫云宗亲会作出应有的贡献。他希望全体会员秉持宗旨，爱国、爱澳、爱乡，团结一致，友爱互助，为社会发展发挥力量。黄东阳是澳门武术总会运动员，曾在1990年北京第11届亚运会上获得男子南拳铜牌，实现澳门亚运会奖牌“零”的突破。他于2008年被推选为北京奥运火炬手，参加澳门站的火炬传递。

（中国新闻网 2012－10－12）

印度尼西亚张氏宗亲总会成立　总主席张远明

印度尼西亚张氏宗亲总会第一届理监事就职典礼于26日举行。

筹委会主席张建忠表示：“我们深信，从今以后有了这个人才济济的总会平台，凭着我们坚定的信念，同心同德，定能为我们的祖先及后代作出一份贡献。另外，我们还将于2015年在雅加达举办世界张氏恳亲大会。”

理事长张和然指出，印度尼西亚张氏宗亲总会的成立是印度尼西亚张氏族人的一大盛事，成立总会旨在弘扬张氏祖先的优良传统文化，尊祖敬宗、敦亲睦族，加强张氏族人的凝聚力，团结海外宗亲，扶危济困，建立一个具有时代特色的“亲情”与“商情”相结合的信息交流平台。

深信张氏宗亲总会在众宗长们同心协力之下，在总主席张远明宗长领导下，必将为宗亲福祉、为当地社会和谐、经济繁荣作出更大的贡献。团结宗亲，联络亲情，共创辉煌，是印度尼西亚张氏总会希望之成果。同时，中国广东省梅州市张氏宗亲联谊会会长张伟忠也对印度尼西亚张氏宗亲总会的成立表示祝贺。

张远明表示，印度尼西亚张氏宗亲总会的成立，是经过各地区的张氏宗亲组织互相沟通、了解、交流后，取得的共识，是为实现张氏宗亲共同的愿景而联合组织起来的。总会的成立，旨在弘扬张氏祖先的优良文化传统，尊祖敬宗，敦亲睦族，加强张氏族人的凝聚力。

（［印度尼西亚］《星洲日报》2012－10－30）

马来西亚加帛省张氏公会成立　会长张贵芳

当地时间11月26日晚，马来西亚加帛省张氏公会会所举行落成典礼，世界张氏总会会长拿督张贵芳出席晚宴并致辞。

张贵芳说，在中国百家姓氏中，张氏族人名列大姓，分布在世界各地的宗亲也不计其数。张氏族人以坚韧不拔及刻苦耐劳的精神，创造美好的生活，同时也造就了许多成功人士，成为张氏后裔的楷模。

张贵芳指出，宗亲会有别于一般社团，因为它建立在血脉相连的基础之上。宗亲会倡导伦理、发扬祖德、孝敬父母，要为后辈树立典范，将祖先的优良传统薪火相传，需要大家共同努力。同时，加帛省张氏公会的成立，和华社其他社团组织一样，也是为了促进人文社会安定和经济发展。

张贵芳希望宗亲们能同心协力、团结和谐、心手相连，一起追本溯源、缅怀祖德，使张氏宗亲会代代相传，使会务发展更加昌隆。

（［马来西亚］《诗华日报》2012－11－28）

缅甸华侨华人青年工商会成立　会长张维虎

据缅甸《金凤凰》中文报报道，近日，缅甸华侨华人青年工商会成立仪式在仰光举行。中国驻缅甸大使馆领事部秘书张鹏、缅华相关侨团侨领代表、青年工商会的青年企业家等出席了当晚的成立典礼。

缅甸华侨华人青年工商会创会人张文钦首先致辞，他表示，创立缅甸华侨华人青年工商会，旨在为缅华工商界的青年一代创造一个良好的交流与发展的平台，使他们能够与时俱进，展现出年轻人应有的朝气，为缅华商界的未来谱写美好的明天。

中国驻缅甸大使馆领事部秘书张鹏向缅甸华侨华人青年工商会的成立表示热烈的祝贺。他说，工商会的成立，标志着缅华的青年一代已茁壮成长起来。他期望，作为第三、第四代的海外华侨，缅华的青年人应为中缅两国的友谊和经贸往来作出应有的贡献。

缅甸华侨华人青年工商会会长张维虎随后致辞。他表示将尽力服务于缅华青年人，团结一批青年企业才干，为青年工商会的发展而努力。他表示，相信在未来的日子里，青年工商会一定会更加壮大。

（中国新闻网2012－12－13）

斯里兰卡华侨华人联合会成立　会长张宏

12 月 18 日，斯里兰卡华侨华人联合会在首都科伦坡成立，来自斯全国各地、各个行业的 100 多名华侨华人代表参加了成立仪式。

驻斯里兰卡大使吴江浩出席仪式并对华联会成立表示热烈祝贺。吴大使说，斯里兰卡华侨华人联合会的成立是一件可喜可贺之事。随着祖国日益发展强大，海外华侨华人的发展也获得了众多有利条件。希望华联会广泛联系各界，凝聚侨心，汇聚侨力，为在斯华侨华人更好地服务，为两国关系发展和民间友好往来多作贡献。中国驻斯里兰卡大使馆将全力支持华联会的工作。

华联会首任会长张宏表示，华联会将在使馆的指导帮助下，努力为华侨华人提供服务，并为树立国人良好形象发挥积极作用。

（中华人民共和国外交部网 2012－12－20）

美　洲

美国华人餐饮业协会成立　主席陈键榕

美国华人餐饮业协会当地时间 10 日宣布成立，该协会成立的目的是希望团结从业人员，为业内人士提供行业信息和法律援助，同时提高中餐业整体水平。

美国华人餐饮业协会主席陈键榕表示，中餐是美国多元族裔饮食文化中不可或缺的重要组成部分，但自美国金融危机导致经济衰退以来，全美各地的中餐馆的盈利降低，急需加强经营、扩大影响、拓展市场。经过长时间的筹备，美国华人餐饮业协会不久前在纽约州政府成功注册为非营利机构。美国华人餐饮业协会在此时创立，肩负着团结业内人士应对时代变化，引领中餐业界保持传统，寻求长远发展的重任。

纽约州众议员孟昭文办公室主任孙雯代表孟昭文对协会成立表示祝贺。她指出，华人餐饮业为纽约州作出了很大贡献，但由于执法人员对中餐制作过程不太了解，而中餐业者也不知从何处获得正确信息，因此，导致中餐业不断被罚。希望协会今后能成为从业者寻求支持的地方。孟昭文还向协会颁发了表扬状。

福建同乡会主席郑棋表示，美国从事中餐行业的闽籍移民占90%，中餐业是福建人的主业，一些中餐业从业者在人身安全、薪资福利等方面缺乏保障。希望协会今后能多举办法律、卫生方面的讲座，也希望业界人士踊跃参加协会，善用协会资源。云吞食品公司总裁李可星、财务总监刘宗河，恒利好公司副总裁陈圣钟，麒麟金阁董事长刘增棋，君豪大酒楼董事长张子鹏，律师江锦鑫等纷纷发言，对协会寄予厚望。

陈键榕介绍，美国华人餐饮业协会已开始展开服务，例如，会同兄弟社团一起探望了在布鲁克林被抢劫并遭枪击受重伤的华裔外卖郎陈晋锦。在纽约市，自从实行了新的餐馆分级制度以来，中餐馆面临着比以往更严格的检查和评级，协会近期将与卫生局联合举办餐馆评级讲座等系列活动，未来还计划在华埠设置永久会所。侨领石喜乐、郑思棋、林德明、郑斌、陈起永、林魁、朱立业、曹慧玲等到会祝贺。

（［美国］《侨报》2012－01－13）

美国西雅图开平同乡联谊会成立　名誉主席方伟侠

2月2日，开平市外事侨务局、开平市侨联联合致电美国西雅图开平同乡联谊会，热烈祝贺该会正式成立。

西雅图（Seattle）是美国太平洋西北区最大的城市，也是美国太平洋西北部商业、文化和高科技的中心，是贯穿太平洋及欧洲斯堪的纳维亚半岛的主要旅游及贸易港口城市。全市人口约有573 911人，整个都市区人口约为380万人。旅居西雅图的开平籍华侨华人众多，几年前，当地侨胞就开始筹建西雅图开平同乡联谊会。近年来，美国西雅图“中国和平统一促进会”会长、美国西雅图华人联合会会长方伟侠积极联络旅居西雅图的开平侨界人士，并于去年成立开平同乡联谊会筹委会。日前，西雅图开平同乡联谊会正式成立。

该会以“广结朋友，开拓视野，交流信息，联系乡亲，互助互爱，热心公益”为宗旨，欢迎各界侨胞踊跃参加，为促进该会的稳步发展作出应有的贡献。目前，该会拥有会员300多人。美国西雅图“中国和平统一促进会”会长方伟侠担任该会名誉主席。

（广东侨网 2012－02－08）

美中艺术协会成立　主席王鑫生

为进一步促进美国与中国在艺术领域的更多交流与合作，经两国多位知名艺术家共同协商，“美中艺术协会”于3月9日在美国休斯敦大学希尔顿酒店宣告成立。

美中艺术协会的主要发起人之一是著名旅美华裔画家王鑫生。作为著名油画家，王鑫生在旅美近20年的艺术创作和艺术教育历程中，取得了巨大的成就。王鑫生在与中国多位杰出艺术家的交流中，时常会产生一种共鸣：在中美间的艺术交流问题上，缺乏一个公共性、学术性、互动性的定期对话平台。如果有了此平台，美中两国艺术家可就书画艺术领域以及泛艺术议题进行多方位的对话与交流，探讨当今在艺术多样性的时代艺术的发展模式，加深美中两国在人文文化背景下的相互了解，推进两国书画艺术交流的全面性，从而持续深入地进行交流与合作。

在中国驻休斯敦总领事馆以及多位美中著名艺术家的支持下，王鑫生与各方经过反复会商后，决定由美中两国的著名艺术家联合发起成立这样一个“美中艺术协会”。他的倡议一经提出，立即得到热烈响应，尤其是美国主流社会的多位艺术家，都十分热情地表示支持和参与。大家认为，这个协会的成立无疑将为今后美中两国之间的文化艺术交流架起一座金色的桥梁。

（［美国］《美中信使报》2012－03－13）

智利福建总商会成立　会长王银乐

智利福建总商会13日在智利首都圣地亚哥成立，中国驻智利大使馆侨务领事蔡立权、福建省福州市市长杨益民、智利政府代表及各界华侨华人代表等近200人出席成立庆典。

智利福建总商会首任会长王银乐在庆典上致辞说，闽籍在智乡亲将以商会为平台，共同探索更多创业途径，拓宽智利和海内外商界交流，为智利的经济发展和智中两国经贸交流作出应有贡献。

蔡立权希望新商会能引导闽籍侨民在智利合法生存与发展，在促进侨界团结互助，树立守法、诚信、文明和谐的新形象等方面发挥积极作用，不断为中国与智利的政经文化等各方面的交流作出新贡献。

（新华网2012－07－16）

加拿大温哥华顺德商会成立　会长梁耀铨

9月25日，加拿大温哥华顺德商会在加拿大卑斯省温哥华市举行创会典礼。中国驻加拿大温哥华副总领事茅润龙，加拿大卑斯省议员李灿明，顺德区人大副主任霍兆忠、政务委员谭志亮、政协副主席黄燕霞等领导和嘉宾出席典礼。顺德区工商联（总商会）组织10多名顺德籍企业家，由副主席陈伟尧带领到场祝贺。会上，会长梁耀铨，加拿大联邦、省、市三级政府代表，中国驻温哥华领事分别致辞。霍兆忠代表顺德区委区政府发表讲话，黄燕霞代表区工商联向加拿大温哥华顺德商会赠送祝贺礼品。

温哥华顺德商会于今年9月22日在加拿大温哥华政府注册成立，由温哥华顺德籍的50多位企业家组成。该会成立后，将协助更多顺德工商界人士透过商会平台，加强与加拿大各界的联系，广交朋友，进一步寻找投资合作的机会。

顺德区工商联（总商会）正在全力推进异地顺德商会的组建工作，并计划于明年举行世界顺商联合总会成立大会，让世界各地的顺德籍企业家及其合作伙伴在顺德沟通信息、碰撞思想，共谋商机，实现信息、资金、技术、人才高度集聚，为顺德经济社会发展服务。目前已成立了澳门顺德商会、加拿大爱民顿顺德商会和温哥华顺德商会，广东的其他地区和四川、云南、湖北、江苏等省份的商会也在紧锣密鼓推进中。

（广东侨网 2012－09－28）

美国晋江联合会成立　会长林建良

27日，美国首个晋江社团——美国晋江联合会在洛杉矶成立，并举行了首届理监事就职典礼。

美国晋江联合会目前有会员100多名，晋江陈埭乡贤林建良先生当选为首任会长。

晋江市委常委、统战部部长王金战率团前往祝贺。

（中国新闻网 2012－09－29）

阿根廷北京同乡会成立　会长李文忠

阿根廷北京同乡会10月29日在阿根廷首都布宜诺斯艾利斯举行成立庆典招待会，中国驻阿根廷使馆殷恒民大使及使馆官员，驻阿中资企业代表及阿根廷总统府国务秘书加布里尔·戈梅斯等阿方官员出席了招待会。

首届阿根廷北京同乡会会长李文忠在致辞中说，北京地区古称燕赵，自古以来多慷慨悲歌之士，又是现在中国的政治、经济、文化、军事和外交的中心，北京人在阿根廷大部分事业有成，开辟出了自己的一片天地。他说，同乡会的宗旨是实现同乡之间的真情互动，为家乡事业的发展尽力，凝聚侨心侨力，在祖国和侨胞需要的时候作出应有的贡献。

中国驻阿根廷大使殷恒民对北京同乡会的成立表示了祝贺。他在讲话中转述了李会长强调的爱国、创新、包容、厚德的北京精神，他表示，希望北京同乡会在成立之后，能更好地促进同胞们融入阿根廷社会，与各侨团和谐相处，不断推进中阿友好合作关系。他说，中国大使馆会像支持其他侨团活动一样，支持北京同乡会的活动，希望同乡会与大使馆保持密切联系。

（［阿根廷］中闻网2012－10－30）

加拿大广东协会成立　会长马松林

经过近两年的筹备，“加拿大广东协会”成立大会于28日在紫京盛宴举行，300多人出席了大会。加拿大三级政府代表，包括国会议员布朗、梁中心，安省旅游、文化及体育厅长陈国治，安省省议员莫伟力，约克区区域议员李国贤，烈治文山市议员陈志晖和廖立晖，移民部特别助理Jeff Trinh，以及中国驻多伦多总领馆副总领事吴冬梅，多伦多华联总会主席林立，中加商贸促进委员会主席胡子修等嘉宾出席了大会。

“加拿大广东协会”成立大会主题演讲嘉宾为缅省省督、广东协会名誉会长李兆麟。李兆麟省督在演讲中赞扬了华人移民对加拿大的贡献，并祝贺广东协会的成立。“加拿大广东协会”首任会长马松林在致辞中表示：“广东协会是一个在加拿大注册的非政治、非宗教、非牟利的粤籍乡亲的联谊组织。协会的成立不但获得加拿大三级政府的支持，广东省各界也纷纷发来贺词。广东协会成立的宗旨是广泛联络加拿大的广东乡亲，透过联谊活动，增进感情。协会今后将致力于推动在加拿大的粤籍乡亲、包括曾在广东工作的华裔移民融入主流社会和安居乐业；协会也提供相关的协助，加深加国华裔与广东乡亲的联络，广东协会也将成为加国和广东两地的桥梁。”

中国驻多伦多副总领事吴冬梅，加拿大佛教会会长、湛山精舍主持达义法师以及三级政府代表对广东协会的成立表示祝贺。加拿大国会议员布朗代表联邦政府宣读了总理哈珀及移民部长康尼的贺信；安省旅游、文化及体育厅长陈国治代表省长麦坚迪宣读了贺信；国会议员邹至蕙助理黄娟宣读了邹至蕙的贺词。

缅省省督、广东协会名誉会长李兆麟向“加拿大广东协会”会长马松林，副会长汤友志、黄学昆、黄明亮、张哲旋、陈根子、温万年，顾问苗延建、池朝晖以及协会常务理事颁发证书。

（［加拿大］《世界日报》2012－10－31）

美国得克萨斯安徽同乡会成立　会长张闻

得克萨斯安徽同乡会1日在美国得克萨斯州第一大城市休斯敦宣布成立，张闻当选为首任会长，王福生当选为秘书长。

当天在休斯敦中国人活动中心举行的成立仪式上，张闻发表致辞说，成立得克萨斯安徽同乡会是广大休斯敦安徽侨胞的共同心愿。今后，同乡会将以联合会员、精诚团结、互相帮助、共谋发展为宗旨，加强和中国安徽省的联系，弘扬中华民族传统文化，促进中美在科技及经济等领域的互惠合作。

中国驻休斯敦总领事馆侨务组组长范勇代表领事馆向得克萨斯安徽同乡会表示祝贺。他在致辞中表示，得克萨斯安徽同乡会的成立无论对休斯敦的安徽侨胞还是其他侨社来说都是一件大喜事，也为安徽侨胞与安徽省的交流合作、中美文化与经贸关系等的发展架起了友谊的桥梁。中国驻休斯敦总领馆将一如既往地支持侨社工作，为侨胞提供高质量的服务。

得克萨斯州密苏里城议员兼国际关系主席阮丹尼及当地各侨社负责人共约150人应邀出席了安徽同乡会的成立仪式。

（新华网2012－12－02）

加拿大中国商会阿尔伯塔分会成立　会长张凤久

2012 年 12 月 5 日，加拿大中国商会阿尔伯塔分会举行成立大会和揭牌仪式，共有来自阿尔伯塔省、萨斯喀彻温省和西北地区的 28 家中资企业代表出席会议并成为分会首批会员。中海油加拿大公司总裁张凤久被选举为首任会长，中石化、中海油、上海海隆、长联油加拿大石油公司、兖煤加拿大公司、科瑞石油设备公司为副会长单位。加拿大中国商会派代表出席了阿省分会成立大会。驻卡尔加里总领事刘永凤出席大会并致辞。

刘总领事说，近年来，中加关系得到快速发展，来加投资的中资企业数量和投资额初具规模，但由于中加两国文化等方面的差异，中企在投资经营过程中遇到了一些困难和挑战，其中不少具有共性，因此，成立代表领区中资企业利益的商会势在必行。商会的成立具有里程碑意义，是双方经贸投资、合作发展的积极成果。

刘总领事希望商会按照宗旨，积极维护中资企业正当权益，为中企在加立足、发展服务，为促进中加经贸合作和企业间的交流发挥桥梁和纽带作用，同时督促中企遵守加拿大法律，积极融入当地社会。

加拿大中国商会的宗旨是为会员和中加企业建立交流信息、共享资源的平台。为中资企业在加拿大开拓业务提供咨询服务，反映会员企业的诉求，维护会员企业的合法权益，指导会员企业遵守加拿大法律，促进会员与政府、商界的交流活动，为扩大和深化中加经贸合作做出努力。

（中华人民共和国外交部网 2012－12－08）

欧　洲

瑞典华人文化交流联合会成立　会长王钰清

瑞典华人文化交流联合会于 1 月 7 日在斯德哥尔摩成立，中国驻瑞典大使馆领事部代表、瑞典华侨华人代表等数十人与会。

瑞典华人文化交流联合会是一个以女性为主的全国性联谊和文化交流团体，现有会员 300 余名。会员主要为当地华侨、留学生以及来自商业、体育、医学、教育、文化等领域的爱心人士。在成立大会上，王钰清当选为联合会首任会长。据介绍，联合会已成功在瑞典政府立项并申请到 2012 年由政府支持的活动经费，这将在繁荣和丰富瑞典华侨华人的文化生活方面起到积极作用，也将在瑞典进一步弘扬和推广中国传统文化、促进中瑞两国人民的文化交流上发挥重要作用。

目前，联合会正在紧锣密鼓地筹备迎春节的民俗表演活动，并将在斯德哥尔摩东方博物馆举办的年度庆祝春节活动中为瑞典民众和华侨华人进行精彩的表演。此外，联合会作为欧洲华侨华人妇女联合总会的成员，还将致力于团结和帮助在瑞华人，支持华人移民及妇女在家庭和社会上享有平等的权利和地位，帮助其尽快适应并融入瑞典社会。

（新华网 2012－01－09）

法国华人收藏家协会暨法国南京同乡会成立　会长吴征兵

“法国华人收藏家协会暨法国南京同乡会”成立庆典晚宴17日在位于巴黎塞纳河畔的长荣酒店举行，来自法国、荷兰、比利时和中国的文化艺术界人士百余人出席。

“法国华人收藏家协会”会长吴征兵在致辞中介绍说，该协会经法国政府批准，于2011年在巴黎成立，是由全法国的华人收藏家、收藏组织、收藏爱好者自愿组成的非营利的全国性社会团体。该协会现有150多位会员，其宗旨是“天降大任，海外回流”，协会将以促进海外回流为己任，发掘、保护、抢救、回流各种流失到欧洲的中华文物和古董艺术品。同时，也致力于提高广大收藏爱好者的收藏品位、收藏技艺以及对文物的认识与保护。吴征兵说，该协会将组织全欧洲的华人收藏家参加于今年10月在台湾召开的第三届世界华人收藏家大会，并与法国枫丹白露博物馆、集美亚洲艺术博物馆、卢浮宫博物馆、凡尔赛宫博物馆、巴黎国家图书馆、欧洲保护中华艺术协会等机构合作，于2012年下半年在巴黎举办“首届圆明园文物国际学术研讨会”。

晚宴同时还庆祝法国南京同乡会的成立，吴征兵兼任法国南京同乡会会长。法国华人收藏家协会暨法国南京同乡会另外聘请了曾经3次竞选法国总统的华裔女性成之凡任名誉会长。来自法国、荷兰、比利时的华人收藏家协会的代表纷纷在会上发言，并和与会者交流收藏心得。

（新华网 2012－03－19）

英国中华总商会成立　会长张劲龙

英国中华总商会日前在伦敦宣告成立，该会负责人称，总商会成立的目的，是为中英之间的经济联络搭建一个平台，也让在英的华侨华人企业家和商会有一个“自己的家”。来自英国政府、议会、各商会和财团以及当地政商界来宾200余人出席了此次庆典。

经过与会30多名代表提名选举，张劲龙当选为英国中华总商会第一届会长，朱明明当选为第一届执行会长。会议举手通过创会主席团名单、常务副会长及副会长提名名单。参会的列席贵宾见证了英国中华总商会的筹备成立，对新成立的总商会提出几点希望：遵章守法，融入主流，服务会员，共谋发展，展开全球合作。

刚当选的英国中华总商会会长张劲龙表示，2012年是中英建交40周年，随着中英之间经贸交流不断加强，目前，在英国的华侨华人企业如雨后春笋般蓬勃发展。今后要加强会员之间的交流协作、互相帮助，做大做强。中华总商会执行会长朱明明说，希望商会为中英的经济协作，为华商、华社发展办实事，做好事。英国中华总商会将为会员提供投资、贸易洽谈、商业考察的项目信息，同时提供包括法律、会计、资产所有权等在内的一系列咨询服务。总商会还将积极参加英中双边商会、企业及政府部门的各项活动。

（中国新闻网 2012－04－03）

希腊合肥之友联谊会成立　会长张锡清

6月2日，希腊合肥之友联谊会在雅典举行成立仪式。中国驻希腊大使杜起文夫妇、政务参赞赵丽莹等使馆领导和安徽省合肥市政协主席董昭礼等合肥代表团有关领导等近百人参加成立仪式。旅居希腊温州籍侨胞张锡清成为第一任希腊合肥之友联谊会会长。

成立仪式上董昭礼表示，中国和希腊都是文明古国，都有着悠久的历史和灿烂的文化，两国人民在长期交往中结下深厚友谊。位于中国华东地区的安徽省省会合肥市是一座古老而又年轻的城市，目前，合肥已成为广大海内外企业家投资兴业的热土，成为中部地区承接产业转移、集聚人才资本的重要平台。

中国驻希腊大使杜起文在致辞中表示，中希两国人民友谊源远流长，双边关系发展势头良好。时值中希建交40周年之际，希腊合肥之友联谊会的成立将会进一步加强两国间的经贸、文化等方面的往来与交流。

张锡清对当选首任希腊合肥之友联谊会会长感到责任重大，他强调该会今后将紧密团结、优势互补，为两国之间的经贸往来、文化交流等方面提供力所能及的支持与帮助，并将与希腊人民一起，携手共渡难关，共创美好未来。

（［希腊］《中希时报》2012－06－05）

威尼斯华侨华人企业家联合总会成立　会长胡建平

由意大利威尼斯地区华侨华人中青年企业家组成的威尼斯华侨华人企业家联合总会于6月8日宣布正式成立，并在帕多瓦市举行盛大成立典礼活动。

中国驻米兰总领馆姚娴丽领事、宁念念领事，帕多瓦市市长代表诺娜，意大利华商总会会长朱玉华，以及来自意大利各地的侨团代表、当地华侨华人企业界人士、意大利工商界代表应邀出席庆典活动，并对威尼斯华侨华人企业家联合总会成立、胡建平被推选为首任会长表示祝贺。

依据威尼斯华侨华人企业家联合总会章程和民主选举原则，大会选举胡建平先生为首任会长、苏文义为理事长、张永淼为执行会长、王金华为第一常务副会长、杨利锋为秘书长。会议一致通过了创会的章程和选举组织原则，并依据章程确立了旨在促进威尼斯华侨华人企业加强联谊，推动华人企业发展，帮助华侨华人融入当地主流社会，提高华侨华人地位和形象，加强与祖（籍）国广泛合作，促进中意交流，支持中意公益事业发展等纲领。

威尼斯华侨华人企业家联合总会首任会长胡建平在庆典仪式上表示，作为首届会长深感荣幸，同时又感到任重道远。将与全体会员一起秉承创会宗旨，严格恪守建会章程，认真履行职责，广泛联谊中意企业界人士，为华人企业搭建更加有益于发展的交流平台和促进中意经贸、文化交流做出不懈的努力。

据悉，威尼斯华侨华人企业家联合总会举行成立庆典活动前，中国国务院侨办、中国侨联等有关侨务主管部门、旅欧华人社团组织纷纷为威尼斯华侨华人企业家联合总会发来贺电，勉励威尼斯华侨华人企业家联合总会为华人事业发展做出不懈努力。希望联合总会广泛团结华人企业界人士，发扬互济互助的优良传统，努力维护华侨华人的合法权益，为改善华人企业的经营环境，提高华企地位、树立华人企业新形象，促进中意两国在经贸、文化等领域的合作与交流贡献力量。

（［意大利］欧联通讯社 2012－06－09）

英国齐鲁文商会成立　会长邵伟

6月20日晚，百余名来自各行各业的在英山东籍侨胞齐聚伦敦艺术中心（Kings Place）参加齐鲁文商会筹办的成立酒会暨音乐会。齐鲁文商会是英国第一个山东人联谊会，它的成立将为在英国的山东同胞搭建起一座互助沟通的桥梁，同时也会为维护在英山东同胞的合法权益起到积极作用。

中国驻英大使馆参赞兼总领事唐立，全英中华总商会常务副会长兼齐鲁文商会创始人邵伟等出席了当天的活动并发表讲话。邵伟说：“山东是孔子的故乡，是中国文化的源头之一。无论置身何地，作为齐鲁大地的后代都应该带着故乡文化的烙印，应把中国文化最精彩的部分带到英伦。”唐立参赞代表驻英大使馆表达对文商会成立的祝贺与支持，他希望文商会可以增进旅英山东侨胞团结友谊，把优秀的山东文化发扬光大。在稍后的音乐会中，东西方多名艺术家对西方古典和东方国粹的完美演绎更是把当天的活动推向高潮。

（［英国］《华闻周刊》2012－06－25）

法国华侨华人爱心会所成立 负责人徐乐平

法国华侨华人爱心会所24日在巴黎宣告成立，开启了法国华侨华人爱心慈善事业新的里程碑，受到法国华侨华人的广泛欢迎，这也是法国乃至欧洲的华人世界成立的第一个此类民间公益慈善团体。

法国华侨华人爱心会所负责人徐乐平在成立大会上表示，成立爱心会所是要进一步发扬法国侨界守望相助的人道主义精神，弘扬中华民族扶弱济困的传统美德，帮助旅法侨界的个人和团体解决困难。他解释说，随着中法关系的深入发展，两国经贸合作加深，人员交流频繁，在法的华侨华人人数不断增多，他们经常会遇到各种困难，受到各种困扰，急需帮助，爱心会所正是在这样的情况下成立的。

中国驻法使馆参赞许建工代表孔泉大使对会所的成立表示热烈祝贺，同时希望爱心会所能够成为法国侨界爱心慈善事业的领头羊。许建工说，目前生活在法国的华侨华人近50万人，每年还有近100万的中国游客进入法国，不断有人需要帮助。法国华侨华人爱心会所是法国以及欧洲侨界的新生事物，在排难解忧、扶弱济困方面将会发挥重要作用。

法国华侨华人爱心会所由法国侨界精英组成，他们多数人曾经担任过华人社团的会长和主席，是一群热心公益事业的爱心人士，他们表示将利用自身的经济实力及能力，为华侨华人奉献爱心、解决困难。

（新华网 2012－06－25）

巴塞罗那中华总商会成立 主席许建南

9月5日，在这秋高气爽的美好日子里，西班牙巴塞罗那大世纪酒店内，张灯结彩，宾朋满座，热闹非常，巴塞罗那中华总商会在此隆重举行成立庆典。中华人民共和国驻巴塞罗那总领馆严邦华总领事，李春梅副总领事及总领馆的随行领导，西班牙加泰罗尼亚省政府官员，各大区市政

府的负责人及警方代表，旅西侨界各华人侨团的侨领，华人企业的代表，150家会员单位的嘉宾以及多家新闻媒体人员共400余人参加了庆典。当晚的会议由巴塞罗那中华总商会秘书长王云龙先生主持，旅西侨界知名人士林毅先生担任翻译。

华商会主席团主席曹启震先生宣读大会章程；主席团主席金浩先生宣读了组织机构名单，主席团首届主席许建南先生发表就职演讲。嘉泰罗尼亚华侨华人社团联合总会主席林峰先生、西班牙巴塞罗那华侨华人社团联谊总会执行主席陈建斌先生作为侨界代表先后发表讲话。

加泰罗尼亚省警察总局局长 Agustin Castro 先生也发表了动人的讲话。他说："能受邀参加巴塞罗那中华总商会的成立大会，我感到非常荣幸，并表示衷心祝贺。目前，我们深受经济危机的困扰，而中国经济却充满着活力，希望你们中国商人和侨团，在帮助我们走出困境方面多做工作。我们将尽力为你们创造美好的创业和经营环境。"

中华人民共和国驻巴塞罗那总领馆严邦华总领事也发表了热情洋溢的讲话。严邦华总领事还给首届主席许建南先生及主席团成员王小张先生、王云龙先生、王云桧先生、何建荣先生、余式斌先生、金浩先生、曹启震先生、曾文周女士颁发了证书。主席团成员王小张先生、何建荣先生和余式斌先生给顾问团顾问徐松华先生、林峰先生、周民康先生、Jesys Mantecon Burgos 先生颁发了聘书。

巴塞罗那中华总商会的成立得到了国内外有关政府部门和侨界的热心关注。国务院侨务办公室，全国归国华侨联合会，中华人民共和国外交部，全国政协港澳台侨委会办公室，中国和平统一促进会，中华人民共和国驻西班牙大使馆领事部，中华人民共和国驻巴塞罗那总领馆，北京市归国华侨联合会，浙江省归国华侨联合会等120多家单位和个人都给大会发来了贺电贺信。大会议程结束的同时还举行了盛大的庆祝酒会。

巴塞罗那中华总商会从筹备到成立都得到了中华人民共和国驻巴塞罗那总领馆的高度重视。李春梅副总领事亲自为商会起草制订《巴塞罗那中华总商会章程》，明确了商会宗旨。

（浙江省侨联网 2012－09－10）

意大利那不勒斯华侨华人工商总会成立　会长吴锦泽

为了进一步加强华人企业间的横向联系，有效维护华商权益，加强区域间的企业合作，促进中意的贸易往来，带领广大华商共同应对经济危机，由那不勒斯华人企业界人士共同发起组建的意大利那不勒斯华侨华人工商总会，经过近一年精心筹备和酝酿，于9月23日下午在意大利南部城市那波里正式举行成立大会。

依据意大利那不勒斯华侨华人工商总会民主选举原则，大会选举吴锦泽为首任会长、黄建勇为理事长、林道芬为执行会长、叶余立为第一常务副会长、娄金付为秘书长。大会同时通过了工商总会的章程及行动纲领。

中国驻意大利使馆马永贵领事，那不勒斯地方政要，意大利华商总会、罗马华侨华人贸易总会、意大利上海联谊总会等侨团负责人，以及来自意大利各地的华人社团、知名侨领、企业界人士、华侨华人、新闻媒体逾200人应邀出席了意大利那不勒斯华侨华人工商总会成立庆典大会。

（［意大利］欧联通讯社2012－09－24）

欧洲萍乡同乡总会成立　会长黄申萍

9月22日，欧洲萍乡同乡总会成立大会在巴黎举行，来自法国、德国、英国、意大利等地的江西萍乡籍人士及亲属50余人共同见证了欧洲萍乡同乡总会的成立。

据悉，目前萍乡市旅欧华侨华人和留学人员共100多人，其中法国就有70多人。为进一步团结旅居欧洲的萍乡籍人士，搭建萍乡与欧洲地区经济合作、文化交流的桥梁，在萍乡市侨联的关心指导下，欧洲萍乡同乡总会经过半年多的积极筹备在法国正式注册成立。

会议选举法中企业家协会专职秘书长黄申萍博士为同乡总会首任会长，挪威食锦轩国际股份公司总经理潘丰女士、英国埃克萨斯大学甘强教授、旅德学者计算机学会副主席李立等为副会长，法国玛黑沙龙总经理吴敏娟为秘书长兼外联部长，华为法国公司市场部经理胡铁托担任同乡总会财务长。

（江西侨联网2012－09－26）

英国福州十邑同乡总会北爱分会成立　会长郑进

日前，英国福州十邑同乡总会北爱分会成立。中华人民共和国驻爱丁堡领事馆副总领事周游斌、全英华侨华人中国统一促进会会长、北爱福州十邑同乡会名誉会长单声博士等嘉宾，应邀出席庆典。

东道主北爱福州同乡会创始人及会长郑进先生首先向为建会作出贡献的十邑乡亲致以

崇高的敬意，并对来宾们表示衷心的感谢。

周游斌副总领事向大会致辞，他表示，北爱福州十邑同乡会是在北爱尔兰境内成立的第一个中国大陆人组成的侨团。这是个历史性的突破，预示着来自中国福州地区的华侨华人正在谱写着英国华侨历史的新篇章。

（［法国］《欧洲时报》2012－09－28）

葡萄牙里斯本华人工商会成立　会长马福标

葡萄牙华人工商联合总会里斯本会长团暨葡萄牙里斯本华人工商会日前宣告正式成立。葡萄牙华人工商联合总会会长张正华表示，葡萄牙华人工商联合总会创会至今已有18年，在维护侨胞权益，稳固华人社区安定，促进中葡经贸文化交流与发展，增进中葡两国人民友谊等方面赢得了社会各界的广泛赞誉，已成为在葡华人社会的一个重要团体。同时，里斯本华人工商会将发扬吃苦耐劳、遵纪守法、开拓创新的创会精神以及团结互助的侨团精神，一定会成为留葡华侨华人中一支充满活力的新生力量。

中国驻葡萄牙大使馆张备三希望，里斯本华人工商会能进一步团结里斯本地区会员，切实帮助各侨胞排忧解难，为构建葡萄牙和谐侨社、团结侨社、文明侨社作出更大贡献。

里斯本华人工商会会长团会长马福标表示，该会将本着团结侨胞、服务侨胞、倡导爱国爱乡的创会宗旨，致力于发挥侨胞的纽带和桥梁作用，与华人社会兄弟侨团密切合作，为改善旅葡华人侨胞生存状态作出积极的贡献。

（［西班牙］欧浪网 2012－10－31）

欧洲华人生物医药联合会成立　会长王炯伟

欧洲华人生物医药联合会成立大会暨首届论坛24日在荷兰莱顿大学医学中心举行，来自欧洲多国生物医药界的专家学者代表150余人与会，庆祝联合会成立，并就医学、药学、农业生物技术等领域的研究前沿以及中欧合作展开了广泛深入的讨论。

据悉，新成立的联合会由荷兰华人生命科学协会、丹麦华人科技协会、中法青年企业家协会、瑞士中国学人生命科学协会及比利时生物医药协会五个常任理事协会组成，并由荷兰华人生命科学协会会长王炯伟博士担任联合会会长。

中国驻荷兰大使馆临时代办张晋雄在当天活动中致辞说："欧洲华人生物医药联合会的成立是欧生物医药界的华侨华人为国家中长期发展所作努力的一个里程碑，联合会要肩负使命，为中国生物医药的发展作出更大的贡献。"

王炯伟介绍说，联合会与欧洲科研院所专业人士、地区国际发展署以及中国各地人才需求单位和引智机构保持了紧密的合作关系，将通过定期举办多种活动来促进中欧双边在生物技术、医药及现代化生态农业科技等领域的交流与合作，为中国国内引智工作搭建桥梁，拓展海外高层次人才回国就业、创业的渠道。

联合会是目前在欧洲的旨在促进中欧双边在生物技术、医药及现代化生态农业科技等领域内的科技交流、创新创业和企业活动的非营利性社会团体。联合会的常任理事协会包括来自荷兰、丹麦、法国、瑞士、瑞典、德国等欧洲国家的众多生物医药协会。其会员主要为在欧洲企业、医院、高校及相关科研院所就职的华人华裔青年科技人员，95%以上成员具有硕士或博士学位。联合会与欧洲及中国各地政府机构，尤其与欧洲行业协会及欧洲本土科研院所及专业人士、地区国际发展署保持着紧密关系。

（新华网 2012－11－25）

西班牙华人农贸协会成立　会长黄建国

11月17日晚，在巴塞罗那的大世纪酒楼，加泰地区部分侨团负责人代表、西班牙各友好协会及当地政要、各界友好人士欢聚一堂，共同庆祝西班牙华人农贸协会成立。中国驻巴塞罗那总领馆严邦华总领事出席成立大会。应邀出席的嘉宾有中国驻西班牙总领馆总领事严邦华、领事主任于洋，加泰罗尼亚华侨华人社团联合总会主席林峰，侨界社团代表，华文媒体代表等共100人。

据了解，新成立的西班牙华人农贸协会是由西班牙加泰地区从事蔬菜瓜果类贸易销售的华侨发起组织而成，从筹备到成立经历了一年多的时间，在政府机构正式注册成立，并通过初始会员间民主协商，选举产生了第一届理事会。

黄建国会长指出了以后协会的工作目标，他说，搞好服务是本协会的根本宗旨。协会要为本行业提供全方位的服务，积极维护会员各门店的合法权益，想行业之所想，急行业之所急，把协会办成会员之家。要进一步加大信息交流，积极创造条件，建立协会网站，搭建诚信平台，促进本行业的发展。

严邦华总领事强调，各位侨胞在从事商业贸易经营运作时一定要遵守驻在国的相关法律法规和当地风俗习惯，要与当地的民众和睦相处，同时熟悉掌握并运用当地的法律法规，保护我们自身的合法权益不受侵害，做到合法经营，树立中国人的良好形象。

（［西班牙］《欧华报》2012－11－26）

波兰华人青年联合会成立　会长叶圣武

波兰华人青年联合会于当地时间16日在波兰首都华沙正式成立。中国驻波兰大使徐坚、波兰前副总理帕夫拉克以及来自其他各界的华侨华人和波方代表近300人参加了当天的成立大会。

中国驻波兰大使徐坚在发言中对波兰华人青年联合会正式成立表示祝贺，同时表示希望青年联合会能够继续致力于维护波兰华人的权益以及发展中波友谊。

在当天的成立大会上，叶圣武当选为波兰华人青年联合会首届会长。同时选出的还有联合会的副会长以及管理委员会成员。在当天的成立大会上，波兰华人还为波兰慈善机构举行了募捐活动。

（中国新闻网2012－12－17）

大洋洲

新西兰嘉兴联谊会成立　会长沈晓栋

在浙江省嘉兴市侨联的积极推动下，2011年岁末，新西兰嘉兴联谊会成立仪式在新西兰第一大城市奥克兰的中国城举行。中国驻奥克兰总领事馆副总领事黎永传、领事杨毅刚，大奥克兰市区议会议员、商业与经济委员会民族事务委员会主任黄伟雄，新西兰嘉兴

籍华侨华人及留学生等40余人以及嘉兴市侨联组织的侨务访问团一行6人参加了成立揭牌仪式。

中国驻奥克兰总领事馆副总领事黎永传、嘉兴人大常委会副主任金成胜先后在揭牌仪式上致辞。黎永传副总领事对新西兰嘉兴联谊会的成立表示祝贺，勉励该会积极发挥桥梁作用，促进中新友好关系不断向前发展。金成胜副主任衷心希望新西兰嘉兴联谊会能够秉承创会宗旨，凝聚在新西兰的嘉兴华侨华人的力量，维护会员的合法权益，增进交流沟通，积极服务会员，发挥好桥梁纽带作用。黎永传副总领事、金成胜副主任、新西兰嘉兴联谊会会长沈晓栋共同为“新西兰嘉兴联谊会”揭牌。随后，与会全体人员合影留念，新西兰嘉兴联谊会成立揭牌仪式取得圆满成功。

近几年，嘉兴市侨联充分发挥海外侨务优势，积极涵养侨务资源，拓展服务平台，受到了海内外各界人士的一致好评。继2010年在英国伦敦成立英国浙江联谊会嘉兴分会后，市侨联根据目前在新西兰的嘉兴籍华侨华人、留学生人数迅速增长，当地嘉兴籍华侨华人、留学生渴望搭建一个资源共享、联络亲情、服务家乡的平台的情况，今年再次成功推动成立新西兰嘉兴联谊会，目的是进一步促进嘉兴与海外华侨华人及留学生的相互合作，推动嘉兴与新西兰在经贸、文化、科技、教育等方面的合作与交流。

（中国新闻网 2012－01－10）

澳洲扬州同乡会成立　会长王云梅

近日，澳洲扬州同乡会正式成立。澳洲扬州同乡会会长、悉尼艾士菲（Ashfield）市议员王云梅说，同乡会的成立对来自中国扬州的在澳居民和留学生有着重要意义。扬州同乡会成员包括凡是曾经在扬州生活、工作和学习的在澳人士，也包括扬州人的后代。来自扬州的华人分散在澳洲各地，目前扬州同乡会在悉尼的成员有60多名，还有更多的扬州同乡在不断出现。

王云梅说：“扬州是一个具有2 500年历史的商业、文化和旅游城市，有像悉尼一样的美丽风景和水资源。每次我回家乡扬州，都对扬州的迅速发展感到自豪，为扬州人民生活水平的提高感到高兴。我相信澳洲扬州同乡会将在澳洲稳步健康地发展，将为中澳两国、特别是澳洲和扬州的经济和友好关系作出更大的贡献。”

扬州市政府代表团团长、扬州市政府副秘书长杨蓉说，这是扬州市政府代表团首次参加海外扬州同乡会的成立，她代表扬州460多万人民表示祝贺。同时，她又向澳洲的扬州老乡介绍了三件事：今年5月8日扬州飞机场将正式通航，首先是国内航线，接着是亚太地区航线，之后是世界各地航线；去年扬州成功引进并建立了德国大众汽车制造基地，明年将为扬州增加 1 000 多亿的产值；扬州市区去年底得到调整，面积扩大一倍，已成为江苏省第三大城市。

会上发言的还有中国驻澳洲大使代表张卫参赞，纽省公民和小区厅长多明尼路（Victor Dominello），艾士菲副市长麦克娜（Lucille Mekenna），和澳洲扬州同乡会名誉会长周光明。

（［澳洲］《星岛日报》2012－03－06）

澳大利亚苏州总会成立　会长丁兆璋

澳洲苏州总会 4 月 15 日在悉尼成立，丁兆璋教授任创会会长。澳洲总理吉拉德发贺信。丁兆璋称："苏州总会的成立标志着'侃苏州人'将在美丽的澳洲建造起自己美好的家园，同时也标志着'侃苏州人'将为中、澳这两个伟大的国家搭建起一座宏伟的大桥。在我任职期间，我将尽全力为家乡父老、为故乡苏州效力。最后衷心感谢大家对我的信任，感谢兄弟社团对本会的支持。"

苏州代表团周向群团长向来宾及苏州乡亲介绍了苏州的历史和现在的快速发展，并在中国整个国民经济中举足轻重的地位。她说，苏州园林天下闻名，现有 8 个园林被世界组织定为历史文物古迹。欢迎乡亲及澳洲朋友有机会访问苏州，看看人间天堂的面貌。在会上还举行了澳洲苏州总会成立的揭牌仪式，宾主双方互换礼品。

（［澳大利亚］《星岛日报》2012－04－18）

澳大利亚晋江同乡会成立　会长黄联京

日前，澳大利亚晋江同乡会在悉尼成立，晋江安海乡贤黄联京当选为首任会长。

黄联京在理事会上表示，将秉承"团结友爱、宽容乐观、诚信无私、求实创新"的精神，以企业的管理方式把晋江同乡会办成健康和谐、与众不同的乡会，为乡亲提供优质的服务。他说："同乡会除了要加强内部交流，还要关注和支持家乡发展。"

澳大利亚晋江同乡会旨在弘扬爱乡精神，传播中华民族文化，传承家乡风俗习惯，发扬团结互助传统，协助新移民融入澳洲社会，促进乡亲事业发展，促进年轻一代交往互动，促进中澳之间经贸往来与文化交流。

（中国新闻网 2012－06－22）

澳大利亚墨尔本晋江同乡会成立　会长陈峻达

澳大利亚墨尔本晋江同乡会近日召开会员大会，并拟于 10 月中旬举行就职典礼。陈峻达、洪永怀分别当选为首届会长和理事长。墨尔本晋江同乡会是在家乡人民的关心和推动下成立的，是旅居澳大利亚墨尔本晋江乡亲的乡会组织，乡会会员大部分已旅居澳大利亚达20年以上。

首届会长陈峻达说，成立晋江同乡会的目的在于团结乡亲、联络乡情、交流合作、守望相助。陈峻达表示，今后墨尔本晋江同乡会将进一步带领乡亲融入当地主流社会，加强与祖（籍）国和家乡的交流协作，加强与世界各地晋江乡会和晋江乡亲的团结合作，为中澳两国人民的友谊和美好生活多作贡献。

据统计，截至今年6月，晋江市共有旅外社团370个。其中，市、镇、村级同乡会组织264个、文化团体45个、宗亲团体61个，主要分布在东南亚各国、美国、加拿大、澳大利亚等50多个国家和地区。

（中国新闻网 2012－07－05）

澳大利亚悉尼东区华人商会成立　会长庄邓珍

悉尼东区华人商会于7月8日举行成立就职典礼，悉尼各区侨领和企业界代表出席了本次东区的华人商会成立仪式。

悉尼东区华人商会旨在促进和繁荣悉尼东区的商业经济，建立和加强华人商家的联系交流，维护和争取华人商家的合法权益，加速推动华人商家与主流社会的融合。东区华人商会的成立将会大大推动华人在东区的商业和文化活动，为华人开拓更广阔的竞争市场。

悉尼东区华人商会的成立仪式，由该会执行会长张墨玉和该会顾问、新州部长顾问委员会委员杨东东共同主持。首届会长由东区知名侨领庄邓珍担任，她首先致辞感谢各界的支持和各个商会骨干的鼓励与帮助，并简单介绍商会的成立性质，宣布了首届东区华人商会的领导名单。

在就职典礼上，州议员卡赛瑟利和中国驻悉尼总领事馆商务处郭鹏领事先后致辞，祝贺东区华人商会的成立，并积极鼓励东区华人积极发展商业。

新成立的东区华人商会常务副会长朱标志、陈华，秘书长刘园园以及其他骨干成员梁东、Jack·陈等也出席就职仪式。

（［澳大利亚］澳洲新快网 2012－07－12）

新西兰华人保钓协会成立　会长张宏武

由多名新西兰华侨华人联合签名发起的“新西兰华人保钓协会”于8月22日通过新西兰政府正式注册并宣告成立。

近期以来，新西兰华侨华人特别关注日本妄图侵占中国钓鱼岛领土主权的事态发展。在8月15日香港“启丰二号”14名保钓人员登岛宣誓主权的当天，新西兰多名华侨华人就自发地联合签名，发起成立新西兰华人保钓协会，并共同制订了以保钓为主题的协会宗旨，即“联合全世界华人保钓组织，登岛宣誓主权，坚决捍卫中国领土完整”！

新西兰保钓协会首任会长张宏武对记者表示：“虽然我已经在海外居住多年，但却时刻关注着我的祖（籍）国，对于钓鱼岛的问题更是倍加关注。一直想用自己的方式为祖国出一份力，但苦于没有能力。近期祖国多地再次掀起保钓热潮，保钓话题便成为了各界人士讨论的焦点，我这才知道，原来周围的朋友和伙伴都与我有着同样的民族情怀，大家一致认为中国的领土主权绝对不可侵犯。于是，大家针对保钓问题专门进行了讨论，会议上所有参与者都发表了自己的观点，大家认为本次香港保钓船登陆钓鱼岛是非常正确的行动，如果有机会我们一样会这么做，同时，对日本人的种种做法更是愤愤不平。最后，我们一致认为，绝对有必要在新西兰成立保钓协会，我们想让我们的祖国人民知道，我们虽然身在海外，但我们的心却紧密地牵系着祖国；同时，我们更加希望，通过我们的举动，可以激发身在世界各个角落的海外华人的爱国热情。”

（［新西兰］中华新闻网 2012－08－26）

新西兰华人体育总会成立　会长李伟

8月28日，新西兰华人体育总会在奥克兰举行成立庆典餐会。来自奥克兰各界华社侨领，华侨华人及外国友人代表120余人纷纷到会祝贺。

新西兰华人体育总会首任会长李伟在谈到新西兰华人体育总会未来的发展时说：“今天，新西兰华人体育总会的成立，是在很多人的努力之下建立起来的华人体育平台，今后我们会更加努力地完善这个平台，积极推进各体育项目，如足球、篮球、排球等各项运动的发展。待时机成熟时，我们将会积极组织中国与新西兰两国在体育及文化等多方面的广泛交流，组织各种以增进两国运动员及体育界人士交流为主题的体育赛事，进而不断加深两国人民的友谊。”

国家党国会议员杨建在祝贺新西兰华人体育总会成立的贺词中表示："体育运动是新西兰多元文化不可或缺的一部分。体育运动不仅是强身健体之道，还是激励大家热情自信、积极进取的最有趣、最直接、最有效的方法。"体育总会的成立，将促进20万新西兰华人体育活动的深入开展，提高华人体质，还将增进广大华人对新西兰文化的认同感，培养大家的高尚情趣，让华社更有凝聚力。

（［新西兰］中华新闻网2012－08－31）

澳大利亚上海工商联合总会成立　会长严泽华

澳大利亚上海工商联合总会18日在悉尼宣告成立。来自澳中两国政界、华侨华人代表和企业家以及传媒界代表出席了成立发布会。

该组织旨在积极促进澳大利亚与中国之间各层面的经贸交流，开展国际信息沟通，凝聚澳中两国的商业精英，搭建事业发展平台，实现共赢发展。

该会会长严泽华说，其会员主要是来自两国的商业精英、企业家、公司集团的法人和高级管理人员。随着中国和澳大利亚经贸交流与合作的不断开展，企业间的交流合作越来越频繁，澳大利亚与经济发达的上海地区建立一个交流平台的需求十分迫切。

澳大利亚上海工商联合总会将组织多种形式的企业和商家交流活动，向政府反映企业和会员的诉求，服务企业，发挥沟通和协调作用。组织企业和会员进行国际商贸考察交流活动，特别是组织每年一度对中国的商务交流活动，以及组织安排国际间的招商会、论坛等，为企业提供商业机会。

在该会成立发布会上，澳大利亚侨领周光明说，现在是澳中两国经贸发展的最好时期，澳大利亚经济保持稳健发展，上海经济发达、繁荣，希望澳大利亚上海工商联合总会成立后，能为两国经贸交流合作作出新贡献。

（中国新闻网2012－09－18）

澳中工商联合会成立　主席苏鑫峰

澳中工商联合会成立庆典晚宴近日在澳大利亚悉尼巴拉玛打市举行。来自中国总领馆的侨务领事王芸、澳洲联邦总理代表联邦议员 Laurie Ferguson 和 Julie Owens、巴拉玛打州议员 Geoff Lee 以及来自华人侨界的诸多侨领共同见证了这一具有历史意义的时刻。

庆典晚宴由李嫣和李卫国主持，晚宴开始奏澳中两国国歌。澳中工商联合会主席苏鑫峰随后发表讲话。他代表联合会第一届董事会、理事会以及全体会员向出席庆典仪式的嘉宾表示热烈欢迎和衷心感谢。

苏鑫峰说，澳中工商联合会于 2012 年 8 月 28 日在澳洲政府注册成立，总部位于悉尼，是由在澳洲的华人创业者、企业家和工商业成功人士共同创建的非营利性团体组织。苏鑫峰称联合会以“弘扬中华民族精神，促进澳中经贸交流”为宗旨，将努力成为中澳两国经济、贸易交流与合作的桥梁和纽带，增进两国联系，协助两国商界人士互访考察，促进两国间的相互了解和友谊。

之后举行了澳中工商联合会全体理事宣誓就职仪式，所有成员在主席苏鑫峰的带领下，宣读宣誓词：“澳中工商联合会的成立，给了我们更加团结的力量，让我们共同高举澳中工商联合会的旗帜，勇往向前。”

Geoff Lee 议员和澳洲潮州同乡会董事局主席周光明也分别发表讲话。而主席苏鑫峰还特意为澳中工商联合会名誉主席骆汉豪主席送上一幅书法，祝贺他七十寿诞。书法由澳洲著名诗人李稚玲撰写，中国国家一级书法家陈世豪书写。骆汉豪主席随后向嘉宾简要介绍了澳中工商联合会的由来以及苏鑫峰主席的创业历史。庆典仪式最后，苏鑫峰主席还向嘉宾颁发了侨领模范奖章和澳中建交 40 周年纪念章。参加庆典仪式的还有澳中工商联合会秘书长林升等嘉宾。

（［澳大利亚］澳洲新快网 2012－09－22）

新西兰青岛同乡会成立　会长范锡夏

侨居奥克兰地区的近百位青岛籍华人侨胞和各界人士举行隆重集会，庆祝新西兰青岛同乡会正式成立。

中国驻奥克兰总领馆总领事廖菊华女士、国家党国会议员杨建博士、新西兰中国团体联合会会长黄玮璋先生、新西兰华人妇女联合会会长车卫星女士、奥克兰市政府民族顾问洪承琛先生、前国会议员王小选先生及部分华社代表应邀出席并讲话。

廖菊华总领事在讲话中说，希望青岛同乡会能增进旅居新西兰的乡亲与其他侨社之间广泛的交流与沟通，促进两国人民的友谊。

（［新西兰］中华新闻网 2012－12－03）

新西兰绍兴同乡会成立　会长曾险

12 月 9 日，新西兰绍兴同乡会成立大会在奥克兰市隆重举行，中国驻奥克兰总领事廖菊华，绍兴市委书记张金如、人大常委会主任谭志桂、市长钱建民、市政协主席陈长兴，市外侨办、侨联等致电祝贺，市人大常委会主任谭志桂率友好代表团应邀专程赴新出席该会，来自新西兰各地的绍兴籍乡亲、有关人士 160 余人出席了大会，场面十分热闹。

会长曾险在致辞中说，绍兴同乡会历经一年的积极筹备，终于迎来了成立盛会。他指出，新西兰绍兴同乡会是联结乡情友谊的纽带，是与家乡沟通信息、加强联系、促进友好合作交流的桥梁，将秉承“敦睦情谊、弘扬文化、促进交流、和谐发展”的创会宗旨。同时，他也会努力带领大家把同乡会越办越好，为家乡的经济社会发展作贡献。

新西兰团体联合会、新西兰和平统一促进会、新中交流与合作促进会等社团致以同贺。

（［新西兰］中华新闻网 2012 - 12 - 14）

新西兰中华妇女商会成立　会长徐丽涛

新西兰中华妇女商会成立大会以及圣诞庆祝晚宴于 12 月 16 日晚在奥克兰 519 俱乐部隆重举行。

晚会来宾包括新西兰司法、意外事故和民族事务部部长 Judith Collins，中华人民共和国驻奥克兰总领馆总领事廖菊华、副领事张方方，国家党国会议员杨健，工党国会议员霍健强五位政府官员，《新中贸易协会》主席 Tim White、《奥克兰交响乐基金会》主席 Frank Olssen 以及其他商会领袖和商界人士。

会长徐丽涛在成立大会上表示，新西兰有很多华裔妇女在从事重要领域或行业方面的工作，这些人具备很多对促进新中两国贸易和合作发展方面的技能和潜力。

她说，协会成立的目的就是为她们的这些技能和潜力提供一个可以扩展和交流的地方。协会将通过不断地鼓励会员，积极参与主流商业和社会活动，并通过定期活动，为本地商家和组织及会员提供一个可以资源互享、各取有无、发掘新商机、建立新关系的专业商业平台。

（［新西兰］中华新闻网 2012－12－18）

澳大利亚顺德商会成立

近日，澳大利亚顺德商会在澳大利亚悉尼举行成立庆典。高嘉华市市长尼古拉斯·瓦维利斯，佛山市顺德区区长黄喜忠，副区长杨小晶，区政协副主席、区工商联党组书记黄燕霞出席典礼。

会上，黄喜忠区长对商会成立表示热烈祝贺。他指出，澳大利亚的顺德企业家努力开拓，奋发有为，对澳中两国的经贸、文化交流发挥了积极的作用。澳大利亚顺德商会的成立，让澳大利亚顺德企业有了自己的娘家，今后必将有力地团结澳洲各界人士，为家乡顺德的建设和发展发挥枢纽作用。

澳大利亚顺德商会于今年 12 月在澳大利亚悉尼政府注册成立，由澳洲顺德工商界的 65 位企业家组成。该商会成立后，将协助更多顺德工商界人士透过此平台，加强与澳大利亚的联系，广交朋友，增加生意往来，进一步寻找投资合作机会。

（中国新闻网 2012－12－19）

非　洲

南部非洲江西总商会在约堡成立　会长王俊

7 月 10 日晚，南部非洲江西总商会在南非首都约翰内斯堡唐人街福临大酒店举行了隆重的成立典礼。中国驻南非大使馆公使衔参赞（大使的属员）陈伟庆、领事参赞乔杰、中国驻约堡总领馆代总领事阎清文、江西省外事侨务办公室主任林兴富、全非洲和平统一促进会会长李新铸、南非华人警民合作中心主

任吴少康以及南非华人社团代表等出席了典礼仪式。

首届会长王俊在致辞中说，南部非洲江西总商会的成立将促进广大赣商在南非更快更好地发展，同时发挥桥梁纽带作用，进一步推动中南双边经贸和文化往来。南非赣商在做大做强自己事业的同时，将积极回报社会，回报家乡，为中非经济、文化发展作出应有的贡献。

受江西省政府委托出席成立庆典的江西省外事侨务办公室主任林兴富对总商会的成立表示热烈祝贺。他说，商会的成立为江西侨胞在南部非洲投资、经商、创业营造了一个良好的环境，为江西与南部非洲经贸、科技、人才、文化艺术等方面的交流搭建了一个平台。他相信南非赣商将会为家乡建设和海外华人事业的发展作出新的贡献。

中国驻南非大使馆陈伟庆公参、约堡总领事馆阎清文代总领事和全非洲和平统一促进会会长李新铸也先后致辞，祝贺南部非洲江西总商会的成立。他们希望江西总商会能为南非和谐侨社建设，为祖国和平统一，为中南经贸发展，为中南友好合作作出新的贡献。

（［南非］《非洲时报》2012－07－24）

坦桑尼亚卡里亚库商业区华人商会成立　会长涂强

为保护在坦桑尼亚投资经商的华侨华人利益，引导华商坚持依法经营，坦桑尼亚卡里亚库商业区华人商会于9月16日在达累斯萨拉姆成立。

中国驻坦桑尼亚大使吕友清在成立仪式上说，成立这个商会是中坦两国经贸关系发展的现实需要，同时，华商需要这样一个组织来相互帮助，实现自我组织、自我管理、自我服务、自我保护。他同时敦促在坦经营的华商尽可能多地雇佣当地员工，加强与当地民众的沟通。

卡里亚库华人商会首任会长涂强表示，希望商会成立后能够成为华商与当地人交往的桥梁，引导会员融入当地社会，树立华商良好形象。同时，也希望商会能够成为华商与当地政府交流的桥梁，加强与当地政府的沟通与交流，争取当地政府对华商的重视与支持。达累斯萨拉姆省政府部门的主要官员也出席了商会成立仪式。

近年来，随着坦桑尼亚经济的快速发展和中坦经贸合作的不断拓展，越来越多的中国人到坦寻求发展。位于达累斯萨拉姆市中心区域的卡里亚库市场是东非最大的中国商品集散中心，这里的商家全部都经销或使用中国商品，95%以上的商家只经销或使用中国商品。中国商品和中国商人为坦桑尼亚创造了众多的就业机会，也给当地政府带来了巨大的经济效益。

但华商在卡里亚库的发展也面临诸多困难和挑战。由于少数不法商人违法经营导致华商与当地人交流存在一定障碍，华商的发展遇到瓶颈。广大华商对于成立商会，团结起来改善经营环境，共同抵御经营风险，寄予了很大的希望。

（新华网2012－09－17）

南部非洲温州总商会成立　会长朱书宏

9月23日下午，南部非洲温州总商会在约堡中非商城举行揭牌仪式，温州市政协副主席章方璋，约堡总领馆副总领事阎清文及领馆官员，全非洲中国和平统一促进会会长李新铸等侨领应邀参加。

南部非洲温州总商会会长朱书宏主持揭牌仪式。

（［南非］《非洲时报》2012－09－26）

南非中华工商联合会成立　会长陈克金俤

10月20日，南非中华工商联合会在美丽的海边城市东伦敦正式成立，陈克金俤当选为首任会长。这意味着南非的侨界又多了一位年轻的侨团兄弟。

中国驻开普敦总领馆副总领事童德发、领事李庆及东伦敦市长代表、ANC代表和华侨华人代表共400多人参加了成立大会及就职典礼。

陈克金俤首先致辞，对在联合会筹备过程中给予真诚关心、大力支持和热忱帮助的中国驻南非大使馆、兄弟侨团、商界朋友表示由衷的感谢。他表示，南非中华工商联合会成立后，将秉承宗旨，团结互助，交流协作，共谋发展，促进华商之间信息交流，凝聚各方力量为华商的整体繁荣提供广阔的发展空间和坚实平台。他提倡本会成员热心侨居国的公益事业，进一步增进与当地人民的友好关系，加速融入当地社会，促进中南两国人民友好关系和经贸合作，为构建和谐侨界和服务侨民作出应有的贡献。

童德发副总领事代表中国驻开普敦总领馆对南非中华工商联合会的成立表示祝贺。他表示：希望南非中华工商联合会成立后，能发挥与当地政府部门以及旅南华商之间的沟通与合作，发挥桥梁和纽带作用；多与兄弟侨团之间加强交流，精诚团结，为旅南华侨华人的整体繁荣作出积极的努力和更多贡献；积极服务会员和广大旅南侨胞，为中南经济文化交流作出应有贡献。他同时祝愿成立大会及就职典礼圆满成功。当晚还举行了一系列抽奖活动。最后，就职典礼在一派欢乐祥和的气氛中圆满结束。

（［南非］《华侨新闻报》2012－10－24）

博茨瓦纳华人慈善基金会成立　会长南庚戌

为鼓励侨胞融入当地社会、增进中博友谊，经过几个月的精心筹备，博茨瓦纳华人慈善基金会正式成立，并于10月26日晚，在博茨瓦纳首都哈博罗内举行揭牌仪式。

中国驻博茨瓦纳大使刘焕兴、中国和平统一促进会副秘书长方乃纯、博茨瓦纳总统事务与公共管理部长莫克格威茨·马西西、博茨瓦纳人力生产制造业协会主席阿莱克斯等政府高级官员、博茨瓦纳中国和平统一促进会会长南庚戌及理事、侨界代表共100多人出席了活动，当地主流媒体进行了现场采访。

刘焕兴大使及莫克格威茨·马西西部长应邀向慈善基金会理事颁发理事聘用证书及捐助证书并为基金会揭牌。随后，在中博双方官员的共同见证下，慈善基金会现场为Mogoditshane一家诊所募捐。据悉，该诊所原有设施和条件异常简陋，目前，应博总统卡玛呼吁，华人慈善基金会正在筹资80万普拉为诊所实施改扩建工程。

在慈善基金会成立仪式的致辞中，刘焕兴大使称，华人过去在博的经济和社会发展中扮演了很活跃的角色。在博华人不仅仅在博的经济多元化中作出了积极的贡献，同时也履行了社会责任和义务。他希望华人慈善基金会的成立能够使更多人致力于博慈善事业，用更多关爱帮助弱势群体。

马西西部长在致辞中代表博政府向华人慈善基金会参与改善弱势群体生活表示感谢，他说，自从该团体在6月份启动以来，已经陆续向博社会捐助了毛毯和生活物品。他进一步强调，旅博华人热衷公益，之前已经应博卡玛总统的呼吁向SOS儿童村、边远贫困地区捐助了物品及捐建房屋等，这些举动会促进将博茨瓦纳变成一个更加有尊严和同情心的国家。

周荣昌先生被聘为慈善基金会荣誉主席，并致辞祝贺基金会的成立。博茨瓦纳华人慈善基金会由博茨瓦纳中国和平统一促进会全体理事发起。基金会成立之初，即发动“温暖冬季华人慈善捐助”活动，向博总统慈善基金会捐赠1 000多条毛毯。之后，该基金会又向奎嫩区（Kweneng District）一个贫困家庭捐赠生活物资，得到了博民众的广泛赞誉。

（［博茨瓦纳］《华侨周报》2012－10－31）

（本版责任编辑　王华）

统计资料

2012 年华侨华人研究期刊论文一览

本版内容为2012年华侨华人研究期刊论文，分大陆中文期刊论文、台港及海外中文期刊论文和英文期刊论文三部分。中文期刊论文检索源自“中国学术期刊网”、暨南大学图书馆华侨华人文献信息中心“华侨华人文献信息专题数据库”、台湾思博网中文电子期刊服务、台湾地区“国家”图书馆期刊文献资讯网等；外文期刊论文检索源自“美国社会科学引文索引（Social Sciences Citation Index）和艺术与人文学科引文索引（Arts & Humanities Citation Index）数据库”、新加坡国立大学图书馆FindMore检索系统；此外，还自境外出版的华人研究相关专业期刊如《华人研究国际学报》、*Journal of Chinese Overseas*、*Malaysian Journal of Chinese Studies*、《南洋学报》、《南方华裔研究杂志》（*Chinese Southern Diaspora Studies*）中补充了相关数据。论文以题名拼音升序排列。

大陆中文期刊论文

1. 17—18世纪越南海外贸易中的华商及其构成初探/闫彩琴//八桂侨刊. —2012（1）. —21～25

2. 17世纪中期至19世纪初越南华人会馆初探/闫彩琴//兰台世界. —2012（18）. —33～34

3. 1848—1924年美国排华、排日之比较/仇海燕//淮阴师范学院学报（哲学社会科学版）. —2012（6）. —758～762

4. 18世纪中越边境贸易中的入越华商/闫彩琴//东南亚南亚研究. —2012（1）. —50～54+93

5. 1905—1911年东南亚华侨经济援助的地域变迁/田志馥//兰台世界. —2012（30）. —4～5

6. 1946年西藏官费留学团考/索穷//西藏研究. —2012（3）. —38～48

7. 1950年代归国留美科学家的归程及命运/王德禄，刘志光//科学文化评论. —2012（1）. —68～87

8. 1974年台湾留美学生“保沙运动”述论/王玉//台湾研究集刊. —2012（6）. —64～73

9. 19世纪初至20世纪初新加坡华人的职业结构/王付兵//南洋问题研究. —2012（4）. —75～82+91

10. 19世纪后半期至20世纪初澳大利亚女性眼中的华人男性形象/乔瑜//历史教学（下半月刊）. —2012（1）. —48～54

11. 19世纪末20世纪初中国留日学生的译书活动及影响/李楠楠，王鹏飞//科技信息. —2012（4）. —165

12. 2011年世界侨情：特点与趋势/曹云华等//侨务工作研究. —2012（3）. —36～39

13. 20世纪40至60年代留美之美籍华人史学家与改革开放后中国大陆史学——以黄仁宇、唐德刚、余英时为例的探讨/周一平，许曾会//学术研究. —2012（10）. —114～121

14. 20世纪上半期留美学生与中国文化的对外传播/元青，马良玉//南开学报（哲学社会科学版）. —2012（4）. —100～111

15. 20世纪上半叶泉州华侨家庭类型及其变化/吴翠蓉//海交史研究. —2012（1）. —115～122

16. 21世纪初泰国华商经济地位初探/刘文正//八桂侨刊. —2012（3）. —12～17

17. 爱国华侨陈嘉庚的教育实践/蔺致远//兰台世界. —2012（34）. —29～30

18. 爱国华侨与抗日民族统一战线/谭虎娃//淮阴师范学院学报（哲学社会科学版）. —2012（5）. —630～637

19. 爱国华侨支持辛亥革命的珍贵史实/黄洁薇//传承. —2012（12）. —80～81+95

20. 奥地利华人的移民历史和社群分布/郭俭//华侨华人历史研究. —2012（4）. —31～40

21. 澳门华商与孙中山的行医及革命活动/林广志//历史研究. —2012（1）. —71～87

22. 巴黎通信社始末/陈玉申//华侨华人历史研究. —2012（3）. —44～50

23. 吧达维亚华人公堂法律适用的原则与法律程序/李永弨，马慧玥//南都学坛. —2012（3）. —90～94

24. 百年来海外华人作家创作扫描/杨常胜//侨务工作研究. —2012（4）. —40

25. 柏林中国移民调查与研究/周大鸣//广西民族大学学报（哲学社会科学版）. —2012（3）. —10～16

26. 办刊主体变迁与晚清留日学生期刊的发展/叶建//中国出版. —2012（19）. —60～62

27. 保障归侨侨眷权益　建设开放包容城市——《天津市实施〈中华人民共和国归侨侨眷权益保护法〉办法》解读/李昱旻//天津人大. —2012（10）. —38～39

28. 北美华人基督徒影响力分析——基于“软权力”的视角/张云//暨南学报（哲学社会科学版）. —2012（5）. —144～150

29. 北洋政府对一战俄国华工的保护与遣返政策/李志学，谢清明//北华大学学报（社会科学版）. —2012（4）. —69～71

30. 北洋政府时期侨工事务局的建立及其历史意义/谢清明//广东第二师范学院学报. —2012（4）. —105～112

31. 北洋政府与旅俄华工联合会关系的演变/谢清明//西伯利亚研究. —2012（4）. —75～80

32. 比较视野下的国际移民与侨乡研究——第二届“国际移民与侨乡研究”国际学术会议综述/刘进，姚婷//华侨华人历史研究. —2012（4）. —76～77

33. 比较研究留日留法群体对马克思主义的传播/汶生瑞//福建党史月刊. —2012（2）. —21～24

34. “边缘化族群”的认同——以广西防城港企沙镇华侨渔村归难侨为例/蒋婉//八桂侨刊. —2012（2）. —35～42

35. 财产权保障与开平碉楼文化遗产之法律保护/王继远//五邑大学学报（社会科学版）. —2012（3）. —1～5

36. 曹云华教授访谈录/郑一省，郑若之//八桂侨刊. —2012（3）. —3～5

37. 朝鲜半岛的中国租界——以1884至1894年仁川华商租界为个案研究/贺江枫//史林. —2012（1）. —26～35+187

38. 朝鲜华侨的社会变迁/王海龙//世界知识. —2012（7）. —26～27

39. 潮籍“契约华工”花名册/陈汉初//潮商. —2012（1）. —84～85

40. 潮人“过番”与侨批承载意义/张美生//侨批文化. —2012（15、16）. —57～61

41. 城市化抑或华人化——曼德勒华人移民、经济发展与族群关系之研究/段颖//南洋问题研究. —2012（3）. —67～75

42. 刍议清末留学运动及其影响/韩银廷//兰台世界. —2012（33）. —25～26

43. 传媒海外影响力的构建：一个传媒与华文教育的交叉视角/韩愈//湖北第二师范学院学报. —2012（4）. —127～130

44. 春节与海外华侨华人的文化认知/何彬//温州大学学报（社会科学版）. —2012（3）. —11～14

45. 从“华人社区”到“全球华语社区”——两岸四地语言差异与融合研究观念的演进/刁晏斌//云南师范大学学报（哲学社会科学版）. —2012（2）. —1～5

46. 从保守走向开放，从传统走向变异——马来西亚华人的三一教信仰考察/石沧金//世界宗教研究. —2012（6）. —84～92

47. 从法令与政策的角度看马来西亚的华文教育及未来发展/王焕芝//东南亚南亚研究. —2012（4）. —58～64+91～92

48. 从非传统安全角度看中国沿海非法移民问题原因及对策/章雅荻//八桂侨刊. —2012（4）. —21～25+62

49. 从赴欧留学的狂热谈中国人才的流失/李怡明，李丞//中国外资. —2012（4）. —275～276

50. 从华侨华人结构变迁看中国对外侨务政策变化/叶氢//政法学刊. —2012（4）. —44～48

51. 从暨南大学看侨校文化的特殊价值/王文//教育评论. —2012（2）. —138～140

52. 从经济层面看华侨华人与中国软实力——以印度尼西亚为视角/刘俊涛//科学经济社会. —2012（3）. —35～37+41

53. 从抗战时期批信看侨批的世界价值/朴斋//侨批文化. —2012（15、16）. —53～56

54. 从美国大纽约地区看华文媒体的发展及人力资源状况与需求/刘伟//新闻研究导刊. —2012（11）. —26～27

55. 从欧洲的留学现状看中国的人才外流与流失/李怡明，李丞//社会科学论坛. —2012（2）. —243～249

56. 从侨批戳记看侨批诚信经营/黄清海//侨批文化. —2012（15、16）. —15～22

57. 从社会信任角度看侨批业的建构与发展/常慧//剑南文学（经典教苑）. —2012（6）. —269～270

58. 从西方防范海外风险措施看我在非华人和企业的安全保护/刘诗琪//亚非纵横. —2012（4）. —12～19+59+61

59. 从意大利华人特色词汇看旅意华人文化及现状/叶丽娜//社科纵横（新理论版）. —2012（2）. —283～284

60. 村落遗产地利益相关者界定与分类的实证研究——以开平碉楼与村落为例/王纯阳，黄福才//旅游学刊. —2012（8）. —88～94

61. 打造“留根”工程 强化文化纽带 不断开拓侨务文教宣传工作新局面——福建省侨务文化教育宣传工作综述//发展研究. —2012（1）. —122

62. 大都市区化下的华人社区——以纽约唐人街为例/王盟//湘潮（下半月）. —2012（4）. —58～59

63. 代际关系与跨文化冲突——以美国华人移民家庭为例/周敏//河海大学学报（哲学社会科学版）. —2012（2）. —25～33+91

64. 戴国辉的东南亚华侨华人研究/雷玉虹//华侨华人历史研究. —2012（4）. —68～75

65. 当代加拿大华人精英参政模型分析/万晓宏//华侨华人历史研究. —2012（3）. —23～34

66. 当代侨校形象传播研究/林碧丹//福建医科大学学报（社会科学版）. —2012（3）. —35～39

67. 当代印度尼西亚佛教与孔教的新发展/廖建裕，康晓丽//南洋资料译丛. —2012（1）. —46～53

68. 当代印尼华人社团与中国的软实力建设/郑一省//东南亚南亚研究. —2012（3）. —62～67+94

69. 当代印尼历史和外交研究的新视野——评刘宏著《中国与印度尼西亚的建构，1949—1965》/邱武德，马艳艳//东南亚南亚研究. —2012（4）. —85～86

70. 当代中国侨务公共外交探析/金正昆，臧红岩//广西社会科学. —2012（5）. —1～6

71. 当前侨务涉台工作中的风险问题研究——以台湾“侨务休兵”为例/艾明江//八桂侨刊. —2012（2）. —63～68

72. 党的第一代领导集体华侨统战思想述略/陈云云//广西社会主义学院学报. —2012（3）. —25～30

73. “党的三代领导核心及胡锦涛总书记的侨务理论述评”学术讲座综述/路阳//华侨华人历史研究. —2012（3）. —78

74. 邓小平留学出国经历对其现代化思想的影响/王美荣，于宏//桂林航天工业高等专科学校学报. —2012（2）. —230～232

75. 地方高职院校侨资引进拓展研究/袁源//广州职业教育论坛. —2012（3）. —15～17

76. 地缘、血缘观念与温州人的海外移民/黄英湖//八桂侨刊. —2012（4）. —15～20

77. 地缘认同：客家华侨与侨乡社会的心理共识——以清末和民国时期广东梅州为

例/肖文燕//江西社会科学．—2012（11）．—135～139

78. 地缘血缘观念与海外华侨华人/黄英湖//亚太经济．—2012（6）．—123～125

79. 第五届海外华人研究与文献收藏机构国际会议综述//华侨华人历史研究．—2012（3）．—77

80. 东方主义与美国主流社会中的华人刻板形象/安晓宇//华北水利水电学院学报（社科版）．—2012（3）．—109～111

81. 东南亚潮人移民的性质、资本发展及其贡献/饶敏，张家庆//潮州文化研究．—2012（1）．—22～33

82. 东南亚地区伊斯兰信仰的传播及华人在其中发挥的作用/梁明柳，关熔珍//东南亚纵横．—2012（2）．—76～79

83. 东南亚华侨华人的妈祖信仰/许永璋//黄河科技大学学报．—2012（5）．—86～89

84. 东南亚华侨与1929—1933年世界经济危机/薛兆瑞，张立程//徐州师范大学学报（哲学社会科学版）．—2012（5）．—93～98

85. 东南亚华人传统音乐的形成与发展/王静怡//民族艺术研究．—2012（6）．—47～53

86. 东南亚华人历史知识体系的嬗变——读《马新史学80年：从“南洋研究”到“华人研究”（1930—2009）》/汤锋旺//东南亚纵横．—2012（11）．—75～76

87. 东南亚华商创业中小企业融资的法律体系构建/王浩云//东南亚纵横．—2012（11）．—67～70

88. 东南亚华商企业在中国SWOT分析/林明忠//合作经济与科技．—2012（12）．—10～12

89. 东南亚华文报的过去、现在与未来——“华文传媒与海外华人社会”研讨会（马尼拉·2011）主题发言/卓南生//国际新闻界．—2012（1）．—115～117

90. 东南亚华文报纸的出现——以新加坡《叻报》为例/支婧茹//今传媒．—2012（10）．—31～34

91. 东南亚华文教育的现状及特点浅析/庄汉文，李晓娟//兰州教育学院学报．—2012（4）．—81～82

92. 东南亚新形势与华文教育对策/庄汉文，刘艳//大学教育．—2012（7）．—10～12

93. 东瀛学者谈“明乡”——北京大学华侨华人讲座系列之二/陈业诗//华侨华人历史研究．—2012（2）．—78

94. 读懂华人图书馆学家李华伟博士/赵芳//新世纪图书馆．—2012（6）．—75～78

95. 对港澳台侨（外事）委员会职能的认识与思考/侯福同//江苏政协．—2012（5）．—37～38

96. 对留学归国人员开展统一战线工作的探讨/海群//内蒙古社会科学（汉文版）．—2012（6）．—18～23

97. 对缅华文教育中汉字书写教学的思考/魏祖秀//侨务工作研究．—2012（1）．—45～46

98. 对有关华人高技术新移民政策的评述及建议/曹善玉//江西社会科学．—2012（1）．—186～191

99. 对于周恩来留日归国原因的再思考/郭辉//改革与开放. —2012（10）. —76+78

100. 多元、动态与差异：“移民与族群关系”国际研讨会述评/周敏，黎相宜//华侨华人历史研究. —2012（3）. —74~76

101. 多元文化的融合体——析和顺侨乡文化特点/张全辉//大众文艺. —2012（13）. —118~119

102. 多元文化碰撞下的艺术之光——管窥大华文教育背景下的华侨高校公共舞蹈教育/谢俊//西南农业大学学报（社会科学版）. —2012（7）. —87~88

103. 多元文化主义视野下的集体行动逻辑——以加拿大华人组织为例/王荣芳//中华文化论坛. —2012（3）. —161~165

104. 俄罗斯远东区域开发中的中国移民问题探讨/李靖宇，林靖//西伯利亚研究. —2012（2）. —19~26

105. 二十世纪七十年代中国留美学生保钓运动研究/刘玉山//八桂侨刊. —2012（3）. —45~50

106. 二战后泰国华人的救济祖国运动——以暹罗华侨救济祖国粮荒委员会（1945—1948年）为中心/玉置充子，乔云//南洋资料译丛. —2012（4）. —48~62

107. 二战后印尼华文教育发展的潜在动力——论华人文化认同对印尼华文教育的促进/田伟，宋兴川//陕西教育学院学报. —2012（4）. —6~10

108. 发达国家侨民生存安全预警与救护机制研究/夏莉萍//侨务工作研究. —2012（6）. —30~33

109. 发挥华侨华人的作用　促进中华文化在海外的传播/詹正茂//侨务工作研究. —2012（1）. —34~36

110. 发挥龙头作用　打造侨校特色——六年来暨南大学华文教育工作取得显著成效/暨南大学华文学院//侨务工作研究. —2012（5）. —42

111. 发展独特优势拓展侨务公共外交/刘莹//侨务工作研究. —2012（3）. —20~24

112. 发展中的菲律宾华文教育/颜长城//教育文化论坛. —2012（6）. —123~128

113. 菲律宾华人在中华文化传播中扮演的角色——以菲华人士及归侨侨眷访谈录为主要研究材料/陈衍德//海交史研究. —2012（2）. —48~64

114. 菲律宾华文教育的现状、问题及对策/吴建平//沙洋师范高等专科学校学报. —2012（4）. —9~12

115. 菲律宾华文教育三十年困境的思考/张念，张世涛//贵州社会科学. —2012（7）. —134~136

116. 服务一生　奋斗一世——沈慕羽对马来西亚华社的贡献及影响/李其荣//东南亚纵横. —2012（8）. —56~62

117. 福建歌仔戏向东南亚传播的历史回顾与探析/潘培忠，王汉民//东南亚纵横. —2012（4）. —59~63

118. 福建侨批多元文化价值探略/邓达宏//东南学术. —2012（6）. —286~294

119. 福清新移民与侨乡地下钱庄关系探析/沈燕清//八桂侨刊. —2012（2）. —57~62

120. 福州侨批历史探究/邓达宏，李仲才//福建论坛（人文社会科学版）. —2012（11）. —93~97

121. 改革开放以来晋江侨捐流向分析/张赛群//五邑大学学报（社会科学版）.—2012（2）.—23～27

122. 改革开放以来我国公派留学回国政策回顾与思考/冯洁，陈何芳//世界教育信息.—2012（2）.—64～70

123. 改革开放以来我国留学教育事业的回顾与思考/张晓郁//高校理论战线.—2013（1）.—78～81

124. 改革开放以来我国自费出国留学政策分析/陈霓//大学（学术版）.—2012（4）.—25～31

125. 改革开放以来中国侨务实践的政策法规成效/张梅//侨务工作研究.—2012（3）.—16～17

126. 概述契约华工的由来及其历史作用/李文军//才智.—2012（6）.—180～181

127. 港澳台侨大学生的教育和管理探讨/李莹，岑文，成志雄//教育评论.—2012（4）.—126～128

128. 高等院校拓展海外华文教育的新模式/崔丽丽//长春大学学报.—2012（7）.—892～894

129. 高校留学回国人员实行专业技术职务试用期的探讨/郭子宝，刘建瑛，周建军，雷寒//重庆医学.—2012（9）.—924～926

130. 高校中归国留学人员统战工作问题研究/马明阳，张伟//辽宁省社会主义学院学报.—2012（3）.—50～52

131. 高职院校侨资助学文化刍议/彭健敏，袁源//广东农工商职业技术学院学报.—2012（3）.—12～15

132. 公共外交视野下的日本华文传媒——以日本侨报社为研究案例/鞠玉华，卢小花//八桂侨刊.—2012（2）.—51～56

133. 公派留学回国政策的改进：基于回国意愿影响因素的调查/陈何芳，冯洁//高校教育管理.—2012（5）.—45～49

134. 公派留学政策研究综述/冯洁，陈何芳//扬州大学学报（高教研究版）.—2012（1）.—47～51

135. 关于“留日学生与辛亥革命”及“海归已死”的对话——答日本《朝日新闻》记者林望、《解放日报》记者支玲琳的采访提问/周棉//徐州师范大学学报（哲学社会科学版）.—2012（6）.—1～10

136. 关于北美地区华人收视特点的分析与思考/魏平//中国广播电视学刊.—2012（5）.—81～84

137. 关于海外归国华侨与桂林抗战文化运动/贺继孟//侨务工作研究.—2012（2）.—47～48

138. 关于华侨海外权益保护问题的思考/王卓//佳木斯教育学院学报.—2012（8）.—394～395

139. 关于留美华裔科学家/范岱年//自然辩证法通讯.—2012（1）.—2～6＋125

140. 关于侨务资源数据库建设的思考/徐云//侨务工作研究.—2012（3）.—25～26

141. 关于中国特色侨务理论的若干观点/乔生//侨务工作研究.—2012（5）.—19～21

142. 关注散居归侨侨眷生活　促进侨界和谐稳定——关于我省散居归侨侨眷生产生活情况的调研报告（摘要）/赵菁菁//海南人大. —2012（7）. —25～27

143. 广东华侨华人旅游市场开发/梁江川//五邑大学学报（社会科学版）. —2012（3）. —6～9＋92

144. 广东省档案馆藏战后侨产纠纷史料管窥/尤云弟//兰台世界. —2012（35）. —94～95

145. 广东省高校留学归国人员绩效及其影响因素研究——以广州十所高校为例/苏一凡//华南师范大学学报（社会科学版）. —2012（4）. —40～45

146. 广西华侨农林场、归难侨安置点——文化人类学研究的“理想实验室”/郑一省//八桂侨刊. —2012（2）. —16～18

147. 广州侨务引智的现状与发展对策研究/广州市委政研室，广州市侨务//侨务工作研究. —2012（6）. —27～29

148. 归侨的归属感研究——以广西来宾市华侨农场为例/陈云云//八桂侨刊. —2012（2）. —19～27

149.《归侨侨眷权益保护法》法律责任设置论析/汪全胜，张鹏//华侨华人历史研究. —2012（2）. —1～6

150. 郭世宝博士与加拿大华人新移民研究述评/万晓宏//华侨华人历史研究. —2012（1）. —65～69

151. 国际移民研究热点与华侨华人研究展望/李明欢//华侨华人历史研究. —2012（1）. —18～23

152. “国际移民与侨乡研究”国际学术会议综述/党瑾，王晓欧//八桂侨刊. —2012（4）. —76～78

153. 国家公派联合培养博士生留学成效初探——基于“国家建设高水平大学公派研究生项目”的考察和分析/何峰，胡晓阳，贾爱英//学位与研究生教育. —2012（6）. —51～55

154. 国家公派留学人员的在外教育管理——法国高水平大学公派研究生实例研究/张小涛//浙江师范大学学报（社会科学版）. —2012（4）. —106～111

155. 国家与社会关系：东南亚华人社团研究的新启示/杨宏云//八桂侨刊. —2012（1）. —16～20

156. 海内外华侨博物馆的特点及发展趋势/张康庄//侨务工作研究. —2012（3）. —38～39

157. 海南岛侨批业发展概略/邢寒冬//海南师范大学学报（社会科学版）. —2012（1）. —93～99

158. 海南华侨与孙中山/唐若玲//湖北社会科学. —2012（7）. —109～112

159. 海外撤侨应急运输特点分析/肖晶晶，陈祥军，于广宇，郭鹏飞//国防交通工程与技术. —2012（3）. —1～3

160. 海外华侨华人参与：当代中国侨务公共外交路径研究/金正昆，孙冰冰//社科纵横. —2012（11）. —36～39

161. 海外华侨华人传播中国文化的个案思考/林心淦//福建论坛（人文社会科学

版）. —2012（12）. —117～120

162. 海外华侨华人统战工作的新政策与新实践/李雯//天津市社会主义学院学报. —2012（2）. —22～26

163. 海外华侨华人在“反独促统”活动中的优势和作用/卓高鸿//中央社会主义学院学报. —2012（2）. —100～102

164. 海外华人博物馆概述/亓延坤//八桂侨刊. —2012（3）. —77～80

165. 海外华人产业集群形成机理分析——以佛罗伦萨温商皮具产业集群为例/周欢怀，张一力//华侨华人历史研究. —2012（4）. —50～58

166. 海外华人对华投资的一个经济社会学解读——文化传统与社会资本结合的视角/李敢，曹琳琳//思想战线. —2012（1）. —43～47

167. 海外华人利益诉求的应急保护机制/殷敏//国际商务研究. —2012（1）. —75～80

168. 海外华人企业探究——以佛罗伦萨的温商企业为例/周欢怀//企业活力. —2012（9）. —61～66

169. 海外华人商会与华人经济转型初探——以海外温州商会为例/曹一宁//特区经济. —2012（3）. —279～281

170. 海外华文教育的历史与现状/叶静//佳木斯教育学院学报. —2012（11）. —15～18

171. 海外华文教育中的短期教育模式研究——以华侨大学“中华文化大乐园”为研究对象/沈玲//云南师范大学学报（对外汉语教学与研究版）. —2012（2）. —77～84

172. 海外华文媒体的现状、问题与对策/郑文标//编辑之友. —2012（12）. —51～53

173. 海外留学归国人员就业难成因分析与建议——基于北京市的调查分析/贾辉//现代经济探讨. —2012（11）. —37～41

174. 海外新移民与福州山区侨乡教育变迁——以福建闽清X村为例/陈日升//福建论坛（人文社会科学版）. —2012（10）. —181～185

175. 海外移民的慈善推动与都市农业现代化——以广州为例/陈世柏//求索. —2012（6）. —155～157

176. 海外移民对福州侨乡教育事业的影响/陈日升//闽江学院学报. —2012（4）. —24～27

177. 海外征集华侨文物的思考与探索——以泉州华侨历史博物馆为例/吴翠蓉//福建文博. —2012（2）. —71～74

178. 海洋文化视角下福建侨乡的形成与演变原因分析/吴志，王彬，刘成//鲁东大学学报（自然科学版）. —2012（2）. —180～186

179. 韩愈与泰国潮人/刘琪//潮州文化研究. —2012（3）. —15～21

180. 好莱坞影片华人形象正面化的背后——以电影《2012》为例/张勇丽//新闻世界. —2012（1）. —148～149

181. “和谐与共赢：国家软实力及华侨华人的作用”国际学术研讨会综述/张小欣，陈奕平//华侨华人历史研究. —2012（2）. —75～77

182. “和谐与共赢：国家软实力及华侨华人的作用”国际学术研讨会综述/郑春玲，王晓欧，许赞//八桂侨刊. —2012（2）. —77～79

183. 河南留日学生在河南辛亥革命中的历史作用探析/魏红专//科教导刊（中旬

刊）. —2012（10）. —114～115

184. 荷兰殖民统治时期爪哇华人法律地位探析/沈燕清//八桂侨刊. —2012（4）. —55～62

185. 黑龙江省吸引留学人才对策研究/杨柳//黑龙江省社会主义学院学报. —2012（1）. —18～21

186. 红河陆疆侨乡的文化特征探讨/何作庆，丁菊英//红河学院学报. —2012（3）. —1～5

187. “后民族国家”时代的华人文化研究——话语政治与理论转型/蓝峰//文艺理论研究. —2012（2）. —129～136

188. 后苏哈托时代福建籍华人社团与印度尼西亚多元社会的构建/黄玲毅，丁丽兴//东南亚纵横. —2012（5）. —60～65

189. 华侨大学境外生语言现象例析/胡萍//泰山学院学报. —2012（4）. —116～120

190. 华侨高等学府境外研究生综合培养模式研究——以华侨大学为例/李明海，黄奕红，杨桦//湖北经济学院学报（人文社会科学版）. —2012（12）. —150～152

191. 华侨国内权益保护的立法建议/王明譞//学理论. —2012（31）. —116～117

192. 华侨华人发展民族传统体育研究/肖建忠，谭华//体育文化导刊. —2012（7）. —114～116

193. 华侨华人及港澳同胞对梅州足球发展的贡献/肖仁龙//兰台世界. —2012（13）. —73～74

194. 华侨华人历史地理研究刍议/于亚娟，吴宏岐//东南亚纵横. —2012（1）. —47～52

195. 华侨华人民间文献的收藏与利用——以暨南大学图书馆为例/王华，罗发龙//八桂侨刊. —2012（1）. —37～40

196. 华侨华人民间文献多重价值初探/徐云//华侨华人历史研究. —2012（3）. —12～22

197. 华侨华人社团与中国侨务公共外交——以巴西华人文化交流协会为例/徐文永，谢林森//八桂侨刊. —2012（3）. —18～23

198. 华侨华人投资对上海经济转型的作用/陈志强//上海商学院学报. —2012（1）. —68～75

199. 华侨华人文化的传播与构建和谐世界/戴文标，孙旭东等//侨务工作研究. —2012（2）. —31～32

200. 华侨华人信息资源建设创新研究/徐云//八桂侨刊. —2012（3）. —6～11

201. 华侨华人与中国软实力在巴西的提升/程晶//湖北大学学报（哲学社会科学版）. —2012（6）. —105～109

202. 华侨黄三德与孙中山的美洲筹款活动/马孝奇，颜明婷//兰台世界. —2012（7）. —10～11

203. 华侨文化对岭南文化发展的影响/黄洁薇//黑龙江史志. —2012（12）. —45～46

204. 华侨与华人：同与不同/雷玉红//世界知识. —2012（20）. —47～49

205. 华侨与辛亥革命百年研究述评/任贵//史学月刊. —2012（3）. —5～14＋244

206. 华人本土组织领导研究的基本脉络与再定位/沈毅//管理学报. —2012（5）. —629～636

207. 华人茶会的故事——兼论现代华人侨团发展之路/牛先民//侨务工作研究. —2012 (3). —40 ~ 41

208. 华人独特饮食的由来及对文化的影响/高成鸢//社会科学论坛. —2012 (9). —4 ~ 19

209. 华人华侨科技人才引进与成长机制创新研究——基于对天津市高新区留学生创业园区的调研/于斌，谭继舜，刘娟//未来与发展. —2012 (8). —25 ~ 29

210. 华人留学生的疏离感调查研究/罗利爽//长江师范学院学报. —2012 (2). —113 ~ 116

211. 华人社团与华人华侨文化认同探析/张颖//江苏省社会主义学院学报. —2012 (3). —57 ~ 60

212. 华人形象塑造与中国文化软实力建设/郑天亮//新闻战线. —2012 (10). —91 ~ 93

213. 华人移民中的"海外军团"现象探析/廖小健，周龙//五邑大学学报（社会科学版）. —2012 (4). —69 ~ 72 + 93

214. 华人与外来华商在马来西亚的经济活动/何启才//东南亚纵横. —2012 (9). —44 ~ 49

215. 华人知识分子的文化责任与教育使命/高强华//高等理科教育. —2012 (4). —1 ~ 4

216. 华商传媒集团实现跨产业、跨媒介发展的启示/张丽恒//环渤海经济瞭望. —2012 (12). —39 ~ 41

217. 华文报纸在华文教育中的作用——以马来西亚华文报纸为例/彭伟步//华文教学与研究. —2012 (4). —10 ~ 15

218. 华文教育　重庆走向世界历史的深刻记忆/李静//重庆与世界. —2012 (5). —16 ~ 25

219. 华文教育教室文化功能解读/陈丛耘//宿州教育学院学报. —2012 (1). —45 ~ 47

220. 华文教育与海外统战工作/张颖//湖南省社会主义学院学报. —2012 (4). —35 ~ 37

221. 华文教育与华文教学：差异与关系之辩/唐燕儿，程辰//华南师范大学学报（社会科学版）. —2012 (2). —40 ~ 44

222. 华文教育语境下的传媒对外传播的文化定位/韩愈//吉林广播电视大学学报. —2012 (6). —121 ~ 124

223. 华文教育之网络新语教学初探/张方方//时代文学（下半月）. —2012 (1). —205 ~ 206

224. 华文教育中开展民族舞蹈教学之必要/王光辉//大舞台. —2012 (10). —89 ~ 90

225. 华文教育专业课程建设的几点思考/张鹭//佳木斯教育学院学报. —2012 (3). —114 ~ 115 + 138

226. 华文媒体的中国国家形象报道研究——以《美南新闻》大陆版块报道为例/闫欢，王琳琳//新闻界. —2012 (15). —3 ~ 7

227. 华语电影抑或华人电影——华语电影概念的反思/吴海清，张建珍//电影艺术. —2012 (4). —64 ~ 70

228. 黄昆章教授访谈录/郑一省，郑若之//八桂侨刊. —2012 (4). —3 ~ 5

229. 黄尊三留日史事述论——以黄尊三《留学日记》为依据/范铁权//徐州师范大学学报（哲学社会科学版）. —2012（4）. —1～6

230. 回流移民再融入的生活史研究——以加拿大回流北京的技术移民为例/丁月牙//华侨华人历史研究. —2012（4）. —1～10

231. 基督教青年会与一战法国华工关系初探/梁珊//沧桑. —2012（4）. —37～39

232. 基于云计算的华文教育资源平台设计/张彦军//现代教育技术. —2012（10）. —110～113

233. 吉尔吉斯斯坦维吾尔华人华侨社会探究/刘宏宇，王静，张全生//新疆师范大学学报（哲学社会科学版）. —2012（2）. —48～55

234. 几种商务版南洋华侨学校教科书/张人凤//出版史料. —2012（2）. —15～19

235. 纪念中国华侨历史学会成立30周年座谈会综述/麦臣//华侨华人历史研究. —2012（1）. —75～76

236. 加拿大华人150年历史/张翎，蒋士美//世界文学评论. —2012（2）. —21～28

237. 加拿大华人社会与政治参与——以2011年联邦大选为切入点/吴婷//八桂侨刊. —2012（1）. —48～53

238. 加强大洋洲、南太平洋地区华侨华人问题研究的新思考/张秋生//东南亚纵横. —2012（9）. —34～37

239. 家国春秋：抗日战争时期东南亚华侨教育研究/王宁宁//抗日战争研究. —2012（4）. — 96～106

240. 家庭教育・中文学校・文化认同——二战前美国华人中华传统文化教育活动研究/李永，顾晓莉//江汉大学学报（社会科学版）. —2012（5）. —61～66

241. 柬埔寨的华人社会——关于金边华人华侨聚居区的调查报告/野泽知弘，乔云//南洋资料译丛. —2012（2）. —44～55＋80

242. 柬埔寨的华人社会——华文教育的复兴与发展/野泽知弘，乔云//南洋资料译丛. —2012（3）. —66～80

243. 柬埔寨华文教育存在的主要问题及其对策/张悦//晋中学院学报. —2012（5）. —89～93

244. 简析华文报刊发展历史/米富琴//文学界（理论版）. —2012（5）. —308～309

245. 建国初期我国侨汇政策及其实效分析/张赛群//八桂侨刊. —2012（3）. —38～44

246. 建设高教强国背景中出国留学政策的悖论/朱家德//现代大学教育. —2012（5）. —28～34

247. 蒋介石侨务理念分析（1927—1945）/陈国威//晋中学院学报. —2012（5）. —67～71＋82

248. 解读晋商票号与闽帮侨批局/黄清海//海交史研究. —2012（2）. —65～83＋115～126

249. 解读浙江省爱乡楷模的特点/徐华炳，彭昳柔//八桂侨刊. —2012（4）. —9～14

250. 近代东南亚华侨家族企业经营管理特点及启示/孙方一//常州大学学报（社会科学版）. —2012（2）. —38～42

251. 近代海军留学教育发展历程及其影响/甘少杰，吴洪成//军事历史研究. —2012

（3）. —41 ~ 45

252. 近代旅日闽侨与侨乡联系探究（1840—1945）/许金顶//史学集刊. —2012（3）. —24 ~ 30 + 98

253. 近代中国留学日本大学预科研究——以“五校特约”为中心/严平//清史研究. —2012（4）. —53 ~ 62

254. 近年的留学安全及风险防范/廖小健//广州社会主义学院学报. —2012（4）. —89 ~ 92

255. 近年来广东侨乡研究述评/石坚平//五邑大学学报（社会科学版）. —2012（2）. —15 ~ 18 + 93

256. 近现代孔教会在东南亚华人社会中的改造与变异——新加坡、马来西亚和印尼孔教会的个案分析/高伟浓，陈华//东南亚纵横. —2012（8）. —49 ~ 55

257. 居民旅游感知实证比较研究之制度伦理分析——以世界遗产地开平碉楼与村落为例/庄晓平，朱竑，邓素球//旅游学刊. —2012（3）. —18 ~ 26

258. 具有中国血统者就是华人吗？——美国赫蒙人之案例分析/梁茂春//华侨华人历史研究. —2012（3）. —1 ~ 11

259. 军队撤侨行动的法律保障/薛洪，詹翔宇//西安政治学院学报. —2012（6）. —92 ~ 95

260. 开辟境外生思想政治教育的有效途径——以侨校学生艺术团为媒介/谢俊//南昌教育学院学报. —2012（7）. —20 ~ 21

261. 开平碉楼的类别及典型特征比较研究/张万胜，周宏，梁锦桥/西安建筑科技大学学报（自然科学版）. —2012（3）. —412 ~ 419

262. 开平碉楼中的传统文化与民族特色/张梦//大众文艺. —2012（13）. —194 ~ 195

263. 康梁保皇派与美国华侨的认同问题/秦素菡//丽水学院学报. —2012（3）. —21 ~ 25

264. 抗战期间东南亚华侨的救国活动及彰显的民族精神/马凌//东南亚纵横. —2012（11）. —71 ~ 74

265. 抗战前南京国民政府航空留学教育概况述评/王建明//徐州师范大学学报（哲学社会科学版）. —2012（5）. —12 ~ 18

266. 抗战胜利后广州市侨产纠纷的爆发及影响/尤云弟//八桂侨刊. —2012（4）. —67 ~ 71

267. 抗战时期广东侨资垦殖与粤北山区的开发研究/肖仁龙//安徽农业科学. —2012（8）. —5091 ~ 5093

268. 抗战时期南京国民政府对华侨教育的救助/王宁宁//兰台世界. —2012（16）. —34 ~ 35

269. 客家人的头脑、智慧与精神——从中国与东南亚华人族群说起/彭会资//玉林师范学院学报. —2012（1）. —17 ~ 28

270. 夸富背后的身份重构与社区互惠——对侨乡炫耀性经济行为的功能主义解读/甘满堂，邓莲君//福州大学学报（哲学社会科学版）. —2012（5）. —51 ~ 57

271. 跨国实践中的社会地位补偿——华南侨乡两个移民群体文化馈赠的比较研究/黎

相宜，周敏//社会学研究．—2012（3）．—182～202

272．跨国网络视角下的华人社团跨国网络——以国际潮团联谊年会为例/陈蕊//潮州文化研究．—2012（1）．—34～45

273．跨越与转型：海外人才与中国发展战略——第六届海外人才与中国发展国际学术研讨会综述/李其荣，赵义娟//华侨华人历史研究．—2012（1）．—77～78

274．“类家庭”教育模式在侨乡留守儿童中的应用研究/李雪飞//福建教育学院学报．—2012（1）．—68～71

275．李恩富自传中的华人形象分析/洪叶，王秀丽//赤峰学院学报（汉文哲学社会科学版）．—2012（11）．—122～125

276．李恩富作品中的华人叙事探究/洪叶，卢亚男//牡丹江大学学报．—2012（12）．—28～30

277．理论联系实际　凸显应用价值——第七届海外人才与中国发展国际学术研讨会综述/杨海//东南亚纵横．—2012（11）．—77～79

278．两湖留日学生刊物与政治舆论动员中的地缘倾向/王天根//广西师范大学学报（哲学社会科学版）．—2012（5）．—193～200

279．领事保护：民生关切的外交践行/黄永鹏，肖昱//安顺学院学报．—2012（6）．—92～94

280．留法勤工俭学学生的信仰选择及启示/汪澎//中共四川省委省级机关党校学报．—2012（4）．—86～89

281．留美学生与中国近代学位制度的理论透视/郑晓坤//长春大学学报．—2012（8）．—997～999

282．留美学生赵叔愚的思想底色及乡村教育理论/王文岭//徐州师范大学学报（哲学社会科学版）．—2012（6）．—11～15

283．留美幼童在美生活状况探析/操宇晴//黑龙江史志．—2012（19）．—46～48

284．留日经历对丰子恺艺术创作的影响/王米娜//郑州航空工业管理学院学报（社会科学版）．—2012（6）．—152～154

285．留日先进知识分子对创立中国共产党的历史贡献/魏雪莲//上海党史与党建．—2012（6）．—15～17

286．留日学生创办期刊及其对辛亥革命的影响/魏善玲//编辑之友．—2012（2）．—114～116

287．留日学生群体对晚清政治与社会的影响/魏聚刚//兰台世界．—2012（25）．—36～37

288．留苏党员对中华苏维埃中央政权建设的历史贡献/裴超，侯蕾//党史文苑．—2012（20）．—34～38

289．留学安全问题与中国留学安全战略的构建/李光贞，苗丹国，覃云云//中国高教研究．—2012（8）．—35～39

290．留学澳洲中国学生的适应现状调查/刘嵩晗//中国教育学刊．—2012（S2）．—185～186

291．留学归国人员与战时重工业发展——以资源委员会为中心/徐吉，周棉//河北师

范大学学报（哲学社会科学版）. —2012（4）. —109～114

292. 留学生与中国近代工业发展——以化工群体为例的分析/张洪云//华侨华人历史研究. —2012（2）. —53～66

293. 留学英伦与严复对中国近代史学的影响/赵少峰，刘衍钢//沈阳师范大学学报（社会科学版）. —2012（5）. —84～87

294. 鲁迅留日时期的文明观——以《文化偏至论》为中心/董炳月//鲁迅研究月刊. —2012（9）. —4～14

295. 旅俄华工在“西北计划”中昙花一现——俄罗斯档案中的国民党与共产国际（之二）/李玉贞//世纪. —2012（2）. —52～55

296. 略论20世纪前半期澳大利亚华人的经济生活/张秋生//八桂侨刊. —2012（1）. —6～11

297. 略论陈嘉庚与南侨闽帮之关系/贺春旎//黑河学刊. —2012（6）. —55～58

298. 略论果敢冲突与中国侨务理念的调整/邱文君//剑南文学（经典教苑）. —2012（2）. —299～300

299. 略论华侨对辛亥革命的贡献/彭恩，任劲亭//遵义师范学院学报. —2012（4）. —8～10

300. 略论梁启超华侨华人研究之成就/王亚生，刘劲松//前沿. —2012（18）. —149～152

301. 论邓小平侨务思想与中国特色社会主义侨务理论的形成/张梅//北京行政学院学报. —2012（1）. —66～70

302. 论高校港澳台侨学生爱国主义教育的内容和方法/成志雄//经济师. —2012（1）. —106～107

303. 论海外华人华侨对全球中文推广的参与——东南亚诸国华语汉语教科书之分析/大冢丰//河北师范大学学报（教育科学版）. —2012（2）. —5～11

304. 论海外华文教育学科的实践教学/沈玲//宁波大学学报（教育科学版）. —2012（3）. —13～17

305. 论华侨参与辛亥革命的海外文化遗存及其旅游开发/吴水田，陈平平，李佳莎//南方论刊. —2012（12）. —49～51

306. 论华侨在祖国的参政议政权保护问题/王卓//法制博览（中旬刊）. —2012（8）. —92～93

307. 论开平碉楼与村落旅游商品的开发/翁泽鹏//旅游纵览（下半月）. —2012（8）. —114+116

308. 论跨国民族认同的场景与差异——以中国朝鲜族婚姻移民女性为例/全信子//延边大学学报（社会科学版）. —2012（5）. —87～94

309. 论廖承志的侨务工作思想/刘斌//八桂侨刊. —2012（3）. —32～37

310. 论留学日本时期周恩来的日本观/杨金辉//科技信息. —2012（4）. —193～194

311. 论鲁迅留日时期的文化观/肖国栋//齐齐哈尔大学学报（哲学社会科学版）. —2012（6）. —11～13

312. 论民国时期江苏籍人士对东南亚华文教育的重要贡献/于锦恩//徐州师范大学学

报（哲学社会科学版）. —2012（4）. —94～98

313. 论侨领角色扮演、类型及其价值观/徐华炳//浙江学刊. —2012（3）. —219～224

314. 论清代华侨与海外保皇派/庄国土//八桂侨刊. —2012（2）. —6～10

315. 论上海经济转型与海外华侨华人经济转型推动/傅尔基//中国发展. —2012（2）. —74～84

316. 论闻一多对海外华人"中国抒情传统学派"的沾溉/徐承//杭州师范大学学报（社会科学版）. —2012（6）. —69～76

317. 论我军开展武装撤侨行动的法律问题/李伯军//法治研究. —2012（12）. —98～106

318. 论新时期侨务干部的修养/吴桂韩//八桂侨刊. —2012（1）. —31～36

319. 论中国公民海外权益保护权——以利比亚撤侨为视角/周继祥，马青腾//贵州警官职业学院学报. —2012（2）. —90～95

320. 论中国特色社会主义侨务理论/张梅//马克思主义研究. —2012（6）. —27～33

321. 妈祖信仰的发展轨迹和传播——以马、新两国为例/苏庆华//华侨大学学报（哲学社会科学版）. —2012（1）. —13～21

322. 马来西亚国民中学华文教材编排研究——以初中华文教材为例/房宁，李思暖//云南师范大学学报（对外汉语教学与研究版）. —2012（5）. —76～81

323. 马来西亚华人美术之"心路"刍议——东南亚美术现象研究之一/帅民风//美术大观. —2012（1）. —87

324. 马来西亚华人社会的交谈用语现状探析/洪丽芬，刘树佳//八桂侨刊. —2012（1）. —41～47

325. 马来西亚华人社会与伊斯兰党关系简析/范若兰//世界民族. —2012（1）. —60～68

326. 马来西亚华人社团：从"整体网络"到"互联网络"/莫顺宗//八桂侨刊. —2012（4）. —26～29

327. 马来西亚华人社团信息化建设的法律规制/罗荣强//八桂侨刊. —2012（4）. —30～34

328. 马来西亚华文独立中学新《初中综合科学课程标准》述评/郭桂周，于海波//教育理论与实践. —2012（29）. —41～44

329. 马来西亚华文教育现状与发展策略/刘世勇，武彦斌//东南亚纵横. —2012（9）. —38～43

330. 马来西亚华文媒体对中华文化传承的贡献/陈俊林//东南亚纵横. —2012（5）. —55～59

331. 马来西亚华印社会比较研究/罗圣荣//南洋问题研究. —2012（1）. —62～68＋102

332. 马来西亚中华文化的传播和机制/廖文辉//华侨大学学报（哲学社会科学版）. —2012（2）. —22～28

333. 美国大萧条时期在美华人处境——以知识分子、妇女为例/王菊华//黑龙江史志. —2012（23）. —55～56

334. 美国华人参政的冲击波/李静/世界知识. —2012（19）. —30～31

335. 美国华人的多元认同及中国民众的反应——以骆家辉为例的分析/陈奕平，朱磊//暨南学报（哲学社会科学版）. —2012（10）. —27～32＋161

336. 美国华人新移民第二代及其身份认同/李其荣，姚照丰//世界民族. —2012 (1). —52～59

337. 美国排华法案道歉案的始末与思考/刘文正//侨务工作研究. —2012 (3). —33～35

338. 美国排华浪潮兴起的种族主义根源/罗俊红//宜春学院学报. —2012 (5). —80～82

339. 美国侨社华文教育的曲折历程/杨立//文史天地. —2012 (9). —30～33

340. 美军政期韩国华侨的贸易活动——以贸易公司万聚东为中心/李正熙，乔云//南洋资料译丛. —2012 (1). —54～61

341. 缅甸泉籍华侨与辛亥革命/郑炳山//泉州师范学院学报. —2012 (3). —88

342. 民国时期的华侨航空学校/肖荣华//文史天地. —2012 (7). —61～64

343. 民国时期的中美留学交流活动述略/刘海涛//兰台世界. —2012 (7). —33～34

344. 民国时期旅缅华侨社团对侨乡地方教育的影响——以云南腾冲和顺崇新会为例/徐东，马晓龙//保山学院学报. —2012 (4). —20～26

345. 民国时期山东留日运动考释/王玖玖//青岛大学师范学院学报. —2012 (1). —83～88

346. “民国肇建与在美华人国际学术研讨会”综述/黄晓坚//华侨华人历史研究. —2012 (2). —79～80

347. 民族性格与心理对中俄两国民间交往的影响探析——以切尔基佐夫市场关闭为例/王祎//华侨华人历史研究. —2012 (2). —7～18

348. 闽帮侨批业网络发展初探/黄清海//华侨大学学报（哲学社会科学版）. —2012 (4). —51～61

349. 闽南侨批业对近现代中国社会经济的影响/陈奭琛//云南档案. —2012 (12). —23～28

350. “明代遗民”：韩国华人历史探微/崔承现，金惠连//华侨华人历史研究. —2012 (1). —54～64

351. 明溪“海西新侨乡”的形成及对侨乡建设的影响/陈登平//三明学院学报. —2012 (1). —38～44

352. 内外有别：美国华人基督徒研究中观察主体身份特点的学术意义/陈燕//华侨华人历史研究. —2012 (4). —41～49

353. 内战时期华侨与归侨被征兵役探究——以粤闽两省个案为例/黄文波//八桂侨刊. —2012 (4). —63～66

354. “南陈北李”的留学日本经历及其影响/权赫秀//社会科学战线. —2012 (4). —107～115

355. 南非中国新移民面临的困境及其原因探析/陈肖英//华侨华人历史研究. —2012 (2). —28～35

356. 南非中国新移民与当地黑人的族群关系研究/陈凤兰//世界民族. —2012 (4). —64～70

357. 南京国民政府时期侨务官员的侨务思想分析/陈国威//八桂侨刊. —2012 (3). —56～64

358. 《南洋歌》叙事所蕴涵的文化价值探究/彭祖鸿，郭蔓娜//五邑大学学报（社会

科学版). —2012 (2). —19 ~22 +93

359. 南洋华侨火者亚三新考/林硕//华侨华人历史研究. —2012 (2). —67 ~74

360. 宁夏回族华侨华人社会与现状初探/梁莉莉//回族研究. —2012 (2). —109 ~116

361. 欧洲华裔中小学生华文教育研究——以温州籍华裔中小学生为例/包含丽//教育评论. —2012 (1). —117 ~119

362. 彭湃留日同学、潮籍爱国教育家姚华萼事略/梁水良，黄辉坚//红广角. —2012 (2). —38 ~41

363. 披肝沥胆为国　尽心竭力护侨——何香凝先生与海外侨胞肝胆相照水乳交融/赵健//侨务工作研究. —2012 (3). —30 ~32

364. 潜在的力量——中国对外直接投资中不可忽视的华侨华人力量/王再华//特区经济. —2012 (2). —25 ~27

365. 浅论近代中日两国的留学教育/贾莉//人民论坛. —2012 (11). —122 ~123

366. 浅论一战期间的赴法华工及其婚姻/谢清明//贵州文史丛刊. —2012 (4). —45 ~50

367. 浅谈《福清侨乡报》的发展/卢贤明//海峡科学. —2012 (12). —45 ~46

368. 浅谈侨乡台山曲艺现状及其发展/林瑞心//商业文化（下半月）. —2012 (1). —215 ~216

369. 浅谈日本侨团的几个特点/刘敬师//侨务工作研究. —2012 (1). —40 ~41

370. 浅谈泰国华人小小说中的潮汕文化/平媛砚//昭通师范高等专科学校学报. —2012 (6). —32 ~34

371. 浅析澳大利亚和新西兰的华文教育状况及存在的问题/欧苏婧//广西广播电视大学学报. —2012 (3). —69 ~72

372. 浅析对外汉语公开示范教学——以菲律宾华文教育年会为例/林西锦//长春理工大学学报. —2012 (1). —148 ~149

373. 浅析俄罗斯移民政策及其对中国移民的影响/周建英//西伯利亚研究. —2012 (2). —27 ~31

374. 浅析海外华人商会与华人融入主流社会——以海外温州商会为例/曹一宁//前沿. —2012 (14). —95 ~96

375. 浅析曼谷王朝初期（1782—1910）泰国的华人方言群/黄素芳//八桂侨刊. —2012 (3). —51 ~55

376. 浅析缅甸华人的公民资格问题/范宏伟//世界民族. —2012 (3). —51 ~56

377. 浅析侨批中的中华传统文化/刘伯孳//侨批文化. —2012 (15、16). —27 ~32

378. 浅析侨务部门战略管理问题/赵亮//侨务工作研究. —2012 (6). —36

379. 浅析晚清华工问题的由来/丛春江//文史月刊. —2012 (7). —6

380. 浅析战后初期广西地区遣送越法冲突难侨的工作/黄文波//八桂侨刊. —2012 (1). —59 ~61

381. 浅议华侨权益的立法保护问题/王卓//法制与社会. —2012 (9). —294 ~296

382. 浅议政协港澳台侨委员会的工作定位/侯福同//江苏政协. —2012 (10). —43 ~44

383. 抢救华侨华人资料任重道远——以印度尼西亚为例/黄昆章//八桂侨刊. —2012 (4). —6 ~8

384. “侨批档案”（广东）文献遗产的价值与传承/吴晓琼//侨批文化. —2012（15、16）. —7～11

385. 侨批档案开发利用初探/郑翰君，张惠萍//兰台世界. —2012（29）—73～74

386. 侨批的现实价值与世界意义探微/郑松辉//侨批文化. —2012（15、16）. —33～41

387. 侨批公会的建立与跨国侨批网络的制度化（1911—1937）——以潮汕为例的研究/陈丽园//华侨华人历史研究. —2012（2）. —36～43

388. 侨批文化生态意识再探——试以许成宗一家的侨批为例/王汉武//侨批文化. —2012（15、16）. —42～45

389. 侨批研究刍议——兼谈闽南侨批实物文献的征集/傅晓岚//贵州文史丛刊. —2012（2）. —121～126

390. 侨文化与闽都文化——兼议闽都侨文化建设/叶钦地//福州党校学报. —2012（4）. —69～72

391. 侨务工作的辩证运用之我见/吴桂韩//侨务工作研究. —2012（1）. —37～39

392. 侨务公共外交：理论建构的尝试/王伟男//国际展望. —2012（5）. —29～39

393. 侨务资源与新农村文化建设——以浙江宁波为个案/郭剑波//八桂侨刊. —2012（1）. —26～30

394. 侨乡留守儿童的个别化教学策略研究——以温州籀园小学国际部为例/陈海娜，郑琼荷//科技信息. —2012（12）. —327～328

395. 侨乡闽剧发展的 SWOT 分析——以福建省福清市侨乡为例/陈红//长沙大学学报. —2012（6）. —120～122

396. 侨乡女性研究述评/刘敏//五邑大学学报（社会科学版）. —2012（4）. —43～47+92

397. 侨乡青田县图书馆为华侨子女服务的策略/秦若萍//丽水学院学报. —2012（3）. —17～20

398. 侨乡武术东南亚会馆化传播方式研究/于海滨//体育科学研究. —2012（4）. —25～27

499. 侨校境外生思想教育工作实效性探析/林荣策//黑龙江教育（高教研究与评估）. —2012（6）. —89～90

400. 侨校境外生学习现状的思考与策略探究——以华侨大学为例/杨振铭//南昌教育学院学报. —2012（10）. —89～93

401. 青田县华侨儿童免疫接种现状调查/项晓青，陈力荣，季革委//浙江预防医学. —2012（4）. —27～29

402. 清代典籍中的吕宋/陈丙先，钟奇峰//东南亚南亚研究. —2012（4）. —54～57+91

403. 清末安徽留日学生述论/陆军//昆明学院学报. —2012（2）. —83～86

404. 清末广东省留日运动探析/高龙//商丘师范学院学报. —2012（7）. —98～101

405. 清末贵州留日学生与贵州教育近代化/梁中美//贵州师范学院学报. —2012（7）. —61～65

406. 清末河南留日学生刊物《河南》与辛亥革命/赵艳花//兰台世界. —2012（22）. —34～35

407. 清末湖北的留日风潮/罗婷//武汉文史资料. —2012（4）. —57～60

408. 清末华侨与漳厦铁路的修建/向军//丽水学院学报. —2012（3）. —26～32

409. 清末留美幼童的英语教育探源/严静//兰台世界. —2012（1）. —26～27

410. 清末留日学生与地方督抚间的政治博弈——以留日陆军士官生为中心/陈芳//安徽史学. —2012（1）. —38～45

411. 清末留日中国学生与爱国意识的高涨——以牧口常三郎所著《人生地理学》为中心/高桥强//徐州师范大学学报（哲学社会科学版）. —2012（1）. —1～6

412. 清末民初留日学生与直隶省军事教育近代化/朱文富，樊国福//河北大学学报（哲学社会科学版）. —2012（3）. —13～21

413. 清末山西留日学生参加收回矿权斗争述论/谢忠强//电子科技大学学报（社科版）. —2012（4）. —108～112

414. 清末游学生监督处《官报》中的贵州留日学生/梁中美//兰台世界. —2012（25）. —26～27

415. 清末早期留美与留欧教育比较及其当代启示/朱智斌，容乐//辽宁师范大学学报（社会科学版）. —2012（3）. —345～348

416. 清廷政策与留日大潮的形成/朱美禄//兰台世界. —2012（3）. —8～9

417. 区域文化与温州海外移民/徐华炳//华侨华人历史研究. —2012（2）. —44～52

418. 全球华人保钓运动简述/康狄//世界知识. —2012（15）. —58～59

419. 全球化背景下海外华人与原乡的新联系：以柔佛新山和潮州为例/黄挺//潮州文化研究. — 2012（1）. —5～21

420. 全球化进程中的国际移民：特征、挑战与治理/郭秋梅//八桂侨刊. —2012（2）. —43～50

421. 全球化与本土化：阿根廷华人超市经济研究/汤锋旺/阴山学刊. —2012（6）. —95～101

422. 全球化中的中华移民与华侨华人研究/廖建裕//华侨华人历史研究. —2012（1）. —1～17

423. 泉州侨乡民居建筑的文化内涵与美学特征/魏峰，唐孝祥，郭焕宇//中国名城. —2012（4）. —43～49

424. 日本报纸《读卖新闻》关于晚清女子留日学生的记载/孙伟珍//徐州师范大学学报（哲学社会科学版）. —2012（3）. —12～15

425. 日本华侨华人与中国对日公共外交/张月//东南亚纵横. —2012（7）. —61～66

426. 日本政府的庚款补给中国留日学生政策研究/徐志民//抗日战争研究. —2012（3）. —63～74

427. 日本中华总商会——以“新华侨”为主体的跨国华人经济社团/廖赤阳//华侨华人历史研究. —2012（4）. —19～30

428. 日据时期台湾学生的留日教育活动/汪丞//教育评论. —2012（6）. —123～125

429. 容闳与晚清幼童留美教育钩沉/石芸，孟祥祺//兰台世界. —2012（21）. —33～34

430. 容闳与中国近代的留学教育/沈建利//黑河学刊. —2012（6）. —44～45

431. 融合侨乡文化特色　推进地方性高校助学工作——以江门五邑大学为例/王姗//

价值工程. —2012（14）. —259～260

432. 融入视角下海外华人商会与同乡会之比较——以海外温州人为观测点/曹一宁//理论界. —2012（3）. —183～184

433. “融入主流”的华文教育与华文教育工作的思考——以侨务部门对美国华文教育工作为例的研究/李嘉郁//八桂侨刊. —2012（2）. —69～72+76

434. 柔佛古庙游神活动“入遗”之启示/黄晓坚//侨务工作研究. —2012（3）. —35

435. 如何开发五邑侨乡习俗特色旅游/谭妙洁//旅游纵览（行业版）. —2012（6）. —27+29

436. 散居归侨的地域认同——以广西东兴镇越南归侨为例/叶英//八桂侨刊. —2012（2）. —28～34

437. 社会性别视野下的侨乡女性创业现状与展望——以泉州市女企业家群体为考察对象/刘以榕，张旭//福建医科大学学报（社会科学版）. —2012（2）. —25～29

438. 身份认同转变的影响因素探析——基于16位在韩朝鲜族移民的结构式访谈/俞少宾，崔兴硕//华侨华人历史研究. —2012（4）. —11～18

439. 深圳侨资企业转型升级情况调研/深圳市侨办课题组，钟荫藤，邓志旺//特区实践与理论. —2012（3）. —22～25

440. 十九世纪中后期美国华工探析/吴铁稳，梁彩玲//怀化学院学报. —2012（1）. —58～60

441. 世界华语电影：新媒介语境下的新美学与新思维——2011（第二届）世界华语电影论坛学术研讨综述/陈旭光，张博，卢茜//暨南学报（哲学社会科学版）. —2012（2）. —157～160

442. 试论1970年代中国留美学生的保钓运动/刘玉山//中共贵州省委党校学报. —2012（4）. —109～114

443. 试论20世纪50年代厦语片在新马地区的发展——以《南洋商报》（1953—1959）为中心/郭崇江//当代电影. —2012（3）. —60～63

444. 试论二战前旧金山华人教育的历史特点/李永//东疆学刊. —2012（3）. —75～80

445. 试论菲华商联总会发展华文教育的功能属性/赖林冬//赤峰学院学报（汉文哲学社会科学版）. —2012（1）. —236～237

446. 试论建国后广西安置归侨工作/熊志灵//传承. —2012（10）. —28～29

447. 试论旧金山湾新教教会对美国华人的救助活动——以中美学校和明光学校为例/李永，顾晓莉//东南亚纵横. —2012（12）. —46～50

448. 试论留学经济变化浪潮中的政策构建/彭辰//经济视角（下）. —2012（5）. —141～144

449. 试论侨批对潮汕华侨文化发展的历史作用/陈友义//侨批文化. —2012（15、16）. —46～52

450. 试论侨批研究的现实意义/陈焕溪//侨批文化. —2012（15、16）. —23～26

451. 试论侨乡士人的女性观——以民国《开平县志·列女》为例/刘正刚//五邑大学学报（社会科学版）. —2012（4）. —32～37+92

452. 试论社会资本与新加坡华商跨国行为的关系——以傅春安投资中国为例/杨妍//

中国外资．—2012（12）．—10～12

453．试论晚清民国时期侨商对腾冲现代化的影响/吴臣辉//保山学院学报．—2012（3）．—60～64

454．试论晚清政府对华工的保护/蔡榕津//五邑大学学报（社会科学版）．—2012（3）．—42～45+93

455．试论郑洪年与民国华侨高等教育的创办发展——以国立暨南大学为中心的考察/夏泉，刘晗//民国档案．—2012（1）．—80～84

456．试论中国技术移民法立法/刘国福//学习与实践．—2012（7）．—58～66

457．试论中国特色社会主义侨务理论/张梅//侨务工作研究．—2012（5）．—22～24

458．试析海外华文教育教学质量的若干对策/包含丽//黑龙江高教研究．—2012（5）．—161～163

459．试析民国初年的留学教育政策/王艳芝//郑州航空工业管理学院学报（社会科学版）．—2012（3）．—23～25

460．试析闽南侨乡建筑的文化地域性格/唐孝祥，吴思慧//南方建筑．—2012（1）．—48～53

461．试析新世纪华侨学府侨生的文化双向传播/郭艳梅//重庆邮电大学学报（社会科学版）．—2012（4）．—123～125+135

462．斯里兰卡汉语教学与推广的现状、问题及前景/杨刚//东南亚南亚研究．—2012（4）．—65～69+92

463．泗水韩、蔡和郑氏：十九世纪土生华人的三个上流家族/王福涵，周南京//八桂侨刊．—2012（2）．—11～15

464．宋庆龄与近代中国首批官费留美女生/朱玖琳//世纪．—2012（6）．—36～40

465．宋人移民高丽述论/芦敏//华侨华人历史研究．—2012（4）．—59～67

466．台山华侨近代建筑的现状及其保护的建议/叶玉芳//商业文化（下半月）．—2012（6）．—358～359

467．泰国北部华人穆斯林身份认同的变化/合富祥，冯瑜//世界宗教文化．—2012（1）．—65～68

468．泰国华侨崇圣大学学生在红河学院汉语学习情况调查/洪波，王海波//大众文艺．—2012（5）．—263～264

469．泰国华人地缘性社团的历史考察/潘少红//世界民族．—2012（2）．—58～63

470．泰国华人同乡社团扫描/潘少红//寻根．—2012（1）．—136～141

471．泰国华文报业当今所面临的问题/宋中杰//今传媒．—2012（11）．—46～47

472．泰国华文教育史研究综述/李屏//东南亚纵横．—2012（8）．—32～36

473．泰国制造业困境中寻出路——泰籍华人企业给我们的启示/温穗红//中外玩具制造．—2012（4）．—32～34

474．谈地方高校图书馆在五邑侨刊乡讯资源建设中的作用/杨洁//山东图书馆学刊．—2012（4）．—86～89

475．谈海外华文媒体信息资源的开发与利用/吴敏慧//河北科技图苑．—2012（4）．—46～48

476. 谈谈少儿华文教育中的中华文化学习/廖崇阳//侨务工作研究．—2012（3）．—42～43

477. 探究清末中国学生留学日本的热潮/刘军，杜成鹏//才智．—2012（13）．—165

478. 唐人街——加拿大城中之城（引言）/黎全恩，李未醉//八桂侨刊．—2012（1）．—12～15

479. 统战能力与归国留学人员绩效关系研究——以广东高校为例/苏一凡，谢卫红，张晓冰，罗嘉文//广东省社会主义学院学报．—2012（2）．—68～75

480. 透过《又见棕榈，又见棕榈》看华人眼中的“美国梦”/肖丽花，程丽蓉//温州大学学报（社会科学版）．—2012（2）．—66～70

481. 吞武里王朝时期的泰国华人社会及其特点/黄素芳//广东工业大学学报（社会科学版）．—2012（6）．—72～76

482. 外国来华人员眼中的中国和华人形象/刘贵珍//对外传播．—2012（12）．—44～46

483. 外国人眼中的华侨华人——浅谈海外华侨与华人地位的现状及原因/陈启航//民营科技．—2012（9）．—204

484. 外交保护与领事保护的法律地位/周淳，李健//北京政法职业学院学报．—2012（2）．—60～62

485. 晚清“西医东渐”与华人当地社会的推动/胡成//史林．—2012（4）．—98～111＋190

486. 晚清贵州状元夏同龢留日史事考述/李林//贵州文史丛刊．—2012（2）．—86～91

487. 晚清留法教育述评/索凯峰//教育研究与实验．—2012（1）．—68～72

488. 晚清留日学生刊物《湖北学生界》的出版发行/宋徽//出版发行研究．—2012（6）．—77～79

489. 晚清驻外领事以粤籍为主体的原因探析/马一//南洋问题研究．—2012（1）．—69～77

490. 晚晴政府保护海外华侨伊始/权好胜//侨务工作研究．—2012（3）．—46～48

491. 网络时代华文教育问题的思考/宋剑，郑文标//侨务工作研究．—2012（6）．—40～41

492. 汪荣宝与国民政府“攘外必先安内”国策的出笼——以1931年“朝鲜排华运动”为中心/石建国//当代韩国．—2012（1）．—56～66

493. 温州华侨留守儿童留守经历与家庭教育资源的调查研究/田晓霞，潘玉进，郭保林//温州大学学报（自然科学版）．—2012（1）．—22～26

494. 文化背景对东南亚华裔学生华文学习的影响/方舒，宋兴川//邯郸职业技术学院学报．—2012（3）．—53～56

495. 我国留学人员创业园区发展的主要问题及对策研究/董雨，董冰//科技与企业．—2012（19）．—263～264

496. 我国自费出国留学事业的时代特征、基本经验与政策建议/苗丹国，杨晓京，管秀兰//世界教育信息．—2012（17）．—55～60

497. 吴玉章留学日本期间革命活动考略/谢忠强//石河子大学学报（哲学社会科学版）．—2012（2）．—109～113

498. “五脚基”洋楼：近代闽南侨乡社会的文化混杂与现代性想象/江柏炜//建筑学报．—2012（10）．—92～96

499. “五四”勤工俭学与欧洲华工背景的互动——以赵世炎、周恩来、蔡和森等主导的旅欧共运兴起为中心/叶隽//徐州师范大学学报（哲学社会科学版）．—2012（3）．—1～11

500. 五四时期湖南留法勤工俭学生在法国的三次斗争/喻春梅，梁建勇//文史博览（理论）．—2012（12）．—21～22

501. 五四运动前浙江籍留日学生与马克思主义传播/朱赛晶，邱永新//赤峰学院学报（汉文哲学社会科学版）．—2012（5）．—27～28

502. 五邑碉楼与侨村建筑的装饰艺术/朱蕙//文艺研究．—2012（3）．—157～158

503. 五邑华侨与江门电力工业的开拓发展/姚婷，梅伟强//五邑大学学报（社会科学版）．—2012（4）．—38～42＋92

504. 悉尼华文教育状况及发展前景/王芸//侨务工作研究．—2012（6）．—44～45

505. 西南边疆民族地区华侨农林场改革与发展的路径思考/李雪岩//林业资源管理．—2012（4）．—33～38

506. 西南边疆民族地区青年归侨侨眷教育发展探索——西南边疆民族地区青年归侨侨眷发展问题研究系列之三/李雪岩，龙耀//广西师范大学学报（哲学社会科学版）．—2012（4）．—104～108

507. 西行漫记/曹云华//八桂侨刊．—2012（3）．—70～76

508. 现代海外华人社会的形成与中国小说、戏曲的传播、接受/苗怀明//河南社会科学．—2012（2）．—79～84＋107～108

509. 香港华人穆斯林的族群性分析/马建福//西北民族大学学报（哲学社会科学版）．—2012（4）．—123～131

510. “香蕉人”容闳与留美幼童的撤回/周炽成//历史教学（下半月刊）．—2012（4）．—53

511. 辛亥革命前后泰北华侨社会演变考——以南邦府为研究案例/陈景熙//华侨大学学报（哲学社会科学版）．—2012（1）．—31～37

512. 辛亥革命前留日学生创办期刊及其影响/魏善玲//江苏大学学报（社会科学版）．—2012（4）．—45～49

513. 辛亥革命时期华侨民族民主意识的觉醒/章扬定，陈庆胜//广东社会科学．—2012（1）．—139～146

514. 新桂系集团与广西侨务发展变迁关系研究/张坚//广西民族研究．—2012（2）．—141～146

515. 新环境下走向衰落　海外华侨华人“拯救”唐人街/荣文汉//八桂侨刊．—2012（3）．—55

516. 新加坡的中国新移民形象：当地的视野与政策的考量/刘宏//南洋问题研究．—2012（2）．—69～77

517. 新加坡华人的宗教信仰/合田美穗，司韦//南洋资料译丛．—2012（4）．—63～65

518. 新加坡双语教育与华人语言习惯和态度的变迁/陈玉清，黄明//集美大学学报

（教育科学版）．—2012（2）．—55～58

519．新加坡土生华人在辛亥革命中的地位与作用/巨浪//甘肃联合大学学报（社会科学版）．—2012（2）．—124～128

520．新疆高校华裔留学生的群体特征及华文教育策略探讨/孔雪晴//新疆师范大学学报（哲学社会科学版）．—2012（4）．—106～112

521．新时代侨刊职能：促进文化交流、促进经济投资/肖菁，陈璐霞//商业文化（上半月）．—2012（2）．—330

522．新时期邓小平重视海外华侨华人作用论析/姜淑萍//当代中国史研究．—2012（6）．—39～44+125～126

523．新时期海外温籍华校的转型之路/叶斌斌//侨务工作研究．—2012（3）．—41～43

524．新时期马来西亚华文教育的回顾与展望/吴建平，蒋有经//泉州师范学院学报．—2012（5）．—123～127

525．《新闻联播》的国家形象塑造策略——以利比亚撤侨报道为例/侯良丽//淮北师范大学学报（哲学社会科学版）．—2012（6）．—191～192

526．新形势下加强中国领事保护机制的若干思考/王涛//理论观察．—2012（5）．—28～30

527．新中国成立初期“留苏潮”述评/周尚文//毛泽东邓小平理论研究．—2012（10）．—49～54

528．新中国成立初期何香凝华侨观的历史解读——基于马来亚的视角/黄虎//团结．—2012（4）．—58～59

529．新中国青年美术家留苏史（1953—1965）/张华清//美术．—2012（3）．—94～99

530．性别表征与影像赋权——“华人女性与视觉再现”国际研讨会综述/苏状//新闻大学．—2012（4）．—139～144

531．延安华侨救国联合会述论/徐建国//八桂侨刊．—2012（3）．—27～31

532．一部国际移民研究的力作——评李明欢《国际移民政策研究》/潮龙起//华侨华人历史研究．—2012（3）．—71～73

533．一个颇具凝聚力的侨团组织——巴拿马华侨华人中国和平统一促进会巡礼//统一论坛．—2012（4）．—40～43

534．“一校两生”背景下境外生住宿管理模式探索——以华侨大学为例/隋昌鹏//西南农业大学学报（社会科学版）．—2012（7）．—227～228

535．一战赴法华工的婚姻问题/李志学，易训芳//前沿．—2012（16）．—13～15

536．一战赴法华工中的“黑号”/谢清明//聊城大学学报（社会科学版）．—2012（4）．—55～63

537．一战赴欧华工中的“布思本十三人”籍贯考证/张岩，Philip Vanhaelemeersch//八桂侨刊．—2012（1）．—54～58

538．一战期间东南亚华侨与中国经济交往新探/张坚//福建论坛（人文社会科学版）．—2012（6）．—80～84

539．移居印度藏胞价值观变化探析——以婚姻家庭、信仰价值观为主/伍懿雯//暨南学报（哲学社会科学版）．—2012（11）．—14～19

540. 遗留新加坡的海南琼派武术探析——兼谈新加坡最早的琼籍华人武术团体光武国术团/李秀//搏击（武术科学）. —2012（3）. —4～6

541. 以新移民为主体的海外青田人同乡会浅析/高伟浓，陈华//八桂侨刊. —2012（4）. —35～41

542. 意识形态偏见、众声喧哗与经典认同——美国华人文化圈的鲁迅研究/古大勇，黄科安//中南大学学报（社会科学版）. —2012（6）. —134～138

543. 印度国际移民与侨务工作的历史与现状/丘立本//侨务工作研究. —2012（3）. —20～24

544. 印度尼西亚华文补习班（学校）现状之调查与分析/汪敏锋//东南亚纵横. —2012（7）. —56～60

545. 印度尼西亚区域性华语社会的特点、发展趋势及对华语教育的影响/徐天云//东南亚纵横. —2012（9）. —50～53

546. 印尼华文报刊的媒介生态危机及借鉴意义分析/王亿本，罗宝勇//东南传播. —2012（4）. —14～16

547. 印尼华文补习班（校）初探/汪敏锋//八桂侨刊. —2012（2）. —73～76

548. 英国华文教育现状与制约因素分析/王传玲，洪明//八桂侨刊. —2012（1）. —62～67

549. 游神文化的传承与发展——以新山和潮汕地区为主的分析/胡修雷，黄晓坚//八桂侨刊. —2012（4）. —42～48＋34

550. 语言的缺失与东南亚华语戏曲的没落——以马来西亚为例/康海玲//集美大学学报（哲学社会科学版）. —2012（1）. —61～65

551. 语言态度对华文教育发展的启示/王君英，宋兴川//邯郸职业技术学院学报. —2012（2）. —38～41

552. 域外存圣道　华人开新章——评王爱平《印度尼西亚孔教研究》/李世伟//华侨华人历史研究. —2012（1）. —70～74

553. 越南归难侨的本土关系建构历程——基于广东小岭华侨农场的个案分析/孔结群//南方人口. —2012（1）. —42～48

554. 越南华侨社会的形成与发展/邱普艳//东南亚南亚研究. —2012（1）. —82～87＋94

555. “杂交之美”：隐于田野林间的侨式民居建筑——谈欧洲建筑装饰在广东侨乡的移植与演变/宋戈，陈小瑾//旅游纵览（行业版）. —2012（5）. —181

556. 在参与社会管理创新中推进侨联事业科学发展/林军//求是. —2012（20）. —38～40

557. 在海外重新认识中国的国民性——当代“新移民文学”中的国民性问题/樊星//天津社会科学. —2012（4）. —108～114

558. 在美华人科技人才回流意愿变化与我国海外人才引进政策转型/高子平//科技进步与对策. —2012（19）. —145～150

559. 早期马克思主义经济理论中国化研究（1919—1925 年）——留法勤工俭学学生与我国社会主义经济思想的初步形成/江凤兰，梁永康，焦逵//江西科技师范大学学报. —2012（6）. —1～8

560. 扎根在侨乡的土地上——浅谈方言与歌、舞、剧/何杰//福建艺术. —2012 (2). —61

561. 战后马来西亚华人再移民：数量估算与原因分析/康晓丽//华侨华人历史研究. —2012 (3). —35 ~ 43

562. 战后印尼华文教育发展的潜在动力——论华人文化认同对印尼华文教育的促进/田伟，宋兴川//浙江万里学院学报. —2012 (6). —35 ~ 40

563. 战后印尼华文教育政策：背景与反思/林小娜，黄茂勇//成功（教育）. —2012 (8). —286 ~ 287

564. 战后印尼华文教育政策的演变/林小娜//南方论刊. —2012 (8). —56 ~ 57

565. 张弼士与晚清护侨招商政策的形成/李吉奎//广东社会科学. —2012 (5). —111 ~ 117

566. 张振勋与晚清政府的早期交往/魏明枢//五邑大学学报（社会科学版）. —2012 (4). —1 ~ 5 + 91

567. 浙江华侨公益事业发展的探索与实践/吴晶//八桂侨刊. —2012 (3). —24 ~ 26

568. 浙江籍侨僧逸然性融与日本/任萍//浙江外国语学院学报. —2012 (2). —71 ~ 77 + 90

569. 植根故乡文化的“中国寻根之旅”夏令营思考——基于2012年温州优秀华裔青年文化营的调查/郑婷//八桂侨刊. —2012 (4). —72 ~ 75

570. 植根侨乡培育办学特色：嘉应学院的案例/邱国锋//高等教育研究. —2012 (9). —58 ~ 62

571. 中法信任文化的差异及其对跨文化交际的影响——中国留法学生情况分析/邓芸//深圳职业技术学院学报. —2012 (4). —34 ~ 38

572. 中国出国留学教育现状的研究及探讨/严怡灵//现代经济信息. —2012 (15). —224

573. 中国大陆的马来西亚华侨华人研究——以1982—2011年间《华侨华人历史研究》刊发论文为基础的分析/乔印伟//华侨华人历史研究. —2012 (3). —62 ~ 70

574. 中国大陆的外侨社群/李明欢//侨务工作研究. —2012 (1). —30 ~ 33

575. 中国的东南亚华侨华人研究：历史、现状与前景——庄国土教授访谈录/郭平//东南亚南亚研究. —2012 (1). —88 ~ 91

576. 中国的海外利益：华侨华人的角色扮演——基于软实力的视角/曹云华，张彦//暨南学报（哲学社会科学版）. —2012 (10). —20 ~ 26 + 160

577. 中国公民在巴基斯坦的安全问题与领事保护对策/黎海波//八桂侨刊. —2012 (3). —65 ~ 69

578. 中国海外利益的政治风险与侨务公共外交/孙霞//华侨华人历史研究. —2012 (2). —19 ~ 27

579. 中国海外移民慈善文化的当代价值/陈世柏//科学社会主义. —2012 (2). —92 ~ 95

580. 中国近代两种官派留学前教育方式的比较——以沪局和船政学堂为中心/朱孔京//中国社会科学院研究生院学报. —2012 (4). —117 ~ 122

581. 中国留美学生保钓统一运动几个问题再探讨/刘玉山//华侨华人历史研究.

—2012（1）.—36～46

582. 中国留美学生的心理压力及其成因/古晋泽//晋城职业技术学院学报．—2012（6）．—59～61

583. 中国留美学生留学准备情况与文化适应性分析/王媛//安徽文学（下半月）．—2012（7）．—148～150

584. 中国侨务工作先驱张弼士/王明惠//侨务工作研究．—2012（3）．—44～45

585. 中国特色侨务公共外交的优势、回顾与建议/徐利//侨务工作研究．—2012（6）．—34～35

586. 中国特色侨务理论研究路径探析/吴桂韩//理论与改革．—2012（2）．—45～49

587. 中国特色侨乡理论有关问题的思考/王晓萍//侨务工作研究．—2012（5）．—17～18

588. 中国在泰国、新加坡、马来西亚三国留学人员情况调研/教育部出国留学政策调研组//世界教育信息．—2012（2）．—65～70

589. 中和堂的兴起、发展及其与兴中会、同盟会的关系/王杨红//华侨华人历史研究．—2012（3）．—51～61

590. 中华传统诗词在菲律宾的传播和影响/李天锡//八桂侨刊．—2012（4）．—49～54

591. 中日邦交正常化后赴日留学事业回顾与展望/吴明//学习月刊．—2012（10）．—12～13

592. 重建自我：美国华裔文学中的华人形象再现/朱峰//四川师范大学学报（社会科学版）．—2012（2）．—122～127

593. 重视维护侨胞权益　着力改善侨界民生——贯彻全国侨务工作会议精神　推进侨政工作发展的思考/朱江//侨务工作研究．—2012（2）．—42～43

594. 周南京教授访谈录/郑一省，雷韵//八桂侨刊．—2012（1）．—3～5

595. 周南京教授学术著译系年//八桂侨刊．—2012（1）．—68～75

596. 庄国土教授访谈录/郑一省，张龙腾//八桂侨刊．—2012（2）．—3～5

597. 资源分布、阶层地位与社会　支持基于东亚华人社会的比较/范晓光//社会．—2012（4）．—93～111

598. 自由主义与现实主义在美国外交政策中的深层次博弈——以美国1882年《排华法》为个案/张庆//前沿．—2012（16）．—63～65

599. 纵论泰国侨批的历史内在作用/洪林//侨批文化．—2012（15、16）．—12～14

台港及海外中文期刊论文

1. 1683年的海外视角——明香人与越南禅法的发展/魏常乐，张思睿//翻译历史人类学学刊．—2012，10（1）．—1～30

2. 从比较探索客家——读《东南亚客家的变貌：新加坡与马来西亚》/廖经庭//全国新书资讯月刊．—2012（159）．—55～59

3. 大马华文教育的新景观——华小非华裔学生现况分析/王康进//华侨华人研究．

—2012（1）．—86～105

4. 大溪地唐餐/Maa tinito 的在地性/童元昭//中国饮食文化．—2012，8（1）．—71～102

5. 第五届海外华人研究与文献收藏机构国际会议在温哥华召开/郑力人//华人研究国际学报．—2012，4（1）．—75～84

6. 度教之成：失业侨工与槟城平民工厂（1921—1923）/吴龙云//南洋学报．—2012，66．—103～119

7. 独立前的《蕉风》与马来亚之国族想像/林春美/南方华裔研究杂志．—2011—2012，5．—201～208

8. 菲律宾华人宗教生活的世俗化：以马尼拉、宿务、纳卯华人访谈录为研究材料/陈衍德//华人研究国际学报．—2012，4（1）．—19～34

9. 菲律宾华文学校之现况与展望/廖宜瑶，夏诚华，张荣显//中原华语文学报．—2012（9）．—99～119

10. 福建泉州民间歌谣里的海外迁移与留守妇女/沈惠芬//南洋学报．—2012，66．—53～66

11. 各洲海外华人及台侨分布//侨务统计年报．—2012（9）．—10～14

12. 国民政府对战后印尼独立运动时期的华侨处境之肆应（1945—1949）/林志晟//华侨华人研究．—2012（1）．—59～85

13. 海外华侨、华人团体组织概况//侨务统计年报．—2012（9）．—16～17

14. 海外中文学校的新旅程碑——迈向国际化的华文教育/方丽娜//华文世界．—2012（109）．—69～72

15. 合作与共赢：华侨华人与中国文献收藏机构国际会议在温哥华召开/李其荣，李兰珺，栗晋梅//华人研究国际学报．—2012，4（1）．—85～94

16. 河洛文化南迁与海外侨胞的关系/简汉生//中原文献．—2012，44（1）．—4～8

17. “华侨女界”：早期美国华人女子社会空间之初探/郭任峰//华侨华人研究．—2012（1）．—36～58

18. 华侨学校在韩国的法律地位变化与生存策略（一九七八至二〇一〇）/王恩美//思与言．—2012（1）．—147～190

19. 华商跨国网络的形成、延伸和冲突：以胡文虎与陈嘉庚竞争为个案/李培德//华人研究国际学报．—2012，4（1）．—53～74

20. 华裔美国人：理想的少数？——华埠居民的中风调查和其危险因素/符传孝//当代医学．—2012，39（3）．—239～242

21. 华裔社会学家谭金美/杨立//传记文学．—2012，100（1）．—104～112

22. 华语电影——命名的起点：论易水的电影实践与《马来亚化华语电影问题》/许维贤//电影欣赏学刊．—2011，8（2）．—42～61

23. 华语语系研究：海外华人与离散华人研究之反思/陈荣强//中国现代文学．—2012（22）．—75～91

24. 化整为零与化零为整——新马华商与国际集团博弈/林友顺//亚洲周刊．—2012，26（46）．—11～13

25. 回顾南洋人抗日历史——狮城纪念华人赴滇缅抗战血泪史/邹璐///亚洲周刊．

—2012，26（14）．—40～41

26. 记忆与诠释——旅法台湾艺术家侯锦郎画作的想像家园/张彣卉//淡江人文社会学刊．—2012（49）．—33～54

27. 加拿大多伦多地区华语文教师面对之现况探究/关之英//中原华语文学报．—2012（9）．—47～70

28. 金门洋楼：一个近代闽南侨乡文化变迁的案例分析//江柏炜//国立台湾大学建筑与城乡研究学报．—2012（20）．—1～24

29. 近代韩华移民史初探——从历史进程及经济活动着眼/于德豪，张次正//岭东学报．—2012（31）．—93～130

30. 空间位移与身份认同——闽南语《过番歌》的新加坡记写与意义/黄文丰//南洋学报．—2012，66．—23～51

31. 两岸海外汉学推广的竞与合：以“孔子学院”及“台湾书院”为例/廖箴//国家图书馆馆刊．—2012，101（2）．—113～138

32. 论俄罗斯的“恐中症”——以新移民法针对性为例/刘萧翔//俄罗斯学报．—2012（10）．—65～87

33. 马来西亚华人母语失落的因素/沉志伟//台语研究．—2012，4（1）．—62 ～94

34. 闽南歌谣的传播与在地化发展：以新加坡1970至1980年代为观察对象/黄文车//华人研究国际学报．—2012，4（1）．—35～52

35. 南洋“过番歌”的历史记忆和风土特色——以南洋与闽省侨乡流传的《过番歌》为探讨中心/苏庆华//南洋学报．—2012，66．—1～21

36. 南洋华人墓园的后土崇拜/王琛发//中华礼仪．—2012（26）．—49～52

37. 莆田侨乡的跨国文化网络——石庭黄氏家族的例证/郑振满，郑莉//历史人类学学刊．—2012，10（2）．—89～128

38. 迁徙、饮食方式与民族学文化圈：缅甸华人饮食文化的地域性再生产/段颖//中国饮食文化．—2012，8（2）．—43～69

39. 侨务资源是中国和平统一的积极因素/陈云云//一国两制研究．—2012（13）．—183～188

40. 侨乡的经济活动与空间营造：以1928—1937年间金门珠山《显影》侨刊为例/袁兴言，邬迪嘉//台湾大学建筑与城乡研究学报．—2012（19）．—65～100

41. 去祖国：二次战后国民党侨务政策中的地缘政治/范雅梅//台湾社会研究．—2011（83）．—137～177

42. 日常饮食、节日聚餐与祭祖供品：印尼峇里岛华人的家乡、跨文化饮食与认同/罗素玫//中国饮食文化．—2012，8（2）．—1～42

43. 日久何处是家乡？——布里斯本台湾移民的家乡意义变迁/蔡珮//人文社会学报（世新大学）．—2012（13）．—277～332

44. 身份认同竞争的平台——论马来西亚两家网路媒体中的华裔国族话语/关志华//台湾东南亚学刊．—2012，9（2）．—133～164

45. 书评：19世纪的岷仑洛华商（英文，吴兴奇）/沈红芳//华人研究国际学报．—2012，4（1）．—101～102

46. 书评：马来西亚华人：近期发展与展望（英文，李福源，廖建裕主编）/吴龙云//华人研究国际学报. —2012，4（1）. —103～106

47. 书评：香港和新加坡的广东人社会：性别、宗教、医药和金钱（英文，托普利著，白瑾编辑与介绍）/李培德//华人研究国际学报. —2012，4（1）. —107～110

48. 书评：新加坡的人口政策与繁殖：制造未来的公民（英文，孙晓莉）/蔡宏政//华人研究国际学报. —2012，4（1）. —111～114

49. 书评：中国与印度尼西亚的建构（1949—1956）（英文，刘宏）/吴前进//华人研究国际学报. —2012，4（1）. —95～100

50. 台湾客家族群的跨国认同与文化建构：以泰国台湾客家同乡会为例/陈瑞珠//华侨华人研究. —2012（1）. —106～158

51. 台湾印尼客侨的归属经验/利亮时，赖郁如//台湾东南亚学刊. —2012，9（2）. —109～131

52. 迢迢移民路——谈《风中玫瑰》和《小移民的天空》中移民者的共相与异相/刘馥菁//兴国学报. —2012（13）. —63～82

53. 新加坡华裔馆"何谓华人?"常设展综述/陈佳君//国文天地. —2012，28（1）. —11～17

54. 新嘉坡坚夏书院主持人帝礼士（Ira Tracy，1806—1875）传略/庄钦永//南方华裔研究杂志. —2011—2012，5. —209～213

55. 以泰国潮剧发展论华泰的族群边界之改变/张雅粱//艺术研究学报. —2012，5（1）. —59～75

56. 战后初期台湾留日学生的左倾言论及其动向/何义麟//台湾史研究. —2012，19（2）. —151～192

57. 中国公共外交中海外华人参与之研究：以欧美的一些组织与活动为例/梁文兴//中国大陆研究. —2012，55（4）. —31～58

58. 中国海外移民的根文化建构研究：以巴黎的温州人为例/王春光//华人研究国际学报. —2012，4（1）. —1～18

59. "中华民国53年经济建设成果展览会"与侨资企业研究/李道缉//中央大学人文学报. —2012（52）. —85～132

60. 中南半岛华人华文教育发展之比较（1989—2011）/林志忠//中原华语文学报. —2012（9）. —71～98

61. 族群、宗教与认同——西班牙殖民时期菲律宾华人社会研究/赵启峰//华侨华人研究. —2012（1）. —1～35

英文期刊论文

1. A Cross-sectional Study on Loneliness and Well-being of Community-Dwelling Chinese Older Adults in Chicago/ Chang, E.; Simon, M. A.; Wong, E. //GERONTOLOGIST.

—2012 (No. 52, Suppl. 1). —170

2. A Minority-status Perspective on Intergroup Relations: A Study of an Ethnic Chinese Population in a Small Italian Town/ Nielsen, Ingrid; Paritski, Olga; Smyth, Russell//URBAN STUDIES. —2012 (Vol. 49, No. 2). —307 - 318

3. A Multidimensional Examination of the Acculturation and Psychological Functioning of a Sample of Immigrant Chinese Mothers in the US/ Tahseen, Madiha; Cheah, Charissa S. L. // INTERNATIONAL JOURNAL OF BEHAVIORAL DEVELOPMENT. —2012 (Vol. 36, No. 6). —430 - 439

4. A Qualitative Study of Body Image and Appearance among Men of Chinese Ancestry in Australia/Watt, Merran; Ricciardelli, Lina A. //BODY IMAGE. —2012 (Vol. 9, No. 1). —118 - 125

5. A Social-Network Behavioural Approach to Overseas Chinese and Overseas Non-Chinese Investments In China/ Lu, Jiantao//TIJDSCHRIFT VOOR ECONOMISCHE EN SOCIALE GEOGRAFIE. —2012 (Vol. 30, No. 4). —426 - 442

6. A Study of Locational Distribution of Small and Large Ethnic Businesses in a Multiethnic City: Chinese in Toronto, Canada/ Fong, Eric; Chen, Wenhong; Luk, Chiu//JOURNAL OF SMALL BUSINESS MANAGEMENT. —2012 (Vol. 50, No. 4, Sp. Iss. SI). —678 - 698

7. Acculturative Stress, Work-related Psychosocial Factors and Depression in Korean - Chinese Migrant Workers in Korea/ Lee, Hyeonkyeong; Ahn, Hyunmi; Miller, Arlene; et al. // JOURNAL OF OCCUPATIONAL HEALTH. —2012 (Vol. 54, No. 3). —206 - 214

8. Adopted Chinese Girls Come of Age: Feelings about Adoption, Ethnic Identity, Academic Functioning, and Global Self-esteem/ Tan, Tony Xing; Jordan-Arthur, Brittany//CHILDREN AND YOUTH SERVICES REVIEW. —2012 (Vol. 34, No. 8). —1500 - 1508

9. Anti-Opium Movement, Chinese Nationalism and the Straits Chinese in the Early Twentieth Century/ TODA Kenji//MALAYSIAN JOURNAL OF CHINESE STUDIES. —2012 (Vol. 1). —85 - 100

10. Assessing Bilingual Chinese-English Young Children in Malaysia Using Language Sample Measures/ Ooi, Carmen C. -W. ; Wong, Anita M. -Y. //INTERNATIONAL JOURNAL OF SPEECH-LANGUAGE PATHOLOGY. —2012 (Vol. 14, No. 6). —499 - 508

11. At the Margins of the Nation: Chinese Immigrants in Contemporary Spanish American Fiction/ Lee, Alejandro//AMERASIA JOURNAL. —2012 (Vol. 38, No. 2). —85 - 101

12. Barriers and Facilitators to Using 9-1-1 and Emergency Medical Services in a Limited English Proficiency Chinese Community/Ong, Brandon N. ; Yip, Mei Po; Feng, Sherry; et al. //JOURNAL OF IMMIGRANT AND MINORITY HEALTH. —2012 (Vol. 14, No. 2). —307 - 313

13. Barriers to Social Integration for Chinese Immigrants in Canada, Then and Now: A Comparison/ Wang, Yixuan; Zong, Li; Li, Hui//JOURNAL OF CHINESE OVERSEAS. —2012 (Vol. 8, No. 2). —205 - 231

14. Biography and Representation: A Nanyang University Scholar and Her Configuration of

the Sinophone Intelligentsia in Singapore/ Huang Jianli//CHINESE SOUTHERN DIASPORA STUDIES. —2011 - 2012 (Vol. 5). —3 - 28

15. Bold Entrepreneurs and Uncommon Enterprises: The Malaysian Chinese Experience/ VOON Phin Keong//MALAYSIAN JOURNAL OF CHINESE STUDIES. —2012 (Vol. 1). —101 - 118

16. Book Reviews: Chinese Food and Foodways in Southeast Asia and beyond/ Geoffrey Benjamin//JOURNAL OF CHINESE OVERSEAS. —2012 (Vol. 8, No. 2). —294 ~ 298

17. Book Reviews: Malaysian Chinese and Nation-Building: Before Merdeka and Fifty Years After Volumes 1 and 2, edited by Voon Phin Keong/ WONG Tai Chee//MALAYSIAN JOURNAL OF CHINESE STUDIES. —2012 (Vol. 1). —140 - 144

18. Book Reviews: Overseas Chinese in the People's Republic of China/ Tan Chee-Beng// JOURNAL OF CHINESE OVERSEAS. —2012 (Vol. 8, No. 2). —299 - 301

19. Book Reviews: Population Policy and Reproduction in Singapore: Making Future Citizens/ Sophie Seung-Yoon Lee//JOURNAL OF CHINESE OVERSEAS. —2012 (Vol. 8, No. 2). —291 ~ 293

20. Book Reviews: Return Migration and Identity: A Global Phenomenon, A Hong Kong Case/ Madeline Y. Hsu//JOURNAL OF CHINESE OVERSEAS. —2012 (Vol. 8, No. 1). —123 - 125

21. Book Reviews: Transmigration and the New Chinese: Theories and Practices from the New Zealand Experience/ Andrew Butcher//JOURNAL OF CHINESE OVERSEAS. —2012 (Vol. 8, No. 2). —302 - 303

22. Brokering Belonging: Chinese in Canada's Age of Exclusion, 1885 - 1945/ Stanley, Timothy J. //CANADIAN HISTORICAL REVIEW. —2012 (Vol. 93, No. 2). —316 - 318

23. Building Community Research Capacity through Education: An Outcome Evaluation Study of Health Educational Initiatives in Chicago Chinese Community / Li, Y. ; Simon, M. A. ; Wong, E. //GERONTOLOGIST. —2012 (No. 52, Suppl. 1). —167

24. Cantonese Sojourners and Shiwan Ceramic Roof Decoration in Malaysia/ Ma So Mui// JOURNAL OF CHINESE OVERSEAS. —2012 (Vol. 8, No. 1). —38 - 81

25. Carers' Representations of Affective Mental Disorders in British Chinese Communities/ Koo, Kevin//SOCIOLOGY OF HEALTH & ILLNESS. —2012 (Vol. 34, No. 8). —1140 - 1155

26. Chambers of Commerce and Chinese Business Enterprise in Malaysia/ CHIN Yee; Lee Yok Fee//MALAYSIAN JOURNAL OF CHINESE STUDIES. —2012 (Vol. 1). —1 - 17

27. Changing Behaviours and Continuing Silence: Sex in the Post-Immigration Lives of Mainland Chinese Immigrants in Canada/ Zhou, Yanqiu Rachel//CULTURE HEALTH & SEXUALITY. —2012 (Vol. 14, No. 1). —87 - 100

28. Chasing Ghosts: Rumours and Representations of the Export of Chinese Convict Labour to Developing Countries/ Yan, Hairong; Sautman, Barry//CHINA QUARTERLY. —2012 (No. 210). —398 - 418

29. Children's Self-Reports and Parents' Reports of Internalising and Externalising Problems in Chinese and Anglo-Celtic Children in Australia/ Wong, Huiyi; Jenvey Vickii; Lill Alan// AUSTRALIAN JOURNAL OF PSYCHOLOGY. —2012 (Vol. 64, No. 3). —155 - 163

30. China' s Brain Gain? : Attitudes and Future Plans of Overseas Chinese Students in the US/ Ryan P. Kellogg//JOURNAL OF CHINESE OVERSEAS. —2012 (Vol. 8, No. 1). —83 - 104

31. Chinatown in Washington, DC: The Bilingual Landscape/ Lou, Jackie Jia//WORLD ENGLISHES. —2012 (Vol. 31, No. 1). —34 - 47

32. Chinese Buddhism and Ethnic Identity in Catholic Philippines/ Dy, Aristotle//CONTEMPORARY BUDDHISM. —2012 (Vol. 13, No. 2). —241 - 262

33. Chinese Circulations: Capital, Commodities, and Networks in Southeast Asia/ Gomez, Edmund Terence//PACIFIC AFFAIRS. —2012 (Vol. 85, No. 4). —803 - 805

34. Chinese Engagement with Africa: The Case of Madagascar/ Veeck, Gregory; Diop, Sokhna H. A.//EURASIAN GEOGRAPHY AND ECONOMICS. —2012 (Vol. 53, No. 3). —400 - 418

35. Chinese Enterprises in Germany: Establishment Modes and Strategies to Mitigate the Liability of Foreignness/ Klossek, Andreas; Linke, Bernd Michael; Nippa, Michael//JOURNAL OF WORLD BUSINESS. —2012 (Vol. 47, No. 1). —35 - 44

36. Chinese Immigrants' Contact with Police/ Wu, Yuning; Triplett, Ruth; Sun, Ivan Y. //POLICING - AN INTERNATIONAL JOURNAL OF POLICE STRATEGIES & MANAGEMENT. —2012 (Vol. 35, No. 4). —741 - 760

37. Chinese Immigrants in the US Labor Market: Effects of Post-Tiananmen Immigration Policy/ Orrenius, Pia; Zavodny, Madeline; Kerr, Emily//INTERNATIONAL MIGRATION REVIEW. —2012 (Vol. 46, No. 2). —456 - 482

38. Chinese in French Polynesia. Migration, Crossbreeding, Diaspora/ Saura, Bruno// ANTHROPOS. —2012 (Vol. 107, No. 1). —309 - 310

39. Chinese Indonesians and Regime Change/ Chong, Wuling//PACIFIC AFFAIRS. —2012 (Vol. 85, No. 3, Sp. Iss. SI). —678 - 680

40. Chinese Merchants in Singapore and the China Trade, 1819 - 1959/ Jason Lim//CHINESE SOUTHERN DIASPORA STUDIES. —2011 - 2012 (Vol. 5). —79 - 115

41. Chinese Migrants in Melbourne and Their House Choices/ Levin, Iris//AUSTRALIAN GEOGRAPHER. —2012 (Vol. 43, No. 3). —303 - 320

42. Chinese Overseas: The Particular and the General/ Charles A. Coppel//JOURNAL OF CHINESE OVERSEAS. —2012 (Vol. 8, No. 1). —1 - 10

43. Chinese Presence in Malay - Indonesian Narratives: Founders and Heroes or Merchants and Wife Givers? / Devisanthi Tunas//JOURNAL OF CHINESE OVERSEAS. —2012 (Vol. 8, No. 1). —129 - 132

44. Chinese Students in the Higher Educational Institutions of Russia/ Aref'ev, A. L. // RUSSIAN EDUCATION AND SOCIETY. —2012 (Vol. 54, No. 1). —25 - 46

45. Claiming Diaspora: Music, Transnationalism, and Cultural Politics in Asian/Chinese America/ Chen, Ching-Yi//WORLD OF MUSIC-NEW SERIES. —2012 (Vol. 1, No. 1). —172 - 177

46. Co-Ethnic Network, Social Class, and Heritage Language Maintenance among Chinese Immigrant Families/ Zhang, Donghui//JOURNAL OF LANGUAGE IDENTITY AND EDUCATION. —2012 (Vol. 11, No. 3). —200 - 223

47. Confucian Foundations to Leadership: A Study of Chinese Business Leaders across Greater China and South-East Asia/ McDonald, Paul//ASIA PACIFIC BUSINESS REVIEW. —2012 (Vol. 18, No. 4, Sp. Iss. SI). —465 - 487

48. Contemporary Chinese America: Immigration, Ethnicity, and Community Transformation/ Brooks, Charlotte//JOURNAL OF AMERICAN ETHNIC HISTORY. —2012 (Vol. 31, No. 2). —148 - 150

49. Contested Chinatown: Chinese Migrants' Incorporation and the Urban Space in London and Milan/ Hatziprokopiou, Panos; Montagna, Nicola//ETHNICITIES. —2012 (Vol. 12, No. 6). —702 - 729

50. Discussions on Oral Health Care among Elderly Chinese Immigrants in Melbourne and Vancouver/ MacEntee, Michael I.; Marino, Rodrigo; Wong, Sabrina; et al. //GERODONTOLOGY. —2012 (Vol. 29, No. 2). —E822 - E832

51. Does Community Health Educational Initiatives Improve the Understanding of Depression among Us Chinese Older Adults? Findings from an Outcome Evaluation Study in Chicago/ Li, Y.; Simon, M. A.; Wong, E. //GERONTOLOGIST. —2012 (No. 52, Suppl. 1). —179

52. Eating Chinese: Culture on the Menu in Small Town Canada/ Ty, Eleanor//UNIVERSITY OF TORONTO QUARTERLY. —2012 (Vol. 81, No. 3). —757 - 758

53. Effects of Community Factors on Services Delivery and Well-Being of Older People in Chinese Communities across Cultures / [Anonymous] //GERONTOLOGIST. —2012 (No. 52, Suppl. 1). —427

54. Elder Mistreatment in Community-Dwelling Population: Findings from a Large Cohort of US Chinese Older Adults/ Chang, E.; Simon, M. A.; Wong, E.; et al. //GERONTOLOGIST. —2012 (Vol. 52, Suppl. 1). —37

55. Emasculation and Chinese American Diaspora/ Clark, Audrey Wu//AMERASIA JOURNAL. —2012 (Vol. 38, No. 2). —65 - 83

56. Emotional Ties between Older Parents and Adult Children in Chinese Immigrant Families: What Matters for Older Immigrants? / Guo, M.; Liu, J.; Chi, I. //GERONTOLOGIST. —2012 (No. 52, Suppl. 1). —666 - 667

57. Envisioning America: New Chinese Americans and the Politics of Belonging/ Mar, Gary//JOURNAL OF AMERICAN ETHNIC HISTORY. —2012 (Vol. 32, No. 1, Sp. Iss. SI). —124 - 126

58. Ethnic Networking in the Transnational Engagement of Chinese American Scientists/ Sun, Xiao'e; Bian, Yanjie//ASIAN PERSPECTIVE. —2012 (Vol. 36, No. 3). —435 - 461

59. Everything but the Chickens: Cultural Authenticity Onboard the Chinatown Bus/Klein, Nicholas J. ; Zitcer, Andrew//URBAN GEOGRAPHY. —2012 (Vol. 33, No. 1). —46 - 63

60. "Everything Goes Smoothly": A Case Study of an Immigrant Chinese Language Teacher's Personal Practical Pnowledge/ Sun, Dekun//TEACHING AND TEACHER EDUCATION. —2012 (Vol. 28, No. 5). —760 - 767

61. Factors Affecting Global Integration of Chinese Multinationals in Australia: A Qualitative Analysis/ Fan, Di; Zhu, Cherrie Jiuhua; Nyland, Chris//INTERNATIONAL BUSINESS REVIEW. —2012 (Vol. 21, No. 1). —13 - 26

62. Family Relationships, Social Connections and Depression among Older Chinese Immigrants/Liu, J. ; Guo, M. ; Chi, I. //GERONTOLOGIST. —2012 (No. 52, Suppl. 1). —577

63. "Flesh and Bone Reunite as One Body": Singapore's Chinese-speaking and their Perspectives on Merger/PJ Thum//CHINESE SOUTHERN DIASPORA STUDIES. —2011—2012 (Vol. 5). —29 - 56

64. Forbidden Citizens: Chinese Exclusion and the US Congress: A Legislative History/ [Anonymous] //LIBRARY JOURNAL. —2012 (Vol. 137, No. 12). —110

65. Fuzhou Chinese Speech Group and Associations: Online Debates over the Landmarks of Manhattan Chinatown after 9/11/ Ann Shu - ju Chiu//JOURNAL OF CHINESE OVERSEAS. —2012 (Vol. 8, No. 2). —232 - 264

66. Gender Differences in Mental Health Literacy among Chinese-Speaking Australians in Melbourne, Australia/ Wong, Daniel Fu Keung; Lam, Angus Yuk Kit; Poon, Ada; et al. // INTERNATIONAL JOURNAL OF SOCIAL PSYCHIATRY. —2012 (Vol. 58, No. 2). —178 - 185

67. Harnessing the Dragon: Overseas Chinese Entrepreneurs in Mexico and Cuba/ Hearn, Adrian H. //CHINA QUARTERLY. —2012 (No. 209, Sp. Iss. SI). —111 - 133

68. Health Care Service Needs and Correlates of Quality of Life: A Case Study of Elderly Chinese Immigrants in Canada/ Chow, Henry P. H. //SOCIAL INDICATORS RESEARCH. —2012 (Vol. 106, No. 2). —347 - 358

69. Identifying Level of Acculturation and its Implications on Health among Community-Dwelling Chinese Older Adults in Chicago / Huang, F. ; Simon, M. A. ; Wong, E. ; et al. // GERONTOLOGIST. —2012 (No. 52, Suppl. 1). —163

70. Identifying the Informational and Psychosocial Needs of Chinese Immigrant Cancer Patients: A Focus Group Study/ Leng, Jennifer; Lee, Trevor; Sarpel, Umut; et al. //SUPPORTIVE CARE IN CANCER. —2012 (Vol. 20, No. 12). —3221 - 3229

71. Identity, Dislocation and Belonging: Chinese/European Narratives of Mixedness in Aotearoa/New Zealand/ Rocha, Zarine L. //IDENTITIES-GLOBAL STUDIES IN CULTURE AND POWER. —2012 (Vol. 19, No. 6). —673 - 690

72. In the East of the Sea—Chinese Emigrant Monks and the Early Institutions of Japanese Zen Buddhism/ Schwaller, Dieter//HISTORY OF RELIGIONS. —2012 (Vol. 52, No. 2). —187 - 189

73. Interactive Drawing Therapy and Chinese Migrants with Gambling Problems/ Zhang, Wenli; Everts, Hans//INTERNATIONAL JOURNAL OF MENTAL HEALTH AND ADDICTION. —2012 (Vol. 10, No. 6). —902 - 910

74. It Takes a Village (or an Ethnic Economy): The Varying Roles of Socioeconomic Status, Religion, and Social Capital in SAT Preparation for Chinese and Korean American Students/ Park, Julie J. //AMERICAN EDUCATIONAL RESEARCH JOURNAL. —2012 (Vol. 49, No. 4). —624 - 650

75. Learner Contribution to English Language Learning: Chinese Research Students' Agency and Their Transitional Experiences in Australia/ Xu, Jianwei//HIGHER EDUCATION RESEARCH & DEVELOPMENT. —2012 (Vol. 31, No. 4). —585 - 597

76. Linking an Asian Transregional Commerce in Tea: Overseas Chinese Merchants in the Fujian-Singapore Trade, 1920 - 1960/ Gardella, Robert//INTERNATIONAL JOURNAL OF ASIAN STUDIES. —2012 (Vol. 9, No. 1). —132 - 134

77. Luo Di Sheng Gen (落地生根): Early Taiwanese - Chinese Immigrants in Canada and Guam/ Lan-Hung Nora Chiang//JOURNAL OF CHINESE OVERSEAS. —2012 (Vol. 8, No. 2). —169 - 204

78. Making a Living at the Interface of Legality and Illegality: Chinese Migrant Workers in Israel/Li Minghuan//INTERNATIONAL MIGRATION. —2012 (Vol. 50, No. 2). —81 - 98

79. "No Chinatown, please!": Contesting Race, Identity and Postcolonial Memory in Kuala Lumpur/ Loo, Yat-Ming//JOURNAL OF ARCHITECTURE. —2012 (Vol. 17, No. 6). —847 - 870

80. "Non-Expert" Translators in a Professional Community Identity, Anxiety and Perceptions of Translator Expertise in the Chinese Museum Community/ Neather, Robert//TRANSLATOR. —2012 (Vol. 18, No. 2, Sp. Iss. SI). —245 - 268

81. Objectifying China, Imagining America: Chinese Commodities in Early America/ Porter, David//JOURNAL OF ASIAN STUDIES. —2012 (Vol. 71, No. 4). —1104 - 1106

82. On the Track of the Straits Baba Diaspora: Li Qinghui and his "Summary Account of a Trip to the East" (1889) /Claudine Salmon//CHINESE SOUTHERN DIASPORA STUDIES. —2011—2012 (Vol. 5). —116 - 145

83. Out of the Ivory Tower: The Impact of Wider Social Contact on the Values, Religious Beliefs and Identities of Chinese Postgraduate Students in the UK/ Li, Daguo//RACE ETHNICITY AND EDUCATION. —2012 (Vol. 15, No. 2). —241 - 258

84. Parent-Child Acculturation Discrepancy, Perceived Parental Knowledge, Peer Deviance, and Adolescent Delinquency in Chinese Immigrant Families/ Wang, Yijie; Kim, Su Yeong; Anderson, Edward R.; et al. //JOURNAL OF YOUTH AND ADOLESCENCE. —2012 (Vol. 41, No. 7). —907 - 919

85. Postpartum Cultural Practices Are Negatively Associated with Depressive Symptoms among Chinese and Vietnamese Immigrant Mothers Married to Taiwanese Men/ Chen, Tzu-Ling; Tai, Chen-Jei; Wu, Tsai-Wei; et al. //WOMEN & HEALTH. —2012 (Vol. 52, No. 6).

—536 - 552

86. Race, Disease, and Public Violence: Smallpox and the (Un) Making of Calgary's Chinatown, 1892/ Burnett, Kristin//SOCIAL HISTORY OF MEDICINE. —2012 (Vol. 25, No. 2). —362 - 379

87. Self-Image Maintenance and Discrimination: A Study of Prejudice towards Chinese in Bandung Indonesia/ Srisayekti, Wilis; Sanitioso, Rasyid Bo; Setiady, David A. //INTERNATIONAL JOURNAL OF PSYCHOLOGY. —2012 (Vol. 47, Suppl. 1, Sp. Iss. SI). —712

88. Social Support, Activities of Daily Living (adl), and Depression among Older Chinese Immigrants/ Kim, B.; Harris, L. B. Maradik; Liu, A. //GERONTOLOGIST. —2012 (No. 52, Suppl. 1). —386

89. Socio-Economic Position and Lower Dietary Moderation among Chinese Immigrant Women in the USA/ Tseng, Marilyn; Fang, Carolyn Y. //PUBLIC HEALTH NUTRITION. —2012 (Vol. 15, No. 3). —415 - 423

90. Sound and Script in Chinese Diaspora/Blum, Susan D. //CHINA JOURNAL. —2012 (Vol. 67). —205 - 206

91. Strategy and Tactics: Chinese Immigrants and Diasporic Spaces in Johannesburg, South Africa/ Harrison, Philip; Moyo, Khangelani; Yang, Yan//JOURNAL OF SOUTHERN AFRICAN STUDIES. —2012 (Vol. 38, No. 4). —899 - 925

92. Studying Nonya Ceramics in the Singapore-Melaka Region and Their Larger Historical and Artistic Background/ Teddy Yong Huei Sim; Sandy Jun Chih Liu//JOURNAL OF CHINESE OVERSEAS. —2012 (Vol. 8, No. 2). —265 - 290

93. Subcultural Differences in Taiwanese and Burmese Chinese Business Negotiation Styles/ Chang, Lieh Ching//SOCIAL BEHAVIOR AND PERSONALITY. —2012 (Vol. 40, No. 7). —1067 - 1074

94. Teacher-Child Relationship Quality and Academic Achievement of Chinese American Children in Immigrant Families/ Ly, Jennifer; Zhou, Qing; Chu, Keira; et al. //JOURNAL OF SCHOOL PSYCHOLOGY. —2012 (Vol. 50, No. 4). —535 - 553

95. The 1967 Anti-Chinese Riots in Burma and Sino-Burmese Relations/ Fan, Hongwei// JOURNAL OF SOUTHEAST ASIAN STUDIES. —2012 (Vol. 43, No. 2). —234 - 256

96. The Archaeology of Chinese Immigrant and Chinese American Communities/ Ritchie, Neville//POST - MEDIEVAL ARCHAEOLOGY. —2012 (Vol. 46, No. 2). —459 - 461

97. The Change of Social Spaces within Chinese Settlements in Singapore under National Policies/ Yun-Tsui Yeh//JOURNAL OF CHINESE OVERSEAS. —2012 (Vol. 8, No. 1). —11 - 37

98. The Children of Chinatown: Growing up Chinese American in San Francisco, 1850 - 1920/ Yeh, Chiou - Ling//JOURNAL OF AMERICAN ETHNIC HISTORY. —2012 (Vol. 31, No. 3). —126 - 127

99. The Chinatown and the City: Kingston, Kerouac, and the Bohemian Bay Area/ Arthur, Jason//MFS - MODERN FICTION STUDIES. —2012 (Vol. 58, No. 2). —239 - 260

100. The Chinese Diaspora and China's Public Diplomacy: Contentious Politics for the Beijing Olympic Float in the Pasadena Rose Parade/ Li, Hongmei//INTERNATIONAL JOURNAL OF COMMUNICATION. —2012 (Vol. 6). —2245 - 2279

101. The Chinese Diaspora: Exploring Chinese Migration in Colombia/ Fleischer, Friederike//REVISTA DE ESTUDIOS SOCIALES. —2012 (No. 21). —71 - 79

102. The Chinese in Latin America and the Caribbean/ Tchen, John Kuo Wei//NWIG-NEW WEST INDIAN GUIDE-NIEUWE WEST-INDISCHE GIDS. —2012 (Vol. 83, No. 3 - 4). —371 - 374

103. The Chinese of Sao Paulo: A Case Study/ Josh Stenberg//JOURNAL OF CHINESE OVERSEAS. —2012 (Vol. 8, No. 1). —105 - 122

104. The Chinese of Singapore and their imperial Second World War 1939 - 1945/ Ernest Koh//CHINESE SOUTHERN DIASPORA STUDIES. —2011 - 2012 (Vol. 5). —57 - 78

105. The Chinese/Vienamese Diaspora: Revisiting the Boat People/ Glen Peterson//JOURNAL OF CHINESE OVERSEAS. —2012 (Vol. 8, No. 1). —126 - 128

106. The Disappearance of America's Cold War Chinese Refugees, 1948 - 1966/ Hsu, Madeline Y. //JOURNAL OF AMERICAN ETHNIC HISTORY. —2012 (Vol. 31, No. 4). —12 - 33

107. The Evolution of the Singapore United Temple: The Transformation of Chinese Temples in the Chinese Southern Diaspora/Hue Guan Thye//CHINESE SOUTHERN DIASPORA STUDIES. —2011 - 2012 (Vol. 5). —157 - 174

108. The Familial Context of Adolescent Language Brokering Within Immigrant Chinese Families in Canada/ Hua, Josephine M.; Costigan, Catherine L. //JOURNAL OF YOUTH AND ADOLESCENCE. —2012 (Vol. 41, No. 7). —894 - 906

109. The Invisible Unattended: Low-wage Chinese Immigrant Workers, Health Care, and Social Capital in Southern California's San Gabriel Valley/ Pih, Kay Kei-ho; Hirose, Akihiko; Mao, KuoRay//SOCIOLOGICAL INQUIRY. —2012 (Vol. 82, No. 2). —236 - 256

110. The New Chinese America: Class, Economy, and Social Hierarchy/ Weng, Suzie S. //NONPROFIT AND VOLUNTARY SECTOR QUARTERLY. —2012 (Vol. 41, No. 2). —344 - 348

111. The Relationship between Acculturation Strategy and Job Satisfaction for Professional Chinese Immigrants in the Australian Workplace / Lu, Ying; Samaratunge, Ramanie; Haertel, Charmine E. J. //INTERNATIONAL JOURNAL OF INTERCULTURAL RELATIONS. —2012 (Vol. 36, No. 5). —669 - 681

112. The Religious Composition of the Chinese Diaspora, Focusing on Canada/ Skirbekk, Vegard; Malenfan, Eric Caron; Basten, Stuart; et al. //JOURNAL FOR THE SCIENTIFIC STUDY OF RELIGION. —2012 (Vol. 51, No. 1). —173 - 183

113. The Role of (Transnational) Social Capital in the Start-Up Processes of Immigrant Businesses: The Case of Chinese and Turkish Restaurant Businesses in Finland/ Katila, Saija; Wahlbeck, Osten//INTERNATIONAL SMALL BUSINESS JOURNAL. —2012 (Vol. 30,

No. 3). —294 - 309

114. The Sanjiangren in Singapore / Shen Lingxie//CHINESE SOUTHERN DIASPORA STUDIES. —2011 - 2012 (Vol. 5). —175 - 196

115. The Social Meanings of Traditional Chinese Medicine: Elderly Chinese Immigrants' Health Practice in the United States/ Kong, Haiying; Hsieh, Elaine//JOURNAL OF IMMIGRANT AND MINORITY HEALTH. —2012 (Vol. 14, No. 5). —841 - 849

116. The Strategic Fears of the Ruling Class: The Construction of Queensland's Chinese Immigrants Regulation Act of 1877/ Griffiths, Phil//AUSTRALIAN JOURNAL OF POLITICS AND HISTORY. —2012 (Vol. 58, No. 1). —1 - 19

117. "They hate pigs, Chinese farmers... everything!" Beastly Racialization in Multiethnic Malaysia/ Neo, Harvey//ANTIPODE. —2012 (Vol. 44, No. 3). —950 - 970

118. Transcolonial Influences on Everyday American Imperialism: The Politics of Chinese Domestic Servants in the Philippines/ Martinez, Julia; Lowrie, Claire//PACIFIC HISTORICAL REVIEW. —2012 (Vol. 81, No. 4). —511 - 536

119. Transnationalism and Development: Mexican and Chinese Immigrant Organizations in the United States/ Portes, Alejandro; Zhou, Min//POPULATION AND DEVELOPMENT REVIEW. —2012 (Vol. 38, No. 2). —191

120. Uncovering the Myths of Two 19th-century Hokkien Business Personalities in the Straits Settlements/ Yeetuan Wong//CHINESE SOUTHERN DIASPORA STUDIES. —2011 - 2012 (Vol. 5). —146 - 156

121. Understanding Depression in a Community-dwelling Us Chinese Population: Findings from a Cross-sectional Study of Chinese Older Adults in Chicago / Chang, E.; Simon, M. A.; Wong, E.; et al. //GERONTOLOGIST. —2012 (No. 52, Suppl. 1). —38

122. Understanding the Diverse Health Needs of Chinese People in Britain and Developing Cultural Sensitive Services/ Chau, Ruby C. M.; Yu, Sam W. K.; Tran, Cam T. L. //JOURNAL OF SOCIAL WORK. —2012 (Vol. 12, No. 4). —385 - 403

123. "We Are Not a Docile People." Chinese Resistance and Exclusion in the Re-Imagining of Whiteness in South Africa, 1903 - 1910/ Tu T. Huynh//JOURNAL OF CHINESE OVERSEAS. —2012 (Vol. 8, No. 2). —137 - 168

124. What Characterizes Chinese Consumer Behavior? A Cross-Industry Analysis of in Japan/ Frank, Bjoern; Abulaiti, Gulimire; Enkawa, Takao//MARKETING LETTERS. —2012 (Vol. 23, No. 3). —683 - 700

125. What Is This "Chinese" in Overseas Chinese? Sojourn Work and the Place of China's Minority Nationalities in Extraterritorial Chinese - ness/ Vasantkumar, Chris//JOURNAL OF ASIAN STUDIES. —2012 (Vol. 71, No. 2). —423 - 446

126. What Makes a High-Quality Preschool? Similarities and Differences between Chinese Immigrant and European American Parents' Views/ Yamamoto, Yoko; Li, Jin//EARLY CHILDHOOD RESEARCH QUARTERLY. —2012 (Vol. 27, No. 2). —306 - 315

127. Who Are "Overseas Chinese Ethnic Minorities"? China's Search for Transnational Ethnic Unity/Barabantseva, Elena//MODERN CHINA. —2012 (Vol. 38, No. 1, Sp. Iss. SI). —78 - 109

2012 年华侨华人研究书目一览

本书目以暨南大学图书馆华侨华人文献信息中心“华侨华人研究学术资源数据库·书目子库”中数据为基础数据，以国家图书馆、厦门大学图书馆、香港高校图书联网、新加坡国家图书馆、澳大利亚国家图书馆、日本国立国会图书馆等馆藏数据为补充，另从亚马逊网、日本纪伊国屋书店等各大网上书店搜索书目数据。本书目分中文书目、英文书目、日文书目三部分，以题名拼音升序排列。

中文书目

1．爱的丰碑：中国侨联系统抗震救灾暨援建北川中学纪实/中国侨联编．—北京：中国华侨出版社，2012

2．吧城华人公馆（吧国公堂）档案丛书：公案簿（第十一辑）/包乐史（Leonard Blussé），庄国土主编；聂德宁，吴凤斌，包乐史（Leonard Blussé）校注．— 厦门：厦门大学出版社，2012

3．槟城华人两百年/谢诗坚等著．—槟城：韩江学院，2012

4．潮汕侨批集成（第二辑）/王炜中主编，潮汕历史文化研究中心编．—桂林：广西师范大学出版社，2012

5．陈嘉庚与南洋华人论文集/叶钟玲编．—吉隆坡：马来西亚陈嘉庚基金工委会，2012

6．陈六使与南洋大学/利亮时著．—新加坡：南洋理工大学中华语言文化中心，2012

7．炽热年代、铿锵声音：南洋大学学生会文献汇编（1956—1964）/丘淑玲编．—新加坡：南大中华语言文化中心、八方文化创作室联合出版，2012

8．穿越火线：中国籍雇佣兵在海外的生死传奇/猎鹰著．—南京：凤凰出版社，2012

9．传承与超越：海外华文传媒历史与现状分析/郭彦，陈宏昌，彭伟步著．—北京：中国国际广播出版社，2012

10．从深圳到渥太华：一位移民淘金者二十余年的足迹/谢超美著．—深圳：深圳报业集团出版社，2012

11．大帆船贸易与跨太平洋文化交流/吴杰伟著．—北京：昆仑出版社，2012

12．当代印度尼西亚华人的认同：文化政略与媒体/云昌耀著；邱炫元等译．—台北：群学，2012

13．当代印度尼西亚经济研究/吴崇伯著．—厦门：厦门大学出版社，2012

14．第三次移民潮的兴起和趋势/李路著．—北京：中国华侨出版社，2012

15．东成西就：七个华人基督教家族与中西交流百年/罗元旭编著．—香港：三联书店（香港）有限公司，2012

16．东南亚琼属华侨华人/唐若玲著．—广州：暨南大学出版社，2012

17. 二十一世纪前华人在美国熔炉中的离散经验：同化模型之历史回顾 = *Chinese diaspora in the American melting pot prior to the twenty first century: a historical review of the assimilation model*/鲁子青著. —高雄：高应科大应外系，2012

18. 法国华人风采录/陈湃著. —北京：中国文联出版社，2012

19. 革命营销与民国创建：海外华人与辛亥革命/陈树强著. —新北：高立图书有限公司，2012

20. 关键世代：走出华人家族企业传承之困/范博宏著. —北京：东方出版社，2012

21. 广府人下南洋/吴国霖. —广州：广东人民出版社，2012

22. 归侨侨眷维权问答手册/叶青，孙宁先主编. —上海：上海社会科学院出版社，2012

23. 2010 国际移民与侨乡研究　国际移民理论/张国雄，周敏，张应龙主编. —北京：中国华侨出版社，2012

24. 国际移民与社会发展/周敏，张国雄主编. —广州：中山大学出版社，2012

25. 国宴席上的海外侨领：五十位荣登共和国国家荣誉殿堂的海外华人领袖/华商韬略编辑委员会编. —北京：经济日报出版社，2012

26. 海外华侨与辛亥革命/国务院侨务办公室政法司编. —北京：世界知识出版社，2012

27. 海外中国公民领事保护问题研究（1978—2011）：基于国际法人本化的视角/黎海波著. —广州：暨南大学出版社，2012

28. 海外中国留学生跨文化交际研究/郑笑怡著. —杭州：浙江工商大学出版社，2012

29. 海外中华《1661—2012》：台湾、港澳与海外华人/萧弘德编著. —中坜：高教图书，2012

30. 和谐与共赢：海外侨胞与中国软实力/陈奕平主编. —广州：暨南大学出版社，2012

31. 华侨华人研究报告. 2012/丘进主编. —北京：社会科学文献出版社，2012

32. 华侨华人与国际关系/周聿峨，龙向阳等著. —厦门：厦门大学出版社，2012

33. 华侨华人与湖北经济发展：华创会研究集成/李其荣，谭天星，邵元洲主编. —武汉：崇文书局，2012

34. 华侨华人与中国现代化简论/陈永胜著. —北京：光明日报出版社，2012

35. 华侨经济年鉴：2011/国立中正大学编. —台北：台湾侨务委员会，2012

36. 华人社会政策与服务：问题与机遇/魏雁滨等主编. —北京：社会科学文献出版社，2012

37. 华人首富李嘉诚奋斗传奇/李燕军编著. —台南：黄金屋，2012

38. 华人学术处境中的宗教研究：本土方法的探索/黎志添主编. —香港：三联书店，2012

39. 华人与吕宋贸易（1657—1687）：史料分析与译注/方真真著；方真真主译；方淑如协译. —台北：清华大学，2012

40. 华人族群及与德国社会的整合/何志宁著. —北京：人民出版社，2012

41. 华文教育概论/贾益民主编. —广州：暨南大学出版社，2012

42. 华文文学的大同世界/刘登翰著. —台北：人间出版社，2012

43. 华文学院研究/徐书墨著. —北京：人民出版社，2012

44. 魂气归天：马来西亚华人丧礼考论/李永球著. —吉隆坡：漫延书房，2012

45. 技术移民法立法与引进海外人才/刘国福，王辉耀主编. —北京：机械工业出版社，2012

46. 荆山楚水系侨心：湖北归侨口述录/林明江主编. —北京：中国华侨出版社，2012

47. 抗争与妥协：马来西亚华社对华族母语教育政策制定的影响/胡春艳著. —广州：暨南大学出版社，2012

48. 科技领军者：全球50位杰出华人科技企业家荣誉访谈/科技领军人物编辑委员会主编. —北京：中国经济出版社，2012

49. 跨界亚洲的理念与实践：中国模式·华人网络·国际关系/刘宏著. —南京：南京大学出版社，2012

50. 昆明华侨史/昆明市归国华侨联合会编. —北京：中国华侨出版社，2012

51. 拉丁美洲华侨华人移民史、社团与文化活动远眺/高伟浓著. —广州：暨南大学出版社，2012

52. 辽宁侨界精英谱. 壹/辽宁省归国华侨联合会编. —沈阳：万卷出版公司，2012

53. 留学生与近代中国社会变迁/吴汉全，王中平著. —长春：吉林人民出版社，2012

54. 龙与鹰的搏斗：美国华人法律史/邱彰著. —北京：米乐文化国际有限公司，2012

55. 旅居者与移民：美国太平洋铁路华工与爱尔兰劳工报纸形象分析/［美］赵汝诚著；邓武译. —北京：中国华侨出版社，2012

56. 马来亚华人的方言群分布和职业结构：1800—1911/王付兵著. —昆明：云南美术出版社，2012

57. 梅花香自苦寒来：纪念爱国华侨萧维梅百年诞辰/萧介达，萧湄琬主编. —北京：中国文史出版社，2012

58. 美国的财富分层研究——种族、移民与财富/［美］郝令著；谢桂华译. —北京：中国人民大学出版社，2012

59. 美国电影塑造的中国女性形象：1990—2001/杨静著. —上海：上海外语教育出版社，2012

60. 美国东方主义的“中国话语”：赛珍珠中美跨国书写研究/朱骅著. —上海：复旦大学出版社，2012

61. 美国华侨华人与台湾当局侨务政策/孙逊著. —北京：九州岛出版社，2012

62. 美国华人商文学：跨文明比较研究/邹涛著. —北京：中国社会科学出版社，2012

63. 闽商发展报告·2012/李闽榕，王日根，林琛主编. —北京：社会科学文献出版社，2012

64. 闽台区域研究丛刊（第七、八辑合刊）：闽台经贸文化与华侨华人问题研究专

辑/福建师范大学闽台区域研究中心编. —北京：海洋出版社，2012

65. 明清侨乡农田水利研究：基于广东考察/鲍彦邦著. —桂林：广西师范大学出版社，2012

66. 南洋研究回顾、现状与展望/李志贤主编. —新加坡：八方文化创作室，2012

67. 你所不知道的华人首富家族：500 年财富王朝的秘密/［美］罗伯特·徐著. —上海：复旦大学出版社，2012

68. 欧盟非法移民治理研究/文峰著. —广州：暨南大学出版社，2012

69. 漂泊的汉学：台港澳暨海外华文、华文文学学科论/李诠林著. —上海：上海三联书店，2012

70. 漂在纽约：美国华人新移民生存状况实录/立玉著. —哈尔滨：黑龙江教育出版社，2012

71. 迁徙、家乡与认同：文化比较视野下的海外华人研究/陈志明著；段颖，巫达译. —北京：商务印书馆，2012

72. 侨情综览. 2011/朱丽娜主编；暨南大学图书馆彭磷基华侨华人文献信息中心编. —广州：暨南大学出版社，2012

73. 侨务法律制度研究/刘国福著. —北京：法律出版社，2012

74. 侨务工作的理论与实践/范如松著. —北京：世界知识出版社，2012

75. 侨乡·宗族·围龙屋：梅州南口侨乡村的田野考察/周大鸣，段颖主编. —北京：知识产权出版社，2012

76. 琼侨歌谣/海南省群众艺术馆，海南省非物质文化遗产保护中心编. —海口：海南出版社，2012

77. 全球语境下海外高校汉语教学/洪历建主编. —上海：学林出版社，2012

78. 日本人与中国人/陈舜臣著；刘玮译. —台北：博雅书屋有限公司，2012

79. 商帮：顶级华人的商海智慧与精神/邢群麟著. —台北：达人文创，2012

80. 少数族群传媒的文化记忆与族性书写：《星洲日报》文艺副刊不同时期对华人的身份建构/彭伟步著. —广州：暨南大学出版社，2012

81. 申报丛书（拾肆）：大南洋论印度丛谈/上海图书馆整理. —上海：上海科学技术文献出版社，2012

82. 深圳侨务史志/严小明主编；深圳市人民政府侨务办公室编著. —深圳：海天出版社，2012

83. 世界华人与华人世界：19 世纪西洋画刊图文精选/李佳达撰文，何邦婕英译. —台北：新世语文化，2012

84. 世界侨情报告：2011—2012/刘泽彭主编；《世界侨情报告》编委会编. —广州：暨南大学出版社，2012

85. 台湾移居美国侨民长期追踪第九（2011）年调查报告/侨务委员会编著. —台北：侨务委员会，2012

86. 同善堂与澳门华人社会/黄雁鸿著. —北京：商务印书馆，2012

87. 同源异流的文化情结：中韩国际婚姻中朝鲜族女性婚姻移民现象探析/全信子著. —北京：学苑出版社，2012

88．为中国寻找现代之路：中国留学生在美国（1900—1927）/叶维丽著，周子平译．—北京：北京大学出版社，2012

89．文昌华侨之乡/唐若玲，王佳著．—海口：海南出版社，2012

90．文化认同与发展：第三届中国与东南亚民族论坛论文集/吴国富主编．—北京：民族出版社，2012

91．问鼎：五十五个成就世界领先地位的华人企业（企业家）发展范例/《管理世界》杂志社，华商韬略编辑委员会主编．—北京：经济日报出版社，2012

92．吴铁城与近代中国/陈鸿瑜主编．—台北：华侨协会总会出版，2012

93．五邑华侨与辛亥革命/梅伟强，李文照著．—北京：中国华侨出版社，2012

94．香港华人家族企业：本土化与国际化/李新春，储小平，何轩编著．—北京：社会科学文献出版社，2012

95．辛亥百年华侨丰碑/王明惠主编．—北京：世界知识出版社，2012

96．辛亥革命资料选编（第五卷）：华侨与辛亥革命/刘萍，李学通主编；张会芳，刘萍编．—北京：社会科学文献出版社，2012

97．新加坡华文教材研究新视角/罗福腾主编．—新加坡：八方文化创作室、新跃大学新跃中华学术中心联合出版，2012

98．新加坡客家会馆与文化研究/王力坚著．—新加坡：新加坡国立大学中文系，2012

99．新马华文文学研究新观察/罗福腾主编．—新加坡：八方文化创作室、新跃大学新跃中华学术中心联合出版，2012

100．新时期华侨大学教育管理研究/李冀闽著．—厦门：厦门大学出版社，2012

101．一种本土化跨国华人的中国诠释：以廖建裕的中国思考为例/杨媛宁著．—台北：台湾大学政治系中国大陆暨两岸关系教学与研究中心，2012

102．移民华语教学——全球在地化的语言民族志研究/锺镇城著．—台北：新学林，2012

103．移山图鉴：雪龙华族历史图片集（上册）/徐威雄，张集强，陈亚才编．—吉隆坡：华社研究中心，2012

104．引进海外高科技人才比较研究：以新加坡和我国香港台湾上海为例/汪怿著．—上海：上海社会科学院出版社，2012

105．与祖国同呼吸共命运：中央国家机关归侨爱国报国之路（三）/中央国家机关侨联编．—北京：中国劳动社会保障出版社，2012

106．语言、政治与国家化：南洋大学与新加坡政府关系（1953—1968）/周兆呈著．—新加坡：八方文化创作室，2012

107．云南边境民族地区非法移民问题及其治理研究：以河口瑶族自治县为例/罗刚著．—北京：法律出版社，2012

108．战后马来西亚族群关系：华人与马来人关系研究/廖小健著．—广州：暨南大学出版社，2012

109．中国潮汕侨批史/蔡少明著．—北京：人民邮电出版社，2012

110．中国法律文化对东南亚的影响：以雅加达华人社区为对象/马慧玥著．—北京：

法律出版社，2012

111. 中国国际移民报告. 2012/王辉耀，刘国福主编. —北京：社会科学文献出版社，2012

112. 中国南洋交通史/冯承钧撰. —上海：上海古籍出版社，2012

113. 中国侨联年鉴. 2011/王宏，赵红英主编；中国侨联编著. —北京：中国华侨出版社，2012

114. 中国侨务通论. 试用版/许玉明主编；中国侨务通论课题组编. —广州：暨南大学出版社，2012

115. 中国人在美国的发财史/［美］彼得·邝，［美］杜桑卡·米赛耶维奇著；谭启龙译. —南京：江苏人民出版社，2012

116. 中国与东南亚国家公共外交/北京大学东南亚学研究中心，察哈尔学会主编. —北京：新华出版社，2012

117. 中华民国100年侨务统计年报/侨务委员会编. —台北：台湾侨务委员会，2012

118. 中华民国100年侨务委员会议实录/侨务委员会编. —台北：台湾侨务委员会，2012

119. 中山华侨历史文物图集. 第一辑/中山华侨历史博物馆筹建办公室，中山市博物馆编. —广州：广东人民出版社，2012

120. 著名华人街区唐人街/吴景明编著. —长春：吉林人民出版社，2012

121. 自由的思想：海外学人访谈录/河西著. —北京：生活·读书·新知三联书店，2012

122. 走进客家社会：田野考察、文化研究/黄贤强主编. —新加坡：新加坡国立大学中文系，2012

123. 族群迁移与宗教转化：福德正神与大伯公的跨国研究/方祯璋等著；徐雨村主编. —新竹：清华大学人文社会学院，2012

124. 祖国永远在我们心中：中央国家机关归侨爱国报国之路（四）/中央国家机关侨联编. —北京：中国劳动社会保障出版社，2012

英文书目

1. A History of Overseas Chinese in Africa to 1911/Li Anshan. —New York：Diasporic AfricaPress，2012

2. China's Left-Behind Wives：Families of Migrants from Fujian to Southeast Asia，1930s – 1950s/Huifen Shen. —Singapore：NUS Press，2012

3. China's Rise in Africa：Perspectives on a Developing Connection/Edited by Dominik Kopiński，Andrzej Polus and Ian Taylor. —Abingdon，Oxon：Routledge，2012

4. Chinese Business in East Asia，1850 – 1950 /Chi-Cheung Choi. —London and New York：Routledge，2012

5. Chinese Chicago: Race, Transnational Migration, and Community since 1870/Huping Ling. —Stanford, California: Stanford University Press, 2012

6. Chinese Diaspora in France/Christabel Donatienne Ruby. —Publisher: Fidel, 2012

7. Chinese Entrepreneurship: A Social Capital Approach/Peter J Peverelli and Song Jiwen. —Wiesbaden and New York: Springer, 2012

8. Chinese Expatriates Working in Thailand/Yi Qin. —Saarbrucken: Lap Lambert Academic Publishing AG & Co Kg, 2012

9. Chinese Indonesians Reassessed: History, Religion and Belonging (Routledge Contemporary Southeast Asia Series) /Edited by Siew-Min Sai, Chang-Yau Hoon. —London and New York: Routledge, 2012

10. Chinese Mexicans: Transpacific Migration and the Search for a Homeland, 1910 - 1960/Julia María Schiavone Camacho. —Chapel Hill: University of North Carolina Press, 2012

11. Chinese Migrants in Russia, Central Asia and Eastern Europe/edited by Felix B. Chang and Sunnie T. Rucker-Chang.. —Milton Park, Abingdon, Oxon; New York: Routledge, 2012

12. Chinese Migrations, with Special Reference to Labor Conditions/Da Chen. —Publisher: RareBooksClub. com, 2012

13. Chinese Migrations: the Movement of People, Goods, and Ideas Over Four Millennia/ Diana Lary. —Lanham, MD: Rowman & Littlefield, 2012

14. Diaspora and Class Consciousness: Chinese Immigrant Workers in Multiracial Chicago/ Shanshan Lan. —New York: Routledge, 2012

15. Encountering China: Early Modern European Responses/Edited by Rachana Sachdev and Qingjun Li. —Lewisburg, Pa.: Bucknell University Press; Lanham, Md: Rowman & Littlefield, 2012

16. Ethnic Chinese in Mongolia: Irregular Immigration, Russia, Gobi Desert, Outer Mongolia, Orkhon River, Tuul River, Khovd (city) /Edited by Columba Sara Evelyn. —Mauritius: Fec Publishing, 2012

17. Ethnicity and Careers of Chinese-Canadian Young Adults/Edited by Charles P. Chen, Wendy Lee. —New York: Nova Science Publishers, 2012

18. Fortunate Sons: the 120 Chinese Boys Who Came to America, Went to School, and Revolutionized an Ancient Civilization/Liel Leibovitz & Matthew Miller. —New York: W. W. Norton, 2012

19. Globalizing China: the Influence, Strategies and Successes of Chinese Returnees/ Huiyao Wang. —Bingley: Emerald Group Publishing Limited, 2012

20. Golden Dragon and Purple Phoenix: The Chinese and Their Multi-Ethnic Descendants in Southeast Asia/Khoon Choy Lee. —Singapore: World Scientific Publishing, 2012

21. Hakka: the Diaspora Leading to the Northern Territory/Robyn Smith. —Winnellie, N. T.: Hakka Association of the Northern Territory, 2012

22. Identitas Tionghoa Muslim Indonesia (The Identities of Chinese Muslims in Indone-

sia) /Afthonul Afiff. —Indonesia: Kepik donesia, 2012

23. Indonesian Chinese Peranakan : A Cultural Journey/Lily Wibisono et al eds. —Jakarta: Indonesian Cross-Cultural Society and Intisari Mazine, 2012

24. Living Intersections: Transnational Migrant Identifications in Asia/Caroline Pluss. —NewYork: Springer, 2012

25. Making the Chinese Mexican: Global Migration, Localism, and Exclusion in the U. S. – Mexico Borderlands/Grace Peña Delgado. —Palo Alto: Stanford University, 2012

26. Malaysian Chinese: Recent Developments and Prospects/Hock Guan Lee. —Singapore: Institute of Southeast Asian Studies, 2012

27. Mapping the Chinese and Islamic Worlds: Cross-Cultural Exchange in Pre-Modern Asia/Hyunhee Park. —Cambridge; New York : Cambridge University Press, 2012

28. Migration, Ethnic Relations and Chinese Business /Kwok-bun Chan. —Milton Park, Abingdon, Oxon; New York: Routledge, 2012

29. Miners to Market Gardeners: Chinese on the Castlemaine Goldfields/Joan Scott. —Castlemain, Victoria: Graffiti Publications, 2012

30. New Immigrants, New Christians: Mainland Chinese Elders in American Churches/Gehui Zhang. —Germany: AV Akademikerverlag, 2012

31. Organizational Behavior in Ethnic Chinese Business: An Asian Perspective/Edited by Thomas Menkhoff, Hans-Dieter Evers, Chay Yue Wah, Hoon Chang Yau. —Singapore: World Scientific Publishing Company, 2012

32. Overseas Chinese Christian Entrepreneurs in Modern China: a Case Study of the Influence of Christian Ethics on Business Life/Joy Kooi-Chin Tong. —London; New York: Anthem Press, 2012

33. Overseas Chinese in the People's Republic of China/Glen Peterson. —Milton Park, Abingdon, Oxon; New York: Routledge, 2012

34. Pacific Crossing: California Gold, Chinese Migration, and the Making of Hong Kong/ Elizabeth Sinn. —Hong Kong: Hong Kong University Press, 2012

35. Postcolonial Architecture and Chinese Urban Spaces in Kuala Lumpur/Yat Ming Loo. —Burlington, VT: Ashgate, 2012

36. Routledge Handbook of the Chinese Diaspora/Edited by Chee-Beng Tan. —New York: Routledge, 2012

37. San Francisco Chinatown: A Guide to Its History and Architecture/Philip P Choy. —San Francisco: City Lights Publishers, 2012

38. Sons of the Soil: Chinese Market Gardeners in New Zealand /Lily Lee, Ruth Lam with Nigel Murphy. —Pukekohe, N. Z. : Dominion Federation for New Zealand Chinese Commercial Growers Inc, 2012

39. Southeast Asian Personalities of Chinese Descent: A Biographical Dictionary/Suryadinata, Leo. —Singapore: Institute of Southeast Asian Studies, 2012

40. Straitjacket Sexualities: Unbinding Asian American Manhoods in the Movies/Celine

Shimizu. —Stanford, California: Stanford University Press, 2012

41. The Children of Chinatown: Growing up Chinese American in San Francisco, 1850 - 1920/Wendy Rouse Jorae. —Sydney: ReadHowYouWant Press, 2012

42. The Chinatown War: Chinese Los Angeles and the Massacre of 1871/Scott Zesch. —Oxford; New York: Oxford University Press, 2012

43. The Chinese Diaspora in South-East Asia: The Overseas Chinese in Indo-China/Tracy C. Barrett. —London: I. B. Tauris, 2012

44. The Chinese Diaspora on American Screens: Race, Sex, and Cinema/Gina Marchetti. —Philadelphia: Temple University Press, 2012

45. The Chinese Diaspora: China's Instrument of Power? /Olivier Brault. —Publisher: Biblio Scholar, 2012

46. The Chinese Face in Australia: Multi-Generational Ethnicity among Australian-Born Chinese/Lucille Lok-Sun Ngan, Chan Kwok-bun. —New York, NY: Springer New York, 2012

47. The Chinese in Mexico, 1882 - 1940/Robert Chao Romero. —Tucson: University of Arizona Press, 2012

48. The Chinese Student Migration to Tokyo/John Raleigh Mott. —Welch: Ulan Press, 2012

49. The Eu Yan Sang way: Renewing a Century of Heritage/William Koh. —Singapore: Cengage Learning, 2012

50. Walking the Tycoons' Rope: How Ambition Drove a Poor Boy from Ningbo to Compete with the Richest Men of Hong Kong and Singapore/Robert Wang. —Hong Kong: Blacksmith Books, 2012

日文书目

1. アメリカ合衆国と中国人移民：歴史のなかの「移民国家」アメリカ/貴堂嘉之著. —名古屋：名古屋大学出版会，2012

2. タイトル 多文化社会と華僑？華人教育：多文化教育に向けての再構築と課題/裘暁蘭著. —東京：青山ライフ出版，2012

3. タイトル 日中民間貿易史：日中貿易商社第一通商の興亡から/辻誠著. —東京：王禅寺チャイナセンター，2012

4. フィリピン華僑ビジネス不道徳講座/浅井壮一郎著. —東京：朱鳥社，2012

5. 並木頼寿著作選/並木頼寿著. —東京：研文出版，2012

6. 朝鮮華僑と近代東アジア/李正熙著. —京都：京都大学学術出版会，2012

7. 東南アジアと中国・華僑/吉野文雄編. —東京都：成文堂，2012

8. 帰国華僑：華南移民の帰還体験と文化的適応/奈倉京子著. —東京：風響社，2012

9. 横浜中華街の世界 増補版/横浜商科大学. —横浜：横浜商科大学，2012

10. 堅持して悔いなし — 陳若曦自伝/陳若曦，澤田隆人. —大阪：西田書店，2012

11. 歴史の中のアジア地域統合/梅森直之，平川幸子，三牧聖子編著. —東京：勁草書房，2012

12. 日中関係史 1972—2012〈3〉社会・文化/園田 茂人編. —東京：東京大学出版会，2012

13. 実践としてのコミュニティ—移動・国家・運動/平井 京之介編. —京都：京都大学学術出版会，2012

14. 世界華人エンサイクロペディア/リン？パン編；田口佐紀子，山本民雄，佐藤嘉江子訳. —東京：明石書店，2012

15. 銀座の投資家が「日本は大丈夫」と断言する理由：キーワードは？資源国・華僑・イスラム・高齢化/大原浩著. —東京：PHP 研究所，2012

16. 中国に帰ったタイ華僑共産党員：欧陽恵氏のバンコク，延安，大連，吉林，北京での経験/村嶋英治，鄭成著. —東京：早稲田大学アジア太平洋研究センター，2012

2012年华侨华人研究博硕士学位论文一览

本版内容是2012年华侨华人研究博硕士学位论文汇总，分大陆中文、台港及海外中文及英文三部分。其中，大陆中文学位论文主要来源于CNKI（清华同方）——中国优秀博硕士学位论文全文数据库、万方——中国学位论文全文数据库，以及高校自建的博硕士学位论文数据库；台港及海外中文学位论文主要来源于CETD中文电子学位论文服务、台湾OAI博硕士论文联邦查询系统及新加坡国立中文大学学位论文数据库等；英文博硕士学位论文主要来源于PQDT博硕士论文文摘库，即（ProQuest Dissemination & Theses）A+B Abstract库、ADT（Australasian Digital Theses program）以及各高校自建的学位论文数据库。

大陆中文博硕士学位论文

1. 1970年代中国留美学生保钓与统一运动之研究［博士论文］/刘玉山著；李祖基指导．—厦门：厦门大学，2012：182页

2. 城市发展史视野下的美国唐人街演变研究［博士论文］/杨红波著；高伟浓指导．—广州：暨南大学，2012：183页

3. 当代华语文教育与中国文化软实力研究［博士论文］/叶继海著；周聿峨指导．—广州：暨南大学，2012：165页

4. 独立以来马来西亚福建籍地缘社团发展研究（1957—2011年）［博士论文］/林联华著；廖大珂指导．—厦门：厦门大学，2012：238页

5. 二十世纪美国华人文学中的中国形象［博士论文］/杨华著；黄万华指导．—济南：山东大学，2012：192页

6. 海外华人民族文化传承研究——以美国密西西比州杰城华人为个案［博士论文］/雷有光著；王军指导．—北京：中央民族大学，2012：213页

7. 海外人才回流与社会适应研究［博士论文］/王蓉蓉著；吴瑞君指导．—上海：华东师范大学，2012：243页

8. 华工、中国制造、农民工［博士论文］/连煦著；潘蛟指导．—北京：中央民族大学，2012：267页

9. 华人家族企业集团双重治理研究［博士论文］/王河森著；陈凌指导．—杭州：浙江大学，2012：200页

10. 近代上海华人公墓研究（1909—1937）［博士论文］/李彬彬著；左玉河指导．—北京：中国社会科学院，2012：254页

11. 马来西亚国民中学初中华文教材中的价值观研究［博士论文］/陈银心著；郭元祥指导．—武汉：华中师范大学，2012：317页

12. 马来西亚华文教学研究［博士论文］/YEAP CHUN KEAT（叶俊杰）著；吴应辉指导．—北京：中央民族大学，2012：163页

13. 全球化进程中的印度海外移民与政府移民政策研究［博士论文］/宁敏峰著；周敏凯指导．—上海：华东师范大学，2012：170页

14. 台湾海外移民与回流问题之研究［博士论文］/吴学励著；周聿峨指导．—广州：暨南大学，2012：108页

15. 台湾侨务与“第二轨道外交”研究［博士论文］/蔡秋燕著；曹云华指导．—广州：暨南大学，2012：257页

16. 唐人街的儿女们——美国华裔文学中的唐人街及其意义变迁［博士论文］/郑岩芳著．—广州：中山大学，2012：172页

17. 外交保护制度研究［博士论文］/万霞著；江国青指导．—北京：外交学院，2012：186页

18. 我国跨境就业立法研究［博士论文］/李世军著；李明发，李坤刚指导．—合肥：安徽大学，2012：209页

19. 新加坡华文旧体诗研究［博士论文］/赵颖著；李强指导．—西安：陕西师范大学，2012：204页

20. 叶落归根·落地生根·四海为家——东南亚华人认同的形成、建构与转变［博士论文］/段颖著；周大鸣指导．—广州：中山大学，2012：198页

21. 中国近代留学比利时研究（1903—1949）［博士论文］/潘越著；纪宗安指导．—广州：暨南大学，2012：154页

22. 18世纪末至19世纪中叶巴达维亚华人妇女家庭社会生活状况［硕士论文］/朱铂隆著．—广州：中山大学，2012：74页

23. 1945年以来越南华侨华人社会认同变迁研究——以托尔托萨市为例［硕士论文］/玉洁著；黄伟生指导．—南宁：广西民族大学，2012：60页

24. 1950年代归国知识分子问题研究［硕士论文］/何之君著；王玉福指导．—新乡：河南师范大学，2012：61页

25. 19世纪下半期20世纪初期华人在西伯利亚的活动［硕士论文］/奥丽娅著；郭永胜指导．—呼和浩特：内蒙古师范大学，2012：48页

26. 20世纪80年代以来欧洲华人妇女社团研究［硕士论文］/于琳琳著；石沧金指导．—广州：暨南大学，2012：70页

27. 20世纪上半叶东南亚华文教育的变迁［硕士论文］/甘奇著；胡素萍指导．—海口：海南师范大学，2012：56页

28. 澳大利亚对汉语政策的演变及其对汉语（华文）教学的影响［硕士论文］/龚毅虹著；郭熙指导．—广州：暨南大学，2012：36页

29. 澳大利亚华文媒体的发展与展望［硕士论文］/郑斐著；陈弘指导．—上海：华东师范大学，2012：65页

30. 澳门青年社团的历史变迁及其社会功能研究［硕士论文］/梁田著；王文指导．—北京：中国青年政治学院，2012：46页

31. 吧城公堂的立誓解纷——以《公案簿》（1787—1865）为中心［硕士论文］/王

志希著；周赟指导．—厦门：厦门大学，2012：86 页

32．吧城华人的中国文化认同［硕士论文］/马强著；刘正刚指导．—广州：暨南大学，2012：91 页

33．吧城华人社会奴婢研究［硕士论文］/杨好春著；刘永连指导．—广州：暨南大学，2012：76 页

34．必要的敌人：苏加诺时代的华人问题与印尼民族国家构建［硕士论文］/李杰著；马骏指导．—上海：上海外国语大学，2012：68 页

35．朝鲜矿业华工研究（1910—1945）［硕士论文］/韦婉著；崔凤春指导．—桂林：广西师范大学，2012：42 页

36．从"草根"的悲欢歌哭到华人的悲欢歌哭——论刘荒田散文创作［硕士论文］/邱瑾著；王列耀指导．—广州：暨南大学，2012：41 页

37．从《公案簿》看 18—19 世纪印尼巴达维亚华人社会［硕士论文］/蒲晶著；张一平指导．—海口：海南师范大学，2012：69 页

38．从菲律宾华校华语测试方式看菲律宾华校华语教学——以宿务市华校为例［硕士论文］/梁敬荟著；张世涛指导．—广州：中山大学，2012：58 页

39．从鼓励到排斥：19 世纪美国对华移民政策的调整［硕士论文］/张贺著；苏浩指导．—北京：外交学院，2012：68 页

40．从海上到南洋——论 20 世纪海派对新加坡水墨画的影响［硕士论文］/樊祎雯著；欧阳启名指导．—北京：首都师范大学，2012：89 页

41．从华文教育的角度看海外华人的文化追寻［硕士论文］/陈小荣著；周聿峨指导．—广州：暨南大学，2012：68 页

42．大连市高层次人才引进问题和对策研究［硕士论文］/李媛媛著；王丽丽指导．—大连：大连理工大学，2012：57 页

43．大陆与其他地区华人家族企业代际传承模式的比较研究［硕士论文］/孙立南著；锁箭指导．—昆明：云南大学，2012：65 页

44．当代美籍华人参政情况分析及策略选择［硕士论文］/杨渊著；王春英指导．—北京：外交学院，2012：59 页

45．当代西班牙中国移民状况研究——以托尔托萨市为例［硕士论文］/白宁迪（NURIA BARBERA）著；杨冬燕指导．—南京：南京大学，2012：122 页

46．东南亚主流小学华文教材课文用词调查［硕士论文］/黎景光著；刘华指导．—广州：暨南大学，2012：48 页

47．对俄罗斯国内"中国移民威胁论"的思考［硕士论文］/吴松辉著；韦红指导．—武汉：华中师范大学，2012：46 页

48．对马来西亚国民小学教材《国小华语》的调查与思考［硕士论文］/叶晓萍著；田艳指导．—北京：中央民族大学，2012：109 页

49．二十世纪之初旧金山唐人街"鼠疫事件"与华侨权益［硕士论文］/何美英著；高伟浓指导．—广州：暨南大学，2012：89 页

50．非法移民基本人权保护的法律研究［硕士论文］/刘博语著；高岚君指导．—沈阳：辽宁大学，2012：31 页

51．菲律宾华文学校运营模式研究——以怡朗市亚典耀学校和新华学院为例［硕士论文］/张蓉著；张世涛指导—广州：中山大学，2012：30 页

52．菲律宾华校华裔学生汉语声调习得情况调查［硕士论文］/张维著；贾益民指导．—广州：暨南大学，2012：62 页

53．菲律宾华校生源现状分析——以怡朗市四所华校为例［硕士论文］/方飞著；张世涛指导．—广州：中山大学，2012：66 页

54．菲律宾华语教材的演变和思考——以宿务地区为例［硕士论文］/何欢欢著；张世涛指导．—广州：中山大学，2012：65 页

55．菲律宾家长对华校学生华语学习影响的调查研究——以菲律宾三宝颜福泉寺观音学校为例［硕士论文］/张丽著；王汉卫指导．—广州：暨南大学，2012：45 页

56．菲律宾亚眉省华文教学现状研究［硕士论文］/迟道加著；郭熙指导．—广州：暨南大学，2012：63 页

57．菲律宾怡朗四所华校华语课程教学现状调查研究［硕士论文］/郑明明著；张世涛指导．—广州：中山大学，2012：98 页

58．分化与调和——侨乡端芬祖先崇拜人类学研究［硕士论文］/边清音著；王建新指导．—广州：中山大学，2012：118 页

59．赴泰汉语志愿者教师到任初期教学适应调查研究［硕士论文］/胡建刚著；张柏娥指导．—广州：暨南大学，2012：55 页

60．改革开放以来海外华人华侨在助推中国软实力中的作用［硕士论文］/郑源川著；张家飞指导．—乌鲁木齐：新疆大学，2012：70 页

61．改革开放以来泰国华商对中国大陆的投资分析［硕士论文］/吴壁鸿著；侯松岭指导．—广州：暨南大学，2012：60 页

62．高科技园区海外高层次留学人才引进机制研究——以中关村核心区为例［硕士论文］/于方伟著；党秀云指导．—北京：中央民族大学，2012：56 页

63．关于新二代华裔学业成功影响因素的探索性研究［硕士论文］/李旭著；曾传芳指导．—重庆：四川外语学院，2012：60 页

64．观音：泰国中国城海外华人的个案信仰研究［硕士论文］/谭月明（A－PAKORN NIVESVIVAT）著；陆扬指导．—上海：复旦大学，2012：96 页

65．广东省侨务外宣工作对策研究——基于地方政府侨务外宣工作视角［硕士论文］/王鑫著；范旭指导．—广州：华南理工大学，2012：73 页

66．广州华侨新村建设发展研究［硕士论文］/陈健谊著；肖毅强指导．—广州：华南理工大学，2012：98 页

67．广州市吸引海外高层次人才政策研究［硕士论文］/麦慧著；岳经纶指导．—广州：中山大学，2012：48 页

68．归国华侨的适应性研究——以福建常山华侨农场印尼归侨和越南归侨为例［硕士论文］/张龙腾著；曾少聪指导．—厦门：厦门大学，2012：141 页

69．归侨丧葬仪式研究——以广西柳城华侨农场为例［硕士论文］/杨秋有著；郑一省指导．—南宁：广西民族大学，2012：68 页

70．国际法人本化趋势下海外中国公民权利保护［硕士论文］/徐鉴著；顾婷指

导．—苏州：苏州大学，2012：36 页

71．国际华人移民二代社会融合研究——以葡萄牙里斯本 15—24 岁中国大陆华人移民子女为例［硕士论文］/李岚著；范斌指导．—上海：华东理工大学，2012：50 页

72．国际移民法律制度研究［硕士论文］/程诚著；李道刚指导．—济南：山东大学，2012：46 页

73．海归创业人才集聚环境建设的政府主导模式研究［硕士论文］/胡渠著；章小波指导．—苏州：苏州大学，2012：75 页

74．海外华人资本对中国大陆的直接投资研究［硕士论文］/李怀著；朱邦宁指导．—北京：中共中央党校，2012：48 页

75．海外华文网络媒体国际话语权的提升策略研究——以联合早报网为例［硕士论文］/刘玉婷著；苟世祥指导．—重庆：重庆大学，2012：50 页

76．海外孔子学院研究［硕士论文］/吴浩清著；邓淑华指导．—成都：电子科技大学，2012：53 页

77．韩国华侨教育研究［硕士论文］/崔现我著；赵成国指导．—青岛：中国海洋大学，2012：56 页

78．韩国蔚山地区汉语教育情况调查报告——以韩国蔚山大学为例［硕士论文］/陈原著；汤哲声指导．—苏州：苏州大学，2012：35 页

79．汉语教师志愿者对华文教育态度的调查研究——以菲律宾和泰国为例［硕士论文］/雷蕾著；张金桥指导．—广州：暨南大学，2012：63 页

80．合艾华文教育现状与对策［硕士论文］/赵清伟著；白云指导．—桂林：广西师范大学，2012：37 页

81．荷兰华人社团现状探究［硕士论文］/何文婷著；刘勇指导．—厦门：厦门大学，2012：76 页

82．黑龙江省侨联职能定位研究［硕士论文］/高严著；梁雪峰指导．—哈尔滨：哈尔滨工业大学，2012：65 页

83．后金融危机时期的政府华侨政策研究——以浙江省青田县为例［硕士论文］/何俊杰著；李长根指导．—石家庄：河北师范大学，2012：53 页

84．华侨华人与中国软实力建设——以美国华侨华人为例［硕士论文］/何金鹏著；张祖兴指导．—广州：中山大学，2012：50 页

85．华裔留学生汉语词汇学习策略研究［硕士论文］/周真真著；丁雪欢指导．—广州：暨南大学，2012：68 页

86．加拿大多伦多地区小学华语教学状况的调查与分析［硕士论文］/邹云霞著．—广州：中山大学，2012：51 页

87．加拿大华人参政研究——以 2011 年联邦大选为例［硕士论文］/吴婷著；廖小健指导．—广州：暨南大学，2012：79 页

88．加拿大华人在多元文化社会中的抗争与融合［硕士论文］/郝斯佳著；李桂山指导．—天津：天津理工大学，2012：53 页

89．加拿大新移民文学散文研究［硕士论文］/邓敏著；王烈耀指导．—广州：暨南大学，2012：47 页

90. 柬埔寨的华教社团及其对华文教育的影响——兼论柬埔寨华文教育存在的主要问题［硕士论文］/张悦著；颜湘茹指导. —广州：中山大学，2012：53 页

91. 柬埔寨民生中学“半日制”华文教学模式考［硕士论文］/肖寒著；吴门吉指导. —广州：中山大学，2012：89 页

92. 近 30 年来菲律宾华人社会与文化 ：以马尼拉为中心［硕士论文］/冉思柳著；曾少聪指导. —厦门：厦门大学，2012：47 页

93. 近代甘肃留学生研究［硕士论文］/姚鹏著；周立英指导. —昆明：云南大学，2012：102 页

94. 近代山西留学生研究［硕士论文］/田晶洁著；田涛指导. —天津：天津师范大学，2012：107 页

95. 近代台山庐居的建筑文化研究［硕士论文］/孙蕾著；唐孝祥指导. —广州：华南理工大学，2012：108 页

96. 近三十年美国华人女作家的流散写作研究［硕士论文］/晋胜男著；刘蜀贝指导. —太原：山西大学，2012：51 页

97. 境外粤语华人汉语普通话词汇教学问题探讨［硕士论文］/周珊珊著；徐正考指导. —长春：吉林大学，2012：26 页

98. 旧金山华侨与 1905 年抑制美货运动［硕士论文］/许礼捷著；李其荣指导. —武汉：华中师范大学，2012：65 页

99. 开放、流动与多元：潮州彩塘镇侨乡社会调查［硕士论文］/母书鹏著；张应龙指导. —广州：暨南大学，2012：87 页

100. 孔飞力的华人移民史研究［硕士论文］/刘莉著；朱政惠指导. —上海：华东师范大学，2012：72 页

101. 孔子学院（课堂）品牌推广策略分析——以泰国为例［硕士论文］/韩雨茴著；班弨指导. —广州：暨南大学，2012：103 页

102. 跨文化交际中的文化适应——以印尼人和中国人的交际为例［硕士论文］/董会颖著；徐赣丽指导. —桂林：广西师范大学，2012：29 页

103. 老挝华校华文教育的现状、困难与改革［硕士论文］/陈美君著；吉旭，刘祥安指导. —苏州：苏州大学，2012：36 页

104. 领事保护法律问题研究［硕士论文］/王沛著；南玉霞指导. —北京：北京交通大学，2012：47 页

105. 论当代法国华人社会对中法文化交流的作用［硕士论文］/常梦娜著；徐晓亚指导. —北京：外交学院，2012：57 页

106. 论海外华人文学的形象学研究［硕士论文］/游华玲著；李亚萍指导. —广州：暨南大学，2012：50 页

107. 论海外中国公民安全的保护［硕士论文］/申丽欣著；谢晓娟指导. —沈阳：辽宁大学，2012：48 页

108. 论抗战时期国民党海外部的侨务工作［硕士论文］/张应进著；高伟浓指导. —广州：暨南大学，2012：85 页

109. 论泰华文学中的潮汕民俗风情［硕士论文］/黄伟群著；张军指导. —广州：

暨南大学，2012：32 页

110. 论张翎的文化身份观——从小说《金山》谈起［硕士论文］/王小妹著；吴家荣指导. —合肥：安徽大学，2012：80 页

111. 马达加斯加华人历史变迁研究［硕士论文］/许莹著；刘鸿武指导. —昆明：云南大学，2012：57 页

112. 马华文学中的“新村”叙事［硕士论文］/张慧著；莫海斌指导. —广州：暨南大学，2012：43 页

113. 马华政党视角下的马华族群关系演变研究（1946—1969）［硕士论文］/霍林峰著；曾晓祥指导. —武汉：华中师范大学，2012：93 页

114. 马来人服饰及其文化内涵初探［硕士论文］/袁欢著；李琪指导. —西安：陕西师范大学，2012：70 页

115. 马来西亚东部砂拉越地区非华裔小学生汉语学习状况调查研究［硕士论文］/郑晶文（STEPHANIE TAY CIN WUN）著；陈作宏指导. —北京：中央民族大学，2012：110 页

116. 马来西亚华人与马来西亚政府的对华政策［硕士论文］/黄婉玮著；余逊达指导. —杭州：浙江大学，2012：75 页

117. 马来西亚华文独立中学商业学教材编制研究［硕士论文］/郑惠蓉著；郭元祥指导. —武汉：华中师范大学，2012：92 页

118. 马来西亚华校学生华文学习与中华文化传承调查［硕士论文］/何逸恒著；宗世海指导. —广州：暨南大学，2012：63 页

119. 马来西亚华语口语语气词变异试论［硕士论文］/陈淑婷著；陈强指导. —杭州：浙江大学，2012：74 页

120. 马来西亚华语特有词语的考察与分析——以马来西亚华文报章词语为例［硕士论文］/邓紫媚著；李英指导. —广州：中山大学，2012：39 页

121. 马来西亚留台校友组织研究——以马来西亚留台校友会联合总会为中心［硕士论文］/潘浪著；石沧金指导. —广州：暨南大学，2012：90 页

122. 马来西亚五年级《华文课本》教材调查分析［硕士论文］/刘久进著；颜湘茹指导. —广州：中山大学，2012：59 页

123. 梅州客家民居历史建筑的再利用研究［硕士论文］/唐琳著；肖大威指导. —广州：华南理工大学，2012：137 页

124. 美国电影中华人定型化形象研究［硕士论文］/颜袁茜著；李端生指导. —吉首：吉首大学，2012：50 页

125. 美国电影中刻板化的华人形象［硕士论文］/谢剑玲著；黄洪玲指导. —南昌：南昌大学，2012：49 页

126. 美国汉语教学的历史、现状、问题和对策［硕士论文］/徐超然著；戴昭铭指导. —哈尔滨：黑龙江大学，2012：60 页

127. 美国华人政治社会化与政治参与的互动性研究［硕士论文］/王佳瑜著；朱新光指导. —上海：上海师范大学，2012：63 页

128. 美国华语与普通话的差异研究［硕士论文］/朱丽丽著；戴昭铭指导. —哈尔

滨：黑龙江大学，2012：57 页

129. 美国新生代华裔子女中文学习的调查分析——以家庭语言环境与学习动机为重点［硕士论文］/马慧著；吴春相指导. —上海：上海外国语大学，2012：66 页

130. 美国移民史上难堪的一页——中国移民与旧金山天使岛移民拘留所［硕士论文］/赵义娟著；李其荣指导. —武汉：华中师范大学，2012：60 页

131. 美国移民政策与亚洲移民（1943—1965 年）［硕士论文］/张文博著；蒋浙安指导. —合肥：安徽大学，2012：51 页

132. 棉兰的华文教育性质与对策思考［硕士论文］/吴祖桥著；李军指导. —广州：暨南大学，2012：53 页

133. 缅甸、老挝、柬埔寨华裔留学生对中华文化了解和认同情况的调查与分析［硕士论文］/庄颖著；匡小荣指导. —广州：暨南大学，2012：65 页

134. 民国赴法留学变迁研究——从勤工俭学到里昂中法大学［硕士论文］/杨忠儒著；刘虹指导. —石家庄：河北师范大学，2012：50 页

135. 民国时期的江西留学生［硕士论文］/万佳玲著；杨齐福指导. —福州：福建师范大学，2012：102 页

136. 民国时期山东留日学生研究［硕士论文］/王玖玖著；王尊严指导. —曲阜：曲阜师范大学，2012：94 页

137. 明代汉民移民朝鲜问题研究［硕士论文］/张光宇著；赵成国指导. —青岛：中国海洋大学，2012：71 页

138. 南京国民政府时期的华侨教育政策研究［硕士论文］/张振著；吴洪成指导. —保定：河北大学，2012：87 页

139.《南洋商报》与马来西亚华人的族群认同建构（2001—2010）［硕士论文］/焦彦晨著；彭伟步指导. —广州：暨南大学，2012：63 页

140. 农村人口跨境迁移及其经济响应——基于福建省沙溪村的调查［硕士论文］/刘莎著；王彬指导. —福州：福建师范大学，2012：75 页

141. 欧洲华文报刊的现状与发展道路研究［硕士论文］/钟悠天著；邵志择指导. —杭州：浙江大学，2012：45 页

142. 排华法案对美国华裔男性的身份影响及其身份建构［硕士论文］/王聪著；王建会指导. —沈阳：沈阳师范大学，2012：63 页

143.《侨报》对中国国家形象的建构［硕士论文］/原嘉唯著；周德波指导. —沈阳：辽宁大学，2012：47 页

144. 侨务部门引进海外高层次人才对策研究——以华侨华人来沪发展为例［硕士论文］/汤凌著；胡近指导. —上海：上海交通大学，2012：67 页

145. 清代旅朝华侨华人研究［硕士论文］/张璐著；晁中辰指导. —济南：山东大学，2012：146 页

146. 清代中后期澳门人口华洋结构变迁研究［硕士论文］/韩国瑞著；张廷茂指导. —广州：暨南大学，2012：67 页

147. 清末民初天津留学教育与天津教育近代化［硕士论文］/李风著；王慧指导. —天津：天津师范大学，2012：71 页

148. 清末与民国前期留学生弱国子民心态考察（1872—1927）［硕士论文］/刘菡著；王伦信指导. —上海：华东师范大学，2012：50 页

149. 日本华侨华人社会与中国软实力［硕士论文］/陆桢著；庄国土指导. —厦门：厦门大学，2012：88 页

150. 日本新华人社会适应状况研究——以存在问题为中心［硕士论文］/刘华昆著；鞠玉华指导. —广州：暨南大学，2012：106 页

151. 汕头侨批业同业公会与暹罗华侨银信局公会的研究［硕士论文］/程兰岚著；袁丁指导. —广州：中山大学，2012：58 页

152. 伤痕记忆与新世纪海外华文文学［硕士论文］/李冉著；施战军指导. —济南：山东大学，2012：73 页

153. 社区营造视角下的梅州客家古村落保护与更新策略研究［硕士论文］/黄璐著；肖大威指导. —广州：华南理工大学，2012：150 页

154. 试论汉文化对泰国文化的影响——以泰国北部兰那地区为例［硕士论文］/郑莹著；木霁弘指导. —昆明：云南大学，2012：32 页

155. 双重边缘文化语境下的美国华裔女性书写——从黄玉雪、汤亭亭到谭恩美［硕士论文］/徐林丽著；蔡俊指导. —南昌：南昌大学，2012：58 页

156. 双重国籍制度研究［硕士论文］/吴宜桐著；丁成耀指导. —上海：华东政法大学，2012：51 页

157. 泰国北标府直辖县小学汉语教材使用情况调查［硕士论文］/杨娜著；郭熙指导. —广州：暨南大学，2012：52 页

158. 泰国东北部地区华校汉语教学现状及质量控制研究［硕士论文］/杨晓丹著；宗世海指导. —广州：暨南大学，2012：62 页

159. 泰国华人身份属性及认同对中国软实力建构的启示［硕士论文］/赖映虹著；邓应文指导. —广州：暨南大学，2012：84 页

160. 泰国华人同化中的佛教因素［硕士论文］/黎玲玲著；许利平指导. —北京：中国社会科学院，2012：46 页

161. 泰国华文报刊的中国国家形象分析［硕士论文］/王菲著；李欣人指导. —济南：山东大学，2012：66 页

162. 泰国华文报业的影响力研究［硕士论文］/刘娓著；黄海珠指导. —南宁：广西大学，2012：81 页

163. 泰国华文媒体眼中的中国国家形象研究——对《世界日报》的个案分析［硕士论文］/徐心欣著；瞿健文指导. —昆明：云南大学，2012：47 页

164. 泰国华校华文教育历史与现状研究——以泰国北榄培华学校为例［硕士论文］/黄永涛著；韩明指导. —桂林：广西师范大学，2012：25 页

165. 泰国华裔汉语教师的作用与局限研究［硕士论文］/戴英慧著；黄历鸿指导. —济南：山东大学，2012：58 页

166. 泰国华裔幼儿汉字教学研究——以泰国乌汶华侨学校 2 幼儿园 3—6 岁幼儿为例［硕士论文］/田海丽著；易洪川指导. —广州：广州大学，2012：67 页

167. 泰国南部汉语教学历史与现状［硕士论文］/易青媛著；赵倩，刘丽辉指

导．—昆明：云南大学，2012：58 页

168．晚清华侨与国家安全战略［硕士论文］／赵莉著；吴宝晓指导．—石家庄：河北师范大学，2012：84 页

169．晚清及民国初期山东籍海外侨民研究［硕士论文］／罗艳艳著；朱亚非指导．—曲阜：山东师范大学，2012：139 页

170．晚清在英属殖民地设置领事馆研究［硕士论文］／林锋著；廖小健指导．—广州：暨南大学，2012：75 页

171．我国外交保护法律制度研究［硕士论文］／王涛著；何志鹏指导．—长春：吉林大学，2012：47 页

172．想象“中国”：从黄柳霜的好莱坞作品探讨其华人形象的建构与呈现［硕士论文］／高菁著；柯倩婷指导．—广州：中山大学，2012：82 页

173．新加坡小学华文教材文体研究［硕士论文］／李瑶著；贾益民指导．—广州：暨南大学，2012：68 页

174．新加坡中小学华文课程标准及教材研究［硕士论文］／胡维娜著；宁继鸣指导．—济南：山东大学，2012：75 页

175．新马印华文教育的历史、现状与展望［硕士论文］／郭慧丽著；杨同用指导．—石家庄：河北师范大学，2012：38 页

176．新世纪初期中国与东南亚国家联盟关系研究［硕士论文］／吕俊著；刘爱华指导．—呼和浩特：内蒙古大学，2012：43 页

177．新移民与新侨乡：明溪社会经济变迁解读［硕士论文］／郑敏铃著；郭玉聪指导．—厦门：厦门大学，2012：81 页

178．严歌苓新移民小说中的华人女性形象研究［硕士论文］／赵艳著；杨建指导．—武汉：华中师范大学，2012：63 页

179．叶剑英侨务思想研究［硕士论文］／黄珊珊著；汤志华指导．—桂林：广西师范大学，2012：56 页

180．移民问题对中国的影响及对策研究［硕士论文］／金昊著；景怀亮指导．—青岛：青岛大学，2012：45 页

181．以《西贡解放日报》为例试论越南华文报刊的发展［硕士论文］／胡锦云著；张瑾指导．—重庆：重庆大学，2012：56 页

182．以华商网络的视角看东南亚华人企业的发展与转变［硕士论文］／王丽著；邱丹阳指导．—广州：暨南大学，2012：58 页

183．以华文教育角度探讨印尼三语学校的学校管理——以印尼泗水新中三语学校为例［硕士论文］／王顺惠著；陈久奎指导．—重庆：重庆师范大学，2012：44 页

184．异国形象的塑造——美国电影中的华人形象［硕士论文］／袁梦瑶著；蒋济永指导．—武汉：华中科技大学，2012：62 页

185．意大利华人移民问题研究［硕士论文］／孔倩倩著；张密指导．—北京：对外经济贸易大学，2012：76 页

186．印度尼西亚汉语师范学院教师管理现状研究［硕士论文］／王顺斌著；郝明君指导．—重庆：重庆师范大学，2012：48 页

187. 印度尼西亚华文报所建构的中国国家形象之研究——以《印尼星洲日报》为例［硕士论文］/陈思著；李庆林指导. —南宁：广西大学，2012：61 页

188. 印度尼西亚闽籍华人企业集团的形成与发展 ——以三林集团、力宝集团、金光集团为例［硕士论文］/高源著；王望波指导. —厦门：厦门大学，2012：86 页

189. 印度华人社团推进华文教育的实践研究［硕士论文］/丽佳著；沙平指导. —福州：福建师范大学，2012：48 页

190. 印尼华人文化认同与汉语学习动机调查分析［硕士论文］/陈南淮著；王茂林指导. —广州：暨南大学，2012：54 页

191. 印尼华人语言使用情况调查研究［硕士论文］/吴雨凤著；王衍军指导. —广州：暨南大学，2012：58 页

192. 印尼华裔青少年对中华文化的认同及其对汉语学习的影响［硕士论文］/黄煜著；骆明弟指导. —桂林：广西师范大学，2012：35 页

193. 印尼三语学校华文师资队伍的现状及其建设［硕士论文］/袁兰英著；丁雪欢指导. —广州：暨南大学，2012：41 页

194. 印尼西加本土华文师资培养研究——以西加华文教育协调机构师资培训班为例［硕士论文］/陈娜丽著；胡建刚指导. —广州：暨南大学，2012：66 页

195. 印尼牙律县华文教育现状考察［硕士论文］/吴如意著；何洪峰指导. —武汉：华中科技大学，2012：51 页

196. 印尼占碑省 PELITA RAYA 学校华文教学现状调查［硕士论文］/陈维正著；樊燕指导. —苏州：苏州大学，2012：46 页

197. 远程华文教育质量保障体系构建研究［硕士论文］/唐满燕著；唐燕儿指导. —广州：暨南大学，2012：45 页

198. 越南南部华族华文教育现状、问题与对策研究——以蓄臻省培青学校及薄辽省新华学校为例［硕士论文］/刘小妃著；董艳指导. —北京：中央民族大学，2012：72 页

199. 运用框架理论分析“美国华人电影”中美籍华人的媒介形象［硕士论文］/雷静宜著；顾力行指导. —上海：上海外国语大学，2012：65 页

200. 战后初期广西救侨遣侨工作研究（1945—1949）［硕士论文］/黄文波著；张应龙指导. —广州：暨南大学，2012：75 页

201. 赵健秀和汤亭亭作品中对华裔男性移民形象的重建［硕士论文］/骆立红著；王建会指导. —沈阳：沈阳师范大学，2012：80 页

202. 浙籍华裔青少年的汉语学习需求研究——以 2011 杭州青少年活动中心唐龙华裔夏令营为例［硕士论文］/张玲娟著；潘一禾指导. —杭州：浙江大学，2012：37 页

203. 郑洪年与民国教育：以国立暨南大学为中心的考察［硕士论文］/刘晗著；夏泉指导. —广州：暨南大学，2012：86 页

204. 中国公民海外安全保护研究——以利比亚大撤侨为例［硕士论文］/刘盛楠著；胡宗山指导. —武汉：华中师范大学，2012：50 页

205. 中国公民海外安全的领事保护研究［硕士论文］/魏罂著；邓淑华指导. —成都：电子科技大学，2012：63 页

206. 中国开平的全球化——从国际移民移出地到世界文化遗产地［硕士论文］/都

茜著；薛德升指导. —广州：中山大学，2012：90 页

207. 中国文化软实力对泰国社会的影响［硕士论文］/郑淑丽著；贾雯鹤指导. —重庆：重庆大学，2012：44 页

208. 中国现代作家笔下的“东南亚”书写［硕士论文］/陈秀铃（ORANICH SAE - JAN）著；杨洪承指导. —南京：南京师范大学，2012：61 页

209. 中日跨国婚姻现状研究——以改革开放后赴日的新华侨华人为中心［硕士论文］/王悦著；鞠玉华指导. —广州：暨南大学，2012：105 页

210. 《中文》（修订版）和《美洲华语》知识文化项目比较研究［硕士论文］/李金鹏著；胡建刚指导. —广州：暨南大学，2012：45 页

台港及海外中文博硕士学位论文

1. 东南亚族裔经济的分析：东马华资银行的发展与局限［博士论文］/陈琮渊著；王振寰，黄建淳指导. —台北：政治大学，2012：336 页

2. 晚清民初南洋华人社群的文化建构 ：一种文化空间的发现［博士论文］/薛莉清著；黄贤强指导. —新加坡：新加坡国立大学，2012：257 页

3. 澳门大学侨生在台湾之休闲活动参与、休闲动机及休闲阻碍之研究［硕士论文］/吴松森著；沈易利指导. —台中：台湾体育运动大学，2012：86 页

4. 澳门侨生到台湾升大学之研究（1951 至 2010 年）［硕士论文］/郑家雪著；周愚文指导. —台北：台湾师范大学，2012：208 页

5. 澳洲打工度假者之文化智商、跨文化适应与工作满意度之关系研究［硕士论文］/李欣伦著；郭金水指导. —台北：台北教育大学，2012：159 页

6. 从家族史看新加坡华人社会的变迁：以陈金钟（1829—1892）和陈武烈（1874—1934）为例［硕士论文］/陈美君著；黄贤强指导. —新加坡：新加坡国立大学，2012：59 页

7. 从新加坡武吉布朗坟场看华侨领袖网络［硕士论文］/莫伟武著；黄贤强指导. —新加坡：新加坡国立大学，2012：96 页

8. 从义兴公司的演变探讨马来西亚华人的认同问题［硕士论文］/陈思凡著；林正珍指导. —台中：中兴大学，2012：150 页

9. 地方信仰与社会：以一马来西亚华人渔村为例［硕士论文］/林芳伃著；王梅霞指导. —台北：台湾大学，2012：137 页

10. 东南亚华人移民的离散认同——以四位新移民女性的生命史为例［硕士论文］/梁淑芬著；利亮时指导. —南投：暨南国际大学，2012：114 页

11. 港澳侨生在台生活适应之研究［硕士论文］/刘达濠著；丘立岗指导. —台北：台北教育大学，2012：114 页

12. 海外打工旅游者其人格特质与跨文化学习之相关研究［硕士论文］/蔡依纯著；黄淑玲指导. —南投：暨南国际大学，2012：140 页

13. 华文禁令解除后印华文学的发展——以印华作协为例［硕士论文］/胡爱莉著；李瑞腾指导. —桃园：中央大学，2012：115 页

14. 金门县乡侨之原乡认同与教育投资：以金籍东南亚乡侨对金门捐资兴学为例（1915—2012）［硕士论文］/蔡叔真著；利亮时指导. —南投：暨南国际大学，2012：116 页

15. 就混沌理论探讨马来西亚华文独立中学校园危机管理——以柔佛州为例［硕士论文］/陈德生著；郑时宜指导. —高雄：树德科技大学，2012：98 页

16. 马来西亚华人订阅华文报纸之行为意愿研究［硕士论文］/罗月娇著；黄庆源指导. —高雄：树德科技大学，2012：109 页

17. 马来西亚华人社会的德教信仰与群体认同的复杂性——以槟城州庆安村为例［硕士论文］/林仕妆著；王梅霞指导. —台北：台湾大学，2012：89 页

18. 马华旅台作家的原乡书写研究（1976—2010）［硕士论文］/张馨函著；陈大为指导. —台北：台北大学，2012：125 页

19. 排华期间美国华日族群的互动（1882—1943）［硕士论文］/庞中人著；陈静瑜指导. —台中：中兴大学，2012：103 页

20. 丝路旅游通道之研究：以华人移民山外地区为例［硕士论文］/林位厚著；傅仁坤指导. —桃园：清云科技大学，2012：182 页

21. 台商投资对马来西亚地方产业发展之影响：以峇株吧辖纺织及成衣业为例［硕士论文］/蔡凯玲著；孔宪法指导. —台南：成功大学，2012：94 页

22. 台湾老年人移民美国适应过程之研究［硕士论文］/朱庭仪著；李本京指导. —淡江：淡江大学，2012：80 页

23. 台湾侨务休兵的政策研究：印度尼西亚个案分析［硕士论文］/洪进成著；廖坤荣指导. —嘉义：中正大学，2012：152 页

24. 泰北侨民的中华民国认同之变迁［硕士论文］/高维骏著；赵文志指导. —嘉义：中正大学，2012：76 页

25. 泰国报德善堂志工参与动机之探讨［硕士论文］/徐朋著；林开忠指导. —南投：暨南国际大学，2012：63 页

26. 我国人民海外就业因素之探讨［硕士论文］/林铭瀚著；李孟峰指导. —台北：台北大学，2012：74 页

27. 习惯领域深智慧运用与侨生辅导［硕士论文］/曾家盈著；林明宏指导. —台中：中兴大学，2012：84 页

28. 消逝的“海墘”：槟城“姓氏桥”多重边缘性的形成［硕士论文］/潘怡洁著；李威宜指导. —台中：台湾清华大学，2012：113 页

29. 新加坡大陆职业女性新移民自我认同建构之研究［硕士论文］/赵晓霞著；萧文指导. —南投：暨南国际大学，2012：140 页

30. 新加坡移民华人父母陪伴子女学习历程之研究［硕士论文］/蔡晓萍著；沈庆鸿指导. —南投：暨南国际大学，2012：125 页

31. 一位留台侨生校长的四个十字路口［硕士论文］/林少白著；林国桢指导. —彰化：彰化师范大学，2012：111 页

32. 英殖民政府对吉隆坡华人事务管理——从自治至法治的转变（1868—1914）[硕士论文] /吴佩珊著；陈鸿瑜，齐茂吉指导. —桃园：中央大学，2012：119 页

33. 在生命河流中的“移动”及其意义：1990 年代旅台缅甸华人个案 [硕士论文] /彭霓霓著；李美贤指导. —南投：暨南国际大学，2012：158 页

34. 郑宝娟的家国与跨国书写研究 [硕士论文] /陈怡龄著；蔡玫姿指导. —台南：成功大学，2012：223 页

35. 中国大陆软权力发展与文化外交之研究—以孔子学院为例 [硕士论文] /柯淑华著；巨克毅指导. —台中：中兴大学，2012：258 页

36. 中国崛起后对华裔美国人影响之研究 [硕士论文] /吕韦著；纪舜杰指导. —淡江：淡江大学，2012：108 页

37. 中国孔子学院之研究 [硕士论文] /庄淯婷著；翁福元指导. —南投：暨南国际大学，2012：161 页

38. 中国留学生在新加坡社会融入之调适研究 [硕士论文] /黄音音著；萧文指导. —南投：暨南国际大学，2012：125 页

39. 驻外侨务人员之角色冲突 [硕士论文] /何思毅著；萧武桐指导. —台北：政治大学，2012：82 页

英文博硕士学位论文

1. A Cross-cultural Narrative of Chinese Immigrant Parents' Encounter with Canadian Schooling [Ph. D.] /by Chi, Xiaohong; Wallace, John, advisor. —Canada: University of Toronto, 2012: 239 pages

2. A Study into the Practice of Ancestor Rites among the Diaspora Chinese Protestant Christians in Singapore [Ph. D.] /by Goh Wah Seng, Jeremiah; Muck, Terry, advisor. —United States: Asbury Theological Seminary, 2012: 503 pages

3. Adaptation of Chinese graduate students to the academic integrity requirements of a U. S. university: A mixed methods research [Ph. D.] /by Jian, Hu; Marion, Russell A., advisor. —United States: Clemson University, 2012: 227 pages

4. After Work or Study Abroad: Chinese Return Migration and Kunming's "Jia Xiang Bao" —Hometown Babies [Ph. D.] /by Werner, Seth E.; Vavrus, Frances, advisor. —United States: University of Minnesota, 2012: 163 pages

5. Challenges faced by Chinese non-married female immigrants in a large urban population centre in central Canada: A qualitative case study [Ph. D.] /by Chan, Bryan; Cable, Lynda, advisor. —United States: Capella University, 2012: 160 pages

6. Chinese American women, identity and education: A qualitative study [Ph. D.] /by Li, Qing; Biklen, Sari K., advisor. —United States: Syracuse University, 2012: 281 pages

7. Clinical Considerations for Intra-Group Differences within the Chinese American Commu-

nity [Psy. D.] /by Chen, Yuan-Heng; Eddy Edmonds-Biglow, Krystel, advisor. —United States: Alliant International University, 2012: 133 pages

8. Contributing factors in the endorsement of social anxiety for Chinese-, Korean- and Filipino-Americans [Ph. D.] /by Suwan, Sirin Charlene; Weissbrod, Carol S. , advisor. —United States: American University, 2012: 115 pages

9. Cultural Imprints: Chinese Elites in Turn-of-the-Century American Print Culture [Ph. D.] /by Helfer, Carol Kim; Fahs, Alice, advisor. —United States: University of California, 2012: 158 pages

10. Emigration of Chinese Scientists and Its Impacts on National Research Performance From a Sending Country Perspective [Ph. D.] /by Tian, Fangmeng; Hart, David M. , advisor. —United States: George Mason University, 2012: 210 pages

11. Exploring dementia care in Chinese immigrant families in Greater Vancouver, British Columbia, Canada [Ph. D.] /by Chan, Sing Mei; O'Connor, Deborah, advisor. —Canada: University of British Columbia, 2012: 312 pages

12. Expressing identity in crossing to the New Year : a case study of the Malaysian Chinese Reunion Dinner [Ph. D.] /by Sia, Bee Chuan; Jamal, Ahmad. —United Kingdom: Cardiff University, 2012: 375 pages

13. Factors influencing Chinese immigrant children's heritage language maintenance: An application of social network analysis and multilevel modeling [Ph. D.] /by Wang, Jiawen; Frank, Kenneth, advisor. —United States: Michigan State University, 2012: 107 pages

14. Investigation of Chinese immigrants assimilation patterns in Hong Kong labour market [Ph. D.] /by Ng, Chi Man; Sung, Johnny, advisor. —United Kingdom: University of Leicester, 2012: 380 pages

15. Learning to be Chinese: The Cultural Politics of Chinese Ethnic Schooling and Diaspora Construction in Contemporary Korea [Ph. D.] /by Chung, Eun-Ju; Watson, James L. , advisor. —United States: Harvard University, 2012: 322 pages

16. Living in liminality: Chinese migrancy in Ghana [Ph. D.] /by Ho, Conal Guan-Yow; Linger, Daniel Touro, advisor. —United States: University of California, 2012: 367 pages

17. Making Chineseness in transdiasporic space: it's a matter of ethnic taste [Ph. D.] /by Heng, Terence. —United Kingdom: University of London, 2012: 358 pages

18. Palliative Home Care and Chinese Immigrants: The Meanings of Home and Negotiations of Care [Ph. D.] /by Seto, Lisa Loyu; Angus, Jan, advisor. —Canada: University of Toronto, 2012: 250 pages

19. Teaching biblical faith in the Malaysian Chinese Church: A model of biblical narrative learning from the Gospel of John [Ph. D.] /by Ha, Tung Chiew; Seymour, Jack, advisor. —United States: Garrett-Evangelical Theological Seminary, 2012: 374 pages

20. The lived experiences of the aging of Hong Kong Chinese baby boomers residing in the United States [Ph. D.] /by Ng, Helena Ka Yuk; Levers, Lisa L. , advisor. —United States: Duquesne University, 2012: 357pages

21. Transnational leisure and travel experience of second-generation Chinese-Americans [Ph. D.] /by Huang, Wei-Jue; Norman, William C., advisor. —United States: Clemson University, 2012: 188 pages

22. Unwanted refugees: Chinese migration and the making of a global humanitarian agenda, 1949 - 1989 [Ph. D.] /by Madokoro, Laura; Henry Yu: Steven Lee., advisor. —Canada: University of British Columbia, 2012: 334 pages

23. "Who do you think you are?": the identities of Chinese ethnic minority children in Northern Ireland [Ph. D.] /by Lee, S.. —United Kingdom: Queen's University Belfast, 2012: 265 pages

24. A Study of the Current Occupational Pattern of Chinese Americans and Their Assimilation into the American Society [M. A.] /邢洁著；石毅指导. —北京：外交学院，2012: 52 pages

25. A Tentative Study of the Factors Leading to the Academic Success of New-Second-Generation Chinese Americans [M. A.] /李旭著；曾传芳指导. —重庆：四川外国语学院，2012: 60 pages

26. An Analysis of Historic Preservation and Affordable Housing Incentives in Seattle's Chinatown-International District [M. U. P.] /by Kalthoff, Brian P.; Abramson, Daniel, advisor. —United States: University of Washington, 2012: 110 pages

27. Anna May Wong and Hazel Ying Lee-two second-generation Chinese American women in World War II [M. A.] /by Sui, Qianyu; Asim, Ina, advisor. —United States: University of Oregon, 2012: 98 pages

28. Articulating Chinese Cultural Identity through Participating in Teaching Chinese Mandarin Heritage Language [M. A.] /by Shen, Yu; Given, Brian Given, advisor. —Canada: Carleton University, 2012: 132 pages

29. Chinese immigrant women in remote communities: Adjustment and social support networks [M. S. W] /by Hsiao, Yufen. —Canada: University of Northern British Columbia, 2012: 113 pages

30. Chinese Immigrants' use of Human Services During the Transition to Parenthood [M. S] /by Svechnikova, Ksenia. —Canada: University of British Columbia, 2012: 328 pages

31. "Chineseness" in Malaysian Chinese education discourse: The case of Chung Ling High School [M. A.] /by Goh, Jing Pei; Buck, Daniel P., advisor. —United States: University of Oregon, 2012: 85 pages

32. Chinese international students' cultural immersion and academic adaptation on an American campus. [M. A.] /by Luan, Zhi; James, Terry, advisor. —United States: University of Central Arkansas, 2012: 44 pages

33. Chinese students and scholars in the U. S. becoming Christians: A process of assimilation and identification (an empirical study of a Chinese church and Chinese students/scholars in the DC area) [M. A.] /by Fu, Zhijuan Owen; Diana, advisor. —United States: Georgetown University, 2012: 115 pages

34. Community mental health care for Chinese Americans: A grant proposal [M. S. W] /by Kao, Chao Hung; Potts, Marilyn, advisor. —United States: California State University, 2012: 46 pages

35. Contemporay Chinese-American Education—Realities and Challenges [M. A.] /张静著; 王恩铭指导. —上海: 上海外国语大学, 2012: 62 pages

36. Falun Gong, the Diaspora and Chinese Identity: Fieldwork among the Practitioners in Ottawa [M. A.] /by Liu, Ying - Ying Tiffany; Rutherford, Blair, advisor. —Canada: Carleton University, 2012: 167 pages

37. Gary Locke's Strategies to Construct the American Identity [M. A.] /周钒铌著; 张涛指导. —重庆: 四川外国语学院, 2012: 56 pages

38. How do Chinese/Taiwanese university students in the UK improve their English proficiency? : an exploration of language learning strategy use and social identity development [Ed. D.] /by Pen, Hung-Chun; Gieve, Simon : Armstrong, Kevin, advisor. —United Kingdom: University of Leicester, 2012: 207 pages

39. Imperial yellow: Local phenomena, transnational fears, and the changing image of the Chinese in early twentieth-century Britain [M. A.] /by Glenn, Elisabeth Ashley; Durbach, Nadja, advisor. —United States: The University of Utah, 2012: 102 pages

40. Inside, outside, and in-between: Belonging and identity negotiation for Chinese American adoptees studying abroad in China [M. A.] /by Beecher, Genevieve Hope Roesler; Carpenter, Kathie, advisor. —United States: University of Oregon, 2012: 125 pages

41. Material culture, social networks and the Chinese of Ouray, Colorado, 1880 - 1920. [M. A.] /by Knee, Alexis Ryan; Van Buren, Mary, advisor. —United States: Colorado State University, 2012: 193 pages

42. On the Transformation of the Chinese Community in the United States after the1960s [M. A.] /吕晓娜著; 曾传芳指导. —重庆: 四川外语学院, 2012: 69 pages

43. Standing on the Threshold of New Changes: Research of Socioeconomic Situation of Chinese Americans since the 21st Century [M. A.] /李盈蕾著; 石毅指导. —北京: 外交学院, 2012: 66 pages

44. Title Falling leaves: an exploration of the perceptions of quality of life among older Australian Capital Territory (ACT) Chinese immigrants [M. A.] /by Wu, Christine Po-Huei; Mikhailovich, Katja, advisor. —Australia: University of Canberra, 2012: 95 pages

45. Towards an Understanding of Chinese Americans—Status, Problems and Contributions [M. A.] /张懿著; 王恩铭指导. —上海: 上海外国语大学, 2012: 60 pages

46. Understanding the psycho-social and cultural factors that influence the experience of attention-deficit/hyperactivity disorder (ADHD) in Chinese American college students: A systems approach [Ed. D.] /by Young, Edmund Wong Din-Mond; Tobey, Patricia, advisor. —United States: University of Southern California, 2012: 200 pages

2012年中国大陆华侨华人研究主要科研项目一览

本版内容以国家哲学社会科学规划办公室网站、教育部人文社科网、各省人文社科网站以及各高校社科处及院系网站公开发布信息为主要来源，各类项目按照项目名称首字拼音升序排列。

国家社科基金项目

1. 北美华侨堂会史研究（1848—1965）[国家社科基金一般项目（12BZS077）]/潮龙起主持. —广州：暨南大学，2012

2. 当代加拿大华人政治参与研究（1945—2012）[国家社科基金一般项目（12BMZ065）]/万晓宏主持. —广州：华南师范大学，2012

3. 海外华侨华人与中外“共有知识”建构研究[国家社科基金一般项目（12BGJ035）]/郭秋梅主持. —贵阳：贵州师范大学，2012

4. 海外留学生与中国经济学的发展研究[国家社科基金一般项目（12BJL016）]/邹进文主持. —武汉：中南财经政法大学，2012

5. 华侨华人宗教与我国公共外交研究[国家社科基金一般项目（12CZJ020）]/钟大荣主持. —厦门：华侨大学，2012

6. 马来西亚族际政治整合研究[国家社科基金一般项目（12CMZ040）]/许红艳主持. —昆明：云南民族大学，2012

7. 美国族裔政治研究[国家社科基金一般项目（12BZZ007）]/朱全红主持. —上海：华东师范大学，2012

8. 民国史家与美国汉学——以1940年代移居美国的中国史家为考察中心[国家社科基金一般项目（12CZS004）]/吴原元主持. —上海：华东师范大学，2012

9. 全球化下的侨民战略与发展研究[国家社科基金一般项目（12BMZ068）]/吴金平主持. —广州：暨南大学，2012

10. 在华外商直接投资后向技术溢出问题研究[国家社科基金一般项目（12BJY024）]/陈汉林主持. —武汉：湖北大学，2012

11. 中国领事保护能力建设研究[国家社科基金一般项目（12CGJ003）]/黎海波主持. —武汉：中南民族大学，2012

12. 子女移居国外的空巢老人家庭代际关系研究[国家社科基金一般项目（12CRK019）]/李超主持. —北京：中国政法大学，2012

教育部项目

1. 东南亚华人饷码制度探析——以新、马地区及印尼为个案的研究［教育部人文社会科学研究青年基金项目（12YJC770047）］/沈燕清主持. —厦门：厦门大学，2012

2. 东南亚华商实力研究——以华商资产估算为重点［教育部人文社会科学重点研究基地重大项目（12JJD810026）］/庄国土主持. —厦门：厦门大学，2012

3. 二十世纪以来东南亚地区华语教育的历史和现状研究［教育部人文社会科学研究规划基金项目（12YJA740047）］/林新年主持. —福州：福建师范大学，2012

4. 海外华人人才与中国国家创新体系建设［教育部人文社会科学重点研究基地重大项目（12JJD810001）］/潮龙起主持. —广州：暨南大学，2012

5. 海外华人文献与中华文化传承：新马德教紫系文献研究［教育部人文社会科学研究青年基金项目（12YJC770008）］/陈景熙主持. —厦门：华侨大学，2012

6. 海外华裔新生代文化认同研究［教育部人文社会科学重点研究基地重大项目（12JJD810010）］/鞠玉华主持. —广州：暨南大学，2012

7. 基于国家文化软实力建构的海外新生代华裔的民族文化认同研究［教育部人文社会科学研究青年基金项目（12YJCZH172）］/沈玲主持. —厦门：华侨大学，2012

8. 技术移民法立法与引进海外人才［教育部人文社会科学研究规划基金项目（12YJA820040）］/刘国福主持. —北京：北京理工大学，2012

9. 老年人长期照护制度与社会支持网络研究［教育部人文社会科学研究青年基金项目（12YJC840031）］/施巍巍主持. —北京：中央民族大学，2012

10. 闽南城隍庙及其在台湾、东南亚的分炉研究［教育部人文社会科学研究青年基金项目（12YJC850012）］/刘家军主持. —厦门：厦门大学，2012

11. 闽粤侨乡与海外华侨华人的文化互动（1978—2010年）［教育部人文社会科学研究规划基金项目（12YJA850009）］/黄晓坚主持. —潮州：韩山师范学院，2012

12. 台港澳暨海外华文文学中国内地传播研究暨史料整理（1979至今）［教育部人文社会科学研究青年基金项目（12YJC751094）］/颜敏主持. —惠州：惠州学院，2012

13. 新加坡华人国民认同建构研究［教育部人文社会科学研究青年基金项目（12YJC770045）］/阮岳湘主持. —济南：山东财经大学，2012

14. 在非华人生存状况及其与当地族群关系研究［教育部人文社会科学研究规划基金项目（12YJA840037）］/周海金主持. —杭州：浙江师范大学，2012

其他省部级项目

1. 浙江籍海外侨团与中国侨务公共外交［浙江省社科联立项不资助项目（2012B056）］/徐文永主持. —丽水：丽水学院，2012

2. 战后四邑侨乡社会重建研究（1945—1949 年）［广东省哲学社会科学“十二五”规划一般项目（GD12YHQ01）］／石坚平主持. —江门：五邑大学，2012

3. 全球化语境下华文文学与华语电影的跨界研究［广东省哲学社会科学“十二五”规划一般项目（GD12CZW01）］／傅莹主持. —广州：暨南大学，2012

4. 孔子学院发展战略研究［福建省社会科学规划一般项目（2012B037）］／张灵芝主持. —厦门：厦门大学，2012

5. 福建省侨乡文化研究［福建省社会科学规划一般项目（2012B086）］／谢小建主持. —福州：福建省华侨历史学会，2012

6. 福建新生代闽商与海外闽商网络的对接机制研究［福建省社会科学规划青年项目（2012C044）］／胡越云主持. —泉州：华侨大学，2012

7. 台港澳暨海外华文文学在大陆的传播与接受研究（1979—2010）［福建省社会科学规划青年项目（2012C089）］／林强主持. —福州：福建师范大学，2012

8. 近代新加坡华人基督教研究（1819—1949）［福建省社会科学规划青年项目（2012C100）］／张钟鑫主持. —泉州：华侨大学，2012

9. 福建侨批与申遗［福建省社会科学规划学术年会专项一般项目（2012B219）］／林真主持. —福州：福建省档案局，2012

10. 缅北云南籍华人概况［云南省哲学社会科学普及规划项目（SKPG（2012）020）］／林丽主持. —昆明：云南省东南亚研究会，2012

厅局级项目

1. “闯”出去的文化—— 侨乡语境中海外温州商会探析［温州市哲学社会科学立项不资助课题（12wsk331）］／曹一宁主持. —温州：温州电视大学，2012

2. 当代本土温州人与海外温州人价值观的对比研究［温州市哲学社会科学立项不资助课题（12wsk151）］／王素娟主持. —温州：温州大学，2012

3. 广东华侨文物保护与利用研究［广东省 2012—2013 年侨务理论研究课题（GDQW201212）］／徐云主持. —广州：暨南大学，2012

4. 广东企业“走进东南亚”的主要挑战与华侨华人的作用［广东省 2012—2013 年侨务理论研究课题（GDQW201209）］／袁持平主持. —广州：中山大学，2012

5. 广东企业“走进东南亚”的主要挑战与华侨华人的作用［广东省 2012—2013 年侨务理论研究课题（GDQW201210）］／潘一宁主持. —广州：中山大学，2012

6. 广东侨资企业转型升级研究［广东省 2012—2013 年侨务理论研究课题（GDQW201205）］／毛蕴诗主持. —广州：中山大学，2012

7. 广东侨资企业转型升级研究［广东省 2012—2013 年侨务理论研究课题（GDQW201206）］／许罗丹主持. —广州：中山大学，2012

8.《广东省华侨权益保护条例》框架及立法建议［广东省 2012—2013 年侨务理论研究课题（GDQW201201）］／袁泉主持. —广州：广东外语外贸大学，2012

9. 广东省引进华侨华人人才智力研究［广东省 2012—2013 年侨务理论研究课题（GDQW201216）］/张宇权主持. —广州：中山大学，2012

10. 海外华侨网络与广东对外贸易发展——商会组织的功能考察［广东省 2012—2013 年侨务理论研究课题（GDQW201208）］/赵永亮主持. —广州：暨南大学，2012

11. 海外温商创业网络的特征及演化机制研究——以佛罗伦萨温商为例［温州市哲学社会科学规划项目（12wsk037）］/周欢怀主持. —温州：温州大学，2012

12. 华侨华人对文物保护作用研究［广东省 2012—2013 年侨务理论研究课题（GDQW201215）］/唐洪志主持. —广州：华南师范大学，2012

13. 基于泰国、印尼个案的汉语国际传播、华文教育资源整合与协作模式［广东省教育厅学科建设专项资金人文社科一般项目（2012WYXM_ 0008）］/杨万兵主持. —广州：暨南大学，2012

14. 建立侨乡隆都地区的文化生态保护区［广东省 2012—2013 年侨务理论研究课题（GDQW201214）］/林凤群主持. —中山：中山市非物质文化遗产保护中心，2012

15. 旅法温州人子女跨文化适应现状调查研究［温州市哲学社会科学立项不资助课题（12wsk150）］/林琛琛主持. —温州：温州大学，2012

16. 侨务引智促进广东经济转型升级研究［广东省 2012—2013 年侨务理论研究课题（GDQW201207）］/温秋华主持. —广州：暨南大学，2012

17. 网络报在构建华侨华人中华文化认同的作用研究［上海市 2012—2013 年侨务理论研究课题］李勇主持. —上海：上海社会科学院，2012

18. 新移民视域下的侨务公共外交：理论基础、作用机理与政策思路［广东省 2012—2013 年侨务理论研究课题（GDQW201211）］/张振江主持. —广州：暨南大学，2012

19. 引进和使用高层次海归人才的对策研究［广东省 2012—2013 年侨务理论研究课题（GDQW201217）］/王晓莺主持. —广州：广州大学，2012

20. 粤籍华侨华人参政人士工作研究［广东省 2012—2013 年侨务理论研究课题（GDQW201203）］/廖小健主持. —广州：暨南大学，2012

21. 粤籍华侨华人社团现状研究［广东省 2012—2013 年侨务理论研究课题（GDQW201204）］/石沧金主持. —广州：暨南大学，2012

22. 粤籍新华侨华人现状及工作对策研究［广东省 2012—2013 年侨务理论研究课题（GDQW201202）］/文峰主持. —广州：暨南大学，2012

23. 转型期下的广东海外“侨智”引进策略的研究［广东省 2012—2013 年侨务理论研究课题（GDQW201218）］/陈淑妮主持. —广州：深圳大学，2012

24. 转型时代的跨国网络与粤东侨乡——以广东梅州南口侨乡村为例［广东省 2012—2013 年侨务理论研究课题（GDQW201213）］/段颖主持. —广州：中山大学，2012